KB013063

에이브러햄 링컨의 변호사 시절

정직한 법조인

링컨

에이브러햄 링컨의 변호사 시절

정직한 법조인

링컨

마크 E. 스타이너 지음 · 임동진 옮김

小花

차례

일러두기

1. 인명 및 지명의 표기는 외래어표기법에 따랐다.
2. 역주는 *로 표시하여 본문에 덧붙였다.
3. 원주와 참고문헌은 본문 뒤에 실어놓았으며, 원주는 Northern Illinois Press 출판사의 요청에 의해 원문을 그대로 게재하였다.
4. 영미법의 용어는 가장 가까운 뜻의 법률용어로 번역하였다.

옮긴이의 말

링컨이 2년간 나무 그늘에서 독학으로 법률책 몇 권을 읽던 당시 미국 전역에는 7개의 로스쿨에 350명의 재학생이 있었다. 링컨이 변호사가 된 지 16년이 지난 1850년에도 로스쿨 재학생의 수는 400명에 불과했으나 전국의 변호사 수는 이미 2만 4,000명에 달했다. 대부분이 로스쿨을 거치지 않고 독학이나 법률사무소에서의 견습 및 구술면접을 거쳐 변호사가 되었다는 이야기이다. 오늘날 대한민국의 법조인 지망생들이 자격을 얻기 위하여 평균 10년의 고생을 해야 하는 것(그러고서도 결국 자격을 얻지 못하는 사람이 대부분이다)에 비하면 참으로 거저 얻은 자격이었다고 할 만하다.

이는 무엇보다도 제7대 잭슨 대통령의 이른바 "잭슨식 민주주의Jacksonian Democracy"의 영향을 받은 데 기인한다. 잭슨 대통령은 변호사나 의사 같은 전문직이라도 문호를 넓게 개방하여 "보통사람common man"도 쉽게 자격을 얻을 수 있도록 해 주어야 한다는 지론을 가진 사람이었다. 이에 따라 링컨처럼 힘들이지 않고 변호사 자격을 얻은 사람들이 부지기수였다. 이럴 경우 우리 같으면 "변호사의 질적 저하"에 대한 우려가 앞섰을 터인데도, 미국에서는 오히려 능력이 있으면서도 여건이 구비되지 않은 사람들에게 기회를 준다는 점에서 긍정적으로 받아들여졌고 그것은 바로 오늘날의 미국을 만든 저력이 되었다.

문제는 국가 내지 정부가 특수한 직역에 대하여 너무 과도하게 노파심을 가진다는 데 있다. 이런 직역일수록 우수한 젊은이들 중에서 극히 일부만을 엄선하여 엘리트층으로 만들어야 한다는 고정관념이야말로, 오히려 어렵게 시험에 합격하여 자격을 얻은 젊은이들에게 쉽사리 우월감과 자만심과 권력에 부화뇌동하는 경향을 심어준다는 점에서 결코 바람직하지 않다. 자격을 대중화함으로써 출발을 쉽게 만들되, 평생에 걸쳐 경쟁함으로써 무자격자는 탈락하도록 하는 것이 진짜 법치사회에 이르는 바람직한 방법론이 된다고 생각한다.

이 책을 번역하면서 또 하나 느낀 점은 그들이 우리보다 150여 년이나 앞선 그 시절에 변호사의 윤리에 관하여 심각한 논쟁을 거칠 수 있는 높은 수준의 의식을 가진 사람들이었다는 점이다. 그들은 변호사가 자기의 신념과 소신에 따라 사건 맡기를 거부할 수 있느냐, 아니면 자기의 신념과 관계없이 자기에게 사건을 맡기는 사람의 일을 맡아야 하느냐 하는 어려운 문제를 놓고 고차원의 논쟁을 벌여왔던 것이다. 이런 높은 윤리의식과 수준이야말로 또한 오늘날의 미국을 이룬 원천이라고 할 수 있다. 현대를 사는 우리로서는 아직껏 그 같은 논쟁을 생각조차 하지 않는다는 점에서 부끄럽기도 하고 부럽기도 하다.

이 책은 원래 저자가 여기저기에 단편적으로 발표했던 논문들을 뼈대로 하여 만든 것이어서 중언부언하는 대목이 자주 있고, 과다한 인용과 무리한 생략, 드물지 않은 오류로 인하여 편안한 독서를 방해하는 감이 짙으나(이 책을 편하게 읽고자 하는 분들은 2장부터 읽기를 권한다) 150여 년 전 미국의 실생활에서 법이 어떤 모습을 띠고 있었는지, 그것이 오늘날의 미국법과는 어느 정도 차이가 있는 것인지, 또 그것이 우리의 법에 비추어 얼마만큼 유사점과 차이점을 가지고 있는지 등을 구체적인 사건을 통하여 살펴볼 수 있게 해 준다는 점에서 국내와 해외의 로스쿨을 지망하는 분들, 좀 더 나아가서는 법조 직역에 종사하는 분들에게도 다소의 도움이 되리라고 믿는다.

링컨은 흔히 위인전에서 이야기하듯 결코 성자도 아니고 완벽한 인간도 아니었다. 노예해방론자인 그가 노예소유주를 대리한 적도 있었다는 점에 비추어보면 결국 한 사람의 불완전한 인간이었음을 알 수 있게 하며, 이런 점에서 오히려 적나라하고 솔직한 링컨의 모습을 엿볼 수 있게 해 준다.

이 책은 옮긴이가 모두 직접 번역한 것이지만, 다만 제7장만은 로스쿨을 지망하는 연세대학교 정용경 양의 초벌번역과 그 부친인 정미화 변호사(옮긴이의 동업자이기도 하다)에 의한 수정을 거쳤음을 일러둔다. 이 책이 나오기까지 옮긴이의 구술번역을 입력하는 번거로운 과정을 맡아준 김주희 대리에게 고마움을 전하며, 또한 간행을 맡아주신 소화출판사에 감사드린다.

2008년 10월
임동진

서문

대중에게는 변호사가 되는 사람은 필연적으로 부정직해진다는 막연한 믿음이 있다. 나는 막연하다고 말하는데, 왜냐하면 대중이 변호사에게 얼마나 큰 신뢰와 존경을 바치고 있는가를 생각해본다면 그런 부정직하다는 인상이야말로 분명하거나 명명백백할 수 없다고 보이기 때문이다. 그러나 이런 표현은 매우 일반적, 아니거의 보편적이라 할 수 있다. 앞으로 법을 자신의 천직calling*으로 삼으려는 젊은이는 이런 대중의 속설에 한순간도 속지 말기를 바란다. 어떤 경우에라도 정직하겠다고 다짐하라. 만약 그대가 판단하기에 정직한 변호사가 될 수 없다면, 차라리변호사가 되지 못하더라도 정직한 인간이 되겠다고 결심하라. 법이라는 직역을 택하기 위하여 부득이 교활한 인간이 되어야 한다면 차라리 다른 직업을 택하라.

─에이브러햄 링컨, 『법률 강의를 위한 노트』**

남북전쟁 전 미국의 많은 젊은이들과 마찬가지로 에이브러햄 링컨은 법을 자신의 천직으로 삼았다. 그는 거의 25년간 변호사 업무에 종사하면서 수천 건의 사건을 다루었다. 그의 생애를 일관하여 그는 "언제라도 정직한" 인간이 되겠다는 결의를 보여주었다─그가 "정직한 에이브Abe"라는 별명을 얻은 것은 변호사로서였다. 링컨은 변호사의 분쟁해결 역할에 대한 굳은 신념을 가지고 있었으며, 또한 그는 그 역할을 고수했다.

---

   * 하느님의 부르심을 받았다는 종교적 의미도 있지만, 여기에서는 직업에 대한 강력한 사명감의 의미가 더 크다.

  ** 작성일자가 불명이지만, 1858년 클리블랜드의 오하이오 스테이트 앤드 유니언 로 칼리지Ohio State and Union Law College의 강연초빙을 받아 준비한 것으로 추정된다.

변호사로서 에이브러햄 링컨은 미국 사회에서 법과 법의 역할에 대한 휘그파적인 자세*를 분명히 발전시켰다. 정치적으로 휘그파는 경제발전을 촉진하기 위하여 철도와 같은 사회기반시설의 확충을 지지하는 현대화된 보수주의자들이었다. 휘그파들은 또한 법의 지배야말로 분쟁을 해결하기 위한 중립적인 수단을 제공한다고 믿었다. 링컨은 법과 질서에 대한 휘그파적 존중심을 실천에 옮긴 휘그파 변호사였다.

링컨이 변호사의 역할에 대하여 지니고 있던 본질적으로 정치적인 개념은 "정직한 변호사"가 그의 변호사 업무를 행할 때 무엇을 어떻게 해야 할 것인가를 분명히 해주었다. 그것은 곧 의뢰인을 성실하게 대리하라는 것이었다. 그의 변호사 업무를 일관한 것은 질서와 법의 중요성에 대한 신념이었다. 초기의 링컨 학자들이 말했던 바와는 달리 링컨은 결코 성자도 아니었고, 또 고객인 회사의 이익, 경제개발 또는 철도회사의 이익에만 매달린 대변자도 아니었다. 링컨은 오히려 서비스 정신을 지니고 있었다. 그는 의뢰인이 누구라도 대리할 마음의 준비가 되어 있었던 것이다. 그러나 링컨과 같은 휘그파 변호사들이 단지 법률 기술자에 불과한 것은 아니었다. 그들은 또한 변호사가 지역사회 나름의 가치를 옹호하는 자로서 맡은 역할의 중요성을 강조했다. 링컨은 맡은 사건에서 중재와 화해에 많은 관심을 가졌다.

링컨의 초기 변호사 시절 사건 당사자들은 비교적 작은 농촌사회의 구성원들이었다. 그는 항상 순수하게 지방적 색깔을 띠는 소송에서 요구되는 변호사 스타일을 즐겼다. 링컨은 조그만 지역사회의 대부분의 변호사들처럼 이런 지역적 분쟁이 가지는 사회적 맥락을 예리하게 관찰하고 있었다. 이런 지역사회는 조정과 타협을 선호했으며, 그래서 링컨 또한 조정자 내지 화해자로서의 역할을 하고자 힘썼던 것이다.

그의 변호사 업무의 성격이 그의 경력과 함께 변화함에 따라 링컨은 차츰 어떤 사건이라도 가리지 않고 맡는다든지 또는 분쟁을 조정하고자 하는 경향에서 조금 물러서게 된다. 링컨은 그 범위에서 전국적이었던 시장경제 발흥의 전형이라고 할 사건들을 다루기 시작한다. 그리하여 새롭게 생겨나는 "회사"라는 고객들은 분쟁을 조정하려는 그의 노력을 자주 무산시켰다. 이 시기에 전개된 "시장적 도덕성market morality"은 변호사들이 단지 자기 고객의 편협한 이익보호에만 집중하도록 요구했다. 이렇게 자기 고객에게만 잘하면 된다는 심리 상태는 전쟁 전의 다른 변호사들처럼 링컨 또한 자기를 찾아오는 의뢰인의 주장이 정당한지의 여부에 대한 판단을 보류하도록 만들고야 말았다. 링컨은 자신의 철칙인 반노예주의의 신념에도 불구하고 노예소유주 쪽을 맡아 흑인 여성과 그 네 자녀의 신병을 되찾으려는 시도를 해본 적이 있으나 성공하지는 못했다. 이것은 그가 개인적 신념보다는 사건을 맡는 데 더 우선권을 두었다는 뜻으로서, 휘그파 변호사들의 도덕적 실패의 단면을 보여주는 것이다.

링컨은 회사라는 고객을 대리하는 일에 그다지 마음이 내키지 않는 듯했다. 그는 회사라는 고객들이 요구하는 신속성과 변호사의 몰인격성에 거부감을 표시했으며, 또한 회사라는 고객들이 갈수록 변호사의 업무에 대하여 간섭함으로써 변호사가 자율권을 상실하게 되는 현상을 혐오했다. 링컨은 때로 다음과 같이 두 가지를 원했던 듯하다: 첫째, 그는 맡는 일에 대하여 자신의 재량권과 판단권을 행사할 자유를 원했다. 둘째, 그는 자기에게 사건을 맡기는 의뢰인의 이익만을 대변하기를 원했다. 그러나 링컨 또한 그 생애의 후반기에는 자기에게 사건을 맡기고자 하는 사람이라면 누구라도 맡아줄 수 있는 자유를 잃었다. 링컨은 일리노이 센트럴 철도회사로부터 고문료를 받음으로써 철도회사를 상대로 소송을 걸 자유를 상실하게 된 것이다. 그가 변호사로서 경력을 전개하는 데 있어 휘그파 변호사 스타일은 노예제도와 시장경제라는 두 가지 사회양상으로부터 생겨난 소송에서 고충을 겪으며 차츰 구식모델로 퇴화해버린 것이었다.

1장
미국이 기억하는 법조인 링컨

변호사로서 링컨의 이미지는, 개척지의 영웅 또는 위대한 해방자로서의
이미지와 충돌을 빚는다. 일리노이 대초원의 '통나무꾼'이었던 소박한 사람,
노예를 해방하기 위하여 북부를 이끌어 남북전쟁을 치르고 그 전쟁이
끝난 후에는 남부에 착하게 용서하는 손을 내민 위대한 해방자. 그렇게 전설의
안개 속에서 미국 국민에게 다가왔던 링컨. 이러한 이미지 속에는 성공한
변호사가 차지할 자리가 없는 것이다.

어느 여론조사 결과 링컨은 미국에서 가장 존경받는 변호사 다섯 명 중 한 명으로 뽑힌 적이 있었다.[1] 이렇게 높은 점수는 미국인들이 법조인으로서의 링컨을 잘 알아서라기보다는 대통령으로서의 링컨에 대한 긍정적 관점에서 연유할 수 있다. 링컨의 변호사 생활에 관한 문헌들로부터 추론되는 이미지는 아무 사건이라도 맡으려고 급급해하는 휘그파* 변호사의 이미지와는 무척 동떨어져 있다. 링컨의 법률가로서의 생애에 관한 문헌들은 크게 보아서 링컨에 대한 긍정적인 문화 이미지와, 미국 사회가 변호사들에 대하여 가지는 부정적인 문화 이미지에 의하여 형성되어왔다고 말할 수 있다. 초기의 전기 작가들은 변호사에 대한 대중의 불신과 적대감을 충분히 인식한 나머지 링컨의 변호사 생활을 실제보다 윤색한 감이 없지 않다. 이들은 피상적으로 링컨을 착하고 영웅적인 시골 변호사로 그려내는 것으로 만족했다. 링컨의 변호사 생활을 다루는 방법은 20세기에 들어 역사의 연구가

---

* 링컨은 원래 휘그Whig 당원이었다. 미국에서의 "휘그당"은 행정부에 대한 의회의 우위, 철도, 운하, 교량, 도로 등 사회기반시설의 확충, 산업의 장려 등을 정강으로 채택하여 적극적으로 개발과 근대화를 지향하는 보수주의자들의 집단이었다.

분야별로 전문화함에 따라 상당히 개선되었으나 아직도 충분치는 못하다. 링컨의 변호사 생활에 대한 역사가들의 관심 부족, 법률지식의 부족으로 인하여 링컨의 변호사 생활에 대한 연구를 아예 포기한 경우, 그리고 변호사 시절의 문서들에 대한 접근의 어려움 등 여러 문제가 그의 변호사 생활에 대한 철저한 검토를 방해해왔다. 이에 비하여 법률가들은 변호사 링컨에 대하여 상당량의 저서를 내고 있다. 그러나 그들의 책들은 링컨을 이해하는 데 목적을 두는 것이 아니라 링컨을 변호사들만의 전유물로 사물화appropriation하는 데 두고 있다. 변호사들은 링컨의 이미지를 이용하여 자신들의 이미지를 일신하고 싶어하는 것이다.

　변호사로서의 링컨의 생애를 다룬 저작물들은 세 가지 유형으로 나누어 볼 수 있는데, 그 어느 것이나 링컨과 법률가에 대한 문화적 고정관념에 영향을 받았음을 보여준다. 첫 번째 그룹은 링컨과 변호사업을 동업했던 변호사들의 회고록 위주로 구성되어 있다. 이런 작품들로는 윌리엄 헌든William H. Herndon*이 쓴 『헌든의 링컨: 위대한 생애에 관한 진실한 이야기』(1888), 헨리 클레이 휘트니Henry Clay Whitney**가 쓴 『제시 웨이크와 순회법원을 쫓아다니면서 링컨과 함께한 생활Jess Weik and Life on the Circuit with Lincoln』(1892)이 있다. 두 번째 그룹으로는 링컨의 전기 작가들이 있는데, 이들은 일반적으로 링컨의 변호사 생활을 간과하는 경향이 있지만 그렇다고 하여 전적으로 무시하지는 않고 있다. 세 번째 그룹은 링컨의 변호사 생활에 대한 변호사들의 연구인데, 이들은 일반적으로 변호사 링컨을 너무 치켜세우는 편이다.

　링컨의 변호사 생활을 다루는 방법으로는 주로 링컨이 다루었던 수천 개

　＊　링컨과 1844년부터 1861년까지 만 16년간 동업한 후배 변호사.
＊＊　링컨보다 20여 년 젊은 변호사로서 특히 링컨이 순회법원을 쫓아다니던 당시 링컨으로부터 많은 지도와 도움(공동대리)을 받았다. 뒤의 본문 참조.

의 사건 중에서 기껏해야 판에 박은 네댓 건의 사건만을 검토하면서 일화 위주로 그치는 경향이 있었다.[2] 이 엄선된 사건들은 링컨의 이미지를 높이거나 또는 그를 전국적으로 저명한 변호사로 치켜세워 그의 평판을 부풀리는 데 기여해왔다. 이 몇 안 되는 소송 사건들 중에서 가장 잘 알려진 것이 더프 암스트롱Duff Armstrong 살인사건인데, 이것은 이른바 연감재판Almanac trial으로도 알려져 있다.[3] 그 사건에서 증인은, 사건 당시 마침 달빛이 머리 위에서 환하게 비치고 있었으므로 암스트롱이 피해자에게 치명적인 일격을 가하는 것을 볼 수 있었다고 진술했다. 암스트롱의 변호인인 링컨은 그날 밤 그 시간에 달이 이미 지평선상에 지고 있었음을 보여주는 그해의 연감을 증거로 제출함으로써 자신의 고객에게 무죄를 얻어주었다.

이 사건은 링컨의 변호사 업무로서 결코 전형적인 것이라고 할 수 없는데도 두 가지 이유에서 지나치게 강조되어 왔다.

첫째, 이야깃거리로서 괜찮았기 때문이다. 더프 암스트롱은 링컨이 젊어서 뉴세일럼에 정착했을 때 사귄 친구들인 잭과 한나 암스트롱 사이의 아들이었기 때문이다. 이런 경우, 그때 이미 과부가 된 암스트롱 부인이 링컨에게 자기 아들을 변호해달라고 얼마나 간청했는지, 링컨이 얼마나 격정적으로 암스트롱의 무죄를 주장했는지, 그리고 링컨이 얼마나 단호하게 수임료를 거부했는지 등을 나열하는 것이 전형적인 설명 방법이다.[4] 1858년의 이 사건이야말로 링컨이 아직도 민중의 사람이었음을 보여주고 있다.

둘째, 링컨이 더프를 변호한 이 사건에 대한 전형적인 설명 방법은 변호사가 불리한 상황에서도 영웅적으로 다투어 무고한 사람의 무죄방면을 얻어낸다고 하는 긍정적인 문화 이미지와 공명하는 감이 있는 것이다.[5]

작가들은 매니 리퍼Manny Reaper 사건이 풍기는 얄궂은 함축성에도 또한 주목한다. 1855년의 이 사건은 당시 링컨과 공동변호인단을 이루었던 에드원 스탠턴Edwin M. Stanton*이 법정에서 링컨을 퇴박주었다는 점에서 거론할 가치가 있기 때문이다. 많은 작가들은 링컨이 이런 대접을 받은 것이야말로 나중에 그가 대통령이 되어 남북전쟁 중에 임명한 각료들에게조차도 모멸적 대우를 당하게 될 것을 이미 예고하는 사건으로 받아들이고 있다.[6]

이렇게 대부분의 작가들이 언급하는 사건들의 숫자에는 오랜 세월에 걸쳐서도 변화가 없지만, 사건의 선택에는 변화가 생겼다고 할 수 있다. 링컨은 한때 노예소유주인 로버트 맷슨 쪽을 맡아 흑인 여성과 그 네 자녀의 자유 여부를 결정하는 구속적부심habeas corpus 사건의 심리에 참여한 일이 있었다. 초기의 많은 전기 작가들은 이 사건에 대한 언급을 회피했음에 반하여, 현대의 작가들은 이것을 설명해보려고 애쓰고 있다. 더욱이 최근의 논자들은 링컨이 이 사건을 맡은 동기가 무엇인지, 또 사건을 맡은 후 얼마나 효과적으로 사건을 다루었는지에 관하여도 의견의 일치를 보이지 못하고 있다.

작가들 중에는 사건의 경제적 중요성 때문에 다른 사건을 포함시키는 사람도 있다. 예컨대 맥린 카운티 세금사건은 링컨이 일리노이 센트럴 철도회사를 위하여 카운티의 세금과 기타의 지방세를 계속 면제받을 수 있도록 소송에서 이겼다는 점과, "50만 달러 상당의" 승리를 회사에 안겨주었으므로 그 사례금으로 5,000달러는 받아야겠다며 철도회사를 상대로 보수청구소송을 제기했다는 점에서 언급된다. 에피 애프턴Effie Afton 사건에서도 링컨은 철도회사를 대리했다. 에피 애프턴이라는 배가 '시카고, 록아일랜드 및 태평양 철도회사'라는 긴 이름의 회사가 소유한, 미시시피 강을 건너는 최초의 철도교량의 교각과 충돌했다. 선박 소유주는 이 다리의 교각들이 선박의 항해에 장애물이 된다는 이유로 손해배상damages을 청구

---

* 시카고의 저명한 변호사. 나중에 링컨이 대통령에 당선된 후 국방장관에 임명된다.

했다. 역사가 벤저민 토머스Benjamin Thomas*는 다음과 같이 지적했다. "이 사건은 단순한 재산상의 손해에 관한 사건 이상의 중요한 의미를 갖는다. 이 사건은 계층 간, 경제권역 간, 그리고 시대 간의 분쟁이었다. 그것은 강이 흐르는 남북축에 대하여 철마가 달리는 동서축이 대립함을 의미했다. 즉, 뉴올리언스 및 세인트루이스가 시카고 및 뉴욕에 대항하는 의미를 지니고 있었으며, 증기선의 시대가 새로이 도래하는 철도의 시대에 대항하는 의미를 지니고 있었다."[7] 링컨은 배심원들에게 서부로 확장하는 일의 중요성을 강조했다. 그 결과는 맥빠지는 것이었는데, 배심원들이 의견의 합치를 보지 못했던 것deadlock이다.[8] 여기서 서로 충돌하는 경제적 이해관계가 국가경제적 과제와 너무도 강력하게 맞아떨어졌기 때문에 역사가들은 이 사건을 무시할 수 없게 된 것이다.

변호사들이 풍기는 부정적인 문화 이미지와 링컨이 풍기는 긍정적인 문화 이미지야말로 그의 전기 작가들이 변호사로서의 링컨에 대하여 별로 관심을 돌리지 않았던 중요한 두 가지 이유였다고 할 수 있다.[9] 변호사로서 링컨의 이미지는, 개척지의 영웅 또는 위대한 해방자로서의 그의 이미지와 충돌을 빚는다. 링컨은 다른 어느 역대 대통령들보다도 신화와 상징으로 가려져 있다. 링컨의 전기 작가인 스티븐 오츠Stephen B. Oates는 링컨이 어떻게 "일리노이 대초원의 '통나무꾼rail splitter'**이라는 소박한 사람, 또는 노예를 해방하기 위하여 북부를 이끌어 남북전쟁을 치르고 그 전쟁이 끝난 후에는 남부에 착하게 용서의 손을 내민 아버지 에이브러햄***이자 위대한 해방자로서 전설의 안개 속에서 우리에게 다가왔는지" 설명했다.[10] 이런 이미지

---

* 링컨 전기 작가. 본문의 자세한 설명 참조.
** 정확하게는 가축을 가두기 위한 울타리에 가로걸치는 횡목을 만들기 위하여 통나무를 쪼개는 사람이라는 뜻.
*** 구약성경 창세기에 나오는 믿음의 조상.

속에는 성공한 변호사가 차지할 자리가 없는 것이다.

초기의 전기 작가들은 링컨이 얼마나 "영웅적 개척자"의 상징이었는지를 보여 주는 데 주력했다. 다른 전기 작가들은 그를 위대한 해방자이자 죽음으로 "나라의 죄를 씻어준" 순교영웅이라고 기록해왔다. 데이비드 포터 David Potter*는 이런 문헌들이 링컨을 "말구유처럼 비천한 통나무집에서 태어나 흑인들의 슬픔을 떠안고 모든 인간을 위하여 대신 고통을 받은 인물"로 부각시킴으로써 그를 "국가적 전설"로 만들고 있음을 발견했다. 데이비드 도널드David Donald**는 "민간 전승의 링컨 전설"이라는 연구에서 링컨의 두 이미지—하나는 신화적 수호성인이요, 또 하나는 신화적 개척지 영웅인데—가 세기의 전환기에 접어들어 뒤섞이기 시작했음을 발견했다.[11] 돈 페렌바허Don Fehrenbacher***가 지적한 대로 그들은 링컨을 "미국의 대표주자로 띄우기 위하여 역사로부터 추상화abstracted"했다는 것이다.[12]

그러나 전기 작가들은 성자와 같은 해방자 내지 늠름한 개척지의 영웅이라는 해설을 엮으면서 불협화음에 직면하게 되었는데, 그것은 링컨이 상당히 장기간에 걸쳐 변호사 생활을 해왔다는 점이었다. 미국 사람들은 변호사가 특별히 성자 같다거나 남자답다고는 별로 생각하지 않았다. 오히려 미국 사람들은 일반적으로 변호사를 싫어하거나 불신했다. 법사가legal historian인 제임스 윌러드 허스트는 "그것이 오해였든, 부당했든, 또는 비판이 너무 지나쳤든 이 나라에서 대중이 변호사에 대하여 지니고 있는 비판적 이미지는 미국 사회의 역사에서 내내 있었던 현실"이었다고 결론내린 적이 있다.[13] 대중이 변호사들을 혐오하는 이유는 그들이 공익을 위하여 봉사하는 대신

---

* 미국 남부의 역사가(1910–1971). "임박한 위기 1848–1861"로 역사 부문 퓰리처 상 수상.
** 남북전쟁에 관한 역사가(1920–), 하버드 대학 교수 역임.
*** 스탠퍼드 대학 교수(1920–1997), 『드레드 스콧 사건: 미국법 및 미국 정치에서의 그 중요성』으로 역사 부문 퓰리처 상 수상.

에 단지 자기 고객의 사익만을 위하여 봉사하기 때문이라는 것이다.[14] 이런 문화적 적대감은 대중적인 링컨 전기들이 링컨의 이미지를 만들어내던 당초부터 이미 존재하고 있었다. 19세기의 대중적 문헌들에서는 변호사는 일부러 분쟁을 불러일으켜서 자기 주머니를 채우려고 하는 악덕 직업으로 비치고 있었다. 변호사들은 법규정을 마음대로 조작하고 영혼을 팔아먹는 기술자들이었던 것이다.[15]

법과 회고담

링컨과 동업했던 변호사들이 쓴 여러 회고록은 법원에 제출된 상투적인 문서들이나 법원의 일상적인 기록들에 적혀 있는 내용을 넘어서서 변호사로서의 링컨이 과연 어떠했는지에 관한 정보를 제공한다. 링컨의 동업자였던 윌리엄 헌든, 그리고 링컨이 순회법정을 쫓아다닐 때 제휴했던 변호사인 헨리 클레이 휘트니는 링컨의 변호사 생애에 관하여 가장 값진 정보 원천이 되고 있다.

링컨이 변호사 업무에 종사하던 시절에는 재판에서 진술되는 내용을 그대로 기록하는 법원의 공식 속기사들이 없을 때였다. 그가 관여한 재판을 기록한 것은 두 개가 남아 있을 뿐이다. 그중 하나는 증기선 에피 애프턴 호의 소유주들이 록아일랜드 교량회사를 상대로 제기한 연방해사소송federal admiralty lawsuit이었다. 1857년에 재판이 진행되는 도중 『세인트루이스 리퍼블리칸St. Louis Republican』은 재판 당일 법정에서의 구두진술을 거의 그대로 기록한 내용을 담은 일련의 기사를 실었다. 에이브러햄 링컨 대통령 도서관 겸 박물관에는 신문에 실렸던 이런 법정 기록 일체를 수집하여 타이프로 쳐놓은 자료들이 있고, 그 자료들은 또한 『에이브러햄 링컨의 변호사 생활:

무삭제 전집판Law Practice of Abraham Lincoln: Complete Documentary Edition』으로 인쇄, 출간되었다.[16] 또 하나의 기록은 비교적 최근에 나타난 것인데, 이것은 1859년의 피치 퀸 해리슨Peach Quinn Harrison 살인피고사건에서 기록된 것이었다. 이 기록 또한 위 『전집판』에 실려 있다. 비록 당시의 몇몇 신문에 법정에 나타난 링컨의 모습을 단편적으로 묘사한 기사들이 일부 남아 있기는 하나, 법정이나 순회법원에서의 링컨을 제대로 묘사한 것은 헌든과 휘트니의 저서에 주로 남아 있을 뿐이다.

헌든은 링컨과 함께 16년간 동업했다. 그는 링컨의 암살 직후부터 링컨에 관한 전기를 쓰려고 필요한 자료들을 수집하기 시작했으나, 1888년까지는 책을 완성시킬 수 없었다. 책이 완성될 때까지 상당한 시간이 경과했고,* 헌든 자신의 바쁜 개인적 일정으로 인하여 그의 저서에는 많은 문제점이 드러나게 되었다. 비록 최근에서야 그의 평판을 되살려 놓기 위한 시도들이 어느 정도 성공하기는 했으나, 그는 오랫동안 논쟁의 여지가 있는 인물로 여겨져왔다.[17] 데이비드 포터는 링컨 연구가들 중에서 헌든에 대한 전통적인 견해를 좀 더 전형화하여 헌든은 "모든 진실을 밝혀야 한다는 과도한 강박관념에 사로잡혀 있었으며, 근거가 박약한 소문이나 왜곡된 회고담으로부터 진실을 구분해낼 능력이 전반적으로 부족"했다고 썼다.[18] 링컨의 변호사 업무를 연구한 존 프랭크John P. Frank**도 마찬가지로 헌든의 "오만함, 대단한 지식이나 지혜나 직관력이라도 있는 양 거드름떠는 허장성세, 그리고 이따금 되풀이되는 음주난동, 또한 사실도 확인해보지 않은 채로 링컨 이야기를 로맨틱하게 포장해보려는 경향"들로 인하여 그의 저작은 학자들에게 별로 도움이 되지 못한다고 믿었다. 그럼에도 불구하고 프랭크는 "변호사인

---

* 링컨이 암살된 해는 1865년이었다.
** 『변호사로서의 링컨Lincoln as a lawyer』의 저자.

링컨에 관한 한 근거 문서가 있는 경우를 제외하고는 다른 어느 자료보다도 헌든으로부터 더 많이 배울 가치가 있다"고 결론을 내렸다.[19]

헌든의 저서에서 링컨은 대체로 의사소통 능력을 갖추었고 진실하기는 하지만, 변호사로서의 법기술적 전문성은 부족한 사람으로 나타난다. 데이비드 도널드에 의하면, 헌든은 링컨을 "민중적 패턴에 따라서 개척지의 영웅"으로 선전하고 "서부 대지의 자연적 소산"으로 그렸다는 것이다. 데이비드 포터는 헌든이 "링컨을 개척지 세력들의 산물로서 설명하고자 의도적으로 노력"했다는 데 동의했다.[20] 헌든은 변호사 링컨을 개척지의 영웅에 필적하는 법의 영웅으로 보여주었다. 링컨의 적수들은 "그가 배심원들 앞에서 사건을 다룰 때 관례를 무시하거나 전문직역인으로서의 예의를 눈에 띄게 무시"하는 데 놀랐다는 것이다. 링컨은 "법기술적 규칙에 대한 지식이 눈에 띄게 부족"했으며, "증거법칙이나 주장과 답변pleading* 기타의 법률실무를 전혀 몰랐다"는 것이다. 더욱이 링컨은 "진실하지 않아 보이는" 사건은 맡을 수 없었다는 것이다. 링컨은 "만약 옳지 못한 일에 편들고 있다고 느끼게 되면" 한창 재판 중에라도 사임하곤 했다는 것이다. 링컨은 또한 사무실에서 "기계적으로 일하는 것을 싫어했으며, 필요한 법률문서도 거의 작성하지 않았다는 것—아마도 다른 어떤 변호사보다도 덜 작성했다는 것—"이었다.[21] 헌든이 이렇게 공들여 말한 내용의 대부분은 부정확하다. 링컨은 법기술적인 규칙들을 잘 알고 있었으며, 이런 규칙들을 고객들의 이익을 위하여 활용했기 때문이다. 데이비드 도널드는 링컨법률문서협회가 수집한 수천 종의 문서들이야말로 링컨이 법률문서를 기안하지도 못했다거나 법률사무에서 손을 떼고 있었다는 이야기가 낭설임을 단적으로 보여준다고 지적했다.[22]

---

* "소답訴答절차", "소답서면" 등으로도 번역되고 있다. 보통법상 민사소송에서 법정변론trial에 앞서서 쟁점을 부각시키기 위하여 당사자가 제출하는 소장complaint(보통법: declaration), 답변서 answer(보통법: plea), 원고의 반박서면reply(보통법: replication) 등에 의한 청구, 주장, 다툼, 항변을 총칭한다.

헌든은 또한 링컨의 진정한 직업은 정치일 뿐, 법률사무는 단지 외상값을 갚기 위하여 마지못해 하는 일로 그려보는 데 일조했을지도 모른다. 헌든은 링컨의 "잠시도 가만히 있지 못하는 야망"이 정치에 의해서만 충족될 수 있었다고 생각했다. 링컨에게 법은 "단지 더 매력적인 정치세계로 옮겨가기 위한 디딤돌"로만 이용되었다는 것이다. 링컨의 변호사 업무에 대한 이렇게 왜곡된 견해는 그 후에 나온 전기들에 모두 그대로 영향을 미쳤다. 이제는 재검증이 필요한 때다. 링컨은 그의 변호사 업무에서 상당한 야심이 있음을 보여주었으며, 꽤 무거운 사건부담을 안고 있었고, 고급사건들을 많이 맡아 처리했다. 비록 변호사 업무가 그의 정치 참여에 보완적 역할을 한 것은 사실이지만, 그렇다고 하여 법이 그에게 단순히 디딤돌 역할만을 한 것은 아니었다. 링컨이 1849년 연방하원의원* 임기를 마칠 당시 배려의 차원에서 연방국토청장의 자리가 제안되었지만, 그는 이 자리를 맡을 경우 "변호사 업무를 마침내 포기하는 셈"이 될 것이라는 이유에서 거절했던 것이다.[23]

헌든의 책은 사실을 과장하고 빠뜨린 점들이 발견되지만, 법률가로서 링컨의 생애에 대하여 상당히 가치 있는 조망을 해준다. 특히 링컨의 상소심에서의 활동** 상황에 대한 묘사는 두드러진다. 헌든은 "링컨이 다른 곳이 아닌 일리노이 주대법원에서 위대한 법률가로서의 진면목을 보여 주었다"는 결론을 내린다. "상소심사건과 관련하여 링컨은 사건에 관한 기록을 읽고 관련사실을 탐문하며", 더 나아가 "거기에 적용할 법을 찾아보는 일"로 엄청난 시간을 소요했다. 링컨이 배심원들 앞에서 어떻게 변론할 것인지의 방법에 관하여 헌든에게 충고해준 것 — "빌리, 너무 고상하게 하지 말고—눈높이를 좀 낮추게. 그러면 저 보통사람들이 자네를 이해할 것일세"—라

---

* 링컨은 그 생애 중 1847–1849년의 2년간 꼭 한 번 연방하원의원으로 봉직한 일이 있다.
** 미국에서는 제1심만이 "사실심trial court"이고, 그 이후에는 제2심이든 제3심이든 모두 법률심으로서의 "상소심appellate court"에 해당한다. 따라서 2심, 3심은 모두 "상소심"으로 번역되는 것이 일반적이다.

고 한 말은 수긍할 만하다.[24)]

링컨의 동료 변호사들 중에서 두 번째로 기록을 남긴 헨리 클레이 휘트니는 링컨이 순회법정을 쫓아다닐 때의 "불안정하고 유목민 같은 생활"에 대하여 두서없는 회고담을 늘어놓고 있다. 휘트니는 일리노이 주 어바나의 변호사로서 1854년에 링컨을 만났다. 링컨은 휘트니를 잘 본 나머지 그에게 사건들을 같이 맡자고 제의했다.[25)] 휘트니는 71건의 사건을 링컨과 공동수임했다.[26)] 1892년 휘트니는 『순회법원에서 링컨과 함께한 삶 Life on the Circuit with Lincoln』이라는 책을 출간했다. 그의 회고록에 일관된 특징은 그가 본론에서 빗나가고 있다는 점이다. 링컨 학자인 폴 앵글 Paul M. Angle은 휘트니가 자신이 기억하는 것을 아주 화려하게 쓸 줄은 알았지만, 불행히도 기억하는 것 이상을 썼다고 지적했다.[27)] 휘트니가 주장하는 것 중 일부는 헌든의 경우와 마찬가지로 링컨법률문서를 가지고 대조해볼 수 있다. 휘트니는 자신이 링컨과 함께 순회법원이 있는 여러 카운티들을 돌아다녔다고 썼다. 그러나 두 변호사는 휘트니의 고향인 샴페인 카운티 밖에서는 꼭 한 건만 공동수임했을 뿐이었다. 그러나 링컨이 순회법원을 돌아다니는 동안 헌든은 통상 스프링필드에서 사무실을 지켰기 때문에 휘트니의 책은 이런 문제점에도 불구하고 순회법원에 관한 기술로는 가장 가치 있는 제1차적 자료로서 인정받을 만하다.[28)]

링컨 연구가들은 링컨이 순회법원을 쫓아다닌 일을 결코 무시하지 않았다. 1839년부터 1857년에 이르기까지 링컨이 살던 생가면 카운티 Sangamon County[*]는 일리노이 주 제8순회법원구역에 속해 있었다. 순회법원의 구성은, 시간이 흐름에 따라 변화하기는 했으나, 1843년부터 1853년까지는 14개 카

---

[*] 일리노이 주에는 46개의 카운티가 있다.

운티가 하나의 순회법원구역을 구성했다. 1년이면 두 번씩 데이비드 데이비스David Davis* 판사와 일단의 변호사들이 3개월간에 걸쳐 "말이나 마차를 타고 여행하면서 카운티의 군청 소재지에 머물러 이틀에서 일주일씩 재판을 하곤 했다." 링컨은 이렇게 연간 두 번을 도는 순회법원구역을 완주하는 유일한 변호사였다.[29]

휘트니의 책에서는 사실심 변호사trial lawyer인 링컨이 순회법정을 돌아다니던 중에 있었던 일화 몇 가지를 소개하고 있다. 휘트니는 헌든이나 마찬가지로 "링컨의 도덕적 및 지적 정직성"을 강조했다. 링컨은 "치사하거나, 부정직해 보이거나, 잔꾀 부리는 일이거나, 이기기 위해서 궤변이나 속임수를 쓰는 일 따위는 절대로 하지 않으려고 했다"는 것이다. 그러나 휘트니는 링컨의 전기 작가들이 "너무 열심히 그를 미화하려 한 나머지" 링컨이 재판 중에라도 "옳지 않은 일이라고 느낄 때에는 어떤 사건이든 중간에 사임하곤 했다"는 주장에 대해서는 이를 비판했다. 링컨은 일단 사건을 수임하고 나면 "다른 여느 변호사나 마찬가지로 이기려고 무척 노력"했다는 것이다. 휘트니는 또한 링컨의 "오류 없고 가차 없는 논리"와, 문제를 분석하여 "단순한 요소들"로 분해할 수 있는 능력에 깊은 감명을 받았다.[30]

헌든이나 휘트니나 모두 값진 정보 원천이 되지만, 두 사람 모두 링컨과의 개인적 관계에서도 그렇고, 링컨을 급속히 신화적 존재로 만들었다는 점에서 결점 투성이었다. 헌든은 링컨보다 격이 낮은 동업자에 불과했던 까닭에 그의 경험으로는 링컨의 생애에 대한 단지 부분적인 통찰만이 가능했고, 그것마저도 헌든 나름의 시각으로 상당히 편향된 것이었다. 휘트니는 링컨이 일리노이를 떠난 이후에 얻게 된 위인의 이미지에 강력한 영향을 받았음을 스스로도 인정했다.

---

* 후일 링컨 대통령에 의하여 연방대법관에 임명되어 15년간 재직했다(1815~1886).

링컨의 전기 작가들

링컨의 전기 작가들은 일반적으로 그의 변호사 업무에 관하여 거의 관심을 두지 않았다. 통상 전기 작가들은 변호사로서의 링컨에 관하여 책의 두 장chapter 정도만을 할애하고 있다. 한 장에서는 그가 변호사가 되기 위하여 독학한 일과, 초기에 존 스튜어트 및 스티븐 트릭 로건 변호사와 동업한 일을 묘사한다. 또 하나의 장은 보통 링컨의 연방하원의원직 수행에 관한 장의 다음에 나타나는데, 그가 헌든과 동업한 일, 순회법원을 쫓아다닌 일과 맡은 사건들 중 특히 두드러지는 몇 가지 사건에 관하여 이야기할 뿐이다.[31] 이렇게 취급하고 마는 이유는 링컨의 일생 중 가장 본격적인 생애에 비하여 (링컨의 변호사 생애는) 별로 의미 없는 전주곡 정도에 불과하다고 여기기 때문이다.

링컨의 변호사 업무에 관하여 별로 관심이 쏠리지 않는 이유는 미국 사회가 변호사에 대하여 전반적으로 부정적 이미지를 지니고 있기 때문이기도 하다. 그러나 다른 한편으로는 변호사에 대한 긍정적 이미지가 조금이라도 있기에 링컨의 전기 중 일부라도 변호사 업무에 관하여 할애되는 것이다. 미국의 대중문화에서 변호사의 이미지는 매우 이중적이다. 변호사의 긍정적인 이미지는 탐욕스러운 악덕 변호사의 이미지와 공존하고 있다. 법사가인 맥스웰 블룸필드Maxwell Bloomfield*는 연구 끝에 전쟁 전의 소설에 나타난 "모범적인 변호사의 상"은 젊은 시절의 역경을 극복하고 자수성가한 사람임을 발견할 수 있었다. 이렇게 모범적인 변호사는 농장이나 자그마한 시골마을에서 자라나면서 가난하지만 선량한 부모로부터 프로테스탄트의 직

---

* 저서에 『변화하는 미국 사회의 변호사American Lawyers in Changing Society』 등이 있다.

업윤리를 배운다. 일단 변호사가 되면 그는 가난하고 보호막이 없는 사람들을 대변한다. 변호사로 일하는 동안 그는 의뢰인이 가멸하든 가난하든 가리지 않고 그들로부터 사건을 맡지만 가난한 사람에게는 수임료를 청구하지 않는다. 그는 오직 정의를 세우는 데 관심이 있을 뿐이며, 그렇게 하기 위하여 정당한 방법만을 사용한다. 이렇게 소설에나 나올 듯한 모범적인 변호사는 나중에 정치에 뛰어들면서 그 생애의 절정을 이룬다.[32]

링컨에 대한 초기의 전기들은 문학작품을 흉내내어 그를 이상적인 변호사로 등장시킨다. 전기 작가들은 링컨을 변호사의 귀감으로 묘사하고 싶어했다. 소설에나 나올 듯한 모범적인 변호사의 상만이 민중 속의 링컨으로서 합당했던 것이다. "시골 변호사"는 개척지 영웅의 또 다른 모습이 되었다. 이렇게 링컨은 수임료에는 관심이 없고, 가난한 자와 보호막이 없는 사람들을 대변하며, 옳지 못한 일을 맡지 않고, 자신이 득을 보려고 법률기술을 이용하지 않는, 정의파 시골 변호사로서 등장하게 된다. 그러나 이런 식의 인물 묘사는 링컨의 변호사 업무의 실제를 너무 단순화하고 또한 왜곡하는 셈이다.

이렇게 링컨의 변호사 업무를 단순화하여 로맨틱하게 보는 견해는 1860년과 1864년의 대통령 선거 당시 간행된 선거용 전기물에서 처음 등장했다.[33] 가보 보리트Gabor Boritt*에 의하면 "정직한 에이브Abe"라는 이미지는 1860년 링컨이 당선되는 데 핵심적 역할을 했는데, 이것은 "1860년의 공화당 선거대책반의 정치적 본능"에 의하여 만들어진 것이었다. 그들의 후보가 "일생을 정치와 변호사 업무에 바쳤다"고 하면서, 공화당원들은 "열광하는 대중에게 서부의 정직한 통나무꾼의 이미지를 보여준" 것이었다.[34] 이런 선

---

* 링컨 연구가. 저서에 『링컨 수수께끼Lincoln Enigma』, 『게티즈버그 복음The Gettysburg Gospel』 등이 있다.

거용 전기물들은 나중에 나타날 본격적인 전기물의 색조를 미리 정해버렸다. 이 전기물들은 링컨의 변호사 생애에 관하여는 지면을 거의 할애하지 않은 채 변호사에 관한 부정적 문화 이미지를 극복해 보려는 그들의 의도를 거의 감추려고 하지도 않았다. 더프 암스트롱 사건은 최소한 6권의 전기물에서 나타난다. 그렇지만 링컨과 일리노이 센트럴 철도회사 간의 관계는 단 한 군데에서도 언급되지 않았다.[35] 그런데 링컨의 변호사 업무와 관련된 이야깃거리를 골라낸 사람은 공화당 선거운동원들이 아니라 바로 링컨 그 자신이었을 가능성이 높다. 리처드 호프스태터Richard Hofstadter*는 "링컨에 관한 전설을 최초로 만들어낸 사람이나, 링컨을 극화한 사람들 중 가장 장본인 격은 링컨 자신"이라고 지적한 바 있었다.[36]

공화당의 선거유인물에서 묘사되는 링컨의 변호사 업무가 변호사에 관한 긍정적인 문화 이미지의 범위 내에서 만들어진 반면, 반대편인 민주당의 선거유인물에 나타나는 링컨의 묘사에는 변호사에 대한 적대문화적 태도가 분명히 드러나고 있다. "그는 켄터키에서 너벅선을 타고 일리노이로 가서 존 행크스John Hanks**라는 자로부터 울타리 가로목을 빼개는 방법을 배웠다"며, 1860년에 간행된 민주당 팸플릿은 그를 풍자했다. "그 장사를 끝내고 나서 그는 법률 쪽으로 뛰어들어가 부질없는 일을 꼬치꼬치 따지는 사업에 열중했다."[37] 1864년 링컨이 연임을 위한 선거에 나섰을 때 민주당의 팸플릿은 링컨이 휘그당 의원인 존 스튜어트의 충고에 따라 어떻게 법을 공부하기 시작했는지를 풍자적으로 묘사하고 있다

그는 또 한 번 정치에 뛰어들어 주의회 의원에 두 번 당선되고 나서는 악한 친구

---

* 미국의 역사가(1916-1970). 저서 『개혁의 시대The Age of Reform』와 『미국 삶에서의 반지성주의 The Anti-intellectualism in American Life』로 풀리처 상 수상.
** 링컨의 모친의 4촌.

들의 꼬임에 빠져 변호사가 되었다! 오호라, 얼마나 많은 불쌍한 자들이 나쁜 친구들과 사귀기 시작한 때부터 추락하여 적들이 승리하는 모습을 보아 왔던가.[38]

모범적인 변호사로서의 링컨의 이미지는 또한 그가 암살당한 후에 쓰인 최초의 전기물 중 하나에 나타나고 있다. 매사추세츠 주 스프링필드의 『리퍼블리칸Republican』지 편집인인 조사이어 길버트 홀랜드Josiah Gilbert Holland는 대통령 선거전 당시의 전기물들을 읽어 보고, 간행된 자료들을 연구하고, 헌든과 대화하면서 스프링필드에 이틀간 머물렀다. 홀랜드는 링컨은 "일리노이 주에서 최고의 변호사 중 한 사람임은 물론, 어떤 의미에서는 주 내의 다른 어느 변호사보다도 뛰어난 명성을 얻었다"는 결론을 내렸다. 한편 링컨은 "약한 측면에 부딪히게 되면 마음이 매우 약해지는 변호사"였다는 것이다. 홀랜드는 변호사 링컨이 "사람과 사람 사이에 정의를 세우는 데 진정한 관심"을 가진 모범적인 변호사였다고 지적했다. 링컨은 "악한 자의 성공이나 불법의 승리에 반대했으며, 불의와 부도덕한 목적에 자신을 팔아먹으려 하지 않았다"는 것이다.[39]

홀랜드에 의하면, 링컨은 배심원들 앞에서 힘있는 변호사였으나 배심원들을 조종하려고 하지는 않았다: "그는 정의의 확립이라는 것 이외에는 아무런 관심이 없었으며, 불의하다고 여겨지면 설령 그쪽에서 자신을 유혹하더라도 그에 응하지 않았다"는 것이다. 링컨은 여느 모범적인 변호사처럼 과다한 수임료를 청구하는 것을 "매우 곤란"하다고 생각했으며, 특히 자기가 전문적인 서비스를 제공한다고 하여 친구들에게까지 수임료를 청구하는 것은 훨씬 더 어려운 일로 여겼다. 그러나 홀랜드는 링컨이 일리노이 센트럴 철도와 연계되어 있었음을 언급하지 않았고, 링컨이 주 상고심사건을 무척 많이 맡았음에도 주목하지 않았다.[40]

변호사에 관한 문화적 이미지는 링컨의 개인비서였던 존 조지 니콜라이와 존 헤이가 공동으로 저작한 최초의 본격적인 링컨 전기*에서 링컨의 변호사 업무를 묘사하는 데 활용되었다. 링컨은 그들의 영웅이었다. 그러므로 니콜라이와 헤이는, 링컨이 대통령이 되기 전의 생애를 설명하면서 어울리지 않을 듯한 행동에 대한 이야기는 걸러버리고, 그 대신에 대통령으로서의 링컨과 잘 조화되는 이야기들만을 강조했다.[41] 여러 권의 엄청난 분량**에도 불구하고 이 전기에서 니콜라이와 헤이는 정작 링컨의 변호사 업무에 관하여는 거의 관심을 기울이지 않았다. 무대에 등장하는 변호사는 현명하고, 정의롭고, 영웅적이어야 하기 때문이었다.

니콜라이와 헤이는 또한 판에 박은 덕망가로서의 변호사의 상에서 벗어나지 못했다. 링컨의 변호사 업무에 관한 그들의 묘사는 링컨이 얼마나 법으로 잔재주부리기를 기피했으며, 또한 정의롭지 못한 일을 변호하기를 거부했는지를 강조했다. 그들은 링컨이 "이 직업에서의 잔재주라고 부를 만한 그런 기술을 결코 배우려하지 않았다"고 썼다. 링컨은 오직 정의로운 일만을 대변할 수 있었다는 것이다: "잘못이 있는 쪽에 서면 그는 언제나 약했다. 그는 그 자신이 이를 너무 잘 알고 있었으므로 할 수만 있으면 자신이 속하는 변호사의 직업윤리에 합당하게 그런 일을 피했다"는 것이다. 링컨을 탐욕스러운 악덕 변호사라는 부정적 문화 이미지로부터 떼어놓기 위하여 그들은 특별히 링컨이 "변명 위주의 다툼이나 지연작전을 위하여 방소항변demurrer*** 등의 술책을 쓰거나 속임수로 정의를 거부하거나 패소해야 할 사건이 오히려 공평하지 못한 혜택을 받아 이길 수도 있도록 하는 일을" 결코 하지 않았다고 극구 변명했다[42](방소항변이라 함은 보통법상 상대

* 『에이브러햄 링컨: 역사 Abraham Lincoln: A History』
** 전10권, 총 4,700페이지
*** 본문의 괄호 속에 잘 설명되고 있다. 현재는 대부분의 주에서 채택하고 있는 연방민사소송규칙 Federal Rules of Civil Procedure에 의하여 "motion"이나 "answer"로 대체되어 있다.

방의 주장이 그 자체로서 타당치 않거나 실체법상 또는 절차법상 흠이 있어서 각하되어야 한다는 주장이다[43]). 그러나 링컨이 상대방의 주장에 대하여 방소항변을 제출하는 데 초연했다는 이야기는 한마디로 진실이 아니다. 링컨은 보통법의 체계 안에서 변호사 노릇을 했으므로 링컨이 제출한 것 중에 적어도 81건이나 되는 방소항변의 기록이 아직 남아 있어도 결코 놀랄 일이 못 된다.*[44])

　민간 전승의 수준에 머물던 링컨을 신격화한 작업은 칼 샌드버그Carl Sandberg**가 1926년에 쓴 전기에서 절정에 이르렀다. 샌드버그의 『대초원 시절Prairie Years』에는 전설적인 링컨의 모습이 풍부하게 그려져 있다. 샌드버그가 이렇게 링컨을 신화화, 전설화하는 데 주력하다 보니 그의 변호사 업무를 설명하는 데 문제가 생기게 되었다.[45])

　샌드버그는 변호사들의 부정적 이미지를 잘 알고 있었다. 1920년에 발표된 다섯 연으로 된 시에서 그는 대중의 변호사에 대한 비판을 아주 멋지게 요약했다. 첫 번째 연에서는 변호사들이 "케케묵은 것들을...너무 많이 알아서"라며 변호사들을 비판했다. 그 다음의 세 연에서 샌드버그는 변호사들의 말재간부리기와 욕심을 지적하면서 공격했다.

　　흥정하는 변호사들 발뒤꿈치를 쫓다 보면, 여보게,
　　너무나도 많은 "만약"과 "그러나"와 "하지만"으로 미꾸라지처럼 빠져나가고
　　너무나도 많은 "앞에서"와 "전제한다면"과 "때문에"가
　　너무나도 많은 문을 들락거려야 한다.

　　변호사들이 다 가버리고 난 다음
　　여보게, 무엇이 남았나?

---

*　보통법은 매우 경직되고 형식논리적인 법체계로서 소정의 엄격한 절차를 위반하면 실질을 가리지 않고 불이익을 주었다. 따라서 변호사에게는 상대방의 형식위반을 꼬투리 잡을 기회가 많았다.
**　미국의 저명한 시인, 역사가, 소설가(1878~1967), 퓰리처 상 수상.

쥐가 집어먹을 거라도 남았나?
이빨을 갈 것이라도 남았나?

변호사가 돈을 받아먹을 때는
왜 그렇게도 노상 비밀스러운 노래뿐인가?
왜 변호사를 태우고 가는 말은
히힝대며 희죽희죽 웃어대는가?

샌드버그는 벽돌공, 석공이나 농부에 비하여 변호사를 훨씬 덜 호의적으로 대조하는 것으로 시를 마감했다. 노동하는 직업인들이 사회적으로 유용한 일을 하는 데 비하면, 변호사들은 사회를 위하여 아무런 가치도 생산해 내지 못한다는 것이 샌드버그의 주장이었다.[46]

그러나 변호사 링컨에 대하여는 이런 비난을 피하기 위하여 샌드버그는 그를 영웅적이고도 덕망 높은 변호사로 그렸다. 다른 변호사들은 탐욕스러웠지만, 링컨은 사심이 없었다는 것이다. 그는 자기가 받을 수임료에 관심도 없었고, 상대방을 편안하게 해주었다는 것이다. 더프 암스트롱 사건에서 그는 "큰 법률 사건들을 모두 내팽개치고, 또 그 당시 요동치고 있던 커다란 정치적 난제들도 모두 내던지고, 오로지 살인혐의로 기소된 이 젊은이의 변호에 자신이 가진 모든 것을 투입"했다는 것이었다. 다른 변호사들은 문외한에게 불가해한 자기들끼리의 전문용어를 사용했음에 반하여, 링컨은 민중의 말로 변론했다는 것이다. "그는 민중의 말을 하고 민중의 이야기를 했다"고 샌드버그는 말했다. 다른 변호사들과는 달리 링컨은 실제로 범죄를 저지른 의뢰인을 변호할 수 없었다는 것이다. 다른 변호사들이 즐겨 쓰던 "잔재주부리기와 왜곡하기"를 사용할 수 없었다는 것이다. 링컨은 황금률*

* 마태복음 7:12의 교훈: 무엇이든지 남에게 대접받고자 하는 대로 너희도 남에게 대접하라. Do as you would be done by.

에 따라 살고자 하는 사람들에게 변호사가 되라고 권고할 수 없었다는 것이다. 링컨에 관한 회상들을 모두 진정한 것으로 받아들였던 샌드버그는 결국 에머슨Ralph W. Emerson*의 이야기를 되풀이했다. 에머슨이 링컨에게 "변호사 업무에 종사하면서도 남에게 대접받고 싶은 대로 자신도 남에게 그렇게 대접해주는 것"이 가능한지 묻자 링컨은 "아무런 대답이 없었다"는 것인데, 이런 대화의 끝에 에머슨은 변호사의 꿈을 버렸다는 것이다.[47]

링컨 연구가인 마크 닐리 2세는 앨버트 비버리지가 저술한 『에이브러햄 링컨, 1809-1858』(1928)이 "링컨이 대통령이 되기 전의 생애에 관한 것으로는 가장 설명이 잘된 유일한 저작"이라고 평했다. 그러나 비버리지가 변호사 링컨을 묘사한 것을 보면, 링컨이 변호사의 긍정적 문화 이미지에 꼭 들어맞는다고 확인해 주면서도 그가 부정적인 측면도 지니고 있었음은 단호히 부인하는 데서 그칠 뿐 한 걸음도 더 나아가지 못하고 있다. 비버리지 그 자신이 변호사로서 훈련을 받았기 때문인 듯도 한데, 링컨을 (정의롭고 정직한) 모범이 될 만한 변호사라기보다는 (정의롭고 정직한) 전형적인 변호사로 파악하고 있다. 비버리지는 인디애나 주 출신의 상원의원으로서 1919년에 존 마셜John Marshall**의 전기를 쓴 사람이었다. 비버리지는 마셜의 전기를 집필하고 나서 링컨의 전기를 쓰기 시작했는데, 이런 과정에서 그는 링컨을 국수주의적인 마셜과 연계시켰다. 비록 비버리지가 사적으로는 링컨이 "다른 사건들이 크든 작든 다 합쳐도 역사에 한 줄도 언급할 가치가 없으며, 그의 전기에서조차도 한 문단 이상을 쓸 값어치가 없다"고 고백하기는 했으나, 그럼에도 불구하고 그는 여전히 이전의 다른 전기 작가들에 비하여 링컨의 변호사 생애에 좀 더 많은 관심을 기울였던 것이다.[48]

---

* 미국의 저명한 수필가, 시인(1803-1882).

** 미국의 헌법을 기초하고 연방대법원장(1801-1835)으로서 연방대법원을 의회와 행정부보다 우월한 권력의 중심으로 만든 정치인이자 법학자(1755-1835).

비버리지는 법학 교육을 받았기 때문에 그의 책에서 링컨의 변호사 생애에 대하여 언급한 내용은 종전의 전기들에서 나타나는 내용보다는 훨씬 나은 편이었다. 비버리지는, 링컨이 사실심 변호사로서는 "결코 성공적 인물"이라고 할 수 없으며, 더욱이 그는 "판례나 교과서에 대한 지식이 거의 없었다"고 결론지었다. 그러나 링컨이 재판에서 "배심원들의 언어로 말하고, 민중의 말투로 말한 것"만큼은 그도 인정했다. 비버리지에 의하면, 링컨은 고객이 자신을 속였음을 알게 되면 재판 중에라도 사임했으나, 그것은 "언제 어디에서든 사려 깊은 변호사들에게는 일상적인 사례"였다. 링컨이 자신의 고객들이나 후배 변호사들을 대하는 자세는 "최고로 고상하고 점잖은 변호사들의 수준"이었다고 한다. 그러나 비버리지는 링컨이 "가난하고 고통받는 사람들을 구출하고 해방시키기 위하여 그들을 찾아나선 법의 협객은 아니었다"고 결론지었다. "그는 도덕적으로 나쁘지 않다면 자기에게 들어오는 사건을 맡아서 고객을 위하여 최선을 다했다"는 것이다.[49]

비버리지는 링컨이 단지 4건의 "중요한 사건들"에서만 두각을 나타냈다고 보았다. 즉 매니 리퍼 사건, 더프 암스트롱 살인사건, 맥린 카운티 세금 사건, 그리고 에피 애프턴 사건이 그것이다. 비버리지의 이 사건 목록은 바둑의 정석처럼 되다시피 했다. 그리하여 그 이후의 전기 작가들(데이비드 도널드의 주목할 만한 예외를 제외하고는)은 그 이외의 다른 사건들에 대하여는 언급하지 않게 되었다. 비버리지는 링컨이 5명의 흑인에 대한 소유권을 주장하는 노예소유주를 대리했다가 패소한 맷슨 사건에 대하여도 언급했다. 비버리지는 또한 링컨의 상소심 업무에 대하여도 언급하면서 그것들이야말로 링컨의 "가장 뛰어난 법정 활약"이었다고 말했다.[50]

연구자들이 링컨의 변호사 생애를 다루는 방법은 20세기에 들어서서 링컨에 대한 연구가 점차 전문화함으로써 개선되었다.[51] 링컨연구장학금을 받은 최초의 전문적 역사가들 중에 벤저민 토머스가 있었다. 토머스는 1929년 존스 홉킨스 대학에서 역사학박사학위를 받고 1932년 에이브러햄링컨협회의 상무이사가 되었다. 4년 후 이 협회는 토머스를 저자로 하는 『링컨 1847~1853』을 발간했는데, 이 내용은 링컨이 그 7년간 매일 어디서 무슨 일을 어떻게 했는지를 소상하게 설명하는 일종의 연중행사표였다. 이 책을 쓰느라고 토머스는 "관련문서들의 보관소로서 기능이 이미 다했다고 여겨지던 일리노이의 여러 낡은 법원 청사에서 링컨에 관한 문서들과 참고자료들을 무더기로 발견해냈다." 토머스는 1930년대에 링컨이 연방법원에서 맡았던 사건을 포함하여 링컨의 변호사 생애에 관한 몇 편의 논문을 발표했다. 그런 만큼 토머스가 1952년 발간한 링컨의 전기가 링컨의 변호사 생애를 가장 잘 다루고 있다 해도 결코 놀랍지 않다.[52]

토머스는 링컨을 개척지의 산물로 본 프레더릭 잭슨 터너Frederick Jackson Turner*의 영향을 그대로 반영했다. 개척지는 링컨에게 "용기, 인내, 자신감, 그리고 자신의 운명을 스스로 결정할 수 있는 능력이라는 성품"을 주었다. 그러나 링컨이 받은 변호사 수업은 개척지 출신이라는 매력 없는 성품에 제동을 거는 데 도움을 주었다. 링컨은 "개척지라는 곳의 거칠면서도 풍부한 힘"으로부터 무엇인가를 이끌어내면서도, 또한 "법과 전통의 가치를 인식하게 되면서" 개척지 출신이라는 약점을 극복할 수 있었다는 것이다.[53]

초기의 링컨 전기 작가들과는 달리 토머스는 링컨의 변호사 생활이 그의 장래발전에 얼마만큼 영향을 끼쳤는지를 검토했다. 토머스는 말을 타고 순회법정을 쫓아다니는 링컨을 묘사하면서, 또한 링컨이 그 경험으로부터 무엇을 배웠는지를 묘사했다. 토머스에 의하면 링컨의 변호사 생활은 그 자체가 곧 "교육 과정"이었다는 것이다—"이런 시골 법정에서 공방을 주고받는

---

* 20세기 초반 미국에서 가장 영향력 있던 역사가(1861–1932). 저서에 『미국 역사상 개척지가 갖는 의미 The Significance of the Frontier in American History』가 있다.

중에 법이라는 것처럼 인간의 본성에 관한 통찰력"을 키워 준 직업은 달리 없었다는 것이다. 그곳이야말로 링컨의 "훈련장으로서 그는 그곳에서 자신의 정치적 기민함을 발전시키고, 또한 대중의 사고방식을 배우게 되었다"는 것이다. 토머스는 링컨에 대한 초기 작가들과는 달리 링컨의 변호사 생활 기간 중 법조 환경이 얼마나 바뀌었는지에 대해서도 언급했다. 링컨의 초기 변호사 업무는 "일반적으로 단순한 사건들"로 "사전에 준비할 필요도 거의 없었고," 또 "옳고 그름에 관한 근본개념에 따라 결정하면 되는 것들"이었다. 그러나 15년 후 링컨은 "혁명적 산업 발전"이 초래한 법조 환경의 변화에 스스로를 적응시키지 않을 수 없었다. 과학과 발명들이 미국의 생활방식을 바꾸고 이에 따라 법을 더욱 복잡하게 만들면서 "더욱 넓고 더욱 전문적인 지식을 변호사들에게 요구"하게 되었다는 것이다.[54]

토머스는 또한 링컨의 변호사 경험이 대통령 역할에 얼마만큼 영향을 미쳤는지에 관해 묘사한 최초의 전기 작가들 중의 한 사람이었다. 토머스는 예컨대 링컨이 대통령으로서 연설하거나 작성한 것들은 법조인으로 닦은 수련의 산물이었다고 결론지었다. 링컨이 작성한 정부 문서들을 보면 "상대방의 관점을 이해하는 능력과 자신의 입장을 간명하게 표시하는 능력이 드러나고 있는데, 그것이야말로 그가 변호사로서 순회법정을 쫓아다니면서 고통스럽게 체득한 일"이었다는 것이다.[55]

토머스와 마찬가지로 전문역사가로서 수련을 받은 스티븐 오츠는 토머스를 답습한 한 권짜리 링컨 전기를 써서 상당한 인기를 끌었다. 오츠가 링컨의 변호사 생활을 다룬 것을 보면 토머스의 경우에 비하여 그 내용이 훨씬 더 풍부해 보이지만, 실은 1960년대 초에 발간된 링컨의 변호사 생애에 대한 몇 권의 책 덕분이었다. 오츠는 링컨의 상소심 업무를 특별히 강조하면서 "링컨은 권위 있는 일리노이 주대법원에서 변호사로서 가장 영향력 있는 일을 했다"고 말했다. 그곳에서 링컨은 상소사건의 대부분을 이겼으며,

"변호사 중의 변호사로서 명성을 얻었고 꼼꼼한 준비와 빈틈없는 변론에 숙달했다"는 것이다. 오츠는 "그동안의 링컨 신화와는 대조적으로 링컨은 자기에게 의뢰되는 사건이라면 의뢰자 측의 옳고 그름을 가리지 않고 사건을 맡았음"을 발견했다. 오츠는 다른 전기들에서 나타나는 몇 안 되는 다른 사건들에 대하여도 마찬가지로 언급했다. 그러나 맷슨 사건에 대한 오츠의 시각은 다른 전기 작가들과 매우 달랐다. 오츠는 링컨이 그 사건에서 노예 소유주인 의뢰인을 위하여 결코 미온적으로 변론하지 않았다고 결론지었다. 링컨은 "가능한 최대한의 강력한 어조로", 그리고 "냉혹하고도 무자비한 논리로" 맷슨에게는 자기의 노예들을 되찾을 자격이 있다고 변론했다는 것이다. 링컨이 이 사건을 다룬 것을 보면 링컨과 여타의 변호사들은 "법에 대하여 본질적으로 실용적인 접근 방법"을 취하고 있었다는 것이다.[56]

오츠는 토머스와 마찬가지로 링컨의 변호사 생활이 링컨의 정치 생애에 얼마나 영향을 주었는지에 대하여도 고찰했다. 오츠는 링컨이 "변호사 생활로부터 단순히 고소득에 그치지 않고 그 이상의 많은 것을 얻어낼 수 있었다"고 결론지었다. 법은 그에게 "인간만사에 드러난 문제점 및 복잡성에 대한 드문 통찰력"을 부여했다는 것이다. 그리하여 링컨의 문학적 재능을 더욱 닦아주었고, 자신의 주장을 어떻게 구성할지, 또 질문을 할 때는 어떻게 해야 할지 등을 가르쳐줌으로써 "정확성, 정밀성, 그리고 뼈를 깎을 정도의 철저성이 가져다주는 장점"을 깨닫게 해 주었다는 것이다.[57]

토머스와 오츠가 그들의 전기에서 링컨의 변호사 생애에 관하여 보여준 시각은 영웅적 변호사에 관한 문화적 고정관념에 의존한 것이 아니었다. 이렇게 링컨의 변호사 생활을 다룬 내용은 질적으로 좀 개선된 것이 사실이었으나, 할애된 지면은 여전히 충분치 못했다.[58] 어떤 의미에서 링컨에 대한 전기는 변호사의 업무가 아닌 다른 분야에서 유명해진 변호사에 대한 전기와 별로 다르지 않다. "변호사에 대한, 또는 변호사에 의한 종전의 전기들은 변호사가 어떻게 먹고살았느냐에 관해서는 별로 이야기하지 않은 채 변호사의 다른 측면들만을 이야기했을 뿐임"을 법사학자인 로버트 고든Robert W. Gordon*은 주목했다. 만약 변호사가 판사나 정치가가 된다면 그에 대한 전기에서는 "앞 장에서 그의 변호사 생활에 대하여 잠시 소개하면서 그가 맡았던 사건들 중 유명하거나 악명 높은 재판들에 한하여서만 언급하는 것이 보통"이라고 고든은 말했다. 이렇게 변호사 생활에 대하여 무관심한 이유는 "변호사의 나날의 일상업무가 매우 사소해 보이고, 반복적으로 보이며, 그 일로 먹고사는 사람들에게조차도 매우 지겨운 일로 보이기 때문"이라는 것이 고든의 설명이었다. 존 애덤스 문서John Adams Papers**의 편집주간인 라이먼 버터필드Lyman Butterfield도 변호사나 판사에 대한 전기의 대부분이 그들의 정치적 생애에 주력하기 위하여 법률가로서의 생애에 관하여는 대충 다루고 지나갈 뿐임에 주목하고 있다.[59]

전기 작가들 대부분이 법조인으로서의 교육을 받지 못했다는 점 또한 링컨의 변호사 생활에 대한 관심을 희박하게 만드는 데 일조했다. 역사가 데이비드 도널드는 윌리엄 헌든에 대하여 쓴 전기에서 링컨의 변호사 생애에 대하여는 아직 제대로 된 연구가 없다고 하면서, 그 이유는 "이해하기 어려운 법률 용어 그 자체가 대부분의 학자들에게는 장벽의 역할"을 하기 때문이라고 말했다. 도널드는 "법률가들에게는 너무나 당연히 구분되는 부인traverse***과 방소항변demurrer, 직무집행명령Mandamus****과 신문영장quo warranto*****, 부동산real property과 동산chattels 간의 구별이 문외한에게는 도

---

* 예일대 로스쿨 교수.
** 제2대 대통령 애덤스(1735-1826) 관련 문서보관소. 보스턴의 "매사추세츠 역사학회" 내에 설치되어 있다.
*** 원고의 소장에서의 주장에 대한 피고의 부인denial을 의미하는 보통법상의 용어.
**** =We command. 공무원 등에게 그의 의무에 속하는 직무를 집행하라는 법원의 명령.
***** =by what right or authority. 특권을 행사하는 자에게 무슨 근거에서 그런 권한을 행사하는지를 신문하기 위한 영장.

저히 이해할 수 없는 것들"이라고 말했다. 도널드는 또한 남아 있는 기록들의 현황이야말로 링컨의 변호사 생활에 대한 연구를 어렵게 해 주는 것임을 지적했다. 법원 기록의 대부분은 일리노이 주에 산재하는 여러 법원에 흩어져 있었다. 그 기록의 대부분은 링컨에 관한 문서들이 소실되거나 또는 도난당함에 따라 지금은 불완전한 상태이다.[60]

링컨 연구가 분야별로 전문화되었다고는 하지만 아직은 링컨의 변호사 생애에 대한 관심의 부족까지도 극복할 수는 없었다. 제임스 랜들James G. Randall*은 1936년 링컨연구장학금에 기한 연구실적들을 조사해보고 나서 "링컨장학금에 기한 연구는 주로 아마추어 차원에 그쳤다"고 불평했다. 그렇다고 하여 랜들이 "역사 분야에서 제대로 훈련받은 학자들"이라면 링컨의 변호사 생활을 제대로 연구해 낼 수 있으리라고 암시한 것도 아니고, 변호사 업무라는 분야가 "자료를 찾아내는 작업과 그것을 정리하는 작업" 모두를 한꺼번에 해낼 수 있는 곳이라고 장담한 것도 아니었다.[61] 1979년 마크 닐리 2세는 랜들의 논문이 발표된 이래 링컨장학금에 기한 연구사업결과를 점검했다. 랜들과는 달리 닐리는 "아직 전문성이 지배하지 못하고 있는" 법사학 분야에서는 "기초작업"이 필요하다고 보았다. 그는 법사학이야말로 에이브러햄 링컨을 신선하게 이해하는 데 매우 고무적인 첩경이 된다고 보았다.[62] 흥미롭게도 닐리 자신은 1993년에 그가 출간한 링컨 전기에서 링컨의 변호사 생활을 거의 완전히 무시하고 있다. 그는 변호사 링컨에 관하여 겨우 2개의 문단만을 할애하고 있을 뿐이다. 닐리에 의하면 링컨의 "전문인으로서의 생애는 역사가에게 접근을 허용치 않고 있다"는 것이다. 그는 이런 이유가 주로 자료가 되는 문서들에서 비롯된다고 결론짓고 있다. 그는 또한 링컨의 변호사 생활에서 유래하는 문서들이 별로 정보를 제공하

* 링컨 및 남북전쟁을 전문으로 한 역사가(1881~1953). 일리노이 대학 교수 역임했다.

지 않는다고 불평한다. 첫째, 닐리는 재판에서의 변론을 그대로 기록한 것이 남아 있지 않으면 "그 사건의 재판이 워낙 떠들썩한 것이어서 신문들이 취재하여 기사화한 경우가 아니라면 법정에서 무슨 일이 일어났는지를 알아낼 길이 없다"고 믿었다. 둘째, 전쟁 전의 법률 시스템은 이제는 모두 폐기된 구식 법률 용어와 모호한 법률 형식들을 사용하고 있기 때문이라는 것이다.[63]

데이비드 도널드는 1948년 링컨의 변호사 생활에 관심을 가지는 연구자들이 직면하는 문서상의 문제를 정확하게 지적했다. 그러나 2000년대에 들어서서 『에이브러햄 링컨의 변호사 생활: 무삭제 전집판』이 발간되면서부터는 문서에 접근이 어렵다는 불만은 더 이상 제기할 수 없게 되었다. 10만 페이지가 넘는 이 법률문서들을 첨단기술로 전자데이터베이스화한 소장품은 일리노이 역사보존청에 의한 10여 년에 걸친 프로젝트의 절정판이었다. 이 링컨 연구 프로젝트로 인한 충격은 그 전자판본이 출간되기도 전에 벌써 피부로 느껴질 정도였다. 이 프로젝트에 관련된 연구자들은 수집과 접근 단계에서부터 벌써 그들의 연구실적을 공표하기 시작했고, 자신들의 파일을 로버트 브레이나 폴 버딘 같은 링컨 학자들에게 공개했다.[64] 2002년에 들어서면서 전집판의 기록들에 근거하여 링컨법률문서 프로젝트의 연구자들이 작성한 링컨 당시 일리노이 주의 가족법에 대한 연구논총이 출간되었다.[65] 링컨법률문서 프로젝트의 지원을 받은 연구자들이 쓴 연구보고서들은 링컨의 초기 전기 작가들처럼 링컨의 변호사 생애에 대하여 관심을 보이지 않고 등한히 하는 것이 이제 더 이상은 정당화될 수 없음을 보여주었다.

데이비드 도널드는 링컨법률문서 프로젝트에 의한 자료들을 이용한 최초의 링컨 전기 작가에 속하는데, 그는 "현재 미국에서 진행 중인 문서연구 프로젝트로서는 가장 중요한 것"이라고 칭찬했다. 비록 도널드가 자신의 링컨 전기를 링컨법률문서 프로젝트가 완성되기 여러 해 전에 이미 완성한 것은 사실이지만, 그 책은 이 프로젝트로부터 영향을 받았음을 보여주고 있다. "일리노이 주의 법조 직역profession 내에서는 최정상에 있었던" 링컨에 대하여 할애한 한 장chapter 분량의 내용은 "링컨법률문서 프로젝트의 파일들 속에 들어 있는 수백 건의 (그 당시) 아직 간행되지 않은 문서들"에 기초하여 작성한 것이었다. 도널드는 이 장에서 링컨의 변호사 업무에 관한 좀 더 완벽한 시야를 제공할 수 있었다. 그래서 도널드는 종전의 전기 작가들이 무시했던 사건들을 포함시킬 수 있었다. 그는 순회법원에서 다루어진 사건들 중 "사건 당사자를 제외하고는 다른 어느 누구도 별로 관심을 기울이지 않거나 결과에 대한 이해관계를 가지지 않을" 사건들의 예를 보여주었다. 도널드는 또한 링컨이 변호사로서 성장하는 과정에 대한 매우 유익한 통찰력을 보여주었다. 예컨대, 그는 링컨이 소장이나 답변서pleadings의 작성 방법을 스스로 어떻게 진화시켰는지를 눈여겨보았다: "링컨이 더욱 경험을 쌓아 가면서 그는 형식주의의 타성과 군더더기를 과감히 벗어던졌고, 그의 소장declarations은 간명함의 극치"를 이루게 되었다는 것이다.[66]

그러나 다른 링컨 연구자들은 링컨의 변호사 생애에 대하여 여전히 별다른 관심을 보이지 않고 있다. 예컨대 윌리엄 기냅William E. Gienapp*은 그의 링컨 전기에서 대체로 링컨의 변호사 생활에 대한 언급을 회피하고 익숙한 길을 갔다. 즉 그는 에피 애프턴 사건, 일리노이 센트럴 세금사건, 더프 암스트롱 살인사건, 그리고 매니 리퍼 사건 등 4건의 상투적인 사건에 대하여 간단히 언급하거나 약간 내비치는 말을 한 정도로 그친 것이다. 링컨의 변호사 생활에 관한 지난 10여 년간의 연구실적들을 일절 무시한 채 기냅은 비버리지가 거의 75년 전에 지목했던 똑같은 사건들에만 조명을 비추었다. 그리하여 기냅은 링컨이 순회법원을 쫓아다닌 것이 그의 정치적인 명성을

---

* 하버드 대학 역사학 교수.

고양시킴과 함께 그의 정치적인 재능을 또한 발달시켰다고 결론지었다. 순회법원 쫓아다니기는 "링컨이 사람들을 만나고 인간의 본성을 터득하는 기회로서 비할 데 없이 좋은 기회를 제공"했다는 것이다.[67]

"워싱턴에 입성하기 전의 링컨"에 관한 한 가장 선두에 서 있던 더글러스 윌슨Douglas L. Wilson*마저도 링컨의 변호사 생활을 무시한 것은 의아스러운 일이다.[68] 『영광의 목소리: 에이브러햄 링컨의 변모Honor's Voice: The Transformation of Abraham Lincoln』라는 책에서 윌슨은, 링컨이 1831년부터 1841년까지 일리노이에서 보낸 초기시절을 살펴보고 있다. 그는 링컨이 변호사가 되기 위하여 법을 공부한 데 대하여는 상당히 자세하게 언급하면서도 변호사가 되고 나서 초기에 변호사 스튜어트나 로건과 동업한 것에 대하여는 전혀 언급하지 않고 있다. 윌슨이 변호사로서의 링컨에 관하여 언급하고 있는 유일한 경우는 "자신의 고객 쪽에 분명히 과실이 있는 경우에 링컨은 눈에 띄게 제대로 변론하지 못했다"고 회상하는 헌든의 제보자들Herndon informants**의 이야기를 전달할 때에 한한다. 윌슨은, 링컨이 "기록상 대부분 승소"한 실적에 비추어보면 그런 이야기는 일반적으로 진실일 가능성이 적지만, "어떤 사건에서는 자신의 의뢰인을 충분히 효과적으로 대변하지 못했다는 사실은 그의 가까운 친구들에 의한 그런 이야기들의 진실성을 뒷받침하기에 충분한 증거가 된다"고 생각했다.[69] 윌슨은 링컨의 이런 특별한 측면이 변호사를 고용된 총잡이라고 비판하는 데 대한 효과적인 반박이 된다는 점에 의문을 던지지 않고 있다. 윌슨은 또한 링컨의 변호사 생활 기간 중 과연 이런 비효율성이 있었다면 왜 실제로 그것에 주목한 사람들의 기록이

---

* 녹스 대학의 링컨연구센터 소장. 링컨에 관한 저서 『Honor's Voice: The Transformation of Abraham Lincoln』으로 퓰리처 상 수상.

** 헌든은 링컨이 암살된 지 23년이 지난 1888년에야 『링컨회고록』을 발간했는데, 그것은 그의 게으름 때문이기도 했지만, 그 기간 중 그는 링컨이 생전에 접촉했던 다수의 사람들과 면담, 서신 왕래 등을 통하여 자료를 수집해둔 것도 사실이다. Herndon's informants는 이런 사람들을 가리킨다.

없는지에 관하여도 의문을 제기하지 않고 있다.

변호사들이 보는 링컨

에이브러햄 링컨은 미국의 법조 직역에서 가장 위대한 영웅 중의 한 사람으로 꼽히고 있다. 1980년대와 1990년대에 법조 직역의 대중에 대한 이미지가 전례 없이 바닥으로 떨어졌을 때 변호사들은 링컨의 이미지를 이용하여 자기들의 실추한 이미지를 되살려보고자 시도한 적이 있었다.[70] 변호사들은 링컨의 법률가로서의 배경을 과도하게 강조함으로써 자기들의 직역의 정당성을 얻고자 추구한 것이었다. 변호사들이 대중에게 주는 나쁜 이미지를 논하는 텔레비전 프로그램에서 하버드 대학교 로스쿨의 앨런 더쇼위츠 교수는 법조 직역을 옹호하기 위하여 먼저 영웅적인 변호사로서의 링컨의 이미지를 눈에 띄게 강조했다.

> 자, 영웅은 분명히 있습니다. 우리는 에이브러햄 링컨으로부터 시작해서, 그리고 그 이전에도 생명의 위험을 감수한 변호사들이—서긋 마셜Thurgood Marshall*이 그런 사람 중 하나였지만—변호사 자신을 위해서가 아니라, 짓밟히고 가난하고 대변자가 없는 사람들을 위하여 정의를 구현하겠다며 모든 것을 희생한, 오랜 전통을 가지고 있습니다.[71]

더쇼위츠는 변호사로서의 링컨이 (대통령으로서의 링컨에 대립하는 측면에서) 행했다는 영웅적인 변호사 업무가 정확히 무엇이었는지는 설명하지 못했다.
더쇼위츠는 법조 직역에서 "링컨 끌어들이기"를 시도한 유일한 사람이

---

* 연방대법원 최초의 흑인 대법관(1908~1993).

아니다.[72] 1991년 3월에 간행된 『미국변호사협회지ABA Journal』의 표지는 현대의 법률사무소에서 일하고 있는 링컨의 모습을 보여주고 있다. 거기에는 또한 실제로 링컨이 그런 말을 했다는 기록은 없어도, 링컨이 그렇게 말했다고 자주 인구에 회자되는 표어를 보여주고 있다: "변호사의 시간과 자문advice은 그의 장사 밑천이다."[73] 이 표지는 미국변호사협회 회원들에게 무척 인기를 끌어서 협회는 그것을 나중에 포스터 용으로 추가인쇄해서 배포할 정도였다.[74] 에이브러햄 링컨은 미국 법조 직역에서 글자 그대로 포스터 모델이 되어버린 것이었다.

필라델피아의 변호사이던 제롬 시스택은 자신이 미국변호사협회의 협회장으로 선출되기 전에 법률정기간행물과 주변호사협회지에 변호사 링컨을 주제로 하는 5편의 논문을 실었다.[75] 링컨에 관한 시스택의 주장은 종전의 협회장들보다 온건했다. 그는 "링컨이 역사에서 차지하는 위치는 변호사로서의 능력에서 나오는 것이 아니라 인간으로서의 품성과 대통령으로서의 독창적인 업적에서 유래하는 것이다. 그러나 그는 여전히 우리 협회가 자랑할 만한 변호사였다"고 주장했다.[76]

링컨으로의 쏠림 현상은 충분히 이해할 만하다. 변호사들은 비열하다는 이미지를 대중에게 풍기고 있다. 이에 반하여 링컨은 거의 성자 같다. 변호사들이 링컨에게 쏠리는 이유는 그가 대통령이 되기 전에 변호사였다는 동류 의식과 링컨이 액막이 부적과도 같은 역할로 자기들에게 도움을 줄 수 있으리라는 기대에서이다. 변호사들은 이렇게 변호사 링컨의 특정한 이미지, 즉 경쟁이라는 난장판에서 초연한 시골 변호사, 단지 자기 의뢰인의 승리만을 바라지 않고 정의를 추구하는 변호사라는 이미지에 끌리는 것이다. 분쟁의 대체해결책Alternate Dispute Resolution*들이 생겨나면서 변호사들과 법

＊ 분쟁을 법원소송 이외의 중재, 조정, 화해, 협상 등에 의존하여 해결하는 방법.

학교수들은 링컨이 "고객에게 소송을 단념케 하라"고 변호사들에게 해준 충고를 자주 인용한다. 화해로 이끄는 사람이 될 경우 변호사는 좋은 사람으로 칭찬받게 될 최고의 기회를 얻게 된다. 그렇게 하더라도 먹고살거리는 여전히 얼마든지 있기 때문이라는 것이다.[77]

미국 변호사들의 지위에 걸맞은 윤리성role morality을 논하는 현대의 비평가들 또한 링컨을 꽤 좋아한다. 예컨대 법윤리학자인 데이비드 루번은 링컨을 "변호사로서 부도덕한 역할을 거부"한 변호사의 표본으로 거론하고 있다. 루번은 윌리엄 헌든의 링컨 전기에서 재탕된 어느 장면을 지적하고 있는데, 거기에서 링컨은 자기를 찾아와 사건을 맡기려는 사람에게 만약 자기가 그 사건을 맡으면 600달러의 채권을 빙자하여 "모든 이웃들을 얼간이로 우롱하는 셈이 되며, 과부가 된 어머니와 아버지 없는 여섯 자녀에게 엄청난 고뇌를 안길 것"이라는 이유에서 사건 수임을 거부하고 있다. 이 이야기를 헌든에게 알려준 제임스 로드라는 사람에 의하면, 링컨은 그때 그 의뢰인에게 "법적으로는 옳더라도 도덕적으로는 옳지 않은 일이 있음을 기억하세요"라고 말했다는 것이다. 루번은 "링컨이 '법적으로는 옳다고 해서 반드시 도덕적으로도 옳은 것은 아니라는 점'이 매우 중요한 진리라고 생각했던 듯하다. 그것은 자신에게 법적인 권리가 있더라도 그것을 행사하는 것이 도덕적으로도 반드시 항상 용납될 수 있는 것은 아님을 보여준다. 여기서 링컨은 변호사가 어떤 사람으로 하여금 법적 권리를 행사할 수 있도록 도와주는 것이 항상 도덕적으로도 반드시 용납되는 것은 아닐 수도 있음을 분명히 보여주고 있는 것"이라고 결론짓고 있다.[78]

루번이 이렇게 단 하나뿐인 의심스러운 일화에 의존하고 있는 것은 매우 의미심장하다. 역사가인 돈 페렌바허와 버지니아 페렌바허는 링컨의 일화에 대한 회고담들에 대한 연구에서 이 말을 전했다는 로드—그들은 이 사람이 스프링필드의 인명부에 "토핑 박사의 체질개선용 시립판매업소 주인"

으로 올라 있었다고 빈정대듯 지적하고 있다—의 말은 "그 자체로서 믿기 어려우며," 또 믿을 만한 근거도 없다고 평가절하하고 있다.[79]

전기 작가들이 링컨의 변호사 생애에 대하여는 서둘러 지나쳐버리는 경향이었음에 반하여, 변호사들은 변호사 링컨을 뿌듯한 자부심으로 응시하고 있다. 법률 서적의 저자들에게는 링컨의 변호사 생활이 매우 애호되는 주제들 중의 하나였다. 수많은 대통령이 링컨처럼 변호사 출신이었으나, 다른 어느 변호사 출신 대통령도 링컨처럼 변호사들의 주목과 관심을 끌지는 못했다. 변호사로서의 링컨을 다룬 저서 5권의 저자들은 모두 변호사였으며, 그뿐 아니라 변호사협회지에는 무수한 링컨 관련 논문들이 실렸고, 변호사협회의 모임이 있을 때마다 링컨에 관하여 무수한 연설이 행해졌다. 변호사들은 변함없이 링컨이 전형적인 변호사였다고 주장해왔지만, 이러한 전형성에 관한 이유는 자주 변해왔다.

변호사들이 개척지의 영웅이자 위대한 해방자인 신화적 링컨에 매료되었음에는 의문의 여지가 없다. 변호사들은 링컨이 시골 변호사 생활을 거치지 않았더라면 위대한 해방자가 될 수 없었을 것이라고 단언하고 있다. 변호사들이 변호사 링컨에 대하여 쓴 수많은 논문이나 연설은 대통령으로서 링컨의 위대성을 법률가로서의 배경에 돌리고 있다. 1925년 에드워드 폭스는 펜실베이니아 변호사협회의 모임에서 "변호사로서 뛰어난 링컨의 능력"이 "정치가로서의 성공을 위한 기초"가 되었으며, 그리하여 링컨을 "가장 사랑받는 대통령들 중의 한 사람"으로 만들었다고 연설했다.[80] 또 다른 연사는 1927년에 미네소타 주 변호사협회 회원들에게 링컨이야말로 "변호사대통령 겸 변호사정치가로서 가장 부각되는 사례"라고 말했다.[81] 1905년 오클라호마 주 변호사협회의 전임 협회장은 "대통령 링컨-해방자 링컨-웅변가 링컨-정치가 링컨은 법정에서 변호사 링컨으로서 단련받음으로써 그의 위대한 능력, 지혜, 그리고 덕성을 기를 수 있었다"고 결론지었다. 변호사들은

또한 변호사 링컨의 정직성과 덕성을 법조 직역 전체를 대변하는 상징이라고 추켜세웠다.[82]

이렇게 링컨의 긍정적 문화 이미지를 고양시키려고 하는 시도에 덧붙여, 현대의 변호사들은 순회법원을 쫓아다니는 시골 변호사의 소박하던 시절에 대한 향수로 인하여 링컨에 매료되는 경향이 있다. 링컨에 대한 이런 식의 관심은 법조 직역이 심대한 변모 과정을 거쳐야 했던 세기말에 특히 두드러졌다.[83] 단독으로 사무실을 차렸던 변호사들은 대규모 로펌들이 생겨나면서 밀려나기 시작했다. 법정출입 변호사들은 회사의 이사회에 출석하는 법률 고문들에게 또한 밀려나게 되었다. 이런 변화로 인하여 잔뜩 불안정한 시기에 시골 변호사로서의 링컨의 이미지는 변호사들에게 자신감을 되찾게 해 주고 과거의 영화를 지향하게 하는 기능이 있었다.[84] 제롤드 아워바흐 Jerold Auerbach*는 이런 계통의 문헌들을 섭렵한 끝에 "마치 어린 학생들이 올드 히코리Old Hickory**와 데이비 크로켓Davey Crockett***의 이야기를 소중히 여기듯, 변호사들은 링컨의 추억을 가슴 깊이 간직하고 있음"을 발견해 내었다. 변호사들에게 링컨은 "자신감 있고 강인한" 시골 변호사의 상을 보여주면서 또한 "도시화 및 산업화 이전의 보통사람들의 변호사" 상을 보여주었다.[85] 20세기 내내 변호사 링컨은 변호사협회의 만찬연설이나 협회에 실리는 논문에서 여전히 화젯거리였던 것이다.[86]

링컨의 변호사 생애에 관하여 5권의 책이 출간된 것은 이렇게 변호사들이 링컨에 매료된 데 기인한다. 링컨의 변호사 생활에 관하여 책을 쓴 변호

---

* 웰슬리 대학 역사학 교수.
** 미국 제7대 대통령 앤드루 잭슨이 군지휘관 재직시 정부에 의한 군대의 해산명령을 거부하고 군대를 거느리고 테네시 주로 귀환하면서 엄격한 규율 하에 행군함으로써 얻게 된 별명. 히코리(호두나무과) 나무처럼 꿋꿋하고 강인하다는 뜻.
*** 미국 건국 초기의 전설적 모험가, 개척자, 이야기꾼, 군인, 정치인(1786~1836) 엘알라모티 Alamo 전투에서 전사.

사는 누구를 가릴 것 없이 그동안 링컨의 전기를 쓴 작가들이 링컨의 변호사 생활을 간과해왔다고 지적함으로써 자기들의 저작을 옹호했다. 링컨의 변호사 생활에 관하여 1906년에 처음으로 본격적인 연구서를 발간한 프레더릭 트레버 힐은 "지금에 이르기까지 아무도 위대한 대통령의 변호사 생애에 관하여 총정리하려는 시도를 한 적이 없다"고 지적했다. 그 10년 후에 책을 쓴 존 리처즈는 링컨의 "전기 작가들이 법정에서의 그의 생애를 주제로 거의 아무 말도 하지 않았음"을 또한 지적했다. 1936년에 앨버트 월드먼은 링컨의 "전기 작가들이 극소수의 예외를 제외하고는 링컨의 변호사 생애에 관하여 단지 잠깐 스쳐 지나가는 언급 정도로 충분하다고 생각했다"며 불평했다. 존 더프는 그의 저서 『에이브러햄 링컨, 초원의 변호사A. Lincoln, Prairie Lawyer』(1960)가 "링컨에 관한 문헌학에서의 절박한 필요"에 대한 응답이 된다고 믿었다. 존 프랭크는 1년 후 "가장 훌륭하고 가장 간명한 링컨의 전기들은 변호사 생애에 관하여 단지 한두 개 정도의 장chapter만을 할애하고 있을 뿐"임을 강조했다.[87]

변호사들은 링컨의 변호사 생활이 위대한 의미와 중요성을 지닌다고 강조하는 데 결코 주저하지 않았다. 월드먼은 "링컨의 법정 수업은 그에게 주어진 막중한 임무를 감당할 수 있도록 그를 준비시키고, 형성하고, 또한 질적으로 향상시켰으며, 그에게 위기로 인해 초래된 전례 없는 헌법차원의 문제들을 감당할 수 있도록 했다"고 주장했다. 리처즈는 링컨의 "변호사로서의 위대성이 그를 위대한 대통령으로 만들었다"고 주장했다. 힐은 미국이 1860년에 링컨을 대통령으로 뽑은 것은 미국을 위하여 다행한 일이었다고 생각한다면서 그 이유로 "시대가 변호사를 요구"했기 때문이라고 덧붙였다. 링컨의 변호사 생애에 관하여 책을 쓴 5명의 변호사는 모두가 "이러한 전문 직역에서의 여러 해에 걸친 링컨의 활발한 활동이 그 후의 생애에 미친 영향은 아무리 평가해도 부족할 정도"라는 결론에 일치했다.[88]

뉴욕 변호사로서 부동산법과 거래법 분야의 권위자이던 프레더릭 트레버 힐 변호사는 링컨의 변호사 생활에 관하여 최초의 책을 쓴 사람이다. 그는 책을 많이 썼는데, 그중에는 『부동산의 관리The Care of Estates』(1901)라는 법 기술적인 논문이 있고, 또 법률을 배경으로 한 소설들이 있다. 힐의 저서인 『변호사 링컨Lincoln The Lawyer』(1906)은 힐의 저서 중 "저자로서 뛰어난 공헌"을 한 작품이라고 평가되어왔다.[89]

힐 변호사는 여느 링컨 전기 작가들이나 마찬가지로 링컨의 변호사 생애에 관한 연구에서는 뭔가 도덕적으로 배울 만한 교훈거리가 있다고 믿었다. 링컨은 옳지 않은 일을 위하여 변호하지 않았으며, 법률 기술을 가지고 잔재주를 부리지도 않았다는 것이다. 링컨이 "의로운 일이라고 믿으면 그는 참으로 대항하기 어려운 적수"였다는 것이다. 링컨은 "일상의 법률업무에서 최고의 윤리기준을 지킬 수 있는 용기와 품성을 지니고 있었으며", 그래서 그는 "이 직역에서 가장 앞선 자리를 차지할 만한 자격이 있었다"는 것이다. 링컨은 "이상을 몸으로 체현했으며, 그리하여 이상이 현실로 될 수 있음을 보여 주었다. 그의 모범은 인간으로서의 인격이 떨어지면 변호사로서의 평판 또한 실추된다고 믿는 수많은 변호사들에게 영감을 주고 격려가 된다"는 것이었다. 힐 변호사는 욕심 많은 악덕 변호사의 전형을 잘 알고 있었다. 그러나 링컨은 그 틀에 맞지 않았다. 링컨은 인격을 갖춘 사람이었던 까닭에 위대한 변호사가 된 것이었다.[90]

힐은 또한 링컨의 변호사 업무를 비교적 자세하게 다루었다. 힐은 링컨이 "인간의 본성을 꿰뚫어보는 예지"와 "표현의 단순명료함"으로 인하여 "일리노이 주에서 그 시대 최고의 전천후 배심원 상대 변호사"였다고 결론지었다. 힐은 또한 링컨의 상소심 업무에 관하여도 언급했다. 힐은 링컨을 연구한 다른 변호사들과 마찬가지로 링컨의 법적 경험이 "정치 분야에서 그의 행동의 지침"이 되었다고 믿었다. 힐은 링컨을 연구한 다른 변호사들과 마찬가지로 도대체 변호사 링컨이 어떻게 대통령 링컨의 바탕이 되었는지에 대하여는 모호하게 넘어가버리고 만다. 힐에 의하면 링컨의 간명한 문어체 또한 법정에서 터득했다는 것이다.[91]

시카고 변호사회의 회장이었던 존 리처즈는 『에이브러햄 링컨: 변호사-정치인Abraham Lincoln: The Lawyer-Statesman』(1916)에서 10년 전 힐이 제기했던 것과 대부분 똑같은 견해를 표명했다. 그러나 리처즈는 같은 이야기를 하더라도 좀 더 화려하고 허풍스러운 방식으로 했다. 즉, 위대한 대통령들은 모두가 변호사 출신으로서 대통령직을 수행하는 동안 "변호사로서의 경험과 수업이 헤아릴 수 없이 값진 역할"을 해주었다는 것이다. 변호사 출신이 아니면서도 위대했던 대통령은 조지 워싱턴뿐인데, 그는 자신에게 법률적 소양이 없음을 의식한 나머지 위대한 법률가인 알렉산더 해밀턴의 자문을 끊임없이 받았다는 것이다. 링컨은 "그의 세대에 속한 변호사 중 가장 훌륭한 변호사 중" 한 사람이라고 리처즈는 결론지었다. "진실로 변호사로서의 위대함이 그를 위대한 대통령으로 만든 것이다."[92]

앨버트 월드먼은 『변호사 링컨』(1936)이라는 책을 썼는데, 그 이유는 1937년이 링컨이 변호사회에 가입한 지 100년째 되는 해이고, "링컨이라는 인물은 미국 법조계가 미국 시민사회에 바친 최대의 공헌"이며, 그리고 "그의 법정에서의 23년간의 경험이 없었다면 그는 결코 미합중국의 대통령이 되지 못했을 것"이기 때문이다.[93] 월드먼은 책을 쓰기 위하여 상당한 연구를 했으며, 링컨의 변호사 생활에 대하여도 어느 정도 균형 잡힌 평가를 했다. 월드먼은 전기 작가들이 링컨을 "법기술로 잔재주를 부려 변호하는 것을 싫어하는 변호사"로 그려내는 것에 동의하지 않았다. 월드먼은 반대로 "그들의 이런 주장은 사실에 어긋나며, 우리가 입수해볼 수 있는 기록들에 비추어보더라도 너끈히 반박될 수밖에 없다"고 결론을 내렸다. 그는 또한 링컨이 "법의 기술적인 규칙 등에 놀라울 정도로 어두웠다"라는 헌든의 주장 또한 비슷한 맥락에서 배척했다. 월드먼은 링컨이 사건에서 승소하기 위하여 가능한 모든 법적 장치와 기술적 이점을 활용했음을 발견할 수 있었다. 월드먼은 링컨이 "그의 도덕적 감정과 충돌하는 사건들은 전심전력으로 변호할 수 없었다"는 초기 전기 작가들의 견해에 동의했으나, 링컨이 "하늘에서 내려준 정의의 사자라거나 법과 형평의 기사"라는 식의 주장에는 동조하지 않았다. 링컨은 "기민하고, 실용적이며, 사실에 충실한 현실주의자"였다는 것이다.[94]

월드먼은 또한 변호사의 전문 직역인으로서의 역할에 대하여 다른 사람들과는 견해를 달리함을 드러냈다. 링컨의 변호사 생애에 관한 종전의 연구자들은 링컨이 정의롭지 못한 사건을 방어하거나 편을 드는 데 무력했다는 견해에 동조해왔다. 그러나 월드먼은 링컨의 "융통성 없고 결벽주의적인 도덕성"을 오히려 비판했다. 링컨은 "너무 엄격하게 양심에 복종함에 따라 자기가 맡은 사건이 자신의 도덕 감정과 합치하지 않을 때에는 의뢰인을 위한 그의 능력이 약화되었다"는 것이다.[95]

월드먼은, 링컨이 "그에게 주어진 대통령으로서의 막중한 임무를 수행할 수 있었던 것은, 대통령으로서 그가 직면한 문제들이 일반적인 의미에서는 4반세기 동안 그가 변호사로서 다루어온 문제들에 비하여 단지 규모에 있어서만 훨씬 컸을 뿐 본질적으로는 크게 다르지 않았기 때문"이라고 믿었다. 링컨이 배심원들 앞에서 행한 변론은 그가 나중에 대통령으로 행한 연설과 차이가 없이 "분명하고, 알기 쉽고, 이치에 맞는 진술이었으며, 거기에는 정연한 논리와 정확하게 추론하는 능력"이 갖추어져 있었다는 것이다. 링컨의 정부 문서들 또한 그가 상소심에서 제출한 서류들처럼 "간단하고, 단순하며, 그리고 직설적"이었다는 것이다. 법은 링컨에게 변호사로서 실무상 필요한 기술적 지식만을 가르쳐준 것이 아니라 인간의 제도와 역사에 관한 통찰을 할 수 있도록 도와주었다는 것이다. 다른 어떤 전문 직역도 링컨

에게 "인간으로서의 삶과 조건과 몸가짐에 관한 더 나은 배경"을 제공해 줄 수 없었다는 것이다.[96]

링컨의 변호사 생활에 관한 최고의 책은 존 더프가 지은 『에이브러햄 링컨, 초원의 변호사』(1960)이다. 뉴욕 시에서 단독으로 개업하고 있던 더프는 이 책에서 링컨의 변호사 생애에 관하여 꽤 포괄적으로 전개하면서, 링컨이 맡았던 몇 개의 사건에 관하여는 사건별로 한 장씩 할애하여 자세히 취급하고 있다.[97] 더프는 헌든이든 링컨 전기 작가들이든 모두가 변호사 링컨을 잘못 알고 있었다고 믿었다. 전기 작가들은 링컨에 관하여 "윤색된 개념"을 가지고 있었으며, 그래서 변호사 링컨을 "성자의 후보"로 내세워 신화를 만들어내는 데 "엄청난 분량"을 할애했다는 것이다. 반면에 헌든은 링컨의 법에 관한 능력을 편파적으로 평가절하했다는 것이다. 헌든은 링컨의 사실심 업무를 피상적으로만 관찰한 나머지 그가 변호사로서 도달한 넓은 안목을 이해하지 못했다는 것이다. 헌든은 링컨 연구자들로부터 "배은망덕하고 말만 번지르르한 거짓말쟁이라고 비난받아도 마땅한" 사람이었다는 것이다.[98]

더프는 다양한 사실심 재판에 관하여 상세히 개진한 여러 개의 장들에 보태어 링컨의 상소심 업무 또한 강조했다. 링컨이 변호사로서의 가장 큰 영향력을 행사한 것은 순회법원에서가 아니라 주대법원에서였다는 것이다. 더프는 링컨의 변호사로서의 생애에 관한 설명을 링컨이 1860년 대통령에 당선되는 것에서 끝내고 있다. 더프는 링컨의 변호사 생활이 그의 대통령직에 미친 영향에 관하여는 별로 고려하지 않은 채 단지 변호사로서의 링컨이 판단력과 표현의 명징성, 그리고 기억에 남는 문장력을 발전시킬 수 있었다고 지적했을 뿐이다.[99] 더프의 저서는 그럼에도 불구하고 깊이가 없고, 법의 역사에 관하여는 무지하다는 오점을 남기고 있다.

이전에 링컨의 변호사 생애에 관하여 쓴 다른 변호사들처럼 더프 또한 링컨이 전형적인 변호사였다고 주장했다. 그가 링컨의 변호사 생애에 대하여 쓴 한 논문의 제목은 "이 사람은 변호사였다"이다.[100] 링컨의 변호사 생애에 관하여 쓴 다른 변호사들과는 달리 더프는 링컨이 단지 정직하고 올바른 의뢰인들만을 대변했다고는 주장하지 않았다. 링컨은 정당하지 못한 사건도 대리했으며, 의뢰인의 목적에 합당할 경우에는 잔재주를 부리는 방어방법도 사용했다는 것이다. 맷슨 사건에서 링컨이 노예소유주의 이익을 대변한 것이 "마지못해" 한 것은 아니었다는 것이다. 링컨은 "높은 수준의 법률적 수완"을 발휘했다는 것이다. 종전의 전기 작가들은 링컨이 정당하지 못한 사건을 대변하기를 거부함으로써 변호사로서의 도덕적 의무를 완수했으며, 또한 그렇기 때문에 전형적인 변호사였다고 주장했다. 종전의 전기 작가들은, 링컨은 "의뢰인에 대한 의무와 사회 및 진실에 대한 의무를 항상 구분할 줄 아는 도덕적 책임감"을 지니고 있었다고 찬양했다.[101] 더프는 링컨이 의뢰인을 대변할 때 의뢰인의 옳고 그름을 따지지 않고 열심히 변호함으로써 변호사로서의 법적 책무를 완수했으며, 또한 그렇게 함으로써 링컨은 전형적인 변호사가 되었다고 주장했다.[102] 더프는 스스로가 형사법을 다루는 사람으로서 "변호사의 도덕성은 의뢰인의 도덕성과 구별되어야 하며, 또한 거기에 휩쓸려서는 안 된다"고 하는 대부분의 변호사들의 공식적인 견해에 동조했다. 현대의 미국 변호사들을 지배하는 윤리 개념은, 변호사들은 도덕적으로 면책되어야 한다는 독특한 주장에 바탕을 둔 당사자주의 윤리관 adversary ethic*이다.[103]

더프가 책을 낸 지 1년 후 존 프랭크는 『변호사로서의 링컨Lincoln as a Lawyer』 (1961)이라는 책을 냈다. 프랭크는 1940년 위스콘신 대학교에서 법학박사 학위를 받고 연방대법원의 휴고 블랙 대법관 밑에서 재판연구원으로 근무했었다. 이미 1954년에 프랭크는 그 당시 발간된 링컨의 연설집은 "변호사

---

* 의뢰인이 꼭 옳지는 않더라도 의뢰인의 승리를 위해 최선을 다하는 것은 윤리적으로 잘못이 없다는 뜻이다.

가 동료라는 안목 하에서 읽을 경우 일반인이 읽는 경우와는 약간 다르게 보일 수도 있음"에 착안했다. "만약 법조인이라는 전문 직역인의 눈을 가지고 링컨을 읽는다면 어느 변호사라도 그 책에서 배울 점이 있을 터"였다.[104] 이에 따라 프랭크의 책은 엇갈리는 반응들을 불러일으켰다. 데이비드 데이비스에 관한 연구서의 저자인 윌러드 킹은 "원래 이 분야에는 쓰레기가 넘치는데, 이 책은 링컨 관련 문헌 중 새롭게 나타난 저질"이라고 말했다. 킹은 프랭크가 링컨에 관하여 아무것도 모른다고 생각했다. 프랭크는 "링컨에 관한 문헌들을 전혀 읽어보지 않은 사람"이라는 것이었다. 그러나 『미국법사학회지American Journal of Legal History』에 실린 서평은 이 책이 매우 뛰어난 전기라고 칭찬했다.[105]

프랭크는 더프나 마찬가지로 19세기의 법문화를 이해하는 데 실패한 감이 있다. 그 책에서 프랭크는 변호사로서 링컨의 행동을, 현대의 법이 1840년대의 일리노이 주법이나 마찬가지일 것이라는 전제 하에서 자주 비판했다. 다른 측면에서는 프랭크의 접근방법 또한 더프의 것과 유사하다. 프랭크는 니콜라이와 헨리가 만들어낸 법기술로 잔재주부리기를 거부하는 링컨의 이미지를 "어리석음"이라며 일언지하에 무시했다. 링컨은 법기술로 잔재주를 부리기도 했다는 것이다. 프랭크는 또한 변호사들이 링컨에게 "어떤 특별한 점수를 준다면 그것은 싸구려 감상주의가 될 것"임을 인식했다. 그럼에도 불구하고 프랭크는 링컨이 "그 시대와 장소에 비추어서는 뛰어나게 유능하고 성공적인 변호사로서 개척지의 법체계가 만들어낸 최고의 산물 중 하나"였다고 결론지었다.[106]

프랭크는 더프와는 달리 링컨의 변호사 생활이 1858년 미연방 상원의원 후보로서, 그리고 대통령으로서의 공적 생애에 미친 효과를 생각했다. 프랭크는 "링컨의 변호사 생애를 푸는 열쇠"는 그의 "사고방식의 직접성이었다. 그의 사고는 근본원리라고 할 수 있는 기본적 관념들 속에서 이루어졌다"

고 믿었다. 변호사 링컨의 "사고방식"이나 "마음쓰기"는 링컨이 대통령이 되어서 문제들을 분석하는 데도 또한 활용되었다. 프랭크는 또한 대통령으로서 링컨의 "특출난 성공"은 "그의 단순성의 소산이자 맡은 사건의 본질에 다가갈 줄 아는 능력"에 기인한다고 믿었다. 또한 미국 민중에게 대놓고 말할 줄 아는 재능 또한 큰 역할을 했다는 것이다. 링컨이 다년간 개척지의 순회법정에서 얻은 경험은 이러한 능력을 완성시켰으나, 그렇다고 하여 그것이 "그런 경험에서 피할 수 없이 생겨나는 부산물"은 아니었다고 그는 판단했다.[107]

링컨의 변호사 생애에 관한 문헌들의 질과 양은 그의 생애 중 다른 측면들에 관한 기록들과 비교할 때 빈약하다. 이런 불균형은 링컨에 대한, 그리고 변호사 일반에 대한 문화적 고정관념에서 유래하는 것이다. 링컨의 선거용 전기물에서부터 전기작가들의 본격적인 링컨 전기에 이르기까지 모두가 링컨의 변호사 생애에 관하여는 이를 지나쳐 버렸던 것이다. 이들 작가들은 변호사에 대한 부정적 이미지를 잘 알고 있었으므로 링컨을 그저 피상적으로 모범적 변호사로 그리는 것으로 만족했다. 이런 이미지는 전쟁 전의 소설들에 나타나는 모범적 변호사의 상과 일치했다. 20세기에 접어들어 역사 연구에도 분야별 전문화가 진행되면서 링컨의 변호사 생애를 다루는 방법은 어느 정도 개선되었다. 그러나 그것은 여전히 불만스러운 상태로 남아 있는데, 그 이유는 링컨이 대통령이 되기 전의 생애라는 측면에 대한 관심 부족과, 전기 작가들의 법률적 소양 부족과, 문서에 대한 접근의 어려움에 기인한다. 변호사들 중에서도 변호사 링컨에 대하여 상당한 관심을 기울여왔으나, 이런 관심은 일반적으로 변호사들이 링컨의 이미지를 사물화하려는 시도에서 비롯되었을 뿐이다. 변호사들은 항상 링컨이 전형적인 변호사였다고 주장해왔지만, 그들이 지니고 있는 전형적인 변호사의 개념은 시대를 두고 변모해온 것이다.

2장
휘그파 변호사의
수습 과정

누구에게나 제약 없이 기회가 주어지는 사회를 꿈꾸는 미국인들에게는
법조인이나 의사 같은 엘리트 직역의 문호도 넓게 열려야 했다.
변호사 자격에 관한 일리노이 주법은 최소한의 자격 기준만을 요구함으로써
법조 직역의 폭넓은 문호개방을 장려했다.
첫째, "선량하고 도덕적인 됨됨이에 관하여 카운티 판사의 증명"을 받으면 되었다.
둘째, 그는 주대법원 판사 두 사람으로부터 면허를 받으면 되었다.
셋째, 선서를 하고 나면 대법원의 서기는 그를 변호사 명부에 등재시켜주었다.
링컨은 법조지망생들에 대한 이런 개방적 자세 덕을 톡톡히 본 것이다.

변호사 출신의 정치인들이 넘쳐나는 이 시대의 눈으로 보면 링컨이 법률과 정치라는 복수의 생애를 추구한 것은 표면상 전형적 추세로도 보일 수 있다. 그러나 그 시대 대부분의 변호사 출신 정치가들과는 달리 그는 먼저 정치가가 되고 나서 그 후에 변호사가 되었다. 그의 법률 공부는 전쟁 전의 변호사들 대부분이 받은 연수 과정과 엇비슷했지만, 대부분의 다른 변호사들과 달리 그는 법률사무소에서 수습 과정을 거치지 않았다. 그의 교육이나 훈련은 일리노이 주의 저명한 변호사들 대부분이 대학이나 로스쿨에 다녔다는 점과 비교할 때 매우 이례적이다. 이렇게 링컨이 최소한의 준비만으로 변호사가 된 것은 그의 법률수업이 변호사 생애 전반에 걸쳐 행해졌음을 의미했다. 변호사가 되고 나서 링컨은 필요할 때만 법률책을 읽었다. 그러나 그는 법률문제에 대한 해답을 얻기 위하여 필요할 때에는 손에 닿는 자료들을 충분히 활용할 줄 알았다. 그의 변호사 생애가 끝나갈 즈음에는 변호사가 되려면 로스쿨을 다니거나 변호사 사무실에서 수련 과정을 거치는 것이 일반적인 현실로 됨에 따라 링컨처럼 독학으로 공부하는 것은 매우 이례적인 현상으로 되어버렸다. 그러나 그것만으로는 링컨이 1850년대에 들어서서도 변호사 지망생들에게 자신이 1830년대에 했던 식으로 공부하라고 조언하는 것을 그만둘 이유는 되지 못했다.

정치와 법

연방하원의 의정 단상에서 우정계약과 관련한 조치가 애매모호하다고 따지던 중 에이브러햄 링컨은 법률의 해석과 관련하여 문제를 제기했다. 그는 잠시 쉬었다가 자기 말이 옳은지를 확인하기 위하여 "원내에 변호사들이 있으면(분명히 몇 사람 있다고 생각되지만) 물어보겠다"고 발언했다. 『의사록 Congressional Glove』*은 링컨의 방백이 있자 장내에 웃음이 일었다고 기록하고 있다.[1] 물론 원내에는 "약간의" 변호사들이 있었다. 링컨이 하원의원으로 봉직할 당시 하원의원 3분의 2가 변호사였던 것이다. 변호사들은 또한 상원도 점거하여 1845년 미합중국 상원의원의 95%가 법률 교육을 받은 사람들이었다.[2] 변호사 출신 정치인들이 미국의 정치를 주무를 때 링컨 자신도 같은 부류였던 것이다.[3]

전쟁 전의 많은 변호사들은 그들의 변호사 업무를 진작시키기 위하여 정치에 입문했다.[4] 변호사가 공직을 얻을 경우 변호사의 잠재고객인 대중을 대상으로 광고 효과를 얻을 수 있었기 때문이다. 스프링필드의 변호사이자 링컨과 동시대의 사람이었던 제임스 컹클링James C. Conkling은 1840년대의 일리노이 변호사가 "정치에 나서서 경쟁하면 대중적으로 유명해져서 능력을 과시할 수 있는 기회가 제공되었다. 능숙한 토론의 기술은 변호사 직역에서 종사하는 사람들에게는 꼭 필요한 일"이었다고 회상했다.[5] 어떤 때에

---

* 1833년부터 1873년까지의 연방하원의 공식의사록. 현재는 "Congressional Record"라고 부른다.

는 선거에서 경선할 필요조차도 없었다. 일리노이 주 잭슨빌의 젊은 변호사였던 스티븐 더글러스는 일단 정치에서 명성을 얻고 나면 자신의 변호사 수입에도 도움이 됨을 알게 되었다. 한 번은 그가 정치연설을 하고 나서 반대편에 속하는 신문으로부터 "2~3주간에 걸쳐" 공격을 받았다. 더글러스는 평소 같으면 자기의 이름도 모를 유권자들로부터 1주도 안 되어 수천 달러를 모금한 돈상자를 전달받았다. 더글러스는 나중에 고백했다. "나의 적수들이 오히려 나에게 그런 서비스를 해주었다는 점에 묘미가 있다. 그래서 나는 한때 그 신문의 편집인이 나를 깎아내린 데 대하여 적어도 광고비 정도는 쳐주어야 하지 않을까 하는 도덕적 의무감에 매여보기도 했다."[6] 다른 일리노이의 변호사들은 그들의 "근소한 수입"을 보충하기 위하여 공직을 얻으려고 노력하기도 했다.[7]

1851년 어느 평자가 한 말에 의하면, 또 다른 변호사들에게는 법조 직역이라는 것이 돈을 버는 첩경이 아니라 "공인으로서 명성을 얻는 첩경이었다. 많은 사람들이 변호사업에 종사하는 것은 의무를 이행해서 그에 합당한 영예를 얻기 위해서가 아니라 공직을 얻기 위한 근거를 만들기 위해서였다."[8] 링컨의 법률사무소 동업자였던 윌리엄 헌든은 "링컨의 쉴 줄 모르는 야망은 오직 정치 분야에서만 만족을 얻을 수 있었다. 그는 법을 단순히 좀 더 매력적인 정치세계로 뛰어넘는 데 필요한 디딤돌로만 이용했다"고 믿었다.[9]

링컨은 1831년 뉴세일럼으로 이주한 뒤 얼마 되지 않아 법률책을 읽기 시작했다. 그는 곧 법률책을 읽는 데 그치지 않고 이웃사람들을 위하여 법률문서의 초안을 잡아주고 치안판사Justice of the peace* 앞에 나아가서 그들을 위하여 변론**해주는 일까지 진전했다. 뉴세일럼의 의사 제이슨 던컨Jason

---

* 가벼운 형사범죄나 소액민사사건을 담당하는 판사.
** 치안판사 앞에서의 변론은 허가받을 경우 비변호사라도 가능했다.

Duncan은 "그때 스프링필드보다 더 가까운 곳에는 변호사가 전혀 없었으므로 소송이나 법률문제가 생기면 링컨의 도움이 필요했고, 그는 자주 치안판사인 볼링 그린의 법정에 나아가 변론해주곤 했다"고 회상했다.[10] 뉴세일럼의 상인인 애브너 엘리스는 링컨이 "오래된 서식책을 한 권 가지고 있으면서 그의 친구들이나 이웃들이 요청할 경우 그 책을 이용하여 권리이전증서deeds*나 유언장, 그리고 여러 종류의 문서를 만들어주었다"고 기억했다.[11] 링컨이 이웃들에게 만들어준 초기의 법률문서들 중에는 1831년의 매매예약증서bond for title,** 1832년 뉴세일럼의 도선회사에게 "권리와 소유권"을 넘겨주는 권리이전증서bill of sale,*** 1833년 21.57달러짜리 약속어음금note 청구(제이슨 던컨에 대한) 소송에서의 소환장,**** 그리고 1833년 아니면 1834년에 작성된 3건의 부동산권리이전증서deeds 등이었다.[12] 1832년에 들어서서 링컨은 법 공부를 시작할까 생각해보지만, "더 나은 교육을 받지 않은 채로는 그 일에 성공할 수 없으리라"고 여긴 끝에 단념했다.[13]

링컨은 최초로 공직에 출마한 지***** 2년 후인 1834년의 선거운동 기간 중 법을 직업으로 선택하기로 결심했다. 링컨이 주의회 의원에 출마하여 선거운동을 하는 동안 생가먼 카운티 출신의 휘그당 의원인 존 스튜어트는 링컨에게 법을 공부하라고 격려했다. 같은 휘그당원이던 그는 나중에 링컨이 변호사가 되자 그를 자기의 동업자로 끌어들였다. 이런 일은 전쟁 전의 미국에서 이례적이 아니었다. 시카고의 인명부에 오른 25명의 법학도 가운데

---

　* 재산권에 관한 권리의 이전 문서이다. 보통법상 작성자의 서명과 날인 및 교부라는 요식 행위가 없으면 무효로 간주되었으나, 차츰 날인이 없어도 유효하다는 실질적 해석론으로 기울게 되었다. 현재는 성문법에서 이를 명시하고 있다.
　** 장래에 소유권을 이전해주기로 하는 약정.
　*** 동산에 한한다.
　**** 법원서기의 소환에 필요한 서면을 원고가 대필해주는 경우, 또는 원고가 직접 피고에게 소장을 송달하는 경우.
　***** 링컨은 1832년에 최초로 주의회 의원선거에 나섰다가 낙선했다.

4명은 법학 공부를 끝낸 후 자기들을 수습지도해준 변호사들의 동업자가 되었다. 전쟁 전의 뉴저지 주에 대한 연구결과 그곳에서 공직을 희망하는 사람은 나이 많은 변호사들에게 배우곤 했는데, 이는 후자가 전자를 위하여 두 개의 직역 모두에서 지도관 노릇을 해줄 수 있기 때문이었다.[14) 스튜어트는 어떤 점에서는 링컨에게 바로 이런 역할을 해주었던 것이다.

변호사 출신 정치인들은 변호사에 대한 적대적인 문화 속에서도 늘어나기만 했다.[15) 변호사에 대한 적대감은 특히 정치인인 변호사들에 대하여 심한 편이었다. 1843년에 조지아 주 출신의 독설가인 존 피츠는 미국은 변호사들이 아니라 농민들을 의회 의원으로 뽑아야 한다고 주장했다. 불행히도 이들 변호사들은 "주의 법률제조군단"이라는 이유였다. 즉, 변호사들은 사회를 규율하는 법을 "쓸데없이 장황하고 이해하기 어렵게 만들어 그런 법 아래서는 오직 자기들 이외에는 어떤 계층도 이해할 수 없고 제대로 사안에 맞게 적용할 수도 없기 때문"이라는 것이었다.[16) 매사추세츠 주의 민주당 의원이던 프레더릭 로빈슨은 1834년 "변호사들의 노동조합"은 마음먹고 공직을 독점하고 있다며 비슷한 주장을 폈다. 변호사들은 정기적으로 모여서 "사교적인 대화와 담합을 통하여 자기들 중 누가 정부의 주요 공직 선거에서 가장 당선에 유리할지를 결의"한다는 것이다. "이렇게 이 나라 전국에 걸쳐서 정규적으로 조직된 변호사들의 모임을 통하여 한 나라의 정부를 몽땅 그들의 손아귀에 넣고 뒤흔들고 있다"고 로빈슨은 말했다.[17)

테네시 주의 정치인인 앤드루 존슨은 나중에 링컨의 부통령이 되는데, 1851년 연방의회 선거전에서 그는 변호사들이 정부의 요직을 독점하고 있다고 공격했다. 존슨은 223명의 연방하원 의원 중 23명을 제외한 나머지 전원이 변호사라며 다음과 같이 주장했다. "미국의 노동자들은 무시당하고 있다. 노동자들은 유권자 인구의 절대다수를 점하고 있는데도 그에 비례하는 대표성을 인정받지 못하고 있다."[18) 그보다 더 초기의 연설에서 존슨은 법조 직역이 어떻게 하여 미국의 귀족계급으로 발전(이것은 토크빌이 칭찬한 것으로도 유명한 발전인데)했는지를 비판한 적이 있었다. 존슨은 변호사들이 영국의 법률책들을 읽음으로써 부패하게 되었다고 믿었다. 그리하여 변호사들은 자신의 정부보다도 영국 정부에 더 고마워한다는 것이다. 참으로 변호사들이 "민주주의에 관하여 떠들 수는 있겠지만 그것은 모두 공론일 뿐이고 오직 빈말의 성찬에 불과하다. 그들은 공장과 밭에서 일하는 사람들에 대하여 아무런 공감도 느끼지 않고 있다."[19]

그러나 대중의 변호사들에 대한 반감만으로는 변호사들의 정치 지배를 저지할 수 없었다. 링컨은 법률 강의를 위하여 작성한 노트에서 변호사들이 부정직하다는 대중의 생각은 "모호"한 것이라고 지적하면서 "대중이 변호사들에게 얼마나 신뢰와 존경을 보내주고 있는지"에 관하여 언급했다.[20] 더욱이 잭슨*이 변호사들의 "특권"에 대하여 공격할 때 그것은 변호사들에 대한 반감을 나타내는 것이었지만, 현실에서 변호사들이 양쪽의 정당 모두에 잔뜩 포진하고 있다는 사실은 어느 특정 정당을 비난할 수 없게 만드는 이유가 되었다. 『시카고 위클리 데모크래트Chicago Weekly Democrat』는 1847년의 일리노이 주 선거에서 "'우리에게는 변호사가 꼭 필요하니 상인 출신은 의회로 보내지 말자'는 여론의 요구"로 인하여 민주당이 하나의 의석을 잃었을 뿐임에 반하여, "변호사들에 대한 적대적 슬로건으로 인하여" 2명이나 되는 민주당원이 의석을 잃었다고 한탄했다.[21]

변호사에 대한 대중의 반감 외에도 변호사 출신 정치인들은 또한 법과 정치를 혼동하는 데 대하여 경고하는 엘리트층 변호사들로부터의 비판에 직면하게 되었다.[22] 켄터키 주의 변호사인 조지 로버트슨의 저서 『법과 정치,

---

* 미국 제7대 대통령(1829-1837). 그와 그의 추종자들은 민주당의 기치 아래 양당제를 본격화하고, 의회보다 행정부의 권력을 우선시켰으며, 선거권을 확대하고 엽관제를 지지했다.

인간과 시대에 대한 스크랩북Scrap Book on Law and Politics, Men and Times』 (1855)은 링컨도 한 권 보유하고 있었는데, 그 책에서 그는 "젊은 변호사가 자기의 직업에 충실하다 보면 유용하거나 뛰어난 정치인이 될 수 없다. 또 그런 정치인은 결코 쉽사리, 또는 편하게, 일류 변호사가 될 수 없다"고 경고했다. 그는 변호사들에게 정치의 유혹을 피하라고 권고하면서 법과 정치라는 쌍둥이 자매가 한 집에서 함께 살 수는 없다고 경고했다.[23] 오하이오 주의 판사인 티머시 워커는 신시내티 로스쿨을 졸업하는 학생들에게 "성공적인 변호사가 되기 위해서는 변호사 이외의 다른 것을 추구해서는 안 된다"고 충고했다. 그러나 워커는 정치입문에 대한 자기의 이 같은 경고가 아무 소용없었음을 시인했다; "합당한 이유를 따져보려고 하더라도 소용없는 일이지만, 대부분의 사람들은 정치라는 것에서 무언가 설명할 수 없는 매력을 느끼는 모양이오."[24]

링컨은 정치에 입문한 후에야 법조직역에 진입했다. 토크빌이 지적한 대로 대부분의 공인은 먼저 변호사로 개업했던 사람들이었다.[25] 이렇게 링컨의 결단은 의문의 여지없이 전쟁 전의 기간 중 법과 정치 간의 공생관계에 의하여 강화되었다.[26] 변호사로서 개업한다는 것은 야망을 가진 정치인을 대중의 눈에 띄게 해 주는 일이며, 더욱이 링컨과 같은 능력의 소유자에게는 안정적인 수입을 보장해주는 것이었다.[27]

전쟁 전 미국에서의 법률교육

대부분의 전쟁 전의 변호사들은 변호사 사무실에서 법률책을 읽음으로써 변호사 수업을 했다. 그렇지 않은 사람들은 최소한 로스쿨에서 교육을 받았다. 예컨대 시카고에서는 1831년부터 1850년까지 변호사 개업을 인가받은

44명의 변호사들 중 39명(88%)이 법률사무소에서 배웠으며, 5명은 로스쿨에 다녔다. 26명(59%)은 최소한 대학에서 교육을 받았다.[28] 1840년대 켄터키 주에서는 대부분의 지망생이 변호사 사무실에서 수습생으로서 교육을 받았다. 무작위로 뽑아 본 31명의 변호사 중 18명(58%)이 기성 변호사 사무실에서 법을 공부했고, 4명은 로스쿨에 다녔으며, 6명은 로스쿨에 다닌 뒤 법률사무소에서 훈련을 쌓았고, 2명은 순회법원 서기의 지도 하에서 법률 공부를 했으며, 1명은 마구 제작공으로 일하면서 독학을 했다.[29]

링컨의 동시대 사람들은 대개가 잘 닦인 길을 거쳐 변호사가 되었다. 그들은 대학이나 로스쿨에 다니거나 법률사무소에서 수습생으로 일했다.[30] 링컨의 최초 동업자가 된 존 스튜어트는 켄터키 주 댄빌에 있는 센터 칼리지를 졸업하고 켄터키 주의 리치먼드에서 대니얼 브렉 판사에게서 1년 이상에 걸쳐 법을 공부했다. 링컨의 두 번째 파트너인 스티븐 로건은 남부 켄터키 주에서 판사로 근무하던 삼촌 밑에서 법을 공부했다. 세 번째 동업자인 윌리엄 헌든은 1년간 일리노이 칼리지를 다니고 링컨의 법률사무소에서 서기 노릇을 했다. 데이비드 데이비스 판사는 케니언 칼리지를 다니고 법률사무소에서 법을 공부했으며, 뉴헤이븐 로스쿨에 다녔다. 링컨의 정치 후배이자 친구인 오빌 브라우닝은 오하이오 주의 오거스타 칼리지를 다니고 자기 삼촌의 법률사무소에서 법을 공부했다. 휘그당과 나중의 공화당에서 링컨과 함께 일한 엘리후 워시번은 메인 주 핼로웰에 있는 법률사무소에서 1년간 공부하고 나서 보스턴에 있는 법률사무소에서 공부하면서 14개월간 하버드 로스쿨을 다녔다. 휘그당에서 링컨의 절친한 동료였던 베이커는 일리노이 주 캐롤턴의 어느 변호사 밑에서 법을 공부했다. 또 다른 휘그당원인 존 하딘은 트란실바니아 대학을 졸업하고, 켄터키 주의 대법원 판사 밑에서 법을 공부했다. 휘그당 소속 의원이자 '토니카와 피터즈버그 간 철도회사' 사장인 리처드 예이츠는 일리노이 칼리지를 다니고 하딘의 법률사무소에서 공부했으며, 트란실바니아 법과대학에 다녔다. 스튜어트의 종전 동업자이자 자주 링컨과 사건을 공동수임한 헨리 더머는 보우딘Bowdoin 대학과 하버드 로스쿨의 졸업자였다. 제8순회법원구역의 법정을 쫓아다닐 때 링컨의 동반자였던 레너드 스웨트는 워터빌 칼리지를 3년간 다니고 메인주 포트랜드에 있는 법률사무소에서 2년간 법을 공부했다.[31]

데이비드 데이비스 판사가 공부한 뉴헤이븐 로스쿨은 학생들에게 블랙스톤의 『주석 영국법Commentaries on the Laws of England』(이하 『주석』으로), 켄트Kent의 『주석 미국법Commentaries on American Law』, 치티의 『주장과 답변Pleadings』, 그리고 크루즈의 『부동산법 요론Digest of the Law of Real Property』 등을 읽도록 요구했다. 1844년에 신시내티 로스쿨에서는 티머시 워커의 『미국법 입문Introduction to American Law』, 블랙스톤의 『주석』, 『치티의 계약법Chitty on Contracts』, 『스티븐의 주장과 답변Stephen on Pleadings』, 그린리프의 『증거법Evidence』, 스토리의 『형평법학Equity Jurisprudence』을 교재로서 읽도록 했다. 인디애나 대학의 법학과는 1843년에 2년 과정이었는데, 학생들에게 다음과 같은 10편의 법률문헌을 읽도록 요구했다. 블랙스톤의 『주석』, 『스토리의 주석 헌법Commentaries on the Constitution』, 『치티의 계약법』, 『스티븐의 주장과 답변』, 켄트의 『주석 미국법』, 『치티의 어음법Chitty on Bills』, 치티의 『주장과 답변』, 스타키의 『증거법』, 스토리의 『형평법학』, 그리고 스토리의 『형평법상의 주장과 답변Equity Pleading』 등이었다.[32] 더 나아가서 로스쿨들은 강의와 모의 법정을 과정에 포함시켰다.[33]

그러나 1830년대에는 변호사가 되고 싶다고 하여 아무나 로스쿨에 다닌 것은 아니었다.[34] 1830년에는 미합중국 내에 겨우 6개의 로스쿨이 있을 뿐이었다. 링컨이 1834년에 법 공부를 시작했을 때 7번째 로스쿨이 신시내티에서 운영에 들어갔다. 1840년에도 이 7개의 로스쿨에 재학하는 학생수는 모두 350명에 그쳤다.[35] 1850년이 되면 거의 24,000명의 변호사가 있는 나라에서 로스쿨 재학생들의 수는 400명에 그쳤다.[35] 이런 점에 비추어보면 링컨은 일리노이 주에서 로스쿨을 다니기가 불가능했을 것이다. 1830년에는 일리노이 주에 로스쿨이 없었기 때문이다. 일리노이 주에서 법학 교육은 뒤늦게야 시작되었다. 링컨이 변호사가 되기 위하여 법 공부를 하고 있을 때 애팔래치아 산맥의 서쪽에는 신시내티와 렉싱턴Lexington에 단 2개의 로스쿨이 있을 뿐이었다.[36]

전쟁 전의 지배적인 법학 교육은 법률사무소에서 공부하는 형태였기 때문에 19세기의 변호사로서 이런 경험을 가진 사람치고 자신이 겪은 수련 과정에 대하여 호의적인 말을 하는 사람을 찾기는 드물었다. 매사추세츠의 변호사인 조사이어 퀸시는 1832년 법률사무소에서의 수련 과정에 대해 "정규적인 지도는 전혀 없었다. 수습생이 법에 대하여 얼마나 알게 되었는지 그 진척도를 따지는 시험 또한 전혀 없었다. 강의 또한 전혀 없었다. 전반적인 집중도나 행실에 대한 감독 또한 전혀 없었다"라고 요약했다.[37] 메릴랜드의 저술가인 존 펜들턴 케네디는 그의 소설 『스왈로우 반Swallow Barn』(1832)에서 등장인물 중 한 사람이 법률사무소에서 공부하는 내용을 묘사하면서 "그는 리치먼드에 있는 변호사 사무실에서 3년간 시가를 피우면서 블랙스톤과 현행법을 조감할 수 있게 되었다"고 묘사했다.[38] 뉴욕의 변호사 토머스 클러크는 1840년 법률사무소에서 공부하는 학생들이 아무런 법률 교육을 받지 못하고 있다고 다음과 같이 불평했다. "대체로 말하자면 이런 수습생들을 자기 사무실에 배정받는 변호사들은 수습생들을 지도해주려는 시늉조차 하지 않는다. 지도에 대한 보수도 없는 상황에서, 그리고 자신들의 일상업무에 쫓기는 상황에서, 그들은 이런 의무를 수행할 시간도 없고 기분도 안 나는 것이다."[39]

변호사 지망생들은 법학 논문들을 읽는 방법으로 변호사가 되는 준비를 했다.[40] 법학 논문들이 다수 확산되면서 전쟁 전의 법학 교육의 실체를 형성했다. 늘어나는 이런 법률 관련 출판물 덕분에 변호사 지망생은 혼자서도 법을 배우기 쉬웠으며, 이것은 로스쿨의 성장에 방해가 되었을 것이다.[41] 어느 오하이오 주의 변호사는 1856년 다음과 같이 언급한 바 있다. "논문들과 『주석』 책들이 법의 각 분야에서 넘쳐나고 있으며, 그것이 분야별로 더욱 분화됨으로써 더 대중적인 법학 공부의 방법을 위한 수단이 되었고, 그리하여 법을 공부하는 사람에게 요구되는 수준을 훨씬 빨리 달성할 수 있게 해주었다."[42]

링컨의 수습과정

전쟁 전의 변호사들은 대부분 법률사무소에서 공부했고, 거기서 기록들을 베꼈다. 그러나 링컨은 전적으로 독학이었다. 그가 1860년에 자랑삼아 언급했듯이, 그는 "오로지 혼자 공부"했던 것이다. 1834년 8월의 선거* 후 "그는 스튜어트로부터 책을 빌려 집으로 가지고 가서 그때부터 진지하게 공부를 시작했다."**[43] 그 당시 스튜어트의 동업자였던 헨리 더머는 나중에 기억하기를 링컨이 "뉴세일럼으로부터 스프링필드로 와서…우리 사무실에 들러 책을 빌려 가곤 했다. 그는 별로 말이 없었고, 수줍어 보였으며, 얼굴에는 눈에 띄는 슬픔의 구석이 있었으나 일단 말을 시작하면 그런 그늘이 모두 사라지면서 강인함과 날카로움을 보여주었다. 그는 우리 사무실에 올 때마다 우리를 더욱 놀라게 하곤 했다"고 말했다.[44] 그러나 링컨은 법률사무소에서 수습 생활을 하는 수습생들과 무언가 공통된 점이 있었다. 어느 경우에나 그들은 기성 변호사들로부터 훈련이나 지도를 거의 받지 못한 채

* 링컨은 이때 최초로 일리노이 주의회 의원에 당선되었다.
** 링컨이 3인칭으로 쓴 선거용 자서전에서 인용한 글이다.

그저 똑같은 논문들을 읽었을 뿐이다.

링컨 시절에 생가먼 카운티에 살던 사람들 중 상당수는 대학 교육을 받았거나 로스쿨에 다닌 사람들이었다. 링컨은 자기가 "학교에 다닌 기간을 모두 합쳐 봐야 1년이 안 되었다"고 어림잡았다. 링컨의 친구인 조슈아 프라이 스피드는 생가먼 카운티의 링컨의 동료 변호사들이 모두 "제대로 교육 받은 사람들"이었다는 점에서 링컨과 그들을 차별화했다. 스피드는 이들 명사들이 "책을 많이 읽고 상당수는 매우 유능한 변호사들 밑에서 법을 공부"했다는 점에서 링컨과 대조된다고 말했다. 이에 비하여 링컨은 "책도 별로 읽은 것이 없이 법을 공부했을 뿐"이라는 것이었다. 링컨은 "생가먼의 둑위에 있는 그의 초라한 집에서 지도교사나 동료 학생도 없는 채로 공부했다. 그런 공부 끝에 그는 변호사가 된 것"이었다.[45]

링컨은 스튜어트와 더머의 사무실에서 책을 빌리기는 했으나 그들 사무실에서 서기로 일한 적은 없었다. 따라서 링컨은 그 사무실의 기록들을 베끼는 지겨운 일들을 하지도 않았지만, 그렇다고 해서 놓친 것은 거의 없었다. 1864년에 간행된 인터뷰 기록*에서 링컨은 다음과 같이 말한 것으로 알려져 있다. "나는 말 그대로 '법을 읽었다.' 즉, 나는 스프링필드에서 변호사의 서기가 되어 기록들을 지겹도록 베끼고, 다른 일들을 하는 짬짬이 법을 조금씩 익힐 수 있었다."[46] 그러나 후일 헌든은 링컨의 이야기가 진실하지 않다고 다투었다. 그는 한마디로 "링컨은 스프링필드나 다른 어느 곳에서도 법률사무소에서 서기로 일한 적이 없었으며, 어느 누구를 위해서도 지겨운 서류를 베낀 적이 없었다"고 말했다.[47] 입수된 자료들에 의하면 헌든의 말이 옳다고 보인다. 링컨이 그 당시에 작성한 것으로는 호손 대 울드리지 Hawthorn v. Wooldridge 사건에서 제출된 서면 이외에는 1836년 8월에 남을 위

---

* 걸리버 J. P. Gulliver라는 사람이 링컨의 대통령 재임 6개월 만에 백악관에서 링컨과 인터뷰했다는 기록.

해 작성해준 유언장이 현재까지 남아 있을 뿐이다.[48]

링컨은 이런 이례적인 공부 방법을 통하여 법률사무소 수습 과정에서의 불리함은 피하면서도 유리함은 활용할 수 있는 불가사의함을 보였다. 법률사무소에서 배우는 사람은 전형적으로 그곳에 비치된 법률책에 대한 접근권은 물론 그의 법률 공부를 도와줄 변호사에의 접근권이라는 혜택을 얻었으며, 또한 이미 자리 잡은 기성 변호사와 관계를 맺을 수 있는 기회 또한 얻었다. 이런 혜택 때문에 수습생은 변호사에게 수습비를 지급하기도 했으며, 때로는 서식을 참조하여 문서의 초안을 잡는 지겨운 일을 맡아야 하기도 했다.[49] 그러나 링컨은 법률사무소에서 배우지 않으면서도 스튜어트와 더머로부터 법률책들을 빌려다볼 수 있었으며, 게다가 그들은 그의 공부를 지도해주기도 했고, 스튜어트는 나중에 링컨이 자격을 얻은 후 그에게 동업하자고 제의하기조차 했다. 링컨은 법률사무소에서 배우는 수습생들이 서기로서 흔히 겪던 지겨운 일을 피할 수 있었으며, 또한 그런 특권에 대한 대가를 지급하지 않을 수 있었던 것이다.

변호사가 되기 위해 링컨은 주로 빌려온 논문들을 읽었다. 링컨은 블랙스톤의 『주석』을 읽는 데 그치지는 않았으나, 그렇다고 하여 많은 책을 읽은 것은 아니었다. 그는 후에 1850년대의 법학도들에게 5편의 법률 논문을 추천한 적이 있었다. 1858년 그는 존 위드머에게 "블랙스톤의 『주석』, 치티의 『주장과 답변』, 그린리프의 『증거법』, 스토리의 『형평법』, 그리고 스토리의 『형평법상의 주장과 답변』"을 읽으라고 권고했다.[50] 1860년에 그는 존 브로크맨에게 "책들을 구해 읽고 조심스럽게 연구해보라. 우선 블랙스톤의 『주석』으로 시작하여 그것을 조심스럽게, 예컨대 두 번쯤 통독한 다음에는 치티의 『주장과 답변』, 그린리프의 『증거법』, 그리고 스토리의 『형평법』 등을 차례로 읽으라"고 권했다.[51] 링컨이 권한 5권의 책 중 3권은 그가 법을 공부할 당시에 이미 존재하고 있었다. 이 3권은 블랙스톤의 『주석』, 스토리의

『형평법』,[52] 그리고 치티의 『주장과 답변』[53]이었다. 스토리의 『형평법상의 주장과 답변』[54]과 그린리프의 『증거법』[55]은 링컨의 공부를 도와주기에는 너무 늦게 나왔다. 블랙스톤 이외에도, 링컨은 변호사 업무에 종사하면서 주로 이용하던 논문들을 권했다. 링컨이 상소심사건에서 가장 자주 인용한 4편의 논문은 스토리의 『형평법상의 주장과 답변』과 『형평법』, 치티의 『주장과 답변』, 그린리프의 『증거법』이었다. 블랙스톤의 『주석』과 치티의 『주장과 답변』은 전쟁 전의 법률사무소에서 발견할 수 있는 가장 대중적인 2권의 책이었을 것이다.[56] 링컨은 조지프 스토리의 『주석 형평법상의 주장과 답변Commentaries on Equity Pleadings』을 5건의 상소심*사건에서 적어도 11번 인용했다.[57] 링컨은 스토리의 『주석 형평법상의 주장과 답변』이라는 또 다른 논문을 6건의 상소심사건에서 최소한 8번 인용했다.[58] 그는 사이먼 그린리프의 『증거법에 관한 논문Treatise on the Law of Evidence』을 자신의 법률문서들에서 적어도 11번 인용했다.[59] 링컨은 조지프 치티의 『주장과 답변에 관한 실용서Practical Treatise on Pleading』를 4건의 상소심사건에서 적어도 9번 인용했다. 그는 윌리엄 마틴William Martin**에게 보낸 편지에서 치티에 대하여 언급하면서 자기가 "그런 쟁점에 관하여 매우 적절한 선례를 치티의 주장과 답변 제2권 52면에서 찾아냈다"고 일러주었다.[60]

만약 링컨이 법학책 읽기를 블랙스톤과 스토리, 그리고 치티에 한정했다면 그의 법학공부는 다른 공식적인 법학 교육의 내용과 비교할 경우 상대적으로 겉핥기였다고도 볼 수 있을 듯하다. 링컨 스스로도 이를 인정했다. 비어즈타운Beardstown 주민인 19세의 이샴 리비스Isham Reavis라는 청년이 링

---

* 일리노이 주대법원 사건을 주로 이르지만, 주대법원이 아닌 카운티 법원도 상소 사건을 담당하는 경우가 있었다.

** 일리노이 주 앨턴 시는 '앨턴과 생가먼 간 철도회사'의 주주로서 그 소유주식을 민간에 불하했는데, 그때 불하담당관이 윌리엄 마틴이었다. 이 편지에는 주식불하대금의 미납자들에 대한 조치를 질문받고 그에 대답한 내용이 들어 있다.

컨에게 링컨의 사무소에서 법 공부를 해도 되겠느냐고 묻자 링컨은 스튜어트의 옛 동업자이자 비어즈타운의 주민인 헨리 더머를 만나보라고 권했다. 더머는 보우딘 대학과 하버드 로스쿨의 졸업생으로서 링컨에 의하면 "매우 똑똑하고 훌륭한 변호사(법 공부로도 나보다 훨씬 나은 사람)"였던 것이다.[61]

링컨과 블랙스톤

로버트 퍼거슨Robert A. Ferguson*이 지적한 대로 링컨은 "블랙스톤을 공부한 변호사"로서는 이 나라의 지도자 중 마지막 사람이었다.[62] 윌리엄 블랙스톤 경의 『주석』이라는 책은 링컨에게 매우 심오한 영향을 미쳤다. 링컨은 "그렇게 심오하게 나의 흥미를 끌고 나를 전율시킨 책은 여태 읽어본 적이 없었으며," 그리고 "내 전 생애에 걸쳐서 나의 마음을 그렇게 통째로 빼앗아 간 것도 없었다"고 말한 것으로 인용되어 있다.[63]

링컨은 변호사가 되기 위한 공부시간의 대부분을 블랙스톤의 『주석』을 읽는 데 바쳤다. 윌리엄 딘 하웰스는 1860년의 대통령 선거전 팸플릿용으로 쓴 링컨 전기에서 링컨이 "법 공부를 하며" 택했던 "독특한 방식"에 관하여 묘사한 적이 있다. 즉, 링컨은 경매에서 "블랙스톤의 낡은 책"을 사서는 "특유의 정력"을 기울여 그 책을 읽기 시작했다는 것이다.

그가 공부하기 안성맞춤인 자리로 여긴 곳은 뉴세일럼 근처의 숲이 우거진 언덕이었다. 그곳에서 그는 커다란 밤나무 그늘에 몸을 던지고는 그 기슭을 온통 자신의 독서대로 삼았다. 그곳에서 그는 매일같이 블랙스톤을 파고들었다. 해가

* 콜럼비아 로스쿨 교수, 문헌사가.

떠오르고 지는 데 따라 그늘을 찾아 자리를 옮기면서 보통법의 원리에 대한 것 이외에는 주위의 그 무엇에도 무관심한 채 지냈다.

그 후의 수정판에서도 링컨은 이 이야기를 바꾸도록 하지 않았다.[64] 대통령 선거 때의 또 다른 전기물은 링컨이 블랙스톤 책을 사고 나서 "한동안 법 공부에 열중한 나머지 링컨의 친구들은 그가 너무 골몰하여 심신을 상할까 봐 무척 염려"했다고 쓰고 있다.[65] 뉴세일럼의 주민인 헨리 맥헨리는 1860년 대통령 선거용 전기 작가인 제임스 퀘이 하워드에게 링컨이 블랙스톤에 하도 빠진 나머지 "사람들은 그가 미쳤다고 수군거렸다"고 전해주었다.[66] 또 한 사람의 뉴세일럼 주민인 아이작 코그달은 링컨이 이미 1832년에 "블랙스톤을 읽고 있었는데, 밤낮으로 열심히 읽고, 지독히 열심히도 읽었다"고 회상했다. 링컨의 이웃 중 몇 사람은 링컨이 1831년과 1832년에 블랙스톤을 읽던 장면을 회상했다.[67] 링컨은 후일 자신이 법을 "정말로 진지하게" 읽기 시작한 것은 1834년 8월의 주의회 의원선거 이후부터라고 말했는데, 이에 비추어보면 1831~1832년에 블랙스톤에 빠졌다는 이야기는 링컨의 전기 작가 더글러스 윌슨이 말했던 대로 "처음에 우선 시험 삼아 읽어본 것"이라고 보아도 될 듯하다.[68]

링컨은 적어도 2번에 걸쳐서 변호사 지망생들에게 블랙스톤의 『주석』을 읽으라고 권했다.[69] 블랙스톤은 링컨이 추천하면서도 정작 자신의 변호사 업무에서는 정규적으로 인용하지 않은 유일한 책이었다. 그는 상소심에서 블랙스톤의 『주석』을 겨우 3번 인용했을 뿐이다.[70] 링컨이 블랙스톤에 대하여 지적으로 지고 있던 무거운 빚은 전쟁 전의 변호사들에게 흔한 일이었으므로 그는 미국과 영국의 통치이념* 간의 차이에 민감한 변호사들의 우려에

---

* 미국은 민주공화국이고 영국은 군주국이라는 서로 다른 통치체계.

동조하지 않았다.

블랙스톤은 미국의 법과 제도에 심대한 영향을 미쳤다. 예컨대 문헌사가인 로버트 퍼거슨은 미국 제도의 발전에 미친 지적 영향으로는 블랙스톤의 『주석』이 성경에 다음간다고 주장할 정도이다.[71] 링컨 또한 블랙스톤에 의한 영향을 대단히 받았다. 블랙스톤에 대한 그의 무조건적인 존경은 그가 처음 『주석』을 읽고 나서 어떻게 반응했을지에 관하여 시사하는 바 크다. 『주석』은 링컨에게는 특별히 중요한 의미를 가지는 한 가지 특징이 있었다. 즉, 블랙스톤은 이해하기 쉽게 체계적으로 정리해주었던 것이다. 이런 특징은 원래 블랙스톤이 예상했던 그 책의 독자층으로부터 유래한다.

영국의 작가인 프레더릭 리초가 1815년에 지적한 바와 같이 블랙스톤의 『주석』은 "법을 공부하는 학생들을 대상으로 한 것이 아니라 대학의 일반 학생들을 위한 것이었다. 즉, 전문인을 위한 것이 아니라 아마추어 독자들을 위한 것이었다."[72] 블랙스톤은 문외한을 독자로 삼았기 때문에 그런 사람들이 충분히 이해할 수 있을 만한 틀 안에서 설명하려고 했다. 블랙스톤은 종전의 법률 서적의 저자들이 일반적으로 써오던 식의 순서를 거부하고 저작 체계를 개인의 권리, 물건에 대한 권리, 공권력에 의한 불법행위, 그리고 개인의 불법행위라는 4개의 주요 개념으로 나누었다.[73] 법사학자인 밀섬에 의하면, 블랙스톤의 업적은 문외한인 독자에게 "기술적 절차법에 초연한 시각을 제공"하려고 노력함으로써 "법률가들에게 법에 관한 새로운 지평을 열어 주었다"는 것이다.[74] 영국의 초기 법학 논문 저술가들과는 달리, 블랙스톤은 영국 절차법상의 기술적 측면에 초점을 맞추지 않았던 것이다(미합중국 연방대법원 판사인 조지프 스토리는 1838년에 "영국의 법률 논문들은 대부분이 실무를 위한 단순한 요식절차를 설명하는 것에 불과하다"[75]고 지적한 바 있다). 블랙스톤은 그와 달리 절차법이 아닌 실체법에 기초한 논리정연하고 일관성 있는 체계를 제시했다.[76]

연방대법원 판사의 직분 이외에도 하버드 로스쿨 교수이자 법학 논문의 저자이기도 했던 스토리는 "블랙스톤의 『주석』이 간행된 것(1765)은 보통법의 연대기에서 신기원을 이룩한 것"이라고 믿었다. 스토리는 "이 책의 훌륭함에 관한 명백한 증거는 이 책이 출간되고 나서 보통법의 모든 분야에서 일어난 놀랄 만한 파급 효과에서 확인할 수 있다"고 주장했다.[77] 스토리의 제자인 오하이오 주 판사 티머시 워커는 그의 『미국법 입문Introduction to American Law』(1837)에서 블랙스톤의 『주석』의 발간으로 "산산이 흩어져 조각조각 두서없이 나뒹굴던 법이 장세를 일거에 바꾸어 어느 날 갑자기 상호 연관성이 있고 조직적인 과학이 되었다"고 평가했다. 워커는 "이 변화는 윌리엄 블랙스톤 경의 종합적 지식, 계몽적인 방법, 그리고 아름다운 스타일에 의하여 가능해졌다. 다른 어느 지적 분야에서도 이렇게 한 사람이 완벽할 정도로 달성해놓은 사례는 아마 없을 것"이라고 결론지었다.[78]

링컨의 블랙스톤에 대한 존경심이 분명히 무조건적이었음에 반하여, 다른 변호사들은 블랙스톤이 공화국인 미국에 대하여 야기하는 문제들을 고통스럽게 인식하고 있었다. 블랙스톤은 전쟁 전의 법률문서에서 무소부재였지만, 그의 개념들은 자주 공격을 받았다.[79] 더욱이 미국이 독립하면서부터는 그의 『주석』에서 제시되는 개념들을 재고해야 한다는 이야기가 조심스럽게 나오고 있었다. 토머스 제퍼슨은 1801년에 "우리는 이제 태양 아래 더 이상 새로운 것은 없다고 말할 수 없게 되었다. 왜냐하면 인간의 역사상 이 나라에서 그동안 이루어진 양상들은 그야말로 새롭기 때문"이라고 선언했다.[80] 이렇게 새로운 미국이라는 나라는 그 새로움으로 인하여 법원과 의회에 매우 어려운 문제들을 제기했다. 미국의 법사상가들은 블랙스톤의 여러 개념들 중에서도 특별히 개인의 권리에 대한 그의 개념에 이의를 제기했다.[81]

버몬트 주의 변호사이고, 주대법원 판사이며, 정치가로서 연방주의자였던 너대니얼 치프먼은 그의 저서 『통치이념 소묘Sketches of the Principles of

Government』(1793)에서 "몇몇 아메리카의 주" 정부들은 "민주공화적"인 데 반하여, 블랙스톤은 "영국의 신민으로서 영국의 정부 형태에 대단히 호의를 가진 사람이며, 따라서 그는 영국 정부의 통치이념에 매혹된 사람"이었다고 경고했다. 블랙스톤은 "거장다운 제스처로 이 나라와는 매우 다른 형태의 정부 아래에서 외국의 법률과 법학의 윤곽을 만들어준 사람"이었다는 것이다. 불행히도 『주석』은 미국의 법학도들이 접근할 수 있는 유일한 법률 서적이었다. 치프먼에 의하면, 미국의 법학도는 『주석』에 들어 있는 대부분의 원칙들이 "보편적이지 못하며, 민주공화국에서는 전혀 수용할 수 없는 것들"임을 알아야 했다는 것이다. 법학도는 "우리 정부에 적용할 수 있는 법 체계를 통하여 교육받아야 하며, 그런 원칙들에 합치하는 추론의 교육 과정을 거치도록 해야 한다. 우리에게는 아직도 그런 체계가 부족하다. 아메리카에서 천재는 필요하지 않다"는 것이었다.[82]

링컨이 변호사가 된 해에 출간된 티머시 워커의 『미국법 입문』(1837)은 치프먼이 원하던 대로 미국의 법학도들을 위하여 만들어진 그런 유형의 책들 중 하나였다. 워커 그 자신도 블랙스톤의 『주석』을 사용하는 학생들에 대하여 적대적이었다. 『주석』은 비록 감탄할 만한 책이지만, 영국의 학생들을 위하여 쓰인 책인 만큼 경계심 없는 미국 학생은 함정에 빠질 수 있는 터였다.

이 책을 경험 있는 사람의 지도 없이 혼자 읽을 경우 미국의 학생은 매우 오도될 수 있으며, 또 아무 쓸모없는 지식을 얻게 된다. 우리는 영국으로부터 온 조상들의 제도를 개혁하여 단순히 세세한 문제에 있어서만이 아니라 법의 기본적인 원칙에 있어서도 개혁을 이루어냈다. 그러므로 블랙스톤에게서는 이제 더 이상 미국법의 정확한 윤곽을 발견해낼 수 없는 것이다.[83]

워커의 『미국법 입문』에 대하여는 반응이 좋았다. 1838년 『노스 아메리칸 리뷰North American Review』는 "이 책은 법학도들에게는 최초의 쓸 만한 책이라고 할 수 있다. 이 책은 또한 철저하게 미국적"이라고 평했다. 이 평론지는 블랙스톤이 더 이상 미국의 법학도들에게 적절하지 않은 두 가지 이유를 내세웠다. 첫째, 『주석』은 "영국에서조차도 이미 낡고 쓸모없이 된 내용을 많이 담고 있을 뿐만 아니라, 이 나라에서도 법으로 채택되지 않은 것들, 그리고 현존하는 법체계와 완전히 모순되는 내용들"을 너무 많이 담고 있다는 것이었다. 둘째, 『주석』은 "변증apologetic 위주로 독창성 없이 씌어져 미국의 제도나 개성과는 전체적 색조가 완전히 다르기" 때문이라는 것이었다.[84] 1844년 『웨스턴 리터러리 저널 앤드 먼슬리 리뷰Western Literary Journal & Monthly Review』에 나타난 평에 의하면 "미국이 이미 분명한 노선의 정치적, 사법적 체계를 채택하고 있는 상황에서 미국의 법학도들에게 블랙스톤의 『주석』을 으뜸가는 교과서처럼 제시하는 것은 매우 불합리"하다는 것이었다. 평자는, 미국의 법학도가 모든 것이 영국식으로 된 블랙스톤의 길고긴 주해를 읽고 나면 "월터 스콧 경의 소설*들을 읽느라고 똑같은 시간을 보냈을 때와 같은 심리 상태의 변호사가 될 것"이라고 신랄하게 비난했다.[85]

다른 논문 집필자들이 블랙스톤에 더 이상 의존하지 않아도 될 만한 새로운 저작들을 내놓기 시작했다. 켄터키의 변호사 찰스 험프리스는 『켄터키 주에서 시행되고 있는 보통법 요론Compendium on the Common Law in Force in Kentucky』(1822)이라는 책에서, 블랙스톤의 『주석』을 통독한 후 "과거의 법에 대한 저자들의 견해는 일단 무시하고서 그중에 어떤 것이 이 나라에서 현재 법으로 시행되고 있는지 골라보자"고 제안했다. 험프리스는 블랙스톤이 "자기 나라의 완성도 높은 통치 체제를 찬양하기에 바빴다는 점"에서, 그리고 "대서양 건너편에 있는 우리 공화국의 입맛에 꼭 들어맞지 않는 갖가지의 쓸 만한 일들"을 권장했다는 이유에서 블랙스톤에 대하여 매우 비판적

---

* 『아이반호』, 『로브 로이』, 『호반의 귀부인』 등.

이었다.[86] 비슷한 이유에서 매사추세츠 주의 변호사이자 법률 저술가인 프랜시스 힐리어드는 『법의 요소: 미국 법학의 총결산Elements of Law: Being a Comprehensive Summery of American Jurisprudence』(1848년 제2판)에서 블랙스톤의 『주석』은 "그 대부분이 법이 아니라 역사와 정치일 뿐이어서 이 나라에서는 아무런 적용가치가 없으며, 전문 독자에게도 별로 도움이 되지 않는다"고 주장했다.[87]

　　미국의 법률 저술가들은 블랙스톤에 대해서 지적으로는 매료되었으나 정치적으로는 적대적이었다. 이런 긴장관계는 블랙스톤이 미치게 될 영향에 대한 우려를 증폭시켜주었다. 그의 영향력이 심대하다는 것은 링컨이 변호사가 되려고 공부하던 당시 『주석』의 미국판만 해도 16판에 이르렀고, 1860년에는 25판에 이르렀다는 점에 비추어보아도 그렇다.[88] 1771~1772년에 로버트 벨이 발간한 최초의 미국판은 "영국의 최신판을 쪽수도 바꿈없이 그대로 베껴서 인쇄한 것"이었다. 독립 후에는 단순히 다시 찍어내는 것만으로는 부족했다. 이렇게 해서 미국에서 가장 유명한 블랙스톤의 미국판은 세인트 조지 터커가 간행한 것이었는데, 이에 대하여 로버트 커버는 "그것은 단순히 블랙스톤의 교재를 간행하는 데 그친 것이 아니라 그것을 전투에 내보낸 격"이었다고 지적했다.[89] 터커는 "『주석』의 출현에 의하여 영국법은 조잡한 혼란 상태로부터 순식간에 정규적으로 체계 잡힌 모양을 갖추게 되었다"고 인정했다. 그러나 터커는 또한 "현재의 미합중국을 영국으로부터 분리시켜 낸 독립혁명이 통치이념에서도 이에 상응하는 혁명을 일으켰을 뿐만 아니라, 재산법의 분야에서도 이에 상응하여 혁명적 변화를 일으켰으며, 그리하여 『주석』에 들어 있는 법이나 원칙들과 정면에서 충돌하고, 또한 도저히 양립할 수 없는 다수의 사건들을 만들어냈다"고 인정했다. 그리하여 터커는 그 해결책으로서 기존의 블랙스톤판에 미국의 판례와 공화주의적 주석을 붙여 보완한 판을 만들어내자고 제안했다.[90]

다른 미국의 편집자들도 터커의 제안에 따랐다. 휴 헨리 브래큰리지는 펜실베이니아 주에서 이와 비슷한 형태의 판을 계획했다. 나중에 자신의 계획을 포기하기는 했지만, 그는 블랙스톤의 『주석』에 대한 자신의 주석집을 출간하여 "펜실베이니아 주법이 영국의 보통법과 제정법으로부터 달라진 내용을 보여주었다." 1831년에 펜실베이니아 주의 보통법 판사인 존 리드John Reed는 『펜실베이니아 블랙스톤Pennsylvania Blackstone』을 발간하여 "윌리엄 블랙스톤 경의 『주석』을 다수의 첨삭으로 수정"한 것이라며 내놓았다. 1852년에 존 웬델은 블랙스톤의 『주석』을 편집하여 "이 책을 미국의 법학도들에게 알맞게 변용"시키는 주석을 달아놓은 또 다른 판을 출간했다.[91]

그러나 링컨은 블랙스톤에 대한 이런 견해들에 동조하지 않았다. 블랙스톤의 『주석』은 링컨에게 포괄적이고도 질서정연한 체계를 제공해주었다. 링컨은 1832년에 법학 공부를 단념하기로 결심한 적이 있었는데, 왜냐하면 그때는 "법학 공부는 더 나은 교육 없이는 성공할 수 없다"고 믿었기 때문이었다. 링컨은 자신의 교육이 "표준 이하"[92]라고 믿었다. 토머스 제퍼슨은 블랙스톤의 『주석』이 법학도로 하여금 마치 법에 통달한 양 착각하도록 만든다고 불만을 토로했다. 블랙스톤은 바로 이런 이유에서 링컨에게 자신감을 심어 주었음에 틀림없다고 여겨진다.[93] 링컨은 『주석』에 외골수로 몰입하고 있는 동안 종전에 자신의 열등한 교육 때문에 느꼈던 불안감에도 불구하고 자기가 앞으로 변호사로서 성공할 수 있다는 확신을 가지게 되었다. 더욱이 성숙한 나이가 된 이후의 링컨이 질서를 추구하는 삶을 살았다고 규정할진대, 그것은 블랙스톤의 질서정연한 체계 덕분이었다고도 볼 수 있을 듯하다.[94]

변호사 자격의 취득

잭슨 시대의 미국에서는 법조인이 되는 데 별로 형식적인 장애가 없었기[*] 때문에 링컨은 최소한의 준비만으로 변호사가 될 수 있었다. 누구에게나 제약 없는 기회를 허용하는 사회를 꿈꾸어오던 미국인들은 법조인이나 의사 같은 엘리트 직역에 대하여도 쉽게 접근할 수 있도록 허용하라고 요구했다.[95] 특권에 대한 혐오와 엘리트 계층에 대한 불신은 결국 각 주가 변호사 자격기준을 낮추도록 만들었다.[96] 1800년에는 19개 주 중에서 14개 주가 모든 변호사에게 수습 과정을 거치도록 요구했지만, 1840년이 되면 30개 주 중에서 겨우 11개 주만이 그것을 요구했다.[97] 잭슨식 민주주의는, 법조 직역이 아니라 시장market이 법조인의 수를 결정할 수 있어야 한다는 주의였다.[98]

변호사 자격에 관한 일리노이의 주법은 최소한의 자격 기준만을 요구함으로써 법조 직역의 폭넓은 문호개방을 장려했다. 변호사 지망생들은 세 가지 법률상의 요건만 충족시키면 되었다. 첫째, "선량하고 도덕적인 됨됨이에 관하여 카운티 판사의 증명"을 받으면 되었다. 둘째, 주대법원판사 두 사람으로부터 면허를 받으면 되었다. 이 단계에서 겉치레만의 형식적 시험이 치러졌다. 셋째, 선서를 하고 나면 대법원의 서기는 그를 변호사 명부에 등재시켜주었다.[99]

링컨은 이런 법규상의 요건을 신속하게 충족시켰다. 1836년 3월 24일 스티븐 로건 판사는 생가먼 순회법원의 기록부에 링컨의 선량하고 도덕적인

---

[*] 앤드루 잭슨 제7대 대통령은 여러 가지로 논란의 대상이 되기도 하지만, 민주당을 배경으로 하여 백악관에서 "보통사람common men"과 허심탄회하게 대화할 정도로 대중지향적이었고, 이런 관점에서 변호사를 양산하여 법조 직역의 귀족화를 저지하는 데도 열심이었다. 따라서 이 시절에 변호사가 되는 것은 매우 쉬운 일이었다.

됨됨이에 관하여 증명서를 발급했다고 기록했다.[100] 링컨은 1836년 9월 9일 변호사 면허를 받고 1837년 3월 1일 등록했다.[101] 등록은 단순히 기술적인 요건 이상의 의미를 지니고 있었다. 1840년에 일리노이 주대법원은 1837년에 선서하고서도 1840년이 될 때까지 등록하지 않았던 어느 변호사에 대하여 그의 등록일을 선서의 시점으로 소급해주기를 거부했다. 대법원은 또한 이 변호사의 이름이 등록부에 오르기 전에 변호사로서 행한 업무에 대한 보수를 받을 수 없다고 지적했다.[102] 법규정을 준수하지 못하는 일은 일리노이 변호사들에게 분명히 드문 일이 아니었다. 1840년대에 일리노이 주대법원 판사였던 존 딘 케이턴John Dean Caton은 나중에 회고하기를 자기는 변호사 면허를 받기 전부터 이미 변호사 업무에 종사하고 있었다고 고백했다.[103]

1836년 9월 면허를 받고 1937년 등록할 때까지 링컨은 아마도 법률 업무에 종사하기는 했지만, 변호사도 아니고 시보도 아닌 어중간한 처지였을 것이다. 링컨이 그 시기에 스스로 변호사라고 했던 흔적은 찾아볼 수 없다. 그가 공식적으로 등록된 날은 아마도 제임스 호손이 데이비드 울드리지를 상대로 제기한 2건의 소송에서 링컨이 직접 작성한 몇 가지 문서들을 존 스튜어트가 법원에 제출한 1836년 10월 5일이었을 듯하다. 그러나 링컨은 이 서류들에 서명하지도 않았고, 그의 이름이 남아 있지도 않다. 링컨은 변호사로서가 아니라 대서인으로서 일한 셈이다. 그는 공식적으로 등록한 지 거의 2주가 지난 후인 1837년 3월 14일에 이르기까지 2건의 호손 사건 중 어느 것에도 공식적으로 나타나지 아니한다.[104] 스튜어트와 링컨의 동업광고가 최초로 나타난 것은 1837년 4월 15일 『생가모 저널Sangamo Journal』에서였으며, 개업 날짜는 4월 12일자로 되어 있었다.[105]

링컨의 시험기록은 찾아볼 수 없으나, 존 케이턴은 1830년대 일리노이 주에서 전형적인 변호사 시험이 어떠한 것이었는지를 아주 훌륭히 묘사해주고 있다. 케이턴은 일리노이 주대법원 판사인 새뮤얼 로크우드에게 자신에 대하여 시험을 실시해달라고 요구했다. 로크우드는 저녁식사에 초대하여 식사 후 함께 산책하면서 케이턴에게 누구에게서 수습을 했는지, 또 어떤 책들을 읽었는지 등 일반적인 문제를 물었다. 그리고 나서 로크우드는 소송의 종류, 상법 그리고 부동산의 관리 등에 관하여 각론적인 질문들을 했다. 케이턴은 "예상외로 불시에 시험을 치르게 되었다는 점에 놀라고 곤혹스러웠으며, 특히 대법관이 소송의 여러 가지 종류에 관하여 물었을 때는 크게 당황했다"고 술회했다. 30분에 걸친 시험이 끝나자 로크우드는 케이턴에게 면허를 발급하겠다고 하면서도 아직 많이 배워야겠다며 일침을 주고, "만약 더 열심히 일하고, 더 많이 읽으며, 읽은 것을 열심히 반추해보겠다는 각오가 없다면 자기로서는 다른 방법을 추구하겠다"고 말했다는 것이었다.[106]

이렇게 변호사가 되기 위한 시험을 최소한도로 하는 것이 일리노이 주에만 국한된 현상이 아니었다. 1849년 오하이오 주의 변호사는 "변호사 시험은 대부분의 경우 웃음거리에 불과하다. 친분, 편파성, 조급성 또는 무지 등으로 인하여 지망생에게 쉽게 문호가 열린다"고 비판했다.[107] 조지 템플턴 스트롱은 1841년 뉴욕 주의 변호사가 되기 위하여 시험을 본 뒤 일기에 시험관들 중 한 사람이 "제법 아는 양 딴에 날카롭게 질문한다고는 했으나 별것이 아니었다"고 썼다. "거기서 가장 웃겼던 일은 앞의 질문에 제대로 대답하지 못하여 탈락한 응시생들 대여섯 명에게 한 번 더 시험 볼 기회를 준 일"이었다는 것이다. 스트롱은 "이렇게 웃기는 시험, 게다가 우둔한 수험생들, 그리고 도저히 참을 수 없이 불편한 나무의자 같은 것은 결코 내가 전에 본 적이 없다"고 한탄했다. 시험 결과는 그 다음날 발표되었는데 "모두 합격!"이라는 것이었다.[108] 최고의 엘리트인 스트롱으로서는 이렇게 법조 직역에 아무나 들어갈 수 있도록 보장해주는 시험 방법에 아무런 가치를 인정할 수 없었다.

때로는 이러한 피상적인 시험조차도 완전히 생략하는 일마저 있었다. 나중에 링컨의 장군이 되는 윌리엄 테쿰서 셔먼William Tecumseh Sherman*은 1858년 캔자스 주의 레번워스에서 변호사 T.E. 유잉과 동업에 들어갔던 일을 회고하면서 "셔먼과 유잉 법률사무소의 설립을 공표하고 우리는 곧장 대중에게 스스로를 변호사라고 소개"했다고 회상했다. 당시 그는 아직 변호사가 아니었기 때문에 면허를 받는 일이 급선무라고 생각했다. 그가 연방판사에게 면허 이야기를 하자 판사는 자기 서기에게 가서 면허를 받으라고 말했다. 셔먼이 시험을 봐야 하지 않겠느냐고 묻자 판사의 답은 그런 것 없어도 된다는 것이었다. 법조인으로서의 재능이 아니라 그의 일반적 지능을 보아 변호사 면허를 주겠다는 것이었다.[109] 셔먼에게 전쟁은 지옥 같은 경험이었을지 모르겠으나 변호사 면허를 받는 일은 거저먹기였다.

일리노이 주가 판사들이 행하던 구두시험을 1850년부터는 변호사들에 의한 구두시험으로 변경하고 나서도 변호사 자격 기준은 여전히 문턱이 낮았다. 시험은 여전히 매우 쉬웠다. 링컨은 시험관으로서 적어도 11명의 변호사 지망생을 심사했고, 그 11명 모두가 시험을 통과했다.[110] 링컨에게서 시험을 본 응시생이었던 조너선 버치는 나중에 자신의 경험을 회고했다. 링컨의 첫 질문은 "자네는 무슨 책을 읽었나?"라는 것이었다. 버치가 답하자 링컨은 "아, 그렇다면 자네는 내가 변호사 자격을 얻기 위해서 읽은 것보다 훨씬 더 많이 읽은 셈이로군"이라고 말했다. 그리고 나서 링컨은 "대학에서 온갖 책을 다 읽었을 것이 분명한 변호사"가 사건을 취급하는 모습을 목격한 이야기를 들려주었다. 판사나 다른 변호사들은 모두 이 사람의 박식함에 큰 인상

---

* 남북전쟁에서 남부의 초토화 작전(『바람과 함께 사라지다』에서 애틀란타가 완전히 파괴, 전소되는 장면이 이에 해당한다)에 나선 북군의 명장.

을 받았으나 배심원들은 전혀 그렇지 않았다는 것이다. "그래서 배심원들이 야말로 바로 내가 목표로 삼고 있던 친구들이었지"라고 링컨은 말했다. 링컨은 질문을 속개하여 속사포처럼 버치에게 쏘아댔는데, 그 대부분은 버치가 보기에 법과는 별로 관계가 없는 질문들이었다. 링컨은 버치의 답이 정확한지 여부에 대하여는 전혀 내색하지 않았다. 링컨은 갑자기 멈추더니 이제는 버치에게 충분히 물었다고 판단하여 필요한 추천서를 써주었다는 것이다. 링컨은 또한 버치에게 장래에 공부할 방향에 대하여 일러주었는데, 버치는 나중에 "결국 그 전체 과정은 응시생이 나중에 제대로 변호사 업무를 감당할 수 있는지 그 능력 여부를 시험해보는 과정이었음"을 인식하게 되었다는 것이다.[111] 링컨과 헌든은 존 스튜어트의 사위인 C. C. 브라운의 면접시험을 마치고 나서 모두 함께 식당에 가서 굴요리와 절인 오이에 튀긴 돼지다리를 함께 먹었는데, 밥값은 브라운이 지불했다는 것이다.[112]

링컨은 변호사가 되는 데 아직 별로 공식적인 장애물이 없을 때 변호사가 되었다. 일리노이 주의 휘그당원은 법조 직역에 문호를 넓게 개방한 잭슨 대통령의 정책에서 혜택을 받았다는 아이러니*를 지니고 있었다. 그 결과 링컨의 "부족한" 교육은 그의 우려에도 불구하고 법조 직역에 진입하는 데 방해가 되지 않았다. 그는 일리노이 주가 법조 지망생에게 요구하던 규정상 최소한의 요건을 신속히 충족시킴으로써 1837년 3월부터는 그의 법조 생활을 공식적으로 시작할 수 있었던 것이다.

변호사가 되는 데 필요한 공식적인 요건이 이렇게 최소한도에 불과했기 때문에 링컨이 법조 직역에 진입하는 데 존 스튜어트가 맡았던 역할을 간과하기 쉽다. 전쟁 전의 법조 직역은 "후원자가 도와주는 계층이동sponsored

---

* 제7대 대통령인 잭슨은 민주당원이었으니, 휘그당원이 반대당의 덕을 보았다는 점에서는 아이러니라 할 만하다.

mobility"*이라고 할 수 있는 영역으로서 스튜어트는 그에게 책을 빌려주고 나중에는 동업자로 받아주는 등 링컨에게 후원자로서의 역할을 톡톡히 했다.[113] 링컨은 그가 순회법원의 판사로부터 선량하고 도덕적인 성격에 관한 증명서를, 그리고 주대법원 판사 2명으로부터 면허장에 서명을 받아야 할 필요가 있었을 때 아마도 스튜어트의 도움을 받았을 가능성이 있다. 데이비드 데이비스 판사가 1860년 1월에 링컨에게 쓴 편지에는 후원자의 중요성이 언급되어 있다. 데이비스는 링컨에게 자기는 "우리 모두의 친구인 앨버트 존스가 변호사 자격을 얻기를 간절히 원하고 있다"고 말했다. 데이비스는 혹시 법원이 "법원 밖에서 그에게 시험을 실시할 위원회의 위원으로, 당신과 나를 지명"해주면 참 좋겠다고 말했다. 만약 법원이 그런 위원회의 구성에 동의해 주지 않을 경우에는 "당신이 펙 판사를 만나서 면허장에 서명을 좀 받아 주시오"라고 데이비스는 링컨에게 부탁했던 것이다. 데이비스는 존스가 자기의 정치적 우방이고 변호사로서도 결코 우리를 실망시키지 않을 것이라는 점을 다음과 같이 지적하면서 끝맺었다. "존스는 현재 우리 모두를 위하여 매우 성실하게 일하고 있소. 귀하는 그 사람이 변호사회에 매우 도움이 되는 인물이 될 것임을 잘 알고 계시오. 본인은 트리트 판사의 개인적 영향력(판사들이 스프링필드에 있기 때문에)**에 도움을 받아 당신이 이 문제를 해결할 수 있다고 믿소."[114]

다른 일리노이의 변호사들도 법조 지망생들에게 후원자가 되어주었다. 드 위트 카운티에서 링컨과 제휴하여 사건을 처리한 변호사 클리프턴 무어는 링컨에게 자기 사무실에서 10개월간 배운 그린이라는 젊은 사람에 대하

---

* 교육사회학에서 "경쟁적 계층이동contest mobility"에 대조되는 개념. 사회적 진출과 성공을 본인에게만 맡기지 않고, 경쟁 방식을 지양하고 통제된 선발 과정에 따르며, 기성 엘리트가 미래 엘리트를 선발하여 준비교육을 시킴으로써 사회적 지위를 상승시켜주는 체제
** 링컨도 스프링필드에 법률사무소를 두고 그곳을 본거지로 하여 활동하고 있었다.

여 편지를 쓴 일이 있다. 무어는 그린을 위하여 나서서 "그에겐 뭔가 있다는 점에서 만족"스럽다고 추천했다. 그는 링컨에게 "그를 귀하에게 보낼 테니 귀하가 그를 한 번 '테스트 하기'를" 원한다면서, 그린은 "아주 혹독한 시험도 두려워하지 않소"라고 덧붙였다.[115] 잭슨빌의 변호사 머리 맥코넬은 결정적인 시점에 스티븐 더글러스Stephen A. Douglas*에게 도움의 손길을 내어주었다. 그는 더글러스가 일리노이에 정착한 지 얼마 되지 않아서 더글러스에게 피킨Pekin**에 가서 법률사무소를 열라고 권했다. 이 말을 들은 더글러스가 자기는 아직 변호사 업무에 경험도 없으며, 변호사 자격도 없고, 책도 없다고 응답하자 맥코넬은 더글러스에게 기본서 몇 권을 주면서 면허는 언제든지 받을 수 있으니 면허를 받을 때까지 우선 치안판사 있는 곳에 가서 변호사 사무실을 열어보라고 권했던 것이다.[116]

계속되는 링컨의 법률수업

에이브러햄 링컨은 부지런한 법학도는 아니었지만 법률 정보가 필요할 때면 가능한 전거를 모두 뒤져서 능숙하게 활용할 줄 아는 사람이었다. 그의 초기 빈약한 법학 훈련과 전쟁 전의 법조 환경의 급격한 변화 때문에 링컨은 변호사로서의 생애를 통해 지속적으로 법 공부를 해야만 했다. 비록 링컨은 법조 지망생들에게 면허를 받더라도 "여전히 법률책을 계속 읽으라"고 충고했지만, 링컨 자신은 구체적 사건을 맡았을 때에나 법률책을 찾아 읽었다.[117] 헌든은 링컨이 "구체적인 사건이 코앞에 닥쳐서 그것을 준비

---

* 일리노이 주 시카고 시의 저명한 정치인, 상원의원. 링컨은 더글러스에 대항하여 상원의원에 출마했으나 낙선했다.
** 일리노이 주 내의 지명.

하기 위하여 필요한 경우가 아니면 결코 법률책을 들여다본 적이 없었다"고 확인했다. 링컨을 순회법원에서 규칙적으로 만났던 데이비드 데이비스 판사도 이와 비슷하게 "링컨은 법률책을 별로 읽지 않다가 맡은 사건의 해결을 위하여 불가피한 경우에는 법률책을 읽었다"고 기억했다.[118] 헌든에 의하면 링컨은 어떤 면에서 사건변호사case lawyer라고도 할 만하여 법률문제를 안고 있는 구체적인 사건을 맡기까지는 미리 법률책을 들여다보느라고 골치를 썩이지 않았다는 것이다. 헌든은 링컨이 "여느 변호사들과는 달리 대법원 판례의 동향에 전혀 관심을 두지 않았다"고 썼다.[119] 링컨의 두 번째 파트너인 스티븐 로건은 후일 "내가 링컨을 동업자로 받아들였을 때 그의 법률지식은 형편없었다"고 회상했다. 다음은 로건의 설명이다.

그 친구가 공부를 많이 했다고는 생각하지 않는다. 그 친구는 구체적으로 맡게 되는 사건을 통하여 법을 공부했다고 생각된다. 그는 자기가 맡은 사건을 열심히 처리하면서 그 속에 들어 있는 것을 모두 배웠다. 법에 관한 그의 전반적인 지식은 매우 빈약했으나, 그는 결국 제법 쓸 만한 변호사가 되었다. 그는 자기가 맡은 사건에 한해서 연구를 집중하고 거기서 다른 사람에 못지않게 최대한의 결과를 얻어내는 식이었다.[120]

제8순회법원구역을 링컨과 함께 쫓아다닌 헨리 클레이 휘트니는 링컨이 "이론에나 판례법에나 깊은 조예를 지니고 있지는" 못했다고 썼다.[121]

링컨이 법률책을 읽는 방법은 변호사들에게 전형적인 내용이었다. 헌든은 "링컨은 법률책을 별로 읽지 않았으며, 나는 그가 법률책 한 권을 통독하는 것을 본 적이 없다"고 지적하면서도, "하긴 다른 어느 변호사도 마찬가지였지만"이라는 문구를 덧붙였다.[122] 변호사들은 목적을 염두에 두고서만 읽었다. 법사학자 M. H. 호프리히가 지적했듯이, 변호사들은 "목전에 특별한 목표가 닥쳤을 때에만 그것에 필요한 지식을 얻기 위하여 읽는다...그들은 자신이 특별히 어떤 목적에 필요로 하는 특정한 지식정보를 찾아내기 위하여 교재에서 외형상 드러나는 것만을 찾아내려고 추구"한다는 것이었다.[123] 링컨과 헌든의 사무실에서 법을 공부했던 존 리틀필드는 링컨이 어떻게 법률책을 읽었는지를 나중에 다음과 같이 묘사했다: "링컨이 잘 풀리지 않는 법의 쟁점을 해결할 때 가장 좋아하는 자세는 의자에 앉아 자기 앞에 또 다른 의자를 가져다 놓고 그 위에 다리를 쭉 뻗는 것이었다. 이런 자세에서 필요한 책들을 가까이 있는 책상이나 그의 무릎 위에 올려 놓고 뒤지면서 사건에 소용이 되는 자료들을 찾아냈다."[124] 링컨의 접근방법은 그가 법률책의 도서목록을 우송받은 후에 취한 조치를 보면 알 수 있다. 링컨은 미국과 영국의 법률문헌 1,100여 개를 주제별로 나열한 도서목록을 가지고 있었지만, 그것이 담겨 있는 봉투 겉면에 "나에게는 모두 너무 심오한 내용들"이라고 써두었던 것이다.[125]

링컨은 공표된 판례들을 요약하는 노트commonplace book를 만들어두지 않았다.[126] 요약노트란 법학도나 변호사들이 판례나 법령을 주제별로 요점 정리하여 놓은 공책이었다.[127] 토머스 제퍼슨은 1814년에 법학도들에게 다음과 같이 충고한 바 있다. "판례집을 읽을 때 가치 있다고 생각되는 사건은 가능한 한 판례의 정신을 분명히 나타내는 가장 좁은 범위로 집약시켜서 요약노트에 적어두라." 그러나 19세기에 접어들면 요약노트는 쇠락의 길에 접어든다. 조지프 스토리 대법관은 판례를 쉽게 찾아볼 수 있도록 정리된 판례요약본들이 출간됨에 따라 법률가들의 이런 요약노트는 더 이상 필요 없게 되었다고 판단했다.[128]

링컨은 필요한 판례를 찾아야 할 경우에는 주로 헌든에게 의지했다. 후배 동업자인 헌든은 사무실에서 필요로 하는 법률문서 뒤지기의 대부분을 도맡아했다. 1840년대에 스프링필드에서 변호사 생활을 한 테일러 블레드소는, 링컨은 법률책 읽기를 "어떤 사람들이 대리인을 통해서 종교를 믿듯이,

그의 충직한 신하격인 윌리엄 헌든에게 맡겨서 자신을 위하여 모든 종류의 판례와 권위 있는 문헌을 열심히, 또 부지런히 찾아내도록 했다"고 회상했다.[129] 헌든은 링컨과 달리 요약노트를 지니고 있었다.[130] 헌든의 판례찾기 실력은 주대법원 사건인 세인트루이스, 앨턴 및 시카고 간 철도회사 대 댈비St. Louis, Alton & Chicago Railroad v. Dalby 사건에서 잘 드러난다. 이 사건에서 헌든은 철도회사의 직원이 승객을 때린 행위에 대하여 철도회사가 책임을 져야 한다고 주장하여 승소했다.[131] 다른 사건들에서도 링컨은 헌든의 판례 찾기 기술에 의존했다. 헌든은 자기가 "큰 사건에서마다 최고의 준비서면을 만들어냈으며, 링컨은 이렇게 내가 배후에 진짜 실력자로 남아 있는 동안에 내가 만든 준비서면들을 이용하여 법정에서 변론하고 거기서 명성을 얻게 되었다"며 사람들이 후일 자기를 칭찬해줄 것이라고 기대했다.[132] 그러나 헌든은 법률사무소에서의 분업division of labor을 잘 알고 있었다. 1857년 노예 폐지론자인 웬델 필립스에게 보낸 편지에서 그는 링컨이 "말"이라면 자신은 "사무소의 새끼돼지"라며 스스로를 한껏 낮추었던 것이다.[133]

링컨은 법률문헌 탐색을 다른 변호사들에게도 의존했다. 루이스타운의 변호사인 헤즈키아 위드에게 쓴 편지에서 링컨은 "서면을 작성, 제출할 때는 권위 있는 문헌을 인용"하라고 썼다.[134] 그는 뉴턴 데밍Newton Deming과 조지 스트롱에게 "할 수 있는 한 최대한도로 재판관할권 문제에 관하여 잘 준비해보라"고 썼다.[135] 링컨은 자신이 맡은 사건의 상소심에서 패소했음을 알게 되자 그의 고객인 찰스 호이트에게 편지를 썼다. 그는 거기서 호이트에게 자신이 "모든 쟁점을 다 거론하고 귀하와 구드리치 씨가 보낸 권위 있는 학설을 모두 인용했으며, 더 나아가서 나 자신이 생각해낼 수 있는 모든 쟁점과 나 자신이 뒤져서 찾아낼 수 있는 권위 있는 학설을 모두 다 내세웠습니다"라고 말했다.[136] 마틴 대 드라이든Martin v. Dryden 사건에서 링컨은 세인트루이스의 변호사인 존 크럼(이 사람은 나중에 순회법원판사가 되어 드레드 스콧Dred Scott*이 당초에 제기했던 자유인확인청구소송을 맡게 된다)과 함께 상소인 쪽을 수임했으나, 법률 권위지들을 인용하면서 철저하게 "주장을 서면화"하여 법원에 제출한 사람은 크럼이었다.[137]

그러나 링컨이 법률문헌의 탐색을 다른 변호사들에게 맡기기만 한 것은 아니었다. 그 자신도 법률책을 뒤져 판례를 찾았다. 평소 링컨은 공간되는 판례집을 읽지 않았기 때문에 관련 판례를 찾기 위하여는 주로 논문과 요약본들에 의지했다. 법률 논문과 요약본들은 링컨을 포함하여 전쟁 전의 변호사들에게는 판례를 "조사하는" 매우 효율적인 수단이었다. 미국의 법률 논문들은 미국의 변호사들이 필요로 하는 실용적인 문제들에 대한 해답을 주었다.

연방대법원 판사 조지프 스토리가 말한 대로 영국의 보통법은 "어떤 측면에서도 미국의 것으로 간주"할 수는 없는 일이기 때문에, 미국의 변호사들은 영국의 보통법이 미국에 적용될 수 있는지 여부를 그때그때 판단해야 했다.[138] 영국의 사슬에서 벗어난 이후로 미국의 각 주는 자신들 나름의 보통법을 형성해야 했다.[139] 존 부비어는 그의 『법률학사전Law Dictionary』(1839)에서 영국의 보통법 중 어느 부분이 유효하고 구속력 있는지를 확인할 수 있는 일반적인 법칙이 없음을 인정했다.[140] 링컨이 말한 대로 "우리나라 법원의 판결들은 당연히 우리나라의 성격과 필요에 부응해왔다"는 것이다.[141] 미국의 법원들이 영국 보통법의 원칙들을 재평가했다고는 하지만, 반드시 이를 배척한 것만은 아니었다. 미국 법원들은 19세기에 영국 보통법의 핵심원칙들 중 단지 3분의 1만을 변경했을 뿐이다.[142] 같은 기간 중 선례구속의 이론theory of precedent이 확고히 자리 잡으면서 앞선 판결들의 중요성이 점차 커졌다. 전쟁 전의 변호사들은 이렇게 점차로 판례법에 의존하게 되었는데, 이는 일반적인 지식에 대하여 법기술적 지식이 승리했음을 반영하는 것이었다.[143]

---

* 미국 역사상 흑인의 자유와 관련한 최초의 판례를 만들어낸 사건 당사자.

전쟁 전의 변호사들은 자기 주의 판례법에 숙달해야 함은 물론 또한 다른 주의 판례들도 찾아보아야 했다. 1848년의 어느 평석가는 다른 주의 판례들이 기술적으로 구속력 있는 것은 아니지만(그것들은 단지 "설득력 있는 정도"가 될 뿐이지만), 그것들을 전적으로 무시할 수는 없음을 인정했다. 다른 주의 판례들은 "알쏭달쏭한 문제들에 대해서 매우 강력하고 비중 있게 대두하기 때문에 법률책을 많이 읽은 변호사들일수록 감히 그것들을 무시할 수 없게 된다."[144] 같은 평석가는 또 "영국의 판례들은 미합중국의 다른 주의 것보다 훨씬 무게가 있는데, 그 이유는 한편으로 권위 때문이기도 하지만, 더 중요한 이유는 그 판례들이 지닌 빼어난 가치 때문이다. 게다가 영국의 판례들은 미국의 모든 판결들을 다 합친 것보다도 훨씬 더 풍부"하다는 것이었다.[145] 링컨 스스로도 다른 주와 영국 법원의 견해에 의존함을 보여주었다. 그는 일상적으로 그런 나라들의 선례를 인용했던 것이다.[146]

판례를 찾아내는 일은 매우 부담스러운 일이었다. 어느 전쟁 전의 관찰자가 말한 대로 여느 전문직역이든 외부인들의 "동정은커녕 인정도 받지 못한 채 신음할 수밖에 없는" 고충들이 있었다. 전쟁 전의 변호사들이 겪는 고충은 이런 책들의 가짓수만 해도 너무 많다는 점이었다. "이런 황당할 정도의 분량, 복잡성, 그리고 너무 많은 법률책"들에 대한 원천적 책임은 법원에 있었다.[147] 그 당시 법률 논문들은 여러 나라와 주들의 판례를 수집하는 매우 가치 있는 기능을 행사했는데, 대부분의 변호사는 간행되는 판례집 부수의 희소성으로 인하여 자기의 법률사무소 도서실에서는 이런 일을 행할 수 없었던 것이다. 1847년 어느 평자는 다음과 같이 논문의 기능을 설명했다.

우리는 벌써 700권 이상의 미국법 보고서집*을 출간했으며, 그것들은 현재도 맹

---

* 정식 명칭은 "American Law Reports". 미국의 법률가들이 법의 규정이나 원칙들을 탐색할 때 최우선적으로 찾아보는 책으로 주제별로 판례, 해설, 논문 등이 망라되어 있다.

렬한 속도로 늘어나고 있다. 이 판례집 모두에 접근하거나 심지어 그중 가장 중요한 것에라도 접근할 수 있는 사람은 얼마 되지 않는다. 의문스럽거나 어려운 문제들에 대해서는 판례의 전문을 찾아보는 것이 매우 중요하며, 그래서 통상적인 요약본에 이것을 잘 포용할 수 있어야 한다. 그런 판결의 이유, 판결을 만들기까지 사고의 과정들을 알 수 있어야 한다. 이런 필요를 법의 모든 영역에서 미국의 법률 논문이 정리해서 충족시켜야 한다.[148]

미국 법률 논문들의 대다수는 실무가들의 참고서로서 판례를 요약하고 인용해주는 데 그 주된 가치가 있었다.[149]

링컨과 함께 순회법정을 쫓아다닌 변호사 워드 힐 레이먼은 링컨은 "판사들과 배심원들에게 자신의 주장을 내놓을 때 판례집에 들어 있는 판례들에서 대의를 유추하는 것이 거의 대부분의 경우였으며, 책에 나오는 기본 원칙이라든지 그런 원칙의 배후에 깔려 있는 정신들에 관하여는 거의 언급하지 않았다"고 지적했다.[150] 링컨은 대부분의 전쟁 전 변호사들이나 마찬가지로 자기의 변호사 업무를 주로 법률 논문에 의지해 처리했다.[151] 링컨이 법원에 제출한 서류들과 왕래한 서한들은 그가 이런 논문들을 자주 사용해왔음을 알 수 있게 한다. 링컨은 47건의 하급법원과 대법원 사건에서 모두 36편의 법률 논문들을 인용하고 있다.[152] 거기서 30명의 저자들이 나타난다. 그중 다음 10명은 미국인이었다. 조지프 엔젤, 새뮤얼 에임스, 존 부비어, 제임스 굴드, 사이먼 그린리프, 제임스 켄트, 제임스 모어헤드, 태핑 리브, 조지프 스토리, 그리고 윌리엄 웨트모어 스토리였다(〈표 1〉을 보라). 링컨은 조지프 스토리가 저술한 4편의 논문들에서도 인용했다.[153] 링컨이 인용한 23편의 영국 논문은 모두 미국판에도 올라 있었다(〈표 2〉를 보라). 전쟁 전의 미국에서는 일상적으로 출판업자들이 영국의 저자들이 낸 책들의 해적판을 만들어냈다. 그들은 그렇게 하면서 거기에 미국의 선례들에 대한 주석을 첨가해 나갔다.[154]

Joseph K. Angell, A Treatise on the Limitations of Actions at Law, 2d ed. (Boston: C. C Little & J. Brown, 1846)	Argument, Dec. Term 1848 [917], Lewis v Lewis [L02339] casefile, LPAL
Joseph K. Angell & Samuel Ames, A Treatise on the Law of Private Corporations Aggregate 6th ed. (Boston: Little, Brown & Co. 1858)	Authorities, Dec. Term 1859 [89349], Clark & Morrison v. Page [L00826] casefile, LPAL
John Bouvier, Law Dictionary, 2 vols. (Philadelphia: T. and J. W. Johnson, 1839)	Cook v. Hall, 6 Ill. (1 Gilm.) 575 (1844)
James Gould, Treatise on the Principles of Pleading in Civil Actions (Boston: Lilly & Wait, 1832)	Murphy v. Summerville, 7 Ill. (2 Gilm.) 360 (1845)
Simon Greenleaf, A Treatise on the Law of Evidence, 2 vols. (Boston: Charles C. Little & James Brown, 1842)	Kincaid v. Turner, 7 Ill. (2 Gilm.) 618 (1845) Henderson v. Welch, 8 Ill. (3 Gilm.) 340 (1845) Argument, [May 1, 1848] [5745], Watson v. Gill [L00733] casefile, LPAL Pearl v. Wellman, 12 Ill. 352 (1849) Penny v. Graves, 12 Ill. 287 (1850) Whitecraft v. Vanderver, 12 Ill. 235 (1850) Smith v. Dunlap, 12 Ill 184 (1850) Opinion on Land Titles, March 24, 1856 [4169], Dillingham v. Fisher [L02512] casefile, LPAL
James Kent, Commentaries on American Law, 4 vols. (New York: O. Halsted, 1826-1830)	Dorman v. Lane, 6 Ill. (1 Gilm.) 143 (1844) Cook v. Hall, 6 Ill. (1 Gilm.) 575 (1844) Webster v. French, 11 Ill. 173 (1844) Brief, Dec. Term 1853 [3230], Illinois Central RR Co. v. McLean County [L01655] casefile, LPAL
James T. Morehead, The Practice in Civil Actions and Proceedings in Kentucky (Louisville: Derby, Anthony & Co., 1816)	People ex rel. Harris v. Browne, 8 Ill. (3 Gilm.) 87 (1846)
Tapping Reeve, The Law of Baron and Femme (New Haven: Oliver Steele, 1816)	Davis v. Harkness, 6 Ill. (1 Gilm.) 173 (1844)
Joseph Story, Commentaries on Equity Jurisprudence, 2 vols. (Boston: Hilliard, Gray & Co., 1836)	Abrams v. Camp, 4 Ill. (3 Scam.) 290 (1841) Davis v. Harkness, 6 Ill. (1 Gilm.) 173 (1844)
Joseph Story, Commentaries on Equity Jurisprudence, 2 vols. (Boston: Hilliard,	Broadwell v. Broadwell, 6 Ill. (1 Gilm.) 599 (1844)

Gray & Co., 1836)	Hall v. Irwin, 7 Ill. (2 Gilm.) 176 (1845) Trumbull v. Campbell, 8 Ill. (3 Gilm.) 502 (1846) Webster v. French, 11 Ill. 254 (1849)
Joseph Story, Commentaries on Equity Pleadings (Boston: C. C. Little & J. Brown, 1838)	Ballentine v. Beall, 12 Ill 246 (1841) Spear v. Campbell, 5 Ill. (4 Scam.) 424 (1843) MaCall v. Lesher, 7 Ill. (2 Gilm.) 46 (1845) Brief, Dec. Term 1849 [5364], Lewis v. Moffett & Johnson [L03866] casefile, LAPL
Joseph Story, Commentaries on the Law of Agency (Boston: C. C. Little & J. Brown, 1839)	Chase v. DeBolt, 7 Ill. (2 Gilm.) 371 (1845)
Joseph Story, Commentaries on the Law of Partnership (Boston: C. C. Little & J. Brown, 1841)	Brief, Dec. Term 1849 [5364], Lewis v. Moffett & Johnson [L03866] casefile, LPAL
William Wetmore Story, Treatise on the Law of Contracts Not Under Seal (Boston: C. C. Little & J. Brown, 1844)	Chase v. DeBolt, 7 Ill. (2 Gilm.) 371 (1845) Adam v. County of Logan, 11 Ill. 336 (1849) Webster v. French, 12 Ill. 302 (1849)

링컨과 헌든은 영국의 법률문서들을 미국에서 재출간한 104권짜리 시리즈물인 『로 라이브러리Law Library』를 구독했음에 거의 틀림없다.[155] 마빈J. G. Marvin은 그의 『법률문헌학Legal Bibliography』(1847)에서 이 전집물이 "대영제국 최고의 기초적인 법률 논문들을 할인된 가격으로" 공급해주는 것이라며 환영했다.[156] 이 문헌은 일부가 팸플릿 형태로 발간되어 매월 구독자들에게 우송되었다. 4개의 팸플릿이 나중에 한 권을 만든다. 팸플릿의 형태를 취함으로써 논문들을 우편으로 보낼 수 있게 되었으며, 이렇게 함으로써 책을 화물로 보낼 경우에 비하여 운송비용을 훨씬 절감할 수 있게 되었다.[157] 링컨은 상소심에서 리처드 배빙턴의 『경매법론Treatise on the Law of Auction』과 존 코리턴의 『저작권과 특허법론Treatise on the Law of Letters-Patents』을 인용했다.[158] 헌든은 세인트루이스, 앨턴 및 시카고 간 철도회사 대 댈비 사건의 상소심에서 제출한 서면에서 스미스의 『사용자와 피용자론Smith on Master and Servant』 및 그랜트의 『회사법Grant on Corporations』에 대하여 언급했다.[159] 이 4편의 논문들은 모두 『로 라이브러리』 시리즈에 들어 있다.

Richard Babington, A Treatise on the Law of Auctions, With an Appendix of Precedents (Philadelphia: J. S. Littell, 1838) (Law Library, v. 19)	Webster v. French, 11 Ill. 254 (1849)
Matthew Bacon, A New Abridgement of the Law, 7 vols. (Philadelphia: Farrand & Nicholas, 1811-1813)	Brief, Dec. Term 1839 [4668], Cannon v. Kinney [L02875] case file, LPAL England v. Clark, 5 Ill. (4 Scam.) 486 (1843)
Sir William Blackstone, Commentaries on the Laws of England, 4 vols. (New York: Collins & Hannay, 1832)	Watkins v. White, 4 Ill. (3 Scam.). 549 (1842) Cook v. Hall, 6 Ill. (1 Gilm.) 575 (1844) Whitecraft v. Vanderver, 12 Ill. 335 (1850)
Joseph Chitty, A Treatise on the Parties to Actions, and on Pleading, 2 vols. (Springfield, Mass.: G. & C. Merriam, 1837)	Brief, Dec. Term 1839 [4668], Cannon v. Kinney [L02875] casefile, LPAL Averill v. Field, 4 Ill. (3 Scam.) 390 (1842) Field v. Rawlings, 6 Ill. (1 Gilm.) 581 (1844) Murphy v. Summerville, 7 Ill. (2 Gilm.) 360 (1845)
Joseph Chitty, Practical Treatise on the Law of Contracts Not Under Seal (Springfield, Mass: G. & C. Merriam, 1842)	Trumbull v. Campbell, 8 Ill. (3 Gilm.) 502 (1846) Webster v. French, 11 Ill. 254 (1849) AL to William Martin, Feb. 19, 1851 [4887], Alton & Sangamon R. R. v. Barret [L02610] case file, LPAL
John Collyer, A Practical Treatise on the Law of Partnership(Boston: C. C. Little & J. Brown, 1848)	Brief, Dec. Term 1849 [5364], Lewis v. Moffett & Johnson [L03866] casefile, LPAL
Samuel Comyn, A Treatise of the Law Relative to Contracts and Agreements Not Under Seal (New York: Collins & Hannay, 1831)	Henderson v. Welch, 8 Ill. 3 (3 Gilm.) 502 (1846) Trumbull v. Campbell, 8 Ill. (3 Gilm.) 502 (1846)
George Cooper, A Treatise of Pleading on the Equity Side of the High Court of Chancery (New York: I. Riley, 1813)	Hawks v. Lands, 8 Ill. (3 Gilm.) 227 (1846)
John Coryton, A Treatise on the Law of Letters- Patent (Philadelphia: T & J. W. Johnson, 1855)	Brief, Dec. Term 1855 [3244], Mayers & Mayers v. Turner [L00960], LPAL
Edmund Robert Daniel, Pleading and Practice of the High Court of Chancery, 3 vols. (Boston: Charles C, Little & James Brown, 1851)	Authorities, June 15, 1853 [73497], Enos v. Capps [L02459] case file, LPAL
Murray Hoffman, A Treatise upon the Pracitice of the Court of Chancery (New	Authorities, June 15, 1853 [73497], Enos v. Capps [L02459] case file, LPAL

Stewart Kyd, A Treatise on the Law of Awards (Philadelphia: William P. Farrand & Co., 1808)	Kincaid v. Turner, 7 Ill. (2 Gilm.) 618 (1845)
Patrick Brady Leigh, An Abridgement of the Law of Nisi Prius with Notes and References to the Latest American Cases, 2 vols. (Philadelphia: P. H. Nicklin & T. Johnson, 1838)	England v. Clark, 5 Ill. (4 Scam.) 486 (1843)
George Long, A Treatise on the Law Relative to Sales (Boston: Charles C. Little & James Brown, 1839)	Watkins v. White, 4 Ill (3 Scam.) 549 (1842)
Basil Montagu, A Summary of the Law of Lien (Exeter: G. Lamson, 1822)	Cannon v. Kinney, 4 Ill (3 Scam.) 9 (1841)
John Joseph Powell, A Treatise on the Law of Mortgages (Boston: Wells & Lilly, 1828)	Cook v. Hall, 6 Ill. (1 Gilm.) 575 (1844)
John Joseph Powell, Essay upon the Law of Contracts and Agreements (New York: G. Lamson, 1825)	Field v. Rawlings, 6 Ill. (1 Gilm.) 581 (1844)
Henry Roscoe, A Digest of the Law of Evidence on the Trial of Actions at Nisi Prius (Philadelphia: P. H. Nicklin & T. Johnson, 1832)	Mason v. Park, 4 Ill. (3 Scam.) 532 (1842)
John Simon Saunders, The Law of Pleading and Evidence in Civil Actions, 2 vols. (Philadelphia: R. H. Small, 1844)	Trumbull v. Campbell, 8 Ill. (3 Gilm.) 502 (1846)
Thomas Starkie, A Practical Treatise on the Laws of Evidence and Digest of Proofs on Civil and Criminal Proceedings, 3 vols. (Philadelphia: P. H. Nicklin & T. Johnson, 1837)	Cannon v. Kinney, 4 Ill. (3 Scam.) 9 (1841) Henderson v. Welch, 8 Ill. (3 Gilm.) 340 (1846)
Thomas Starkie, A Treatise on the Law of Slander and Libel, and Incidentally of Malicious Prosecutions, 2 vols. (Albany: C. Van Benthuysen & Co., 1843)	Petition for Rehearing, [39617], Patterson et ux. v. Edwards et ux. [L00884] case file, LPAL
Sumuel Toller, The Law of Executors and Administrators (Philadelphia: Grigg & Elliot, 1834)	Davis v. Harkness, 6 Ill. (1 Gilm.) 173 (1844)
Edward Williams, Treatise on the Law of Executors and Administrators (Philadelphia: Francis J. Troubat, 1832)	Davis v. Harkness, 6 Ill. (1 Gilm.) 173 (1844)

물론 링컨은 자신이 인용하는 논문들을 반드시 모두 직접 보유하고 있지는 않았다. 인용한 논문들 중 겨우 5편만이 루이스 워렌의 링컨법률문서 목록에 나타날 뿐이다.[160] 1858년에 링컨의 법률사무소에서 법을 공부한 존 리틀필드는 훗날 링컨의 사무소가 200권 정도의 법률책과 다른 분야의 책들을 보유하고 있었다고 회고했다.[161] 여기에 비교해 보자면 데이비드 데이비스 판사는 1848년에 54편의 법률 논문을 보유하고 있었다.[162] 링컨은 또한 일리노이 주대법원의 도서관을 활용했다.[163]

링컨은 필요에 쫓기지 않는 한 법률책을 읽지 않았다. 그러나 그런 필요를 느꼈을 때에는 자신의 법률사무소나 주대법원의 도서관에서 찾을 수 있는 책들을 효과적으로 활용했다. 패터슨 대 에드워즈Patterson v. Edwards 사건의 변론재개rehearing*를 신청하면서 링컨은 "만약 법원이 원한다면 스타키Starkie의 두 권으로 된 명예훼손Slander**에 관한 저서의 신판을 법원에 제출"하겠다고 제안했다. 이런 링컨의 제안은 판사들이 이 영국 논문의 "신판"에 쉽게 접근할 수 없는 상황임을 그가 잘 알고 있었음을 의미했다. 링컨은 또한 다른 변호사를 위하여 써준 1847년의 변론재개신청에서도 비슷한 제의를 한 바 있었다. 그곳에서 링컨은 『치티의 주장과 답변』 최신판에 의존"했음을 밝히면서 그 최신판은 "링컨과 헌든의 법률사무소 도서실에서 찾아볼 수 있으며, 법원이 이 신청을 검토하기 위하여 요청할 경우 동 법률사무소로부터 대출 허락을 받을 수 있을 것"이라고 언급했다.[164] 링컨은 또한 비교적 자주 새로운 법률 논문들을 인용했다. 예컨대 1849년의 상소심사건에서 그는 지난해에 발간된 『미국주요판례American Leading Cases』의 제2권에 관하여 언급

---

* 일단 변론이 종결되었으나, 예컨대 배심원이나 변호사의 비리행위, 새로이 발견된 증거 등을 이유로 종전의 변론을 완전히 무시하고 법정에서의 변론을 전혀 새로이 여는 경우.

** "구두나 몸짓 등에 의한 명예훼손". 대부분의 주에서는 형사범죄가 아니어서 민사로 손해배상청구만이 가능하다. 이에 반하여 "서면, 사진, 그림, 인형, 필름 등에 의한 명예훼손libel"은 형사소추도 가능하다. "명예훼손defamation"은 위의 양자를 포함하는 개념이다.

했다.[165] 그는 또한 일리노이 주대법원 도서관에 소장되어 있는 논문들의 목록을 기억하고 있었다. 해사admiralty 사건에서 1857년에 그가 그의 공동 대리인에게 보낸 편지를 보면, 그는 "대법원 도서관에는 해상법에 관한 새로운 책들이 입하되어 있으나 나는 아직 그 책들을 점검해보지 못했소"라고 쓰고 있다.[166]

링컨이 법률 논문들에 의존하는 경향은 그가 패터슨 대 에드워즈Patterson v. Edwards 사건에서 제출한 변론재개신청서에서 엿볼 수 있다.[167] 앰브로즈 에드워즈와 그의 처는 윌리엄 패터슨과 그의 처를 상대로 패터슨 부인이 에드워즈 부인에 대하여 그녀가 "흑인의 아이들을 낳아 길렀다는 사실을 자신이 입증할 수 있다"고 말했다며, 명예훼손Slander을 이유로 하는 손해배상청구소송을 걸었다. 에드워즈 부부가 220달러의 승소판결을 받자 패터슨 부부는 상소했다. 링컨은 상소심에서 에드워즈 부부를 대리했다. 패터슨 부부는 상소심에서 에드워즈 측이 주장한 사실과 구체적 증거에 의해서 드러난 사실 간에는 차이가 있으며, 또 에드워즈가 문제삼은 패터슨의 말 자체로는 결코 명예훼손이 될 수 없다고 주장했다.[168]

일리노이 대법원이 이 두 가지 논점을 모두 받아들여 원판결을 파기환송하면서 사실심에서 새로이 심리할 것을 명하자 링컨은 대법원에서의 재심리를 신청했다. 대법원이 당사자의 주장 사실과 증거에 의하여 드러난 사실 간에 차이가 있다고 본 것에 대하여, 링컨은 그런 차이는 결코 실질적인 것이 아니며 사실심 법원에서 제기되지 않은 쟁점에 기하여 원판결을 파기하는 것은 타당치 않다고 주장했다.

대법원은 두 번째 논점에서 소장에서 그녀가 했던 말들은 "원고의 부인이 반드시 미혼자간간음fornication*이나 간통adultery을 저질렀다는 뜻은 아니"라

---

* 당시에는 결혼하지 않은 남녀간의 성관계도 처벌 대상이었다.

고 판시*했다.[169] 링컨은 그런 말이 "반드시 꼭 그런 뜻으로 한 말일 필요는 없다. 소장에서 주장하는 의미가 가능할 수 있기만 하면 된다는 것이 우리의 주장"이라고 반박했다. 그는 그의 주장의 근거로 영국의 논문인 스타키의 명예훼손의 신간 미국판을 내세웠다.

여기서 우리는 전거 없이 함부로 말하지 않는다. 만약 법원이 원한다면 스타키가 저술한 2권으로 된 명예훼손 신판을 법원에 제출하여 그중 제1권 44면부터 61면까지를 보라고 권하고 싶다. 의심스러운 의미를 가지는 말을 해석하는 방법에 관하여 그곳에 자세히 서술되어 있다. 이런 주제에 관하여 그곳에서는 옛날의 잣대와 새로운 잣대가 있음을 보여주고 있다. 옛날의 잣대에 의하면 미티오리 센수Mitiori Sensu로, 즉 피고가 한 말의 뜻이 두 가지 이상으로 해석될 경우 그중 피고에게 가장 유리한 쪽으로 해석함으로써 원고가 그 소장에서 주장하는 대로 그런 불가피한 해석에 도달할 정도가 아닌 경우에는 결코 원고에게 승소 판결을 내려서는 안 된다는 것이었다. 그러나 이 낡은 법칙은 이미 100년 전에 폐지되었고, 새로운 법칙이 완전하게 정립되었다. 이 두 가지 관점에 따르는 판결들의 경우를 차례로 아래에서 보여드리겠다.[170]

그러고 나서 링컨은 존 웬델이 발간한 미국판에서 논문을 장황하게 인용했는데, 이 미국판에는 미국과 영국의 판례에 대한 주석이 들어 있었다.[171] 링컨이 재심리 신청을 할 당시는 그 책이 나온 지 3년밖에 되지 않았을 때였다. 이런 링컨의 신청에 나타난 것들을 보면, 전쟁 전의 변호사들이 얼마나 법률 논문들에 의존해 왔는지를 분명하게 알 수 있다. 실제로 그는 "줄줄이 생겨나는 판례들"을 일일이 알 수 없었던 것이다.

링컨은 여느 전쟁 전의 변호사들이나 마찬가지로 판례집에 실린 판례들

---

* 보통법상 단순히 "부정unchastity"하다고만 비난하는 것으로는 "slander"가 성립할 수 없었다.

을 요약하여 출간한 판례요람에도 또한 의존했다. 요람집들은 판례집에서 발견되는 다양한 법의 논점들을 간략하게 요약하여 제공했다. 이 요약 방법은 분류체계에 따르는 제목들에 의하여 정리된 것이었다.[172] 1856년판 『일리노이 다이제스트Illinois Digest』의 저자인 노먼 프리먼은 "판례요람은 개업 변호사의 도서실에서 거의 필요악이 되고 있다"고 말했다. 프리먼은 "새로이 선고되는 판결들의 수가 급격히 늘어나면서 이를 일일이 찾아보는 것은 큰 불편의 원천이 되었다"고 지적했다.[173] 그런데 이런 판례요람집들을 쉽게 입수하여 읽을 수 있게 됨으로써, 변호사들은 법의 변화에 따라가기 위하여 출간된 판결들을 일일이 찾아서 읽지 않아도 되게 된 것이었다. 이렇게 판결요람집들은 전쟁 전의 변호사들에게 두 가지 목적에서 유용했다. 하나는, 판례를 찾아보는 도구로서였다. 『웨스턴 로 저널Western Law Journal』은 『미국판례요람United States Digest』에 대한 서평에서 "판례요람집은 변호사들이 맡은 사건의 준비를 도와주는 데 그 주된 용도가 있다. 판례요람 그 자체에 권위가 있다고 할 수는 없으나, 이 책은 권위 있는 책으로 찾아갈 수 있게 해준다"고 지적했다.[174] 그러나 정규판례집의 발간부수가 너무 적어 이 판례요람들은 정규판례집에 나타나는 판례들의 대용물로 자주 이용되곤 했다. 『아메리칸 로 매거진American Law Magazine』은 1846년 "미국의 판례집 발간부수가 이렇게 적은 데다가 1년이면 3, 40권씩 늘어나고 있기 때문에 개업변호사가 판례집을 보유하기는 거의 불가능하다"라고 지적했다. 『미국판례요람』은 이렇게 해서 "그 자체가 작은 도서관의 역할"을 하게 되었다는 것이다.[175]

링컨은 상소심사건들에서 판례요람집들(〈표 3〉을 보라)을 자주 이용하고 인용했다. 그가 가장 애호한 것은 『미국판례요람』으로서, 주법원과 연방법원들에서 나온 판례들을 정리 요약한 이 책은 포괄적인 판례요람집으로는 미국에서 처음으로 나온 것이었다.[176] 계약이행과 관련된 사건인 리징거 대체니Risinger v. Cheney 사건에서 링컨의 의뢰인은 사실심에서 패소했다. 링컨은 자기 의뢰인이 계약을 이행하지 않은 것은 계약의 대상이 된 재산에 관하여 원고를 상대로 하는 처분금지가처분 명령이 내려졌기 때문에 정당한 이유가 있었다고 주장했다. 자신의 주장을 뒷받침하기 위하여 링컨은 "1 U.S. Dig.540, § 66"*에서 한가지만 인용했다.[177] "조건Conditions"이라는 제목하의 다음과 같은 내용을 그대로 인용한 것이었다.

> 계약조건의 이행을 방해하거나 또는 불필요하게 만드는 사람은 상대방의 계약불이행을 탓할 수 없다.
> Majors v. Hickman, 2 Bibb, 218. Williams v. Bank of United States, 2 Pet. 102. Marshall v. Craig, 1 Bibb, 380. Carrel v. Collins, 2 Bibb, 431. 또한 다음을 보라. Morford v. Ambrose, 3 J. J. Marsh. 690. Crump v. Mead, 3 Mis. 233. Miller v. Ward, 2 Conn, 494. Clendennen v. Paulsel, 3 Mis. 230. Webster v. Coffin, 14 Mass, 196. 1 Pick. 287. Seymour v. Bennet, 14 Mass, 268. Clark v. Moody, 17 Mass, 149. Cooper v. Mowry, 16 Mass. 7.[178]

대법원은 원고에 대한 패소판결을 뒤집어 링컨에게 상소심에서의 승리를 안겨주었다. 법원은 여기서 링컨이 잘 골라낸 몇 개의 인용판결들에만 의존했다. 판결은 먼저, 『미국판례요람』에 고딕체로 실려 이론의 골자를 보여주는 부분을 아무 전거 없이 그대로 인용했다. "계약조건의 이행을 방해하거나 불필요하게 만드는 자는 상대방의 계약불이행을 탓할 수 없다는 원칙은 이미 확립되어 있다." 그리고 나서 판결은 이를 뒷받침하기 위한 7건의 판례를 나열했다. 그 7건의 판례는 모두 『미국판례요람』에 실려 있는 사건들이었다. 그중에서도 최초의 5건은 『미국판례요람』에 나타나는 순서 그대로

---

* 『미국판례요람』 제1권 540쪽 제66항.

인용될 정도였다.[179]

링컨은 『미국판례요람』을 판례를 찾아내는 도구로서뿐만 아니라 판결집의 대용물로도 사용했다. 1851년에 보낸 편지를 보면 링컨이 얼마나 이 책에 의존하고 있었는지 드러난다. 링컨은 이 편지에서 주식인수대금 청구사건에서의 "주주의 증언 능력"에 관하여 2건의 판례를 인용했다. 그는 먼저 그의 의뢰인에게 펜실베이니아 판례를 인용하면서 "이 책은 나에게 없다"고 전제하고 이 책에 대한 언급은 Suplt. U. S. Dig : Vol. 2 page 976, Sec. 405에서 찾을 수 있다"고 일러주고 있다.[180] 링컨은 1847년에 발간된 『미국판례요람 추록Supplement to the United States Digest』을 말하고 있었던 것이다.[181] 링컨이 인용한 판례는 "증인"이라는 제목 하에 요약되어 있었으며, "법인과 법인이 아닌 사단의 구성원들"이라는 소제목이 붙어 있었다. 링컨은 그 다음에 켄터키의 판례인 "7 Dana 99"를 인용했다. 링컨은 이 판례 또한 1847년 추록을 이용하여 발견해낸 것이다. 이 사건 또한 다른 사건이나 마찬가지로 같은 쪽에 올라 있었다.[182] 그러나 링컨은 전에 이 판례를 읽어 본 적이 있었다. 그는 "이 판례는 길고 내용이 풍부합니다. 그래서 아마도 정확하게 쟁점에 들어맞기로는 지금까지 보고된 것 중에서 유일한 판례일 것"이라고 알려 주었다.[183]

링컨은 또한 『일리노이 다이제스트Illinois Digest』에도 의지했다. 이 책은 일리노이 대법원의 판례를 수집한 책이었다.[184] 어느 준비서면에서 링컨은 3건의 일리노이 대법원 판례를 인용하여 자기의 주장을 뒷받침하면서, 판결에서는 피고가 3명이나 나오는데 상소보증금에서는 피고를 2명으로만 표시하고 있으니 상소가 각하되어야 한다고 주장하여 이를 관철시킬 수 있었다.*[185] 링컨은 권위 있는 문헌을 찾느라고 시간을 소비하지 않았다. 그가

---

* 링컨도 자기 의뢰인의 승소를 위하여는 형식논리적인 판례라도 인용하기를 주저하지 않았음을 보여준다.

인용한 3건은 모두가 1856년에 간행된 『일리노이 다이제스트』 중 "상소와 기록송부명령Appeals and Writs of Error"*이라는 제목하의 절에 들어 있는 내용이었다. 그중 2건은 "다수인의 상소 등등"이라는 제목하에 들어 있었다.[186] 이 판례들의 요지는 "피고 전원이 보증금을 내지 않았으므로 상소가 각하되어야 한다"는 내용이었다. 링컨이 인용한 세 번째 사건은 "각하dismiss의 대상[187]"이라는 제목하에서 찾아볼 수 있었다. 이 책을 이용하여 링컨은 채 5분도 안 되어 3건의 판례를 모두 찾아볼 수 있었을 것이다. 요컨대 판례요람집은 논문집이나 마찬가지로 링컨 같은 변호사에게는 평소 실컷 놀다가도 "쟁점이 있는 사건을 맡게 되면" 그제서야 비로소 부지런을 떨어도 넉넉히 감당할 수 있도록 여유를 허용해 준 것이었다.

링컨이나 그의 당대 변호사들은 신시내티에서 발간되는 『웨스턴 로 저널 Western Law Journal』이나 보스턴에서 발간되는 『로 리포터Law Reporter』와 같은 법률 잡지들을 읽음으로써 변화, 발전하는 법에 보조를 맞출 수 있었을 것이다. 전쟁 전에 우후죽순격으로 늘어나기 시작한 법률 잡지들—1860년에는 이미 48종의 법률 잡지가 발간되고 있었다—은 에드거 앨런 포가 1845년에 "우리들의 잡지문학"이라고 이름붙였듯이 그런 전반적인 경향의 한 단면이었다고 볼 수 있다. 포는 이렇게 늘어나는 잡지들은 "그 시대적 징표이며—사람들이 간결하고 집약되고 잘 정리된 것에 끌린다는 시대적 징조이자—한마디로 장황한 논문 대신에 간결한 저널리즘에 끌린다는 뜻"이라고 분석했다.[188] 법률 잡지들은 법률 주제에 관한 논문과 법률 서적에 관한 서평, 그리고 최근의 판례에 대한 평석을 싣는 것이 전형적이었다.[189] 특히 『웨스턴 로 저널』은 링컨의 관심을 끌었을 것이다. 이 잡지는 오하이오 주의

---

* 상소심 법원이 사실심 판사에게 원심기록의 송부를 요구하는 명령서. 이는 사실심 기록에 과연 상소인이 주장하는 하자가 있는지, 판결을 번복할 만한 사유가 있는지 등을 검토하기 위한 것이다.

O. J. Barbour & E. B. Harrington, An Analytical Digest of the Equity Cases Decided in the Courts of the Several States, 3 vols. (Springfield, Mass.: G. & C. Merriam, 1837)	Davis v. Harkness, 6 Ill. (1 Gilm.) 173 (1844)
George Ticknor Curtis, A Digest of the Decisions of the Courts of Common Law and Admiralty (Boston: C. C. Little & James Brown, 1846-1847) (United States Digest, vols. 2 & 3)	Anderson v. Ryan, 8 Ill. (3 Gilm.) 583 (1846) People ex rel. Harris v. Browne, 8 Ill. (3 Gilm.) 87 (1846)
Willam Johnson, A Digest of the Cases Decided and Reported in the Superior Court of the City of New York, the Vice-Chancellor's Court, the Supreme Court of Judicature, Being a Supplement to Johnson's Digest (Philadelphia: E. F. Backus, 1838)	Cannon v. Kinney, 4 Ill. (3 Scam.) 9 (1841) Schlencker v. Risley, 4 Ill (3 Scam.) 483 (1842)
Theron Metcalf & Jonathan C. Perkins, A Digest of the Decisions of the Courts of Common Law and Admiralty (Boston: Hilliard, Gray & Co., 1840) (United States Digest, vol. 1)	McCall v. Lesher, 7 Ill. (2 Gilm.) 46 (1845) Risinger v. Cheney, 7 Ill. (2 Gilm.) (1845) Henderson v. Welch, 8 Ill. (3 Gilm.) 502 (1846)
Richard Peters, A Full and Arranged Digest of Cases, Decided in the Supreme, Circuit, and District Courts of the United States, 3 vols, (Philadelphia: Thomas, Cowperthwait & Co., 1838-1839)	Spear v. Campbell, 5 Ill. (4 Scam.) 424 (1843)
John Phelps Putnam, Supplement to the Untied States Digest, 2 vols. (Boston: Charles C. Little & James Brown, 1847)	Pearl v. Wellman, 11 Ill. 352 (1849) AL to William Martin, March 6, 1851 [93970], Alton & Sangamon R.R. v. Barret [L02610] casefile, LPAL
John Phelps Putnam, United States Digest: Annual Digest for 1847 (Boston: Charles C. Little & James Brown, 1848) Motion for new trial, Aug. 23. 1851 [45853], Perkins v. Hall [L01244] casefile, LPAL	Motion for new trial, Aug. 23, 1851 [45853], Perkins v. Hall [L01244] casefile, LPAL
John Phelps Putnam, United States Digest: Annual Digest for 1848 (Boston: Charles C. Little & James Brown, 1849)	Motion fot new trial, Aug. 23, 1851 [45853], Perkins v. Hall [L01244] casefile, LPAL

판사인 티머시 워커가 창립했는데, 이 사람은 『미국법 입문An Introduction to American Law』(1837)이라는 대중적인 책의 저자였다. 그 잡지의 편집자들 중 한 사람은 일리노이 주대법원 출입기자였던 찰스 길먼Charles Gilman이었는데, 그는 얼마 안 되어 그 자리를 사임하고 『웨스턴 리걸 옵서버Western Legal Observer』라는 잡지를 창간했으나 이 잡지의 수명은 얼마 가지 않았다. 링컨이 트레일러Trailor 살인사건*에 관하여 익명으로 쓴 기사는 1846년 10월 『웨스턴 로 저널』에 다시 게재되었으며, 맷슨 사건**에서 순회법원에 제출했던 의견서 또한 1848년 2월에 같은 잡지에 실렸다.[191]

링컨은 법에 관하여 하등의 지적 호기심을 지니고 있지 않았다. 그는 법을 체계적으로는 공부하지 않고 다만 필요할 때만 법을 찾아보았을 뿐이다. 다행히도 링컨은 그럴 경우 지적 흡수력이 매우 뛰어났는데, 이런 능력은 나중에 그의 정치 생애에서도 자주 과시되곤 했다.

법학 교육, 그리고 자수성가한 사람

1844년 휘그파 소속의 저술가인 캘빈 콜턴은 미합중국을 가리켜 "사람들이 비천한 출신에서 시작하여 작은 데서부터 차츰 커져서 그의 재능과 근면에 힘입어 세계로 진출하고, 가장 높은 지위에 오르거나 또는 거대한 부를 쌓을 수 있는" 나라라고 쓴 적이 있다. 콜턴은 "이곳은 곧 자수성가한 사람들의 나라"라고 결론지었다. 링컨 또한 누구에게나 기회가 부여되므로 "누

---

* 링컨은 1841년 살인사건의 피고인으로 기소된 트레일러 집안의 삼형제를 변호한 일이 있었는데 1846년 4월 15일자 『퀸시 휘그Quincy Whig』에 그 사실관계를 가상의 사건 해설조로 처음 게재했다. 삼형제가 돈 많은 연장자를 죽였다는 내용을 자세히 자백하여 기소되었으나 피살되었다는 사람이 귀가한 것을 보았다는 증인의 증언으로 무죄선고를 받았으며, 며칠 후 그 사람이 실제로 살아서 돌아왔다는 이야기.
** 이 책의 제5장 전부가 이 사건에 관한 설명이다.

구라도 자력으로 성공할 수 있다"고 믿었다.[193] 링컨 스스로 이룩한 것, 그 자체가 곧 자유노동에 관한 그의 메시지를 강력하게 대변하는 생생한 증거였다. 그는 연설회의 청중에게 "어떤 필요 때문에 남에게 고용된 노동자라고 해서 항상 처음 그대로 머물러야 할 이유는 없습니다"라고 말했다. "이 세계가 돌아가는 일반적 법칙은 다릅니다. 저는 그런 줄을 알기 때문에 여러분에게 왜 그런지를 일러드리겠습니다. 젊어서 저 자신도 고용된 노동자로서 한 달에 겨우 12달러를 벌었습니다. 저는 한번 고용된 노동자였다고 하여 계속해서 항상 그래야 할 이유는 없다는 점을 잘 압니다."[194] 링컨이 살아온 삶이 곧 그의 메시지였다. 그가 살아온 삶이야말로 결국 "누구도 고정된 노동 조건에 매여 있을 이유가 없음"을 입증하는 것이었다.[195]

변호사의 업무에 큰 변화가 계속 일어나고 있었지만 링컨은 법조 지망생들에게 자신이 20여 년 전에 했던 식으로 공부하면 된다는 충고를 계속했다. 변호사 직역에서의 그의 정체성은 법률책을 읽는 데서 비롯된 것이었다. 그는 "밤낮을 가리지 않고 정말 열심히" 읽었다는 것이다. 그는 법률문서의 초안을 잡거나 구두변론의 준비를 하거나 강의를 들어서 변호사가 된 것이 아니었다. 그때 신시내티나 렉싱턴 근처에는 로스쿨들이 있었지만, 링컨은 법조 지망생들에게 로스쿨에 가라는 말을 결코 하지 않았다.[196] 또 그는 먼저 대학교육을 받으라는 얘기조차도 결코 한 적이 없다. 링컨은 법조 지망생들에게 변호사 사무실에 가서 수습을 받거나 공부하라는 귀띔조차 사실상 하지 않았다. 그는 변호사가 되기 위한 외길은 법률책을 읽는 것이라고 변함없이 강조했다. 링컨은 1858년 윌리엄 그릭스비에게 "당신이 어느 장소에 있는지 또는 어떤 사람과 함께 있는지에 대하여 아무런 신경을 쓸 필요가 없다"고 말했다.[197] 이샵 리비스에게 그는 "당신이 법률책을 누구와 함께 읽을지 또는 혼자 읽을지는 사소한 문제이다. 나는 누구와도 함께 읽은 적이 없다"고 말했다.[198] 그는 제임스 손턴에게는 "어떤 사람이 위드너

씨만큼의 나이가 된다면, 또 그 나이에 이미 매사를 자기 힘으로 처리해왔다면, 지도교사 없이 혼자서 책을 읽어도 된다는 것이 내 생각이오. 그것이야말로 내가 법조계로 진출한 방법이었소"라고 말했다.[199]

링컨은 또한 법조 지망생들에게 혼자서 알아서 책을 읽으라고 권고했는데, 성공적인 변호사가 되는 데 중요한 것은 중산층의 덕목인 근면과 절제라고 믿었기 때문이다. 만약 어떤 사람이 "단호한 마음을 먹는다면 그로써 이미 절반은 성공한 셈이오…당신의 결심대로 성공한다고 마음으로 굳게 다짐하는 것이 다른 무엇보다도 중요한 일임을 잊지 마시오."[200] 그는 또 다른 변호사 지망생에게 "공부하고, 공부하고, 공부하는 것이 핵심이오"라고 말했다.[201] 그러나 링컨은 자신의 성공에 존 스튜어트의 배려가 결정적 역할을 했음을 법조 지망생들에게 알려주지는 않았다. 링컨이 초기에 변호사로서 성공한 데에는 변호사로서 이미 자리를 잡고 있던 스튜어트의 역할이 있었음을 인정해야 한다. 그는 혼자서 변호사 생활을 할 엄두도 내지 못한 채 이미 자리 잡힌 변호사이자 휘그당 내에서 중요한 위치에 있던 정치인인 이 사람과 동업하기로 결정했던 것이다.[202] 링컨은 스튜어트와 동업하던 헨리 더머의 자리를 물려받았는데, 그때까지 스튜어트와 더머는 스프링필드에서 동업으로 가장 성공한 변호사들임에 틀림없었다.[203]

링컨은 또한 나무 그늘에서 블랙스톤을 공부하던 때로부터 이미 20여 년이 지나는 동안에 법조 환경이 극적으로 변했음에 대하여도 자신과 교신하는 법조 지망생들에게 아무 말도 하지 않았다. 헌든은 나중에 회상하기를 1850년대의 법원들이 "갈수록 진지해지고 갈수록 공부를 더 함으로써 변호사들이 성공하려면 그 전제이자 필요불가결한 조건은 바로 성문법의 해석 원칙에 관한 광범위한 지식을 보유하는 것 외에도, 또한 철저한 추론 능력을 갖추어야 한다는 점을 터득하고 있었다"고 회상했다.[204] 링컨이 1859년 여름에 수령한 법률책 목록은 법이 얼마나 복잡해졌는지를 보여주었다. 그

도서목록은 변호사를 위한 존 리빙스턴의 법률책 주문서비스업을 광고하는 것이었는데, 거기에는 뉴욕의 책판매상으로부터 살 수 있는 1,100권이나 되는 법률책들이 열거되어 있었다.[205] 게다가 철도의 등장과 함께 새로 발전하게 된 실체법* 또한 이러한 변화에 대한 신호탄이었다.[206]

링컨은 법조 직역에도 변화의 바람이 불고 있음을 의식하고 있었음에 틀림없다.[207] 1858년 일리노이 주대법원은 "변호사의 면허"에 관하여 새로운 규칙을 제정했다. 새로운 규칙에 의하면 "제3대지구"(시카고를 포함하는 구역임) 내의 거주자로서 변호사 면허를 신청하는 사람은 "연속 2년간 법을 공부했으며, 그중 특히 1년간은 일리노이 주 내의 변호사 사무실에서 공부했음"을 증명하는 서류를 제출하도록 요구했다. 1850년대에 시카고에서 변호사로 인가받은 사람들 60명 중에서 19명은 로스쿨에 다녔다. 45명은 어떤 형태로든 대학교육을 받았다.[208]

링컨의 아들인 로버트 토드 또한 나중에 변호사가 되었다. 아버지와 달리 로버트는 독학하지 않았다. 그는 먼저 일리노이 주립대학의 예과반에서 공부했다. 하버드 대학 입학시험에서 떨어지자 로버트는 필립스 엑서터 아카데미Phillips Exeter Academy**에 다녔다. 그러고 나서야 그는 하버드에 입학할 수 있었고, 1864년에 졸업했다. 그가 변호사가 되겠다고 결심했을 때 그는 아버지에게 "케임브리지***로 돌아가서 로스쿨에 다니겠다"고 말했다. 로버트는 나중에 회상록에 "아버지가 내 생각이 옳다"고 말하더라고 썼다. 그는 1864~1865학년도에 로스쿨을 다녔다. 로버트는 일리노이로 돌아와서도

---

* 예컨대 철도사고와 관련한 불법행위법 등.
** 1871년 상인 존 필립스가 세운 사립학교. 이 학교와 하버드 대학 간에는 전통적으로 19세기 초부터 비공식적이지만 강한 유대관계가 있어 그 졸업생의 하버드 대학 진학률이 매우 높았다. 그 후 20세기에 접어들어서야 그 유대관계가 쇠퇴하게 되었다. 현재는 9학년부터 12학년(대체로 만15세부터 18세)까지의 학생을 세계 각국과 미국 방방곡곡에서 고르게, 다양하게 받아들이는 남녀공학의 기숙학교이다.
*** 보스톤의 지명.

시카고에 있는 법률사무소에서 1년 이상 공부했고, 시카고 대학에서 법률 과목들을 수강했다.[209]

　링컨 시대의 대부분의 변호사 출신 정치인들과는 달리 링컨은 일단 정치에 입문한 후에 법에 입문했다. 변호사가 되기 위하여 그가 걸은 길 또한 이례적이었다. 변호사 사무실에서 공부하고 기록을 베끼면서 변호사 수업을 한 전쟁 전의 대부분의 변호사들과는 달리 링컨은 "혼자서 공부"했다. 그럼에도 독학에 의한 그의 법률 공부는 깊이에서 대부분의 전쟁 전의 변호사들에 못지않았다. 그의 공부 과정은 일리노이 변호사협회의 저명한 회원들의 경우와 비교하더라도 더욱 이례적이다. 그만큼 성공한 동료 변호사들은 대학이 아니면 로스쿨을 다녔다. 그러나 아무리 자신의 준비 과정이 소홀했다고는 하지만 링컨은 자기가 맡은 사건에서 제기되는 법률의 쟁점을 간파하고 그 문제들을 집중적으로 탐구할 수 있는 능력을 갖추고 있었다. 1850년대에 들어서면 독학으로 변호사가 되겠다고 하는 것은 시대착오적으로 보이기 시작한다. 자수성가한 링컨은 법조 지망생들에게 자신이 1830년대에 했듯이 여전히 그렇게 하라고 계속 권고했다. 링컨에게는 공부하고, 공부하고, 또 공부하는 것만이 열쇠였던 것이다.

3장
법정의 휘그당원

링컨은 휘그파 정치인으로서 경제개발주의의 신조를 지니고 있었으나,
그렇다고 하여 휘그파 변호사로서 자신의 이런 신조를 법정에 들어갈 때마다
개진하지는 않았다. 오히려 링컨 같은 휘그파 변호사들이 사법 체계에서
최우선적 가치를 둔 것은 사회질서의 유지에 있었다. 또 휘그파 변호사들은
법률사무소의 호구지책상 달리 방법이 없었으므로 어느 의뢰인이 찾아오더라도,
누구의 사건이라도 주저 없이 수임할 만반의 태세가 되어 있었던 것이다.

법사학자들은 변호사들의 활동에 대한 평가를 등한히 하는 것이 일반적이다.[1] 이런 현상은 특히 전쟁 전의 법사편찬 과정에서 명백히 드러난다. 변호사들이 언급된다고 해도 그들은 상거래상의 이해관계와 결탁하여 법이 자본가를 수용하지 않을 수 없도록 추구하는 존재로나 그려지고 있다.[2] 이 장에서는 전쟁전의 변호사 세계의 또 다른 모습을 보여주기 위한 방편으로 링컨의 변호사 업무에 대하여 소개하기로 한다.[3]

현대의 연구자들에게는 전쟁 전의 변호사들이 남긴 기록을 입수할 수 있는 기회가 별로 없지만, 링컨법률문서* 프로젝트는 링컨의 변호사 업무에 관계되는 수천 건의 기록들을 찾아낼 수 있었다. 대니엘 웹스터Daniel Webster** 의 법률문서들이 간행되었을 때 몇몇 법사학자들은 웹스터같이 저명한 변호사가 법조 직역 전체를 대변할 수 있는 전형적인 변호사라고 하기에는 문제가 있음을 지적했다.[4] 미합중국 연방대법원에서 다른 어느 변호사의 추

---

* 일리노이 주 역사보존청Illinois Historic Preservation Agency이 주관하여 링컨이 1836–1861년 사이에 처리한 5,000여 건의 사건에 대한 기록의 소재를 확인, 정리, 주석, 발간하는 일을 담당한다.
** 미국의 저명한 변호사, 정치인(1782–1852).

종도 불허하는 자그마치 171건이나 되는 사건을 변론한 웹스터는 변호사로서의 생애 자체가 매우 뛰어났던 경우에 해당한다.[5] 이에 비하면 링컨이 행한 변호사 업무는 전쟁 전의 변호사들이 일상적으로 하던 일이라는 점에서 웹스터보다 당시 변호사의 모습을 잘 보여준다. 링컨법률문서 프로젝트에 의하여 발굴된 자료들을 연구하며 받는 인상은 그 내용들이 매우 평범하다는 점이다. 링컨 스스로는 매우 특출한 생애를 살았으나, 그의 변호사 업무는 비교적 평범했다. 만약 그가 대통령이 되지 않았더라면, 그의 변호사 업무가 후대의 역사가들에 의하여 주목받았을지 의문스러울 정도이다. 그의 정치적 위대함이 아니었더라면, 그는 전쟁 전의 위대한 변호사 명단에 오를 만한 명성을 갖추지 못했다고 보아야 한다.[6]

링컨의 변호사 업무에서는, 변호사가 자본가와 결탁하여 자본주의를 수용하도록 법규정을 바꾼다든지, 노동자 계급을 착취한다든지 하는 이론을 지지할 만한 사례는 나타나지 않는다. 오히려 링컨의 변호사로서의 생애는 사회질서와 법을 지키기 위한 휘그당원으로서의 열의를 그대로 반영하고 있는데, 이는 산업의 장려와 경제의 발전에 관심을 두고 있는 도구주의자 instrumentalist*적인 관심과는 거리가 있는 것이었다. 링컨 같은 휘그파 변호사들에게 사법에 있어서의 최우선적 가치는 경제개발의 일정을 제시하는 데 있는 것이 아니라 사회질서의 유지에 있었다. 휘그파 정치인들은 경제개발계획을 선호했으나, 휘그파 변호사들은 이런 강령을 반드시 법정으로까지 끌고 가려 하지는 않았다. 예컨대, 철도는 링컨의 경제적 비전에 불가결한 일체를 이루는 것이었음에도 불구하고 정작 그가 철도관련 소송을 맡게

---

* 사상이나 개념은 선험적으로 규정되는 것이 아니라 인간이 환경에 순응하면서 생활경험을 통하여 실용적으로 접근해야 된다는 존 듀이의 학설을 추종하는 사람들. 이 책에서 "도구주의자"는 예컨대 변호사가 자신의 신조에 합치되는 사건이나 당사자만을 수임함으로써 그런 사건의 수임을 통하여 자신의 소신을 펴나가는 기회로 삼는다는 의미로 쓰이고 있다.

될 경우에는 그 사건에서까지 이런 도구주의자적 신념을 관철시키려 하지는 않았다. 링컨과 같은 휘그파 변호사들이 경제개발 우선이라는 사고에 영향을 받지 않을 수는 없었지만 변호사들 간의 생업을 위한 치열한 쟁탈전은 사건만 된다면 평소의 신념을 떠나 어느 고객이든 가리지 않고 수임할 용의가 있음을 보여주는 것이었다.

링컨, 법, 그리고 휘그파의 이데올로기

링컨은 변호사가 되기 전부터 이미 휘그당원이었으며, 그가 처음으로 변호사 면허를 받은 때부터 1855년에 이르기까지 그의 변호사 업무는 휘그당과 연계하여 평행선을 그었다. 링컨은 시장경제를 향한 휘그파의 열정을 공유했으며, 국내의 사회기반시설을 확충하고 관세 제도를 개선하여 경제발전을 도모하겠다는 휘그당의 계획을 지지했다.[7] 1859년에 자서전 격으로 쓴 "소묘"에서 링컨은 자신이 "정치적으로는 항상 휘그당원이었으며, 대체로 휘그당 소속으로 선거에 나가서 적극적으로 선거운동을 해왔다"고 공표했다.[8] 링컨이 휘그당과 맺어온 관계는 꽤 길었다. 1860년에 그는 자기가 "휘그당이 시작한 날로부터 문을 닫는 날까지 휘그당에 소속"했다고 쓴 적이 있다.[9] 일리노이 주의회 의원으로 봉직하던 동안 그는 주 하원에서 소수당인 휘그당의 원내총무였다. 그는 1840년 윌리엄 헨리 해리슨William Henry Harrison*을 위하여 선거운동을 했으며, 1844년에는 헨리 클레이Henry Clay**를 위하여, 또 1848년에는 재커리 테일러Zachary Taylor***를 위하여 일리노이

---

* 군지휘관, 정치인(1773–1841), 제9대 대통령에 당선되었으나 취임(1841. 3. 4.) 1개월 만에 사망했다.
** 제9대 국무장관(1777–1852), 1844년 휘그당 소속 대통령후보로 나섰다가 낙선했다.
*** 1848년 제12대 대통령에 휘그당 후보로 당선되었으나 취임 16개월 만에 사망했다(1784–1850).

주의 선거운동을 지휘했다. 1843년 그는 휘그당이 일리노이 주민들에게 보낸 공한을 기초한 세 명 중의 한 사람이었다. 그는 1846년 휘그당원으로서 연방하원의원에 선출되었다. 1852년 그는 휘그당의 대통령후보인 윈필드 스콧Winfield Scott*을 위하여 선거운동을 했다.[10] 링컨은 1856년까지는 아직 공화당 쪽으로 완전히 기울지 않은 상태였다.[11] 데이비드 도널드는 링컨을 "백악관의 휘그당원"이라고 지칭하는 글을 쓴 적이 있는데, 거기서 그는 행정부의 역할에 관한 휘그당 나름의 입장이 어떻게 링컨의 대통령직 수행에 영향을 끼쳤는지에 관하여 묘사하고 있다.[12] 그렇다면 법정에서 휘그당원을 발견하는 것 또한 놀랄 일은 아니다.

변호사들이 휘그당에 끌린 이유는 휘그당이 질서와 전통에 집착하듯이 변호사들 또한 질서와 선례에 애착을 갖고 있다는 점에서 일치했기 때문이다.[13] 잭슨 시대**의 미국을 특징짓는 폭력과 소요사태***에 대한 두 가지 반발 중의 하나가 준법주의legalism와 질서가 꼭 필요하다는 맹신에 가까운 신념이었다.[14] 역사가 조지 프레드릭슨에 의하면, 무정부사태 내지 폭민정치라고 느껴질 정도의 사태를 염려한 미국 사람들은 이런 난국에 처한 공화국을 구할 두 가지의 분명한 방안을 가지고 있었다는 것이다. 하나는 복음주의로서 도덕공동체를 이상으로 삼았고, 또 하나는 준법주의로서 절차존중의 공동체를 이상으로 삼았다는 것이다. 복음주의자들과 준법주의자들은 1830년대와 1840년대에 그 소속 정당으로 휘그당을 선택하는 것이 지배적

---

* 멕시코 전쟁의 영웅(1786-1866). 1852년 휘그당 대통령후보로 출마했으나 낙선했다.
** 제7대 잭슨 대통령은 모든 백인 성년자들에게 선거권을 부여하고, 영토를 태평양 연안까지 확장하며, 엽관제를 적극 지지하고(한 자리에 한 사람이 오래 앉아 있으면 필연적으로 부패한다는 철칙 때문에 엽관제를 떳떳이 지지했다), 의회에 대한 대통령의 우위, 자유방임경제(예컨대 제2국립은행 반대)를 지지했다. 이를 "잭슨식 민주주의"라고 부르는데, 주목할 것은 잭슨이 "보통사람common-men"에게 정치참여의 기회를 넓혀줌으로써, 비록 부작용도 있었지만, 미국의 대중민주주의에 기여했다는 점이다.
*** 도박꾼이나 흑인, 노예폐지론자, 외국인 등에 대한 살인, 고문 등의 사형私刑 행위.

경향이었다. 준법주의자들이 보기에는 폭민정치를 제대로 통제할 수 있는 것은 보통법의 전통이자 미국의 헌법정신뿐이었다. 준법주의자들은 절차가 만사를 해결한다는 변치 않는 신념을 지니고 있었다. 무정부주의와 무법 상태가 야기하는 항존하는 위협은 분쟁을 평화적으로, 또 질서 있게 해결하는 합리적 수단을 유지함으로써만 저지될 수 있다는 것이었다. 준법주의자들에게 사회란 바로 법의 지배를 통하여 분쟁을 해결하기로 서로 합의함으로써 평화롭게 살 수 있게 된 개인들의 집합체에 다름아니었다.[15] 준법주의자들에게는 분쟁을 해결하기 위하여 법원에 호소하는 것은 불협화의 징표가 아니라 사회적 결속을 유지하기 위한 수단이었다. 잭슨 시대의 미국에서 변호사들에게 이데올로기라 함은 사법 절차를 신봉하는 것, 그 이상도 이하도 아니었다.[16] 이렇게 법의 지배에 대한 신봉이 미국 사회의 깊은 곳에서부터 공명을 불러일으켰다.[17]

링컨의 초기 연설들을 보면 잭슨 대통령 당시의 "폭민정치"에 대한 보수적 반발을 반영하고 있다.[18] 링컨의 마지막 동업자였던 윌리엄 헨리 헌든은, 링컨은 "아주 헌신적인 보수주의자로서 법과 질서를 신봉"했다고 묘사하고 있다.[19] 1837년 1월 10일 일리노이 주의회에서 행한 연설에서 링컨은 "무법적이고 폭민주의적 행태를 조장"하는 데 반대했다. "그런 것은 이미 이 나라에 만연해 있으며, 급속히 그리고 무서운 속도로 퍼져서 지금까지 시민과 재산의 안전을 보장해 왔던 모든 제도와 모든 도덕적 원칙을 마침내 쓸어없애버릴 우려"가 있다고 그는 언명했다.[20] 시민과 재산의 안전을 확보할 수 있는 제도야말로 사법체계라는 것이었다.

링컨은 스프링필드 청년문화운동 회원들 앞에서 행한 초기의 가장 유명한 연설*에서 "우리의 정치제도의 항구화를 위하여"라는 제목으로 무법상

---

* 1838년 1월 27일.

태와 폭민주의를 규탄했다.[21] 이 1838년의 연설은 휘그파 수사학의 표본이라고 할 수 있었다.[22] 현대 역사심리학자들이 힘주어 무리하게 해석하는 것과는 달리, 헌든의 견해는 "이 연설의 정수는 법에 대한 존중과 준수"였다.[23] 링컨은 "우리들 가운데 나쁜 조짐"이 보인다며, "법을 무시하는 경향이 이 나라를 지배하려 하고 있습니다. 법의 엄정한 판단 대신에 거칠고 격렬한 성토행위로 대체하려는 경향이 늘어나고 있으며, 야만스러운 폭도들보다도 더 나쁜 것은 법집행자들에 대한 경시 풍조입니다"라고 말했다. 링컨은 "폭도들에 의하여 빚어지는 용서할 수 없는 행위들에 대한 이야기들"을 묘사하면서 그런 것들은 "오늘날의 일상뉴스가 되고 있습니다"라고 말했다. 링컨은 폭도들의 행위를 처벌하지 않고 방치할 경우 그로 인하여 초래될 잠재적 가능성에 두려움을 느꼈다. 첫째, "내일의 폭도들"은 잘못이 있는 사람들뿐 아니라 무고한 사람들까지 목표로 삼게 될 것이며, 그렇게 하여 "야금야금 더 먹어들어 감으로써 마침내는 개인의 자유와 재산을 지키기 위하여 설치한 방벽을 무너뜨리게" 되리라는 것이었다. 둘째, "정신적으로 무법이라면" 그것은 "실천에 있어서도 무법이 되어도 좋다는 뜻으로 고무"를 받을 것이며, 이에 대한 처벌을 받으리라는 위협이 없으면 "전혀 제약 없이 날뛰게 될 터"라는 것이었다. 그리고 셋째로, 가장 중요한 것은 "평화를 사랑하고 법을 준수하고자 추구하는 선량한 사람들"은 "자기들에게 아무런 보호막도 제공하지 못하는 정부"에 대하여 염증을 느끼게 될 것이라는 점이었다. "정부에 대한 가장 강력한 보호방벽"이 되는 "인민의 애착"은 이제 사라지리라는 것이었다.[24]

이같이 법의 지배가 무너져 가는 과정을 묘사한 뒤 링컨은 해결책을 제시했다. 여느 휘그당원이나 마찬가지로 그는 강제적인 방법을 옹호하려 하지는 않았다.[25] 그 대신 링컨은 자기 절제와 자기 통제를 설교했다. 다른 휘그당원들과 마찬가지로 그는 "법에 대한 존중"을 강조했다.

모든 미국인, 자유를 사랑하는 모든 사람, 자손들이 잘되기를 바라는 모든 사람은 이 나라의 법을 단 1획도 위반하지 않으며, 또한 다른 사람의 위반을 그대로 두시노 않겠다고 엄넝의 피로 맹세합시다...법을 존중하는 정신이 무릎 위에서 칭얼거리며 노는 어린아기에게 미국의 모든 어머니의 숨결을 통하여 전달되기를—그것을 학교에서, 학원에서, 그리고 대학에서 가르치기를—그것을 초급교과서에, 철자교본에, 그리고 연감에 적어놓기를—그것을 강단에서 설교하고, 의회에서 선언하며, 사법기관에서 집행하기를.

한마디로 링컨은 법을 존중하는 것이 "이 나라의 정치적 종교"가 되기를 원했다.[26] 1년쯤 지나서 휘그파 변호사인 티머시 워커도 비슷한 메시지를 전달했다. 워커는 "법이 아무리 마음에 들지 않더라도" 그것은 "여전히 법이기 때문에 존중되어야" 한다고 말했다. 워커에 의할 경우 법에 대한 존중은 "으뜸가는, 그리고 가장 깊은 데서 우러나오는 애국심의 교훈"이라는 것이었다.[27]

전쟁 전의 변호사들은 분쟁을 반드시 공식적인 재판을 통해서만 해결하려 하지는 않았다. 변호사들은 비공식적인 중재자로서의 역할도 단단히 했다.[28] 잠재적 고객들에게 분쟁을 합의로 잘 끝내든지 소송을 삼가라고 권고함으로써, 링컨은 전쟁 전의 다른 많은 동료 변호사들이나 마찬가지로 다짜고짜 법에 호소하고 보려는 움직임을 저지하는 수문장 역할을 했다. 헌든은 링컨이 고객을 인터뷰하는 방식에 대하여 묘사한 적이 있다.

고객이 자기 얘기를 할 만큼 충분히 하고 나면, 그리고 링컨이 부족한 점에 대하여 질문을 끝내고 나면, 링컨은 자기의 의견을 말해 주기 전에 잠시 생각에 잠기는 것이 보통이었다. 그래서 링컨이 일단 자기의 견해를 밝히게 될 때는 그것은 "댁이 옳습니다"가 아니면 "댁이 틀렸습니다"라는 것이었다. 만약 그 의뢰인의 사건에 적용되어야 할 법에 대해서 만족할 만한 결론이 나오지 않는다고 생각하는 경우에는 그는 다음과 같이 말하곤 했다. "나는 이러이러한 점에 관해서 충분히 만족스럽지 않습니다. 1~2시간 내에 내 사무실로 다시 찾아오시면 좀 더 철저한 의견을 드리겠습니다." 그러면 그 고객이 다시 찾아왔을 때 링컨은 말하곤 했다. "댁이 옳습니다"가 아니면, "이 사건에서는 댁이 틀렸다고 보이므로 저로서는 화해를 권고합니다. 또 만약 댁이 화해를 하지 못하더라도 사건을 법원으로 가지고 가지는 마십시오. 댁 쪽이 잘못했기 때문에 재판에 가더라도 패소는 불문가지이며, 결국 소송비용만 잔뜩 물어낼 우려가 있기 때문입니다." 이것이 링컨의 일반적인 업무처리 방식이었다.[29]

전에 서기로서 일했던 존 리틀필드는 "나는 링컨이 자기에게 사건을 맡기고 싶어하는 사람들에게 되풀이하여 '댁은 이기기 어렵습니다. 합의를 보는 게 좋겠는데요' 라고 말하는 것을 들었다"고 회상하곤 했다.[30]

휘그파 변호사인 링컨으로서는 법과 질서에 대한 신앙에 가까운 존중심을 가지고 있었다. 당시의 사법체계는 분쟁을 평화롭게 조정이나 화해로 해결하는 것을 허용하고 있었다. 법원을 통하면 무법과 폭민정치는 회피될 수 있을 터였다.

판사들과 배심원들

링컨의 변호사 생활을 들여다보면 전쟁 전의 판사들과 변호사들이 상인계층과 결탁하여 배심원들의 권한을 축소해왔다는 일각의 주장은 별다른 지지를 받지 못한다. 링컨은 성공한 사실심 변호사로서 자주 동업자인 헌든에게 "만약 이 사건에서 기술적인 문제들을 제거하여 배심원들이 판단하기에 좋도록 만들 수만 있다면 이길 자신이 있네"라고 말해왔다.[31] 일리노이 주에서는 배심원들이 아니라 오히려 판사들의 권한을 축소하는 데 더 관심이 있었던 것으로 보인다.

어떤 역사가들은 판사가 배심원들에게 서면으로 교시instruction*를 주기 시작하면서 전쟁 전 배심원들의 권한 축소의 시발점이 되었다고 해석하기도 한다.[32] 일리노이 주가 민사사건에서 법의 적용문제와 사실의 발견 문제를 분리시키는 데 동의했다고는 하지만, 배심원에 대한 판사의 교시와 관련한 일리노이 주 법을 보면 사실심 법원의 권한을 키워주기 위하여 배심원들의 권한을 희생시키려는 쪽으로 움직여왔다고는 보이지 않는다. 일리노이 주의회는 배심원들에 대한 판사의 교시에 관한 법률을 통하여 판사가 배심원들에게 지시할 수 있는 범위를 제한하려고 시도했다. 1827년의 법원재판 실무에 관한 법**은 "순회법원이 배심원들에게 교시할 경우에는 당해 사건의 법률문제에 관해서만 말해 주어야" 한다고 규정하고 있었다.[33] 일리노이 주의 정치인인 존 레이놀즈에 의하면, 그 법은 "순회법원의 판사가 배심원들에게 사실에 관하여 설명하고 제출된 증거에 관하여 훈수하는 것을 제한하고자" 제정된 것이었다. 이 법이 1827년에 제정되기 전에는 판사는 배심원들에게 단순히 교시에 그치는 것이 아니라, 더 나아가서 그들의 평결에 영향을 미칠 수 있는 이야기들도 해주고 있었다. 1827년의 이 법은 판사가 배심원들의 영역에 간섭해 들어가는 것을 금지하고자 하는 데 목적을 두고 있었다. 1847년 주의회는 배심원에 대한 판사의 교시에 관한 법을 개정하여 "순회법원의 판사가 배심원들에게 교시하는 데 대한 규제"를 강화시켰다. 1847년의 법률은 판사가 배심원들에게 서면으로만 교시할 수 있도록 규정했다. 그런 서면교시 사항은 그런 교시를 내려주기를 원하는 당사자 측이 준비하여 판사에게 제출하면 판사는 그 요청된 그대로 서면교시 사항을 배심원들에게 전달하든지 또는 이를 거부하든지 양자 중 택일할 수 있을 뿐이

---

* 일반적으로는 "설시"라고 번역하지만, 법률 전문가인 판사가 배심원들에게 배심원으로서 해서 될 일과 안 될 일을 가르쳐준다는 의미가 강하다는 점에서 "교시教示"가 좀 더 원래의 의미에 가깝다고 생각된다.

** An Act Concerning Practice in Courts of Law.

었다. 즉, 판사는 서면화된 교시 사항에 구두로 조건을 붙이거나, 수정하거나, 또는 설명하는 것이 금지되었다.[35] 1857년 일리노이 주대법원은 사실심 판사가 서면교시 사항을 수정하고 또한 배심원들에게 구두로 설명해 주었다는 이유로 상소인이 이의를 신청한bill of exceptions* 사건에서 원심판결을 파기했다. 대법원은 관계 법조문에 의하면 "배심원들에 대한 서면교시 사항에 적힌 그대로 전달하지 않은 채 순회법원이 이를 변경하거나 어떠한 방식으로든 구두로 영향을 미치는 것은 단호하게 금지되고 있으며, 실무상 아무리 불편하거나 또는 사법 운영에 장애가 된다고 해도 이렇게 입법부의 의지가 분명한 사안에서는 이를 달리 해석할 여지가 없다"고 지적했다. 그것은 구두 설명이나 달아 놓은 조건이 사소한 경우에조차 마찬가지로, 사유 여하간에 서면교시 사항을 변경하는 것은 금지된다는 것이었다.[36] 일리노이 주대법원은 판사가 배심원들에게 제출된 증거로부터 추론을 해주거나 또는 증거로 입증이 되는 것과 입증이 되지 않는 것을 정해주는 교시는 배심원들의 고유한 영역을 침해하는 것이라고 지속적으로 판시해왔다.[37] 다른 주의 의회들 또한 사실심 판사가 증거에 대하여 논평할 권한을 박탈했는데, 이는 사실심 판사에게 배심원들의 평결을 좌지우지할 수 있는 권한을 인정하지 않겠다는 뜻에서 비롯된 것이었다.[38]

배심원들이 민사사건에서는 "단지 사실에 관한 판관"에 불과했음에 반하여 일리노이 주의 배심원들은 형사사건에서는 "사실은 물론 법에 대해서도 판관"이었다.[39] 링컨의 변호사 생애를 일관하여 형사 배심원들은 사실은 물론 법에 대해서도 판단할 권한을 가지고 있었다.[40] 일리노이 주 배심원들의 권한이 이렇게 막강했으므로, 링컨은 1859년의 살인피고사건에서 죽어가는 사람의 말을 증거로 채택할 수 있는지 여부에 관한 문제는 배심원들 앞

---

* 사실심 판사가 내린 절차적 결정이나 배심원들에 대한 교시 등에 대한 이의

에서 결정해야 한다고 주장했다.[41] 현대의 변호사들은 증거로 받아들일 수 있는지 여부의 문제는 배심원들이 없는 자리에서 결정해야 한다는 견해를 의심의 여지 없이 받아들이고 있다. 그러나 이런 절차적 변화가 언제쯤 일어났는지는 매우 불분명하다.[42] 증거로 받아들일 수 있는지 여부에 관한 주장은 배심원들이 없는 자리에서 행해져야 한다고 법원이 귀띔해주자, 링컨은, 자기는 "그런 법이 있다는 말을 들어본 적이 없다"며 이의를 제기했다. 그 다음날 아침 공판이 속개되었을 때 법원은 "죽어가는 사람의 말을 증거로 받아들일 것인지 여부를 배심원이 있는 자리에서, 또는 없는 데서" 결정해야 할지 여부에 대한 결론을 내렸다. 법원이 "증언의 증거능력 여부에 대하여 법원이 먼저 듣고 결정할 동안 배심원들은 제외되어야 한다"고 결정하자 링컨은 즉각 이의했다.[43]

일리노이 주는 1846년부터 1860년까지의 사이에 소집된 각 주의 헌법회의에서 판사를 선거로 선출하는 것을 허용하는 주헌법을 승인한 19개주 중의 하나였다. 휘그당 내에서도 판사를 선거로 선출하는 데 대하여 의견이 대립하고 있었다. 휘그당원들 중에서도 보수파는 선거로 선출된 사법부를 반대하는 경향을 보였고, 온건파는 이를 지지했다. 보수파 휘그당원들은 종신직으로 판사에 임명되면 그때그때의 열정과 편견으로부터 자유로운 사법적 독립을 보장할 수 있게 된다고 주장했다. 그러나 온건파들은 대중에 의한 선거로 선출되면 판사의 권한과 합법성이 증대된다고 보았다.[44] 그러나 일리노이 주에서 휘그당과 민주당은 판사가 선거로 선출되어야 한다는 데 의견의 일치를 보았다. 1847년의 헌법회의에서 양당의 대의원들은 선거방법에 대체로 의견의 일치를 보았고, 다만 주대법원의 판사를 지역별로 선출할 것인지 또는 주 전체 차원에서 선출할 것인지의 문제에 관해서만 의견을 달리했을 뿐이었다.[45] 링컨 또한 판사를 대중이 선거로 뽑는 데 반대하지 않았다. 일리노이 주의 헌법회의가 개최되고 있는 도중 오빌 브라우닝에게 보낸 편지에서 링컨은 "판사들에 대한 현재의 제도*에 만족하고 있소. 그러나 만약 판사들이 주민에 의하여 선출되고 그 임기가 제한되더라도 나는 별로 염려하지 않겠소"라며 속내를 털어놓았다.[46]

휘그파 변호사들과 도구주의

휘그파 정치인들은 상업공화국을 만들고 싶어했지만, 휘그파 변호사들은 결코 자본주의의 전위대가 아니었다.[47] 링컨 또한 여느 휘그파 변호사들이나 마찬가지로 결코 도구주의자가 아니었다. 그는 결코 법을 친개발 또는 친자본주의적 법원칙을 실시하기 위한 도구로만 보지는 않았다. 변호사로서 링컨이 단지 회사들과만 동맹관계를 맺고 있는 것은 아니었다.

휘그파의 법에 관한 이데올로기는 상업적 이익만을 옹호하기 위한 소송전략의 채택을 거부했다. 링컨의 변호사 업무는 그가 기업과 철도회사 등을 위하여 일하면서 갈수록 그쪽으로만 편향되었던 것으로 자주 그려지곤 한다. 그러나 그의 변호사 생애를 통하여 기회가 닿기만 하면 기업과 철도회사들을 상대로 싸운 것도 사실이다.[48] 링컨은 사건이 자기에게 오면 어느쪽이든 가리지 않고 맡았던 것이다.[49]

링컨과 같은 휘그파 변호사들은 단지 기업을 위해서만 법정에 나타난 것이 아니었다. 매사추세츠 주의 저명한 휘그파 변호사인 루퍼스 초트의 생애는 그가 얼마나 기업 편에서뿐만 아니라 기업의 반대편에서도 흔쾌히 일하겠다는 의지로 휘그당원답게 적법절차에 헌신해 왔는지를 잘 보여준다. 초트는 상업적 이익에 휘둘리지 않았다. 그는 고객의 이해관계에 따라 선례를

---

* 선출직이 아닌 임명직

그때그때 좁게 또는 넓게 읽어낼 줄 알았다.[50] 1839년 초트는 부상당한 철도회사의 피용자를 대리하여 철도회사를 상대로 최초의 손해배상 청구소송을 제기했다. 그는 "철도회사에 광범위한 법적 주의의무가 있다"고 주장했다. 그는 또한 상해를 당한 승객을 대리하여 1857년 '보스턴과 우스터 간 철도회사'를 상대로 하여 손해배상 청구소송을 제기하여 그 당시로서는 배심원이 내려준 최고의 배상금인 22,500달러의 평결을 받을 수 있었다.[51]

사우스캐롤라이나 주의 휘그파 변호사 제임스 루이스 페티그루의 생애를 살펴보아도 변호사와 상인계층 간에 어떠한 동맹관계가 있었음을 들춰낼 만한 자료는 없다. 예컨대 페티그루는 1838년부터 1847년에 이르기까지 일련의 상소심사건에서 화물의 화재로 인한 손해배상청구에 관한 보통법 원칙의 변경을 이끌어 낸 사람이었다. 사우스캐롤라이나 주의 법원들은 증기선회사나 철도회사가 의뢰인과의 계약에 의하여 자신들의 손해배상책임에 한도를 정할 수 있도록 허용하는 새로운 원칙을 채택했는데, 이로써 그런 손해가 발생했을 경우 송하인을 보호해 주던 종전의 원칙으로부터 무게중심이 바뀌게 된 것이었다. 또 페티그루는 화물운송에 관련된 당사자 모두, 즉 농장주, 보험회사, 철도회사, 그리고 증기선회사를 한두 번씩 대리했다. 이 사건들에서 고객들은 저마다 입장이 달랐기 때문에 페티그루는 사건에 따라서 일관된 입장을 취하기 어려운 상황이 되기도 했다.[52]

휘그파 변호사들이 사법 제도에 대하여 가장 으뜸으로 내세운 이용가치는 그들이 내세운 경제개발 강령의 추진에 있는 것이 아니라 사회질서의 유지에 있었다. 휘그파 변호사들에게 법은 주로 분쟁을 해결하는 도구로서의 의미를 가질 뿐이었다. 그 분쟁이 어떻게 해결되는가 하는 점보다는, 그런 분쟁이 평화적이고도 질서 있는 수단을 통하여 해결될 수 있다는 점이 더 중요했다. 이것은 특히 서부의 새로운 정착지에서 "소송을 걸 수 있는 특권"은 "비싼 돈을 들이는 사치"가 아니라 "생활 필수품들 중의 하나"로 받

아들여졌다는 점에서 특히 진리로 받아들여져야 한다.[53]

링컨은 사법제도란 "개인이 혼자서는 할 수 없거나, 또는 잘하기 어려운, 매우 바람직한 일들" 중의 하나라고 설명했다. 링컨에 의하면 정부의 합법적인 목표는 두 가지 범주로 나누어지는데, 하나는 불법에 대처하는 것이고, 또 하나는 불법과는 관계없이 "결집된 행동을 요구하는 일"이었다. 링컨은 "결집된 행동"의 구체적인 예로서 학교와 도로를 들었다. 그는 불법한 일로서는 "모든 범죄, 비행misdemeanors,* 그리고 계약의 불이행"을 포함했다. 링컨은 "인간의 불의"가 민사법원과 형사법원을 필요로 하게 만들었다고 지적했다. 그는 "만약 어떤 사람이 다른 사람을 죽이거나, 때리거나 가두거나, 폭력, 기망 또는 계약위반 등의 방법으로 다른 사람의 재산권을 침해한다면, 평화를 사랑하는 정의로운 사람들이 그것을 방지하려고 나서는 것은 공통의 목표가 된다"고 말했던 것이다.[54]

일리노이 주대법원에서

링컨의 변호사 업무 중 가장 인상적인 것은 주대법원에서였다. 링컨은 먼저 로건 변호사의 사사를 받아 상소심 변호사로서 이름을 떨치기 시작했다. 링컨과 헌든은 나중에 그들의 동업기간 중 1년이면 평균 15건의 상소심 사건을 처리했다.[55] 그의 상소심 업무에서도 도구주의에 빠진 사람이 보여 주는 패턴은 결코 나타나지 않는다. 링컨은 상소심에서 자기의 고객을 구출해 내는 일을 넘어서서 자신의 소신마저 개진하려고 하지는 않았다. 참으로 이렇게 자기 나름의 패턴이 없었다는 것은 그가 한 번 이겼더라도 다음 소송

---

* 중죄Felony보다는 가벼워서 벌금, 구류, 과료, 몰수 등으로 처벌할 수 있는 범죄.

에서는 반대쪽 이해를 가지는 당사자를 수임함으로써 패배할 수도 있음을 의미했다. 그가 맡은 여러 사건 중에서 가장 다루기 어려운 상대는 자기 자신이었다. 링컨은 자신이 만들어낸 선례에 스스로 발목이 잡히기도 한 것이다.

예컨대, 링컨은 증거에 관련한 다툼에서 상반되는 양쪽의 입장을 모두 다 대변한 적이 있었다. 즉, 배심원이 통상적 배상액과 징벌적 배상액을 정함에 있어 원고와 피고 간의 상대적 재력을 비교할 수 있는가 하는 문제와 관련해서였다. 그레이블 대 마그레이브Grable v. Margrave* 사건에서 토머스 마그레이브는 윌리엄 그레이블이 자신의 딸을 유혹간음seduction** 했다는 이유로 손해배상을 청구했다. 사실심 판사는 마그레이브가 가난한 사람이고 그레이블은 부유한 사람임을 입증할 수 있는 증거의 제출을 허가했다. 이에 따라 배심원들은 "딸로부터 평소처럼 시중을 받을 기회를 상실함으로 인한 손해"의 배상 및 "원고와 그 가정에 드리워진 불명예와 수치, 그리고 원고가 그 딸과 함께함으로써 얻을 수 있는 안락하고도 편안한 마음을 박탈당한 데 대한 손해배상"을 인정했다. 마그레이브는 또한 그레이블에게 징벌punish을 가하려는 목적을 가진 "위로금" 또는 "복수 차원에서"의 손해배상도 허용받을 수 있었다.[56] 이에 대하여 그레이블은 상소하여 쌍방 당사자의 재력에 관한 증거의 채택은 부당했다고 주장했다. 링컨은 이 상소심에서 가난하고 비탄에 빠진 아버지인 마그레이브를 대리했다. 법원은 링컨의 주장을 지지

---

* 그레이블이 "피고"이지만 사건명에서 원고보다 앞에 표시된 이유는 사실심에서 패소하여 "상소인"이 되었기 때문이다.
** 음행의 상습이 없는 여성을 유혹하여 성관계를 맺는 경우가 이에 해당한다. 보통법상 형사범죄가 아니므로 손해배상 청구만이 가능했다. 이 경우 여성 본인보다는 부모가 손해배상청구권을 가졌는데, 그것은 그런 일이 없었으면 평소처럼 딸로부터 시중을 받을 수 있는 기회를 상실하게 되었음을 이유로 하는 것이었으나, 그것에 그치지 않고 그로 인하여 부모가 입게 된 번민과 심적 고통에 대한 손해도 배상받을 권리가 있다는 논리였다. 현재 대부분의 주에서는 법적 혼인 연령에 달한 여성에 대한 유혹죄는 인정되지 않는다.

해 주었다. 법원은 먼저 배심원의 평결이 인정한 손해는 징벌적 성격을 지니고 있기 때문에 그레이블의 재력에 관한 증거는 타당했다고 판시했다. 부유한 피고라면 더 가난한 사람을 파산시킬 수도 있는 판결금액을 대수롭지 않게 여길 것이라는 이유에서였다. 법원은 또한 원고 마그레이브가 가난한 사람임을 입증하는 증거 또한 그것이 배심원에게 원고가 입은 피해의 정도를 평가할 수 있게 하기 때문에 타당한 증거라고 판시했다.[57]

3년이 지나서 링컨은 다시 한 번 이런 문제를 다루게 되었다. 이제 그는 쟁점에 관하여 반대편의 입장에 서서 사실심 판사가 당사자의 재력을 비교해 주는 증거를 받아들인 것은 타당치 않았다고 주장했다. 조지 킹이 찰스 맥나마라를 상대로 맥나마라가 자기를 구타했다 하여 폭행 및 상해*를 이유로 제소했다. 사실심은 원고인 킹이 대가족을 거느린 가난한 사람임에 반하여, 피고는 자녀가 없이 부유한 사람임을 입증하는 것을 허용했다. 법원은 또한 배심원단에게 당사자들이 처한 상황을 고려해도 좋다고 교시했다. 배심원단이 킹에게 650달러의 손해배상을 인용하는 승소평결을 내리자 맥나마라는 상소했다. 일리노이 주대법원은 재력에 관한 증거를 허용한 것이 부당했다는 링컨의 주장을 받아들이지 않았다. 대법원은 그 판결문에서 그레이블 사건에서의 판시 사항을 인용하면서 그레이블 판례를 유지했다. 재력에 관한 증거의 허용이 잘못되었다는 링컨의 주장을 받아들이지 않으면서 대법원은 앞선 사건에서 링컨이 내세웠던 논리를 거의 그대로 따랐다. 앞선 사건에서 거둔 링컨의 승리는 나중 사건에서의 패배를 보장한 셈이 되었다. "소송 당사자의 생활 조건이나 상황에 관한 증거는 배심원들이 손해액을

---

* 폭행assault은 피해자에게 위해를 가하려는 외관을 보여주는(신체적 접촉에는 미치지 않는) 위협행위이고, 상해battery는 피해자의 신체에 구체적인 폭행을 가하는 행위라는 점에서 서로 다르지만, 실무상으로는 양자를 구별함이 없이 "assault and battery"라고 일괄하여 총칭하는 것이 보통이다. 이 책에서는 "폭행과 상해"로 번역한다.

산정함에 있어 참고할 만한 적절한 대상이 된다"는 것이었다. "사람이 중상을 입었다고 하는 결과는 그 중상을 입은 사람이 금전적으로 여유가 없는 경우일수록 그 사람에게 더욱 비참한 결과를 초래할 수 있기 때문"에 원고의 재력에 대한 증거를 허용하는 것은 타당하다는 이유에서였다. 또한 피고의 재력에 대한 증거도 "피고가 부유할수록 자신이 함부로 상처를 입힌 상대방에게 그만큼 더 보상해줄 능력이 있다"는 점에서 피고의 재력에 대한 증거 또한 허용함이 타당하다는 것이었다. 이런 사건들에 있어서의 징벌적 손해는 실은 피고를 처벌하려는 데 그 뜻을 두고 있었다.[58]

이렇게 링컨이 고객들을 대변함에 자기 나름의 신조가 없었다고 하는 점은 의료과실 사건과 같은 다른 사건에서도 드러나고 있다. 링컨은 환자가 원고가 된 소송을 대리한 적이 있었지만, 또 한 번은 의사인 피고를 대리하기도 했다. 후자의 경우부터 보면 플레밍 대 크로서즈Fleming v. Crothers 사건에서 링컨은 피고가 위임한 6명의 변호사 중 한 사람이었다. 플레밍은 고령자였는데, 그는 다리를 다쳐서 의사에게 갔더니 의사가 부러진 다리를 다시 붙여주면서 시술을 잘못하여 결국 절뚝거리게 되었다고 주장했다. 링컨은 원고에게 "무릎을 꿇고 하늘에 계신 아버지와 이 두 사람의 의사에게 당신이 두 다리로 설 수 있다는 그 자체를 감사해야 한다"고 주장한 끝에 승소했다.[59] 한편 환자인 원고를 대리한 사건의 상소심에서 링컨은 원심인 사실심의 평결을 뒤집을 수 없었다. 상소심인 대법원은 의사가 그 환자의 손목 부상을 적절하게 치료하지 못한 것은 사실임이 증거에 의하여 드러나지만 환자가 치료 후 의사에게 재진을 받으러 찾아가지 않았기 때문에 결국 "모든 후유증에 대한 책임은" 환자에게 있다고 판시했다.[60]

대통령이 된 링컨은 자신의 정책은 무정책no policy이라고 자주 주장했다.[61] 이런 말은 그의 변호사 업무에도 마찬가지로 적용되었다고 볼 수 있다. 링컨은 분쟁 당사자의 어느 쪽이라도 자기에게 사건을 맡겨만 주면 자기가 내세워야 할 주장이 어떤 내용이든 그에 구애받지 않고 맡을 용의가 있었다. 그는 결코 도구주의적인 신조에 따르지 않았던 것이다.

철도회사 관련 소송 및 도구주의

철도가 링컨의 경제개발에 관한 안목을 형성하는 데 중요한 일부분을 차지한 것은 사실이지만, 전형적인 휘그파 변호사로서 그는 철도소송에서 도구주의자적인 신조를 채택하기를 꺼렸다. 그가 개인적으로, 그리고 정치적으로 철도를 지지했다고 하여 기회가 닿았을 때 철도회사를 상대로 하는 소송의 수임을 거부할 사유는 되지 못했다.[62] 그는 결코 "철도회사의 변호사"가 아니었던 것이다.

철도는 링컨의 국가경제개발계획에서 매우 중요한 역할을 하고 있었다.[63] 그는 이미 1832년 최초로 주의회 의원에 입후보했을 때부터 철도의 미래를 장밋빛으로 보았다. 그는 생가먼 카운티의 유권자들에게 "다른 어떠한 혁신도 철도만큼 쓸모 있는 것은 없을 것"이라고 말했다. 링컨은 "철도는 서로 멀리 떨어져 있는 일터를 오갈 수 있는 확실한 소통의 도구"라고 덧붙였다.[64] 15년 후 그는 스프링필드와 앨턴 간 철도의 개설을 지지하는 공개서한에 서명했다. 이 서한은 "머지 않은 장래에 미시시피 강의 어느 지점과 동부의 도시들을 연결하는 철도가 반드시 건설될 것"이라고 예언했다. 만약 스프링필드와 앨턴 간 철도가 미리 건설되지 못하면 이런 전국 규모의 철도는 "우리를 그냥 지나쳐 버림으로써 득보다는 해만 초래할 터"라는 것이었다. 그러나 만약 이 철도가 미리 건설되어 있으면 "이 철도는 사람들을 유인함으로써 단순히 지방의 혁신 차원에 그치지 않고 거대한 전국적 차원에서 연결 거점의 노릇을 할 수 있을 터"라는 것이었다.[65] 한 달 후 이런 새

철도의 건설을 청원하는 공개서한이 『생가모 저널』에 실렸다. 이 서한은 "앨턴에서 스프링필드까지 철도를 건설하면 보스턴과 뉴욕을 미시시피 강과 연결하는 위대한 철도망이 될 것"이라고 선언했다.[66] 이렇게 철도를 향한 깊은 열정에도 불구하고 링컨은 철도를 반대하는 고객들을 대변하기도 했다. 그가 철도에 관하여 맡은 최초의 소송으로 알려지고 있는 사건에서 링컨은 존 왓슨John B. Watson이라는 사람을 대리하여 생가먼과 모건 철도회사Sangamon and Morgan Railroad Company를 상대로 제소했던 것이다.[67] 왓슨이 12만 개의 침목을 철도회사에 공급했으나 아직 돈을 받지 못했다는 이유에서였다. 왓슨을 대리한 것은 링컨과 헌든 합동법률사무소 및 스튜어트와 에드워즈 합동법률사무소로서 그 4명의 변호사는 모두 휘그당원이었다.[68]

링컨과 그의 동업자들은 적어도 13개의 철도회사와 관련된 소송을 맡았다. 그는 앨턴과 생가먼 간 철도회사(7건), 시카고, 앨턴 및 세인트루이스 간 철도회사(7건), 시카고와 미시시피 간 철도회사(6건), 일리노이 센트럴 철도회사(52건), 오하이오와 미시시피 간 철도회사(2건), 그리고 와바시 밸리 철도회사(1건) 등 모두 6개의 철도회사를 대리했다.[69] 링컨은 또 7개의 다른 철도회사들을 상대로 소송을 한 적이 있다. 즉 시카고, 벌링턴 및 퀸시 간 철도회사(1건), 그레이트 웨스턴 철도회사(25건), 일리노이 강 철도회사(3건), 피오리아와 한니발 간 철도회사(1건), 생가먼과 모건 간 철도회사(2건), 세인트루이스, 앨턴과 시카고 간 철도회사(3건), 그리고 테르오트와 앨턴 간 철도회사(23건)였다.[70] 링컨과 헌든은 토니카와 피터즈버그 간 철도회사를 4차례 대리했고, 이 회사가 제기한 소송사건에서 그 상대방인 피고들을 3차례 대리했다.[71]

변호사로서의 링컨은 철도회사들을 상대로 하는 소송에서 정치인으로서의 링컨에 적대적인 입장을 취했다고 볼 수 있다. 시카고, 벌링턴 및 퀸시 간 철도회사 대 윌슨Chicago, Burlington & Quincy v. Wilson 사건에서 철도회사는 자기들이 기차 수리창을 짓기 위한 필요에서 수용하려는 토지의 손해를 평가할 감정인을 지명해 달라고 순회법원에 신청했다. 그러나 법원은 철도회사에 대한 특허장*에서 철도회사가 수리창을 짓기 위하여 남의 땅을 수용할 권리를 부여해준 일이 없다는 이유로 이 신청을 기각했다. 그러자 철도회사는 주대법원에 항고하여 순회법원 판사에게 평가를 위한 감정인을 지명토록 하는 명령을 내려달라고 신청했다. 링컨은 철도회사의 이런 신청에 대항하여 강력히 다투면서 철도회사의 공용수용권은 좁게 해석되어야 하므로 특허장에서 남의 토지를 수용할 수 있는 권리를 허용받았더라도 그런 권리는 철도회사가 시설공사를 끝내고 영업을 개시하는 순간에 소멸한다고 주장했다. 그는 나중에 그의 의뢰인에게 "저는 이 사건에서 더할 나위 없이 훌륭하게 변론했습니다"라며 편지를 썼다. 그러나 법원은 그의 주장을 배척하면서 링컨의 견해대로 하면 철도회사는 앞으로 필요로 할 수도 있을 땅들을 모두 "미리 당장에" 사두어야 한다는 "파멸적 요구"에 직면하게 될 것이라고 판시했다. 주대법원을 위하여 판결을 쓴 케이턴 대법관은 친개발주의적인 휘그당 정치인과 다름없는 목소리를 내었다. 철로가 건설되고 있는 토지들은 "현재로서는 거의 완전히 처녀지 상태이지만" 머지않아 이 토지들은 "근면하고 번창하는 사람들로 가득 차서 그곳을 통과하는 철로에 엄청난 일거리를 가져다 줄 것"이라는 이유였다. 일리노이 주야말로 "동부의 오래된 주들과 마찬가지로 높은 수준의 생산성을 얻도록" 운명지워져 있다는 것이었다. 이렇게 철도의 도입에 의하여 가속화되는 성장은 결국 철도회사가 수리창, 하치장, 기타의 수용시설 등을 더 많이 필요로 할 것임을 의미한다.[72]

---

* 우리나라에서도 철도사업은 공익사업이므로 권한 있는 행정당국으로부터 특허를 받아야 하는데, 링컨 당시의 일리노이 주에서 "특허"는 주의회의 권한이었다.

링컨은 서부에서의 경제발전은 자본의 형성 여하에 좌우됨을 잘 알고 있었다. 1832년 그는 생가먼 카운티의 빈약한 자원이 일시적이나마 철도 건설에 얼마나 지장을 초래하는지를 개탄했다.[73] 1850년대에 들어서서 링컨은 신주를 청약하고서도 주식대금을 납부하지 않은 사람들을 상대로 하여 몇 건의 소송을 제기한 일이 있었다. 철도회사는 주식 인수인들에게 주식대금을 납입하도록 요구할 권리가 있으며, 그 권리를 실행하지 못하면 미래의 성공을 보장할 수 없다는 이유에서였다. 그러나 일리노이 주대법원에까지 올라간 주식인수대금 청구사건들 중 링컨은 철도회사를 두 번 대리하면서도, 주식대금을 납부하지 아니한 주식인수인들도 또한 두 번 대리했다.[74]

첫 번째 주식인수대금 사건에서 링컨은 앨턴과 생가먼 간 철도회사를 대리했다.[75] 링컨은 철도회사의 주식을 인수하고서도 대금을 납부하지 않은 인수인 4명을 상대로 소송을 제기했다. 철도회사의 회계담당 상무인 아이작 깁슨에게 보낸 편지에서 링컨은 "만약 우리가 이 사건에서 지면 다른 주식인수인들도 이에 고무되어 대금을 납입하지 않을 가능성이 있으므로 이 사건은 철도회사에 매우 중요한 시금석이 됩니다"라고 썼다.[76] 링컨이 이 사건을 수임하고 나서 얼마 되지 않아 링컨은 주식인수인들 중 "한 사람이 '무릎을 꿇고' 마침내 어제 인수대금의 분납을 시작했습니다"라고 보고했다. 실제로 토머스 커크패트릭이라는 인수인은 링컨이 소송을 제기한 바로 그날 주식인수대금을 납부했던 것이었다.[77] 3주 후 링컨은 "저의 또 한 사람의 희생자인 버크하트가 '무릎을 꿇고' 대금분납을 개시했습니다"라고 보고했다. 버크하트는 커크패트릭과 같은 날짜에 소 제기를 당했다. 그는 아마 깁슨으로부터 증언을 청취*할 위원회가 구성되었다는 통지를 링컨으

---

* 법정에서의 변론에 들어가기 전의 일종의 준비절차로서 소송 당사자끼리 법정 외에서 증언을 듣고 서면화하여 제출하는 과정을 말한다.

로부터 받고 생각을 바꾼 듯하다.[78]

　그러나 링컨은 다른 2명의 주식인수인들로부터는 항복을 받을 수 없었다. 그중 한 사람인 제임스 배릿은 한 주당 100달러에 30주를 인수했었다. 그는 철도회사가 원래 계획했던 노선에 연접하여 17,000,000m²의 토지를 소유하고 있었는데, 링컨에 의하면 그의 불만은 철도회사가 "그의 토지의 가장 알짜배기 부분이 지적에 있는 뉴베를린을 노선 경유지로 예정하였다가 이를 변경"하려 한다는 이유였다.[79] 배릿은 철도회사가 특허장에 기재된 내용에서 임의로 벗어난 것이 너무나 중차대하므로 주식인수계약은 자동소멸되었다고 주장했다. 철도회사의 뉴욕 주재 변호사는 (링컨의 말에 의하면) "노선이 변경될 경우 주식인수인들의 면책 여부에 관하여 매우 심각한 문제가 제기"된다고 믿고 있었다. 그러나 링컨은 이에 동의하지 않으면서 "그런 노선 변경이 주식인수인의 책임을 면제하지 못한다"고 주장했다.[80]

　링컨은 배릿에 대한 소송절차를 계속 진행시킨 결과 연체된 분납금에 대한 승소판결을 받았다. 이에 대하여 배릿이 상소했다. 주대법원은 "특허장의 변경"이 배릿의 대금납부의무를 면제해주었는지 여부를 심사하려면 "그가 철도회사의 주주가 되기 위하여 주식인수청약을 하게 된 동기가 고려의 대상이 되어서는 아니 된다"고 판시했다. 여기서는 30주를 인수하기로 합의한 계약 자체가 중요하다는 것이었다. 법원은 "그가 주주가 되면 상당한 투자이익을 얻을 수 있으리라는 기대를 했기 때문에 청약을 했다든지, 또는 자기가 소유하는 토지에 아주 가까운 곳에 철로가 건설됨에 따라 그로부터 어떤 부수적 혜택을 받게 되리라는 기대 때문에 청약을 했다든지 하는 것은 전혀 중요한 것이 아니"라고 판시했다. 배릿이 "어떤 기대했던 부수적 이익을 박탈"당했다는 것이 중요한 것이 아니라, "특허내용을 변경함으로써 결국 철도회사가 주식인수인들을 그 대금납부의무로부터 해방시켜줄 만한 상황이 되었느냐"의 여부가 중요하다는 것이었다. 어느 회사의 성격이나 목적을 변경시키는 특허장의 변경은 주주들에게 아무런 구속력이 없겠지만 법원은 "철로를 직선화한다든지, 하천에 놓을 다리의 위치를 바꾼다든지, 또는 경유지를 바꾼다든지" 하는 것은 철도회사와 주주 간의 계약관계를 "깨뜨리거나 침해하는 것"이 아니라는 것이었다. 그리하여 주대법원은 원심판결을 유지했다.[81] 링컨은 또한 또 다른 주식인수인인 조지프 클라인에 대한 소송에서도 승소했다. 주대법원은 클라인에 대한 원심판결을 지지하면서 그가 "1회라도 인수대금의 분할납부를 함으로써 그 의무에는 기속력이 생겼으며 이제 와서 그것을 철회할 수는 없다"고 판시했다.[82]

이렇게 앨턴과 생가먼 간 철도회사를 원고로 하는 사건에서 이기자 링컨은 그 덕분에 다른 주식인수대금 사건들도 맡게 되었다.[83] 헌든은 토니카와 피터즈버그 간 철도회사의 법률고문이 되고 난 후인 1857년 10월 철도회사 사장에게 자기가 주식인수인들로부터 "자기들 사건을 맡아달라"는 부탁을 받았다고 알려주었다. 헌든은 "귀사가 변호사와 법률고문계약을 맺어—예컨대 오늘부터 시작해서 500달러 안팎의 돈을 지급"하는 것이 현명하지 않겠느냐고 귀띔했다.[84] 1주가 되지 않아 헌든은 철도회사를 대리하여 주식인수대금 청구소송을 제기했고, 얼마 후 궐석판결을 받아냈다.[85] 그러나 철도회사가 헌든이 제안한 조건으로 즉각 링컨과 헌든을 법률고문으로까지는 추대하지 않자 헌든은 다시 편지를 썼다. 일리노이 주 애선스의 주식인수인들이 자기에게 "귀사에 대한 카운티의 주식청약을 해소시켜주면"* 500달러를 지급하겠다고 제의해왔다는 것이었다. 그러나 그는 철도회사가 자기를 먼저 법률고문으로 추대할 기회를 제공하겠다며 다음과 같이 말했다. "본인은 이런 사건에서 항상 귀사 측의 입장에서 검토해왔기 때문에 가능하면 귀사 편을 들고 싶습니다. 왜냐하면 본인은 그런 식으로 교육을 받았으며,

---

* 카운티가 주민투표를 통하여 주식인수인이 되었던 경우이다.

항상 귀사의 입장에서 연구해왔지만, 그렇기 때문에 오히려 상대편을 맡으면 귀사를 쉽게 패소시킬 수도 있습니다.” 헌든의 숨은 뜻을 철도회사가 간과할 리 없었다. 이 편지는 결국 “헌든 변호사는 고문료를 원하며, 만약 그렇지 않으면 반대쪽을 편들어 귀사를 패소시키겠다”라는 경고장이었던 것이다.[96] 그러나 헌든은 끝내 고문료를 받지도 못했고, 철도회사를 패소시키지도 못했다.

다음해 같은 철도회사는 잭슨빌의 변호사인 린 맥널티 그린과 데이비드 스미스에게 사건을 위임하여 주식인수인인 윌리엄 맥닐리를 상대로 하는 소송에서 회사를 대리하도록 했다. 맥닐리가 순회법원에서 패소한 후 링컨을 접촉한 결과 링컨은 상소심에서 그를 대리하기로 동의했다.[87] 그러나 철도회사가 이미 헌든으로 하여금 스미스 변호사를 상소심에서 보조하도록 추가선임—원심에서 철도회사가 이겼다—했기 때문에 링컨과 헌든은 이 주식인수인을 대리할 수 없었다.[88] 토니카와 피터즈버그 간 철도회사 대 스타인Tonica & Petersburg Railroad v. Stein 사건에서 링컨과 헌든은 상소심에서 철도회사를 대리했으나 납입기한을 도과한 주식인수인의 사실심 승소판결을 뒤집을 수는 없었다.[89] 1860년 1월의 법정개정 기간 중 헌든은 또 한 번 주대법원에서 패소자 쪽을 대리했다. 납입기한을 도과한 주식인수인을 상대로 하는 철도회사의 청구소송에서 철도회사가 승소한 판결은 주장과 답변에서의 하자를 이유로 파기환송되었다.[90] 그해 봄에 같은 철도회사는, 이번에는 링컨과 헌든이 아니라 그린과 코완 변호사를 대리인으로 삼아 주식인수인들을 상대로 3건의 소송을 제기했다.[91] 헌든은 3명의 주식인수인 모두를 대리했다. 당초부터 그는 자신이 주식인수대금 청구사건들에서 “매우 많이 공부를 해 두었기 때문에” 철도회사를 패소시킬 수 있다고 장담했음에도 불구하고 2건에서 패소했고, 3번째 건에서는 화해로 끝낸 듯하다.[92]

링컨이 일리노이 주 법원에서 철도회사들을 대리하여 받아놓은 승소판결의 선례들로 인하여 링컨은 나중에 주식인수인들을 대리할 때 곤혹스러워졌다. 스프레이그 대 일리노이 강 철도회사Sprague v. Illinois River Railroad 사건에서 링컨과 헨리 더머는 찰스 스프레이그를 대리했다. 스프레이그는 캐스 카운티의 주민으로서 캐스 카운티는 1853년 주민투표를 통하여 철도회사에 50,000달러를 청약하기로 결정했다. 그때 계획된 철도노선은 원래 잭슨빌을 기점으로 해서 캐스 카운티를 거쳐 라살르를 종점으로 예정하고 있었다. 1854년이 되자 주의회는 철도회사에 주었던 특허의 내용을 일부 개정하여 철도회사는 노선의 어느 지점에서라도 다른 철도와 합치거나 연결시킬 수 있으며, 그 경우에는 "그런 연결점으로부터 북쪽으로는 철로를 건설"하지 않아도 된다고 규정했다. 1857년이 되자 철도회사는 피오리아와 한니발 간 철도의 합류점인 피킨에서 노선을 끝내기로 결정했음이 드러났다. 스프레이그는 이런 변경이 "부당한 짓"이라고 확신하게 된 나머지 카운티 정부가 철도회사에 공채를 발행하는 것을 금지해달라는 소송을 제기했다.[93] 사실심은 궁극적으로 스프레이그의 청구를 기각했다.[94]

주대법원은 청구를 기각한 원판결을 지지하면서 특허장을 변경했더라도 "철도회사에 대한 최초의 특허장에서 정하고 있는 회사의 목적과 목표로부터 본질적이고도 실질적으로 이탈하여 별개의 독립적 사업을 하도록" 승인한 것은 아니라고 판시했다. 회사가 특허장을 변경받고자 할 경우 이를 각양각색의 주주들이 "다양한 부수적 고려 사항들"을 내세워 방해할 수는 없다는 것이었다. 링컨과 더머가 함축적으로 만들어낸 원칙—주식인수인은 그가 주식을 청약할 당시 특허장에서 명시적으로 승인한 것에 한하여 동의하며, 그 이후의 모든 변경에는 부동의한다는 원칙—에 따를 경우 "어리석거나 고집 센 주주 단 한 명이 단 1주만 가지고서도" 회사의 "다른 주주들 모두의 손을 묶어 꼼짝못하게 하고 결국 그들을 파멸"시킬 수 있게 되리라는 논리였다. 이 의견을 작성한 주대법원장 존 케이턴은 이와 관련하여 배릿 대 앨턴과 생가먼 간 철도회사Barret v. Alton & Sangamon Railroad* 사건만큼 "철도회사와 개별주주들 간의 권리관계에 관하여 법의 일반원칙에 대한 만족스러운 설명을 해주는 판례를 더 이상 찾아볼 수 없다"고 설시했다.[95] 결국 링컨의 먼젓 번의 승리는 나중의 패배를 보장한 셈이 되었다. 법원에서 패소판결을 받고 나서 링컨은 자신의 공동대리인에게 편지를 써서 자신이 "귀변호사의 간명하면서도 핵심을 찌르는 변론취지를 법원에 전달하고, 본인도 할 수 있는 한 최선을 다해서 거기에 가담했으나 결과적으로는 아무 소용이 없었습니다"라고 전했다.[96]

링컨은 1856년 테르오트와 앨턴 간 철도회사가 셸비 카운티에서 따로따로 제기한 17건의 소송에서 주식인수인들을 대리했으나 자기가 전에 받아 놓았던 판결들로 인하여 또 한 번 곤혹스럽게 되었다.[97] 철도회사는 주식인수인들이 "기한이 도래한 분납금과 부담금"을 연체했다는 이유로 주식인수인들을 상대로 소송을 제기했다. 그중 2건은 링컨이 철도회사의 주장 자체에 문제가 있다고 항변demur함에 따라 1856년 10월 각하되었지만 그의 승리를 이끌어 낸 근거논리는 현존하는 문서들에서도 찾아내기가 어렵다.[98]

나머지 15건은 4년 후까지도 결론이 나지 않았다. 이 사건들에서 링컨은 피고들을 위하여 항변을 준비했다. 그는 주식인수인들이 테르오트에서 앨턴까지 철로가 건설되리라는 기대 하에 주식을 청약했으나 철도회사는 "철로의 진짜 종점"을 앨턴으로부터 일리노이타운으로 변경함으로써 종점이 앨턴으로부터 40km나 멀어지게 되었다고 다투었다. 철도회사는 이 다툼의 주장 자체에 문제가 있다고 항변했으나, 법원은 이 항변을 받아들이지 않았다. 14건의 사건이 아직도 순회법원에 남아 있는 동안 테르오트와 앨턴 간 철도회사 대 어프Terre Haute & Alton Railroad v. Earp 사건은 주식인수인이 승소

---

* "Barret"이 사건명에서 먼저 나오는 것은 Barret이 사실심에서 패소하여 "상소인"이 되었기 때문이다.

하여 철도회사가 상소했다. 1859년 일리노이 주대법원은 어프가 받은 승소 판결을 파기하고 철도회사의 손을 들어주었다. 대법원장 케이턴은 만약 대법원이 종전의 주식인수대금 청구사건에서 "판시한 것만으로는 이 쟁점에 적용될 법원칙으로서 만족할 만한 근거가 되지 못했다면 우리는 판례를 유지하더라도 절망할 수밖에 없다"고 탄식했다. 케이턴은 종전의 판례 4건을 인용하여 자신의 입장을 지지하는 근거로 삼았다. 그중 2건에 링컨이 관련되어 있었다.[99] 대법원이 어프 사건에서 판결을 내리자 그때까지 재판을 중단하고 대법원에서의 귀추를 주목하고 있던 나머지 사건들은 합의로 끝을 보게 되었다.[100] 파기환송된 어프 사건을 포함한 7건은 1860년 4월의 법정개정 기간 중 당사자 간의 합의에 따라 취하dismiss*되었다. 8건은 그 다음의 10월 법정개정기간 중 취하되었다.[101] 링컨이 이같이 주식인수인들을 대리한 17건의 사건에서 패배한 것은 자신이 종전의 사건들에서 수립해놓았던 선례에 그 주된 이유가 있다고 할만하다.

초기의 주식인수대금 청구사건들에서 링컨은 일리노이 주에서 철도회사들을 위하여 상당히 의미 있는 승리를 거두었다. 몇 년 후 링컨과 헌든은 철도회사의 책임범위를 넓혀 철도회사가 승객이 입은 손해에 대한 배상책임을 지도록 하는 판결을 이끌어내었다.[102] 이런 사건에서 링컨과 헌든은 열차에 탔다가 열차의 차장과 제동수brakeman**로부터 폭행을 당한 조지프 달비를 대리했다. 차장은 달비가 20센트의 기차표 값을 떼어먹었음이 분명하다고 믿고 있었던 것이다. 철도회사는 자기 회사의 피용인들에 의한 "고의적이고도 의도적인 폭행이나 상해행위"에 대하여 책임을 질 수 없다고 다투었다. 대법원장 케이턴은 이 문제는 사법상의 법인이 "어떤 경우에라도 그 직원의 폭행이나 상해행위에 대하여 책임을 져야 할 것인가의 문제로서

---

* =voluntary dismissal. 당사자 간에서의 합의에 의한 소 취하.
** 당시에는 열차의 제동이 간단한 문제가 아니었으므로 제동만 담당하는 승무원이 따로 있었다.

모든 철도회사에 심대한 영향을 미칠 수 있는 원칙을 정해야 하는 경우이므로" 틀을 정하는 일이 매우 중요하다고 말했다. 케이턴은 미국의 회사 역사를 돌이켜 본 후 "철도회사들은 주와 연방의 번영에 최고로 기여한 수단이 되었다...그러나 그들의 급속한 수적 증가는, 설사 우리에게 경각심을 불러 일으킬 정도는 아니라 하더라도 매우 놀라울 정도"라고 지적했다. 철도회사가 "그 피용자의 불법행위에 대하여 책임을 져야 할 것이냐"의 문제는 "그동안 영국과 미국의 다수의 판결에 의하여 이미 잘 확립되어 있다"고 케이턴은 설시했다. 그리하여 주대법원은 회사가 그 피용자의 고의적인 행위에 대하여 책임을 질 수 없다는 회사 측의 다툼을 배척하면서 "회사는 그 피용자들이 저지른 폭행이나 상해는 물론 다른 어떠한 불법행위에 대하여도 책임을 져야 한다"고 판시했다.[103] 이 판결은 결국 19세기 영국과 미국의 법원들이 철도회사의 근로자가 아닌, 승객이 다쳤을 경우 철도회사의 책임을 확대해온 전반적인 경향을 부분적으로라도 대변하는 것이었다.[104]

링컨과 헌든이 이렇게 개인이 입은 상해를 이유로 철도회사를 상대로 하여 제기한 소송은 달비 사건만이 아니었다. 1854년 3월 링컨은 재스퍼 해리스를 대리하여 그레이트 웨스턴 철도회사를 상대로 생가먼 카운티의 순회법원에 소송을 제기하여 철도회사의 근로자인 해리스가 열차에서 떨어져서 그의 오른쪽 발, 발목, 정강이 그리고 넓적다리가 크게 찢어지고 복합골절상을 당했다고 주장했다. 해리스는 4개월간 "앓아 누웠고, 절뚝거렸고, 그리고 정신이상 증세를 보였으며", 마침내 오른쪽 다리를 무릎 위에서 절단해야 했다며 링컨은 1만 달러를 청구했다. 이 사건은 해리스가 소를 취하한 점에 비추어 합의로 해결되었음이 분명하다.[105] 1857년 2월에 링컨과 헌든은 같은 철도회사를 상대로 또 다른 손해배상청구소송을 제기했다. 열차승객이었던 루이스 프리드랜더는 열차가 "부주의하게, 그리고 의무를 해태하여" 대피선상에 있던 차량과 충돌함으로써 다리를 골절당했다고 주장했다.

3년 전의 해리스와 마찬가지로 그는 1만 달러를 청구했는데 나중에 500달러에 합의를 보았다.[106]

링컨은 신체적 상해를 이유로 철도회사 이외의 기업이나 정부기관을 상대로 하는 소송은 3건만을 맡았을 뿐이다.[107] 예컨대 링컨은 새뮤얼 그루브를 대리하여 서부에서 가장 큰 역마차회사를 동업으로 운영하는 존 프랭크와 마틴 워커를 상대로 소송을 제기했다.[108] 피고들이 "자기들의 의무에 상응하는 적절한 주의와 관심을 기울이지 않았기 때문에" 그루브는 자신이 탄 역마차가 동트기 전에 램프도 없이 달리다가 일으킨 사고에서 부상을 입었다는 것이었다.[109] 피고 두 사람이 답변서를 제출하지 아니하여 궐석으로 처리되자 쌍방은 합의*에 이르게 되었다.[110] 링컨이 이같이 신체 부상을 이유로 하는 손해배상청구소송을 별로 맡지 않았던 것은 전쟁 전의 변호사 업무의 전형적인 양상이었다.[111]

링컨은 또한 철도회사들이 강에 교량을 건설하는 데 대하여 그것이 선박 등의 안전한 항행을 방해한다고 주장하는 선박회사 측의 소송과 관련해서는 양쪽을 다 대리해 보았다. 그중 잘 알려진 사건에서 링컨은 교량의 소유주 측을 대리했다.[112] 문제의 교량은 일리노이 주 록아일랜드에 위치하여 미시시피 강을 건너는 것으로는 최초의 교량이었다. 이 교량의 소유자는 록아일랜드 교량회사와 그 모회사인 시카고와 록아일랜드 간 철도회사였다. 에피 애프턴이라는 선박의 소유주인 존 허드는 자기의 배가 다리의 교각과 충돌하여 손상을 입게 되자 교량의 소유주들을 상대로 소송을 제기한 것이었다.[113]

링컨은 마지막 변론에서 철도가 서부의 발전에 얼마나 중요한 역할을 하는지를 강조했다. 그는 배심원들에게 자신은 "증기선이나 그 선원들, 또 세인트루이스 시에 대하여 어떠한 편견도 가지고 있지 않다"고 전제하면서,

---

* 궐석으로 처리되더라도 판결선고시까지 시간적 간격이 있기 때문에 합의가 가능하다.

"그러나 동부로부터 서부로의 여행이야말로 미시시피 강의 상·하류간의 남북통행에 비하여 결코 경시될 수 없다"고 주장했다. 동서간의 여행은 "갈수록 증가하여 세계사에서 종전에 결코 볼 수 없었던 굉장한 속도로 새로운 땅을 개척해 내고 있다"는 것이었다. 링컨은 "자신이 기억하는 것만으로도 일리노이 주가 150만의 인구로 놀랍게 성장했으며, 또한 북서부의 아이오와와 새로이 발흥하는 마을들로 발전"했다고 지적했다. 링컨은 또한 철도교량의 효용가치에 대하여 언급했다. "1856년 9월 8일부터 1857년 8월 8일 사이에 12,586대의 화물차량과 74,179명의 승객이 이 교량을 통과했습니다." 링컨은 겨울이 되면 강을 따라 움직이는 선박의 통행은 "쓸모없이" 되지만 철도교량은 "예나 지금이나 여전히 유용하게 사용"할 수 있다고 주장했다. 링컨은 "이런 점에 비추어 보면 이 철도교량은 이 법정에서 존중되어야 하며, 모멸적인 배척을 당해서는 안 될 것"이라고 결론지었다. 링컨과 그의 공동대리인이 12명의 배심원들 중에서 9명을 설득할 수는 있었으나, 배심원들은 결국 전원일치의 평결에 도달할 수 없었다. 그러나 이 사건에 대하여 새로이 심리가 이루어지지는 않았으므로 현실적으로는 링컨 쪽이 이긴 셈이었다.[114] 배심원단이 비록 청구기각의 평결에 이르지는 못한 것이었지만 친교량pro-bridge을 표방하는 『시카고 데일리 트리뷴Chicago Daily Tribune』은 "세인트루이스 시의 상공회의소와, 편견으로 불평만 일삼는 선장들에도 불구하고 교량은 여전히 건재"하다는 기사를 게재했다.[115]

그러나 링컨의 논리를 너무 믿을 일은 아니다. 그 몇 년 전에 그는 일리노이 강에서 철도교량의 교각에 부딪친 운하용 너벅선의 보험자를 대리했다.[116] 콜럼버스 보험회사 대 커티니어스Columbus Insurance Co. v. Curtenius 사건*에서 링컨은 철도교량회사와 주주를 상대로 손해배상을 청구했다. 피고인 피오리

---

* 이 사건은 연방지방법원의 사건이었다.

아 교량회사의 주주*들은 "일리노이 주의회가 이 교량의 건설을 승인"했다고 답변했다. 링컨은 이 답변에 대하여 주정부는 "주의 경계선 내를 흐르는 항행할 수 있는 하천을 완전히 항행 불가하게 만들도록 허가할" 권한을 보유하고 있지 않다고 다투어 연방판사의 지지를 받았다.[117] 이 사건은 그 후 합의로 끝났다.[118] 이렇게 똑같은 상황은 아니지만 비슷한 상황에서 링컨은 철도회사를 대리하는 경우도, 철도회사를 상대로 제소하는 경우도, 모두 맡을 마음의 준비가 되어 있었다. 다른 사건들에서와 마찬가지로 이 사건들에서도 링컨은 도구주의자적인 신조를 고수하는 일은 삼가한 것이다.

1855~1856년 무렵에 링컨은 철도회사가 남의 땅에 철로를 개설하는 경우의 손해평가를 둘러싸고 일어난 분쟁에서 지주들을 대리하여 그레이트 웨스턴 철도회사를 상대로 버밀리언 카운티에 적어도 19건의 소송을 제기했다.[119] 이들 중 15건은 카운티 법원에서 지명한 감정인의 감정결과에 불복하여 순회법원에 상소한 후 합의로 해결되었다.[120] 6건에서는 합의의 내용이 법원기록상 드러나고 있지 않다.[121] 나머지 9건에서는 합의조건 그대로 판결화**되어 법원의 사건기록에 남아 있다.[122] 예컨대 프라이스 대 그레이트 웨스턴 철도회사Price v. Great Western Railroad 사건에서 법원기록을 보면, 철도회사는 개설되는 철로의 양쪽에 울타리를 세우고, 프라이스가 거기에 문이나 건널목을 내거나 철도부지상의 나무들을 벌목하여 재목으로 가져가도 용인하는 조건으로 125.33달러를 지급하기로 합의했다.[123]

지주들이 제기한 소송 중 4건은 배심원에 의한 재판을 받았다. 이런 사건들에서 앤드루 매컴슨은 도합 560달러를 손해배상으로 받았다. 제임스 매컴슨은 372달러, 에즈킬 맥도널드는 350달러를 받았다.[124] 앤드루 매컴슨과

---

* 19세기 말까지만 해도 주주의 유한책임이 인정되지 않는 경우가 자주 있었다고 한다.
** 우리의 경우 합의된 내용을 화해조서나 조정조서에 올리는 경우와 유사하다.

제임스 매컴슨 등과의 다른 3건의 사건에서 철도회사는 배심원들이 손해액을 결정하기 전에 회사가 "양질의 울타리를 제대로 세우고" 건널목을 만들며, 지주들이 노선부지상의 재목을 가져갈 수 있도록 허락하겠다고 제안하여 그대로 합의되었다.[125]

법률사무소의 경제학

휘그파 변호사들이 법정에서 자기들의 경제개발주의 신조를 제대로 개진하지 못한 이유를 그들이 법 절차에 사심 없이 순응했기 때문이라고 단정할 일은 아니다. 실은 먹고사는 문제가 상당히 중요한 역할을 했던 것이다. 즉, 휘그파 변호사들, 그중에서도 특히 개척지에 사는 휘그파 변호사들은 중요한 법률문제에 관하여 어느 한쪽의 입장만을 고수할 경우 먹고살 수가 없었다. 변호사들은 보수를 더 주겠다는 쪽을 위해서 기꺼이 일할 마음이 되어 있었으나, 제시되는 보수는 보통 아주 낮은 금액이었으며, 그것조차 개인 당사자보다 회사 쪽이 더 높이 제시한다는 법도 없었다.

링컨과 같은 일리노이 주의 변호사들은 의뢰인들에게 비교적 온건한 수임료를 요구했으며, 따라서 수입을 위해서는 불가피하게 박리다매로 많은 사건을 다루어야 했다. 전쟁 전의 시카고 변호사들은 고객을 찾는 데 혈안이 되어 있었기 때문에 사건의 옳고 그름은 따질 처지가 아니었다.[126] 순회법정을 쫓아다니는 변호사들은 나중에 일리노이 주대법원장 존 딘 케이턴이 말한 대로 "이동 중에 사건을 처리해야 했고", 그 착수금은 "법정이 개정될 때쯤이나 받았다"는 것이었다.[127] 링컨이 쫓아다니던 제8순회구역에서 변호사들이 받던 보수는 순회법원이 설치된 1839년부터 링컨이 대통령으로 선출된 해에 이르기까지 별로 늘어나지 않았다. 변호사들은 대체로 한

건당 10달러에서 20달러 정도를 청구했다.[128]

링컨은 연속하여 세 번을 변호사 두 명의 동업체제로 사무실을 운영했다. 이런 동업체제하에서 링컨은 총 5,600건의 소송사건 내지 자문사건을 처리했다.[129] 링컨과 최초의 동업자인 존 스튜어트 간의 장부에 의하면 건당 수임료는 2.5달러에서 50달러에 이르기까지 매우 적었음이 드러나고 있다.[130] 이것을 같은 기간 중의 일리노이 주 변호사 겸 정치인이었던 애덤 스나이더의 장부와 비교하면 그 역시 5달러에서 20달러에 이르는 매우 비슷한 양상을 보여준다.[131] 두 번째 동업자인 로건과 링컨 간의 동업 당시 주대법원 상소사건에 대한 평균보수는 20달러였다.[132] 비록 링컨은 나중에 변호사로서도 자리 잡았고 정치인으로서도 저명해졌지만, 링컨과 헌든이 마지막으로 동업하던 당시의 수임료는 스튜어트와 링컨이 최초로 동업했던 때에 비하여 크게 다르지 않았다.[133] 1855년 링컨은 일리노이 센트럴 철도회사를 대리하여 맥린과 드위트 카운티에서 모두 15건의 사건을 처리했다. 그는 모두 150달러를 청구하면서 철도회사의 사내 법률고문에게 "건당 10달러씩 쳐서 도매금으로 뭉뚱그리는 것"이라고 편지에 썼다. 링컨은 이렇게 온건하게 수임료를 청구하면서도 순회법원 판사 데이비드 데이비스로부터 "이 청구는 매우 합리적"이라고 생각한다는 메모를 받아 자기 편지에 동봉했다.[134]

링컨과 그의 동업자들은 또한 승소조건부사례금contingent fees을 청구하기도 했다. 즉, 만약 패소하는 경우에는 한 푼도 청구하지 않는다는 뜻이다. 전쟁 전에 이런 승소사례금 약정이 늘어나게 된 것은 미국의 보통사람들이 이 방법으로 유능한 변호사에게 사건을 맡길 수 있게 되었음을 의미했다.[135] 링컨, 로건, 그리고 스튜어트는 제임스 애덤스를 상대로 소송을 제기하여 그가 조지프 앤더슨을 속여 40,000m²의 땅을 차지했다고 주장했다.[136] 이 변호사들은 앤더슨의 미망인 및 자녀들과 체결한 보수약정서에서 승소사례금에 대하여 "만약 토지의 전부를 회수할 수 있게 되면 회수하는 땅의 절반을 보수로 받고, 만약 그렇지 못하면 한 푼도 받지 않아도 된다"고 약정했다.[137) 1855년의 명예훼손 사건에서 아이작 코센스는 링컨과 워드 힐 레이먼 변호사에게 만약 피고를 상대해서 이기면 "승소금액이 얼마가 되든" 그 판결금액의 절반을 주겠다고 약속했다.[138)

링컨은 한때 "수임료의 문제는 먹고사는 문제를 넘어서 매우 중요한 일"이라고 말한 적이 있었다.[139) 링컨이 자기의 의뢰인들에게 보낸 편지들을 보면 자기가 일한 보수를 제대로 받을지에 관한 염려가 은연중 비치기도 한다. 링컨은 로건과의 동업 당시 상소심사건에 관하여 문의해 온 잭슨빌의 변호사인 제임스 어윈에게 보낸 답장에서 수임료의 문제를 거론했다. 링컨은 자기들이 요구하는 수임료가 결코 불합리한 금액이 아니라고 하면서 자기들은 "돈을 현실로 받기만 하면 쉽게 만족할 것이지만, 나중에 얼마를 받기로 했든지 간에 미리 받아두지 않으면 나중에 일이 잘 끝난 다음에 못 받는 일이 허다함을 보아왔다"고 말했다. 링컨은 "이런 문제점에 관하여 자꾸 예민해짐"을 고백했다.[140) 토머스 하우랜드라는 사람이 링컨에게 착수금조로 100달러짜리 약속어음을 맡겼다가 1859년 그것을 돌려받아야 할 것 같다는 경고조의 편지를 링컨에게 보내자 링컨은 "다시는 그런 말을 하지 마시오. 만약 되풀이한다면 귀하의 소를 취하*해버릴지도 모릅니다"라고 단호하게 대답했다.[141) 또 다른 사건에서는 상소심에서 승리했다고 보고하면서, 링컨은 그 의뢰인에게 점잖게 다음과 같이 수임료의 지급을 촉구했다. "네덜란드 출신의 치안판사가 결혼식을 주례해 줄 때마다 말했듯이 '자, 내 도니 100토라 어딧쇼'"**[142)

박리다매의 변호사들에게는 수임료 한 푼 한 푼이 아쉬웠다는 점에서 링

---

* 우리나라에서는 변호사가 수임료 문제로 소를 임의로 취하하는 것은 변호사윤리위반은 물론 배임죄에도 해당할 수 있다.
** 네덜란드 어의 억양이 밴 영어 말투를 흉내낸 것.

컨과 동업자들이 적어도 17번이나 의뢰인들을 상대로 하여 수임료청구소송을 제기했다는 사실이 쉽게 설명될 수 있다.[143] 링컨은 다른 변호사들에게 의뢰인들로부터 수임료에 관한 약속어음을 받아놓으라고 권고했으며, 실제로도 링컨은 그런 약속어음에 기하여 소송을 제기하기도 했다.[144] 링컨이 일리노이 센트럴 철도회사를 상대로 하여 5,000달러의 보수를 청구한 사건은 이런 류의 사건으로는 가장 잘 알려진 것이었다.[145] 그러나 링컨은 10달러 미만의 보수도 5번이나 청구했다.[146] 1855년에 그는 크리스천 카운티의 치안법원 판사로부터 그의 종전 의뢰인인 새뮤얼 브라운을 상대로 하여 6.22달러의 판결을 받아냈다. 3년 전에 링컨은 흉기에 의한 위협assault with a deadly weapon*사건으로 기소된 이 고객을 위하여 공소기각의 결정을 받아주었던 것이다.[147]

링컨은 사건에 다툴 만한 꺼리만 있으면 수임에 주저하지 않았다. 그는 개인적인 신념의 승리를 위하여서보다는 수임료를 받기 위하여 일했다.[148] 변호사들로서는 달리 방법이 없었던 것이다. 그 당시 기업의 법률 업무는 별로 없는 편이었으며, 또 아직 법률고문이라는 개념이 별로 확산되지도 않은 상태여서 일거리도 들쭉날쭉했기 때문이었다. 헌든은 나중에 회상하기를 링컨이 변호사 생활을 하던 당시에는 "큰 기업들이 없었고...카운티들의 군청 소재지에는 변호사들 중에서 명석한 사람들을 법률고문으로 둘 수 있는...큰 회사들이 별로 없었다"라고 말했다. 헌든은 "변호사들 중에서는 잘 난 사람이든 못난 사람이든 누구나 일거리를 맡기 위한 경쟁에 뛰어들 수밖에 없었다"고 회상했다.[149] 헌든이 카운티마다 "수뇌급 변호사"를 고문으로 둘 수 있는 큰 회사들이 없었다고 말한 것은, 헌든이 1889년에 링컨의 전기를 발간할 즈음에는 이미 상당히 변화가 생겼다고 스스로 믿었음을 암시한

---

* 흉기로 위협함에 그쳤을 뿐 신체에 대한 폭행으로까지 이어지지는 않은 경우이다.

다. 19세기 후반이 되면 회사들(특히 철도회사들)은 쓸 만한 변호사를 아예 독점하려고 고문계약을 맺는 경향이 있었다. 어떤 회사들은 자기 회사에 소송을 걸어 온 변호사와 사건에 관하여 합의를 할 때 그 변호사가 다시는 자기 회사를 상대로 소송을 걸지 않을 것을 조건으로 붙이기도 했다. 이렇게 쓸 만한 변호사들을 독점하려는 시도가 완벽하게 성공적이지는 못했지만 결과적으로는 사실심을 전문으로 하는 변호사들을 원고 측 전담과 피고 측 전담으로 나뉘게 하는 결과를 빚었다.[150] 그런데 이러한 변호사들의 전문화가 링컨의 일리노이 주에서는 아직 시작조차 하지 않았던 것이다.

링컨이 1849년 연방하원의원직을 마치고 돌아오게 되었을 때 데이비드 데이비스는 링컨에게 변호사 업무에 복귀하는 대신에 연방토지청장 자리를 맡는 것이 어떻겠느냐고 제의했다. 데이비스는 "현재로서는 일리노이 주에서 변호사 생활을 해봤자 빈약한 수임료를 기대할 수 있을 뿐"이라고 믿었다.[151] 스티븐 더글러스는 1835년에 일리노이 주로 찾아온 "변호사들의 기다란 명단"에서 100명 중 1명만 "개업 첫해의 비용을 절반쯤 감당할 수 있고, 그나마 처음 3년간의 비용은 충분히 감당할 수도 없는 상황"이라고 불평했다.[152]

이렇게 링컨 시절에 일리노이 주의 사람들이 한 말들은 전쟁 전의 법조 직역의 또 다른 면을 비춰주는 것이다. 오하이오 주의 어느 변호사는 경제적으로 성공한 변호사는 거의 없다고 믿었다. 1849년에 그는 『웨스턴 로 저널Western Law Journal』에 "이 나라의 변호사들은 거대한 부를 축적할 수 없으며, 부자가 되는 변호사는 거의 없다"고 설명했다. 법조 직역은 "재주 있고, 야심만만하며, 가난하고, 때로는 파렴치한 사람들로 넘쳐난다"는 것이었다. 만약 변호사가 똑같은 노력을 기울여서 다른 직역에 종사한다면 오히려 돈을 더 많이 벌 수 있을 터라는 것이었다.[153] 조지프 볼드윈은 『앨라배마와 미시시피의 전성기The Flush Times of Alabama and Mississippi』(1853)에서 "스스로에게서는 믿음과 소망이라는 주요 덕목을 기르고, 친구들에게서는 자선이라는 더 큰 덕목을 기르고 있지만 그때까지 그들이 알고 있는 서면brief이라고는 차용증과 외상 쪽지뿐"*인 젊은 변호사들로 넘쳐나는 구닥다리 남서부의 변호사 세계를 회상했다.[154] 1844년 9월판 『니커보커Knickerbocker』에서 존 색스는 변호사 직역이 처한 경제적 역경에 관하여 "법적 발라드A Legal Ballad"를 읊조렸다.

　　나는 가장 운 없는 사람이야,
　　나의 고객은 오로지 슬픔grief뿐이야;
　　사건이라고는 아무 '사건'도 맡지 못했다는 것이야,
　　한마디로 나는 아무런 '서면brief'도 써낼 일이 없었어.

　　변호사 업계는 전문성으로 무장한
　　변호사들로 벌써 꽉 찼어,
　　나같이 별것 아닌 젊은 사람은
　　아무에게도 주목받지 못해.

　　그들은 내가 '공짜grants'만 안다고 하면서
　　자기들은 제대로 된 '유언장devise'이나 서면을 만들어낼devise 수 있으며
　　자기들은 봉토권** 문서를 만들어주고 제법 수임료를 받는다지만
　　나는 단 한 푼의 '수임료simplest fee'도 받아낼 길이 없네.

　색스의 시에 나타난 이 젊은 변호사는 시의 마지막에서 끝내 자살을 저지

---

*　 "brief"가 법원에 제출하는 서면이라는 뜻과 차용증이나 외상쪽지라는 의미로도 사용됨을 이용한 말장난.
**　 fee simple = 무조건적 토지소유권 및 상속권. 원래 봉건제도하에서 만들어진 개념으로서 봉신이 영주로부터 봉토를 하사받으면서 봉신의 생전에는 물론 사후에도 상속인에게 확실한 불가침의 소유권을 확약받는 경우를 말한다. 영국법상 국왕이 전 국토의 소유권자였으므로 봉토권은 결국 실질적인 소유권에 해당했다.

르고야 만다. 검시를 맡은 배심원단은 그의 자살 원인cause이 "의문의 여지 없이 동기부여cause의 결여"에 있었다고 결론을 내린다.[155]

전쟁 전의 변호사들은 이렇게 일을 따내려고 변호사 사이에서 "아귀다 툼"을 벌이는 것을 두고 그 탓을 변호사 수가 지나치게 많다는 데 돌렸 다.[156] 스티븐 더글러스는 1834년 일리노이 주에서의 경제적인 기회는 "어 느 사업 분야를 막론하고" 전망이 좋지만, "전문 직역에서는 변호사, 의사, 그리고 목사가 넘쳐나기 때문에" 그렇지 못하다고 말했다.[157] 이렇게 과도 하게 넘쳐나는 인원에 원인을 돌리는 것이 꼭 불합리한 주장은 아니었다.

1830년 일리노이 주에는 157,445명의 인구에 73명의 변호사(1:2, 156)가 있었다. 1840년이 되면 476,183명의 인구에 변호사는 429명에 달했다 (1:1,110).[158] 인구는 3배로 늘어났으나 변호사의 수는 거의 6배로 증가한 것 이었다. 1850년 일리노이 주는 인구 1,042명당 1명의 변호사를 가지게 되 었다. 이와 비교할 때 인디애나 주는 1,069명당 1명, 위스콘신 주는 733명 당 1명이었다.[159] 『리빙스턴스 로 레지스터Livingston's Law Register』에 의하면 일리노이 주는 1851년에 변호사 710명을, 1852년에 862명을 보유했다.[160]

1833년부터 1847년 사이에 시카고에서 개업한 변호사들 중 3분의 1은 2 년 이내에 문을 닫았다.[161] 『웨스턴 로 저널』에 나타난 1849년도의 논문은 "변호사 직역은 그 업무에 비하여 너무 많은 인원으로 넘쳐나고 있으며, 게 다가 그 수는 꾸준히 늘어나고 있다"고 언급했다. "농부는 쟁기를 내던지 고, 재단사는 골무를 팽개치고, 서기는 책상을 걷어차고, 그리고 공부도 교 육도 거치지 않은 채 얼핏 보기에 명성과 재산으로 이끌어 줄 첩경이 되리 라고 기대되는 이 직역으로 모두가 달려가고 있기" 때문에 이 직역에서의 변호사의 수는 늘어날 수밖에 없다는 것이었다.[162] 버지니아 주의 변호사 한 사람도 1853년 이런 불만을 그대로 되풀이했다. 리처드 호스라는 이 변 호사는 "변호사는 넘쳐나고, 의뢰인은 메말랐다"고 보았다. 호스는 "아무것

도 기대하지 않는 변호사는 복이 있나니 차라리 나중에 실망이라도 하지 않을 터로다* "라고 했다.[163)

휘그파 변호사들은 자신들의 개발주의 신조를 법정으로까지 가져가는 일을 삼갔다. 그들이 이렇게 한 데에는 이데올로기의 역할도 있었지만 당장의 호구지책이 절실했기 때문이었다. 휘그파 변호사들이 어느 쪽 사건이라도 흔쾌히 맡으려고 한 이유는 자기의 신조에 맞지 않는다고 의뢰인을 돌려보낼 경우 먹고살 길이 막막했기 때문이었다. 그런데도 여전히 신조에 매달리는 어리석은 변호사가 있었다면 그만큼 의뢰인이 줄어들 수밖에 없었을 것이다.

결론

링컨의 변호사 생활에 관하여 살펴본 자료들에서는 전쟁 전의 변호사들이 자신들의 신조인 시장경제적 자본주의의 승리를 위하여 헌신적으로 일해 왔다는 세간의 추측을 뒷받침할 만한 증거는 나타나지 않았다. 링컨은 휘그파 정치인으로서는 경제개발주의의 신조를 지니고 있었으나, 그렇다고 하여 휘그파 변호사로서도 또한 자신의 이런 신조를 법정에 들어갈 때마다 개진하지는 않았던 것이다. 오히려 링컨 같은 휘그파 변호사들이 사법체계에서 최우선적 가치를 둔 것은 사회질서의 유지에 있었다. 휘그파 변호사들은 법률사무소의 호구지책상 달리 방법이 없었으므로 어느 의뢰인이 찾아오더라도 누구의 사건이라도 주저 없이 수임할 만반의 태세가 되어 있었던 것이다.

---

* 예수의 산상수훈에 빗댄 문장이다.

예컨대 링컨은 철도가 서부의 경제적 발전에 본질적으로 중요하다고 믿으면서도 철도관련 소송에서는 결코 도구주의적 신조를 내세우지 않았다. 그는 오히려 철도회사를 상대로 하는 소송을 맡을 용의가 있었으며, 그리하여 자신의 경제개발주의 신조를 펴는 데 방해가 되는 선례라도 만들어내겠다는 각오가 되어 있었다. 이런 링컨의 융통성으로 인하여 그가 초기에 법원에서 얻은 승리들은 때로 후에 패배의 원인이 되기도 했다.

이런 모든 일이 결코 놀랄 만한 것은 아니다. 영국의 법사학자인 밀섬은 다음과 같이 변호사들과 법적 환경의 변화 간의 관계를 정확히 묘사했다.

> 법률가들은 오늘날의 자질구레한 일들을 항상 신경 써서 자상한 눈으로 돌보아왔다. 만약 운이 좋은 역사가라면 어떻게 해서 법규정이 생겨났으며, 어떠한 변화가 그런 규정을 제대로 작동하지 못하게 만들었으며, 그런 것을 어떻게 피할 수 있었으며, 그런 과정에서 어떻게 새로운 규정이 만들어졌으며, 그리고 때로는 그런 새로운 규정이 또 다른 변화에 의하여 차례로 폐기될 수밖에 없게 되었는지를 알아차릴 수 있을 것이다. 그러나 그렇다고 해서 그런 변화가 법률가들의 제대로 된 안목에 기하여 가능해졌다고 생각하거나, 또는 변호사들이 자신의 고객을 당장에 처한 난국으로부터 구하는 데서 한 걸음 더 나아가 더 고귀한 어떤 의도를 가지고 행한 것이라고 하는 식으로 그 공을 변호사들의 안목에 돌린다면 그것은 오산이다.[164]

링컨은 전쟁 전의 다른 대부분의 변호사들이나 마찬가지로 고객들을 그 처한 어려움에서 구하기 위해 고객의 눈높이로 낮춰 최선을 다했던 것이다. 그 후의 어떤 시점이 되어서야, 아마도 남북전쟁 후인 듯한데, 상황이 달라지면서 상당수의 변호사들은 전쟁 전의 선배들과는 달리 기업 쪽의 이해만을 편드는 일*에 나서게 되었다.[165]

---

* 예컨대 기업자문에만 전념하고 소비자 쪽은 전혀 수임하지 않는 변호사들을 가리킨다.

4장
대초원의 법

농업을 주종으로 하는 개척지라는 지역사회에서는 토지가 모퉁이돌 역할을 했다.
그러므로 링컨이 맡은 사건 중 상당수가 토지에 관한 분쟁이었음은 놀랄 일이
아니다. 1840년대 일리노이 주 녹스 카운티의 순회법원사건들에 관한
최근의 연구결과에 의하면 그 법원에 제기된 사건 5건 중 1건은 토지에 관한
분쟁이었다. 이런 사건들이 링컨의 업무에서도 상당한 비중을 차지했다.

링컨은 순수하게 지역적인 색채를 띠는 재판에서 요구되는 변호사 스타일을 취할 경우에는 항상 편안함을 느꼈던 것으로 보인다. 자그마한 지역사회 내에서 개업한 대부분의 변호사들과 마찬가지로 그는 지역사회에서는 중재와 타협을 선호함을 익히 알고 있었기 때문에 그 자신도 중재자 내지 조정자가 되기 위하여 노력했다.

링컨이 변호사로서 최초로 맡은 사건은 그의 초기 변호사 시절의 지역사회의 상황을 그대로 반영한 것이었다. 링컨과 존 스튜어트는 제임스 호손이 제기한 일련의 소송에서 피고 데이비드 울드리지를 대리했다. 이 두 사람은 모두 생가먼 카운티에서 농부였다. 1836년 여름이 되자 두 사람의 관계가 매우 악화되어 호손은 울드리지를 상대로 2건의 소송을 제기했다. 1836년 7월 1일 호손은 울드리지의 "약정위반trespass on the case of promises*"을 이유로 소송을 제기하면서 울드리지가 "밭 가는 시기"에 초원의 잡초들을 갈아엎어 주면 수임료를 지급하고 또 농작물을 심을 밭을 빌려주겠다고 약속하고

＊　보통법상 약정위반으로 인하여 입게 된 간접손해 내지 제2차적 손해의 배상을 청구하는 소송.

서도 이를 위반했다고 주장했다. 호손은 손해배상으로 100달러를 청구했다. 같은 날 그는 울드리지를 상대로 폭력행위trespass vi et armis= with force and arms*에서 입은 부상에 대한 손해배상청구소송personal injuries도 제기했다. 그는 울드리지가 자신을 공격하여 "머리카락을 한 움큼" 뽑아냈으며, 막대기와 주먹으로 자신을 때렸으며, 자신이 넘어져 있는 동안 발로 걷어찼으며, 마지막으로 "엄지손가락과 다른 손가락들로 그의 눈을 후벼 팠다"고 주장했다. 그 결과 그는 "아프고 쑤시는 상처를 입고 부분적으로 시력을 잃었다"며 손해배상으로 500달러를 청구했다.[1] 그해 가을 호손은 또한 울드리지와 또 한 사람이 자기 소유인 소의 멍에와 "초원용 쟁기"를 돌려주고 있지 않다며 울드리지를 상대로 반환청구소송replevin**을 제기했다. 그는 돌려받지 못한 물건의 가치를 80달러로 평가하여 청구하면서 20달러의 손해배상청구까지 추가했다.[2]

그해 가을 울드리지는 링컨의 스승인 스튜어트 변호사를 선임했다. 그 당시 링컨은 아직 변호사 면허를 받지 못한 상태에 있었지만 이 사건에서 제출할 서류를 몇 건 준비할 책임을 맡았다. 링컨이 초안을 잡은 답변 중 하나는 호손이 여름에 제기한 소송에 대하여 소송비용의 담보 제공을 명령해 달라는 신청이었다. 울드리지는 호손이 "가족도 없는 젊은이"에 불과하고 재산도 없기 때문에 패소할 경우 "이 소송의 비용을 반환할 수 없을 것"이라고 주장했다. 스튜어트와 링컨이 이 소송비용담보제공신청을 전략적 방안에서 택했던 것이라면 그것은 실수였다. 왜냐하면 호손은 즉각 담보를 제공했기 때문이었다. 링컨은 더 나아가서 설사 호손에 대한 배상책임이 있다

---

* 보통법상 고의에 의한 폭력행위로 입은 신체와 재산상의 손해에 대한 배상 청구.

** 피고가 불법점유한 원고의 재산에 대한 점유회복 청구소송. 이 경우 원고는 담보를 제공하고 판결시까지 임시로 대상물건의 점유를 허가받을 수 있지만(우리의 단행가처분에 유사한 듯하다) 이 사건에서는 이 방법이 활용되지 못했던 듯하다.

하더라도 울드리지는 "1835년 4월 1일부터 11월 1일까지 그에게 숙식을 제공"했고 "짐마차의 사용"을 허용함에 따라 생긴 반대채권을 비롯하여 다양한 반대채권을 열거해가면서 상계offset를 주장했다. 울드리지는 또 호손이 자신을 상대로 하여 제기한 폭력행위를 이유로 하는 손해배상청구소송사건이 심리되던 날 자신도 호손을 상대로 하여 폭력행위를 이유로 하는 손해배상청구소송을 제기하여 대세의 역전을 시도했다.[3]

배심원들은 1838년 10월 8일 호손이 울드리지를 상대로 하여 제기한 폭력행위를 이유로 하는 손해배상청구소송을 심리했다. 울드리지는 그 소송에서 손해배상 책임이 있다고 인정받았으나, 그 책임은 36달러 및 소송비용으로 국한되었다.[4] 다음해 3월 나머지 소송들은 모두 합의로 해결되었다. 호손과 울드리지는 남은 3건을 모두 취하하되, 호손이 제기한 약정위반assumpsit* 손해배상청구사건의 소송비용은 울드리지가 부담하고, 농기구반환청구사건에서의 비용은 호손이 부담하며, 울드리지가 호손을 상대로 하여 제기한 폭력행위를 이유로 하는 손해배상청구사건의 비용은 쌍방이 반분하기로 합의를 보았다.[5] 소송의 본안에 대하여서는 물론, 소송비용에 대하여서까지 합의를 본 것은 링컨이 초기 변호사 시절에 지역사회에 기반을 두고 일했음을 보여주는 것이다.

토지와 소송

농업을 주종으로 하는 개척지라는 지역사회에서는 토지가 모퉁이돌 역할을 했다. 그런고로 링컨이 맡은 사건 중 상당수가 토지에 관한 분쟁이었음은 놀랄 일이 아니다.[6] 1840년대 일리노이 주 녹스 카운티의 순회법원 사건

---

* 보통법상 명시 또는 묵시의 약정에 위반했음을 이유로 하는 소송. 앞에서 본 "trespass on the case of promises" 사건을 가리킨다. "assumpsit"은 "he undertook"에 해당한다.

들에 관한 최근의 연구결과에 의하면, 그 법원에 제기된 사건 5건 중 1건은 토지에 관한 분쟁이었다.[7] 이런 사건들이 링컨의 업무에서도 상당한 비중을 차지했다. 예컨대 링컨은 토지의 분할과 관련한 140건 이상의 소송을 맡았다.[8] 이런 유형의 사건은 지주가 죽으면서 그 땅을 둘 이상의 상속인에게 지분으로 상속시켰을 때 주로 일어났다. 토지분할에 관한 일리노이 주법에 의하면 순회법원은 당사자로부터 청구가 있을 경우 토지를 분할해주든지, 또는 "소유주들에게 큰 손해가 없이는" 분할이 불가능하다고 여겨질 경우에는 매각을 명령하도록 규정하고 있었다.[9] 분할청구는 선서진술서affidavit에 의하여 확인하도록 되어 있었는데, 링컨은 그것이 "불가결한" 요건임을 충분히 이해하고 있었다.[10] 어느 경우에도 법원은 세 사람의 "이해관계가 전혀 없는" 감정인*을 지명하여 당해 토지에 나가서 "경계선을 그어" "분할"하여 주든지, "두드러지는 손해 없이는" 분할이 불가능하다는 보고를 하든지 하라고 지시하는 것이 상례였다.[11]

분할청구소송은 링컨이 한때 지적했듯이 "소송으로까지 나아가서는 안 될" 일이었다.[12] 주법에 의하면 피고가 될 사람들은 상속인과 이해관계자인데, 후자의 사람에게는 통지를 필요로 했다.[13] 그러나 같은 주법은 또한 그 법문에서 피고들이 다투지 않을 경우 답변서를 내지 않거나 (궐석하거나) 또는 "자백하는 서면"을 제출할 수도 있음을 명시적으로 인정하고 있었다.[14] 링컨과 그 동업자들이 맡았던 사건들에서 절반 정도의 경우 성년의 피고들은 분할청구에 대하여 답변서를 제출하지 않았던 것으로 보인다.[15] 주법에 의할 경우 미성년자를 위하여는 소송후견인guardian ad litem이 임명되어야 했지만, 대부분의 경우 그렇게 후견인으로 임명된 변호사는, 자신은 이 토지분할청구에 반대할 이유가 없지만 다만 "충분한 증거"는 필요로 한

---

* 반드시 전문가라고는 할 수 없다.

다는 내용의 답변서를 제출하는 것이 상투적이었다.[16] 이런 답변서조차도 원고 측 변호사가 그 안을 미리 작성하여 보내면 피고 측 후견인으로 임명된 변호사는 서명만 해서 제출하면 되는 쉬운 일이었다. 링컨은 피고 측 후견인으로 임명된 필즈 대 필즈Fields v. Fields 사건과 로저스 대 로저스Rogers v. Rogers 사건에서 상대편 원고 측 변호사가 준비한 답변서안에 그대로 서명해주었으며, 또 자신이 원고 측 변호사가 된 브루너 대 브루너Bruner v. Bruner, 크로 대 크로Crow v. Crow, 프리티먼 대 프리티먼Prettyman v. Prettyman, 그리고 스미스 대 그린Smith v. Green 사건에서는 피고 측 후견인이 될 변호사의 답변서안을 작성해주었다.[17]

　　그러나 그런 토지분할사건들 중에는 분할의 방법을 놓고 가족구성원 간에 의견의 합치를 보지 못하는 경우가 있었다. 이렇게 격렬한 다툼의 대상이 된 것으로 클라크Clark 카운티에서 있었던 웰시 대 웰시Welsh v. Welsh 사건의 예를 들 수 있다. 1857년 링컨과 헌든은 이미 14년 전에 시작한 토지분할청구소송에 대한 형평법원chancery court* 의 판결에 대하여 상소했다. 헨리 웰시는 1823년 자기 소유 토지의 소유권을 형제인 존 웰시에게 이전했다. 그 권리이전증서deed** 에서 그 땅은 82에이커*** 라고 명시하고 있었다. 존 웰시가 사망한 후 그의 자녀 중 한 사람이 형평법원에 소송을 제기하여 과부가 된 어머니의 몫dower**** 을 정해줄 것과 자녀들 간에 이 땅을 분할해줄 것을 청구했다.[18] 법원은 토지를 측량하여 분할하도록 3명의 감정인을 지명

---

　　* 보통법이 아니라 형평법에 기하여 재판하는 법원.
　　** 토지소유권이전증서. 우리 민법에 빗대어보면 "물권행위"에 해당한다고 볼 수 있다. 보통법상은 서명sign과 날인seal과 상대방에의 교부delivery가 효력 발생 요건이었다.
　** * 1에이커＝4,046.8㎡
**** 영미에서는 대부분의 경우 피상속인인 남편의 유언장에서 배우자인 처의 상속분을 정하고 있다. 유언으로 정하지 않을 경우, 또는 미망인의 법정 상속분이 법에 정해져 있지 않을 경우에는 법원이 정해준다.

했다.[19] 감정인들이 당초의 권리이전증서에서 토지의 외형적 경계선에 관하여 묘사한 선에 따라 토지를 측량한 결과 실면적이 134에이커나 됨을 발견하고는 134에이커 전체를 분할하는 것이 좋겠다고 건의했다. 그러자 존 웰시의 자녀들이 권리이전증서에서 언급한 82에이커를 초과하는 나머지 땅에 대하여도 소유권을 가지느냐의 여부에 관하여 분쟁이 생겼다. 헨리 웰시가 이미 사망한 상태였지만, 또 다른 형제인 제임스 웰시가 형평법원에 제3자소송cross-bill*을 제기했다. 제임스는 헨리가 존에게 주기로 한 땅은 80에이커에 불과했으므로 그 이외의 54에이커는 헨리 웰시의 법적 상속인들(즉, 헨리의 형제자매들)에게 속해야 하며, 존 웰시의 상속인(존의 자녀)들에게 상속되어서는 안 된다고 주장했다.[20]

14년간에 걸쳐 삼촌들과 고모들이 조카들을 상대로 싸웠다. 그러나 삼촌들과 고모들은 법의 지지를 받을 수 없었다. 예컨대 영국의 대법원판사 켄트는 자신의 『주석Commentaries』에서 "대상토지를 경계선이나 기타 잘 알려진 식별물 등으로 특정하여 묘사해놓은 이상 토지의 면적이 얼마라고 말해보았자 그것은 단지 묘사의 방법에 불과"하다는 것이 법의 원칙이라고 단언한 적이 있다.[21] 순회법원은 제임스 웰시의 제3자소송을 기각하고 존 웰시의 자녀들의 손을 들어준 1852년의 형평법원의 명령**을 지지했다. 링컨과 헌든은 형평법원의 재판으로부터 5년 만에 주대법원에 상소했다. 링컨과 헌든은 형편법원이 먼저 당사자 간의 권리관계를 확정짓지도 않은 채 토지의 분할부터 명한 것은 잘못이라고 주장했다.[22] 당사자들은 3번이나 상소심 심리의 속행을 요청했으나, 사건은 법원에서 한참 잠자다가 마침내 1861년 1월

---

* 원래 "반소"를 의미하지만 여기서는 피고가 아닌 제3자가 원고에 대하여 제기한 것이므로 우리나라의 "독립당사자참가" 소송에 가까운 의미를 가진다. 어느 경우에나 별건으로 아니라 동일사건으로 병합심리된다.
** 이 사건에서 형평법원의 재판은 "판결judgment"이 아닌 "명령order"의 형태였다.

대법원은 상소의 취하를 허가해 달라는 헌든의 신청*을 받아들였다.[23] 이렇게 해서 이 땅을 둘러싼 18년에 걸친 분쟁은 존 웰시의 자녀들이 그 아버지가 소유하던 땅을 법적으로 통째로 상속하게 됨으로써 끝났다.

다른 사건들은 먼저 사건만큼은 상투적이지 않았다. 링컨은 때로 토지매매의 공정성 여부를 다투기 위하여 법원에 제소하곤 했다. 예컨대, 1849년 링컨과 헌든은 형평법원 사건에서 윌리엄 에니어트를 대리하여 에니어트가 스미스 맥아티라는 사람에게 약 90에이커의 땅을 매도하기로 한 계약의 취소rescind**를 구했다. 링컨이 작성한 소장에서 에니어트는 맥아티에게 문제의 땅을 "350달러라는 대가를 받기로 명시한 조건에" 넘겨주기로 계약했었다고 주장했다. 그런데 그 가격은 "문제의 땅이 가지고 있는 실제의 가치에 비하여 현저히 저가"라는 것이었다. 이 땅은 "적어도 1,000달러의 가치"가 있었다는 것이다.[24] 맥아티는 그나마 실제로 그 약속한 가격보다도 덜 지급했다는 것이다. 그는 "실제" 200달러의 현금과 100달러어치도 안 되는 말안장과 고삐를 대가로 주었을 뿐이라는 것이었다.

링컨의 소장은 윌리엄 에니어트가 "과도한 음주로 주사에 빠지는 습관 때문에" 그런 심신상실 상태에서 땅을 헐값에 팔게 되었다고 주장했다. 술에 취하면 "그는 이성을 잃어 자신의 일을 합리적으로 처리할 능력을 완전히 상실"한다는 것이었다. 더욱이 맥아티는 에니어트를 잘 아는 사이로서 "그의 술버릇과 주사"가 얼마나 심한지를 잘 알고 있었다는 것이었다. 에니어트가 땅을 넘기기로 하는 계약을 할 당시 그는 "합리적인 행동을 할 만한 능력을 완전히 상실할 정도로 만취"해 있었다는 것이었다. 그래서 그는 "나중

---

* 이 단계에서는 당사자에 의한 임의의 취하가 불가능하므로 취하에 법원의 허가가 필요했다.

** "해지"는 "terminate"으로, "취소"는 "be voidable" 또는 "set aside"로 표현하는 것이 일반적이지만, rescission(동사: rescind)은 계약의 효력을 소급하여 무효화하는 데 의미가 있어 취소와 해제를 가리지 않고 사용된다. 이 재판에서는 소장의 정정에 따라 계약의 해제가 아닌 계약의 무효 내지 취소가 인정되었다. 다음의 본문 참조.

에 술에서 깨었을 때" 자기가 땅을 팔았다는 사실조차도 기억하지 못했다는 것이었다. 맥아티는 에니어트가 술에 취하도록 "교활하게 그리고 교묘하게" 유도해서 그의 취한 상태를 악용하여 형편없는 대가에 땅을 넘겨주기로 하는 증서deed에 서명하도록 유인, 편취했다는 것이었다.[25]

이에 대하여 맥아티는 자신이 "교활하게 또는 교묘하게" 그런 일도 없으며, 매매계약 당시 에니어트가 취해 있었다는 사실조차도 몰랐다고 다투었다. 자기가 제시한 대가가 "그 당시 에니어트가 받을 수 있는 최고가격"이었고, 또 "가격도 그만하면 상당한 금액으로서 적절했기 때문"에 에니어트는 이를 수락했다는 것이었다. 맥아티에 의하면 에니어트는 그때 마침 절도죄로 기소되어 있어 "서둘러 사법당국의 체포를 피하여 도망하려고" 했기 때문에 땅을 팔았던 것이라고 주장했다. 에니어트가 "그러기 위해서는 어떤 조건이라도 받아들일 수밖에 없는 마음의 상태가 되어 있었으며," 그래서 "어딘가 알려지지 않은 곳으로 도망"가려고 "빠른 말"도 준비해놓았다는 것이었다. 맥아티는 또한 에니어트가 두 사람 간의 분쟁을 중재에 붙이기로 합의함에 따라 중재로 자신에게 유리하게 해결되었다고 주장했다.[26]

맥아티가 답변서를 제출하고 나자 링컨은 법원에 신청하여 자신이 당초에 낸 소장을 정정할 수 있도록 허가* 받았다. 맥아티가 주장하는 중재가 있었다는 다툼에 대한 반박으로 링컨은 "피고의 답변서에서 주장하는 것은 에니어트의 청구에 대한 본안전항변as a bar으로서 당사자 간에 그런 중재재판을 받아 중재판정을 얻기로 하는 약정이었다고 할진대, 실제로는 "그런 재판권에 관한 합의나 그에 따르는 중재"가 전혀 없었다고 다투었다. 링컨은 소장을 정정하여 에니어트가 "사소한 절도죄로 인하여 기소됨에 따라 마음에 대단한 부담을 느끼고 있었다"고 주장했다. 맥아티는 "에니어트가

---

* 소장이나 답변서 등 주장과 답변의 변경, 정정이 자유롭지 못했던 듯하다.

절도죄로 기소됨에 따라 받게 된 심적 부담과... 정상적 행위를 불가능하게 하는 음주명정 상태의 두 가지가 결합한 결과"를 잘 알고 있었다는 것이었다. 맥아티는 "교활함과 술책으로 원고의 수치심과 두려움을 자극하여" 그에게 술을 마시지 않을 수 없도록 유도했다는 것이었다. 링컨은 자신의 소장 정정을 뒷받침하기 위하여 자신이 최초에 소장을 기안할 당시에는 에니어트를 만난 적이 없었으며, 자신이 만든 최초의 소장은 당초 후배동료변호사*로부터 들은 것을 바탕으로 틀을 만든 것이었다고 법정에서 증언**했다.[27]

변론기일에 증언한 19명의 증인들 중 상당수는 에니어트가 구제불능의 알코올 중독자라는 링컨의 주장을 뒷받침했다. 한 증인은 "원고는 술을 먹기만 하면 이 세상에서 가장 어리석은 자가 된다"고 증언했다. 또 한 사람은 "약간의 음주만으로도 그는 바보가 되었다"라고 보고했다. 세 번째 증인은 에니어트가 자기 땅을 맥아티에게 판 그날 "술이 잔뜩 취해 있었으며" 또한 "제법 비틀거렸다"고 증언했다.[28]

이 사건에서 에니어트가 이겼다. 법원은 소장에서 주장한 것이 모두 그대로 진실이라고 인정하여 권리이전증서를 무효화시켰다. 맥아티는 일리노이 주대법원에 상소했지만 그곳에서도 여전히 에니어트가 이겼다. 대법원은 "땅의 실제 가치와 실제로 매매된 가격 간에 차이가 있다고 하여 그것만으로는 형평법원이 개입할 사유가 되지 못한다"고 지적했다. "매도인은 자기 재산을 자기 마음에 드는 조건과 가격으로 처분할 수 있다... 만약 그 거래가 자발적으로 그리고 공정하게 이루어졌다면 그 결과가 마음에 들지 않더라도 받아들여야" 한다는 취지였다. 매매가 "사기, 착오 또는 부당한 영향력의 행사하에서 이루어지지 않는 한" 법원이 간섭할 이유는 없다는 것이었다.

---

* 헌든 변호사를 가리킨다.
** 변호사가 소장의 내용을 정정하려면 스스로의 증언 등을 통하여 법원의 허가를 얻어야 했다.

가격이 적절하지 못하다는 이유만으로는 "소유권의 이전을 법원이 나서서 취소set aside 해줄 만한 충분한 근거"가 되지 못한다는 것이었다. 그런데 에니어트의 경우 가격이 적절하지 못한 것은 사실이었더라도 "그것이 반드시 사기나 불공정함을 의미"하는 것은 아니지만, 이 사건에서의 전후 사정을 보면 "그 소유권의 이전이 부당한 영향력improper influence* 하에 이루어졌음을" 보여주고 있으므로 "이 계약은 취소"되어야 한다는 것이었다. 에니어트는 "무식하고 마음이 약한 사람으로서 알코올 성분의 영향하에서 자기의 일을 합리적으로 해결할 능력을 갖추지 못하고 있었다"는 것이었다.[29] 에니어트가 자기의 법적인 승리를 어떤 방법으로 자축했는지** 궁금하다.

1838년 스프링필드 주의 변호사인 조지퍼스 휴이트는 낸시, 엘리자베스, 그리고 샐리 앤이라고 불리는 3명의 젊은 오렌도르프 집안 소녀들을 위하여 형평법원에 소장을 제출했다. 이 3명의 소녀는 모두 13세 미만으로서, 사망한 찰스 오렌도르프의 딸들이었다. 소장에 의하면 그들의 부친은 농지를 개간했으나 "그 등기를 훗날로 미루고" 있었다. "고통스럽고 오랜 질병이 그를 죽음으로 이끌어가면서" 오렌도르프는 그 새로 얻은 땅을 공식적으로 자신의 소유로 만들 기회를 놓쳤다. 오렌도르프가 마지막 숨을 거두는 침상에서 그는 자기의 계부인 제임스 스트링필드에게 "자신의 유산에 대한 정리가 끝난 후 얼마라도 남는 돈이 있으면" 그 돈으로 그 땅을 사라고 요청했다. 오렌도르프가 죽은 후 스트링필드는 유산에서 80달러를 인출하여 그 땅을 샀다. 스트링필드는 자신이 그 땅을 오렌도르프의 딸들에게 넘겨주겠다는 말을 되풀이했으나 그러기 전에 죽었다. 스트링필드의 사망 후 그의 상속인들이 "오렌도르프의 딸들의 권리를 빼앗고 무효화하기로" 결의했다.

* undue influence 형평법이 인정하는 계약취소 사유.
** "승소해서 좋다고 또 술을 잔뜩 먹었을지."

그 이유는 그녀들이 그 땅을 "사기와 술책으로 취득하여 점유하고 있기" 때문이라는 것이었다. 그리고 나서 스트링필드의 상속인들은 부커 프레스턴 Booker Preston에게 그 땅 중 40에이커를 팔았다. 소장에서 그녀들은 "보통법의 엄격한 원칙상으로는 도저히 구제받을 수 없어" 형평법상의 구제*를 받기 원한다고 끝을 맺었다.[30]

피고가 된 윌리엄과 롤런드 스트링필드 형제들은 답변서에서 자기들의 아버지 제임스 스트링필드가 그 땅을 사는 데 필요한 자금을 오렌도르프의 유산에서 인출한 일이 없으며, 오히려 그 자신의 돈으로 샀다고 다투었다. 그들은 또 아버지 스트링필드가 그 땅이 그녀들에게 속한다고 인정한 일도 없고, 그 땅이 그녀들에게 속해야 할 돈으로 매수되었다고 인정한 일도 없다고 다투었다. 또 설사 그가 그 땅을 그녀들에게 주겠다고 말한 것이 사실이더라도 그로써 그런 의무를 지는 것도 아니라는 주장도 덧붙여졌다. 이두 사람의 스트링필드 상속인들은 또 사기방지법statute of fraud**을 원용했다. 즉, 설사 아버지 제임스가 이 땅을 넘겨주기로 하는 계약이나 약정을 맺었더라도 법에서 요구하는 대로 서면화하지 않았으므로 이행을 강제할 수 없다는 것이었다. 그러나 스트링필드의 상속인들은 이 소녀들을 위하여 결과적으로 신탁이 설정***된 경우에는 사기방지법의 규정이 적용되지 못함을 간과했다.[31]

링컨은 당초에 오렌도르프 소녀들 쪽을 맡았던 변호사가 미시시피 주로 이주하면서 이 사건을 넘겨받게 되었다. 이 사건이 곧 변론으로 넘어갈 예

---

* 보통법은 엄격한 요건을 충족할 경우에만 법적 구제를 허용함으로써 융통성 있는 권리 구제를 어렵게 하는 경직된 법체계였다. 그리하여 대안으로 나타난 것이 형평법이었다.
** 원래 영국에서 사기와 위증을 방지하기 위하여 1677년에 만든 법인데, 사기의 방지를 위하여 일정한 계약은 서면화해야만 이행을 강제할 수 있다는 것이 그 주된 내용이었다. 미국의 대부분의 주에서는 이 제도를 채택하여 성문법으로 만들었다.
*** 소녀들의 부친이 계부에게 맡긴 것.

정이라는 사실을 알고 링컨은 스트링필드 형제들의 답변에 대한 반박서면 replication*을 제출했다(반박서면은 소장에 담겨 있는 주장의 진실함을 재확인하면서 피고의 답변서에서 주장되는 사실의 진실성을 다투고, 쟁점을 부각시키는 데 있다[32]). 그러나 링컨은 잘못을 저질렀다. 상대방이 답변서에서 다툰 그대로, 당초에 제출된 소장이 치명적인 오류를 지니고 있었기 때문에 이 사건은 법원의 심리를 받을 수 없었다. 즉 당초 이 소장은 이 땅을 전득한 제3자를 고려하지 않았던 것이다.[33] 만약 스트링필드 형제들로부터 이 땅을 산 부커 프레스턴이 이 소녀들의 권리가 있다는 사실을 몰랐다면 그 소는 유지할 수 없게 될 터였다.[34] 그러나 만약 반대로 프레스턴이 그녀들의 권리에 대하여 알고 있었다면 그의 권리는 그 소송의 결과에 매이게 된다.[35] 그런데 당초 제출된 소장은 프레스턴이 소녀들의 권리에 대하여 알고 있었는지의 여부에 관하여 언급하지 않고 있었다.[36] 링컨은 이에 관한 원칙을 1854년 다른 사건의 고객에게 보낸 편지에서 다음과 같이 설명하고 있다.

> 귀하가 귀하의 재산을 에드먼스에게 값어치도 없고 기만적인 대가만 받기로 하는 조건으로 넘겨주는 증서를 작성한 뒤, 그런 사기의 사실을 모른 채 에드먼스로부터 그 재산을 매수하거나 저당권을 설정받는 사람은 그 재산에 대하여 귀하에 우선하는 소유권을 가질 것입니다. 그러나 귀하의 소장이 제출된 후에 그 재산을 매수하거나 저당권을 설정받는 사람은 사실을 알았다고 추정되기 때문에 에드먼스가 귀하에 대하여 가졌던 권리보다 더 나은 권리를 가질 수 없게 됩니다. 이것이 이 사건에 관하여 적용될 법리입니다.[37]

스트링필드 쪽의 다툼대로 이 사건은 희망이 없었다. 1839년 7월 이 사건이 법원의 심리에 들어가자마자 소녀들의 소장은 부적법하다는 이유로 각하되

---

* 현대의 소송법에서는 "reply"라고 부른다.

었다.[38)]

  링컨은 신속하게 움직여서 자기의 잘못을 정정했다. 이틀 후 그는 세 소녀의 후견인인 존 스트로드의 선서진술서를 제출했다. 또 링컨은 자신이 "사건을 맡아달라는 부탁을 받을 당시 사건에 관하여 아무런 사전 지식도 없었으며" 그래서 이 사건을 제대로 변론하기 위하여 무엇이 필요한지도 잘 모르고 있었다고 설명했다. 그런데 이제는 자신이 "쟁점정리가 마무리되는 시점에서야 소장에 결함이 있다는 사실을 알게 되었다"는 것이었다. 스트로드의 선서진술서에서도 또한 프레스턴이 그녀들의 권리주장에 대하여 알고 있었으며, 따라서 그가 땅을 사기 전에 "살지 말지의 여부를 놓고 노심초사"했었음을 입증할 수 있다고 진술하고 있었다. 또 당초 제출되었던 소장도 제3매수인인 부커 프레스턴이 이 땅이 세 명의 소녀들을 위하여 신탁되어 있다는 사실을 알고 있었다고 주장하는 것으로 이미 정정되어 있었다. 후견인 스트로드는 "여기서 언급되는 불행한 사건들로 인하여 이 무고하고 불쌍한 소녀들의 권리가 침해받지 않기를" 간절히 희망했다. 이 선서진술서가 제출된 다음날 법원은 소장각하명령을 철회했다. 1840년 3월 이 사건은 법원의 심리에 들어가 결국 법원은 이 땅을 오렌도르프 소녀들에게 넘겨주어야 한다고 판결했다. 스티븐 로건 변호사는 스트링필드 형제들을 위하여 주대법원에 상소했으나 대법원에는 상소기록이 남아 있지 않다.[39)]

  농촌지역사회에서는 토지가 가장 가치 있는 재산이었기 때문에 유언장을 둘러싼 분쟁의 지배적인 대상은 토지였다. 메이컨 카운티에서 벌어졌던 반즈 대 마키스Barnes v. Marquiss 사건에서 존 반즈는 링컨의 의뢰인 에이브러햄 마키스를 피고로 하여 피고의 누나 퍼밀라가 남긴 유언장의 무효확인 청구소송을 제기했다. 퍼밀라는 1837년에 사망하면서 "5,000달러 상당의 현금, 동산, 그리고 채권" 등으로 구성된 상속재산을 그의 남동생에게 온전히 넘긴다고 유언했다. 그 후 12년이 지나서 퍼밀라의 조카인 원고는 자신의 고모가 "심신미약 상태였으므로 유언장을 작성할 만한 인지능력이 없는" 사람이었다고 주장했다. 그는 또한 피고가 "기망행위, 강요행위, 부적절한 영향력의 행사와 불법점유 등"의 방법으로 퍼밀라의 재산처분행위를 조종했다고 주장했다.[40] 링컨은 피고를 대리했다. 판사가 이 사건에서 메모해놓은 것을 보면 링컨은 일리노이 주의 "유언에 관한 법률Statute of Wills"을 인용했음을 알 수 있다.[41] 링컨은 아마도 원고가 유언장의 효력을 다투기에는 시기적으로 너무 늦었다고 주장했던 듯하다. 일리노이 주법은 유언장의 효력을 다투려면 법원의 유언검인probate of a will으로부터 5년 이내에 하도록 규정하고 있다.[42] 여하튼 이 사건에서 법원은 원고가 아무런 구제를 받을 자격이 없다고 판단했다.[43]

암말, 그리고 날뛰는 돼지떼

일상적인 채권회수소송, 그리고 토지에 관한 분쟁들 이외에도 링컨은 농업이 주종인 지역사회에서 전형적 현상인 가축의 소유권에 관한 분쟁도 취급했다. 예컨대, 1842년 로건과 링컨은 토머스 왓킨스를 위하여 "밤색 암말"의 점유를 회복하기 위한 반환청구소송을 제기했다. 왓킨스는 존 화이트가 불법으로 자신의 암말을 가두고 있다고 주장했다. 그러나 화이트는 원고 왓킨스의 아들인 조지프가 그 말을 제임스 맥시에게 팔았으며, 맥시는 그것을 존 콘스탄트에게, 콘스탄트는 다시 자기에게 팔았다고 주장했다. 그는 또한 원고는 콘스탄트가 그 암말을 가지고 있음을 "잘 알면서도" 아무런 제지나 이의 없이...그가 그 말을 점유하는 것을 방관 내지 용인해왔다고 주장했다. 원고는 변론에서 자신이 그 말을 울타리가 쳐진 농장 안에 가두어두었는데, 어느 날 밤 아들이 그것을 팔기 직전에 어떤 사람이 그 말을 훔쳐갔다고 증언했다. 그 아들은 아직 미성년자로서 아버지와 함께 살고 있지 않았다. 그는 아버지의 집으로 돌아오지 않다가 마침내 "더 이상 희망이 없을 정도로 아픈 상태에서 집으로 끌려와 2~3일 앓다가 죽었다"는 것이었다. 원고는 자기가 또한 사람을 고용하여 스프링필드로 보내서 말 대여업소들과 다른 여러 장소들을 뒤져 암말을 찾아보도록 했었다고 증언했다. 판사는 배심원들에게 만약 원고가 그 암말이 스프링필드에서 어떤 다른 사람의 점유하에 있음을 "상당한 기간 이상" 알고 있었다면, 원고는 "그 암말의 매매를 승인"한 것이라고 교시했다. 배심원들은 화이트에게 승소판결을 내렸다. 링컨은 상소하여 주대법원에서 판사의 배심원에 대한 그런 교시는 "전적으로 너무 피상적"이라는 이유로 파기환송을 받았다. 원고는 다른 어떤 당사자나 마찬가지로 "자신이 받은 손해에 대하여 즉각" 소송을 제기할 의무를 지지 않는다는 이유에서였다.[44] 링컨은 비슷한 사건으로 캐넌 대 케니 Cannon v. Kenney 사건에서도 맨리 캐넌을 대리하여 밤색 말을 되찾기 위한 소송을 제기했다. 순회법원 판사는 배심원들에게 링컨의 의뢰인에게 불리한 평결을 내리도록 교시했으나, 링컨은 상소하여 주대법원에서 원판결을 파기받을 수 있었다.[45]

또 이웃의 밭을 마구 헤집고 돌아다니는 소와 돼지떼로 인하여 야기된 분쟁들도 있었다.[46] 일리노이 주에서는 소나 돼지를 우리에 가두지 않은 채로 초원에 방목하는 것이 허용되어왔다. 1850년대 이전에 소나 돼지를 "가두어넣기" 위하여 울타리를 치는 정착민은 거의 없었다. 그 대신에 다른 정착민들이 이렇게 쳐들어오는 가축떼를 "막아내기" 위하여 자기들의 밭에 울타리를 쳤다.[47] 일리노이 주대법원은 1848년에 이런 관습을 받아들여서, 소나 돼지의 소유주는 그 가축들을 "울타리를 쳐서 가두어야 한다"고 요구하는 영국 보통법 원칙의 채용을 거부했다.[48] 그 사건에서 윌리엄 피터스는 새뮤얼 실리를 상대로 피고가 풀어놓은 돼지들이 자신의 밀밭을 망쳤다며 손해배상을 청구했다. 피고는 변론에서 원고의 밭이 "울타리를 쳐놓았어도 매우 부실하여 돼지들이 마음껏 들락거릴 수 있었으며, 그래서 그 울타리는 돼지들을 막아내기에 전혀 불충분"했다는 사실을 입증했다.[49] 법원은 배심원들에게 "밭의 주인은 이웃집의 소나 돼지를 막아내기 위하여 자기 밭을 울타리로 둘러쌀 의무를 지지 않는다"라는 이유로 원고의 울타리의 상태가 불량한지의 여부는 문제되지 않는다고 배심원들에게 교시했다. 이 교시는 가축의 주인이 "울타리로 가둘 것"을 규정하는 영국 보통법 원칙을 그대로 반영한 것이었다. 배심원들은 원고 피터스에게 승소판결을 내렸고, 피고는 상소했다. 헌든은 상소심에서 원고를 대리하여 "보통법상 모든 사람은 각자 자신의 가축을 간수할 의무"를 진다고 주장했다. 그러나 주대법원은 "보통법의 원칙"치고 "이 사건에서 원고가 적용을 바라는 원칙처럼 우리나라와 주민들의 상황에 비추어 적용하기에 부적절한 것은 없다. 일리노이 주에서는 기억이 허용하는 한 소유주가 자기의 가축에게 마음대로 돌아다니면서 풀을 뜯어먹을 수 있도록 허용하는 것이 오랜 관습"이었다고 판시했다. 영국의 원칙은 "우리나라의 주민들이 처한 조건과 상황에 비추어 일리노이 주에서는 전혀 적용될 수가 없다"는 것이었다. 대법원은 사실심 법원이 배심원들에게 교시한 내용이 잘못되었다는 이유로 순회법원의 판결을 파기한 것이다.[50]

1850년 크리스천 카운티에서 제기된 소송에서 토머스 우즈는 크리스토퍼 케참, 조지퍼스 케참, 그리고 윌리엄 브라운 등이 자신의 소떼를 "그들의 개와 말을 시켜 원고가 모르는 여러 곳으로 몰아내고 쫓아내고 공격"했다고 주장했다. 원고는 자신의 소떼를 찾아내느라고 "굉장히 고생했을 뿐만 아니라 큰 비용을 들였으며," 또 그뿐 아니라 몇 마리는 끝내 찾지 못했다고 주장했다. 그는 손해배상으로 1,000달러를 청구했다.[51] 링컨은 피고인 크리스토퍼 케참을 대리하여 답변서를 제출했다. 그 답변서에서 링컨은 케참이 "울타리를 제대로 설치"했음에도 불구하고 우즈의 소떼가 "피고들의 토지와 농지를 침범"했음을 변론에서 입증하겠다고 예고했다. 피고가 소떼를 쫓아낸 것은 사실이지만 "자신의 농지와 농작물을 보호하기 위하여 필요한 최소한도 내에서" 그쳤다는 것이다.[52] 이 사건은 나중에 소가 취하되었다.[53]

물어뜯고, 후비고, 소송당하기

신체적인 공격이 법적 분쟁으로 진전되기도 했다. 역사가들은 전쟁 전의 미국에서 "치고받는 싸움"은 대체로 용인되어 왔다고 쓰고 있다.[54] 역사가들은 이런 주먹다짐은 질서를 회복하기 위한 의식화된 폭력으로서 이 싸움의 당사자들이 용기와 남성다움을 보여줄 수 있는 기회였다고 주장한다. 링컨과 그의 동업자들은 치고받기에서 일어나는 민사소송을 여러 건 맡았으나, 싸움의 당사자들이 하는 이야기는 항상 서로 달랐다. 어떤 싸움은 오히려 질서를 망가뜨리고, 적을 만들어내고, 소송을 야기했다. 이런 분쟁이 법정으로 가게 되면 일리노이 주의 배심원들은 피고의 남성다움이나 용맹성에 대하여는 별로 관심을 기울이지 않았다. 링컨과 그의 동업자들은 원고가 피고로부터 신체적인 공격을 당했다고 주장하는 35건의 민사소송을 맡았다. 그중 6건은 원고가 소를 취하했는데, 이는 아마도 합의에 도달했음을 암시하는 듯하다. 5건에서 법원은 변론에 들어가기 전의 단계에서 절차적인 이유로, 또는 변론이 끝난 후의 단계에서 피고의 손을 들어 주었다. 2건은 원고들의 사망으로 인하여 각하abate되었다. 그러나 배심원들은 22건에서 평결을 내려 그중 20건에서 원고를 승소시켰다.[55] 단 1건에서만 배심원단은 피고에게 책임이 없다고 판단했다.[56] 또 한 사건에서 배심원들은 한 명의 피고는 책임이 있고, 다른 한 명의 피고는 책임이 없다고 평결했다.[57] 링

컨이나 그의 동업자들이 맡았던 35건의 관련 형사사건criminal assault*에서는
양상이 좀 달랐다. 20건은 공판 전에 공소기각되었고, 공판 중인 5건의 사건
에서는 재판 결과 적어도 1명의 피고인이 무죄의 평결을 받았다.[58]

  싸움이 민사소송으로까지 비화하게 된 것은 그 싸움이 "서로 정정당당한
결투"가 아니었기 때문이었던 것으로 보인다. 15건의 사건에서 원고들은
자기들이 총에 맞고, 몽둥이로 맞고, 도끼자루, 쇠막대기, 나무몽둥이, 그리
고 지팡이 등으로 두들겨 맞았으며, 어느 경우에는 "공중에 매달린 상태"에
서 두들겨 맞았다고 주장했다.[59] 어느 역사가에 의하면 링컨이 살던 일리노
이 주 같은 개척지에서의 싸움에는 아무런 규칙이 없었다고 한다.[60] 그러나
전혀 규칙이 없는 상태에서의 싸움과 약간이라도 규칙이 있는 상태에서의
싸움 사이에는 큰 차이가 있으며, 그런 차이는 실제로 일리노이 주 법정에
서의 재판결과상의 차이로 나타났다. 이런 사건에서 피고들에 대하여 배심
원들이 거의 전원일치로 내린 평결에 의하면, 피고들은 적어도 두 가지 규
범만은 지켰어야 한다는 것이었다. 첫째, 대부분의 피고들이 정정당당하게
라는 기본적 규칙을 위반했다는 것이었다. 즉, 상대방이 무장하지 않았다면
총이나 칼이나 몽둥이를 사용해서는 안 된다는 것이었다. 또 하나의 규칙은
원고들의 주장에서 추론할 수 있는 것인데, 싸움의 양쪽 당사자 모두에게
싸울 의사가 있었어야 한다는 것이었다. 피해자가 이미 땅바닥에 널브러져
있는데도 피고가 구타행위를 계속해서는 안 된다는 것이었다.[61] 그때도 지
금이나 마찬가지로 누운 사람은 발로 차지 말라는 것이었다.

  조지 킹이 찰스 맥나마라를 상대로 제소하면서 피고가 자신을 칼로 찔러
서 "깊고 위험한 상처"를 내었다고 주장했다. 그 공격이 얼마나 가혹했던지
"자신의 찢어진 상처를 통하여 내장이 쏟아져 나왔다"라는 것이었다. 피고

---

* "assault"는 신체적 접촉에 이르지 않는 폭행이지만, 여기서 "criminal assault"라고 할 때는 경범죄에
  해당하는 "simple assault"를 제외한 폭행과 상해를 모두 포함하는 넓은 개념이다.

가 "그를 평생 불구로 만들고 쇠약하게 만들어 원고는 이제 대가족을 먹여 살릴 노동능력이 상실"되었다는 것이었다.[62] 배심원들은 원고에게 650달러를 평결해주었다.[63] 피고측을 맡은 링컨은 평결금액이 과다하다고 상소했다. 배심원들이 원고가 대가족을 거느린 가난한 사람이고 피고는 자녀도 없는 부유한 사람임을 고려한 것은 잘못되었다고 주장했으나 상소는 기각되었다.[64]

배심원단이 피고에게 정당방위self-defense를 인정해서 "청구기각"의 결론에 도달한 사례는 없었다. 피고가 정당방위를 주장한 6건의 배심재판에서 5건은 피고들이 패소평결을 받았고, 1건에서는 배심원들이 평결에 도달할 수 없었다. 그러나 정당방위의 주장이 적어도 손해배상의 산정에는 상당한 영향을 미쳤음에 틀림없다. 정당방위가 주장된 위의 5건 중 4건에서는 정당방위가 주장되지 않은 사건에서 원고들에게 허용된 금액보다 훨씬 적은 금액이 선고되었다. 벤저민 버트라는 사람은 겨우 5센트를 선고받았다. 벤저민 시맨은 3달러, 제이콥 라르는 피고 블레어에 대하여 12달러, 라르는 피고 스와렌스에 대하여 20달러에 그쳤다.[65] 반면 배심원들은 새뮤얼 존슨이라는 사람에게 130달러를 평결해주었다.[66]

벤저민 버트는 제임스 제닝스를 상대로 "폭행 및 상해Trespass A & B(assault and battery)"를 이유로 제소하면서 제닝스가 자신을 주머니칼로 찔러서 "아프고, 쓰라리고, 다리를 절뚝거리게 했으며, 결국 평생 장애를 입히고, 시력을 손상"시켰다고 주장했다. 링컨은 피고 제닝스를 대리하여 정당방위를 주장하면서 만약 피고가 "즉각 자신을 방어"하지 않았더라면 원고가 "그 자리에서 피고를 때리고, 멍들게 하고, 가혹하게" 대했을 것이라고 다투었다. 그러자 원고는 피고의 정당방위의 주장에 대하여 다시 이를 반박함으로써 사건을 더욱 복잡하게 만들었다. 그는 피고가 "필요 이상으로 더 큰 힘과 폭력을 사용했다"고 주장했다. 이렇게 과다한 폭력을 주장함으로써 원고는 자신이 당초에 먼저 공격하여 싸움을 야기했음을 은연중 시인하는 꼴이 되었다.

그리하여 배심원들은 원고의 손을 들어주기는 했으나 겨우 5센트에 그친 것이다.[67] 그러나 배심원들은 다른 사건에서 시글러 레스터가 제출한 정당방위의 주장에 별로 설득력이 없다고 보아 원고인 새뮤얼 존슨에게 130달러를 평결해주었다. 레스터가 원고를 여러 번 칼로 찌르고, 몽둥이로 때리고, 옷을 찢은 행위를 보면 정당방위라고 보기는 어렵다는 취지였다.[68]

다른 피고들은 자기들이 보안관이나 경찰관으로서 범법자를 체포하거나 또는 장인이 도제를 훈련시키는 계제에 합법적으로 폭력을 사용했다며 정당행위use of legitimate force를 주장하기도 했다. 조지프 헤인스는 존 존스와 윌리엄 게이더가 "자신을 구타하고 가혹행위"를 하고 나서 자택으로부터 태이즈웰 카운티 법원에까지 끌고 가서 "아무런 법적인 근거도 없이" 그곳에 가두었다는 이유로 이들을 제소했다. 존슨은 순회법원의 서기였고, 게이더는 태이즈웰 카운티의 보안관이었다. 게이더를 대리한 링컨은 서기가 발부한 영장에 좇아서 행동했을 뿐이며, "필요한 한도 내에서의 강력force을 사용"했을 뿐이라고 주장했다. 배심원들은 보안관에 대한 청구를 기각하고, 서기에 대하여는 불법행위책임을 인정하여 10달러의 손해배상금을 매겼다.[69]

화해자로서의 변호사

에이브러햄 링컨은 전쟁 전의 대부분의 변호사들과 마찬가지로 변호사는 화해를 시키는 사람이 되어야 한다고 믿었다. 그가 맡았던 명예훼손* 사건들을 보면 그가 중재와 타협을 위한 기회를 자주 활용했음을 알 수 있다. 그는 원고들의 실추된 명예를 회복시켜주는 방법으로 많은 사건을 해결할 수 있었

---

* slander＝구두에 의한 명예훼손.

다. 여러 사건에서 피고들은 명예훼손을 당한 원고들의 좋았던 평판을 뒤늦게라도 인정해줌으로써 사건을 무마할 수 있었다. 어떤 사건에서는 피고가 거액의 배상판결에 동의하면 원고는 그것을 크게 감액하는 데 동의하곤 했다. 다른 사건들에서는 배심원단이 손해배상평결을 내린 후 원고가 평결금액의 전부 또는 거의 대부분을 면제해주는 데 동의하곤 했다.* 링컨은 그런 사건들에서 실제로 무엇이 문제가 되는지를 예민하게 파악하여 화해를 주도했다.

전쟁 전의 변호사들은 사회질서의 유지를 위한 수단으로서 "법원의 냉정한 판단"을 환영했다.[70] 그러나 동시에 그들은 또한 법정에 가기 전에 변호사 스스로가 화해를 이끌어 분쟁이 법정으로까지 비화하지 않도록 할 의무를 진다고 믿었다. 이렇게 그들은 미국이라는 사회에서 분쟁을 해결하는 데 법원이 어떤 역할을 해야 할지에 대하여 매우 애매모호한 모습을 그대로 드러냈다. 미국인들은 사회질서를 유지하기 위하여 법이 필요함을 인정하면서도 정작 법을 공식적으로 거론하는 것은 반사회적인 행위이자 사회전복적인 폭력이라고 간주하곤 했다.[71] 노아 웹스터Noah Webster**가 그의 『미국철자법American Spelling Book』***(1823)에서 설명했듯이 "어떤 사람은 소송을 해야 할 정도로 늘상 고약한데, 그것은 물론 사회가 그만큼 덜 행복함을 의미"하는 것이다.[72]

법과 평판

전쟁 전의 변호사들이 일반적으로 그랬지만, 특히 링컨은 분쟁을 공식적

---

* 링컨은 그런 사건들에서 무엇이 문제인지를 지역사회 정서에 비추어 파악함으로써 화해를 주도했다.
** 미국의 영문법학자, 사전편찬가, 정치평론가(1758-1843).
*** 19세기 초에 미국의 청소년을 위하여 발간된 문법, 철자 등을 포괄하는 영어독본.

인 재판을 통하여만 해결하는 것을 원치 않았다. 변호사는 단지 의뢰인을 위한 법정변호사courtroom advocate에 그치는 것이 아니었다. 변호사는 중재자로서도 그 역할을 담당했던 것이다. 로버트 고든Robert W. Gordon*이 지적하듯이 "자신의 위치를 공화국의 중재자로서 진지하게 자부해 오던" 전쟁 전의 변호사들은 "자신의 사무실을 소 형평법원이라도 되는 양 운영하도록 주위의 격려를 받았다"는 것이다.[73] 이런 중재자로서의 역할은 작은 지역사회에서 변호사들이 순수하게 지역적인 분쟁이 지니는 사회적 맥락을 아주 예리하게 알고 있었기 때문에 특별히 중요했다.[74] 링컨의 법률서기를 했던 사람은 이렇게 회상했다. "바로 이런 단순한 소송사건의 성격 자체가 변호사를 길거리와 이웃으로, 또, 모든 계층의 동포들과의 친밀하고도 능동적인 교제로 이끌어내었다."[75]

다른 많은 전쟁 전의 변호사들과 마찬가지로 링컨은 변호사를 화해를 이끌어내는 자peacemaker로 묘사했다(예수의 산상수훈에서 8복 중 하나로서 "화평케 하는 자는 복이 있나니 저희가 하느님의 아들이라 일컬음을 받을 것임이오"라는 성경 구절 때문에 변호사들은 이 용어를 선택했을 가능성이 있다[76]). 링컨이 법에 관한 강연을 하기 위하여 만든 메모에는 다음과 같이 써 있었다. "되도록 재판을 피하시오. 할 수만 있다면 언제라도 이웃에게 화해를 권하시오. 명목상 이기기는 했으나 변호사 보수로, 소송비용으로, 시간낭비로 인하여 실은 패소와 다름없는 경우가 얼마나 자주 있는지 그들에게 일러주시오. 화평케 하는 자로서 변호사는 훌륭한 사람good man이 될 최고의 기회를 누리게 됩니다."[77] 그것은 변호사의 역할에 관한 19세기의 공통된 개념이었다. 그것은 미국 사회에서 법원이 왜 필요한지에 관한 뿌리 깊은 양면성을 그대로 드러내는 것이었다.[78] 링컨의 두 번째 동업자였던 스티븐 트리그 로건이

---

* 예일대 로스쿨 교수, 법사학자.

1880년 사망한 후 존 스튜어트(링컨의 첫 번째 동업자)는 그를 다음과 같이 추모했다. "로건은 사무소 안에서 올바르고, 성숙하며, 안전한 상담원이었다. 그리하여 자기 앞에 오는 사건의 사실관계를 즉각적으로 파악하고, 고객이 흥분하여 사건을 윤색하더라도 거기서 진실만을 가려내고, 그리고 사건에서의 쟁점을 즉각 찾아내어 그의 정의관이 옳다고 가리키는 방향으로 건전한 충고를 해줄 수 있었다. 그는 소송의 흥행사가 아니었다. 그는 자기가 법원으로 가져간 사건보다도 더 많은 건수의 다툼을 화해로 해결해주었다. 그는 화평케 하는 사람이었다." 스프링필드의 변호사인 벤저민 에드워즈 또한 로건을 "결코 소송을 하자고 유도하지도 않고, 친구이자 이웃으로서 모든 분쟁을 평화적으로 조정하기 위하여 분투한" 변호사로 묘사했다.[79]

켄터키 주의 변호사인 조지 로버트슨도 그의 저서인 『법과 정치, 인간과 시대에 관한 스크랩북』(1855)에서 변호사의 역할을 비슷하게 묘사했다. 이 책은 링컨도 한 권 소지하고 있었는데, 로버트슨은 다음과 같이 말했다. "고객에게 '법정으로 가야 할 만한' 이해관계가 있는 경우가 아니라면 변호사는 결코 고객에게 소송을 권유해서는 안 된다. 만약 사건이 사소한 경우이거나 또는 우리 쪽이 꼭 옳은지 의문스러운 경우에는 변호사는 참으라고 하거나 또는 타협을 권고해야 한다. 그런 경우에 소송을 권유해서는 결코 안 된다."[80]

지역사회의 분쟁에 직면하는 경우 링컨은 이런 충고에 따라 자주 스스로 중재자 내지 화해자로 나섰다. 링컨은 에이브램 베일을 대리하여 1,000달러 상당의 밀wheat을 인도하라는 청구소송을 걸었다. 피고들 중 한 사람은 저명한 스프링필드의 민주당원인 버질 히콕스로서 그는 링컨이 중부 일리노이의 법정들에서 여러 번 자주 마주쳤던 사람이었다. 1850년 링컨은 자신의 고객 베일에게 다음과 같이 썼다. "저는 귀하가 이 사건을 합의로 해결하기를 진심으로 바랍니다. 저는 히콕스 씨가 평소 거래에서 매우 공정한 사람임을 알고 있기 때문에 귀하가 마음만 먹는다면 합의가 가능하다고 생각합니다. 만약 귀하가 이 사건을 합의로 해결하면 저는 보수를 청구하지 않고 당신의 이런 결단에 감사하겠습니다. 합의를 보게 될 경우 귀하는 훨씬 마음고생을 덜하고 비용도 적게 들여 돈을 더 빨리 회수할 수 있게 될 것입니다." 6주 후 그 사건은 합의로 해결되었다.[81]

주식인수대금 청구소송사건에서 앨턴과 생가먼 간 철도회사를 대리하면서 링컨은 철도회사에게 "가능한 한 주민들과 평화롭게 지내는 것이 좋다"며 피고와의 합의를 종용했다.[82] 1859년 그는 헤이든 킬링을 대리하여 45달러를 청구하는 소송을 제기했는데, 이는 킬링이 지하실을 지어주고 받지 못한 돈이었다. 링컨은 그의 고객에게 소를 취하하라고 다음과 같이 권했다. "저는 이 사건에서 소송을 더 이상 계속할 아무런 이유가 없다고 생각합니다. 저는 귀하가 소송에서 당연히 이긴다고 생각하기보다는 질 확률이 매우 높다고 생각합니다. 그러므로 빨리 끝낼수록 유리할 것입니다." 킬링은 이 권고를 받고서도 소를 취하하지 않았다. 그리하여 그 사건은 풀턴 카운티 치안법원에서부터 순회법원을 거쳐 일리노이 주대법원까지 갔다가 그곳에서 다시 순회법원으로 파기환송되는 길고 긴 과정을 거치면서도 성과가 없는 사건으로 끝났다.[83]

링컨은 명예훼손을 이유로 하는 손해배상청구사건에서 중재와 합의를 위한 노력을 통하여 이웃간의 화평을 회복하도록 도와주었다. 그의 변호사 생애 전 기간을 통하여 링컨과 그의 동업자들은 적어도 92건의 명예훼손 사건을 취급했다.[84] 독학한 변호사치고 그는 명예훼손에 관련된 법에 제법 숙달하여 앞에서 언급된 대로 1846년 일리노이 주대법원에 재심리를 신청하면서 대법원에 "스타키의 명예훼손에 관한 신판 2권짜리"를 제공하겠다고 제안했을 정도였다.[85]

그러나 이런 사건들은 사건의 구체적인 사실관계에 명예훼손의 법리를 형식적으로 적용만 해서 해결되는 것은 아니었다. 명예훼손 사건들은, 그 성격상, 작은 규모의 지역사회에서 바람직한 행동규범을 규율하는 것으로서 지역사회 지향적인 것이었다.[86] 이런 사건들에서의 소송당사자들은 일상생활에서 평판, 가십, 그리고 모욕 등의 "작은 범주의 정치"를 하는 셈이었다.[87] 작은 지역사회에서는 평판에 발붙이고 사는 것이며, 그런 평판은 가십을 통하여 제고될 수도 실추될 수도 있었다.[88] 링컨은 평판의 중요성을 인식하고 있었다. 그는 1832년에 자신의 "유별난 야심"은 "동포들로부터 진심으로 존경받는 일"이라고 고백한 적이 있었다.[89]

일리노이 주에는 명예훼손에 관하여 성문법과 보통법이 있었다. 1821년까지만 해도 일리노이 주의회는 명예훼손을 형사범죄로 규정하여 1,000달러 이하의 벌금에 처할 수 있도록 규정하고 있었다.[90] 1822년 주의회는 언사에 따라서는 민사소송의 대상이 될 수 있도록 하는 법을 제정했다. 즉, 주의회는 다른 사람이 간통이나 미혼자간간음을 저질렀다거나, 또는 위증을 했다고 거짓말하는 경우에 그것은 민사소송의 대상이 된다고 규정했다.[91] 이렇게 하여 주의회는 사형에 해당하는 중죄capital offense* 또는 파렴치범 infamous crime** 또는 경범죄misdemeanor*** 등 "처벌 받을 만한 죄를 저질렀다고 명시적으로 비방"했을 경우에만 민사소송의 대상이 된다는 영국 보통법상의 협의의 해석론을 배척했다.[92] 다른 몇몇 주에서는 영국 보통법의 원칙에 따라서 간통이나 미혼자간간음을 했다고 하는 비방행위는 민사소송의 대상이 되지 못한다고 판시하고 있었다.[93] 그러나 일리노이 주에서는 그렇

---

* 법정형으로 사형에 처하는 것이 가능한 범죄
** 위증, 내란, 사기의 범죄처럼 유죄로 될 경우 배심원이나 공직에의 취임, 증인이 될 수 있는 자격 등을 상실하게 되는 불명예스러운 범죄. 미연방 수정헌법 제5조는 이런 범죄는 대배심grand jury을 거쳐야만 기소할 수 있다고 규정하고 있다.
*** "중죄felony"(대체로 1년 이상의 징역형에 해당하는 범죄)에 해당하지 않고, 징역형이 아닌 벌금, 구류, 과료, 몰수 등으로 처벌하는 비교적 가벼운 범죄

지 않았던 것이다.

링컨이 맡았던 명예훼손 사건의 대부분은 피고가 원고를 상대로 간통이나 미혼자간간음을 했다고 소문을 낸 경우였다. 링컨은 이렇게 지역사회에서의 평판과 인간관계를 유지하는 일에 깊이 개입했던 것이다. 실제로 그는 적어도 13건의 그런 사건에서 원고 또는 피고를 대리했는데, 그중 1건을 뺀 나머지는 모두가 간통이나 미혼자간간음을 저질렀다고 소문냈다가 제소당한 여성에 관한 것이었다.[94] 이런 명예훼손 소송은 그 당시에는 여성의 평판이 기본적으로 그녀가 성적으로 정숙한 생활을 하는지 여부에 바탕을 두고 있었음을 확인해준다.[95] 위증(선서하고서 거짓말한 것)이나 간통, 미혼자간간음을 했다고 소문내는 것은 원래 주의회가 민사소송을 제기할 수 있는 명예훼손의 범주로서 규정했던 2가지의 비교적 중성적neutral인 범주였으나 실제로는 성별에 의하여 구분되었다. 즉, 남성은 위증했다고 소문낸 것 때문에 제소되고, 여성은 간통이나 미혼자간간음했다고 소문낸 것 때문에 제소되는 것이었다. 이렇게 중부 일리노이 주의 카운티들에서 법원에 명예훼손을 이유로 접수되는 손해배상청구소송들은 남성과 여성 간의 불평등한 지위와 역할을 그대로 반영하는 것이었다. 중서부 농촌에 사는 여성들의 가정에서의 일은 감추어져 있는 반면, 남성들의 일과 사회생활은 공개되어 있었던 것이다.[96] 소송이라도 해야 마땅하다고 생각될 만큼 평판에서 매우 중요한 측면이 바로 이런 공개된 영역에서의 정직성이었다.

명예훼손 소송은 여성의 성적sexual 평판을 보호해 주는 데서 주로 그 역할을 조명받을 수 있었다. 예컨대 링컨과 헌든은 찰스 캔트랠과 그의 처 에밀리 캔트랠을 대리하여—남편도 원고에게 가세한 것은 결혼한 여성은 남편과 공동명의로가 아니면 소송을 제기할 수 없다는 기혼여성후견의 법리에 따른 것이었다—1849년 존 프림을 상대로 소송을 제기하여 피고가 공연히 "윌리엄 킹이 찰스 캔트랠의 부재중 그 처를 2번이나 간음했으며,

그 이전에도 심지어 그녀 부부가 같이 누워 있는 침상에 기어들어가 그녀를 간음했다"고 떠벌리고 다녔음을 문제로 삼았다. 원고 부부는 이 소송에서 1,000달러의 손해배상을 청구했다.[97] 1845년의 사건에서는 원고 윌리엄 비티와 그 처인 마사 앤 비티가 조너선 밀러와 수전 밀러를 상대로 제소하여, 수전이 "비티 부인과 의사 설리반이 어느날 아침 일찍 비티네 외양간에서 바로 그 짓을 하다가 발각"되었다고 말한 것을 문제 삼았다. 링컨과 헌든은 피고들을 대리했다. 배심원은 피고들에게 잘못이 있음을 인정하고 손해배상으로 45달러를 평결했다.[98]

링컨은 엘리자 캐벗이라는 여성을 대리하여 1843년 메나드 카운티에서 프랜시스 레니어라는 여성을 상대로 명예훼손 소송을 걸었는데, 그 후 1844년 모건 카운티에서 다시 재판을 받았다. 원고는 피고가 엘리야 테일러라는 남성이 "원고를 졸졸 따라다니다 마침내 성공해서" 원고와 "관계를 맺고", 그래서 "이 제비족은 원하던 만큼 재미를 보았다"고 소문을 내었다고 주장했다.[99] 이 사건이 메나드 카운티에서 배심원의 심리에 들어가자 링컨은 피고에 대하여 "지금까지 세상에서 행해진 어떤 공격연설보다도 더 신랄하게" 레니어를 비난하는 "공격"을 퍼부었으나, 원고는 겨우 12달러의 평결을 받았을 뿐이었다.[100] 그리하여 링컨은 배심원들의 절차위반misconduct을 이유로 변론을 재개* 해달라고 신청했고, 판사는 이를 받아들여 배심원들의 평결을 무효화했다.[101] 이 사건은 모건 카운티에서 다시 심리에 들어가서 평결금액은 1,600달러로 대폭 인상되었고, 이 평결은 나중에 일리노이 주대법원에서도 그대로 유지되었다.[102] 1850년 셸비 카운티에서 벌어진 소송에서 새라 올섭이라는 여성은 자신을 "직업창녀"라고 불러댄 존 스터존이라는 남

---

* 사실심 재판이 일단 법정변론의 절차까지 모두 마무리한 상태에서, 그 재판에 편견에 의한 불공정한 사유, 절차위반 등이 있었음을 이유로 하여 재판을 처음부터 새로 시작하는 경우.

성을 상대로 소송을 제기했다.[103] 링컨은 이 소송에서 스터존을 대리했다.[104] 배심원들은 원고가 명예훼손당했음을 인정하고 500달러의 지급을 명하는 평결을 내렸다.[105]

성에 관련된 다른 명예훼손 사건들을 보면 거기에는 인종주의와 인종 간의 잡혼에 대한 두려움이 깔려 있었음을 알 수 있다. 앰브로즈 에드워즈와 그의 처는 윌리엄 패터슨과 그의 처를 상대로 소송을 걸었는데, 거기서 원고들은 피고 패터슨 부인이 "에드워즈 부인이 흑인의 아이들을 낳아 길렀으며, 자신이 그 사실을 입증할 수 있다"고 말한 것을 문제로 삼았다. 원고 부부는 이런 말들은 곧 원고의 부인이 간통과 미혼자간간음의 범죄를 저질렀다고 암시하는 것에 다름아니라고 주장했다. 배심원들은 220달러의 손해배상을 평결했다. 일반 명예훼손 사건치고는 드물게 피고가 이 평결에 불복하여 상소했는데, 대법원은 사실심 판결을 파기환송하면서 "피고 부인이 했다는 말은…평범하고 대중적인 의미나 또는 일반적으로 받아들여지는 의미에 비추어서는 반드시 간통이나 미혼자간간음을 의미하는 것은 아니"라고 판시했다.[106] 1851년 크리스천 카운티에서 제기된 사건에서 존 손더스와 캐서린 손더스 부부는 에론 던햄이라는 사람이 캐서린이 "흑인 아이를 가졌다"고 떠벌림으로써 마치 그녀가 "흑인 남성과 간통죄를 저질러 아기를 낳았으니—흑인 남성과의 위법한 성교의 문제가 제기되는 양" 소문을 냈다는 이유로 명예훼손 소송을 제기한 사건이었다. 이 사건은 나중에 쌍방간의 합의에 의하여 원고가 "같은 이유로는 더 이상 소송을 제기하지 않기로" 합의하고 소를 취하함으로써 끝났다.[107]

여성이 제기한 명예훼손 소송 중에서는 유일하게 1건의 사안만이 간통이나 미혼자간간음의 소문과 관계없었다. 1843년 리빙스턴 카운티에서 제기된 사건에서 원고 모지스 앨런과 그의 처 엘리자 앨런은 개릿 블루라는 남성이 원고의 부인이 법원소송절차에서 "선서하고 위증"했다고 주장한 것을 문제로 삼았다.[108] 원고들이 피고의 궐석을 이유로 하는 250달러의 판결을 받은 후 피고는 상소하여 그 판결을 뒤집었다.[109] 1837년부터 1860년까지 여성이 원고가 되어 제기한 명예훼손 사건에서 일리노이 주대법원에 상소된 10건 중 2건은 절도했다고 소문을 낸 데서 야기된 사건이었고, 나머지 8건은 간통이나 미혼자간간음이라고 소문낸 것이 문제가 된 사건이었다(이 8건 중에서 2건이 링컨의 수임사건이었다).[110]

모두 92건의 소송사건 중 겨우 21건에서 여성이 원고가 되었다. 이 21건 중에서 7건은 독신여성에 의하여, 그리고 14건은 혼인 중의 부부에 의하여 제기되었다.[111]여성을 비하하는 말을 문제로 삼아 제기된 소송이 비교적 적다는 사실은 상당히 의외이다. 당시 일리노이 주 인구의 거의 절반이 여성이었음에 반하여 이런 사건들에서 독신여성이나 또는 혼인 중의 부부가 원고가 된 사건은 23% 정도에 불과했던 것이다.[112]

이렇게 원고들 중 여성이 적다는 점은 중서부 농촌지대에서 여성이 비교적 고립되어 있었음을 반영한다. 농촌의 여성들은 가정을 벗어나서 바깥세상으로 나가는 것이 허용되지 않았다. 남녀간 노동의 분업과 또한 정착지의 생활양상으로 인하여 대부분의 가정주부들은 집안에 고립되어 있었던 것이다. 전쟁 전 뉴잉글랜드 지방의 마을 생활과는 대조적으로 중부 일리노이 주에서는 1km²당 20명의 인구밀도에 불과한 사정으로 인하여 집들이 띄엄띄엄 흩어져 있었다.[113]

피고가 된 여성들은 더 적은 편이었다. 전쟁 전의 법에 의하면 어느 부인이 다른 사람을 명예훼손했음을 이유로 그 부인을 제소할 경우에는 그 부인과 남편을 함께 제소해야 했다. 그러나 모두 92건의 명예훼손 소송 중에서 단지 8건에서만 여성이 피고가 되었으며, 7건에서만 여성이 남편과 함께 피고가 되었다.[114] 여성을 피고로 한 6건의 소송에서 명예훼손적 발언의 대상은 여성이었다.[115] 남성을 상대로 하여 명예훼손적 발언을 한 것이 문제가 된 70건의 사건에서 여성이 자기에게 그런 말을 했다는 이유로 소송을 제기한 남성은 겨우 2건이었다.[116] 존 스키너는 대브너 오버스트리트와 그의 처 제인 오버스트리트를 메나드 카운티에서 제소하면서, 피고 부부가 원고는 "사생아"의 아버지라고 말한 것을 문제로 삼았다. 그러나 배심원들은 피고 부부에게 잘못이 없다고 평결했다.[117]

사이러스 체이스라는 사람은 존 블레이클리와 그의 처 피브 블레이클리를 상대로 제소하여, 피고의 부인이 원고가 마치 피고네의 양가죽, 닭, 그리고 달걀을 훔치고 망아지를 독살한 양 헛소문을 퍼뜨렸다고 주장했다. 링컨, 베이커, 존 하딘 변호사는 피고들을 대리했다. 배심원들은 체이스의 손을 들어주면서도 손해배상은 겨우 1센트만을 인정했다.[118] 저자는 미혼여성이 말 실수로 인하여 제소된 경우는 단 1건만을 찾을 수 있을 뿐이었다. 그것은 아메리카 토니라는 여성(링컨, 올리버 데이비스, 그리고 워드 레이먼 변호사가 대리했다)이 1853년 버밀리언 카운티에서 에밀리 스콘스라는 여성을 상대로 제소하여 원고가 마치 간통죄를 저지른 양 피고가 말을 퍼뜨렸다고 주장한 사안이었다.[119] 19세기의 명예훼손 사건들에서 남성이 피고의 대부분을 차지하는 이유는 남성들이 판결금액을 지급할 능력면에서 상대적으로 더 나았음을 반영하는 것일 수도 있지만, 그것보다는 사회적 평판의 형성에서 여성들의 의견이 거의 반영되지 않았음을 의미한다고 볼 수 있을 것이다.[120]

남성들은 자신의 성적인 문제에 관한 평판을 두고는 소송을 거는 일이 거의 없었다. 수간sex with animals을 했다는 소문을 퍼뜨린 것을 문제로 삼은 경우를 제외하면, 간통의 헛소문 때문에 명예훼손을 당했다는 이유로 소송을 제기한 남성은 단 1건만 발견되었을 뿐이다. 그 사건은 헌든 변호사가 원고 존 스키너를 대리하여 오버스트리트 부부를 피고로 제기한 소송이었다.[121] 피고들은 변론기일에 그런 발언을 철회하겠다고 제의했으나 원고는 이를 거부했다. 그리하여 이 사건은 재판을 거친 끝에 배심원들은 피고들에

게 잘못이 없다고 평결했다.[122]

스키너가 이런 소송을 걸었던 이유는 앞으로 자기를 상대로 하여 어느 여성으로부터 유혹간음,* 사생아, 또는 혼인약정위반 등을 이유로 하는 소송이 제기될 것을 미리 예방하려는 차원이었던 듯하다. 사생아를 낳은 어머니는 그 아기의 아버지를 상대로 부양료를 청구하는 성문법상의 소송을 제기할 수 있었다. 또 "불행한 여성"의 부친은 간음한 남성을 상대로 손해배상청구소송을 제기할 수 있었다. 일리노이 주대법원에 의하면 그런 경우의 손해는 불행하게 된 처녀의 인격과 행복의 상실 및 그로 인하여 그 처녀의 부모가 입은 심적 상처에 대한 손해이거나, 또는 "처녀의 부친과 그 가정에 들이닥친 불명예와 수치, 그리고 그 처녀의 사교성과 안정감의 상실"에 대한 손해배상이었다. 그런 여성은 또한 혼인약정을 위반당한 것을 이유로 간음을 당했음과 사생아를 낳았음에 대한 손해배상을 포함하여 자신의 "수치와 파멸"에 대한 손해배상을 청구할 수 있었다. 샴페인 카운티에서 링컨은 앨버트 칼이라는 남성을 상대로 위의 3가지 소송을 건별로 제기했다. 링컨은 낸시 제인 던을 위하여 사생아 소송과 혼인약정 위반소송의 2건을 걸고, 그 부친인 제파니아 던을 위하여 유혹간음을 이유로 하는 소송을 제기했다. 사생아 소송에서 칼은 그 아기의 생부임이 판명되어 매년 50달러의 부양료를 지급하라는 명령을 받았다. 데이비드 데이비스 판사가 유혹간음 소송사건에서 피고의 변호사들로부터 원고 낸시의 인격에 "먹칠"하려고 하는 "필사적인" 시도가 있었다고 지적한 대로 피고 측의 철저한 방어노력에도 불구하고 처녀의 아버지는 180달러의 승소판결을 받았으나, 그는 나중에 딸이 아기를 양육할 권리를 피고가 방해하지 않기로 약속하는 대가로 포기해주었다.[123]

---

* seduction＝음행의 상습이 없는 여성을 유혹하여 화간한 경우로서 보통법상으로는 처벌대상이 아니었으나, 미국의 상당수의 주에서는 20세기 후반까지 제정법에 의하여 처벌대상이었다. 현재 대부분의 주에서는 성년 여성에 대한 유혹간음은 처벌하지 않는다.

간통이나 미혼자간간음이 문제가 된 명예훼손 사건에서 원고가 된 남성은 단 한 사람이었음에 반하여 여성은 12명이나 된다는 점은, 남성의 평판은 간통이나 미혼자간간음 정도의 가십거리로는 전혀 손상되지 않는다는 이중적 잣대의 존재를 보여주는 것이다.[124] 남성들이 여성의 명예를 손상하는 말을 하면서 자기 자신을 바로 그 여성의 성적 상대인 양 자랑처럼 말한다는 점에서도 이러한 이중 잣대의 존재는 드러나고 있다.[125] 1858년의 버밀리언 카운티 사건을 보면 낸시 마틴이라는 여성—링컨, 올리버 데이비스, 그리고 오스카 하몬 변호사가 대리했음—은 아킬레스 언더우드라는 남성이 그녀를 어떻게 성적으로 정복했는지를 공공연히 떠들고 다닌 사실을 문제로 삼았다. 언더우드가 떠벌리고 다녔다는 내용을 보면 다음과 같다.

어느 일요일 나는 여기에 있었는데 저녁 나절에 친구들이 와서 조지타운의 모임에 가자는 거야. 그래서 같이 갔는데 거기서 낸시 롤리를 만났지. 나는 그녀를 그저 사촌 정도로나 생각하고 좀 들볶기는 했지만, 같이 돌아와서 문간에서 돌아서려는 참에 낸시가 남은 일이 있잖아 하며 다가오더니 나를 꽉 껴안고는 모르그 씨 내가 얼마나 좋아하는지 알아? 하며 배를 바짝 가져다대더구먼. 얼마나 부드럽던지. 그녀는 집에서 사람들이 볼까 봐 겁을 냈지만, 나는 손을 내려 그녀의 옷을 조금 걷어올렸지. 그녀는 안 된다고 했지만 나는 더 끌어올렸지. 그녀는 또 안 된다고 하면서도 울타리 빈틈에 한 발을 올려놓더구먼. 내가 그걸 그녀에게 바짝 가져다대었더니 제발 그러면 안 돼 나를 임신시키지 마, 임신시키지 마 하며 소리쳤지.

피고는 다른 경우에는 자신이 "낸시를 부엌으로까지 쫓아가서 구석에 몰아세우고는 그녀와 관계했다"고 말했다. 그는 또한 "손가락으로 꼽을 수 없을 정도로 그녀와 여러 번 했으며, 그것이 하도 커서 내 주먹이 들어갈 수 있을 정도"였다고 말하기도 했다.[126] 피고는 자신이 한 말을 모두 인정하면서 그것이 모두 진실이라고 주장하는 방법으로 방어 작전을 세웠다. 즉, 그녀가 전에도 "수많은 남성들과 성관계를 맺어옴으로써" 미혼자간간음을 저질러왔으며, 또한 "방탕한 행실과 비열하고 음란한 언동"을 평소 자주 해왔다는 것이었다. 그러나 이런 전략은 결국 성공하지 못해서 배심원들은 피고의 잘못이 있음을 인정하고 237달러의 손해배상을 명했다.[127] 이와 비슷한 경우로 도린다 포터와 그 남편 존 포터는, 루이스 해치가 도린다가 "결혼 전에 하룻밤을 나와 함께 자면서 서로 관계했다"고 말한 것을 문제 삼아 제소했다. 배심원들은 포터 부부가 425달러의 배상을 받을 수 있도록 평결했으며, 주대법원은 원심대로 유지했다.[128] 링컨은 이 사건의 상소심에서 포터 부부를 대리했던 것이다.

남성이 미혼자간간음의 헛소문을 당했다는 이유로 상대방을 제소한 것은 단 1건이었음에 반하여, 수간했다는 헛소문을 이유로 소송을 건 경우는 최소한 4번이나 되었다.[129] 1847년 크리스천 카운티에서 제기된 소송에서 링컨과 헌든은 윌리엄 토랜스를 대리하여 뉴턴 갤러웨이를 상대로 소송을 걸어, 원고가 마치 "동물과 함께 자연에 반하는 더러운 행위"를 범한 양 피고가 명예훼손했다고 주장했다. 피고는 원고가 "나의 늙은 암퇘지를 붙잡아 한참동안이나 성행위를 했다"고 말했다는 것이었다. 게다가 원고가 그 암퇘지를 임신시켜서 "암퇘지는 배가 불러 곧 새끼를 낳을 예정"이라고까지 말했다는 것이다. 원고는 손해배상으로 1,000달러를 청구했다. 이 사건은 나중에 원고가 소송비용을 부담하고 소를 취하했다.[130]

이렇게 명예에 치명적인 손상을 가할 수도 있는 헛소문의 대상으로는 지역사회의 인간관계에서 결정적인 역할을 하는 평판에 목을 매고 있는 남성들이 77%를 점하고 있었다. 여성이 원고가 되어 명예훼손을 당했다고 주장하는 내용은 주로 성적으로 난잡하다는 소문과 관련해서였지만, 남성이 원고가 될 경우는 그들의 정직성을 문제 삼는 발언들과 관련해서였다.[131] 남성이 원고가 되어 명예훼손 소송을 거는 경우는 주로 남이 자신의 증언을 위증이라고 폄하하거나 남의 물건을 훔쳤다고 소문낸 것을 문제로 삼는 경우였다. 적어도 26건의 사건에서 남성 원고들이 절도범으로 몰린 것을 문제 삼았으며,[132] 16건의 사건에서는 위증으로 몰린 것을 문제 삼았다.[133] 중서부*지역의 고지 남부인upland southerners**들에게 남성의 평판은, 역사가 니콜 에치슨이 지적한 대로 남성다움에 달려 있었는데, 정직과 성실이 남성다움의 두 가지 요건이었다.[134] (남성이 지배하는) 시장경제가 대두함에 따라 정직성은 경제적 성공 여부에 결정적인 것이었다.[135] 링컨은 1838년에 생거먼 카운티의 조지 톰슨을 위하여 최초의 명예훼손 소송을 제기했는데, 피고 스티븐 오스본이 원고를 위증한 양 소문냈다는 이유에서였다.[136] 이 사건은 나중에 쌍방의 합의에 의하여 소가 취하되었다.[137]

가십과 스캔들에 관한 현대의 문학작품들을 보면, 성공을 위하여 분투노력하는 중산층에게는 가십거리가 되는 것이 가장 염려스러운 일이다.[138] 전쟁 전의 일리노이 주에서는 모든 사회계층이 명예훼손으로 인한 후유증을 우려하고 있었던 것으로 보인다. 예컨대, 평판은 의사나 변호사 같은 전문직역의 성공에 결정적인 역할을 했으며, 그래서 의사든 변호사든 성공한 상인계층이든 자신이 명예훼손을 당했다고 생각하면 곧장 소송을 제기하는 것이 일반적이었다. 더욱이 전쟁 전의 명예훼손에 관한 법은 이런 전문 직역의 평판을 특별히 보호하고 있었다. 1850년 어느 주석가는 "보통사람에 대해서 한 말이라면 소송거리가 될 수 없는 언사라도, 그것이 어떤 지위에 있는 사람이나 어떤 업계나 직역에서 일하고 있는 사람에 대하여 말해지는 경우에는 소송 대상이 될 수 있음은 법률상 명백"하다고 설명했다.[139]

---

*   현재의 일리노이, 인디애나, 아이오와, 미시간, 미네소타, 오하이오, 위스콘신 등에 해당하는 미국의 중부 이북 지방. 애팔래치아 산맥의 서쪽과 미시시피 강의 동쪽에 해당하는 지역. 처음에는 "북서부 Northwest"라고 불렸다.

** 남부의 북부 지방과 중서부의 남부(일리노이 주의 남부도 이에 해당한다) 지방. 지형적으로 고원, 구릉, 분지들로 이루어져 있다. 정치적 구분으로는 "Upper South"라고 부른다.

링컨은 동료 변호사인 데이비드 캠벨이 원고로서 에이브러햄 스미스를 상대로 제기한 명예훼손 소송에서 원고를 대리했다. 링컨은 소장declaration에서 피고가 원고를 "주의 검사로서 음주명정했으며, 근무를 해태했으며, 의도적으로 부당하게 공소를 취하하여 피고인이 도망가도록" 했다는 헛소문을 냈다고 주장했다. 이 사건은 변론trial으로까지 갔는데, 링컨은 판사가 배심원들에게 줄 교시사항을 다음과 같이 준비해 제출했다. 만약 배심원들이 피고가 그렇게 말했다고 확신하게 된다면 그때부터 피고는 자신이 한 말이 모두 진실임을 밝혀야 한다. "음주명정 사실을 입증하더라도 근무태만했다는 주장이 정당화될 수 없으며, 음주명정과 근무태만 두 가지 모두를 입증하더라도 피고인과 야합했다는 주장을 정당화하지 못한다." 배심원들은 또한 "피고가 그런 말을 했는지 여부는 상당한 증거만 있으면 충분히 입증될 수 있는 것이지만, 그렇게 내뱉어진 말이 과연 진실이었는지 여부는 단순히 상당한 증거 이상으로 합리적 의심을 배제할 수 있을 정도로 확신으로까지 이끌 수 있는 증거가 있어야" 한다는 교시를 받았다. 배심원들은 피고에게 450달러의 손해배상을 명했다.[140]

대부분의 경우 사건 당사자들은 서로 합의로 끝을 낼지, 또는 변론으로 나아갈지의 여부를 법원 밖에서 결정하고는 했으나, 원고들에게는 몇 가지 절차상의 장애가 있었다. 보통법상의 주장과 다툼에 관련된 기술적인 요소들은 별로 장애가 되지 않았다. 즉, 링컨이 원고를 대리해서 제기한 명예훼손 소송 중 1건만이 링컨 측의 주장 자체에 문제가 있음을 제기한 피고의 보통법상의 방소항변이 받아들여짐으로써 각하되었을 뿐이다. 이 각하는 원고가 피고를 제소하면서 피고가 원고를 "천하의 악당"이라고 불렀다고 주장했던 데 기인하는 듯하다. 명예훼손의 법리에 의하면 악당이라는 말은 소송을 걸기에 너무나도 막연한 단어로 인식되었기 때문이다.[141] 또 이런 경우에 원고들은 법원에 소송비용담보를 제공하라는 요구를 받기도 했다.

일리노이 주법하에서는 피고 또는 "법원의 어느 직원이라도" 원고가 소송비용을 감당할 능력이 없다고 법원에 문제를 제기할 수 있었다. 만약 법원이 그렇게 생각하면 법원은 원고에게 "책임질 만한 사람"을 통하여 담보를 제공하라고 명할 수 있었다.[142] 만약 원고가 담보를 제공하지 못하면 법원은 소송을 각하하는 것이었다.[143] 이런 담보제공의무로 인하여 명예훼손 소송을 제기하려 해도 그 지역사회의 지지를 받지 못할 경우이거나, 또는 적어도 담보를 대신 제공해줄 사람을 발견하지 못할 경우에는 소 제기가 불가능했다. 적어도 21건의 사건에서 원고들은 소송비용담보를 제공해야 했다.[144] 법원은 2건의 경우에 원고가 소환장의 송달로 소송을 개시한 후에 법원의 두 번째 법정개정기간 term*이 시작하기 전에 소장을 제출하지 못했음을** 이유로 각하했다.[145] 원고들이 그 사건들에서 소장을 제출하지 못한 이유는 아마도 소를 제기하던 당시의 흥분이 그 후 가라앉았거나, 또는 그 소송으로 인한 재정적 내지 사회적 부담이 소송의 결과 얻을 이익보다 크기 때문이었을 것이다.

눈에 띄는 통계가 하나 있는데, 그것은 명예훼손 사건에서는 궐석판결 default judgment이 거의 없었다는 점이다. 궐석판결은 피고가 소송을 다투지 않는 경우, 즉 피고가 답변서를 내지 않거나 법정에 출석하지 않는 경우에 법원이 원고에게 자동적으로 내어주는 판결이다. 원고들이 궐석판결을 받은 경우는 2건에 불과했으며, 그나마 1건은 일리노이 주대법원의 상소심에서 뒤집혔다.[146] 이렇게 궐석판결은 전체 사건의 2%에 불과했다. 이와는 대조적으로 일리노이 주 녹스 카운티의 순회법원에 접수된 일반의 보통법 사건들은 1840년대에 40% 정도가 궐석판결로 해결되었다.[147] 같은 기간 중

---

* 가령 연방대법원에서 "October Term"이라고 할 경우 이는 "10월에 개시하여 이듬해 6월까지 재판을 계속하고 7~9월의 3개월간은 재판을 열지 않음을 의미한다.
** 보통법상의 소장은 당사자의 소환 이후에도 제출할 수 있었다.

세인트루이스 순회법원에 제출된 민사사건의 30% 정도가 또한 궐석판결로 해결되었다. 그러나 명예훼손 사건만큼은 성공적인 결말을 얻으려면 피고가 형식적으로라도 법정에 출석하는 것이 필요했다. 약속어음금promissory note 청구소송을 제기하는 원고의 목표는 자신의 채권을 인정해주는 판결을 얻는 데 있으므로 피고가 법정에 출석하는지의 여부는 중요하지 않았다.[148] 명예훼손 사건에서 원고의 목표는 자신의 명예를 되찾고 실추된 평판을 회복하는 데 있었으므로 이런 목적을 달성하려면 피고가 법정에 나타나 재판에 참여하는 것이 불가결했던 것이다.

피고들은 배심원들로부터 "잘못 없음not guilty*"이라는 평결을 받는 데 있어 원고에 비하여 상대적으로 불리했다. 원고들은 배심원들이 다룬 45건 중 35건에서 승소했다.[149] 원고들의 높은 승소율은 지역사회가 악의적인 가십을 용인하지 않았음을 반영한다. 1838년 잭슨빌의 한 신문에 실린 기사는 남의 명예를 훼손함에서 비롯된 해악을 다음과 같이 묘사했다. "셀 수 없이 많은 여러 인간형 중에서도 명예훼손을 일삼는 치사한 사람들보다 인간에게 불행을 불러오고—불협화음의 씨앗을 심고—행복한 가정을 파괴하는 자들은 없을 것이다." 이 기사는, 명예훼손자들은 "사탄이요, 인간의 탈을 쓴 마귀이자, 극악무도한 마귀황제의 총리대신이어서 도대체 그의 가슴에 선이 자리 잡을 수 없는 악한 존재"라고 결론지었다.[150]

사건이 변론으로까지 나아가면 피고는 대체로 다음과 같은 두 가지 전략 중 한 가지를 쓴다. 자신이 그런 명예훼손적인 언사를 전혀 한 적이 없다고 잡아떼거나, 또는 자신이 그런 말을 하기는 했지만 그 말이 모두 진실이기 때문에 명예훼손이 아니라고 다투는 방법이었다.[151] 만약 피고가 그런 언사 자체를 전혀 인정하지 않는다면, 이는 피고가 자기에게 "잘못 없음"을 내세

---

* 민사사건이므로 "청구기각"을 뜻한다.

위 원고의 주장 사실을 전면적으로 부인하게 되는 셈이었다. 만약 피고가 그런 말을 한 것은 사실이지만 그 말의 내용이 모두 진실이라고 주장한다면 피고는 그것이 정당행위라고 항변plea of justification* 하는 셈이었다.[152]

적어도 21건의 명예훼손 사건에서 피고들은 원고들의 주장에 대하여 자기들의 말한 내용이 진실했다고 다투었다.[153] 5건의 사건에서 링컨은 돼지도둑이라고 불린 것을 이유로 소송을 제기한 원고들이 실제로도 돼지도둑이었다고 주장했다.[154] 또 다른 5건의 사건에서 링컨은 원고가 종전의 재판절차에서 실제로 위증했음을 입증하겠다고 얼러대었다.[155] 2건의 사건에서 링컨은 원고들이 실제로 절도죄를 저지른 일이 있었다고 다투었다.[156] 1건에서 링컨은 원고가 미혼자간간음죄를 실제로 저질렀음을 입증하겠다고 했고, 또 다른 1건에서는 원고가 실제로 문서위조의 죄를 범했다고 주장했다.[157]

정당행위의 항변은 상당한 위험성을 내포한 전략이었다. 첫째, 피고는 먼저 원고가 주장하는 대로 그런 내용의 발언을 한 사실이 있었음을 인정해야 했다.[158] 둘째, 피고는 자기가 한 말이 모두 진실임을 입증해야 하는 엄격한 부담을 져야 했다.[159] 셋째, 1854년 이전에는 일리노이 주의 배심원들은 만약 피고가 진실이라는 주장을 하고서도 이를 입증하지 못하면 명예훼손에 대한 가중aggravated 책임을 져야 한다는 교시를 받는 경우가 있었다. 1854년 일리노이 주대법원은 이런 경우 배심원들은 피고가 명예훼손을 한 번 더 되풀이하는 것으로 보아도 되며, 따라서 배심원들이 만약 피고가 그것이 진실임을 입증할 수 없음을 뻔히 알면서도 정당행위의 항변을 했다고 믿게 될 정도인 경우에는 배상할 금액을 증액시켜도 좋다고 판시했다.[160]

정당행위의 항변이 제기된 21건 중에서 결국 단지 4건에서만 그 전략이

---

* 형사사건에서 "진실"성(우리의 경우에는 "공공의 이익을 위한 것"도 필요)이 인정되면 위법성이 조각되듯이 민사사건에서도 "진실"성이 인정되면 "불법행위tort"가 성립하지 않는다.

성공했다. 그 피고들은 배심원들로부터 "청구기각"이라는 평결을 받을 수 있었다.[161] 또 다른 2건은 당사자끼리의 합의로 취하되었다.[162] 그 외의 사건들에서는 정당행위의 항변이 배심원들로부터 인정받지 못했는데, 평결금액에는 상당한 편차가 있었다. 4건에서의 평결금액은 제법 컸다. 린더 대 플리노어Linder v. Fleenor 사건에서는 1,000달러, 리치 대 애덤스Richey v. Adams 사건에서는 1,012달러, 캐버트 대 레니어Cabot v. Regnier의 사건에서는 1,600달러, 노다이크 대 플리노어Nordyke v. Fleenor 사건에서는 2,000달러 등 상당한 금액이었다.[163] 그러나 이 사건들 중 3건에서는 원고들이 스스로 배심원의 평결금액 중 일부를 포기하는remit 데 동의했다.[164] 피고들이 정당행위를 항변했다가 패소한 다른 4건에서는 배심원들로부터 각 215달러, 237달러, 250달러, 그리고 500달러의 평결을 받았다.[165] 그 외의 사건들에서는 정당행위의 항변은 손해배상액을 최소화하는 데 도움이 되었던 듯하다. 정당행위를 항변한 6건에서 피고들은 각 5달러, 30달러, 50달러, 55달러, 78달러, 그리고 80달러의 지급을 명하는 평결을 받았다.[166] 또 1건에서는 겨우 5센트의 평결을 받았을 뿐이었다.[167]

링컨은 피고가 원고를 돼지도둑이라고 불렀음을 이유로 제소당한 사건에서 정당행위의 항변으로 대단한 성공을 거둔 적이 있었다. 그런 류의 5건의 사건에서 링컨은 2건의 "청구기각" 평결과 2건의 소 취하를 받았다.[168] 데이비드 애드킨은 1839년 메이컨 카운티에서 로버트 하인스와 레비 마이젠헬터가 자기를 "저주받은 돼지도둑놈", 그리고 "저주받은 파렴치한 돼지도둑놈"라고 불렀다는 이유로 그들을 상대로 두 건의 소송을 제기했다.[169] 원고와 마이젠헬터 두 사람은 이미 1838년 11월에 서로 싸운 일("난투극" affray*)로 기소된 일이 있어 상당히 사이가 좋지 않은 편이었다.[170] 링컨은

---

* 둘 이상의 사람이 공중에 개방된 장소에서 서로 싸워 주변 사람들에게 불편을 초래하는 행위.

피고 두 사람의 두 사건을 모두 맡아 원고가 수퇘지 5마리와 암퇘지 5마리를 "훔쳐 간 중범죄"를 저질렀다고 주장했다. 그러므로 자신의 의뢰인들이 원고를 "돼지도둑"이라고 부른 것은 "적법"하다는 것이었다.[171] 하인스를 상대로 하는 소송은 1839년 6월 변론에 들어갔는데, 배심원들은 눈에 띄게 링컨 편을 들어 피고에게 명예훼손의 잘못이 없다고 평결했다.[172] 이렇게 되자 원고는 그 다음의 법정 개정기에 스스로 소송비용을 부담키로 하고 두 번째 사건을 취하했다.[173] 애드킨은 1839년 10월에 절도죄로 기소되었는데, 아이러니컬하게도 링컨이 그의 변호인으로 지명되었다. 배심원들은 애드킨 또한 무죄라고 평결*했다.[174] 링컨은 명예훼손 사건에서는 애드킨이 절도죄를 저질렀다고 배심원들을 확신시키고 나서도 나중의 형사사건에서는 배심원들에게 반대의 확신을 심어준 것이었다.

다른 방어방법들도 쓸모가 있었다. 문제의 명예훼손이 있었다는 시점으로부터 원고가 1년 이내에 제소하지 못하면 피고로서는 "남의 발언을 문제 삼는 소송"에 대한 출소기한도과의 항변을 제기할 수 있었다.[175] 링컨이나 그의 동업자들 중 한 사람이 출소기한도과의 항변을 7번이나 제출했으나 한 번도 성공하지 못했음이 분명하다.[176] 피고가 된 사람은 자기가 남의 명예를 훼손하는 발언을 한 것은 "열불이 나서 홧김에" 한 말이었음을 입증하면 책임을 면하거나 손해배상액을 줄일 수 있었다. 이런 명예훼손 소송에서는 악의malice가 "요건gist**"이었는데 만약 그런 말이 열불나고 홧김에 내뱉어졌다면 악의가 없다고 보아야 한다는 이유에서였다.[172] 적어도 2개의 사건에서 링컨은 배심원들에게 교시할 내용으로 재판장에게 제출한 서면에서, 만약 배심원들이 피고가 그런 말을 하기는 했으나 "열불나고 홧김에 그

---

* 이 사건은 형사사건이었다.

** 보통법상의 용어. 현재 이 용어는 성문법으로 "민사소송규칙Rules of Civil Procedure"을 채용한 주, 그리고 연방법원에서는 더 이상 사용되지 않는다.

렇게 내뱉었을 뿐임을 인정하게 된다면 피고에게 유리한 판결을 내려야'한다고 썼다.[178] 그런 사건들 중 한 건에서 링컨은 추가교시 사항을 작성하여 제출했는데, 거기에서는 그런 언사가 "홧김에 내뱉어진 것으로서 의도적인 악의가 전혀 없다고 인정될 경우라면 손해배상액이 감경되어야 한다"고 적혀 있었다.[179] 피고는 또한, 자기는 남들이 원고를 두고 하는 말을 그저 앵무새처럼 되풀이했을 뿐 악의로 그런 것은 아니었음을 입증함으로써 책임을 면할 수 있었다.[180] 링컨은 실제로 비티 대 밀러Beaty v. Miller 사건에서 그렇게 주장했다. 링컨은 답변서에서 "그런 명예훼손적 언사가 진실한 것이었다고 주장할 의도"는 없으나, 피고는 기껏해야 남편이 토머스 밴더그리프에게서 들은 내용을 되풀이했을 뿐이며, 그래서 그녀는 "그 말을... 적법하게 한 것일 뿐"이라고 주장했다. 그러나 배심원들은 이 말을 믿지 않고 원고에게 45달러의 승소판결을 내렸다.[181]

이렇게 지역사회를 의식하는 소송은 단순히 피해를 입은 당사자의 명예를 회복시켜 주는 데에만 목적을 두는 것이 아니라, 또한 거기서 받는 손해배상 금액이 공평한 금액임을 보장해야 했다. 피고가 그런 말을 한 적이 없다고 다투든지, 또는 그런 말을 하기는 했으나 명예훼손적인 요소가 없었다고 다투든지 하는 방법 외에도 피고의 변호사로서는 손해액을 최소화하기 위한 방어전략을 채택할 수도 있었다. 일리노이 주법상 명예훼손 소송의 피고는 "원고가 대체로 나쁜 성격임을 입증"하든지, 또는 "그 말의 내용이 진실했다고 주장하지는 않지만 악의가 없었다는 정황을 보여줌으로써" 손해액의 감경을 받을 수 있었다.[182] 셸비 카운티에서 제기된 명예훼손 소송에서 링컨 측 당사자는 원고가 위증했다고 말한 사실로 인하여 피소되었다. 비록 배심원들이 원고의 손을 들어주기는 했으나 손해배상액은 5달러에 불과했다.[183] 1842년 버밀리언 카운티에서 제기된 사건에서 링컨이 대리한 피고는 역시 원고가 위증했다고 말했다가 제소되었는데, 잘못을 인정받기는

했으나 겨우 10달러의 손해배상에 그쳤다(원고는 당초 5,000달러를 청구했다).[184]

3건의 사건에서 배심원들은 최소의 금액을 평결했다. 즉, 1센트에 불과했던 것이다.[185] 이런 평결은 1853년 생가먼 카운티에서 있었다. 링컨과 헌든은 원고를 대리하고, 링컨의 종전 동업자였던 스티븐 로건은 피고를 대리했다. 배심원들은 피고의 명예훼손 사실을 인정하면서도 겨우 1센트의 손해배상만을 허용했을 뿐이다.[186] 영국의 보통법을 기초로 하는 다른 나라들*의 명예훼손 소송사건에서 배심원들은 "그 나라의 최하 단위 금액"만을 평결하는 실무관행이 있었는데, 그것이 끝내 물의를 일으킨 끝에 결국은 평결 금액을 합리화시켜주는 원칙이 공식화되었다.[187] 캐나다, 오스트레일리아, 뉴질랜드, 그리고 영국의 19세기 명예훼손 소송 상소심에서는 이런 근소한 금액의 판결은 "모욕적인 손해배상액"으로 알려지게 되었다.[188] 미국에서는 그런 원칙이 공식적으로 채택된 적은 없으나 일리노이 주와 다른 여러 곳들에서는 배심원들이 겨우 1센트의 손해배상액만을 허용함으로써 내용적으로는 명예훼손의 피해자인 원고에 대한 거부감을 표현한 것이었다. 원고는 겨우 1센트에 불과한 손해배상을 허용받지만 그것 이외에도 소송비용은 회수할 수 있었다. 어느 명예훼손 사건에서 배심원들은 1센트를 평결하면서도 소송비용으로는 45.70달러의 회수를 허용했다.[189]

명예훼손 사건에서조차도 링컨은 중재와 타협을 선호했다. 그가 모든 명예훼손 사건에서 매번 그런 노력을 기울인 것은 아니었지만 자주 그런 합의에 도달할 수 있었다. 몇 건의 경우에 당사자들은 변론이 열리기 전에 합의하여 피고는 자기에게 불리한 큰 금액의 평결을 받는 데 동의하되 원고는 그 전액 또는 일부를 면제해주기로 약속하는 방법이었다. 링컨의 변호사 생

---

* 캐나다, 오스트레일리아, 뉴질랜드 등의 나라를 가리킨다.

애 중 최초의 사례는 1838년에 있었다. 스튜어트와 링컨은 에드워드 베이커 변호사를 도와서 패트리셔스 모란을 대리하여 존 배들리를 상대로 명예훼손 소송을 제기했다. 이 사건에서 배들리는 한참 다투다가 자신의 다툼을 모두 철회하고 모란이 청구한 2,000달러 전액이 궐석판결로 내려지는 데 동의했다. 법원이 이 금액의 지급을 명하는 판결을 내리자 모란은 그 전액을 피고에게 면제해주었다.[190] 2년 후인 1840년 리빙스턴 카운티에서 제기된 소송에서 스튜어트와 링컨은 윌리엄 포프조이를 대리하여 포프조이가 고기를 훔쳐갔다고 떠들어댄 아이작 윌슨을 상대로 소송을 제기했다. 이 사건 또한 피고 윌슨이 법정에서 원고의 주장을 "반박할 수 없다"고 시인하면서 "원고가 소장에서 청구하는 2,000달러"의 배상청구를 인락confess*하자 판사는 원고에게 "피고가 인락한 2,000달러"의 회수를 허용하는 판결을 내렸다. "그렇게 되자 이에 기하여" 원고는 승소한 금액에서 소송비용만 빼놓고는 전액을 다시 피고에게 면제해주기로 합의했다.[191] 여기서 아주 타이밍이 잘 맞추어진 것에 주목해볼 필요가 있다. 원고의 관대한 제스처는, 윌슨이 공개된 법정에서 원고의 주장에 대하여 다툴 것이 하나도 없으며 청구금액 전액을 인락한다고 말하고 나서야 나타났음에 주목할 필요가 있다. 여기서 눈여겨볼 점은 피고가 단순히 소송비용만 부담하겠다는 식으로 합의하는 것이 아니라 일련의 과정이 하나의 각본에 따라 연출되었다는 점이다. 결국 이런 재판은 인류학자들이 이른바 "화해의식ritual reconciliation"이라고 부르는 장면을 쌍방의 당사자가 연출해내는 무대였던 것이다.[192]

그 4년 전쯤(링컨이 변호사가 되기 1년 전) 스프링필드의 법정에서는 윌리엄 그린이 존 퍼커필을 상대로 명예훼손 소송을 제기하여 거의 똑같은 내용

---

* 원고의 주장사실을 자백(인정)하는 데 그치지 않고 원고의 청구를 그대로 받아들이겠다는 서면에 의한 소송행위. 이에 기하여 원고승소판결이 내려진다.

의 각본에 따라 연기해 나가고 있을 때 링컨도 그 자리에 참석하고 있었다. 링컨은 그때 원고 측 증인으로 소환되어 법정에 출석하고 있었는데, 그때 피고는 자신의 다툼을 모두 철회하면서 자신이 "원고의 주장을 반박할 여지"가 없으며, 따라서 원고가 5,000달러의 청구를 하더라도 그럴 만하다고 인정해주었다. 이에 따라 법원은 원고에게 5,000달러를 인용認容했으며 그러자 원고는 소송비용을 제외한 나머지를 모두 면제해주었다.[193]

다른 사건들은 아예 변론에 들어가기 전에 같은 양식으로 해결되었다. 링컨은 1853년 버밀리언 카운티의 사건에서 피고가 다툼을 모두 철회하고 5,000달러의 판결에 동의하도록 한 후 원고가 그중 50달러를 제외한 나머지 금액을 모두 면제해주도록 함으로써 사건을 해결했다. 그 사건에서 원고인 아메리카 토니는 에밀리 스콘스라는 여성을 상대로 제소하여 피고는 원고가 어느 날 저녁 늦게 휘트컴이라는 남성과 함께 원고의 방으로 들어가더니 그 다음부터 침대가 "삐꺽거리고 낄낄대는 소리"로 요란했고, 나중에 새벽 3시경 원고가 그 방에서 나올 때 그녀의 "옷과 머리는 헝클어져 있었으며", 그녀의 얼굴은 "매우 벌겠으며", 그녀는 "매우 흥분되어 있었다"는 헛소문을 퍼뜨렸다고 주장했다.[194] 1845년 콜스 카운티의 사건에서 피고인 조너선 하트는 2,000달러의 판결에 동의했다. 그러자 원고인 토머스 매키븐은 1,700달러를 포기하면서 남아 있는 300달러에 대하여는 12개월간 집행을 보류하기로 동의했다.[195] 같은 해 링컨과 헌든은 생가먼 카운티에서 제기된 명예훼손 소송에서 원고를 대리했다. 이 사건은 쌍방이 500달러의 판결에 합의하고 원고가 그 판결금 중 소송비용을 제외한 나머지를 면제하기로 함으로써 해결되었다.[196] 링컨은 1859년 맥린 카운티의 소송에서도 의사 줄리어스 리먼을 대리하여 비슷한 전략을 추구했다. 리먼은 다른 의사인 허먼 슈로더를 명예훼손으로 제소했다. 이 사건은 슈로더가 공개된 법정에서 5,000달러의 판결을 받기로 인락하고, 리먼은 그 판결금 중에서 50달러를 제외한 나머지를 모두 면제해주며, 50달러에 대한 집행도 3개월간 유예하는 데 동의함으로써 해결되었다.[197]

어바나 시의 변호사인 헨리 클레이 휘트니는 순회법정을 쫓아다닐 때 링컨과 자주 제휴했는데, 어느 명예훼손 사건에서 피고 측 변호사들 중 한 사람이었던 링컨이 "사건을 타협으로 해결하기 위하여 가장 치열하고도 성실한 노력을 기울였으며, 그리하여 오로지 그의 노력 덕분으로 타협에 이를 수 있었다"고 회상한 적이 있다.[198] 이 사건은 캔카키 카운티에서 시니끼라고 불리는 프랑스 가톨릭 사제(세인트 앤스St. Anne's의 프랑스 공동체로부터 온 사람)와 근처의 레라블 공동체로부터 온 프랑스 가톨릭 신자인 피터 스핑크가 관련된 사건이었다. 시니끼는 설교 중 스핑크가 위증을 했다고 그를 드러나게 비난하고 나서도 그 말을 취소하기를 거부했다. 휘트니 변호사는 그 소송이 제기되고 나서 "이 두 사람뿐 아니라 두 사람이 속한 공동체도 모두 당사자가 된 양 '끝까지 싸우기로' 준비에 들어가는 것"을 눈여겨보았다. 이 사건이 샴페인 카운티로 이송되자 "이 두 사람, 그리고 이들의 변호사와 증인들, 그리고 엄청난 수의 추종자들이 어바나 시로 몰려들었다. 호텔은 전세로 동이 나고, 그래도 모자라서 상당수는 밖에 천막을 치고 노숙했다."[199] 이 사건은 두 번이나 변론을 거친 끝에 배심원들은 두 번 모두 평결불능이 되었다. 법원의 그 다음 개정기가 되자 그들은 "야영장비, 악대, 앵무새, 애완견, 그러고도 있는 것은 모조리 총동원하여 이 도시로 들어옴으로써 바야흐로 그 스캔들은 다시 한 번 확대 방송될 판이었다." 그때 링컨이 개입했는데, 휘트니는 링컨이 "그렇게 아무 소용없는 소송들을 혐오한다면서 쌍방에 대하여 최대한의 영향력을 발휘하여 마침내 화해를 이끌어냈다"고 말했다.[200] 쌍방이 합의하도록 설득을 마치고 나서 링컨은 소취하 합의서의 초안을 마련했는데, 그 내용은 다음과 같았다. "오늘 당사자들은 합의에 도달했다. 그리하여 피고는 원고가 위증죄를 저질렀다고 비난한 일도 없으며,

또한 그렇게 확신한 일도 없음을 밝힌다. 설사 피고가 말한 내용 중에 그런 비난의 의미가 들어 있었다고 추론되더라도 피고는 다른 사람들의 말을 듣고 그렇게 말했을 뿐이다. 그렇게 말하면서도 피고는 그 말을 믿지 않았다. 그래서 피고는 이제 자신이 원고에 대하여 그런 비난을 했더라도 그것이 전혀 진실이라고는 확신하지 않음을 밝힌다." 쌍방은 소송비용을 반분하여 부담하고 소를 취하하기로 합의했다.[201]

링컨이 변론 전에 또는 변론 후에 사건을 합의로 해결한 경우들을 보면, 명예훼손 소송은 금전으로 손해배상을 받는 데보다는 실추된 평판을 회복하는 데 더 뜻을 두고 있었음을 짐작할 수 있게 한다. 전쟁 전의 일리노이 변호사였던 리처드 예이츠는 명예훼손 사건에서 배심원들에게 자신의 고객이 "실추된 체면을 회복"하기 위하여서였지, "단순한 복수심에서나 개인적인 악의로나 지저분한 돈 몇 푼을 받기 위하여" 소송을 건 것은 아니라고 변론했다.[202] 링컨은 자기가 맡은 명예훼손 사건 중 적어도 3건에서 자신의 의뢰인인 피고들로 하여금 원고의 평판이 좋다고 인정해주도록 권고함으로써 지역사회에서의 원고의 평판을 회복시켜주는 방법으로 사건을 해결할 수 있었다. 링컨이 나중에 지적한 대로 "진실이야말로 명예훼손에 대한 최고의 명예회복의 방법"이었다.[203] 1851년 태이즈웰 카운티에서 제기된 사건에서 메리 앤 제이코버스는 밀든 키첼과 엘리자베스 키첼 부부를 상대로 명예훼손 소송을 제기했다. 제이코버스는 피고의 부인이 "메리 앤 제이코버스는 창녀"라며 "그녀는 갈보짓을 해서 좋은 옷을 입고 다닌다"고 말했다고 주장했다.[204] 피고를 대리한 링컨은 피고 부부가 공개된 법정에서 "자기들 중 어느 누구도 원고의 순결성에 대하여 어떠한 비난도" 하지 않았다고 부인하면서 "피고들 중 아무도 원고의 순결성에 대하여 어떠한 사전지식도, 정보도, 합리적으로 의심할 만한 사유도" 없었다고 인정해주기로 합의했다. 그리하여 이 사건은 쌍방합의에 의하여 소가 취

하되었다.[205]

또 다른 명예훼손 사건에서는 피고를 맡은 링컨이 피고가 서명한 다음과 같은 서류를 법원에 제출하여 법원기록에 편철되도록 하면 원고는 소를 취하하기로 합의했다. "이 사건에서 피고는 원고가 소장에서 주장하는 그런 명예훼손적인 언사를 논한 적이 결코 없음을 확인한다. 또 피고는 원고가 정직한 사람임을 항상 믿어왔으며, 현재도 그렇게 믿고 있다. 또 피고는 원고가 피고의 돈을 훔치거나 횡령하거나 다른 어떤 방법으로라도 가로챘다고 믿은 적이 없으며, 현재도 그렇게 믿지 않는다. 피고는 이 진술서가 그런 말로 인하여 실추되었을 수도 있는 원고의 체면을 회복할 수 있는 가장 공개적이고도 지속적인 방편이 될 수 있도록 기록에 편철되기를 원한다."[206]

세 번째 사건에서 링컨은 법원에 판결제안서proposed judgment를 제출했는데, 거기서 피고는 자신이 "그 언제도 원고가 위증했다고 말한 적이 없으며, 또한 그렇게 믿지도 아니한다"고 썼다. 링컨의 의뢰인은 자기가 원고의 "어떤 증언 부분에 대하여" 그것이 "부정확하다고 말하기는 했으나 원고의 말을 두고 실언이 아닌 위증이라고 단정적으로 말한 일은 없다"는 내용이었다. 링컨의 의뢰인은 소송비용을 부담하기로 약정했으며, 원고는 이에 따라 소를 취하하기로 동의했다.[207] 링컨은 이렇게 이런 사건들에서 실추된 당사자의 체면을 회복시켜 줌으로써 그 사건에서 실제로 문제가 되는 것이 무엇인가를 파악할 줄 아는 예리한 감수성을 과시했다.

링컨은 또한 1859년 노먼 저드Norman Judd*가 존 웬트워스John Wentworth**를 상대로 하여 제기한 문서에 의한 명예훼손사건libel Suit***에서 비슷한 전

---

* 1860년 링컨이 공화당 대통령 후보로 선출되는 데 큰 역할을 한 공화당원. 그러나 그전에는 민주당원으로서 1855년 상원의원 후보로 나선 링컨에게 부표를 던졌으며, 이것이 그 후 두고두고 존 웬트워스와 데이비드 데이비스에 대한 적대관계로 뿌리를 내렸다.
** 공화당 간부로서 링컨의 대통령후보 옹립에 진력한 측근.
*** 웬트워스는 신문에 저드가 1855년에 링컨의 상원의원 진출을 방해했으며, 1860년에는 그가 트럼불

술을 이용하려고 노력했다.[208] 피고가 그 사건에서 자신을 대리하여 달라고 링컨에게 요청하자 링컨은 사건을 수임하는 대신 중재자*로서의 역할을 했다.[209] 그는 피고에게 "나는 저드 씨에 대하여 정치적인 의미 외에는 도덕적으로도 사회적으로도 금전적으로도 직업적으로도 그리고 그 어떤 방법으로도 언급한 일이 없으며, 만약 내가 구사한 말이 다른 뜻으로 해석될 여지가 있다면 나는 그런 의도를 가진 적이 없으며, 만약 그랬다면 당장 그런 발언을 취소하겠습니다"라는 내용의 해명서를 써서 법원에 제출하는 방법을 제안했다. 데이비드 데이비스 판사는 링컨의 안을 분석해보고 나서 원고는 피고의 발언취소retraxit 서면이 접수된 뒤에도 여전히 소송을 계속할 가능성이 있다며, 만약 그렇게 되면 피고에게 "불리"할 것이라고 경고했다. 데이비스 판사는 "합의의 기본은 원고의 즉각적인 소 취하에 있는 만큼 피고가 법원에 발언취소 서면을 제출하여 기록에 편철시켰다면 원고도 그것으로 충분함을 인정하고 그것으로 만족해야 한다"고 믿고 있었다.** [210]

이런 명예훼손 사건들 중 최소한 31건은 변론에까지 가지 않은 채 끝났는데, 이는 그 배후에 비공식적인 중재행위가 있어 소를 취하하도록 만든 것이 아닐까 추측된다.[211] 링컨이 명예훼손 사건에서 중재자로서 역할을 했더라도 이는 일리노이 변호사들의 전형적인 역할에 불과했다. 1836년부터 1860년 사이에 생가면 카운티에 접수된 적어도 37건의 명예훼손 사건들 중에서 5건만이 배심원 재판을 받았다[212](링컨은 이들 중 15건을 다루었으며, 그중 4건은 배심원 재판을 받았다[213]). 분명히 당사자들은 그 사건들 중 4분의 3을 배심원의 심리 없이 합의로 끝냈다. 26건은 당사자들 간의 합의에 의하여 취하되든지 해서 법원의 기록에서 사라졌으며, 2건은 쌍방이 합의한 대로 내려진 판결*로 해결되었다.[214] 남은 4건 중에서 법원은 2건을 각하[1건은 원고의 주장과 입증해태want of prosecution**를 이유로, 또 1건은 소송비용담보제공이 없음을 이유로]했고, 세 번째 사건에서는 소장의 주장 자체에 문제가 있다는 피고의 방소항변을 받아들였으며, 네 번째 사건에서는 궐석판결***을 허용했다.[215]

변론 전에 합의에 도달한 것 외에도 링컨은 적어도 9개의 사건에서 배심원들이 피고들에게 상당한 금액의 평결을 내린 후에도****사건에 개입하여 원고들로부터 합의를 유도해냈다.[216] 원고들이 일리노이 주대법원에 의한 원심판결의 번복이 확실시됨에 따라 (또는 그럴까 봐 두려워서) 그런 것은 아니었다. 대법원은 배심원들의 평결을 단지 그 손해배상금액의 책정이 과다하다는 이유만으로는 여간해서 뒤집으려 하지 않았기 때문이다.[217] 그럼에도 불구하고 승소한 원고들이 배심원들이 내려준 평결금액의 전부 또는 상당 부분을 흔쾌히 피고에게 면제해주었다는 점은 명예훼손 사건의 목적이 지역사회에서 자신의 체면을 회복하려는 데 있었음을 암시하는 것이다. 3건에서 원고들은 배심원 평결금액 중 소송비용을 제외한 나머지 모두를 피고들에게 면제해주었다.[218] 예컨대 1851년 셸비 카운티에서 벌어진 명예훼손 사건에서, 링컨은 배심원들이 자신의 의뢰인에게 불리한 평결을 내린 이후에도 사건을 합의로 해결할 수 있었다. 즉, 에밀리 팬처라는 여성이 링컨의 의뢰인 대니얼 골로거를 피고로 하여 명예훼손 소송을 제기하면서 피고는 원고가 위증했다고 두 가지 헛소문을 냈으며, 또 원고가 배우자 있는 남성

* 우리의 "화해조서"에 유사하다.
** 원고가 적극적으로 소송수행을 하지 않는 경우 법원은 소를 각하할 수 있다.
*** 우리의 의제자백판결에 해당한다.
**** 미국에서는 배심원의 평결 이후, 또는 판사의 판결이 사건부docket에 기재된 후에도 합의로 판결을 변경받을 수 있다.

과 함께 도망가서 사창가에서 살았다는 두 가지 헛소문을 퍼뜨렸다고 주장했다. 배심원은 피고가 위증했다는 두 가지 발언 부분에서는 불법행위를 인정했으나, 나머지 두 개의 명예훼손 부분은 잘못이 없음을 인정하고 1,000 달러의 배상을 평결했다. 그러나 판결문*에는 원고가 소송비용만 제외하고 "평결금액의 나머지 전부를 피고에게 면제해준다"고 적혀 있었다.[219] 1843년 콜스 카운티 사건에서 링컨의 의뢰인인 피고는 원고가 부엌칼을 들고 이웃집에 침입하여 훈제실에 들어 있는 훈제고기를 전부 훔쳐갔으며, 어떤 여성에게 구애하면서 그녀의 지갑에서 지폐를 훔쳤다고 말한 것 때문에 제소되었다. 배심원은 2,000달러의 배상을 평결했으나 원고의 변호사는 "공개된 법정에 출석하여" 소송비용을 제외한 나머지 평결금액 전체를 면제해주었다.[220]

다른 사건들에서 원고들은 배심원의 평결금액 대부분을 피고들에게 면제해주었다.[221] 셸비 카운티에서 제기된 명예훼손 사건에서 엘리야 미첼과 그의 처 미주리 미첼은 제임스 미첼이 원고의 부인을 "천한 갈보"라고 불렀으며, "울타리 구석진 곳에서 남자들이 그녀를 여러 번 올라탔다"고 말했다는 이유로 제소했다. 원고들은 500달러의 손해배상을 청구했다. 링컨과 앤서니 손턴은 피고를 대리했다. 링컨은 의뢰인인 피고에게 잘못이 없을 뿐만 아니라 변론에 들어가면 피고의 부인이 "결혼 전부터 남편인 엘리야와 미혼자간 간음죄"를 저질러왔음을 입증하겠다고 얼러대는 답변서를 준비했다. 그 사건은 1852년 5월 변론에 들어갔는데, 배심원들은 500달러를 손해배상으로 평결했지만 원고는 그중에서 400달러를 피고에게 면제해주었다.[222]

린더 대 플리너Linder v. Fleener 사건에서 링컨이 대리한 피고는 1,000달러의 패소판결을 받았다. 원고인 존 린더는 피고 에이브러햄 플리너가 원고가 대배

---

* 배심원의 평결은 최종적으로 "판결judgment"로써 마무리된다.

심grand jury* 앞에서 허위진술했다고 말한 것을 문제로 삼았다. 링컨은 피고를 위한 변론에서 린더가 허위진술을 한 것이 사실이라며, 원고는 대배심 앞에서 피고와 그 남편인 에밀리언 플리너가 결혼 전부터 동거해왔다고 증언함으로써 "악의로 지저분한 위증"을 저질렀다고 주장했다. 배심원들은 원고에게 승소평결을 내렸으나, 링컨은 이 사건에서도 협상으로 피고에게 유리한 결론을 성공적으로 유도해냈다. 즉, 원고는 "판결금액 중에서 950달러를... 면제해준 것이었다."[223] 이렇게 링컨은 배심원들이 원고에게 유리한 평결을 내린 이후의 시점에서조차도 쌍방을 중재하여 합의를 도출해낼 수 있었다.

리치 대 애덤스Richey v. Adams 사건에서 링컨은 배심원들의 패소평결에 대하여 상소하여 평결금액을 줄여보겠다고 위협했다. 1854년 드위트 카운티의 순회법원에 제기된 소송에서 원고는 링컨의 의뢰인인 피고가 원고를 거짓선서false swearing와 위증perjury으로 몰아세웠다며 명예훼손 소송을 제기했다. 배심원들은 1,012달러의 배상을 명하는 평결에 도달했다. 그러자 링컨은 변론재개를 신청하면서 배심원들이 평결을 내림에 있어서 "독단적 편견"을 표출했으므로 자기의 의뢰인이 공정한 재판을 받을 수 없었다고 주장했다. 원고가 평결금액 중 500달러를 피고에게 면제해주자 법원은 변론재개의 신청을 기각했다.[224]

링컨은 또한 1855년 드위트 카운티에서 제기된 명예훼손 소송인 던지 대 스펜서Dungey v. Spencer 사건에서 배심원의 평결이 내려진 이후에도 합의를 도출해냈다. 그 사건에서 링컨은 원고 윌리엄 던지를 대리하여 그의 매제인 조지프 스펜서가 원고를 "검둥이"라고 말했다고 주장했다. 피고는 테네시 주의 자일스Giles 카운티(던지가 전에 살던 곳)에서는 "사람들이 원고가 혼혈이며 검둥이의 피가 몸속에 흐름을 모두 알고 있었다"는 취지의 선서증언

---

* 중죄felony에 해당하는 범죄의 기소 여부를 최종 결정한다.

녹취서deposition testimony*를 제출했다. 배심원들은 그러나 피고가 원고의 명예를 훼손했음을 인정하고 600달러의 손해배상을 명했다. 그때 피고의 대리인 중 한 사람이었던 로렌스 웰든 변호사의 후일담에 의하면, 링컨은 "자기의 의뢰인이 그 재판에서 돈을 목적으로 하는 것이 아니라고 말한 적이 있었기 때문에 우리들은 피고에게 피고가 원고에게 그 받을 배상액에서 일부를 면제해주면 고맙겠다고 말하면 최선의 방법이 될 것이라고 권했다"는 것이었다. 링컨과 그의 의뢰인은 피고가 "기록에 남아 있을지도 모르는 모든 하자를" 다투지 않는 대가로 평결금액 중에서 400달러를 "면제"해주기로 합의했다.[225]

이런 다수의 명예훼손 소송사건들에서 링컨은 "그의 의뢰인들이 협상에 응하도록 설득"할 수 있었다. 링컨은 피고들에게 원고의 체면을 살려주는 말을 하도록 종용함으로써 원고들의 손상된 평판을 회복시켜줄 수 있었다. 다른 사건들에서는 피고가 거액의 판결금액에 동의하면 원고는 나중에 훨씬 적은 금액으로 줄여주는 데 동의했다. 이런 방법 또한 체면을 회복시키고 사건을 합의로 끝내는 데 도움이 되었다. 다른 사건들에서는 승소한 원고가 배심원의 평결금액의 대부분 또는 전부를 면제해주기도 했다. 링컨은 "화해를 이끌어내는 자로서 변호사는 훌륭한 사람이 될 대단한 기회를 부여받고 있다"며 적극적 화해 권고자로서의 역할을 맡을 것을 충고했다. 그가 맡았던 명예훼손 사건들은 그가 그런 기회들을 자주 좋은 목적에 잘 활용했음을 보여준다.

---

* 법정변론에 들어가기 전의 증거제출절차로서 법정 밖에서 양 소송당사자 사이에서 증언을 듣고 녹취하여 법원에 제출하는 서류.

채권회수 소송

전쟁 전의 미국에서는 상사거래로 빚을 지는 일이 다반사였다. 대부분의 거래는 외상으로 처리되었다.[226] 그 결과 전쟁 전의 변호사 업무 중 상당한 분량이 채권회수 소송이었으며, 링컨의 경우도 예외가 아니었다.[227] 링컨의 변호사 생애 중 그가 취급한 사건의 절반 이상이 채권회수 사건이었다. 그가 존 스튜어트와 4년간(1837~1841) 동업하는 동안 두 사람은 약 700건을 다루었는데, 그중 3분의 2가 채권회수 사건이었다. 스티븐 로건과 링컨이 4년간 (1841~1844) 동업한 기간 중 취급한 850건 가운데 70%가 채권회수 소송이었다. 링컨과 헌든의 17년간에 걸친 동업(1844~1861) 기간 중 두 사람은 3,400건을 취급했는데, 그중 절반이 채권회수소송이었다.[228] 링컨의 변호사 생애 전체에 걸쳐서 링컨은 채권자를 1,319회 대리했고, 채무자를 713회 대리했다.

채권자가 채무자에게 소송을 거는 경우 그 결과는 뻔했다. 즉, 피고들의 패소였다. 피고들은 궐석재판으로, 또는 재판을 거쳐, 또는 청구를 인락함으로써 패소했다. 여하튼 피고는 지게 되어 있었다. 링컨법률문서재단의 편집자들은 링컨의 사건기록 3,145건의 특징을 "채권자와 채무자" 관계로 규정했다. 이 사건들 중 1,044건은 궐석판결로 끝났다. 피고인 채무자들은 채권자들의 청구를 다투려 법정에 나타나지 않은 것이다.[229] 또 나머지 786건은 취하되었는데, 그것은 당사자 간에 합의를 보았음을 의미했다.[230] 피고들은 214건에서 청구를 인락했다.[231]

피고들이 이긴 경우는 200건 미만으로서 8%에 미달했다.[232] 피고가 이긴 드문 예로서 1858년 드위트 카운티에서 있었던 파르 대 도컴Pharis v. Dockum 사건을 들 수 있다. 앨런 파르가 매스켈 도컴을 피고로 하여 양을 팔고서 받은 3매의 약속어음금을 청구하자 피고는 그 양들이 모두 병들어 있었으므로 약인consideration*이 결여되었다고 다투었다. 재판결과 링컨과 클리프턴 무어가 대리한 피고가 승소했다.[233)]

채무자가 주로 패소하는 경향은 링컨의 변호사 개업 당초부터 이미 대세였다. 스튜어트와 링컨이 1837년 생가먼 카운티 순회법원에 청구한 4건의 경우가 대표적이다. 빌런 대 화이트Billon v. White 사건에서 원고인 찰스 빌론은 약속어음금 143.24달러를 청구했다. 피고 로렌스 화이트는 답변하지 않았다. 법원은 피고에 대하여 궐석판결을 선고했다.[234)] 본펄과 맥길 대 포터Vonphul & McGill v. Porter 사건에서 원고들은 약속어음금 100달러를 청구했다. 피고 윌리엄 포터는 공개한 법정에서 자신이 원고들에게 136달러를 빚지고 있음을 자백했으며, 법원은 이에 따라 그 금액**에 대한 판결을 선고enter***했다.[235)] 코프먼 대 스미스Coffman v. Smith 사건에서 원고 아론 코프만은 피고 토머스 스미스를 위하여 이삿짐을 옮겨주고 돈을 받지 못하자 스미스를 제소했다. 스미스가 그때는 이미 일리노이 주를 떠난 상태였으므로 스튜어트와 링컨은 먼저 그의 재산에 대한 가압류명령writ of attachment을 받아 어차피 받을 승소판결의 집행에 대비했다. 법원은 스미스에 대하여 궐석판결을 내리기로 하고 원고가 받아야 할 금액을 확정하기 위하여 감정을 명했다. 배심원들이 원고의 손해액을 31.5달러로 확정하자 법원은 판결의 집행을 위하여 피고재산의 경매를 명했다.[236)] 버크매스터 대 개릿Buckmaster v. Garret 사건에서 원고인 토머스 버크매스터는 피고인 알렉산더 개릿을 상대로 352.92달러의 약속어음금을 청구했다. 양 당사자들은 그 후 합의했음이 분명해 보인다. 법원은 피고가 답변서를 냈다가 철회했으며, 피고가 원고의

---

    *   계약이 성립하려면 "약인consideration"(대가관계 내지 반대 급부에 해당)이 필요했다.
   **   법원은 원고가 청구한 것보다 더 많은 채권이 인정될 경우 후자의 금액을 선고할 수 있다.
 ***   미국에서 민사판결은 법원의 당해 사건부docket에 기록enter, entry됨으로써 상소기간이 기산되며, 법정에서의 선고나 판결 송달 절차는 따로 없다.

소 제기에 든 비용을 물어주었음을 확인하면서 "쌍방의 합의에 의한" 소 취하를 허가해주었다.[237]

대체로 피고들이 패소하는 이유는 다음과 같은 몇 가지에 기한 것이었다. 대체로 그들은 실제로 빚을 지고 있었기 때문이다. 그런 경우에 일단 제소가 되고 나면 채권자와 채무자 간의 관계를 규율하는 공식적인 법이나 지역사회의 기대심리는 불가피하게 채권자에게 유리한 판결을 보장했다. 만약 채권자가 시간과 비용을 쓰면서라도 소송을 걸 각오만 하면 일단 소송이 제기된 이후에는 법은 하등의 딴지를 걸지 않았다. 일단 채권자가 승소판결을 받고 나면 일리노이 주 법은 채무자의 재산 중 일부—침대, 가재도구, 가구, 난로—를 압류대상에서 제외하여 보호해 주었다. 지역사회의 기대심리 또한 채권자가 법정에서 승소하는 데 큰 역할을 했다. 당시 지역사회에서 계속 확장되어 나가는 시장경제가 살려면 상사채무를 갚는 일이 불가결한 요소임을 배심원들은 분명히 알고 있었던 것이다.[238]

그러나 채권회수 사건에서조차도 변호사들은 어떤 형태로든 타협을 유도해 낼 기회가 자주 있었다. 제임스 파워스가 콜스 카운티의 치안법원 판사에게서 1842년 5월 패소판결을 받고 나자 그는 순회법원에 상소했다. 일단 대법원에 가게 되자 링컨은—그때 링컨이 어느 쪽을 대리했는지는 불분명하다—양 당사자 간의 합의서안을 준비하여 공개법정에서 읽었다. 그 합의서안에 의하면 63.71달러의 지급을 명하는 하급심판결의 내용을 그대로 인정하되 그 집행은 1년간 유예하기로 하는 내용이었다.[239] 이것은 채권자에게 강제집행할 수 있는 판결을 내린 셈이며, 또 한편으로 채무자에게는 숨을 돌릴 여유를 허용한 것이다. 1859년 링컨은 비슷한 제안을 받고 이에 동의했다. 링컨은 법률사무소의 동업자인 오빌 브라우닝과 니어마이아 부시넬 변호사가 커시 펠과 프랭클린 프라이스를 위하여 채권자들과 "파산전 합의 insolvent fix-up"를 도출해준 뒤 보수조로 받은 약속어음금의 지급을 청구한 사건에서 변호사들 측을 대리했다. 피고들에 대하여 370달러의 지급을 명하는 판결이 내려지자 피고 펠은 링컨에게 자신이 흔쾌히 "그 몇 푼 안 되는 판결금액"을 지급하겠으나, 현재 자력이 없으므로 우선 150달러만 지급하고 나머지는 1년 내에 지급하겠다고 제의하는 서면을 보냈다. 링컨은 "판결날짜로부터 1년간 판결집행을 유예"하는 조건으로 분할변제에 동의했다.[240]

링컨의 변호사 업무가 더욱 노련해지고 일리노이 주의 경제 또한 날로 번창하면서 그의 채권회수업무는 일부 변화를 보게 되었으나 그 업무의 대부분에는 변화가 없었다. 이에 관련된 3건의 사례를 예로 살펴보자. 1856년 3월 스튜어트와 에드워즈는 시카고, 앨턴 및 세인트루이스 간 철도회사를 상대로 연방지방법원에 3건의 소송을 제기했다. 링컨은 철도회사를 대리했다. 두 가지 측면에서 이 사건들은 링컨이 기왕에 지난 20여 년간 취급해오던 채권회수소송들과 달랐다. 우선 금액이 컸다. 소장에서 청구된 금액이 자그마치 70만 달러에 달했다.[241] 또한 이 사건들은 링컨의 초기 채권회수소송들이 주의 순회법원에 제출되었던 것과는 달리 연방지방법원에 제출되었다. 원고들이 일리노이 주가 아닌 다른 주의 사람들이었기 때문에 당사자에 대한 재판관할권이 서로 다름을 이유로 연방법원에 소송을 제기할 수 있었던 것이다. 그러나 이런 두 가지 차이점에도 불구하고 이 사건들은 한 가지 중요한 점에서 초기의 채권회수소송들과 차이가 없었다. 그것은 재판결과가 이미 예측가능했다는 점이었다. 링컨은 철도회사의 변호사로서 거의 다툴 생각을 하지 않았다. 소장들은 3월 3일 접수되었는데 3건 모두가 그로부터 2주를 지나지 못하여 변론에 들어갔다. 당사자들이 배심원에 한해 재판받기를 포기하자 판사는 증거를 제출받고 나서 세 사람의 원고에게 승소판결을 내렸다. 브라운 형제들은 257,524.76달러, 헨리 호치키스는 51,496.85달러, 뉴헤이븐 카운티 은행은 107,381.39달러의 승소판결을 받은 것이었다.[242]

링컨이나 그의 동업자들은 채권의 만족을 위한 부동산의 매각신청사건을 적어도 88번이나 수임했다.[243] 그런 사건들에서 상속재산의 관리인은 사망자의 채무를 변제하기 위하여 상속 재산의 매각을 허용해달라고 법원에 신청하곤 했다.[244] 일반적으로 관리인은 그런 경우 법원이 매각을 허용할 것을 기대할 수 있었다. 그런 경우에는 매 사건마다 소송후견인guardian ad litem이 임명되어 상속재산에 대한 미성년 상속인들의 이익을 대변하는 임무를 맡았다. 링컨은 적어도 10번 이상 소송후견인으로 봉사했지만 그런 매각결정에 대하여 한 번도 이의한 일이 없었다.[245] 그가 소송후견인으로서 제출한 답변서의 내용은, 소송후견인은 매각신청이 기각되어야만 할 만큼 상속인의 "이익을 보호해야 할 사유를 알지 못한다"는 내용이었다.[246] 법원의 명령은 관리인에게 어떤 특정의 부동산을 매각하도록 직접 명령하든지, 또는 "당해 상속재산상의 채무의 변제에 충분할 정도로" 매각하든지 하라는 상투적인 내용이었다.[247] 소송후견인이 매각에 대하여 아무런 이의를 제기하지 않았다는 것은 채무자가 빚을 갚는 일의 중요성을 지역사회가 인식하고 있었음을 암시한다. 실제로 부동산매각허가를 신청한 88건은 모두 순회법원에서 매각이 허가되었다.[248] 여기서는 죽은 남편이 남긴 땅의 3분의 1에 대하여 부인이 평생 가지는 권리만큼은 채권자들의 집행대상에서 제외된다는 점이 특히 그런 허가를 편한 마음으로 결정하도록 해주었을 것이다.[249] 상속인들이 반대하지 않는 상황에서 이런 사건을 맡은 링컨이나 다른 변호사들은 지역사회의 기대심리와 가치관에 부응하여 일한 것이다.

링컨은 초기 변호사 생애에서 거의 지역사회에 기반을 둔 분쟁들을 다루었다. 그의 변호사 생애 후반에는 전국적인 시장경제가 발흥함에 따라 새로운 양상의 사건들을 다루게 되었다. 지역사회의 분쟁을 다룰 경우 링컨은 자주 중재자 내지 화해자로서의 역할을 했다. 링컨은 지역사회의 분쟁에 터잡은 소송사건을 다룰 때 그의 진가를 발휘할 수 있었다. 이렇게 지역사회적 성격이 강한 분쟁들은 결국 중재와 타협을 선호할 수밖에 없었던 것이다.

5장
흑인 여성 제인의 경우

노예해방선언을 한 링컨이 대통령이 되기 전 변호사 시절에 켄터키 주의

노예소유주인 로버트 맷슨을 대리하여 흑인 여성 제인 브라이언트와 그 네 자녀에

대한 소유권을 주장한 일이 있다는 이야기는 충격적이기도 하다.

링컨이 그 사건을 맡은 것이야말로 변호사의 도덕적 책무는 자기에게 의뢰한

당사자에게 충성하는 것만으로도 족하다는 진부한 법조윤리의 영향을

받았음을 보여준다.

1847년 10월 초 에이브러햄 링컨은 거주지인 스프링필드를 떠나서 150km를 여행하여 콜스 카운티의 군청 소재지인 찰스턴을 방문했다. 원래 콜스 카운티는 링컨이 평소 정규적으로 다니던 순회법원은 아니었지만 자주 사건을 맡았던 곳이었다.[1] 링컨은 그해 가을 5건의 순회법원 사건을 다루었다. 5건 중 4건은 링컨에게는 전형적인 유형의 사건들이었다. 즉, 2건은 명예훼손 소송이었고, 1건은 1,000달러의 약정금청구 사건이었으며, 또 1건은 토지의 소유권이전에 관한 형평법원 사건이었다. 링컨은 이 4사건에서 특별히 좋은 성과를 얻지는 못했다. 그는 명예훼손 2건에서 모두 패소했고, 약정금청구소송에서 그의 의뢰인은 828.57달러의 지급을 명하는 패소판결을 받았다. 형평법원 사건에서는 법원의 지난번 개정기에 상대방이 출석하지 않음에 따라 이미 승소판결을 받아두었는데, 이번에 소유권의 이전을 위하여 토지의 분할을 명령받은 집행관은 10월 들어 보고서를 제출하고 보수를 받아갔다.[2]

링컨은 5번째 사건에서도 패소했다. 이 사건은 링컨 연구자들을 매우 곤혹스럽게 한 특별한 사건이었다. 나중에 대통령이 되어 노예해방선언을 한 링컨이 켄터키 주의 노예소유주인 로버트 맷슨을 대리하여 제인 브라이언 트라는 아프리카 출신 흑인 여성과 그 네 자녀에 대한 소유권을 주장해보았으나 패소한 것이다.[3]

이 맷슨 사건은 링컨의 전기 작가들에 의하여 논란의 대상이 되어왔다. 전기 작가 J. G. 홀랜드는 1866년에 발간된 링컨 전기에서 이 문제를 최초로 논했다. 그는 링컨이 맷슨을 대리한 것을 역설적으로 이용하여 링컨이 노예들을 헌법상의 재산으로 간주했음을 입증해보려 했다. 링컨은 헌법이 노예제도를 보호*하고 있음을 "의회에서의 발언을 통해서만이 아니라 선거유세 중에도, 또 그의 변호사 업무에 있어서도" 인정해왔다는 것이다. 홀랜드는 "링컨 같은 사람으로서는 만약 노예들이 헌법에 의하여 재산권의 대상으로 인정된다고 믿지 않았다면 이 사건을 맡지 않았을 것"이라고 확신하고 있었다. 그러나 홀랜드는 또한 링컨이 이 흑인 여성과 그 자녀들에 대한 동정심에서 맷슨을 위하여 열심히 변호하지 않았다고 주장했다. 이렇게 홀랜드는 어느 사건에서 어느 한쪽을 맡는 변호사는 필연적으로 그쪽의 입장을 지지하는 사람이라고 생각했으나, 이는 잘못된 것이었다. 찰스턴의 변호사인 올랜도 피클린과 찰스 컨스터블은 이 흑인 여성과 자녀들의 자유를 위하여 다투어준 끝에 승소판결을 얻어주었으나, 이 변호사들은 원래 남부 출신으로서 작가들에 의하여 친노예주의자pro-slavery로 낙인찍혀 있는 사람들이었다(그러나 그들은 친노예주의자라기보다는 반흑인주의와 반노예폐지론자적인 경향을 가지고 있었다고 보는 것이 더 정확할 것이다). 이 변호사들 역시 노예는 헌법상의 재산권의 대상이라고 생각했을 것이다.[4]

이 사건은 링컨을 존경하는 사람들을 매우 난처하게 만드는 케이스였다.

＊ 미국의 헌법(1787)은 "연방"이라는 큰 뜻을 위한 노예주와 자유주 간의 타협의 산물이었다. 따라서 어느 주에서 노예인 자가 다른 주로 도망했을 경우 다른 주는 노예소유주의 요구가 있을 경우 그에게 돌려보낼 의무(제4조2항3호)를 졌다.

그들은 링컨이 평생에 걸쳐 노예제도를 반대했으며, 또한 변호사로서도 정의롭지 못한 사건을 수임하지 않았다고 믿어왔다. 이런 그들에게 이 사건이야말로 자신은 "언제나 노예제도를 증오"해왔다는 링컨의 주장에 대한 의문을 갖게 만들거나, 문화적 측면에서 볼 때 링컨은 *그가* 맡는 사건의 도덕성 여부를 따지지 않는, 최악의 "고용된 총잡이" 사례에 해당했을 가능성조차 무시할 수 없게 만드는 것이다.[5] 그래서 이 사건에 관하여 기술한 작가들의 대부분은, 링컨이 이 사건에서 전적으로 의뢰인의 입장만을 대변할 수는 없었다고 주장하는 방법으로 링컨의 반노예제도에 대한 신념과, 이에도 불구하고 그가 노예소유주를 대리했다는 모순을 조화시켜보려고 안간힘을 쓰는 것이 사실이다. 실제로 어떤 사람들은 링컨이 "비참할 정도로 심약해져서" 그 사건을 사실상 포기했다고까지 암시하려 한다.[6] 그러나 어떤 사람들은 링컨이 맷슨을 열심히 대리하지 않았다는 주장을 인정하지 않는다. 이런 작가들은 오히려 링컨의 열정적 대리행위야말로 변호사인 그가 전문직역인으로서의 의무를 완수한 것이라고 주장한다. 이런 방식으로 링컨을 옹호하려는 데에는 대립 당사자 간에서 어느 한쪽의 당사자를 맡게 되는 변호사의 현대적 윤리관이 도사리고 있다.[7]

링컨은 자신이 맷슨을 대리했다는 비난을 피하려 하지 않았다. 링컨은 에드거 리 매스터스Edgar Lee Masters*의 시각에서는 이중으로 저주받은 꼴이었다. 첫째로, 그는 맷슨을 대리하는 선택의 잘못을 저질렀으며, 둘째로, 맷슨을 열심히 대변하지 못한 잘못을 저질렀다는 것이다. 매스터스는 그의 폭로성 링컨 전기에서 링컨이 도대체 누구를 대리하는지에 관하여 아무런 도덕적 가책도 느끼지 않음을 보여주었다는 소신을 피력했다. 매스터스는 "노예제도를 정의롭지 못하며 잘못된 정책에 기한 것이라고 선언한 스톤과 링컨

---

* 미국의 시인, 전기 작가, 극작가, 변호사(1868–1950).

결의안Stone-Lincoln resolutions*의 장본인 중 한 사람인 링컨이 찰스턴으로 와서 노예소유주인 맷슨과 동맹을 맺어 그가 노예들을 되찾을 수 있도록 변호사의 기술과 웅변술을 빌려주었다는 사실"을 지적했다. 그러나 매스터스는 또한 링컨이 종내 "힘을 잃고, 재치도 이야기도 유머도 독설도 논리도 갖추지 못한 채 처참한 모습으로 시종했다"고 평가했다. 보수적인 학자인 브래드퍼드M. E. Bradford**는 이 사건이야말로 링컨이 노예제도에 대한 "증오"를 말할 때 그를 위선자라고 부를 수밖에 없도록 하는 명백한 증거가 된다고 믿었다.[8]

링컨이 켄터키의 노예소유주 로버트 맷슨을 대리한 사실이 간과되지는 않았지만, 이 사건에 대한 설명은 사실에 관한 오해와 그 주요 자료에 대한 무지로 인하여 해석상의 오류를 빚게 되었다. 만약 우리가 이 명백한 모순을 설명할 수 있으려면 무엇보다도 몇 가지 중요한 문제점에 대한 해답을 얻을 수 있어야 한다. 무엇보다도 먼저 이 사건의 사실적 배경을 이해할 수 있어야 한다. 로버트 맷슨은 누구였으며, 그는 도대체 자유주free state***에서 노예를 거느리고 무엇을 하고 있었던가? 이 사건에서 링컨의 역할은 오해받아 왔는데, 그것은 이 사건에 적용된 법에 대한 오해에서 비롯된 것이었다. 링컨은 이 사건을 제대로 대리했는가? 아니면 몇몇 작가들이 암시하듯 이 사건을 내팽개쳤던가? 링컨의 변호사 업무에 관한 검토는 사실 낱개의 사건별로 이루어져왔으며, 맷슨 사건도 예외가 아니었다. 그러나 다른 북부의 변호사들도 비슷한 선택의 기로에 직면해왔다. 링컨이 맷슨 사건에서 경

---

* 일리노이 주의회가 노예폐지론에 반대하면서 남부의 노예제도는 연방헌법이 보호하는 성스러운 재산권이라는 결의안을 채택하자, 주의회 의원 중 다니엘 스톤과 링컨 두 사람이 1837년 3월 3일의 의회기록에 남긴 항의문. 이 항의문에서 두 사람은 노예제가 불의와 악한 정책이라고 주장하면서도, 한편 노예폐지론의 확산 또한 노예제라는 악을 제거하기보다는 강화시킬 염려가 있다는 비교적 온건한 내용의 주장을 폈다.
** 댈러스 대학 교수, 보수적 색깔의 정치평론가.
*** 노예제를 인정하지 않는 북부의 주들.

험한 것과 전쟁 전의 다른 변호사들이 비슷한 사건을 맡았던 경우는 어떻게 비교될 수 있을까? 링컨은 맷슨을 대리했다는 이유로 비난받아왔다. 그 당시를 지배하던 전문 직역의 책임윤리는 현대와 얼마나 서로 달랐을까?

켄터키의 로버트 맷슨

링컨의 의뢰인이 된 로버트 맷슨은 켄터키 주 버본 카운티 출신으로서, 그 당시 어느 사람이 말한 바에 의하면, "켄터키의 귀족 계급에 속하는 사람"이었다.[9] 그러나 이는 과장인 듯하다. 맷슨은 커다란 부나 권력의 소지자는 아니었던 것으로 보인다. 1796년에 버본 카운티에서 태어난 맷슨은 10대 소년으로서 1812년의 전쟁*에 나가 싸웠다. 그는 나중에 켄터키 주 민병대의 장군으로 임명받았다.[10] 그는 클레이**의 휘그파로 선거에 나아가 1832년과 1834년에 켄터키 주 하원의원에 당선되었다.[11] 남부의 "귀족"치고는 거느린 노예가 몇 명 되지 않았다.

켄터키 주에서의 노예 소유는 남부의 다른 주들의 경우와는 양상이 달랐다. 즉, 켄터키 주는 노예제도를 지지하는 다른 대부분의 주들과는 달리 노예의 밀도가 매우 희박했다. 미주리 주를 제외하고는 켄터키 주만큼 노예소유주 1인당 노예의 머릿수가 적은 곳이 없었다.[12] 그러나 버본 카운티에서의 노예소유상황만큼은 켄터키 주의 다른 곳들과 달랐다. 그것은 최남부 지방***에서와 매우 유사했다.[13] 그렇지만 맷슨만큼은 적어도 그가 소유한 노예의 머릿수로 따질 경우 평균적인 노예소유주에 불과했던 것으로 보인다.

---

  * 1812–1815년간 미국과 영국 간의 전쟁.
  ** 헨리 클레이(1777–1852)는 휘그당의 창당 주역이었다.
  *** 조지아, 앨라배마, 미시시피, 루이지애나 등.

1840년 그는 7명의 노예를 소유하고 있었는데, 그 당시 켄터키 주의 주인 1인 당 평균 노예수(1850년)는 5명이었다.[14)]

맷슨은 버본 카운티 순회법원에 자주 소송을 거는 편이었다. 법원소송 기록에서 나타나는 맷슨의 모습은 형제와 화목하지 못하고, 그의 노예들은 도망갈 궁리나 하고, 본인은 항상 돈문제로 시달리는 사람의 전형이었다. 맷슨은 버본 카운티에서 33번이나 소송을 당했다.[15)] 그를 상대로 하는 소송의 대부분은 채권회수 소송이었다. 저자는 1823년부터 1846년에 이르기까지 그를 상대로 하여 제기된 14건의 소송을 찾아볼 수 있었다. 그중 13건은 액면 81.20달러에서 1,221.29달러에 이르는 다양한 금액의 부도난 약속어음금 청구소송이었다.[16)]

맷슨은 1823년부터 1842년 사이에 적어도 8번 원고로 법정에 섰다.[17)] 그는 동생 토머스와 싸운 끝에 그를 3번이나 제소했다. 최초로 동생에게 건 소송은 명예훼손 소송이었다. 그는, 자기 동생이 "낸시 맬로리가 또 다른 아기를 낳았는데 로버트 맷슨이 그 아기를 죽여 혼자서 몰래 묻었다"고 말했다며, 동생을 제소했다. 이 사건은 동생이 형을 살인자라고 말한 일이 결코 없다고 진술하고, 그것을 다음과 같이 기록에 남김으로써 해결되었다. "피고는 낸시 맬로리가 아기를 낳았는지, 또 아기를 죽였는지의 여부에 대하여 원고가 아무것도 모른다고 확신한다."[18)]

그의 동생 또한 형이 병상에서 죽어가는 아버지에게 부적절한 영향력을 행사했다는 이유로 형을 제소했다. 1826년 로버트 맷슨과 니콜러스 탤벗은 아버지 제임스 맷슨이 남긴 유산의 공동관리인으로서 동생 토머스를 상대로 형평법원에 소송을 걸어 땅에 대한 소유권을 이전해 달라고 청구했다.[19)] 토머스가 그 사건에서 제출한 선서증언녹취서를 보면 토머스는 증인에게 자기가 평소 아버지 제임스는 "너무 늙고 오락가락하는 사람"이어서 유언장도 여러 번 만들었으며, "아버지가 만든 유언장은 모두가 로버트 맷슨과 낸시 맬로리의 영향력 행사하에 한 것"이라며 불평하는 것을 들은 일이 있는지 묻고 있다.[20] 그러자 토머스도 반격에 나서서 아버지 유산의 관리인인 형과 니콜러스 탤벗을 상대로 제소하여 "약정위반covenant broken*"을 이유로 12,000달러를 청구했다.[21] 또 다른 1827년의 소송에서 맷슨은 동생 토머스가 토지를 침범**했다며 500달러를 청구하는 소송을 걸어 토머스가 두 형제 소유 토지 사이의 경계선 역할을 하던 울타리를 뜯어내었으며, "자기의 땅 위에 자라는 풀과 밀을 짓밟고 가축에게 먹이고 못 쓰게 만들었다"고 주장했다.[22]

맷슨의 사건들 중 적어도 4건은 노예들에 관한 것이었다. 이 사건들의 배경을 보면 일리노이 주에서 벌어진 문제의 사건도 예고되고 있었다. 맷슨의 노예들이 전에도 도망가려 한 적이 있으며, 그가 전에 노예들을 매각한 일도 있음을 보여주는 것이다. 비록 전쟁 전의 켄터키 주에서 노예들이 도망을 시도하는 일은 매우 드문 일이었음이 분명하지만, 맷슨은 그런 도망을 조장한 책임이 있었던 것이다.[23] 맷슨의 노예들 중 3명이 1827년 자유를 찾아 도망하려고 시도한 적이 있었다. 나중에 형평법원에 제기된 소송에서 이 호전적이고도 인색한 염세주의자는 "오하이오 주로 도망치려고 시도하던" 맷슨의 노예들을 붙잡아준 대가로 제시 토드가 받게 된 20달러의 포상금을 주지 않으려고 시도했다. 맷슨은 실은 자신이 "검둥이들의 도망"을 예상해서 "그 감독자에게 감시를 잘하고 추적하라고 지시"했기 때문에 토드는 포상금을 받을 자격이 없다고 강변했다. 그러나 실제로 맷슨의 노예 중 3명(두 여성과 한 어린이)이 다른 주인에게 속한 2명의 남성 노예들과 함께 도망쳤다. 오거스타에서 토드는 맷슨의 노예 중 한 사람을 붙잡는 데 도움을 주었다. 그러나 나머지 두 사람은 "강을 건넌" 후 다른 사람들에게 체포되었다.

---

* covenant는 권리이전증서 deed에 의한 약정을 의미하는데, 이 사건의 구체적인 내용은 불분명하다.
** 타인 소유지에 들어가거나 쓰레기를 버리거나 건축물을 세우는 등의 행위.

맷슨은 자기가 "오거스타에서 생긴 포상금과 비용 부분"을 이미 지급 완료했다고 주장했다.[24]

잇따라 일어난 다른 일련의 소송들에서는 맷슨이 노예를 매각할 권리를 가지고 있는지에 대한 의문이 제기되었다. 1835년의 반환청구replevin* 소송에서 피터 클라크슨은 맷슨이 800달러의 가치가 있는 "넵튠이라는 이름의 남자검둥이"를 붙잡아 불법으로 가두었다고 주장했다.[25] 맷슨은 그가 클라크슨을 상대로 제기한 소송에서 얻은 승소판결을 집행하여 넵튠을 인수했던 것이다. 맷슨은 그 후 넵튠을 매튜 휴즈라는 사람에서 990달러에 팔았다.[26] 클락슨은 그 다음에 매튜 휴즈와 오토 휴즈를 상대로 "넵튠이라는 이름의 검둥이 남성 노예를 가두고 있음"을 이유로 불법점유물반환청구 소송detinue**을 제기했다. 그러자 맷슨은 제임스 맷슨이라는 변호사에게 위임하여 사건의 "방어준비와 방어행위"를 하도록 맡겼는데, 이는 자기가 "넵튠을 매각하고 소유권의 확실한 이전을 보장한 사람으로서 사건에 대하여 우려하며 이해관계를 가지고 있기 때문"이라는 이유에서였다.[27] 맷슨은 변호사의 수임료를 지급하지 않았다. 변호사는 나중에 그를 상대로 500달러의 수임료청구소송을 걸었다. 그 외에도 클라크슨 관련소송에서 생긴 변호사 비용의 지급청구소송이 하나 더 있었는데, 그것은 1846년에 사망한 토머스 엘리엇 변호사의 유산관리인인 존 윌리엄스가 맷슨을 상대로 하여 제기한 것이었다.[28]

＊　흑인노예를 "재산"으로 보기 때문에 이런 소송이 가능했다.
＊＊　보통법상 동산에 관한 소유물 내지 점유물 반환 청구소송으로 "replevin"과 유사하지만, "replevin"은 소 제기와 동시에 일정한 담보제공 하에 미리 계쟁물의 점유를 원고가 확보해 놓고 재판을 진행할 수 있다는 점에서 본안판결전 "단행가처분"적 성격에 의의가 있는 반면, "detinue"는 이를 허용하지 않는다는 점에서 차이가 있다.

일리노이 주의 로버트 맷슨과 제인 브라이언트

1836년 맷슨은 동부 일리노이 주에 있는 콜스 카운티에서 약간의 농장 땅을 사서 블랙 그로브라고 이름지었다.[29] 노예를 둔 농장을 노예주인 켄터키 주와 자유주인 일리노이 주 두 곳에 소유하면서 맷슨은 두 곳을 왕래했다. 맷슨은 두 주에서 번갈아 살면서 두 곳 모두에서 선거권을 행사했음이 기록상 드러나고 있다. 1840년 버본 카운티의 호구조사표에 의하면 맷슨은 10세 이하의 노예 5명과 10~25세 사이의 노예 1명, 그리고 26~36세 사이의 노예 1명을 소유하고 있었다. 1846년 버본 카운티에서 맷슨을 피고로 하여 벌어진 소송에서는 그가 "켄터키 주에 살지 않으면서도 버본 카운티에 약 60에이커*의 땅을 소유"하고 있다고 소장에 써 있었다.[30] 맷슨의 정부인 메리 코빈이 블랙 그로브에 머물면서 맷슨의 부재시 농장의 경영을 맡았다. 맷슨과 코빈 간의 사생아 4명 중 장남은 맷슨이 블랙 그로브를 매수할 즈음에 태어났는데, 이는 맷슨이 일리노이 주에 땅을 산 것이 정부와 사생아들을 버본 카운티의 점잖은 지역사회로부터 감추어두기 위한 데 목적이 있었음을 암시한다. 1850년의 호구조사표에 의하면 두 사람 사이에서 태어난 4명의 자녀 명단이 나타나는데, 메리는 14세, 로버트는 12세, 밀드레드는 4세, 그리고 헨리에타가 생후 3개월이었다. 1850년 맷슨은 54세였고, 메리는 32세였다.[31]

링컨 전기들 중 몇 군데의 설명에 의하면 맷슨은 매년 봄이 되면 노예 서너 명을 켄터키로부터 일리노이로 데려와서 농작물을 수확하게 하고, 초가을이 되면 이들을 켄터키로 데려가곤 했다.[32] 맷슨은 이들 노예가 "자유주인 일리노이 주에 체재한다는 이유로 자유인이 될 권리를 취득하거나, 또는

* 약 243,000㎡

적어도 노예라는 법적 지위를 벗어나지 않도록" 확실히 해두기 위하여 의도적으로 매년 서로 다른 노예들을 데려왔던 것이다.[33] 그러나 이런 설명은 맷슨이 1840년의 호구조사표에 의할 경우 10세 이상의 노예는 단지 2명밖에 거느리고 있지 않았다는 점에 비추어보면 매우 의심스러운 설명이 된다.[34] 결국 맷슨은 켄터키의 채권자들로부터의 집행을 면하기 위하여 노예들을 일리노이로 데려왔던 것이 아닌가 생각된다. 버본 카운티의 신문에는 법원의 노예경매공고가 자주 실리곤 했던 것이다.[35]

맷슨은 앤서니 브라이언트라는 노예만큼은 여하튼 계속하여 블랙 그로브에 머물도록 허락했다. 노예폐지론자들 중 한 사람으로서 나중에 브라이언트 가족의 도피를 도왔던 사람이 1847년 10월에 쓴 편지에서는 앤서니를 "자유인"이라고 불렀다.[36] 1845년 8월 브라이언트에게 그의 처 제인과 4명의 자녀가 찾아와서 합류했다.[37] 맷슨은 제인과 그 자녀들이 일리노이 주에서도 자기의 노예로서의 신분을 계속 보유한다고 믿었다. 제인은 그 농장에서 가정부로 일했다. "흑백혼혈mulatto"이라고 묘사되기도 했던 제인은 그 아버지가 맷슨의 형이라고 소문났던 점에 비추어보면 맷슨의 조카였을 가능성이 있다.[38]

1847년 여름 맷슨이 켄터키에 가 있는 동안 코빈은 맷슨의 노예 중 한 사람에게 맷슨이 이제는 "어린 노예들을 켄터키의 저택으로 데리고 가고 일리노이 주 안에는 늙은 노예들만 아이들 없이 남겨두려고 한다"고 말한 적이 있었다.[39] 일설에 의하면 코빈은 맷슨이 제인과 그 자녀들을 포함하여 모든 노예들을 데리고 켄터키로 돌아가서 그곳에서 노예들을 팔아버릴 계획이라고 말했다고도 한다.[40] 노예의 매각은 켄터키 주에서 노예가족을 분산시키는 가장 일반적인 방법이었다.[41]

"도망노예" 제인 브라이언트 : 콜스 카운티 치안법원에서의 소송

여하튼 제인의 가족은 여느 노예가족이나 마찬가지로 공중분해될 상황이었다. 이제는 제인과 앤서니 부부가 행동할 때가 된 것이었다. 비록 제인과 그 가족이 일리노이 주에 도착한 것은 이미 2년이나 되었지만, 그보다 더 일찍 도망가는 것은 어리석은 일이었을 것이다. 일리노이 주법은 자유인이 된 흑인에 대하여 극도로 가혹*했으므로 제인은 도망가더라도 납치되어 노예주로 끌려가서 그곳에서 팔려버릴 것을 각오해야 했다.[42] 노예들은 켄터키 주에서 감히 자유를 얻기 위하여 도망칠 엄두를 내지 못했으나, 자유주를 여행해본 노예들은 자유가 무엇인지를 배우거나 도망칠 기회를 얻을 수 있었다.[43] 앤서니와 제인 부부는 일리노이 주에 머무르면서 이런 두 가지 기회를 모두 얻을 수 있었다. 앤서니와 제인 부부는 노예주인 켄터키로부터 자유주인 일리노이로 옮겨짐으로써 그녀와 그 자녀들이 자유인이 되었다고 믿었다.[44] 감리교 평신도지만 설교자이기도 했던 앤서니는 먼저 그 지역의 감리교도들에게 도움을 구했으나 거절당했다. 그는 다음에 근처 오클랜드의 호텔경영자로서 노예폐지론자인 맷 애시모어에게 접근했다. 애시모어는 동정심을 표시하고 도움의 손길을 내밀었다. 그는 원래 펜실베이니아에서 살다가 이곳으로 온 의사이자 노예폐지론의 공동전선을 펼치고 있던 히램 러더퍼드를 움직여서 두 사람은 찰스턴의 변호사인 올랜도 피클린에게 사건을 맡기게 되었다. 켄터키에서 태어난 피클린은 1830년대에 링컨과 함께 일리노이 주의회에서 의원으로 일한 적이 있으며, 맷슨 사건 당시에는 민주당 소속의 미연방의회 의원이었다.[45] 피클린은 후일 그 의뢰인들이 "그 시절의 가장 철두철미한 노예폐지론자들"이었다고 회상했다.[46] 애시모어와

---

* 일리노이 주는 노예제도를 인정하지 않는 "자유주"였지만, 그렇다고 하여 자유인이 된 흑인들에게 기회 균등을 허용하지도, 관대하지도 않았다.

러더퍼드는 앤서니에게 일단 블랙 그로브로 돌아가라고 말했다. 그리고 어느 시점이 되자 앤서니가 제인과 그 자녀들을 애시모어에게 데리고 왔다.[47]

앤서니와 제인은, 링컨이 나중에 "자유주" 내에서 자유를 찾으려는 노예들에게는 두 가지의 걸림돌이 있다고 말한 것, 즉 자기들의 법적 권리에 대한 무지 및 법적으로 도와줄 사람의 부족, 이 두 가지를 극복할 수 있었다. 링컨은 1854년 네브래스카 준주territory*에 노예제도를 도입할지 여부를 토론할 때, 노예가 노예제도를 적극적으로 지지하는 법을 구비하지 못한 주의 관할구역 내로 들어오게 되면 자유로워진다는 것은 "법률책에는 있는 말"이지만 "실제 실무상으로는 그렇지 못하다"고 언급한 적이 있었다. 링컨은 실제로 "실무상" 어떤 일이 일어날지에 대하여 다음과 같이 묘사한 적이 있다. "백인이 자기의 노예를 지금 네브래스카로 데려온다. 그러면 도대체 누가 이 검둥이에게 너는 자유롭다고 알려줄 것인가? 누가 그를 법원으로 데리고 가서 그의 자유 여부의 문제를 검증받게 할 것인가? 노예는 자신이 법적으로 해방되었음을 알지 못하기 때문에 그는 여전히 나무를 뻐개고 밭 가는 일에 종사해야 한다."[48]

제인과 앤서니 부부는 어느 시점에선가 일리노이 주법에 의하면 자기들이 자유로워질 수 있다는 사실을 인식했고, 또한 다른 사람들로부터 법적인 조력을 얻을 수 있었다. 이 부부가 일리노이 주법상 자유로워질 수 있음을 알았기 때문에 애시모어와 러더퍼드를 찾아간 것이었는지, 또는 애시모어와 러더퍼드가 그들을 만났을 때 그런 얘기를 해주어서 알게 되었는지는 분명하지 않다. 그러나 재판절차가 시작되었을 때 제인은 자신의 "법적 해방"의 가능성을 모르고 있지 않았으며, 그녀는 자신이 자유인이라고 믿어 의심치 않았다. 그러나 맷슨은 그녀와 그 자녀들에 대한 주장을 쉽사리 포기하

---

* 신개척지로서 아직 정식으로 연방주로 편입되지 못한 지역.

려 하지 않았다. 그들이 없어진 것을 알자 그는 그들을 자기에게로 되찾아오기 위한 법 절차에 착수했다. 1847년 8월 17일, 그는 콜스 카운티의 치안판사인 윌리엄 길먼에게 연방도망노예법에 기하여 체포영장을 청구했다. 1793년에 만들어진 이 연방법은 노예소유주가 카운티의 치안판사에게 선서진술서나 구두에 의한 증언으로 도망간 노예에 대한 소유권을 입증하면 치안판사는 노예소유주에게 "노동하다가 도망간 노예를 당초 그 노예가 도망가기 전에 일하던 주나 준주로" 돌려받을 자격을 수여하는 증명서를 발급하여 주었다.[49] 맷슨은 그의 선서진술서에서 "그 검둥이들의 요청을 받고" 제인과 그 자녀들을 일리노이로 데려왔으며, "일리노이에서 잠시 머물도록 하다가 켄터키로 도로 데리고 갈 예정"이었다고 진술했다. 그들은 "켄터키의 주법에 따라...자기의 노예들"이며, "켄터키 주에서 그들의 자연수명이 다할 때까지 자기를 위하여 노동과 용역을 제공할 의무를 지고 있다"는 것이었다.[50] 그러나 이 노예들은 켄터키로 돌아가 법에 따르는 노동을 제공할 것을 거부했다. 길먼은 보안관에게 명하여 제인과 그 자녀들을 자기의 앞으로 데리고 와서 맷슨의 청구에 대하여 답하도록 조치하게 했다.[51]

맷슨은 켄터키에서 태어나서 찰스턴에서 개업한 어셔 린더에게 사건을 위임하여 자신을 대리하도록 했다. 6년 전 일리노이 주 앨턴에서는 린더 변호사의 불을 토하는 듯한 격렬한 연설이 노예폐지론자들에 대한 반감에 불을 붙여 신문편집인인 엘리야 러브조이의 살해에 이르게 한 적이 있었다.[52] 러브조이의 사망 후 린더는 먼저 폭도들로부터 러브조이의 창고를 보호하려고 노력한 사람들을 기소하도록 도움을 주었다. 그리고 나서 그는 러브조이를 살인한 혐의로 기소된 사람들을 변호하는 일을 도왔다. 첫 변론에서 그는 "아프리카 사람*"이 "노예폐지론에 의하여 격동된 나머지" 야기한 위

＊　러브조이를 빗댄 말.

험에 대하여 언급하면서, 이를 "야수의 이빨에 물려 있는" 위험으로 비유했다.[53] 제인과 그 자녀들은 길먼 치안판사 앞에 출두하여 "로버트 맷슨의 노예이자 재산들이 도망한 죄"에 관하여 심문을 받게 되었다. 이틀이 걸린 이 재판에서 린더는 맷슨을 대리했고, 피클린은 제인과 그 자녀들을 대리했다. 심문이 끝나자 길먼 판사는 증명서의 발급을 미루고 제인과 그 자녀들을 보안관의 감호하에 두었다.[54]

그 심문의 기록은 남아 있지 않다. 찰스턴의 변호사인 던컨 매킨타이어는 거의 60년이나 지난 후에 그 심리에 관하여 썼으나, 이는 자신이 아닌 러더퍼드의 회상에 근거한 것임이 분명했다.[55] 매킨타이어에 의하면, 린더는 맷슨이 제인과 그의 자녀들을 일리노이 주로 데려온 것은 그들을 해방시켜주기 위해서가 아니라, 단지 "그들을 이곳에 잠시 머무르게 한 다음에 자기의 편한 시점에 그들을 다시 켄터키로 데리고 갈" 의사에 기해서였을 뿐이라고 주장했다. 제인과 그 자녀들의 법적인 주소가 켄터키에 있으므로 주소지의 법이 이 사건에 적용되어야 한다는 것이었다. 이에 대하여 피클린은 비록 제인과 그 자녀들이 켄터키에서 맷슨의 노예들이기는 했으나, 맷슨이 자발적으로 그들을 일리노이 주로 데려오는 순간 그들은 자유인이 되었다고 주장했다. 매킨타이어는 또 "친노예주의자"인 길먼 판사가 법정 밖에 많은 군중이 모여 웅성거릴 것을 보고 "만약 법원이 제인과 그 자녀들을 다시금 노예상태로 돌려보내라고 명령이라도 할 경우에는 그에 대한 필사적인 저항수단이 강구될 것임이 명백"하다고 겁을 냈기 때문에 이 사건에 대한 재판관할권이 없음을 선언한 것이었다고 주장했다.[56] 피클린은 이 사건에 관한 설명에서 법원 밖에 과연 그런 군중이 모여 있었는지에 관하여는 언급하지 않았다.[57]

그것보다는 오히려 길먼 판사가 실제로도 재판관할권을 가지고 있지 않았기 때문에 그런 선언을 했을 가능성이 높았다.[58] 비록 맷슨이 1793년의 연방도망노예법에 기하여 절차를 밟기는 했으나, 그 법은 이미 적용할 수 없었던 것이다.[59] 맷슨은 자신의 선서진술서에서 자기가 자발적으로 제인과 그 자녀들을 일리노이 주로 데려왔다고 주장하면서 심문기일에 이를 입증하는 증거들을 제출함으로써 이 사건을 연방도망노예법의 적용범위 밖으로 끌어내었던 것이다. 연방헌법상의 도망노예조항*은 "어느 주에서 그 주법에 따라 용역이나 노동에 매인 자가 다른 주로 도망하는 경우에만" 적용되는 것이었다.[60] 1793년 연방의회에서 통과된 연방도망노예법 또한 "노동에 매인 자"가 다른 주로 도망했을 때에 한하여 적용되었던 것이다.[61] 주 법원과 연방법원들은 반복하여 연방도망노예법은 노예소유주가 자발적으로 노예를 자유주로 데려간 경우에는 적용되지 않는다고 판시하여 왔다.[62] 제인과 그 자녀들은 켄터키 주에서 일리노이 주로 도망간 것이 아니라, 맷슨이 자인한 대로 자발적으로 그쪽으로 데려왔던 것이다.

여하튼 길먼은 제인과 그 자녀들이 노예인지 또는 자유인인지에 대하여 아무런 판단도 내리지 않았다. 그는 다만 이들이 "일리노이 주의 도망노예법**상 도망노예"임을 확인했을 뿐이었다. 그리고 나서 길먼은 제인과 그 자녀들의 신병을 콜스 카운티의 보안관인 허처슨에게 인계하여 "그들을 석방할 때까지 안전하게 지키"라고 명했다.[63] 보안관 허처슨은 이에 따라 "붙잡혀서 콜스 카운티 유치장에 인치된 5명의 검둥이들은…도망검둥이로 취급될 것"이라는 공고를 붙였다. 보안관은 이 "5명의 검둥이"를 다음과 같이 묘사했다:

---

* 미연방헌법 제4조 2항 3호는 어느 주의 노예가 다른 주로 도망할 경우 다른 주는 이를 체포하여 돌려줄 의무를 진다고 규정하고 있는데, 이것은 건국 당시 노예제를 고집하는 남부의 주들을 연방에 끌어들이기 위한 고육책이었다. 이 조항은 물론 그 후 헌법개정에 의하여 폐지되었다.
** 일리노이 주에도 도망노예에 관한 자체의 주법이 있었다.

한 여자는 피부색이 흰 흑백혼혈로 40세 정도이며 이름은 제이 브라이언트라고 불린다. 한 사람은 14세 정도로 밝은 피부의 흑백혼혈이며 이름은 메리 캐서린, 한 사람은 12세 정도로 밝은 피부의 흑백혼혈로 샐리 앤이라고 불린다. 그리고 5세의 밝은 피부색 혼혈인은 메리 제인이라고 불리고, 세 살배기 한 명은 로버트 노아라고 불린다.[64]

10월이 되자 보안관은 또 한 번 공고문을 붙여서 이번에는 가장 최고가를 부르는 사람에게 "검둥이여인 1명, 검둥이소녀 3명, 그리고 검둥이소년 1명"을 한 달간 빌려주겠다고 고지했다.[65] 보안관은 그중 세 살배기가 무슨 일을 할 수 있는지는 언급하지 않았다.

길먼 판사와 허처슨 보안관은 일리노이 주의 "흑인단속법Black Code*"의 규정을 충실히 따르고 있었던 것이다.[66] 이 법은 일리노이 주가 주 경계 내에 들어와 있는 흑인들의 존재를 못마땅하게 여긴 나머지 오랫동안 이들을 규제해왔음을 보여준다. 일리노이가 인디애나 준주의 일부**였던 당시 준주에 관한 법들은 얄팍하게 톱니문서 고용계약indentured servitude***을 가장한 사실상의 노예체제를 수용하고 있었던 것이다.[67] 이러한 준주의 법들은 후에 일리노이 주의 의회에 의하여 그대로 수용되었다.[68] 1818년의 일리노이 주 헌법이 "앞으로는 노예제도든 강제노동이든 이 주에서 결코 허용될 수 없을 것"이라고 선언하면서도, 또한 고용계약의 형태를 취한 사실상의 강제노동의 경우 그 사람이 계약체결 당시 "완전한 자유 상태"에서, 그리고

---

  * 일리노이 주는 노예제도를 폐지했으면서도, 흑인이 주 내에 거주하는 것을 달갑게 여기지 않았으므로 예컨대 1853년 흑인이 주 내로 이주해오는 것을 완전히 금지하는 법을 만드는 등 남북전쟁 전에는 미국에서 흑인에 대하여 가장 가혹한 규제를 했다.

 ** 일리노이 주는 건국 당초의 13개 주에 속하지 않는다. 즉 일리노이 주는 건국 후 영토의 확장 과정에서 추가로 연방에 가입한 것이다.

*** "indentured"는 문서의 위·변조를 예방하기 위하여 문서의 가장자리를 톱니모양 또는 지그재그 형태로 절단한 것을 의미한다.

그 고용계약이 "신의성실의 고려하에서" 만들어졌다면 허용해왔던 것이다. 일리노이 주 헌법 제11조 2항은 노예들을 고용하여 "쇼니타운 근처의 소금 광산"에서 한 번에 1년까지, 그러나 1825년까지에 한하여, 일을 시키는 것을 허용했다.[69] 그 제3항에서는 "일리노이 준주의 법에 따라 계약이나 고용계약에 의하여 노역을 제공할 의무가 있는 사람"은 누구라도 "그런 계약이나 톱니문서고용계약을 이행할 의무"를 지며, 그런 톱니문서고용계약상 남아 있는 기간을 지켜야 한다는 것이었다. 이에 따르는 노역제공자의 의무는 상속되기 때문에 "그런 사람들이 낳은 자녀로서 검둥이나 흑백혼혈아"인 자녀들은 남성의 경우 21세가 되어야 자유인이 되고, 여성의 경우 18세가 되어야 자유인이 된다는 것이었다.

1819년 일리노이 주의회는 자유인이 된 흑인들이 주 내로 들어오는 것을 막기 위하여 그런 흑인들에게 자유인증명서의 제출을 요구했다.[70] 1829년 일리노이 주의회는 더욱 제약을 가하는 조치를 강구하여 자유인이 된 흑인들에게 보증금을 납부하도록 요구하기까지 했다.[71] 일리노이 주는 이런 증명서나 보증금의 아이디어를 오하이오 주와 인디애나 주 등으로부터 빌려 왔는데, "흑인이나 흑백혼혈인으로서" 주의 경계 내에 들어와 정착하려는 사람은 인디애나에서는 500달러의 보증금과 자유인증명서를, 그리고 오하이오에서는 500달러의 보증금을 납부하도록 요구했다.[72] 일리노이 주의 백인들은 아프리카 출신 흑인들에 대한 증오심과 공포심의 부추김을 받아 자기들 나름으로 이렇게 이민을 제한할 수 있는 법 규정을 둠으로써 자유인이 된 흑인들이 될 수 있는 한 일리노이 주로 들어올 의욕을 상실하도록 만든 것이다.[73]

제인이 "도망자"로 간주되던 당시에 유효하던 흑인단속법의 규정에 의하면 "그 어떤 흑인이나 흑백혼혈인"도 "자유인증명서"와 자유인이 된 흑인이 카운티에 "부담"을 주지 않을 만큼 재정적 능력이 있음을 보장하기 위한 방편으로 1,000달러의 보증금을 납부하지 않는 한 일리노이 주에서 살 수 없다고 규정하고 있었다.[74] 자유인 증명서를 소지하지 못한 흑인이나 흑백혼혈인은 "도망노예이거나 톱니문서고용계약상의 노역제공의무자"로 간주되었다. 따라서 일리노이의 어떤 주민이라도 "그런 흑인이나 흑백혼혈인"을 치안판사에게 잡아가서 그 "도망자"를 카운티 보안관의 감호하에 두도록 요구할 수 있었다. 제인과 그 자녀가 자유인증명서를 가지고 있지 못했던 까닭에 그들은 이 법에 의할 경우 도망자들이었다. 일단 이렇게 도망자로 간주되는 사람이 보안관의 감호하에 들어가면 보안관은 "도망자로 간주되는 사람들의 신체 특징을 묘사하는 내용"을 신문지상에 공고할 의무가 있었다. 그러면 보안관은 도망자로 간주되는 자들을 "가장 높은 가격을 제시하는 자에게" 1년간 빌려줄 수 있었다. 그해 안으로 소유권을 입증하는 자가 나타나지 않으면 이 도망노예의 혐의를 받는 자는 자유인으로 간주되는 것이었다.[75]

그런데 도망노예들에 관한 심리과정에서 최초의 부산물이 생겼는데, 그것은 맷슨에 대하여 형사범죄의 혐의가 제기된 것이었다. 길먼이 제인과 그 자녀들을 보안관의 감호하에 맡기고 난 다음날 맷슨은 메리 코빈과 "공공연히 미혼자간간음죄를 저지르는 상태에서 동거"하고 있다는 혐의를 받게 되었다.[76] 이 혐의를 받게 된 것은 시점으로 보아 우연의 일치가 아니었다. 그 영장을 발부한 치안판사는 맷 애시모어의 형제인 새뮤얼 애시모어였던 것이다.[77] 새뮤얼은 이 사건에서 중립적인 입장의 치안판사 역할을 하지는 않았던 것으로 보인다. 10월에 들어서서 새뮤얼은 그의 형제 맷 및 러더퍼드와 함께 브라이언트 가족의 자유인증명서를 얻기 위하여 보증금을 납부했다.[78] 애시모어 형제들은 간통죄 혐의를 제기함으로써 맷슨이 켄터키로 돌아가도록 만들고, 또 노예제도는 곧 부도덕한 인간들 간에서나 유지될 수 있는 것으로 조명해보고 싶었던 것이다.[79] 재판 끝에 1848년 5월 맷슨은 유

죄로 판단되어 30달러의 벌금형을 선고받았다.[80]

콜스 카운티 순회법원에서의 재판절차

1847년 가을 제인과 그 자녀들에 대한 논쟁은 당사자들이 3건의 연관된 소송을 순회법원에 제기함에 따라 그곳으로 옮겨갔다. 9월에 맷슨은 자유인증명서가 없거나 보증금을 납부하지 못한 검둥이나 흑백혼혈인에게 "피난처를 제공"하는 누구에 대해서라도 벌금형으로 처벌할 수 있다고 규정하는 흑인단속법의 규정을 근거로 애시모어와 러더퍼드를 고발했다.[81] 맷슨은 이 두 사람의 노예폐지론자들을 상대로 2,500달러(법규정에 의하면 숨겨준 대상인 제인과 그 자녀들 한 사람당 500달러씩)의 벌금이 선고되어야 한다고 주장했다.[82] 애시모어와 러더퍼드는 이에 승복하지 않았다. 그들은 "검둥이들에게 인신보호영장writ of habeas corpus*에 의하여 자유로워질 수 있는 권리를 쟁취하여 주겠다는 결의"에 차 있었다.[83] 10월에 들어서자 애시모어는 제인과 그 자녀들을 위하여 인신보호영장을 신청하여 제인과 그 자녀들이 "자유권의 실현을 제약받고 있다"고 주장했다. 그들은 "일리노이 주법에 의하여 그 어느 누구에게도 강제노역의 의무를 지지 않는 자유인들"이라는 것이었다.[84] 같은 날 제출된 또 다른 서면에서 애시모어는 카운티 유치장에 갇혀 있는 5명의 "도망자"들의 곤경이 어느 정도인지를 설명했다. 이 신청서에 의하면 맷슨이 제인과 그 자녀들을 1845년 일리노이 주로 데려왔다는 것이었다. 2년 후 흑인들은 "자기들이 일리노이 주의 헌법과 법률에 따라 자유인임을 확신하고" 맷슨의 농장을 떠나 "자신들의 자유를 확보하기 위

* 요즈음은 "구속적부심사"라고 번역하기도 한다.

한 조처를 취하기 시작했으며, 검둥이들을 자유롭게 해 주겠다는 법률에 부응"하려 했다는 것이었다. 맷슨은 "그들을 도로 잡아들이려고" 혈안이 되어 "의회의 법을 빙자하여 그들을 도망자로서 되찾기 위하여 선서진술서를 제출하는 지경에까지 나아갔다"는 것이었다. 그러나 그럼에도 이들은 "자유인이며, 자유인으로서 다시 붙잡혀야 할 이유도 없고, 종전의 주인 수중에 되돌아가야 할 이유도 없다"는 것이었다.[85]

노예들에 대한 구속적부심 사건은 주대법원장인 윌리엄 윌슨이 담당했다. 원래 주대법원 판사들도 순회법원에서 재판을 맡았는데,* 윌슨은 콜스 카운티의 재판을 맡고 있었다. 그는 동료 대법관으로서 근처의 에드거 카운티를 담당하고 있던 새뮤얼 트리트 판사에게 이 사건을 자기와 함께 맡아 재판해보자고 요청했다. 피클린 변호사가 믿기에, 윌슨이 트리트의 도움을 요청한 것은 이 사건이 "아프리카 출신 노예들의 문제를 포함하여...매우 중요성을 갖는 사건"이기 때문이었다.[86]

이때 링컨이 등장한다. 구속적부심 사건의 심리전에 링컨은 린더 변호사 측에 가담하여 맷슨을 대리하게 되었다. 맷슨이 링컨을 추가로 선임하게 된 경위는 분명하지 않다. 링컨이 카운티의 군청 소재지인 찰스턴에 도착하기 전에 이미 맷슨이 링컨을 고용한 것인지의 여부에 대하여도 설명들이 엇갈린다. 매킨타이어의 설명에 의하면 맷슨은 스프링필드까지 일부러 찾아가서 재판절차가 시작하기 전에 미리 링컨을 고용했다는 것이다.[87] 그러나 이것은 8월의 심리에는 링컨이 아닌 린더 변호사가 출석했다는 점에 비추어 가능해 보이지 않는 이야기이다. 오히려 링컨이 10월이 되어서야 비로소 이 사건에 처음으로 관여하게 되었다는 사정이 좀 더 그럴듯해 보인다. 어떤 학자들은 링컨이 맷슨 사건을 맡게 되리라는 기대하에 1847년 10월 찰스턴

* 주대법원의 법정개정기간 이외의 재판휴지기간에 한한다.

으로 찾아갔을 가능성이 있다고 주장한다. 이 학자들은 링컨이 그 당시 미 연방 하원의원에 처음이자 마지막으로 선임되어 그해 가을에 워싱턴으로 갈 준비를 하고 있었기 때문에 평소 다니던 버밀리언 카운티와 에드거 카운티 등 두 곳의 정규순회법정에 그전 2주간 출석하지 못했다는 사정에 주목하고 있다.[88] 그러나 그에게 그해 가을에 버밀리언이나 에드거 카운티에서 진행 중인 사건은 하나도 없었던 것으로 보인다. 그는 아마도 워싱턴으로 떠나기 전에 이 카운티들에서 새로운 사건을 맡지 않는 것이 좋겠다고 작정했던 듯하다. 이와는 대조적으로 그는 콜스 카운티에 3건의 진행 중인 사건을 맡고 있었다.[89]

링컨은 6년 후 맥린 카운티에서 조세소송을 맡을 때도 그랬듯이 사건이 그럴듯해 보이면 쫓아가서 사건을 끌어오는 능력이 있었다.[90] 링컨은 일리노이 센트럴 철도회사가 원고가 되어 재판을 하려는 사건에서 사건수임을 의뢰받았다. 그러자 링컨은 그 상대방이 될 처지에 놓인 맥린 카운티가 철도회사에 앞서서 자신에게 사건위임을 할 우선권을 가지고 있다고 믿었기에 맥린 카운티의 담당과장에게 편지를 써서 만약 맥린 카운티가 "내가 철도회사로부터 받을 수 있는 만큼의 보수를 줄 수만 있다면" 자기는 맥린 카운티를 위하여 일하겠다고 제의했다. 링컨은 자신이 "일리노이 주에서 생길 수 있는 가장 큰 법률문제"를 다룰 수 있는 기회를 놓치고 싶지 않다고 고백했다.[91] 이와 마찬가지로 제인과 그 자녀들 사건 또한 링컨에게는 상당한 매력으로 작용했을 가능성이 있다. 실제로도 이 사건은 신시내티에 소재한 『웨스턴 로 저널Western Law Journal』이 윌슨 대법관의 판결이유를 게재할 정도로 상당한 비중을 지니고 있었던 것이다.[92]

그러나 만약 링컨이 이렇게 중요한 사건에 관여하고 싶어서 찰스턴으로 갔다면 굳이 맷슨을 대리할 필요는 없었다. 이 논쟁에는 또 다른 쪽, 즉 자유를 추구하는 쪽이 있었기 때문이다. 실제로도 링컨에게는 러더퍼드가 접근하여 맷슨이 자신을 상대로 제기할 소송을 자신을 위하여 맡아달라고 부탁까지 했던 것이다. 여러 해가 지난 후 러더퍼드는 자신과 링컨이 찰스턴에서 그런 대화를 나누었다고 주장했다. 러더퍼드가 링컨에게 "자신이 겪는 고충에 관한 이야기"를 해주면서 링컨에게 자신을 대리하여 달라고 요청하자, 링컨은 자신이 이미 맷슨을 대리하고 있다는 이유로 애초부터 이를 거절했다는 것이다.

마침내, 그리고 마지못해 하는 눈치가 역력한 채로, 링컨은 자신이 이미 맷슨을 위하여 상담해주었기 때문에, 달리 맷슨이 동의하지 않는 한 변호사 윤리상 맷슨을 대리해야 하며, 따라서 피고 쪽을 맡을 수 없다고 답했다. 그것은 매우 실망스럽기도 하고 내 신경에 거슬렸기 때문에 나는 다소간 쓴소리를 하지 않을 수 없었다. 그는 나의 기분을 알아차린 듯했다. 그래서 그는 변호사로서 자기에게 상담을 요청하고 사건을 위임해주는 당사자 쪽을 대리하고 그들에게 충실해야 한다는 그럴듯한 명분으로 나를 설득하려 했으나 나는 설득될 수 없었다.

러더퍼드에 의하면 몇 시간 후 링컨은 "맷슨을 대신하여 자기와 접촉했던 사람에게 통지를 보냈는데, 저쪽에서 당초보다 좀 더 결정적인 조건을 제시해 오지 못하면 이제는 자기가 우리 쪽을 대리할 수 있게 될 듯하다"라는 내용의 전갈을 보내왔다는 것이다. 그리고 나서 링컨은 얼마 안 되어 다시 "이제 자신이 쉽게 그리고 확실히 맷슨으로부터 자유로워질 터"로서 러더퍼드를 대리할 수 있게 되리라는 두 번째 메시지를 보내왔다는 것이다. 그러나 러더퍼드는 "그의 자존심을 상했기 때문에" 이를 거절하고 링컨 대신에 찰스 컨스터블 변호사에게 위임했다는 것이다.

러더퍼드의 이런 회고담이야말로 그 당시 변호사가 고객에 대하여 얼마만큼의 충실의무를 지고 있었느냐의 문제점을 시사하는 것일지도 모른다. 링컨은 러더퍼드에게 자신이 "변호사로서의 의무" 때문에 맷슨을 계속하여 대리할 수밖에 없다고 말했지만, 링컨은 또한 맷슨이 자신을 풀어주기만 하면 러더퍼드를 대리할 마음의 준비가 되어 있었다. 만약 링컨이 이런 윤리적 의무로부터 해방을 맛보려고 노력했던 것이 사실이라면, 그는 러더퍼드와의 대화 후에 맷슨을 대리하면서 상당히 불편한 심정이었을 것이다. 그러나 링컨이 아무리 불편한 심정이었더라도 그것이 그로 하여금 이 사건에서 손을 떼도록 만들 만큼 강력한 것은 아니었다.[93]

'자유주'의 노예에 관한 법

일리노이 주는 "자유주Free state"라고는 했으나 자유주치고는 노예제도에 관하여 복잡한 규정을 가지고 있었다. 만약 링컨이 재판 전날 이런 법을 제대로 살펴보았다면 주대법원과 주의회가 그때그때 상황에 따라 다양한 규율을 해왔음을 알 수 있었을 것이다. 즉, 프랑스 출신 정착민들이 "일리노이 나라*"에 데려온 노예들의 지위, 아프리카 출신 흑인들을 장기간의 톱니문서고용계약으로 묶어놓은 경우 그들의 지위, 이런 강제노동계약 하에서 일해온 노예 자녀들의 지위, 그리고 노예소유주들이 자발적으로 일리노이 주 내로 데려온 노예들의 지위 등 여러 경우에 따라 다른 것이었다.[94]

일리노이 주의 노예제도는 일리노이가 주로 되기 훨씬 이전부터 존재해왔다. 1818년의 일리노이 주 헌법은 "앞으로는hereafter 이 주 내에 노예제도도, 강제노역제도도 도입되지 않을 것"이라고 선언함에 그침으로써 기존의 노예제도는 주 승격 이후에도 지속할 수 있도록 허용했다.[95] 이같이 "앞으

---

* 프랑스 출신 정착민들은 이곳에 최초로 정착하면서 지명도 프랑스어에서 유래한 명칭을 붙이고 자기들의 "나라"로 간주했다.

로는" 이라는 단어는 이미 주 내에서 노예 상태로 있는 노예들에 대하여는 아무런 영향도 끼치지 못하는 것이었다. 결과적으로 일리노이 주에서는 노예제도가 여러 해 동안 지속할 수 있었다.[96] 그러나 이런 주 헌법조항의 문구에 의하더라도 적어도 노예 신분이 자녀에게까지 승계되는 것만큼은 막을 수 있었다. "앞으로는" 주 내에서의 노예제도를 허용하지 않겠다고 하는 조항 때문에 1818년 이후에 노예에게서 태어난 자녀는 더 이상 노예가 될 수 없었던 것이다.

그러나 노예 신분의 승계문제는 "프랑스 출신 노예들"에 관한 한 여전히 문제로 남아 있었다. 프랑스 출신의 정착민들은 1752년까지 적어도 1,000명의 노예를 일리노이 주로 데려왔다. 이런 프랑스 정착민의 후예들은 자신들의 노예에 대한 권리는 버지니아 주가 그 영토의 일부를 미합중국에게 할양하던 당시에 보호를 받게 되었다고 확신하고 있었다.[97] 이렇게 비교적 편협한 주장은 1845년 재럿 대 재럿Jarrot v. Jarrot 사건에서 일리노이 주대법원이 "일리노이 나라의 최초 프랑스 출신 정착민들이 소유했던 노예들의 자손" 으로서 북서부영토조례Northwest Ordinance*의 채택 후 태어난 자는 더 이상 노예가 될 수 없다며 그들의 주장을 배척함에 따라 설자리를 잃었다. 대법원은 버지니아가 영토를 할양했다고 하여 북서부영토조례에서 노예제도를 금지한 것이 무효로 되지는 않는다고 다음과 같이 판시했다. "1787년의 북서부영토조례 통과 이전부터, 그리고 그 이후에 이 주 내에 소재했던 모든 흑인과, 그들의 후예들로서 일반적으로 알려진 대로 '프랑스 검둥이' 라고 호칭되는 이들은 모두 자유인이다."[98]

---

* 1778년 7월 13일자 미대륙의회의 결의에 의하여 5대호 이남, 오하이오 강의 북쪽과 서쪽, 그리고 미시시피 강의 동쪽에 해당하는 지역을 "북서부 영토(Northwest Territory)"로 편입했고, 1789년 8월 7일 미 연방의회에 의하여 비준되었다. 이 결의는 특히 미 대륙에서 최초로 노예제도를 금지했다는 점에서도 중요한 의미를 지니고 있다.

그러나 일리노이 주대법원은 재럿 대 재럿 사건에서 영토할양협정이나 톱니문서고용계약 등에 의하여 묶여 있는 "흑인"의 지위에 관하여는 아무런 언급도 하지 않았다. 일리노이 주 헌법과 흑인단속법은 특히 톱니문서고용계약에 관하여 언급하고 있었다.[99] 톱니문서고용계약에 의한 사실상의 노예화는 흑인단속법 등에 의하여 지지되고 있었기 때문에 주법원들은 당초 이런 상태를 용인하고 있었다. 1826년 법원은 톱니문서고용계약에 의하여 노예화된 상태에 있는 사람의 지위를 최초로 다룬 사건에서 40년의 노동기간을 정한 1814년도의 톱니문서고용계약을 유효하다고 인정했다. 흑인 여성 포이베 대 제이Phoebe, a Woman of Color v. Jay 사건에서 법원은 노예제도와 톱니문서고용계약의 형태를 취하는 사실상의 노예화를 한마디로 금지한 북서부영토조례와 이 두 가지를 모두 용인하는 인디애나 주와 일리노이 주 법률 간의 갈등에 직면하게 되었다. 법원은 톱니문서고용계약을 북서부영토조례에 위반하는 까닭에 무효라고 판시하면서도, 예외적으로 연방의회가 일리노이 주로 하여금 "톱니문서고용계약 하에서 등록된 노예들은 계속 노예로 일해야 한다고 요구하는" 헌법을 가진 주가 되어도 좋다고 허용하는 한 북서부영토조례의 적용에서 배제된다고 판시했다. 이렇게 연방의회는 "일리노이 주의 헌법에 위배되는 법령의 배제"에 동의했다는 것이다.[100] 1828년의 사건에서 주대법원은 "톱니문서고용계약하에 등록된 노예들"은 판결금의 만족을 얻기 위하여 "동산으로서" 경매될 수 있다고 판시했다. 1843년 같은 법원은 톱니문서고용계약상의 지위는 또한 타에 양도할 수 있다고 판시했다. 링컨은 이런 톱니문서고용계약의 효용성에 대하여 잘 알고 있었던 듯하다. 그의 동업자인 존 스튜어트는 1839년 1월 "흑인 소녀인 주다"를 위하여 톱니문서고용계약서를 작성해주었던 것이다.[101]

톱니문서고용계약에 묶인 노예들에 관한 사건들에서 일리노이 주대법원은 톱니문서고용계약이 주의 법령에서 정하는 요건을 충족하고 있는지 여부를 매우 철저히 따졌다. 어느 사건에서 대법원은 톱니문서고용계약이 제때 등록되지 않았다는 이유로 무효라고 선언했으며, 또 다른 사건에서는 "톱니문서고용계약에 따라 등록한 검둥이와 흑백혼혈인의 자녀들"이 의문의 여지없이 자유인이라고 판시하기도 했다.[102]

제인과 그 자녀들의 사건은 노예소유주가 자발적으로 그들을 자유주에 데려온 경우의 노예 지위에 관련된 문제였다. 여기에 관련된 모든 사람을 위해서 가장 중요한 2건의 판례가 있었으니, 그 하나는 영국의 서머싯 대 스튜어트Somerset v. Stewart(1772) 사건이었고, 또 하나는 매사추세츠 주의 커먼웰스 대 에이브스Commonwealth v. Aves(1836)사건이었다. 서머싯은 "버지니아 주에서 스튜어트의 노예"였는데, 스튜어트는 그를 영국으로 데려갔다. 스튜어트는 영국을 떠날 즈음 서머싯을 강제로 선박에 구금했다. 스튜어트가 서머싯을 구금할 수 있는 권한이 있는지에 대하여 다투기 위하여 구속적부심이 청구되었다. 대법원의 수장인 윌리엄 머리 맨스필드 경은 영국법 하에서 스튜어트는 서머싯에 대하여 아무런 권리를 가지지 못한다고 판시했다. 나중에 미국에서 노예제도에 반대하는 법이론에 심오한 영향을 끼친 그의 판결문에서 맨스필드경은 다음과 같이 썼다.

> 노예의 상태라는 것은, 도덕적이든 정치적이든 그 어떤 이유로도 허용될 수 없는 성질의 제도이다. 그러나 실정법을 만들어준 이성과 기회와 시간이 모두 기억으로부터 사라지고 난 한참 이후에조차도 실정법만큼은 노예제도를 지지하는 수가 있다. 다름아닌 실정법이 노예제도를 지지한다는 것이야말로 참으로 추악한 일이 아닐 수 없다.

맨스필드경은 "그러므로 판결로부터 어떤 불편이 따르는 한이 있더라도 나는 이 사건이 영국의 법에 의하여 허용되거나 승인된 바 있다고 말할 수 없다. 그러므로 이 흑인은 풀려나야 한다"고 결론지었다.[103] 60년 후 매사추세츠 주의 대법원장 리뮤얼 쇼는 커먼웰스 대 에이브스 사건에서 서머싯 판례를 인용했다.[104] 에이브스 사건에서 쇼는, 루이지애나로부터 온 6세 된 메드라는 소년노예는 만약 그 여주인이 자신의 친척을 방문하기 위하여 매사추세츠 주로 자발적으로 데려온 경우에 해당한다면 자유인이 되어야 한다고 판시했다. 쇼는 그 사건에서의 쟁점을 다음과 같이 정리했다.

> 이 사건은 미합중국의 어느 주에서 흑인노예제도가 허용되고 있는 경우 그 주의 주민이 사업이나 관광 등의 목적으로 잠시 이 주로 찾아와서 머물되 주소를 설정할 정도는 아닌 경우, 그가 이곳에 머무는 동안 몸시종으로 데려온 노예에 대하여 그의 자유를 제한할 수 있는가, 또 자기의 주로 돌아갈 때 그 노예의 의사에 반하여 그를 강제로 데려갈 수 있는가에 관한 문제다.

쇼 대법원장은 매사추세츠 주의 헌법과 법률상 노예제도는 불법이라고 지적했다. 매사추세츠 주에는 노예제도를 지지하는 아무런 실정법이 없다는 것이었다. 그는 노예에 대한 재산권을 인정하는 루이지애나 법이 매사추세츠 주에서는 적용될 수 없다고 판시했다. 이렇게 다른 주의 법을 치외법권적으로 적용하는 것은 "매사추세츠 주의 법에 전적으로 어긋나며, 매사추세츠 주의 정책과 기본적 원칙들에 전혀 합치하지 못한다"는 것이었다.[105]

쇼 판사는 또한 연방헌법에서 찾아볼 수 있는 도망노예조항은 이 사건의 사실관계에 적용될 수 없다고 하면서 당해 조항의 역사적 문맥에 대하여 설명했다. 연방헌법이 만들어질 당시 어떤 주들은 노예제도를 허용하면서 그것이 경제적으로 필요하다고 생각했으나 다른 주들은 노예제도를 폐지했던 것이다. "이 협정의 당사자인 일방"은 노예소유주의 권리를 확장하고 확보하려 했음에 반하여, 다른 일방은 "이를 제한하고 제약하려" 했다는 것이다. 도망노예조항의 목적은 "장래의 평화와 조화를 확보하기 위한 데 뜻을 두고 있어, 언어가 표현할 수 있는 한 가장 정확한 언어로써 한 당사자의 권리가 다른 당사자의 영토 내에서 행사될 수 있는 한계에 분명한 선을 그어 주었다"는 것이다. "노예소유주의 권리와 권한"은 일반원칙상 매사추세츠 주에서 행사될 수 없었으나, 연방헌법은 "이런 일반적인 원칙의 적용"에 제한을 가했다는 것이다. 그러나 도망노예조항이나 1793년의 법률*은 "어느 노예가 용역이나 노동의 제공의무를 지고 있는 주로부터 도망하여 다른 주의 영역으로 들어가는 경우에 한정하여 분명히 언급"하고 있다는 것이었다. 그런 만큼 도망노예조항은 "자신이 속한 주로부터 도망한 경우가 아니라 그 주인이 다른 주로 데려간 경우"에는 적용될 수 없다는 것이었다.[106]

매사추세츠 법원의 판결과는 달리 전쟁 전의 다른 법원들은 서머싯의 판례에 나타난 원칙을 적당히 변형하여 연방체제 내에서는 노예제도의 존속을 계속 수용할 수 있도록 만들었다. 북부나 남부를 막론하고 상소심 법원들은 노예의 소유주가 자신의 주소를 자유주로 옮기면서 노예를 자유주로 데려올 경우 그 노예가 자유인이 된다는 점을 선언함에 있어서는 하등의 어려움을 느끼지 않았다.[107] 남부의 법원들도 노예소유주가 노예를 자유주로 데려다 살게 하는 한 이 원칙을 받아들이는 데 대체로 주저함이 없었다. 북부의 법원들은 노예소유주가 노예를 거느리고 자유주를 통과하는 여행을 할 뿐인 경우에는 이 원칙이 적용되지 않는다고 함에 동의했다. 북부의 법원들과 주의회들이 인정한 이러한 차등화의 방법은 서머싯 판례나 에이브스 판례에선 엿보이는 급진적인 반노예주의를 놓고 분파 간에서 타협한 결과를 보여 주는 사례였다.[108]

일리노이 주의 법원들은 머지않아 쇼 대법원장이 에이브스 판례에서 회피하고자 했던 하나의 쟁점에 직면하게 되었다. 즉, 자유주를 통과하는 것이 곧 노예의 해방을 의미하는 것이냐의 문제였다. 쇼는 "어느 주에 사는 노

---

* 앞에서 본 연방도망노예법.

예소유주가 다른 노예허용주로 선의로bona fide 이동하는 과정에서 불가피하게 자유주를 통과하는 경우" 생겨날 수 있는 문제에 대하여 매사추세츠주는 "그 지리적인 위치상의 문제로 인하여 그런 경우의 문제를 고려해야할 필요성이 거의 없으므로 우리는 이 점에 관하여 아무런 의견을 달지 않기로" 한다고 설시했다.[109] 그러나 일리노이 주에서는 바로 그 지리적인 위치로 인하여 바로 이 문제에 직면하지 않을 수 없었다. 1843년에 도망노예를 숨겨주었다는 이유로 노예폐지론자인 오언 러브조이가 기소되었으나 순회법원 판사 존 딘 케이턴John Dean Caton*은 서머싯과 에이브스 판례의 정신에 따라 무죄를 선고하면서 "노예제도는 단지 실정법에 근거해서만 존립할수 있다"고 판시했다. 이와 관련하여 케이턴은 다음과 같은 결론을 내렸다.

> 일리노이 주의 헌법에 의하여 이곳에서는 노예제도가 더 이상 존속할 수 없다. 그러므로 만약 노예소유주가 자기의 노예를 자발적으로 일리노이 주로 데려올 경우에는 그 노예는 그 순간부터 자유인이 되며, 그 노예가 이 주에 들어와 있는 동안 주인으로부터 도망하면 그것은 노예상태로부터의 도망이 아니라 자유인이 가고 싶은 곳을 찾아가는 일이 될 뿐이다. 따라서 그런 노예를 감추어주는 것은 법에 위반하는 것이 아니다. 그러나 노예를 주인에게 붙들어매는 끈은 주인의 자발적인 행위에 의해서만 끊을 수 있다.[110]

노예소유주가 노예와 함께 일리노이 주를 단지 통과하고 있을 뿐이었지만 케이턴 판사는 자유주를 단순통과할 경우의 예외를 인정하지 않았던 것이다.
그러나 케이턴이 이렇게 에이브즈 판례를 무조건적으로 받아들였음에도 불구하고 일리노이 주대법원의 다른 동료들은 그에 동조하지 않았다. 러브조이에 대하여 무죄판결이 난 지 얼마 되지 아니하여 일리노이 주대법원은

---

* 일리노이 주대법원장이지만 순회법원에서의 재판도 맡아서 했다.

노예가 자유주를 잠시 통과함에 불과한 경우와 주소가 변경될 정도의 경우 간에는 차이가 있음을 인정했다.[111] 주대법원이 여성노예 제인 사건에 참고가 될 만한 판결을 내린 것은 바로 이 시점이었다. 윌러드 대 피플Willard v. People 사건(1843)에서 대법원은 "노예가 단순히 통과의 목적으로만 일리노이 주에 들어올 경우 일리노이 주 헌법에 의하여 당연히 자유인이 되는 것은 아니"라고 판시했다.[112] 잭슨빌에 사는 줄리어스 윌러드는 노예를 숨겨주거나 감추어주는 것을 금지하는 일리노이 주법에 따라 유죄로 선고되었는데 그는 이에 대하여 상소했다. 상소심에서 그는 이 아프리카 흑인노예 여성이 주인과 함께 루이지애나로부터 켄터키로 여행하는 동안 일리노이 주를 통과함으로써 자유인이 되었기 때문에 자기는 노예를 감추어준 것이 아니라고 주장했다. 이에 대하여 법원은 만약 그 노예가 "다른 주로 가기 위하여 단순히 통과만 하더라도 일단 우리 주에 들어오는 순간 헌법에 따라 자유인이 된다면" 윌러드는 노예를 숨겨주었다는 죄책을 받을 이유가 없음을 인정했다.[113]

윌러드의 변호사들은 "노예제도는 자연법과 정의를 거슬러서 억지로 만들어진 인위적 조건이므로 실정법에 의해서가 아니라면 더 이상 존속할 수 없다"고 주장했다. 그 변호사들은 에이브스와 서머싯 판례 두 가지를 모두 인용했다. 그들은 "노예제도는 지역적으로만 인정되는 것이므로 그 제도를 만들어낸 당해 주의 권리가 미치는 범위를 넘어서까지도 존속할 수는 없다"고 주장했다. 만약 노예가 "노예주로부터 자유주로 옮겨지게 되면 그는 그 순간 그의 자연권을 회복하여 자유인이 된다"는 것이었다. 주 헌법은 "모든 인간은 똑같이 자유롭고 독립한 상태로 태어났다"고 선언하고 있지 않은가! 그러므로 노예제도는 "주의 헌법과 우리의 공서양속에 정면으로 위배"한다는 것이었다. 이렇게 노예제도를 금지하는 정신은 또한 "다른 주의 노예법이 이 주에서 적용되는 것을 제한"한다는 것이었다. 윌러드의 변호사들에 의하면 주 사이의 이른바 예양원칙comity*은, "보편적으로 재산으로 취급받고 인정되는 것"에 한하여 보호해 주는 것이기 때문에 노예를 재산으로 삼는 경우에는 적용될 수 없다고 주장했다. 자연법으로부터 도출되는 재산권은 물론 보호받아야 할 가치가 있지만, "노예에 대한 재산권은 그 연원과 존재가 오로지 당해 지역의 실정법에 근거하는 것일 뿐 자연법에는 결코 아무런 근거도 없다"는 것이었다.[114)

일리노이 주의 법무장관 J. A. 맥두걸은 윌라드의 변호사들의 주장을 다음과 같이 다투었다. 일리노이 주의 헌법규정은 의회가 노예제도를 만들지 못하도록 하는 데 그 뜻이 있을 뿐, 다른 주의 노예가 그 주인을 따라 일리노이 주를 통과하는 것까지 금지하는 데 있지는 않다는 것이었다. 만약 에이브스 사건에서 매사추세츠 주도 비슷한 법을 가지고 있었더라면 매사추세츠의 법원들은 다른 결론을 내렸을 터라는 것이었다. 맥두걸은 또한 어떤 사람의 지위—노예든 자유인이든—는 그 사람의 주소지domicile의 법에 의하여 규율된다고 주장했다. 주인과 노예 간의 관계는 "그들이 새로운 주소를 얻어 지금까지와는 상이하고 어긋나는 법의 적용을 받게 될 때까지"는 불변이라는 것이었다.[115) 맥두걸은 윌러드 사건에서의 사실관계는 자유주 내로 데려온 노예의 해방을 지지한 두 개의 선례에 나타나는 사실관계와는 다르다고 강조했다. 랭킨 대 리디아Rankin v. Lydia 사건에서 켄터키 주대법원은 인디애나 주를 단순히 통과하거나 잠시 체재함에 그칠 뿐인 노예소유주와 인디애나 주에 주소를 설정한 노예소유주 간에 아무런 차이가 없다는 주장을 배척했다. 이렇게 리디아의 주인이 그 노예인 리디아를 데리고 인디애나로 와서 7년간 머무르게 됨에 따라 그녀는 자유인이 되었다는 것이다. 법원은 리디아가 자유인이 될 자격을 얻었지만, 주인과 함께 켄터키 주를 통

---

* 국제법상의 용어. 각국은 상대국의 입장을 존중해주어야 한다는 원칙. 가령 상대국의 국민이 범한 범죄를 자국 내에서 재판할 수 있는데도 상대국에 인도하여 주는 경우, 이는 국제예양의 한 예가 된다.

과함에 불과한 노예는 자유인이 될 수 없다고 지적했다.[116] 런스퍼드 대 코 킬런Lunsford v. Coquillon 사건(1824)에서 루이지애나 주대법원은 노예소유주가 오하이오 주에서 살 목적으로 켄터키 주로부터 오하이오 주로 옮겨갔을 경우에는 그 노예는 자유인이 된다고 판시했다. 오하이오 주 헌법은 "노예소유주가 노예를 오하이오 주로 데리고 가는 경우 그로써 노예는 해방된다"고 규정하고 있기 때문이라는 것이다.[117] 이런 판례들을 의식한 맥두걸은 그의 주장의 범위를 이동 중인 노예에 국한시켰다. 그는 노예소유주가 자유주에서 거주할 목적으로 노예를 데리고 자유주로 이동하는 경우 그 노예는 자유인이 된다는 판례들에 거역하지 않고서도 이를 해결하는 방법을 고안해낸 것이었다.

일리노이 주대법원은 윌러드의 상소를 기각하고 그의 유죄를 확정했다. 대법원은 노예가 주를 잠시 통과함에 불과한 경우와 주소가 달라진 경우 간에는 차이가 있음을 인정하면서 "노예는 단순히 통과의 목적으로만 주의 경계 내에 들어올 경우 일리노이 주헌법에 의하여 자유인이 될 수 없다"고 판시했다. 월터 스케이츠 대법관이 쓴 다수의견은 "만약 노예를 데리고 이동할 권리"를 존중해 주지 않으면 그것은 "미국인 간의 우의를 특징짓는 친절하고 형제와 같은 느낌에서 소원해지게 하고, 거대하고 회복할 수 없는 나쁜 결과를 빚을 것이며, 우리들 간의 공통된 결속의식과 국가적인 성격, 이익, 그리고 정서를 파괴하지는 못할망정 매우 약화시킬 것임에 틀림없다"고 판시했다. 수많은 남부의 노예소유주들이 "미주리 주를 행선지 또는 출발점으로 하여 노예를 데리고 우리 주를 자유롭고 안전하게 통과"할 수 있다는 기대하에 살아왔다는 것이다. 스케이츠 대법관은 이런 자유롭고 안전한 통과권을 인정해준다고 하여 일리노이 주에 노예제도를 도입하는 것은 아니기 때문에 일리노이 주헌법상 노예를 금지하는 규정에 위반하는 것도 아니라고 확신했다.[118]

새뮤얼 록우드 대법관은 당초 순회법원에서 윌러드에게 유죄판결을 내렸던 사람*인데 이에 동조하는 의견**을 첨부했다. 록우드는 윌러드가 숨겨준 여성 노예 줄리아가 도망자라고 볼 수 없으므로 그녀는 강제노동으로부터 도망한 자에게 적용되는 연방헌법 규정의 적용을 받을 수 없다고 지적했다. 그는 또한 일리노이 주법상 "이 주 안에 있는 모든 사람은 그 피부색깔에 관계 없이 자유인으로 간주"된다고 하는 일리노이 주법을 지적했다. 그렇다면 어떻게 법원은 줄리아가 일리노이에 체재하면서 여전히 노예로 인정받아야 한다고 판단했는가 하고 록우드는 자문했다.

록우드는 "이에 대한 답은 그녀의 경우 예양의 원칙에 의하여 일반원칙의 적용을 배제해야 한다는 점에 있다"고 믿었다. 일리노이 주의 법원들은 예양의 원칙에 의할 경우 "어떤 다른 주의 법이 인정되고 집행되어야 할 것인가"를 결정하는 재량권을 가지고 있다는 것이었다. 일리노이 주의 법원들은 "일리노이 주의 지리적 위치뿐만 아니라 형제주들에 대한 관계"를 고려해서라도 다른 주들의 노예법을 적용해주어야 한다는 것이었다. 일리노이 주의 법원들은 이렇게 해서 노예소유주가 일리노이 주를 통과하는 동안 주인을 보호해주어야 한다는 것이었다.[119]

링컨, 노예제도를 옹호하는 변론을 하다

이렇게 겨우 4년 전에 선고된 윌러드 판결이 적용된다고 할 경우 제인과 그 자녀들은 일리노이 주 내에서의 체재가 만약 "주소domicile"의 항구적인 변경이라고 인정될 만큼 오랜 기간 체류했다고 인정되는 대신에 "임시체재

* 당시에는 오늘날과 같은 원심관여 판사에 대한 상소심 제척 사유가 없었던 듯하다.
** 우리 대법원의 경우에도 다수의견, 별개(동조)의견, 반대의견을 싣는 것이 가능하다.

sojourn"나 "통과transit"로 분류될 만큼 잠깐 머무름에 그친다고 할 경우에는 여전히 맷슨의 노예로 남아 있어야 했을 것이다.[120] 올랜도 피클린 변호사는 후일 이런 구분법이 "이 사건의 향방을 좌우"하는 분수령이었다고 술회했다. 피클린 변호사는 다음과 같이 썼다. "노예가 단지 주를 통과하기만 한다면 그것으로는 자유인이 되지 못할 것이다. 그러나 만약 소유주의 동의를 받아 머무르게 된다면, 비록 임시적일지라도 그들은 해방될 것이다." 맷슨은 이렇게 잠깐의 체재와 주소 변경 간의 차이점에 문제의 핵심이 있음을 알아차렸다. 피클린의 기억에 의하면 맷슨은 "자기가 노예들을 일리노이 주에 항구적으로 체재시킬 의사가 없었다는 사실로써" 승부를 내려 했던 것이다. 맷슨은 매년 노예들을 데리고 일리노이로 와서 자기의 농장에서 일을 시킬 때마다 백인 감독자들의 면전에서 이 노예들을 "일리노이 주에 항구적으로 머무르도록 하지 않고 켄터키 주로 다시 데려갈 것"이라고 공언해왔던 것이다.[121] 이렇게 맷슨이 자신의 의도를 공표하는 공식 의전을 되풀이해온 것이야말로 그가 노예들을 자유주로 데려오기 전에 미리 법률자문을 받았을 가능성이 있음을 의미한다. 맷슨은 이렇게 노예를 잃지 않기 위한 법적 안전대책을 세웠으나, 제인의 경우에서만큼은 결국 실패하고 만다. 왜냐하면 제인과 그 자녀들은 맷슨이 매년 일리노이 주로 수확을 위하여 데려온 노예들과는 달리 일리노이 주에서 자그마치 2년 이상을 체재했기 때문이었다.[122]

인신보호영장 청구사건에 대한 심리에서 컨스터블과 피클린 변호사는 제인과 그 자녀들이 "그 주인의 자발적 행위에 의하여 해방되었다"고 주장했다. 그들은 맷슨이 자기의 의도를 공표한 행위가 "자기의 이익을 보호하기 위한 선언이나 구두발언" 이상의 아무런 의미도 가지지 못하는 이기적인 진술에 불과하다고 일축했다. 두 변호사는 북서부영토조례와 일리노이 주 헌법이 일리노이 주 내에서의 노예제도를 금지하고 있다고 주장하면서 법원에 영국과 미국의 선례들을 제출했다.[123] 컨스터블 변호사는 또한 선동적인 명예훼손 혐의로 기소된 해밀턴 로완을 아일랜드 변호사 존 필펏 쿠란이 변호하여 유명해진 (그리고 또 성공한) 1794년의 변론에서 인용했다. 쿠란은 그때 "영국법의 정신"이 "자유로 하여금 영국의 대지와 혼연일체가 되도록 하며, 결코 분리할 수 없도록 만든다. 그것은 또한 이방인이나 단순한 일시체재자에게조차 그가 영국의 땅에 발을 올려놓는 순간 이 땅이야말로 신성하며 보편적 해방의 정신에 의하여 봉헌되었음을 선언해준다"고 외쳤던 것이다. 이런 이방인이나 일시체재자가 "영국의 신성한 땅을 밟는 순간 제단과 신은 먼지 속에 가라앉으며, 그의 영혼은 스스로 황제 부럽지 않은 떳떳함으로 활보할 수 있게 되고, 그의 몸은 그에게 채워진 쇠사슬을 끊을 수 있을 만큼 부풀어 오르고, 그리하여 그는 보편적 해방이라는 저항할 수 없는 천재적 영감에 의하여 구제되고, 되살려지고, 또한 속박을 풀 수 있게 된다"[124]는 것이었다. 피클린 변호사에 의하면 링컨은 컨스터블 변호사가 쿠란을 인용하자 주눅이 든 표정이었다고 한다.[125] 피클린 변호사는 링컨이 위축된 이유가 이런 주장에 워낙 강력한 충격을 받았기 때문이었는지, 또는 그런 웅변을 인용하는 컨스터블 변호사에 의하여 링컨 스스로도 감복되었기 때문이었는지에 대하여는 따지지 않았다.

린더와 링컨 변호사는 맷슨의 공식선언이야말로 체재 여부에 관한 그의 의도intention를 판단함에 결정적이라고 주장했다. 피클린 변호사에 의하면 린더 변호사는 주인이 노예를 데리고 어느 주에 가든 그 주에서 헌법의 보호를 받는 것이 노예제도의 법리라고 주장했다는 것이다. 11년 후 링컨은 드레드 스콧* 판결의 "논리적 귀결" 부분을 다음과 같이 신랄하게 비판했

---

* 미주리 주의 흑인노예(1775–1858)였으나 자유주인 일리노이에 거주했다는 이유로 노예폐지론자들이 그의 자유를 얻기 위한 소송을 걸어주었으나 패소했다.

다. "드레드 스콧의 주인이 일리노이 자유주에서 합법적으로 드레드 스콧에 대하여 할 수 있는 일이라면, 다른 어떤 주인이라도, 일리노이가 아니라 또 다른 어떤 자유주에서라도, 어떤 노예에 대해서든, 그 노예가 한 명이든 천 명이든 합법적으로 할 수 있는 것이다."[126] 이렇게 1847년 찰스턴에서 링컨은 만약 그 주장이 채택될 수 있다면 일리노이 주를 노예주로 전락시킬 수도 있는 변호사와 공동변호팀에 속해 있었던 것이다. 그러나 링컨은 "린더 장군*의 극단적인 주장에는 동조하지 않았으며, 단지 자신의 의뢰인이... 그 노예들을 일리노이 주로 데려와서 노예들을 항구적인 정착지인 자신의 농장에서 일하도록 하고, 그곳에 독자적으로 남아 있도록 했다면 그것은 결과적으로 그들의 해방을 빚어낼 것임을 솔직하게 인정했다." 링컨의 전기 작가 제시 웨이크가 주장한 것처럼 링컨은 "자기의 사건을 포기"하지 않고, 상대방의 주장을 "상당한 공정성을 가지고," 또한 "너그러운 양보정신"으로 그답게 대응하고 있었다는 것이다.

링컨은 피클린과 컨스터블의 주장을 반박하고 나서 맷슨 사건에 관한 자신의 주장을 내놓기 시작했다. 피클린은 링컨이 "날카로운 공격과 냉엄한 논리로, 그리고 자기편에 유리하도록 사실관계를 정교하게 짜맞추어 제시함으로써 링컨의 너그러운 양보정신에 의하여 얻게 되었던, 노예 측이 승리를 얻게 되리라는 희망이 모두 사라질 지경이 되었으나, 다행히도 법원이 노예 측의 변론을 좀 더 참을성 있게 호의적으로 들어주었고, 또한 사실관계에 대하여도 신중한 고려를 함으로써 노예 측의 성공을 기대하게 되었다"고 술회했다. 링컨은 맷슨이 그의 노예들을 일리노이로 데려오면서 그들에게 "결코 항구적인 정착"을 시키려고 데려온 것이 아니라고 공표한 사실에 초점을 맞추면서 맷슨이 이에 배치되는 말은 결코 한 적이 없었다고 강

*　린더 변호사는 장군 출신이었다.

조했다. 피클린은 링컨이 칭찬받을 만하게, 멋지게, 그리고 힘있게 자신의 주장을 법정에서 개진했다고 회상했다. 링컨은 또한 컨스터블과 피클린 변호사가 제출한 영국의 판례들은 이 사건에 적용될 수 없다고 주장하면서, 그 이유로는 "영국 법원들이 확립한 판례들에 비하여 미국의 연방헌법은 노예소유주들에게 훨씬 차별성 있으며 더욱 운신의 폭을 허용하는 원칙을 확립"해놓고 있기 때문이라고 주장했다.[127]

월슨과 트리트 대법관은 린더의 극단적인 주장도, 링컨의 온건한 주장도 모두 받아들이지 않았다. 월슨 대법관은 "맷슨의 대리인들은 맷슨이 자신의 시민권을 켄터키 주에 그대로 두고 있으며, 자신의 노예들을 일리노이 주로 데려왔어도 그 노예들을 일리노이 주에 잠정적으로만 머무르게 하려는 의도를 천명했다는 점에 상당한 비중을 두고 있음"을 지적했다. 그러나 이런 정황들만 가지고는 "노예를 되찾을 만한 충분한 사유가 되지 못한다"는 것이었다. 월슨은 다음과 같이 말했다.

맷슨의 주소지가 켄터키라든지, 맷슨이 그런 의도를 공표했든지, 하는 것만 가지고는 그가 자발적으로 자기의 노예들을 2년 또는 그 이상 이곳에 머물도록 한 엄연한 사실을 뒤집지 못한다. 설사 그가 혹시 어떤 사유로든 노예들을 이곳에 단 하루만 머무르게 했더라도 맷슨이 그들의 주소를 켄터키 주로부터 일리노이 주로 옮겨왔다는 정황이 있는 한 똑같은 결과를 도출할 것이다.

이렇게 월슨은, 맷슨이 "제인과 그 자녀들을 일리노이 주로 데려와서 이곳에 살게 함으로써 그들로부터 강제노동을 제공받을 권리를 포기했으며, 그로써 그런 강제노동으로부터 해방될 자격을 그들에게 주었다"고 판시했다.[128]

월슨 대법관은 자신의 결론을 뒷받침하기 위하여 "직접적으로 쟁점과 연결되는" 두 개의 판례를 인용했다. 이 두 개의 판례는 둘 다 미합중국 대법원의 대법관들이 순회법원을 순회*하던 당시에 쓴 의견들이었다.[129] 대법관 존 맥린은 1845년 본 대 윌리엄스Vaughan v. Williams 사건에서 매우 비슷한 사실관계를 다룬 적이 있었다. 그 사건에서 켄터키 주의 노예소유주인 팁튼 은 1835년 10월 일리노이 주로 이사하여 집을 짓고 이웃에게 자신은 일리노이 주에서 살 생각이라고 말했다. 그는 또한 노예 3명을 데려왔다. 6개월이 지난 후 그는 "이웃 간에서 흑인들의 자유를 찾을 권리에 관하여 상당한 논의가 되고 있음"을 알게 되자 미주리 주로 떠났다. 그러면서 팁튼은 그 세 노예를 어떤 사람에게 팔았고, 그 사람은 이를 다시 본에게 팔았다. 이 세 노예가 인디애나 주로 도망하자 본은 윌리엄스가 그 노예들을 구출해냈다고 하면서 윌리엄스를 상대로 제소했다. 맥린 대법관은 "흑인은 자유를 찾을 자격이 있기 때문에" 윌리엄스에게는 책임이 없다고 결론을 내렸다. 대법관은 배심원들에게 다음과 같이 교시했다.

> 노예소유주가 노예들을 켄터키 주로부터 노예를 금지하는 일리노이 주로 데려와서 6개월간 일을 시키면서 자신은 일리노이 주의 시민이 되겠다는 의사를 공표했으며, 실제로도 일리노이 주민으로서 유권자로서의 투표권을 행사하기조차 했을 경우 그 노예들이 그로써 자유를 얻을 자격을 얻게 됨에 관하여는 더 이상 의문의 여지가 없다.[130]

제인은 일리노이 주에서 6개월이 아니라 2년간 "노동을 강요"당했다. 이 두 사건에서 그나마 차이가 있다면 맷슨이 자기의 이익보호를 위하여 자신은 이 노예들을 데려갈 생각이라고 미리 공표했다는 점뿐이었다.

윌슨 대법관은 그 이유설시 과정에서 노예들이 자유주로 "도망"한 것이 아니라 주인을 따라서 자유주에 들어온 경우에는 도망노예조항이 적용될

---

* 그때에는 연방대법원 판사들도 법정 휴지기간에 연방순회법원을 순회하며 재판을 했다.

수 없다고 설시하는 위 두 인용판례의 논리를 그대가 되풀이했다. 맥린 대법관은 본 대 윌리엄스 사건에서 보통법상 노예소유주가 노예에 대하여 가지는 권리는 그 노예가 자유주의 관할권 내로 들어오는 순간 소멸한다고 판시했다.[131] 이와 비슷하게 스토리 대법관도 1840년 "보통법상 노예제도가 허용되지 않는 주로 도망하는 노예는 즉각 자유인이 되며, 따라서 인도청구의 대상이 될 수 없음은 너무나도 잘 알려져 있다"고 지적한 바 있었다. 도망노예조항은 이런 보통법원칙에 대한 예외를 강구한 것이었다.[132] 그러나 윌슨이 인용한 또 다른 판례인 익스 파티 시먼스 Ex parte Simmons 사건(1823)에서 부시로드 워싱턴 대법관은 도망노예조항은 한 주에서 다른 주로 도망하는 노예에게만 적용되며, "노예소유주가 자발적으로 다른 주로 데려가는" 노예들에게는 적용되지 않는다고 판시했었다.[133] 윌슨 대법관은 노예소유주는 노예가 한 주로부터 다른 주로 도망했을 때에만 노예의 반환을 청구할 수 있다고 설시했다. 그러나 맷슨의 제인에 대한 청구는 도망노예조항에 해당하지 않았다. 맷슨은 1845년에 자발적으로 제인을 일리노이로 데려왔기 때문이다.[134] 맷슨에게 도망노예조항은 치안판사 앞에서도 그랬던 것처럼 순회법원에서도 도움이 되지 못했다. 제인과 그 자녀들은 이제 법에 따라 자유인이 된 것이었다.

제인과 그 자녀들의 자유 여부에 관한 법적인 쟁점은 어려운 문제가 아니었다. 그들이 자유인이라고 결정되던 시점에 비슷한 사건을 다룬 전쟁 전의 법원들은 모두 자유 쪽에 손을 들어주었다.[135] 심지어 노예주의 법원들조차도 노예가 주인을 따라 자유주로 옮기면 자유인이 된다고 판결할 정도였다. 예컨대 루이지애나 주대법원은 1840년 아프리카 출신 흑인여성이 주인을 따라 일리노이 주로 가서 5년간 체재함으로써 "그대로 자유인"이 되었으며, 일단 자유인이 된 이상 그녀는 더 이상 노예로 되돌아갈 수 없다고 인정해주었다.[136] 미주리 주의 법원들도 또한 만약 노예소유주가 노예들을 일리노

이 주로 데리고 가서 그곳에서 살 생각이었다면 그 노예들은 자유인이 된다고 판시했다.[137)

　일리노이 주로 옮겨온 남부의 노예소유주 중 맷슨처럼 뻔뻔하게 행동한 사람은 거의 없었다. 그가 1847년 법원에 제소할 즈음에는 주인이 그의 거처를 자유주로 옮긴 사안에 서머싯 판례의 적용을 거부하는 법원은, 북부든 남부든, 전혀 없었다. 일리노이 주에서는 이미 1830년대부터 그것이 확고하게 자리 잡혀 있었다. 1831년 켄터키의 노예소유주가 일리노이 주의 변호사인 헨리 에디에게 자신이 일리노이 주로 옮길 때 "마음에 드는 노예들" 몇 사람을 데려와도 될지 물었다. 에디는 그렇게 하면 "안전하지 못할 것"이라고 자문해주었다.[138) 다른 남부의 노예소유주들은 일단 일리노이 주에 도착하면 아프리카 출신 흑인들에 대한 재산권을 포기하는 것이 일반이었다. 1838년 대니얼 커트라이트는 그의 노예인 줄리아 앤과 메이저를 일리노이 주로 데려오자마자 당장 생가먼 카운티의 커미셔너 법원Commissoner's Court*으로 이들을 데리고 가서 자기가 이 두 명의 노예를 일리노이 주로 데려왔더니, 이 노예들이 이제는 자유인이라고 주장한다면서 톱니바퀴고용계약의 등록을 신청했다. 그리하여 쌍방의 합의에 의하여 "분쟁을 해결한**" 톱니바퀴고용계약에서 줄리아 앤과 메이저는 커트라이트를 위하여 2년간 일을 하되 처음 1838년 12월 25일까지는 커트라이트와 같은 곳에서 기거하고, 그 이후에는 커트라이트가 생가먼 카운티 내의 "다른 괜찮은 장소"에서 그들을 계속 고용하며, 그 기간이 모두 끝나면 커트라이트는 이 두 사람을 해방시켜주기로 합의했던 것이다.[139) 이렇게 커트라이트가 흔쾌히 타협으로 나아가려 했던 것이야말로 그가 노예에 대한 재산권을 주장해보았자 별로

---

*　카운티의 재무, 내무, 상무 관할법원. 우리로 치면 예컨대 호적업무를 행정자치부가 담당하는 경우에 해당한다.

**　우리의 제소전화해에 유사한 감이 있다.

받아들여지지 않을 것임을 이미 잘 알고 있었음을 의미했다.

제인과 그 자녀들의 지위를 규율하는 법은 분명했다. 더욱이 사실관계에 대해서는 아무런 다툼이 없었다. 시카고에서 발행되는, 노예제 폐지를 지지하는 『웨스턴 시티즌Western Citizen』은 윌슨 대법관의 판결이 "일리노이 주의 사법사상 매우 중요한 판결이라고 생각되지만, 내용상으로는 이미 전국에서, 심지어 노예주들에서조차도 내려지고 있는 판결을 그대로 재확인한 것에 불과하다. 이 사건은 너무나도 당연한 케이스이기 때문에 이것이 법정으로까지 갔다는 것이 오히려 놀라울 정도"라고 논평했다.[140] 노예폐지론의 입장에 섰던 이 신문은 나중에 "이것은 이제 주인이 노예를 이 주로 데려와서 '살게domicile' 한다면 그 노예는 자유인이 되며, 그럼에도 그를 강제로 데려가서 그의 노예상태를 계속하려는 자는 두말할 나위 없이 납치범이 된다는 너무나도 당연한 사실을 법으로 규정해준 것으로서 이제 이런 법 정도는 누구라도 뜀박질하면서도 읽을 수 있을 만큼 쉬운 내용이 되었다"고 지적했다.[141] 일리노이 주는 노예소유주가 노예와 함께 주를 통과하는 여행을 할 권리만 인정했음에 반하여, 맷슨은 제인과 그 자녀들을 일리노이 주 내의 농장에 2년간 남겨두었던 것이다. 정직한 판사라면 이런 경우를 두고 단순한 통과, 임시체재 또는 잠깐 동안의 거소를 정했음에 불과하다고 생각하지 않을 것이다. 제인과 그 자녀들이 이렇게 주소를 변경했기 때문에 일리노이 주의 법원들은 이들의 법적 지위를 결정할 때 일리노이 주법을 적용하지 않을 수 없게 된 것이다.

윌슨 대법관의 의견에 생소함을 느끼는 어떤 저술가들은 이 사건에서 링컨 쪽의 승리 가능성을 과대평가했다.[142] 그러나 윌슨의 의견은 단순히 일리노이 주를 통과하는 노예소유주의 권리를 보호해줄 뿐인 윌러드 사건의 판시내용과 일치했다. 제인의 사건은 단순통과의 문제가 아니었다. 더욱이 제인은 계절노동자도 아니었다. 맷슨은 제인과 그 자녀들을 1847년 봄에 다른 계절노동자들과 함께 농장에 데려온 것이 아니었다. 윌슨 대법관은 그의 의견에서 맷슨이 제인과 그 자녀들을 1845년에 일리노이 주로 데려왔으며 "그때부터 그녀는 그 농장에서 가정부로서" 일해왔다고 설시한 것이다.[143]

맷슨 판결의 후일담

링컨이 뒤늦게 끼어든 이 사건은 결국 법원이 구속적부심 사건에서 제인과 그 자녀들을 자유인이라고 선언함으로써 끝났다. 10월 25일 링컨은 스프링필드를 떠나 켄터키 주로 처가를 방문했고, 11월에는 연방하원에서의 유일한 임기를 봉직하기 위하여 워싱턴으로 갔다.[144] 그곳에서 그는 콜럼비아 특별구District of Columbia* 내에서 점진적인 노예해방을 추진할 수 있는 입법을 추진할 예정이라고 공표했다. 1850년 1월 1일 이후 노예인 어머니에게서 태어난 어린이들은 자유인이 된다. 이런 어린이들은 그 모친의 소유주가 "합당한 부양과 교육"을 시켜야 하며 수습생으로 길러내야 한다. "노예주의 주민" 출신인 연방정부의 공무원은 "공직"에 있는 동안 자신의 노예를 특별구로 데려올 수 있다. 이 법안이 발효할 당시 특별구에서 합법적으로 노예로 취급당하고 있는 모든 사람은 그 주인이 해방에 대한 "완전한 대가"를 받기를 원하지 않는 한 여전히 노예로 남아 있게 될 것이다. 그래서 워싱턴과 조지타운의 지방당국은 "특별구로 도망나오는 모든 노예들을 붙잡아서 그 주인들에게 돌려줄 수 있는 적극적이고도 효율적인 수단과 방법"을 갖출 의무를 진다.[145] 이렇게 법안 중에서 도망노예에 관하여 규정한 부분 때문에 훗날 노예제 폐지론자인 웬델 필립스가 링컨을 "일리노이 주로부터

* 미국 연방정부의 소재지, 즉 워싱턴 시를 가리킨다. 'D. C.'라고 약칭된다. 주도, 준주도 아니며, 연방헌법상 미연방의회의 배타적 관할하에 있다.

온 노예 잡는 개 slave hound"라고 부를 빌미를 만들어 주었다. 그러나 1849년 『뉴욕 트리뷴New York Tribune』은 링컨을 "노예제도에 대한 강력하고도 사려 깊은 적"이라고 명명했다.[146]

실제로 링컨의 이런 법안은 자신이 10여 년 전 일리노이 주의회에서 기초했던 온건한 내용의 반노예제 입장을 그대로 추종하는 것이었다. 그 당시 그는 연방의회가 콜럼비아 특별구에서 노예제를 폐지시킬 권한을 가지고 있지만, "그런 권한의 행사는 구역 내 주민들의 요청 없이 행사되어서는 안 된다"고 생각하고 있었다.[147] 링컨은 이런 노예제도 폐지를 위한 법안을 공식적으로 제출하는 데 실패했다. 또한 그가 자신의 결의를 천명한 내용이야말로 그가 미연방의회에 재직 중 노예제에 대하여 행한 언급으로는 유일한 것이 되었다.[148] 훗날 그는 "종전에 나를 지지하던 사람들이 나를 저버렸음을 알았을 때, 그리고 내가 하등의 개인적인 영향력을 갖지 못하고 있음을 알았을 때, 그 일을 추진하는 것은 무의미하다고 생각해 나는 그 시점에서 그 일의 추진을 멈추었다"고 설명했다.[149]

이제 링컨은 이 일에 더 이상 관여하지 않았지만, 콜스 카운티의 순회법원에는 아직도 일이 남아 있었다. 법원이 구속적부심 청구를 받아들인 후 애시모어와 러더퍼드의 변호사들은 맷슨이 자기들 두 사람을 상대로 제기한 소송에서 이기기 위하여 노력했다. 소를 각하해달라는 신청은 법원의 다음 개정기로 넘겨졌다.[150] 구속적부심 청구에 대한 재판결과가 맷슨이 애시모어와 러더퍼드를 상대로 하여 제기한 소송에 반드시 영향을 미치는 것도 아니었다. 일리노이 주 법상 애시모어와 러더퍼드가 제인과 그 자녀들을 도울 당시 그들이 이미 "자유인"이었다는 사실은 별로 도움이 되지 못했다. 일리노이 주 법은 자유인증명서가 없거나 1,000달러의 보증금을 제출하지 못한 "검둥이나 흑백혼혈인"을 감추어주거나, 고용하거나, 심지어 먹여주는 것조차도 금지하고 있었다. 제인과 그 자녀들은 이 두 사람의 노예폐지론자들이 자유를 위한 도피를 도와주던 당시 그런 조건을 갖추고 있지 못했다. 구속적부심 청구에 대한 심문이 있은 지 1주 후 러더퍼드는 맷슨이 "애시모어와 나에 대한 소송을 방청하기 위하여 돌아올지 여부는 불확실"하다고 썼다.[151] 맷슨은 그 사건에 대한 서면심리가 진행되고 있던 다음해 봄에 돌아오지 않았다.[152] 콜스 카운티 순회법원의 사건기록부에는 1848년 5월 개정기에 "그의 변호사를 통하여" 자신이 소송비용을 부담하는 조건으로 2건의 소 취하를 허가해달라는 신청이 접수되었다고 기록되어 있다. 법원은 두 사건 모두에 대하여 취하를 허가*하면서 맷슨이 소송비용을 부담하라고 판결했다.[153] 법원은 나중에 카운티 내에 아무런 맷슨의 재산이 없어 결국 소송비용이 지급되지 않은 상태에 있다고 기록했다.[154]

일설에 의하면 맷슨은 링컨의 보수도, 법원의 소송비용도 지급하지 않고 켄터키로 돌아가버렸다고 한다. 소송비용은 보안관이 제인과 그 자녀들을 48일간 "감호하고 먹이는 데" 든 비용을 포함하여 200달러에 달했다.[155] 맷슨이 링컨의 보수를 지급하지 않았다는 것은 맷슨이 켄터키 주에서도 자기 변호사들을 포함하여 다수의 사람들에게 돈을 제때 갚지 않아온 행태와 일치한다고도 볼 수 있다. 그러나 링컨은 맷슨으로부터 보수조로 약속어음을 받았을 가능성이 있다. 콜스 카운티에 살던 링컨의 아버지가 1848년 아들에게 쓴 편지를 보면 "로버트 매티슨Mattison이 발행한 약속어음을 환가해보려 한다"는 내용이 들어 있기 때문이다.[156]

맷슨은 1848년 11월 23일 메리 앤 코빈과 일리노이 주 갤러틴 카운티에서 결혼했다.[157] 1850년에는 맷슨은 메리 및 네 자녀와 함께 켄터키 주 풀턴 카운티에서 살고 있었다. 그는 3,500달러 상당의 토지를 소유해서 그 카운티 내에서는 10대 지주에 속했다.[158] 그는 1859년 1월 26일 풀턴 카운티에

* 민사소송이 일정 단계에 들어간 이후에는 당사자 일방에 의한 소 취하에는 법원의 허가가 필요했다.

서 사망했다. 그의 묘비석에는 "자상한 남편, 자애로운 아버지, 그리고 선량한 이 시민은 모든 사람으로부터 정직한 사람으로 존경받으며 후회 없이 죽었다"고 새겨져 있다.[159)

자유인이 된 브라이언트 가족은 일리노이 주에 머물지 않았다. 해외식민을 지지했음에 틀림없어 보이는 애시모어(중부 일리노이 주 내의 다른 많은 백인들도 그와 마찬가지였다)는 그들 가족이 라이베리아로 떠나는 것을 도와주었다. 생가먼 식민협회는 1840년대에 150명의 회원을 거느리고 있었으며 1848년에는 주 전체에 걸친 식민협회가 결성되었다. 이렇게 식민주의를 지지하는 것은 한편으로는 그들의 반노예제 확신과, 다른 한편으로는 그들 스스로의 인종주의 또는 다른 미국 백인들의 인종주의 간의 갈등에 사로잡혀 있던 북부백인들이 불가피하게 선택한 길이었다. 링컨이 맷슨을 대리하던 당시 그도 식민주의를 지지했다. 그러나 후에 그는 그것이 실현 가능성이 없다는 결론에 도달했다.[160)

북부의 흑인들은 식민주의가 결국 인종주의적 의도를 깔고 있다고 보았기 때문에 대체로 이를 거부했다. 일리노이 주에 사는 흑인들이 식민주의를 거부했음에 반하여, 일리노이 주의 흑인침례주의자협회는 1848년 그 협회원들 중의 한 사람인 볼S. S. Ball 장로를 1848년 라이베리아로 보내어 그곳에 이민할 경우의 타당성을 조사하게 했다. 볼 장로는 그곳에서 우연히 앤서니와 제인과 그 자녀들을 만났는데, 그들은 "매우 비참한 상황"에 놓여 있었다. 볼 장로는 앤서니가 콜스 카운티를 떠날 당시 자신과 가족을 위한 모금을 언질받았다고 후에 보고했다. 그러나 돈이 별로 모이지 않았고 브라이언트 가족은 돈 한 푼 없이 라이베리아에 도착했던 것이다. 그들은 병들고 사기를 잃고 있었다. 앤서니는 볼 장로에게 자기들을 다시 미국으로 데려가줄 수 있겠느냐고 물었다. 불가능하다는 대답을 하자 앤서니는 적어도 자신과 아들만이라도 데려가 달라고 요청하더라는 것이었다.[161)

링컨, 휘그파 변호사들, 그리고 노예제도

북부의 변호사들이 남부의 노예소유주들을 대리하게 된 것은 정치적 차원에서 불가피한 일이었다. 링컨이 맷슨을 대리할 당시 그의 노예제도에 대한 반대는 비교적 온건한 편이었다. 그는 노예제도가 도덕적으로는 옳지 않지만 헌법적으로는 보호를 받는 제도라고 여겼다. 링컨은 1858년 로버트 브라운Robert H. Browne*에게 "노예제도의 문제는 이미 1836∼1840년 무렵부터 나를 괴롭혀 왔소. 나는 그 문제로 고통을 겪고 괴로웠소"라고 토로한 적이 있다.[162]

링컨은 일리노이 주의회 의원이었던 1837년 최초로 노예제도에 관하여 공식적인 언급을 했다.[163] 1836년 12월 일리노이 주 지사는 의회에 다른 주의 의회들에서 통과시킨 노예폐지론자들에 대한 비난결의안을 송부했다.[164] 예컨대 앨라배마 주의회는 노예폐지론자들이 노예들에게 "수백만 건의 글과 팸플릿과 사진"을 배포하면서 "이 나라를 피바다로 만들려고" 획책하고 있다고 비난하는 결의안을 채택했다. 또한 1월이 되자 일리노이 주의회는 "노예폐지론자들의 오도적이며 선동적인 작태"를 비난하는 결의안을 통과시켰다. 노예폐지론자들이 "흑인을 구제한다고 하면서 오히려 새로운 적들을 더 만들어 노예제도를 수백 배나 더 강화"시켰다는 내용이었다.[165] 이 결의안이 통과된 지 6주 후 링컨과 생가먼 카운티 출신의 휘그당 소속의 의원 댄 스톤은 상하원의 합동총회에서 통과된 이 결의안에 대하여 "항의protest"를 제기했다. 이 두 사람의 휘그파 의원은 "노예폐지론의 주창은 노예제도의 악을 제거하기보다는 오히려 더 증가시키는 데 도움이 될 뿐"이라며 노예폐지론자들을 비난한 결의안에 동조했다. 링컨과 스톤은 또한 연

---

* 링컨의 지인이며 『Abraham Lincoln and Men of His Time』의 저자.

방의회는 "미국 헌법상 각 주의 노예제도에 간섭할 권한"을 가지고 있지 못하지만 콜럼비아 특별구 내에서는 노예제를 폐지할 권한을 가지고 있다고 썼다. 그들 항의의 요점은 "노예제도가 불의와 추악한 정책에 터잡은 것"임을 선언하는 데 있었다.[166] 링컨은 1860년 자신의 이런 항의가 "노예제를 둘러싼 문제에 관한 자신의 입장을 간명하게 정의한 것이었으며, 그것은 예나 지금이나 마찬가지"라고 말했다.[167]

휘그당원들은 헌법을 지지하는 연방파constitutional unionist*에 속했으며, 연방도망노예법의 시행에 찬성하고 있었다. 조지프 스토리나 리뮤얼 쇼 같은 휘그파 판사들은 연방헌법을 제정할 당시 도망노예조항이 얼마나 필요했는지를 강조했다.[168] 스토리는 프리그 대 펜실베이니아Prigg v. Pennsylvania 사건(1842)에서 도망노예조항은 "노예주의 이익과 제도를 보존하는 데 필수적이었기 때문에 그 조항이 없이는 연방이 결성될 수 없을 정도로 매우 근본적인 조항에 해당했음은 의문의 여지가 없다"고 주장했다.[169] 쇼 판사는 커먼웰스 대 에이브스 사건(1836)에서 도망노예조항은 "미래의 평화와 조화를 확보하기 위한 데 그 뜻이" 있었다고 판시했다.[170] 인 레 심스In Re Sims 사건(1851)에서 쇼 판사는 도망노예조항은 연방헌법이 주들의 비준을 받는 데 결정적으로 필요한 것이었다고 설시했다.[171] 휘그파 변호사들은 도망노예조항을 집행하는 것은 "시민의 의무"에 터잡은 것이라고 믿었다.[172] 이렇게 휘그파 변호사들이 도망노예조항의 집행에 열성적이었던 이유는 그들이 재산권의 보호라는 명제에 매우 헌신적이었기 때문으로 보인다.[173]

북부의 어느 법원에서나 변호사들은 만약 재판에서 성공할 경우 흑인들을 노예로 계속 붙들어 매어두게 될 터인데도 노예소유주를 대리할 것인지의 여부를 결정해야 했다. 북부의 어떤 휘그파 변호사들은 도망노예조항은

---

* 연방을 유지하기 위하여 남부의 노예제도를 인정한 연방헌법을 지지하는 파를 일컫는다.

연방의 결속을 위하여 불가피한 것이므로 그 효과적 집행이 필요하다고 믿은 나머지 노예소유주를 대리하곤 했다. 예컨대 보스턴의 변호사인 벤저민 커티스는 두 건의 매우 유명한 사건에서 노예소유주를 대리했다. 1836년 그는 여섯 살 난 노예인 메드의 루이지애나 소유주를 대리하여 이 어린 노예가 여주인을 따라 매사추세츠 주를 여행하는 중에도 여전히 노예라고 강력히 주장했다. 커티스는 이 사건을 영국의 서머싯 판례와 비교하면서 이 사건은 영국에 없는 연방제도로 인하여 "주 간의 예양의 문제"가 제기되고 있기 때문에 서로 다르다고 구별했다. "이 사건에서는 루이지애나 주와의 밀접하고도 독특한 관계에서 생겨나는 고려사항들이 있음에 반하여, 영국의 사건에는 그런 것이 없다"는 이유였다.[174] 15년 후 커티스와 그의 계부인 찰스 커티스 변호사는 또 다른 유명한 매사추세츠의 사건인 인 레 심스In re Sims 사건에서 "남부의 노예추격자들을 위한 비밀법률자문역이자 노예추격자협회의 고문"이었다는 소문이 돌았다. 그 사건에서 커티스 부자는 미합중국 집행관을 위한 대리인으로서 법정에 출석했던 일이 있었던 것이다.[175]

커티스가 이런 사건들에 참여한 데에는 정치적인 동기가 있었다. 그는 이미 1835년에 "노예폐지론자들에게 제동을 가하고, 남부 사람들에게 북부의 대부분의 사람들이 반노예협회에 대하여 호의적이지 않다는 것을 확신시켜 주지 못한다면 연방은 단 1년도 지속하지 못할 것"임을 확신하고 있었다.[176] 커티스는 "우리가 우리나라와 법에 대하여 지는 도덕적 의무"는 무한하다고 여겼다. 1850년 도망노예법*이 통과된 후 보스턴의 파네일 홀에서 행한 연설에서 그는 휘그당은 무엇보다도 법과 질서를 위하여 헌신해야 한다고 다음과 같이 강조했다.

우리가 여기에 모인 것은, 정부의 어떤 특정한 조치의 옳고 그름을 따지기 위한 것이 아니라, 우리에게도 정부가 있음을 자랑하기 위한 것이며, 이런저런 법이 현명한지 또는 옳은지 여부를 따지기 위한 것이 아니라, 법의 존재와 그에 따르는 의무, 그리고 법의 강력한 힘이 있음을 선언하기 위한 것이며, 이런저런 정책을 펴는 것이 이 나라에 도움이 될지 여부를 따지기 위한 것이 아니라, 우리에게 아직도 나라가 존재하며 그 나라를 안전하게 지키겠다고 말하기 위한 것이라고 나는 믿습니다.[177]

커티스는 또한 "도망노예를 주인에게 되돌려줄 의무를 부정하면" 북부는 "노예주와 평화롭게 살기를 기대하기 어려워질 것"이라고 확신했다.[178] 이런 커티스의 우려는 전형적으로 휘그파적인 것이었다.

링컨 또한 커티스, 대니얼 웹스터, 루퍼스 초트, 티머시 워커, 그리고 다른 휘그파 변호사들이나 마찬가지로 헌법상의 도망노예조항의 존재는 물론, 그 조항의 집행은 연방의 결속을 유지하기 위하여 부득이하게 지급해야 할 대가 중의 하나로 받아들였다.[179] 그럼에도 링컨은 1840년대에 적어도 한 번은 도망노예를 도와주다가 기소된 노예폐지론자를 변호한 적이 있었다.[180] 그러나 링컨의 동료 휘그파 변호사들을 포함하여 일리노이 주의 다른 변호사 출신 정치인들은 대부분 그런 사건들을 맡을 경우 생길 수 있는 정치적 파문을 우려하여 이를 거부해왔다. 예컨대 잭슨빌의 변호사 E. D. 베이커는 1843년 도망노예를 숨겨준 혐의로 기소된 2명의 노예폐지론자들로부터의 사건수임을 정치적인 이유에서 거부했다.[181] 이에 반하여 링컨은 1845년 메나드 카운티에서 도망노예를 숨겨준 혐의로 기소된 마빈 폰드에 대한 형사사건에서 그를 성공적으로 변호할 수 있었다. 그 사건이 1845년 11월 재판에 들어가자 배심원들은 무죄평결을 내려준 것이었다.[182] 링컨은 또 맷슨을 대리하기 6개월 전에도 도망노예를 숨겨준 혐의를 받은 3명의 노예폐지론자들을 대리해주었을 가능성이 있다. 우드퍼드 카운티의 주민 두 사람

---

* 매사추세츠 주의 입법.

은 기소되었으나 무죄선고를 받았고 세 번째 사람은 기소가 되지 않았다.[183]

"1850년의 타협Compromise of 1850"*의 일부로서 1850년 연방도망노예법이 통과된 후 링컨은 더 이상 도망노예나 노예폐지론자가 관련된 사건을 수임한 일이 없다. 1850년의 연방도망노예법은 1793년의 법률**이 아무 실효성도 없다고 불평하는 남부인들을 달래기 위하여 만들어진 것이었다.[184] 어느 스프링필드 주민은 훗날 링컨이 "연방도망노예법을 위반하는 당사자가 되기를 원치 않았다"고 회상했다.[185] 링컨은 1850년대 내내 변함없이 1850년의 연방도망노예법의 집행을 지지했는데, 이 법의 통과는 그가 정치적 영웅으로 삼는 대니얼 웹스터와 헨리 클레이의 후원을 받은 결과였다.[186] 1858년 더글러스와 맞붙은 토론***에서 링컨은 자신이 "검둥이를 쫓아가서 잡는 데는 아무런 흥미가 없지만" 연방도망노예법을 지지할 수밖에 없는데, 그 이유는 헌법이 보장하는 권리를 지지하지 않으면서 헌법을 지지하는 것은 불가능하기 때문이라고 말한 적이 있었다.[187] 링컨은 1855년 켄터키 주의 친구 조슈아 스피드****에게 보낸 편지에서 다음과 같이 설명했다:

자네는 내가 노예제도를 싫어하는 거 잘 알지. 또 자네도 노예제도가 잘못된 것

---

* 멕시코와 미국 간의 전쟁(1846-1848)에서 미국이 승리하여 멕시코로부터 할양받은 신규취득 영토 내에서 노예제도를 인정할 것인가의 문제를 놓고 북부와 남부 간의 이해대립이 극심해지자 분쟁을 해결하기 위한 방안으로 남부의 노예주와 북부의 자유주 간의 이해관계에 균형을 맞추기 위한 일련의 법률들이 연방의회에서 통과되었다. 예컨대 캘리포니아는 자유주로서 연방가입이 허용되었고, 워싱턴(콜럼비아 특별구) 내에서는 노예매매가 금지(단, 노예의 소유는 허용)되었다. 또 연방도망노예법은 미국의 시민은 누구라도 도망노예의 반환에 협조해야 한다고 규정했다.

** Fugitive Slave Act of 1793. 연방헌법의 도망노예조항을 실효성있게 만들기 위하여 제정된 법이다. 북부의 자유주는 도망노예를 원소유주에게 돌려 보낼 의무가 있었으나 거의 준수되지 않았고, 사법부도 미온적이어서 결국 사문화되었다.

*** 링컨은 1858년 연방 상원의원에 출마했지만, 스티븐 더글러스에게 낙선했다. 그 선거전에서 두 사람이 7번에 걸쳐 토론대결을 벌인 것은 역사적으로 매우 유명한 사건이다.

**** 링컨의 젊은 시절 링컨과 상점을 동업하기도 했던 절친한 친구. 그의 부모는 켄터키 주에서 농장을 하면서 흑인노예를 거느렸다.

임을 충분히 알고 있지. 그래서 우리 둘 사이에 의견차이는 없는 걸세. 그러나 자네는 노예에 대한 법적 권리를 포기하자마자, 특히 그 일에 관심 없는 사람들의 요구 때문에 연방이 해체되는 것을 보게 될 걸세. 나는 헌법상 자네가 거느린 노예들에 대한 자네의 권리와 나의 의무가 무엇인지 충분히 인정하네. 나는 이들 불쌍한 피조물들이 쫓기고, 붙잡히고, 주인에게 되돌려져서 죄수복을 입혀 보수도 받지 못하는 강제노동에 시달려야 하는 모습을 보는 것이 증오스럽다는 걸 고백한다네. 그럼에도 나는 입술을 깨물며 참는다네...자네는 북부 사람들 중 얼마나 많은 사람들이 헌법과 연방에 대한 충성을 지키기 위하여, 노예에 대하여 가지는 이런 연민의 정을 십자가에 못박고 있는지 알아야 할 것일세.[188]

링컨은 그의 최초 취임연설에서 연방도망노예법의 시행을 지지함을 또 다시 천명했다. "이 조항을 만든 사람들의 의도가, 우리가 도망노예라고 부르는 자들을 주인이 되찾도록 해주기 위해서라는 것에는 전혀 의문의 여지가 없습니다. 그래서 입법자의 의사는 곧 법입니다."[189]

링컨이 1850년 이후에는 더 이상 연방도망노예 사건들을 다루기 싫어했지만, 그 동업자인 윌리엄 헨리 헌든은 1850년의 도망노예법 통과 후에도 적어도 2건에서 도망노예를 대리해주었다는 점에서 대조적이다.[190] 1857년 헌든은 프레더릭 클레멘츠라는 도망노예를 대리했으나 패소했다. 그의 방어 전략은 "검둥이가 자유주에서 붙잡힐 경우에...그는 자유인이라고 추정" 된다는 전제에 터잡고 있었다.[191] 자유의 추정은 키니 대 쿡Kinney v. Cook 사건에서 확인되었고, 베일리 대 크롬웰Bailey v. Cromwell 사건에서 재확인되었다.[192] 1860년 헌든은 도망노예 에드워드 캔턴을 대리했으나 또 패소했다.[193] 캔턴의 소유주인 조지 디킨슨은 미주리 주로 돌아가면 "다시는 도망 가지 않겠다는 구두약속을 믿고" 그를 팔지 않기로 약속했음에 틀림없었다.[194] 노예소유주 디킨슨에 대하여는 별로 알려진 것이 없지만, 그는 매우 귀가 엷었던 사람인 듯하다. 캔턴은 주인에게 "구두약속"을 하고서도 한 달

만에 다시 북쪽으로 도망쳐서 캐나다로 자유를 찾아가기 위하여 스프링필드를 통과하고 있었던 것이다.[195)

링컨이 휘그파의 논리에 따라서 헌법상의 도망노예조항의 시행을 지지했다 하여 그것이 1847년 맷슨을 대리한 사실을 설명해줄 수는 없다. 그 사건은 도망노예조항의 적용 여부를 둘러싼 것이 아니었기 때문에 그런 정치적 맥락에 들어맞지 않는다. 제인과 그 자녀들이 자유를 추구했을 때 "헌법과 연방에 충성"이라는 휘그파의 원칙에 어떠한 위협이 가해지는 것도 아니었다. 비록 링컨이 충성스러운 휘그파였다고는 하더라도 그가 "입술을 깨물면서" 만부득이 맷슨을 대리해야 할 불가피성은 없었던 것이다.

맷슨이 링컨에게 도망노예조항의 적용가능성과 관련하여 거짓말을 함으로써 링컨이 그 사건은 자신이 지지하지 않을 수 없는 헌법조항의 적용 여부에 관련된 사건이라고 믿고 사건을 맡았을 가능성은 있다. 맷슨이 켄터키주에서 벌인 일들을 보아서는 그가 결코 인격자였다고는 보기 어렵다. 그러나 의뢰인이 링컨을 속인 것이 사실이라면 왜 링컨이 그런 사실을 알게 되었을 때 사임계를 제출하지 아니했는지는 의문이다.

커티스 같은 휘그파 변호사들이 헌법상의 연방주의에 충성하기 때문에 노예소유주를 대리한다고 변명했다면, 또 다른 변호사들은 자기들의 직업윤리상의 책임감을 이유로 들었다. 러더퍼드가 회상한 바에 의하면 링컨은 자기가 맷슨을 대리한 것은 "변호사로서는 자기에게 상담을 구하고 자기에게 사건을 맡기는 사람의 사건을 맡아 충실하게 일하는 것이 의무"라는 설명으로 변명하려 했다는 것이다.[196) 북부에서 노예소유주를 대리한 다른 변호사들은 자신들의 역할에 대하여 이와 비슷한 변명을 해왔다. 예컨대 보스턴의 변호사 엘브리지 게리 오스틴은 도망노예사건에서 주인을 대리했다가 노예폐지론자들로부터 "노예를 잡아주고 받는 보수 때문에 변호사 자신과 매사추세츠 주의 명예를 팔아먹는 법률창녀"라는 공격을 받게 되었는데, 이에 대하여 오스틴은 자기의 입장이 변호사로서 정당한 것이라고 방어했다.[197] 그는 자기가 "전문직역인으로서의 업무범위 내에서" 행위한 것이라고 확신했다. 그는 "낯선 사람이라도 그의 헌법상 권리를 행사하는 데 관하여 자문하여 주고 법률조언을 해주는 것"은 결코 "범죄"가 아니라고 지적했다. 그는 또한 헌법상의 연방주의에 대한 휘그파의 충성의무를 변호사의 도덕적 역할에 대한 충실의무와 결합시키려고 시도했다. "남부의 주민들은 자신의 권리를 실현하고자 추구할 경우 헌법과 그들이 소속한 주의 법률 조항을 어떻게 적용해야 할지에 관하여 자문해줄 자격을 갖춘 교육받은 사람들의 도움을 받을 권리가 있다."[198]

링컨이 맷슨을 대리한 것은 오하이오 주의 변호사이자 정치가였던 새먼 체이스의 적극주의*와는 대조적이었다고 할 수 있다.[199] 체이스 변호사가 노예제도에 관하여 법적, 철학적으로 가한 비판이 링컨에게도 영향을 주었다는 점에서 그 대조성은 우리를 매우 혼란스럽게 한다. 체이스는 "독립선언에서 표명된 반노예주의적 자연권에 기초한 철학을 헌법에" 연계시켰는데, 이런 논법은 링컨이 나중에 채택한 것이었다.[200] 그러나 도망노예조항의 시행과 관련하여 두 사람의 견해는 상당한 편차를 가지고 있었다.[201] 체이스는 자유주에서의 노예의 지위에 관한 문제를 포함하는 사건들에서 변호사로서 링컨과 상당히 다른 경험을 했던 것이다. 체이스가 사실심과 상소심에서 맡아 행한 다수의 반노예제 소송들의 결과 그에게는 "도망노예들을 위한 법무장관"이라는 별명이 붙었다.[202] 체이스는 자신이 맡게 된 최초의 반노예제 사건들에 전문직역인으로서의 책임이라는 관점에서 접근했다. 몇 사람의 신시내티 노예폐지론자들이 그에게 자기들의 재산을 손괴하는 행위를 한 폭동 주모자들에 대하여 소송을 걸어달라고 요청했을 때 그는 처음에

---

* 다음 본문 참조.

는 주저했다. 그는 훗날 "노예소유주는 부와 영향력과 지위를 가지고 있는 반면, 노예폐지에 나서서 분투하는 젊은이가 얻을 수 있는 최악의 평판은 노예폐지론자라는 것"이었다고 회상했다. 체이스는 자기가 그런 사건을 맡는 것이 자신의 변호사 업무에 지장을 주지 않을까 걱정했지만("나는 그때 젊은이로서 바야흐로 변호사 업무를 제법 본격화하고 있을 때였는데, 내가 소송을 걸어야 할 상대에는 나의 개인적 친구들도 있었다") 그러나 "그런 사건을 맡으려고 하는 변호사가 전혀 없었기" 때문에 그는 만부득이 노예폐지론자 쪽을 수임함에 동의했다는 것이었다.[203] 체이스는 나중에 "전문직역인으로서의 장래성을 살리기 위하여 원칙을 저버려야 하는 경우라면 차라리 그런 장래성을 포기"할 의사가 있었다고 회상했다. 체이스는 그 다음해에 도망노예를 대리했고, 마침내 적어도 7건의 도망노예 사건을 다루게 되었다. 나중에 다시 한 번 그는 자신이 맡았던 이 사건들을 자신의 전문직역인으로서의 책임에 비추어 다음과 같이 고찰했다. "나는 흑인이든 백인이든 가난한 사람을 도와주기를 거부한 적이 없다. 그리고 그 일과 관련하여서는 보수도… 봉급도 없기 때문에… 나는 그 일을 더욱 좋아했다."[204] 체이스의 전문직역인으로서의 의무감은 전형적인 휘그파 변호사들의 경우와는 달랐다. 그는 자기가 어느 쪽을 맡아야 할지를 신경썼다. 그러나 휘그파 변호사들은 그런 데 관심이 없었으며, 그들의 관심은 분쟁의 질서정연한 해결절차에 있었던 것이다.

링컨과 체이스 간에는 법과 변호사의 역할에 관한 근본적인 이해에 차이가 있었다. 링컨과는 달리 체이스는 도구론적 관점에서 법에 접근했다. 그는 스티븐 더글러스가 "노예폐지주의 변호사"라고 부른 사람에 해당했다.[205] 체이스는 반노예주의 운동을 추진하기 위하여 전략적으로 소송에 의존했던 많은 전쟁 전의 변호사들 중 한 사람이었다.[206] 체이스는 1847년에 보낸 편지에서 자신의 법적인 적극주의를 다음과 같이 설명했다.

헌법에 이렇게 친노예주의적 성향이 있다는 것은 역사와 이성에 비추어 결코 변명이 여지가 없이 창피한 일이지만, 그럼에도 법원들이 길들여진 양처럼 이에 대하여 침묵으로 일관하고 있다는 것 또한 매우 이상한 일이다. 나는 법원이나 다른 어느 곳에서도 우리가 좀 더 공개적으로 대담하게 분노를 표현하며, 그리고 이런 현상을 힘주어 부정할 의무를 진다고 봄에 있어 귀하와 같은 의견이다. 이 따위 헌법은 더 이상 노출과 비난을 견디어낼 길이 없다. 만약 그럼에도 정의를 대변한다는 법원이 이런 헌법을 옹호하여 피난처를 제공한다면 우리는 그것을 법원으로부터 끄집어내어 국민이 보는 앞에서 그것을 부정해야 한다. 결론적으로 그것은 제거되어야 한다.[207]

체이스 변호사는 링컨과 달리 자신의 이념적, 도덕적 신념을 법원에서 추구할 준비가 되어 있는 사람이었다. 시카고의 제임스 콜린스 변호사 같은 일리노이 변호사들 또한 법원에서 반노예주의 신념을 펼쳤다. 일리노이 주의 법정에서 링컨과 자주 마주치기도 했던 콜린스 변호사는 주대법원에서 도망노예를 숨겨준 혐의로 유죄판결을 받은 노예폐지론자들을 변호했으나 실패했고, 순회법원에서는 그런 사건에서 두 번 성공했다.[208] 링컨의 동업자 헌든도 도망노예를 두 번 대리한 적이 있으나 링컨과는 달리 노예소유주를 대리한 적은 없었다.[209]

작가들은 링컨이 맷슨을 대리한 경우를, 그가 베일리 대 크롬웰 사건에서 톱니바퀴고용계약의 대상이 된 흑인 소녀 낸스에게 자유를 찾아준 것으로 평가되고 있는 초기의 사건과 대비하기도 한다. 이 두 사건을 대비함으로써 링컨이 변호사로서 실용적 견지에서 사건에 접근했음을 보여주려는 것이다. 즉, 그는 자기에게 오는 사건이라면 가리지 않고 맡았다는 것이다.[210] 그러나 링컨이 철도회사를 상대로 소송을 제기하면서도 철도회사를 대리하기도 했다는 사정이 낸스에게 "자유"를 찾아준 것과 제인과 그 자녀들을 다시 노예로 묶어두려고 시도한 것과 같은 일일 수는 없다.

어쨌든 링컨은 베일리 대 크롬웰 사건에서 낸스의 자유를 찾아주지 못했다. 그 사건의 사실관계에는 그다지 극적인 요소가 없었다. 크롬웰이라는 사람이 생전에 자신이 소유하던 흑인 소녀 낸스를 베일리에게 빌려주는 톱니바퀴고용계약을 체결하고 베일리로부터 약속어음을 받았으나, 베일리가 이를 지급하지 못하자 크롬웰의 사망 후 그 유산관리인은 베일리를 상대로 약속어음금을 청구했다.[211] 베일리는 대가관계*가 결여되어 있다고 항변했다. 즉, 크롬웰은 생전에 낸스는 노예이자 하녀라고 분명히 자신에게 장담했지만 증거를 대지는 못했다는 것이다. 그해 초, 대법원은 키니 대 쿡Kinney v. Cook 사건에서 "의심스러운 경우에는 자유 쪽으로 추정"한다고 판시한 적이 있었다. 그러나 이런 판시는 법기술적으로는 오류였다. 일리노이 주 내에 체재하는 흑인은 흑인단속법에 의할 경우 노예로 추정되어야 했기 때문이다. 그러나 키니 대 쿡 사건의 판례에 의할 경우 그럼에도 순회법원은 낸스가 자유인이라고 추정할 수 있었으며, 크롬웰의 유산관리인은 이런 추정을 번복시킬 만한 자료를 제출하지 못했다. 그리하여 일리노이 주대법원은 "자유인을 사고파는 것은 불법이며, 그것을 이유로 약속어음을 발행하는 것 또한 불법이고, 그래서 결과적으로는 약속어음을 청구할 수 없다"고 결론을 내렸다. 일리노이 주대법원의 판결은 베일리가 크롬웰의 유산관리인에게 약속어음금을 지급하지 않아도 된다는 뜻이었다. 그러나 링컨이 일리노이 주대법원에서 낸스의 자유를 "찾아준 것"은 아니었다. 낸스는 이미 몇 개월 전에 스스로 자유를 쟁취했던 것이다. 대법원의 판결이유에서는 낸스가 베일리의 집에 6개월간 머물다가 자신은 "처음부터 끝까지 자유인이라고 주장하고 선언"하면서 그곳을 떠났다는 사실을 지적했던 것이다.[212]

---

* consideration=계약이 성립하려면 쌍방간에서 급부채무와 반대급부채무라는 대가관계로 연결되어 있어야 했다.

변호사들, "정의롭지 못한 일", 그리고 전쟁 전의 법조윤리

노예폐지론자들은, 북부의 변호사들이 노예소유주를 대리하면서 그들이 맡은 역할의 도덕성에 대하여 자기들 나름으로 합리화하면서 내세우는 변명을 비난했다. 노예폐지론자들은 오히려 변호사가 특정 고객의 사건을 수임하겠다고 결정할 경우 도덕적으로 그에 대한 책임을 져야 한다고 믿었다. 매사추세츠 주의 노예폐지론자인 시어도어 파커는 변호사들이 "자신의 의식 속에 있는 도덕적 감수성이 본능적으로 명하는 바를 따르려 하지 않고, 제멋대로인 권력의 편에 서서 자기들의 선택에 대하여 그럴듯하게 기술적으로 포장한 변명을 하는 데는 뛰어나고, 또한 자의적 권력의 편에 서있는 역사적 판례들에 집착하는 경향을 강하게" 보여주고 있다고 불평했다. 예컨대, 파커는 보스턴에서 여러 건의 노예사건을 다룬 커티스 집안의 변호사들을 비난했다. 파커는 "웹스터*가 노예제 옹호론자들에게 몸을 파는 동안 이 가족은 길거리로 나가서 그를 위하여 호객행위를 해왔다"고 말할 정도였다. 파커는 벤저민 커티스와 찰스 커티스의 역할이 "노예추적자들을 위한 대리인"에 불과했다면서, "자기들이 한 일은 오로지 의뢰인을 위하여 변호한 것뿐"이라는 그들의 변명을 한마디로 일축했다. 왜냐하면 이들 변호사들은 "법원에게 악한 일을 하도록" 요구한 것, 다시 말해 매사추세츠 주에 노예제도를 도입하라고 요구한 것이나 진배없다는 것이다. 보스턴의 변호사 세스 토머스가 노예소유주 제임스 포터를 대리하여 노예인 토머스 심스의 인도를 청구했을 때 노예폐지론을 지지하는 신문은 토머스 변호사를 "노예추적자들의 법률 호객꾼"이라고 호칭했다.[213]

이렇게 노예폐지론자들이 노예소유주를 대리하는 북부의 변호사들을 비

---

* 대니얼 웹스터.

난한 것은 전쟁 전의 변호사 직역에 대한 전쟁 전 대중의 비판적, 회의적 의식을 그대로 반영하는 것이었다. 변호사들은 도덕적으로 문제가 있는 의뢰인의 사건이라도 흔쾌히 맡겠다고 하는 경향 때문에 많은 미국인들로부터 악덕 변호사로 여겨져왔다.[214] 예컨대 에드워드 보니는 1850년 일리노이를 배경으로 쓴 소설에서 해설자의 입을 빌려 자기는 변호사들에 대하여 "정직하고 근거있는 경멸심"을 가지고 있는데, 그 이유는 이 변호사들이 "하는 짓이라고는 법률지식을 잔재주로 삼아 사회에서 가장 흉악한 범죄를 저지른 인간들에게 접근하여 몇 푼 안 되는 돈을 받고 이들 살인자들과 암살자들이 법에 의한 정의의 처벌을 회피할 수 있도록 도와주기 때문"이라고 말하고 있다.[215] 링컨이 맷슨을 대리하게 된 같은 달 뉴욕에서 발간되는『유나이티드 스테이츠 매거진 앤드 데모크래틱 리뷰United States Magazine and Democratic Review』에는 "법원을 나쁜 목적에 악용"하는 데 대하여 불평하는 기사가 게재되었다. 그 기사를 쓴 이는 변호사들을 "인간이 품을 수 있는 가장 치사한 동기에 의하여 움직여져서 정의라는 원칙을 왜곡하고 정직한 소송당사자complainants의 뜻을 자신들의 놀라운 잔재주를 활용하여 좌절시키는 사람"이라고 묘사했다. 변호사들은 "가장 돈을 많이 주겠다는 사람에게라면 가리지 않고 서비스를 팔아 심지어 가장 불의한 행위조차도 변호하고 거기서 승소하기 위해서라면 명예도 체면도 모조리 희생시킬 정도"로 썩었다는 것이었다.[216]

전쟁 전의 변호사들은 이렇게 대중이 변호사에 대하여 비판적인 것을 잘 알고 있었기 때문에 수세 위주로 대처했다.[217] 변호사라는 전문직역의 윤리에 대한 이렇게 팽배한 비판에 대한 대응책으로서 변호사들은 전문성과 전문직역윤리라는 서로 다른 두 가지 규범을 제시했다.[218] 어떤 법률저술가들은 개인적 도덕성과 그의 공적인 역할 간에 차이가 있음을 인정하면서 분리와 고립에 기초한 직역인으로서의 의무를 상세하게 규정하기도 했다. 또 다른 법률저술가들은 "사람 대 사람 간의 사적인 거래에서 허용되는 것과 달리 전문직역에서 인정되는 도덕과 명예의 기준이 따로 있다"는 발상을 "천박한 생각"이라며 배척했다.[219] 오하이오 주의 티머시 워커 판사는 『미국법입문』(1837)에서 "전문직역인으로서, 그 의무의 성격과 정도는 개개의 변호사가 스스로 결정해야 하는데, 이것보다도 더 어려운 문제는 아마 없을 것"이라고 주의를 환기한 적이 있다.[220]

볼티모어의 변호사이자 교육자인 데이비드 호프먼은 미국 법조윤리의 토대를 쌓은 사람으로 자주 인구에 회자되고 있다. 호프먼은 그의 『법학교육과정Course of Legal Study』(1836) 제2판에서 "전문직역인의 행실"에 관하여 철저하게 다루고 있다. "도덕적으로 옳지 않은 것은 전문직역의 윤리상으로도 옳을 수 없다"며, 호프먼은 변호사가 맡는 역할에 따라 도덕성이 달라질 수 있다는 주장을 배척하면서 변호사가 그 의뢰인에 대하여 지는 의무에도 한계가 있음을 다음과 같이 인정했다. "의뢰인에게 충성해야 한다는 논리도, 법절차에서 기술적인 측면에 부응해야 한다는 논리도, 양심이 지시하는 바에 따르고 어느 당사자에게든 실질적 정의를 베풀기 위하여 노력할 의무로부터 변호사를 해방시켜주지 않는다." 그는 만약 변호사가 자신의 고객을 위하여 가능한 모든 법적 방어방법을 강구할 경우 그로 인하여 정의롭지 못한 결과가 초래된다면 변호사는 그런 방법을 사용해서는 안 될 도덕적 의무를 지고 있다고 믿었다. 이 까다로운 호프먼은 예컨대 "단순한 시간의 경과만을 가지고 출소기한도과의 항변을 해서는 안 된다"고 주장했다. 만약 의뢰인이 빚을 지고 있는데 "출소기한의 도과밖에는 항변할 것이 없다면", 의뢰인은 변호사를 그런 못된 행위의 동반자로 삼아서는 안 된다는 것이었다. 또 만약 변호사가 "아주 고약한 범죄로 기소된 자"를 변호해야 할 경우라면, 그리고 그 의뢰인에게 분명히 죄가 있음을 확신할 정도라면, 변호사는 "재간을 부린다거나—웅변의 덕을 본다거나—물정 모르는 배심원들의 불건전하고 변덕스러운 동정심에 호소한다거나, 또는 법원과 유착한다거나, 하는 그런 예외적인 방법을 이용하여 정의의 발견을 방해"해서는 안 된다는 것이었다. "극악한 성격"을 갖는 사람은 "우리 변호사들의 순수하고도 영예로운 전문 직역에 속하는 그 어느 회원으로부터도 특별한 도움"을 기대할 자격이 없다는 것이었다. 이렇게 호프먼이 정립한 대로 옳지 않은 일을 위하여 나서지 않으려고 하는 이상적 변호사의 상은 전쟁 전의 소설들에서 나타나는 모범적 변호사의 상이나 전기 작가들이 변호사 링컨에 관하여 품고 있던 개념과 매우 유사한 것이다.[221]

증거법에 관하여 매우 영향력이 있는 논문의 저자인 사이먼 그린리프—이 책은 링컨이 법원에 제출하는 서류에서 인용하기도 하고 법조 지망생들에게도 추천한 책이었다—는 하버드 로스쿨의 법학교수였는데, 그는 1834년의 연설에서 비슷한 언급을 한 적이 있었다. 즉, 변호사는 "좀 더 높은 도덕적 수준"에 도달할 것을 열망할 필요가 있으며, 그것은 "우리가 비단 변호사로서만이 아니라 시민이자 인간으로서의 존재"이기 때문임을 기억해야 한다는 것이었다.[222]

이렇게 호프먼과 그린리프가 전문직역인의 책임에 관하여 도덕적 접근 방법을 택한 것은 전쟁 전의 법률사상에서 나타난 공화주의*의 마지막 잔존물이라고도 볼 수 있다.[223] 호프먼과 그린리프, 두 사람은 모두 변호사가 사회 전반에 대하여 지는 책임을 강조했다. 변호사는 시민적 덕성의 수호자로서 고객에 대한 의무보다는 더 큰 공공의 이익에 종속되어야 한다는 것이었다.

그러나 호프먼이 이렇게 변호사를 독립한 도덕적 사명의 수임자로 그리고 있는 것과는 대조적으로 조지 샤스우드 판사는 그의 영향력있는 저서인

---

* 시민적 자유, 인민에 의한 정부, 법치주의, 시민적 덕성civic virtue을 근간으로 하는 공화국을 이상으로 삼는 주의

『법조 직역의 목표와 의미에 관한 강의개요 A Compend of Lectures on the Aims and Duties of the Profession of Law』(1854)에서 변호사는 잠재적 의뢰인에 대하여 도덕적인 판단을 해서는 안 된다고 단언했다.[224] 샤스우드는, 변호사는 "옳지 않은 것을 고집하는 당사자의 행위에 대하여 도덕적으로 책임이 없는 것은 물론, 법이 오류에 빠져 그에게 유리한 판결을 내리게 되더라도 법원의 잘못에 대하여 아무런 도덕적 책임이 없다"고 썼다. 샤스우드는 "어떤 사건이 정의롭지 못하고 또 방어하기도 어렵다는 이유로 전문직역인으로서 도움주기를 거부하는 변호사는 판사와 배심원의 역할을 빼앗는 셈"이라고 주장했다.[225]

전쟁 전의 많은 법률저술가들은 변호사는 의뢰인이 될 사람에 대하여 도덕적 판단을 내리는 일을 보류하라고 주문하면서, 그런 문제는 법원으로 하여금 그들 청구의 정당성 여부를 판단하도록 맡기는 것이 옳다고 말해왔다. 이런 관점에서 조지아 주의 변호사인 J. F. 잭슨은 1846년 "어떤 사건이 정의로우지 여부를 판단하는 것은 변호사의 일이 아니다. 만약 변호사가 그런 판단을 하면 그것은 판사의 영역을 침범하는 일이 된다"고 언급한 적이 있었다.[226] 티머시 워커 또한 비슷하게 법조 지망생들에게 어느 쪽이 옳고 그른지를 "미리" 판단하지 말라면서 "그 이유로 정의의 여신의 저울이 평형을 유지할 수 있기 위하여는 분쟁의 양쪽 당사자 각각에게 자문 역할을 해주는 사람이 있어야 하기 때문"이라고 갈파했다. 워커 판사는 "만약 옳지 않은 사안을 수임하기를 거부해야 하는 것이 변호사의 의무라면 그것은 다른 모든 사람에게도 마찬가지로 의무가 되며, 그렇게 되면 어느 사건이라도 법원에 가기 전에 미리 판단을 받게 되는 모순"이 생긴다고 경고했다.[227] 켄터키의 변호사 조지 로버트슨은 1855년 변호사가 자신의 의뢰인이 "나쁜 쪽"에 있음을 발견하더라도 그를 저버릴 수는 없다고 설명했다. 변호사는 "그것이 정의롭든 정의롭지 못하든, 또는 옳은 쪽이든 그른 쪽이든, 불편부당한 주장으로 표출할 수 있는 한 당당한 자세로 자신의 의뢰인을 위하여 그에게 장점이 되거나 또는 유리한 점을 거짓 없이 법원에 현출해줄 의무"를 그의 의뢰인에게 진다는 것이었다.[228]

1843년 『로 리포터Law Reporter』지에 실린 기사는 변호사는 "정직한 빚"을 갚지 않으려고 출소기한도과의 항변을 해서는 안 된다는 호프먼의 견해를 비웃으면서 다음과 같이 반문했다. "만약 의회에서 일반적으로 적용될 것을 목적으로 하여 법을 만들었다면 변호사는 도대체 어떤 권리로 시민에게 이런 법의 보호를 거부함으로써 자신의 양심의 가책을 회피할 수 있단 말인가?"[229]

변호사들은 이렇게 역할에 따르는 도덕성의 차이에 대한 개념을 단순히 신문기사나 책으로만 알게 된 것이 아니었다. 링컨이 맷슨을 대리한 바로 그해 텍사스의 젊은 변호사인 윌리엄 피트 볼린저는 자기의 아저씨(이 사람 또한 변호사였다)에게 자기 의뢰인의 상대방인 두 명의 원고에 대하여 텍사스의 법률규정을 원용할 경우 "정의롭지 못한 결과"가 야기된다는 데 대한 자신의 죄책감을 거론하면서 질문한 적이 있었다. 그는 "이런 게 과연 변호사 업무라고 할 만한 것입니까?"라고 하소연하듯 물었다. 그의 아저씨는 법은 "그 의미나 목적을 곰곰이 생각할 필요가 없으며, 언제든지 그 법을 지지하고 법대로 시행하면 되는 것"이라고 대답했다. "법은 우리가 만드는 것이 아니라 인민이 만드는 것이며, 만약 인민이 그것을 변경하고 싶다면 그것을 변경하는 것은 인민의 책무이다. 너의 맡은 임무는 인민이 원하는 대로 해주는 일뿐이고, 그 밖에는 아무것도 없다."[230]

1840년 영국에서 벌어진 살인사건의 재판은 맡는 역할에 따라 도덕적 의무가 달라진다고 하는 미국적 법윤리 의식의 발전에 상당한 영향을 주었다. 이 사건은 자기의 주인인 윌리엄 러셀 경을 죽였다고 하여 기소된 프랑수아 베냐민 쿠르부아지에를 위하여 찰스 필립스 변호사가 나선 경우였다.[231] 최후 변론final argument에서 필립스 변호사는 피고인이 아닌 다른 시종들이 주인을 죽였을 가능성이 있다고 배심원을 설득하려 했다. 그러나 배심원들은 필립스의 변론에 관심을 두지 않은 채 피고인에게 살인죄를 인정했다. 유죄로 인정되어 사형선고를 받고 난 후 쿠르부아지에는 범행을 자백했다. 그의 자백이 공표됨과 동시에 영국의 신문들은 필립스 변호사가 그의 최후변론을 하기 전에 이미 피고인은 변호사에게 자신의 범행을 고백했었다고 보도했다. 영국의 대중은 변호사가 진실을 알면서도 배심원들에게 피고인의 무죄를 확신시키려 한 것에 큰 충격을 받았다.[232]

이렇게 필립스 변호사가 피고인을 위하여 변호하는 과정에서 취한 역할이 바람직한가의 문제는 영국과 미국 두 나라에서 법조윤리에 관한 열띤 공개토론의 주제가 되었으며, 그것은 곧 변호사가 자기의 의뢰인에 대하여 어떤 의무를 지느냐 하는 매우 중요하고도 혼란스러운 문제를 제기했다.[233] 이 사건에 관하여 자기의 견해를 밝힌 미국의 변호사들은 필립스 변호사가 피고인을 위하여 열심히 변론한 것이 칭찬받을 만한지 또는 비난받을 만한지에 관하여 의견의 일치를 보지 못했다. 『아메리칸 로 저널American Law Jounnal』에 실린 사설에서는 변호사가 "피고인이 정상적인 정신 상태에서 자발적으로 변호사에게 자신의 범행을 고백해주었을 때 자신의 건전한 도덕 기준에 부응하여 피고인의 무죄를 받아내기 위한 노력을 해도 되는지"에 관하여 아무런 의견의 합치를 보지 못하고 있다는 점을 개탄했다.[234]

미국의 다른 법률저술가들은 쿠르부아지에 사건에서 필립스 변호사의 역할을 지지했다. 이렇게 미국의 변호사들이 이 사건에 관하여 토론함으로써 현재 미국 법조윤리를 지배하는 원칙을 확립시키는 데 큰 도움이 되었다. 즉, 변호사는 의뢰인에게 더 큰 의무를 진다는 것이었다. 예컨대 조지 샤스우드는 그의 1854년도 법조윤리에 관한 저술에서 쿠르부아지에 사건에 관한 논평을 부록으로 붙였는데, 거기에는 필립스 변호사가 "스스로 해명"한 내용이 들어 있었다.[235] 『먼슬리 로 리포터Monthly Law Reporter』도 또한 이 사건에 관하여 몇 개의 기사를 실었다.[236] 1846년 기사에서 익명의 평론가는 "도덕적으로 옳지 못한 당사자를 위하여 나설 수 없다며, 자기들이 맡는 사건에 자신들의 인생관을 통째로 투영하려고 하는, 그렇게 자기 위주의 양심만 밝히려는 변호사들로부터 해방되고 싶다"는 희망을 피력했다. 이런 변호사들이야말로 "자기들이 추구하는 대의명분을 자기들의 사무실에서 실천에 옮길 수 있을지는 몰라도", 그러나 "자신들의 대의를 실천에 옮길 곳은 다름 아니라 합당하게 구성된 법정에서"라는 것이었다.[237]

비록 샤스우드와 다른 평론가들이 배심원의 역할을 "박탈"하는 변호사들을 경계했지만, 미국의 변호사들은, 변호사가 자기 마음대로 의뢰인을 고를 수 있는 권리를 완전히 박탈한 영국의 "택시승차장*"이론을 결코 채택하려 하지 않았다. 영국에서는 법정변호사 barrister는 일반적으로 자신의 도움을 요청하는 의뢰인의 사건을 맡을 의무를 지니고 있다.[238] 1844년 데이비드 더들리 필드는 미국에서도 "변호사는 도움을 구하는 사람의 요청을 거부할 자유가 없다"는 원칙이 일반적으로 인정되고 있다고 생각했다.[239] 1846년 미국의 한 평론가는 "영국의 원칙"은 "변호사가 자기 나름의 신념에 따라 선택 여부를 결정할 수 있는 미국의 경우에 비하여 훨씬 안전"하다고 보았다. 만약 변호사가 "(의뢰인의 신뢰가 덜 가는 말을 믿고) 가장 정의롭다"고 생각되는 사건만을 수임하려 할 경우 그 변호사는 "그 의뢰인과 동일인으로 간주될 위험성"에 빠지거나, 또는 "교묘한 의뢰인의 노예"가 될 가능성이 크다는 것이었다.[240] 그러나 샤스우드는 택시승차장 이론의 채택을 거부했다. 그는 변호사는 "자기 재량에 따라서 사건의 수임을 거부하거나, 어떠한 대의를 위해서든 사건에 관련되기를 거부할 확실한 권리"를 가지고

---

* "cab-rank" rule＝택시기사는 자기 차를 고른 승객이 장거리 손님이든 단거리 손님이든 가리지 않고 태울 의무를 진다는 불문율. 영국의 택시기사들도 단거리 손님을 싫어했다고 한다.

있다고 주장했다.[241]

링컨의 생애가 전문직역인의 윤리에 관한 이러한 두 가지 견해를 균형 있게 반영한 것이었기는 하나, 링컨은 대체로 샤스우드의 접근 방법에 동조했다고 볼 수 있다. 그는 법과대학생들을 위한 강연노트에서 호프먼이나 그린리프에 매우 유사한 견해를 피력하고 있으나, 법조윤리에 관하여 깊은 생각을 드러내고 있지는 않다. "변호사는 필연적으로 부정직해진다는 대중의 막연한 확신"을 인정하면서도, 링컨은 "법을 직업으로 선택하는 젊은 사람은 누구라도" 그런 대중의 확신에 동조해서는 결코 안 된다고 경고했다. 오히려 젊은이는 "매사에 정직하겠다는 결의를 다져야 하며, 만약 스스로 생각하기에 정직한 변호사가 되기 어렵다면 차라리 정직한 비변호사의 길을 택해야" 한다는 것이었다. 링컨은 "변호사 직역에는 도덕적 색조가 배어 있어야 한다"고 믿었던 것이다.[242]

그러나 변호사 직역에 도덕적 색소가 배어 있어야 한다는 링컨의 소망은 "도덕적으로 옳지 못한 일은 전문직역인으로서도 옳다고 할 수 없다"는 호프먼의 법언에는 미치지 못했다. 링컨은 그의 강의에서 변호사들이 저지를 수 있는 "부도덕"한 행동의 두 가지 사례를 보여주었다. 하나는 문제가 되는 증서를 샅샅이 뒤져서 "분쟁을 불러일으켜서 호주머니에 돈을 채울" 근거가 되는 소유권의 하자를 찾아내어 쓸데없이 소송건수를 하나 만들어내는 일이었다. 링컨이 든 또 하나의 사례는 일을 해주기도 전에 수임료조로 받은 약속어음을 팔아먹는* "부정직한" 실무관행이었다. 링컨의 강의노트는 변호사가 자신의 고객을 선택함에 있어 도덕적으로 책임을 지는지 여부에 관한 좀 더 문제성 짙은 쟁점에 관하여는 아무런 언급을 하지 않았다.

링컨은 변호사 업무에 관한 호프먼의 도덕적 접근 방법 중 다른 측면에

---

* 어음할인의 경우 등.

대해서는 동의하지 않았다. 원래 호프먼은, 변호사는 정직한 채권자에 대하여는 제소기한도과의 항변을 해서는 안 된다고 확신하고 있었다. 그러나 링컨은 그의 변호사 업무에서 제소기한도과의 항변은 물론, 자기 고객에게 소용이 되는 방어 방법이라면 가리지 않고 활용했다. 두 가지 예를 드는 것만으로도 충분할 것이다. 그는 연방법원에 제기된 1860년의 라이스 대 블랙먼 Rice v. Blackman 사건(1860)에서 제소기한도과의 항변을 제기했으나 성공하지 못했다. 알폰소 라이스는 미시시피와 애틀랜틱 간 철도회사를 위하여 일한 기술자였다. 그는 보수를 받지 못하자 사용자를 제소했다. 판결에도 불구하고 철도회사가 판결금액을 지급하지 않자 라이스는 판결에 기하여 철도회사의 주주*인 커티스 블랙먼을 제소했다. 사실심 법원은 라이스에 대한 링컨의 항변을 배척하고 라이스에게 승소판결을 내렸다.[243] 4년 전 링컨은 버밀리언 카운티에서 존 맥퍼런드가 모제스 레이턴을 상대로 하여 제기한 채권회수 청구소송에서 제소기한도과항변을 제기하여 성공한 적이 있었다. 링컨이 제소기한도과항변을 제기하자 원고는 소를 취하했던 것이다.[244]

호프먼이 꿈꾸던 이상적 변호사와는 달리, 링컨은 사건의 옳고 그름보다는 절차법상의 법기술적 관점에서 판단하는 수준에 그쳤다. 링컨이 로버트 맷슨을 대리하기 5년 전 링컨은 일리노이 주대법원에서 피상소인이 된 아모스 워딩을 대리한 적이 있었다. 그때 상소보증금은 상소인의 대리인이 납부했는데, 그 사람은 상소인을 위하여 그런 보증금을 납부할 권한을 수여하는 증서상에 꼭 필요한 증서인seal을 날인 받지 못한 상태였다. 대법원은 링컨의 항변을 받아들여 그 상소는 "권한수여의 요건인 증서인이 흠결"되어 있다는 이유로 상소를 각하했다.[245] 이 재판은 시드니 브리즈 대법관의 신랄한 반대의견을 불러일으켰다. 그는 링컨이나 대법원은 "이 시대에는 이미

---

* 19세기 말까지만 해도 주주는 완전한 유한책임에 의한 보호를 받지 못하고 있었다.

적용하기에 너무 곤란한 형식적인 요건의 불비를 문제삼음으로써 합리적인 이유를 흠결"했다고 공격했다. 이제 바야흐로 시대는 "자의적이고 자기술에 의존하며, 우리의 상황에 전혀 적용할 값어치가 없으며, 정의의 실현에 아무런 도움이 되지 못하는 그런 것들로부터 적법한 소송절차를 보호할 때가 되었다"는 것이었다.[246] 같은 해 링컨은 실질보다는 형식에 의지한 또 하나의 주장으로 승소할 수 있었다. 그는 상대방의 상소가 "주대법원의 원칙에 충실하게" 상소이유서를 제출하지 아니하였다는 이유로 상소각하를 신청하여 성공했던 것이다.[247]

링컨같은 휘그파 변호사들은 도구주의적 관점에서 법에 접근하지 않았다. 그들은 자기들이 분쟁에서 어느 특정한 쪽을 편들어야 할지보다는, 분쟁이 법원에서 질서있는 방법으로 해결되는지의 여부에 더욱 신경을 썼던 것이다. 링컨은 미주리 주의 변호사이자 휘그당원이던 에비엘 레너드와 마찬가지였다. 그 사람은 미주리 주의 노예들이 제기한 몇 건의 자유확인 청구사건을 맡았다. 레너드는 사건이 오는 대로 수임했으므로 노예를 맡는 경우도 있었고, 주인을 맡은 경우도 있었던 것이다.[248]

이렇게 변호사의 적절한 역할이 무엇이냐에 관하여 휘그파적으로 접근해도 된다는 관점에 의할 경우, 그것은 변호사가 도덕적 판단을 내리는 것을 유보하도록 하는 법조윤리의 평행적 발전을 조장해주었다. 변호사는 도덕적 판단을 할 위치에 있지 않으므로 도덕적 이유로 의뢰인을 돌려보내서는 안 된다는 것이었다. 휘그파적인 법과 질서의 개념하에서, 그리고 전문직역인의 책임에 관한 새로운 개념하에서, 변호사들은 자신들이 최종적 결정을 내리는 것을 거부하고 그 일을 판사와 배심원들에게 맡겼던 것이다. 그러나 1844년 데이비드 더들리 필드는 시스템에 대한 이런 과도한 신뢰는 결국, 판사들이 오류를 저지를 수 없으며 법은 항상 확실하다는 전제 위에 서 있는 것이므로 잘못된 것이라고 주장했다.[249]

결론

링컨은 도덕적 판단을 유보할 수 있었기 때문에 노예소유주를 대리할 수 있었다. 링컨은 변호사가 의뢰인을 선택하는 데 대하여 도덕적으로 책임을 저야 한다는 관념을 거부하는 법조직역의 책임모델에 따랐던 것이다. 맷슨 사건은 "그 동네에서 자기가 아니면 더 이상 사건을 맡을 변호사가 없기 때문에" 링컨이 할 수 없이 맡아야 할 윤리적 책임을 진 경우가 아니었다. 맷슨은 링컨을 선임할 당시 이미 다른 변호사를 선임해두고 있었다. 맷슨은 법적으로는 청구권이 있었지만,[250] 그가 재판에서 노린 목표는 링컨이 다른 측면에서 부도덕하다고 인정할 만한 것이었다. 링컨은 때로 그의 변호사 업무에서 "법률적으로 옳다고 하여 도덕적으로도 반드시 옳은 것은 아니다"라는 이유로 의뢰인으로부터의 사건수임을 거부한 적이 있었다. 링컨이 맷슨을 수임할 당시 링컨은 노예제도를 진정으로 증오하고 있었다. 그러나 "법의 가면masks of law"을 빌려 그는 개인적 신념에 우선하여 맷슨 사건을 수임했던 것이다.[251] 그가 그 사건을 맡은 것이야말로 변호사의 도덕적 책무를 최소한으로 축소시키려는 진부한 법조윤리의 영향을 받았음을 보여준다.

6장
철도회사의 사건들

링컨을 두고 자주 철도변호사 또는 회사변호사라고 부르기도 한다.

그러나 현대적 의미에서 그는 어느 쪽에도 해당하지 않았다.

그가 철도법 관련 업무를 보았다고는 하나 전적으로 철도회사만을 대리하지는

않았던 것이다. 그가 철도회사를 상대로 제소한 일도 빈번했다.

또 링컨은 회사변호사라고도 할 수 없었다.

링컨은 1850년대에 일리노이 센트럴 철도회사의 사건들을 많이 대리했는데 그 일들이야말로 링컨의 변호사 생애에서 가장 잘 알려진 이야기이면서도 가장 이해받지 못한 대목에 해당한다. 예컨대 링컨과 남북전쟁에 관하여 쓴 고어 비달Gore Vidal*의 소설에서는 등장인물들이 링컨을 "철도변호사"로 부르거나 링컨과 철도회사의 관계에 대하여 적어도 6번이나 언급하고 있다.[1] 링컨에 관한 전형적인 전기들은 하나같이 링컨과 일리노이 센트럴 철도회사의 관계에 대하여 언급하고 있다.[2] 그러나 링컨이 철도회사를 위하여 일한 총체적 내용은 자주 간과되고 있다. 링컨과 철도회사의 관계는 1852년 이후부터 비교적 지속되어온 편이다. 그는 자기가 정규적으로 쫓아다니는 2개 카운티의 순회법원에서 사실심 변호사로서 철도회사를 대리했으며, 또한 일리노이 주대법원에서 대리하기도 했다. 철도회사는 링컨이 보유한 재판 및 협상기술 이외에도 주대법원 및 선출직 관리들과의 친분 때문에 링컨을 활용했던 것이다.

* 미국의 저명한 극작가, 소설가(1925 -). 그의 작품 중에는 소설 형태로 된 링컨 전기도 있다.

철도회사와 변호사

철도야말로 1850년대의 일리노이 주를 변화시킨 장본인이었다.[3] 미합중국 어느 곳에서도 철도의 발전이 그토록 극적인 곳은 없었다. 1830년대만 해도 일리노이 주에는 철로가 전혀 없다가 1840년이 되어서야 40km의 철로가 깔리게 된다. 1850년에는 190km의 철로가 깔리고, 1860년이 되면 자그마치 4,500km나 된다. 이렇게 해서 1860년이 되면 일리노이 주는 미 연방 내에서 오하이오 주를 제외하고는 다른 어느 주보다도 철로의 총연장이 긴 주가 된다.[4] 철도는 특히 링컨이 살고 있던 중부 일리노이 주에 심대한 영향을 미쳤다.[5] 철도 덕분에 시장이 개설되고, 새로운 마을이 생기고, 노동자들을 끌어들이고, 중요한 법률문제들도 야기되었기 때문이었다.[6]

이렇게 철도가 발전하면서 또한 철도법이 발전했다.[7] 미국의 변호사들이 이런 새로운 기회를 놓칠 리가 없었다. 이에 관하여 텍스스의 어느 변호사는 1860년 일기에서 그 당시 변호사들의 전형적인 자세를 다음과 같이 묘사하고 있다. "나는 이제 철도법에 좀 더 정통해져야 되겠다. 우리 주는 이제 곧 철도망으로 뒤덮이게 될 것이며, 그렇게 되면 엄청난 법률문제들이 야기될 것이고 우리는 그것에 대답을 해줄 수 있어야 한다. 철도는 미래의 물결이며, 나는 이 업무를 감당할 준비가 되어야 한다."[8] 1851년 어느 법률잡지는 "오늘날 철도의 시대에 변호사가 철도법의 연구를 회피한다면 희한한 일이 될 것"이라고 지적했다.[9] 이 시기의 법률문헌들을 보더라도 그런 변호사의 모습을 보여준다. 1851년 보스턴의 두 변호사가 두 권으로 된 『미합중국철도법과 철도부설특허장 모음집』을 펴냈다.[10] 1854년에는 철도법에 관한 미국의 지도적인 판례들이 주석까지 붙어 발간되었다. 겉표지의 책등spine에 적힌 대로 일반적으로 『미국철도법 판례American Railway Cases』라고 알려진 이 두 권짜리 책의 편집인들은 "철도가 도입되면서 관련 재산 분야에 특유한 문제들이

거나 또는 보통법 원칙을 어떻게 적용할지의 문제들과 관련하여 다양한 소송이 발생했다"고 지적했다.[11] 1857년에는 철도법에 대한 미국 최초의 논문 2편이 간행되었다.[12] 1861년 헌든은 저자인 에드워드 피어스 변호사에게 그가 쓴 철도법 논문이 "가장 훌륭했으며, 잘 정리되어 있고, 무척 잘 요약되어 있어서 자신은 그것을 자주 인용하며 거기서 많이 배우고 있다"고 편지를 쓴 일도 있었다.[13]

링컨이 일리노이 센트럴 철도회사의 일을 했다고는 하지만 그것은 회사의 이사회에서가 아니라 법정에서였다. 전쟁 전의 철도회사들이 회사의 경영기법과 관련하여 선두 주자의 역할을 한 것은 사실이지만, 링컨은 그런 회사경영에서는 아무 역할도 하지 못했다.[14] 그 대신 링컨이 한 일은 오로지 사실심과 상소심 사건들을 다루는 일에 국한되었다. 그렇다고 하여 링컨이 그 회사의 유일한 재판담당 변호사는 아니었다. 회사는 일리노이 전역에 걸친 재판에서 주로 피고로서 방어하기 위하여, 그리고 상소심 사건을 다루기 위하여, 링컨 이외에도 다른 많은 변호사들에게 의뢰했던 것이다. 이 기간 중 회사에는 월급쟁이 변호사들도 있었다. 이 사내변호사들은 링컨의 도움 없이도 중요한 문제들을 처리할 수 있었다. 예컨대 1855년 봄 철도회사 사장인 존 그리스월드와 사내법률고문general counsel*인 제임스 조이 변호사는 체신부와 상당한 돈벌이가 될 우편계약을 협상했던 것이다.[15]

링컨은 약 50건의 일리노이 센트럴 철도회사 사건을 맡았는데, 법정에는 혼자서 나가는 일이 별로 없었다.[16] 링컨이 철도회사를 위하여 맡는 사실심은 샴페인, 콜스, 드위트, 메이컨, 그리고 맥린 카운티에서 벌어지고 있었다. 이 5곳의 카운티는 링컨이 정기적으로 쫓아다니던 제8순회구역에 속해 있었으므로 그는 이미 이 카운티들에서 제법 상당한 시간을 보내고 있었다. 링컨은 1853년 순회법원을 쫓아다니던 당시 블루밍턴(맥린 카운티)에서 24일,

---

＊ 회사에 소속되어 회사의 법률 업무를 총괄하는 변호사.

그리고 클린턴(드위트 카운티)에서 11일을 보내야 했다.[17] 1854년 링컨은 블루밍턴에서 22일과 클린턴에서 15일을 보내야 했다. 링컨이 맡는 일리노이 철도회사의 소송은 그 회사가 각 카운티마다 두고 있는 고문변호사로부터 위임을 받는 것이 전형적인 형태였다. 드위트와 메이컨 카운티에서 링컨은 드위트 카운티의 군청 소재지인 클린턴에 사는 클리프턴 무어 변호사와 제휴했다. 맥린 카운티에서는 링컨과 아사헬 그리들리 변호사가 회사를 대리했다. 그리들리 변호사는 맥린 카운티의 군청소재지인 블루밍턴에 살고 있었다. 샴페인 카운티에서는 링컨은 군청 소재지인 어바나에 사는 헨리 클레이 휘트니 변호사와 함께 회사를 대리했다. 휘트니 변호사는 "우리는 링컨과 계약을 맺어 링컨이 회사를 상대로 하는 사건을 수임할 수 없도록 한 뒤, 그가 현지에 있거나 또는 회사가 필요로 할 때는 언제든지 링컨의 도움을 요청했다"고 회상했다.[18]

1850년대에 철도회사 소송사건을 맡는 변호사들은 꼬리를 물고 생겨나는 난제에 직면할 수밖에 없었다. 1864년에 발간된 일리노이 주의 서식책은 상투적인 철도소송에서 사용될 7가지 유형의 소장 샘플을 보여줄 정도였다. 그중 6가지는 구체적인 소송의 경우였는데, 말이나 마차를 타고 가다가 기차에 부딪혀서 다친 경우, 그로 인하여 죽은 경우, 승객이 기차에서 내리다가 다친 경우, 기차에서 "번진" 불꽃으로 인하여 수확해 쌓아둔 밀 낟가리를 태워버린 경우, 철로 연변에 울타리와 가축보호막이 없어 가축을 죽이게 된 경우, 강을 건너는 철도교량으로 인하여 강을 통행하는 선박의 이익이 침해된 경우였다. 7번째의 서류양식은 기차가 공용의 철도건널목에 접근하면서 기적을 울리지 않았음을 이유로 과태료를 청구qui tam*하는 소송이었다.[19]

---

* 잘못을 저지른 자에 대하여 사인私人이 제재금으로서의 과태료penalty를 청구하되 승소시 승소금액을 국가와 나누어 가지는 형사적 민사소송.

전쟁 전의 철도소송에서 가장 흔한 분쟁 유형은 토지소유주가 자기 땅을 통과하는 철로를 문제삼는 소송이었다.[20] 철도회사가 그 고객—화물의뢰인과 승객—들에 대하여 지는 책임의 한도 또한 이 시기에 정해졌다.[21] 철도회사의 근로자가 상해를 당한 경우에 회사가 져야 할 책임의 범위 또한 이 시기에 정해졌다.[22] 철도회사와 정부당국의 분쟁도 자주 법정에서 해결되었다. 마지막으로 일리노이 주의 철도회사들은 회사주식을 청약한 주식인수인들과의 법률분쟁에도 자주 휘말렸다.[23]

링컨은 일리노이 센트럴 철도회사를 위하여 이런 문제 중 비록 전부는 아니지만 상당수를 취급했다. 링컨이 쫓아다닌 순회법원 사건 중 거의 절반은 토지소유주가 자기 땅에 생긴 손해의 배상을 청구하는 경우이거나, 철도회사가 철로 연변에 울타리를 세우지 않았거나 또는 제대로 유지, 관리하지 않았음을 이유로 하는 분쟁이었다.[24] 링컨이 철도회사를 위하여 맡은 일 또한 토지수용권eminent domain*의 행사나 기차에 실렸다가 파손된 화물 또는 기차에 치인 가축에 대한 책임 따위의 일상적인 일들이었다. 링컨은 또한 철도회사에 매우 중요했던 3건의 세금사건에도 관여했다. 그러나 링컨은 일리노이 센트럴 철도회사를 위하여 일하면서도 철도와 관련한 법정문제를 모두 다 다루지는 못했다. 예컨대, 그는 주주들과의 소송은 다루어보지 못했는데, 왜냐하면 일리노이 센트럴 철도회사는 일리노이 주 내의 다른 철도회사들과는 달리 지방의 자본에 의존하지 않았기 때문이었다.[25] 링컨은 또한 개인적인 부상을 이유로 하는 소송에서도 철도회사를 대리한 일이 없었다.

---

* 국가, 지방자치단체가 공공의 목적을 위하여 합리적 보상을 전제로 타인 소유의 토지 등의 소유권을 박탈할 수 있는 권리. 철도회사의 경우에는 국가나 주로부터 받는 특허charter에 기하여 직접 수용권을 발동할 수 있었다.

철도용지 수용권[*]에 관한 사건들

철로를 건설하려면 땅이 필요했다. 주의 의회들은 이런 경우에 철도회사가 우선 토지수용권을 발동하여 필요한 땅을 차지하고 나서 그 다음에 소유자에게 보상하도록 하는 절차를 마련했다.[26] 비록 전쟁 전에 철도건설을 위한 토지수용권의 행사로 인한 소송이 법원에 자주 제기된 것은 사실이지만, 일리노이 센트럴 철도회사가 철로를 건설하는 것과 관련하여서는 의외로 소송이 별로 많이 생겨나지 않았다.[27] 링컨이 일리노이 센트럴 사건을 맡으면서 초기에 담당했던 사건들 중 몇 개는 철도회사가 토지수용권을 행사한 경우와 관련된 것이었다. 이렇게 통행권의 가액평가를 둘러싼 사건들에서 그는 소유자 측과 철도회사 측을 각각 2번씩 대리했다.[28]

일리노이 주의회는 1849년에 통과시킨 철도회사설치법에서 철도회사가 철도용지 수용권을 얻기 위한 필요한 공식절차를 규정해두었다. 그 절차야말로 그 시대에 전형적인 형태였다.[29] 즉, 만약 철도회사가 건설하려고 하는 어느 노선이 "개인소유의 재산을 빼앗는 일을 정당화시켜줄 정도로 충분히 공익적인 사유가 있을 경우에는" 철도회사는 그 계획노선을 따라서 타인의 재산권을 수용할 권리를 가진다는 것이었다. 그 경우 만약 철도회사와 토지소유주가 보상금에 관하여 합의하지 못하면 회사는 당해 토지가 소재하는 카운티 내의 순회법원에 감정인의 지명을 신청할 수 있었다. 그러면 법원은 "5명의 유능하고 이해관계 없는 사람을 감정인으로" 지명하는 것이었다. 이렇게 지명된 감정인들이 문제의 토지를 둘러보고, 또 "이해당사자의 주장과 증거를 모두" 들어본 다음 수용되는 토지에 대한 적절한 보상금을 정하는 것이었다.[30]

---

[*] right of way. 남의 땅에 철도를 건설, 운영할 수 있는 권리.

1852년 일리노이 주의회는 철로가 급속하게 확장되는 시점에서 철도회사의 토지수용권 행사가 좀 더 신속히 될 수 있도록 도와주기 위하여 철도회사의 수용권 행사절차에 관한 규정을 개정했다. 우선 감정인의 수를 5명에서 3명으로 줄였다. 더욱 중요한 것은 감정인이 단지 철도용지 그 자체에 대한 "보상금compensation"을 감정하는 데 그치는 것이 아니라, "철로를 건설하고 사용함에 기인하여 발생할 수 있는 손해"에 대하여도 감정토록 한 것이었다.[31] 일리노이 센트럴 철도회사는 이 절차를 너무나도 일상적인 것으로 생각한 나머지 소속 변호사들에게 미리 인쇄하여 빈칸만 채우면 되는 서식을 나누어줄 정도였다. 이 서식들에는 당해 카운티 내의 법원에* 제출할 신청서의 양식, 감정인을 지명하는 결정문의 양식, 감정인 임명장 서식, 그리고 감정인의 최종보고서 서식 등이 포함되어 있었다.[32] 주의회는 또한 감정인들의 감정결론에 대하여 순회법원에 이의를 제기할 길을 열어놓았다.[33] 이렇게 새로 정해진 절차는 감정인들이 좀 더 신속하게 결론을 내릴 수 있도록 하면서, 또한 토지소유주가 법원에서 구제받을 길을 열어놓은 것이었다.

　　회사와 소유주가 당해 재산의 가치에 대하여 합의에 도달하거나 감정인들의 감정결과를 받아들이는 경우에는 이런 공식절차가 불필요했다.[34] 일리노이 센트럴 철도회사는 수용할 토지에 관하여 그 소유주들과 협상하여 합의에 도달하는 성공률이 높았거나 또는 양쪽이 모두 감정결과에 만족했음에 틀림없다. 그래서 링컨은 감정인들의 감정결과를 놓고 토지소유주가 당해 카운티의 순회법원에 이의를 제기한 사건은 4건만을 맡았을 뿐이다.[35] 그 첫 번째 사건에서 링컨은 일리노이 센트럴 철도회사를 대리했다.[36] 1853년의 다른 2건에서 링컨은 토지소유주들을 대리했다. 1853년 5월 링컨과 레너드 스

---

* 감정인의 지명은 당해 카운티 내의 순회법원이나 치안법원에 신청할 수 있었다.

웨트 변호사는 철도용지 보상금액에 관한 감정인들의 감정결과에 불복한 드위트 카운티의 토지소유주 존 바거를 대리했다. 클리프턴 무어와 존 스튜어트 변호사가 철도회사를 대리했다. 그해 가을 배심원단은 바거에게 637.33달러를 평결해주었다. 이에 따른 판결*은 철도회사가 "수용대상 토지의 양 측면에 제대로 된 쓸모 있는 울타리를" 유지해야 한다는 조건을 덧붙였다.[37]

비록 링컨이 감정가액에 대하여 불복하는 4건을 수임했다고는 하나 그중 철도회사 측에서 감정결과에 불복한 것은 단 1건이었다. 나머지 3건은 감정결과에 불만을 가진 지주들이 제기한 것이었다. 링컨은 일리노이 센트럴 철도회사의 토지수용과 관련하여서는 일리노이 주대법원에 제기된 상소심 사건을 맡은 것이 전혀 없었다. 대부분의 전쟁 전 철도회사들처럼 일리노이 센트럴 철도회사는 감정인들의 손해액감정결과에 대체로 만족하는 편이었다.[38] 이에 대하여 불복하면 결국 시간과 돈을 낭비하면서 분쟁을 더욱 오래 끌게 될 터였다. 그리하여 이렇게 감정결과를 묵묵히 받아들이는 관행이 19세기를 관통했다. 남북전쟁 후에도 철도회사를 대리하는 변호사들은 철도용지를 둘러싼 문제를 가능한 한 신속히, 그리고 서로 호혜적으로 해결하려고 노력했다.[39]

링컨이 초기에 맡았던 철도사건들을 보면 철도회사들은 토지소유주들이 감정결과에 불복하더라도 이를 잘 해결하려는 성의가 있었으며, 그렇지 않더라도 기껏해야 배심원단의 평결액을 최소화하려는 데만 뜻을 두고 있었음을 알 수 있게 한다. 링컨은 한 사건에서 당초에 제출했던 철도용지 수용 보상금 책정신청서의 내용을 나중에 수정하는 서면을 제출한 적이 있는데, 거기에서는 철도회사가, 비록 일방적이지만, 추가조건의 윤곽을 제시하고

---

* 배심원의 평결verdict은 나중에 판사에 의한 판결judgment로 완성된다.

있다. 즉, 수정 서면에서 링컨은 철도회사가 "수용대상 토지의 양 측면에 제대로 된 쓸모 있는 울타리를 영구히 유지"하려는 의지가 있음을 천명하고 있다. 철도회사는 또한 토지소유주가 이 울타리 작업에 "참여"해도 좋으며, 토지소유주가 지정하는 "세 곳을 초과하지 않는 위치에 건널목"을 설치하는 데 동의한다고 말했다. 이 수정 서면은 토지소유주가 자기가 입은 손해 중에는 울타리 축조비용까지도 포함된다고 주장하지 못하도록 하는 데 그 뜻이 있었다.[40] 링컨은 이런 분명한 언급이 없이는 배심원들이 철도회사가 "울타리 축조 책임"까지는 지지 않으며, 토지소유주는 "철도회사의 동의 없이는 가축을 보호하기 위한 울타리를 축조할 권리"가 없다는 판사로부터의 교시를 받게 될 것임을 잘 알고 있었던 것이다. 만약 이런 교시를 받게 된다면 토지소유주는 자기의 손해가 더 늘어났음을 주장하여 배심원들을 설득할 수 있게 될 터였기 때문이다. 링컨은 바로 수개월 전 앨턴과 생가먼 간 철도회사를 대리하였다가 패소한 상소심 사건에서 이런 교시가 있으면 회사에 불리해진다는 교훈을 얻었던 것이다.[41]

링컨은 1852년 12월의 법정개정기에 앨턴과 생가먼 간 철도회사를 대리한 2건의 감정사건에서 철도용지 수용보상금의 평가와 관련하여 이렇게 매우 소중한 경험을 얻었다.[42] 그중 한 건에서 링컨은 배심원들이 손해액을 평가함에 있어 판사로부터 철도회사는 스스로 울타리를 축조할 의무도 없고 그렇다고 하여 토지소유주들에게 가축보호용 울타리의 축조를 허용해줄 의무도 없다는 취지의 교시를 받은 데 대하여 불만을 토로한 적이 있다. 토지소유주인 조지 보와 "수용된 철도용지에 대한 보상액"에 관하여 회사와 합의에 도달하지 못하자 철도회사는 그 손해액의 감정을 신청했던 것이다. 철도회사는 생가먼 카운티의 치안법원 판사에게 "회사는 수용대상에서 제외되는 토지소유주의 토지 가치가 철도건설로 인하여 상승한다고 믿기에 그런 가치상승분을 초과하여 입게 될" 손해액만을 평가할 세 사람의 "세대주householders"를 지명해 달라고 신청했었다. 이렇게 하여 지명된 세대주 세 사람은 손해액이 64달러에 불과하다고 감정했다. 조지 보가 순회법원에 불복을 신청하자 배심원단은 그에게 480달러를 평결했다. 그러자 링컨과 헌든은 배심원의 평결에 대하여 주대법원에 상소하여 사실심에서 배심원들에게 주어진 판사의 교시가 잘못되었다고 주장했다. 그러나 대법원은 하급심의 교시에 잘못이 없다고 판시했다.[43]

또 다른 불복사건에서 링컨은 판사가 배심원들에게 "철도의 건설로 인하여 토지에 가해진 손해를 평가할 때 그 토지가 철도건설로 인하여 얻게 되리라고 생각하는 이익만큼 공제해야" 한다는 취지의 교시를 해야 한다고 주장하여 받아들여질 수 있었다.[44] 링컨은 당초 감정인들에게 수용에서 제외된 토지소유주의 나머지 재산이 그 철도건설로 인하여 얻게 된 "혜택"을 고려해야 한다고 요구함으로써 그들을 설득할 수 있었다.[45] 그러나 이것을 새로운 접근법이라고는 할 수 없었다. 왜냐하면 이미 몇몇 주의 대법원은 토지소유주의 재산이 얻게 된 혜택은 수용되는 토지의 보상액을 평가함에 있어 고려될 수 있다고 판시했기 때문이다.[46] 또 다른 주들에서는 의회들이 그런 접근방법을 명하는 법률을 통과시키기도 했다. 심지어 오하이오 주가 철도회사들에게 발부한 특허장에서는 감정인은 철도용지수용 보상금 사건에서 토지소유주들에게 주어지는 "상쇄적인 혜택offsetting benefits"을 고려해야 한다고 요구하기도 했다.[47]

토지소유주가 카운티 순회법원에 불복하자 판사는 "철도의 건설로 인하여 토지가 얻게 되는 혜택"을 고려해야 한다고 배심원들에게 교시해 달라는 링컨의 요청을 거부했다.[48] 그러자 링컨은 일리노이 주대법원에 상소했다. 주대법원은 링컨에 동조하여 1848년 펜실베이니아 주대법원의 판례를 인용했다.[49] 그러나 이런 링컨의 승리는 별로 실질적인 도움이 되지 못했다. 왜냐하면 링컨이 토지소유주의 남은 토지의 증가된 가치를 고려해야 한다고 감정인들을 설득한 후 겨우 3개월 만에 일리노이 주의회는, 감정인은 "연접한 다른 땅에서 생길 수 있는 이익이나 혜택"을 고려해서는 안 된다고 금지하는 법률을 통과시켰기 때문이다.[50] 일리노이 주대법원은 링컨에 동조하면서도 "이 재판이 하급심에서 시작된 이후에 개정된 법률"이 이 사건 분쟁에 적용되어야 함을 또한 확인해줄 수밖에 없었던 것이다.[51]

재산상의 손해

일리노이 센트럴 철도회사를 상대로 제기된 소송들의 제1파는 토지소유주들이 회사로부터 수용당한 토지의 보상가액을 둘러싼 분쟁이었지만, 제2파는 철도의 건설기간 동안 및 그 이후에 자신들의 재산상에 가해진 손해에 분노한 토지소유주들이 제기한 소송들이었다. 예컨대 드위트 카운티의 토지소유주들은 철로가 건설된 이후 자기들의 재산상에 가해진 손해를 주장하면서 적어도 18건의 소송을 제기했다. 그중에서 특히 소송을 좋아한 사람은 윌슨 앨런으로서 그는 일리노이 센트럴 철도회사를 상대로 7번이나 소송을 제기했다.[52] 그는 또한 드위트 카운티의 토지소유주들이 제기한 다른 3건의 사건에서 증인으로 나섰으며, 다른 2건의 소송에서는 토지소유주들을 위한 소송비용 담보제공자의 노릇을 했다.[53]

1854년 11월에 제기된 소송에서 앨런은 철도회사가 자기 소유의 토지 위에 "무척 깊고도 넓은 함정과 수직갱과 구멍"을 파냈다며 토지 침범에 의한 손해배상 청구소송을 제기했다. 그 소송에서 링컨과 무어 변호사가 철도회사를 대리했다. 1855년 10월 그 사건에 대한 재판결과 배심원들은 앨런에게 762.55달러를 평결해주었다. 이 평결 후 쌍방은 합의에 도달하여 자기들이 배심원들에게 "모든 과거와 현재와 미래의 손해액 전부를" 판단해달라고 요청하였으며 이제 철도회사가 판결금액을 지급하고 나면 "소장에서 언급된 사건의 연장선상에서는 앞으로 더 이상 어떤 소송도 없을 것"임을 약속했다.[54]

그러나 앨런은 1857년 2건의 소송을 더 제기했다. 그중 하나에서 앨런은 300달러의 손해배상을 청구했다.[55] 이에 대하여 링컨은 앞서 본 부제소의 합의를 이유로 방소항변을 제기하여 법원으로부터 소각하를 받을 수 있었다. 또 다른 사건에서 앨런은 철도회사가 배수로를 차단했다는 이유로 손해배상을 청구하면서 2,000달러를 청구했다. 링컨은 이 경우에도 방소항변과 답변서와 통지서를 제출하여 거기서 철도회사에 의한 배수방해는 앨런의 "묵인과 동의"에 의한 것이었다고 주장했다.[56] 배심원들은 심리결과 286달러를 평결했다.[57]

앨런은 1859년 9월에도 철도회사가 자기의 "오래된 배수로"를 방해했다며 소송을 제기했다. 배수가 방해됨으로써 유수지가 만들어지고, 물이 "고여서 썩음으로써" 가족의 불건강을 초래했다는 것이었다. 앨런은 또한 철도건설에서 공사방법의 부적절함으로 인하여 자기의 또 다른 토지가 "진흙과 퇴적물에 덮여"버렸다고 주장했다. 링컨과 무어 변호사는 지난번 소송에서 당사자 간에 철도회사를 상대로 하는 더 이상의 소송이 불가능하도록 합의되었다고 주장했다. 1861년 재판은 메이컨 카운티로 이송되어 거기서 앨런은 2년 후 25달러의 판결을 받을 수 있었다. 철도회사는 이 판결에 불복하여 1866년까지 끌다가 마침내 주대법원이 앨런은 더 이상 철도회사로부터 손해배상을 받을 수 없다고 판결함으로써 사건이 끝나게 되었다.[58]

토지소유주가 철도회사를 상대로 제기한 또 다른 유형의 소송은 철도회사가 울타리를 제대로 축조하지 않거나 유지하지 못함을 문제로 삼는 것이었다. 일리노이 센트럴 철도회사는 일리노이 주의 다른 철도회사들이나 마찬가지로 그 철도 연변에 울타리를 짓거나 유지해야 할 보통법상이나 제정법상의 의무를 당초에는 부담하고 있지 않았다.[59] 1855년 일리노이 주의회는 "가축, 소, 말, 양 그리고 돼지가 철로 위에 어슬렁거리지 못하도록 울타리를 축조하고 그 이후에도 그것을 잘 유지해야 할" 의무를 철도회사에 지우는 법안을 통과시켰다.[60] 그러나 이런 입법이 되기 이전에도 이미 일리노이 센트럴 철도회사는 드위트와 샴페인 카운티에서 토지소유주들로부터 철도용지를 매수할 경우 철로 주변에 울타리를 축조해주겠다고 약속하는 것이 일반적인 관행이었다.[61] 이런 약속은 결코 이례적인 것이 아니었다. 에드워드 피어스는 1857년 쓴 철도법 논문에서 "토지를 수용함에 따르는 손해배상의 일부로서 울타리를 축조해주기로 하는 특약이 있을 수 있다"고 지적한 바 있었다.[62] 울타리가 나쁘면 좋은 소송거리가 되었다. 일리노이 주의 토지소유주들은 철도회사가 약속을 지키지 않으면 그로 인한 특별손해consequential damage*를 청구할 수 있었다. 일리노이 주대법원은 철도회사가 울타리로 막아주지 않음으로써 토지소유주가 가축에 의한 농작물의 피해를 입었을 경우 그 손해의 배상을 허용해주었다.[63]

링컨은 이런 분쟁들을 중재하려고 노력했다. 1854년 3월 링컨은 일리노이 센트럴 철도회사의 담당 임원인 브레이먼에게 편지를 써서 '드위트 카운티의 노인 한 사람'이 자기에게 회사를 상대로 소송을 제기해달라는 요청해 왔다고 알려주었다. 그 노인은 철도회사가 "울타리를 만들어주기로 하고서도 약속을 지키지 않는다"고 불평한다는 것이었다. 링컨은 회사와의 고문관계 때문에 이 사건을 존 스튜어트 변호사에게 보냈다. 링컨은 그러면서 브레이먼에게 울타리를 제대로, 그리고 멋지게 고쳐보라고 충고했다. 링컨은 브레이먼에게 "이런 일에서는 제때 한 바늘만 꿰매더라도 나중에 아홉 땀을 절약할 수 있다"는 점을 잊지 말라고 말했다.[64]

---

* 행위의 직접의 결과로 발생한 손해가 아니라 간접적으로 발생하는 손해.

그러나 철도회사가 항상 아홉 바늘을 절약할 수 있는 것은 아니었다. 결국 그렇게 하지 못한 상태에서 링컨과 그의 동료들은 회사가 울타리를 축조하지도 못하고 유지하지도 못한 것에 대한 책임을 묻는 소송에서 철도회사를 대리할 수밖에 없었다.[65] 브레이먼은 드위트 카운티에서 제기된 울타리 관련 소송의 승산을 따져보고 나서 그 사건들의 대부분이 "성가신 일"이라는 결론을 내리고 "말썽없이" 잘 해결될 것이라고 예측했다.[66] 브레이먼은 이 사건들의 결과를 부분적으로라도 정확히 예측했던 듯하다. 9건 중 6건은 취하되거나 합의되었다. 그렇다고 해서 철도회사가 사건 모두를 말썽없이 잘 끝낼 수 있었던 것은 아니다. 그중 형평법원 사건 2건은―이 사건들은 불굴의 윌슨 앨런이 또 제기한 것이었다―거의 9년이나 끈 끝에 법원에서 각하되었지만, 앨런은 자그만치 550달러나 되는 소송비용을 회수할 수 있었다.[67]

링컨이 철도회사를 상대로 제기한 소송이 모두 변론으로까지 나아간 것은 아니었다. 토지소유주들이 순회법원에 제기한 모두 24건의 소송 중 9건은 취하되었다. 브레이먼은 울타리를 둘러싼 이런 분쟁들은 "시간만 있으면 직접 가서 현장을 살펴보고 잘 합의할 것이지만 변론으로까지 갈 경우에는 우리가 이기도록 만들겠다"고 쓴 적이 있었다.[68] 이렇게 "합의에 의하여" 울타리 분쟁이 해결된 사례로는 스펜서 대 일리노이 센트럴Spencer v. Illinois Central 사건이었다. 윌리엄과 캐서린 스펜서는 1856년 드위트 카운티에 있는 자기들 소유의 토지를 "통과하는" 철도용지를 매각한 적이 있었다. 그 계약에서 철도회사는 "그로 인하여 소유하던 땅이 두 쪽으로 갈라진 소유주들을 위해서" 건널목을 만들어주고, "법정의 규격에 맞추어 울타리를 축조하고 유지해주기로" 약속했다. 윌리엄 스펜서는 철도회사가 건널목을 제대로 관리해 주지 않고, "법정 규격의" 울타리도 축조해주지 않았다는 이유로 제소했다. 스펜서는 몰려드는 돼지떼와 소떼로부터 "농작물을 보호하기 위하여, 인부를 고용하여 감시하느라고 엄청난 비용과 노력과 시간의 손실을 보았다"고 불평했다. 스펜서는 또한 울타리를 만들고 유지하느라고 큰 시간과 노력과 돈의 손실을 보았다고 불만을 토로했다. 마지막으로 스펜서는 '농작물'과 목초지에 '큰 손해'를 입었다고 주장했다. 스펜서는 500달러의 손해배상을 청구했다. 링컨과 무어는 그 사건에서 철도회사를 대리했다. 이 사건이 1856년 5월 취하된 것을 보면 합의가 잘되었음에 틀림없어 보인다.[69]

다이 대 일리노이 센트럴Dye v. Illinois Central 사건에서 링컨은 철도회사를 위하여 합의를 절충했다. 알렉산더 다이는 철도회사가 자기의 토지를 침범했다며 제소하여 500달러의 손해배상을 청구했다. 다이는 철도회사의 승무원들이 "짐수레, 짐마차 등의 운송수단"으로 자기의 목초지와 옥수수 밭을 "짓밟고, 망가뜨리고, 손상시키고, 못쓰게 만들었다"고 주장했다. 철도회사는 또한 소떼들이 자기의 농작물들을 함부로 먹어치우도록 방치했다는 것이었다. 이 사건 또한 쌍방에서 합의한 판결문안*을 링컨이 작성함으로써 해결되었다. 다이는 "울타리를 축조하고 유지하지 못함으로써 발생한 모든 손해를 포기"하고, "이미 만들어져 있는" 울타리로도 "충분한 것으로 받아들이기로" 하되, 철도회사는 다이에게 100달러 및 소송비용을 지급하기로 합의한 것이었다.[70] 에머리 대 일리노이 센트럴Emery v. Illinois Central 사건은 배심원이 평결에 이르기 전에 쌍방이 합의에 도달하여 법원으로부터 소 취하의 허가를 받았다.[71] 드위트 카운티의 조지 힐이 1854년 5월에 제기한 소송은 2년 후 합의에 의하여 취하되었다.[72]

토지소유주들이 제기하고 배심원들이 심리한 14건의 사건 중에서 링컨이 철도회사를 대리하여 법정에서 완전히 승리한 것은 겨우 2건뿐이었다.[73] 무소부재의 윌슨 앨런은 이 2건에도 개입했다.[74] 그중 1건은 그가 토지소유주

---

* 우리도 화해조서 작성시에 쌍방에서 화해안을 만들어 법원에 제출하는 점에서 유사해 보인다.

를 위하여 보증인이 된 경우였고, 또 1건은 증인이 된 경우였다. 그중 한 사건은 제이콥 위버가 철도회사의 "피용자들과 짐승들이" 자기의 농작물을 "짓밟고, 파괴하고, 먹어버렸으며, 자기의 울타리를 넘어뜨려 개방해버린" 데 대한 책임이 있다고 주장하면서 철도회사를 상대로 하여 토지침범에 대한 손해배상을 제기했다. 그는 300달러를 청구했다. 링컨과 무어 변호사는 철도회사를 대리했다. 무어 변호사는 먼저 위버에게는 "이 법원의 담당자들이 법에 따라 요구하는 대로 부응할 소송능력이 부족"하며, 또 소송비용을 감당할 능력이 없을 것이라고 암시하는 서면을 제출했다. 이때 앨런이 응원군으로 나서서 소송비용담보를 제공하자 이번에는 링컨이 나서서 철도회사가 그 철도용지 수용권의 한계를 초과하는 짓을 저지른 일은 전혀 없다고 주장하는 답변서를 제출했다. 이 사건에서 배심원들은 철도회사의 손을 들어주었다.[75]

철도회사와 그 변호사들은 배심원들이 철도회사에 대하여 상당히 적대적이라는 데 인식을 같이했다. 브레이먼은 1854년에 쓴, 앞에서 본 보고서에서 배심원재판을 받게 될 경우 회사가 승리할 것이라고 예측하면서도, 또한 "법조문에서 조금만 빗나가면 이 배심원들(배심원들은 항상 회사에 적대적인 시민들의 편이다)은 흔쾌히 회사에 불리한 평결을 내릴 수 있을 것임"을 인정했다.[76] 링컨과 함께 이 철도회사의 고문변호사 역할을 한 헨리 클레이 휘트니는 1858년의 연방상원의원 선거전 기간 중 링컨에게 "만약 우리가 유권자들의 일리노이 센트럴 철도회사에 대한 증오심을 더글러스에게로 돌릴 수만 있다면 더 이상의 호재가 없을 것"이라고 편지를 쓴 일이 있었다. 철도회사에 대한 증오심은 1857년 이 회사가 도산하여 수천 건의 저당권에 기한 경매가 실행되는 시점에서 더욱 크게 두드러졌다.[77]

이렇게 회사에 대한 대중의 비호감은 결과적으로 링컨같은 변호사가 법정에서 이 철도회사를 위하여 변론하는 데에도 의문의 여지없이 영향을 끼쳤다. 즉, 링컨과 동료들은 회사가 책임을 면하기 어려움을 충분히 알고 있었기 때문에 그들의 소송전략은 결국 배심원이 평결하는 손해액을 최소화하는 데 집중되었다. 수많은 사람이 이 철도 회사에 대하여 저대감은 가지고 있었다는 점에 비추어보면 이런 전략은 분명히 이치에 맞는 것이었으며 성공적이었던 것으로 보인다. 철도회사 또한 이런 전술에 만족했다. 실제로도 링컨이 이 회사를 위하여 맡은 사건 중 토지소유주와의 소송사건 결과 여하간에 일리노이 주대법원에 상소한 사례는 한 건도 없었던 것이다.

링컨과 그 공동대리인들은 배심원들에게 토지소유주들이 과욕을 부리고 있다는 인식을 심어주는 쪽으로 주력했음에 틀림없어 보인다. 한 사례로 윌리엄 스펜서는 이 철도회사를 상대로 또 다른 소송을 걸어 철도회사가 "자기 땅을 파헤치고 뒤집어놓았다"고 주장하면서 손해배상으로 1,000달러를 청구했다. 이 사건에서 스펜서가 기술적으로는 승소했다고 할 수 있으나 링컨과 무어 변호사는 손해액을 6.50달러로 줄이는 데 성공했다.[78] 존 스펜서 또한 비슷한 소송을 제기하여 손해배상으로 800달러를 청구했으나 겨우 5.33달러를 회수하는 데 그쳤다.[79]

1854년의 또 다른 소송에서 드위트 카운티의 애덤 리어는 철도회사가 "암말, 수말, 노새, 암소, 황소, 양, 그리고 돼지떼들을 원고의 땅에 풀어놓아 목초와 옥수수와 밀과 귀리와 감자를 모두 먹어치우고 황폐하게 했다"고 주장하면서 손해배상으로 1,000달러를 청구했다. 리어는 그 소송에서 225달러의 평결을 받았을 뿐이다.[80] 드위트 카운티에서 제기된 3건의 울타리 관련소송에서 이 철도회사는 3건 모두 패소했다.[81] 그러나 토지소유주들이 이 3건에서 승소판결을 얻었다고는 하지만 평결금액은 원고들이 당초에 청구했던 금액에는 전혀 미치지 못하는 것이었다. 루이스 캐리는 500달러를 청구하여 168.53달러를 회수했다. 에이비엘 쿠시먼은 500달러를 청구하여 89.50달러를 회수했다. 조지 힐은 5,000달러를 청구하여 겨우 100달러를 받았을 뿐이었다.[82]

쿠시먼 대 일리노이 센트럴Cushman v. Illinois Central 사건에서 링컨은 상대방의 증거상의 약점을 물고 늘어져서 손해액을 최소한으로 만드는 합의에 도달할 수 있었다. 그 사건에서 원고인 에이비엘 쿠시먼은 철도회사가 자기 땅에 둘러쳐져 있는 울타리를 무너뜨리고 목초와 옥수수를 짓밟았다고 철도회사를 제소했다. 그는 손해배상으로 500달러를 청구했다. 링컨은, 만약 쿠시먼이 "철도용지의 매매계약에 정한 대로...철도회사가 원고토지의 경계선상에 울타리를 축조하고 유지, 관리할 의무를 이행하지 못함으로써 원고가 이 사건 소를 제기할 때까지 발생한 모든 법적 손해에 대한 배상청구권을 지금부터 영구히" 포기한다면, 철도회사는 "증거능력이 의심스러운 증거"이지만 피고가 제출한 그 증거의 증거능력에 동의하겠다는 내용의 합의서안을 작성했다. 이렇게 링컨이 만든 합의서안에 기하여 절충한 결과 쌍방은 쿠시먼이 회수할 수 있는 손해액의 한도에 합의했고, 이에 따라 배심원들은 그에게 89.50달러의 평결을 내렸다.[83]

이렇게 링컨은 토지소유주들과의 재판에서 일리노이 센트럴 철도회사를 대리하면서도, 다른 철도회사들을 상대로 하는 소송에서는 토지소유주들을 대리하는 일을 계속했다. 예컨대 링컨은 1855년 그레이트 웨스턴 철도회사가 메이컨 카운티 내에 보유한 역에 인접한 땅뙈기의 공유자들을 대리하여 그 역의 "옥외변소와 세숫간"이 그들 소유의 토지상에 축조되어 있다는 이유로 제소했던 것이다.[84]

상해소송

링컨이 일리노이 센트럴 철도회사를 대리한 7년간 그가 개인의 상해를 이유로 하는 손해배상 청구사건에서 회사를 대리한 일이 없었다는 점은 우리의 호기심을 매우 자극한다. 그러나 그는 부상당한 근로자가 다른 철도회사인 그레이트 웨스턴 철도회사를 상대로 제기한 소송에서는 ㄱ 사람을 대리했다.[85] 이렇게 링컨이 상해로 인한 손해배상청구 사건에서 피고인 일리노이 센트럴 철도회사를 대리한 일이 없다고 해서 철도인명사고가 별로 없었으리라고 짐작하면 오산이다. 19세기 철도건설에서는 사고가 빈번했다. 『시카고 트리뷴Chicago Tribune』은 1850년대에 사망통계를 출간하면서 "철도건설 중 사망"이라는 항목을 추가할 정도였다.[86] 그런데도 링컨이 그런 사건을 맡지 않은 3가지 중요한 이유를 들 수 있다. 그것은 철도회사의 가족온정주의, 부상자에게 불리한 법 해석, 그리고 소송에 대한 사회의 부정적 태도들 때문에 부상을 입은 피용자들은 회사를 상대로 하는 손해배상청구소송의 제기를 삼갔던 것이다.

첫째, 철도회사가 자발적으로 나서서 비공식적으로 보상해 주는 체계가 부상당한 피용자들의 제소를 막을 수 있었다. 19세기에는 사용자와 피용자의 관계는 사용자가 부상을 입은 피용자를 부모처럼 돌보아줌으로써 부상한 피용자에 의한 소송이 드물었던 환경으로부터 점차로 몰인간적 관계로 진화함으로써 차츰 소송의 가능성 또한 높아졌다.[87] 그런데 일리노이 센트럴 철도회사는 이와는 좀 다른 길을 걸었다. 즉, 면책과 결부된 가족온정주의였다. 철도회사는 부상당한 근로자들을 돌보아주었던 것이다. 예컨대 1857년 부상당한 근로자가 회사의 담당자에게 자기가 기차 바퀴에 치어 다리를 절단당했으니 배상해달라고 요청하는 편지를 보냈다. 이에 대하여 담당자는 회사는 "철로상에서 피용자가 당한 손해에 대하여 아무런 책임이 없다"고 답하면서도 회사가 그의 의료비를 대주고, 또한 요양기간 중 봉급의 반액을 지급하겠다고 제의했다. 또 부상당한 근로자들 중 원래의 본업에 돌아갈 수 없는 경우에는 그 근로자에게 새로운 일거리를 마련해주려고 노력했다.[88] 근로자들은 이런 상황에서 자기들이 소송을 걸면 회사의 자발적 지급은 물론 장래 다시 회사에서 일할 가능성을 망치게 된다고 우려했다. 철도회사가 부상당한 근로자나 사망한 근로자의 가족에게 재정보조를 해줄 경우 회사는 그들로부터 면책서명signed releases from liability을 받았다.[89] 이 면책서명에 의하여 부상을 이유로 하는 손해배상 청구소송은 불가능해지는 것이었다. 그러나 링컨이 이런 면책관련업무에 종사한 기록은 찾아볼 수 없다.

또 철도노동자들이 당한 부상에 적용되는 법 또한 부상자들의 소송의욕을 좌절시켰다.[90] 영국과 미국의 법원들은 열차승객이 당한 부상에 대하여는 무척 걱정해주면서도, 피용자들이 당한 재해에 관한 한 철도회사의 책임을 인정하는 데는 매우 인색했다.[91] 19세기의 영국 법원에서 승객은 대체로 이기고, 근로자는 대체로 졌다.[92] 이와 똑같은 패턴이 미국 법원에서도 전반적으로 적용되었으며, 특히 일리노이 주 법원들에서는 그 특징이 더 두드러졌다.[93]

여기서 근로자들을 위한 하나의 특별한 법률적 장애는 동료 근로자의 잘못으로 인하여 부상당한 근로자가 손해배상을 청구할 수 없도록 한 동료피용자이론fellow-servant rule*이 광범위하게 채택되어 있었기 때문이다.[94] 여기서 지배적 판례로서 파웰 대 보스턴과 우스터 간 철도회사Farwell v. Boston & Worcester Railroad 사건에서 1842년 매사추세츠 주대법원장 리뮤얼 쇼가 쓴 의견이 대표적이다.[95] 1854년 일리노이 주대법원은 동료피용자이론을 채택하여 사용자는 "어느 피용자가 다른 피용자의 과실로 인하여 입은 손해에 대하여 책임이 없다"고 판시했다. 일리노이 주대법원은 아주 짧은 판결이유로 "파웰 대 보스턴과 우스터 간 철도회사 4 met. 49 사건에서 쇼 대법원장

---

* 내용은 본문참조. 보통법상의 원칙이었으나 피해자의 구제 기회를 부당하게 박탈한다는 강력한 비판을 받아 법과 제정법에서 그 적용이 차츰 제한되었고, 현재는 완전히 폐지된 이론이다.

의 의견 중에 쟁점에 관한 모든 언급이 망라되고 있으므로 그것만 보면 된다"라고 썼을 정도였다. 주대법원은 또한 쇼 대법원장이 그랬듯이 철도회사의 근로자는 그 근로와 관련하여 "내재적인 위험이 다분히 있음"을 충분히 알고 있으며 또한 그렇기 때문에 철도회사가 "그런 위험성을 고려하여 근로자들에게 특별수당"을 지급하고 있다는 점을 지적했다. 이렇게 위험을 분산시켰으므로 "불행한 일이 일어날 경우 그것은 불행을 당한 자가 책임져야" 한다는 것이었다.[96] 1858년에 발간된 철도법 관련 논문에 의하면 "동료 근로자의 부주의나 잘못으로 인하여 부상당한 근로자는 사용자에 대하여 손해배상을 청구하는 소송을 걸 수 없다는 원칙"이 "거의" 지배적이라고 지적했다.[97] 일리노이 주대법원에 의하면 그런 경우에 원고가 될 사람은 "그런 부상을 당함에 있어 자신의 부주의나 잘못이 경합되어 있지 않다는 점"을 입증할 수 있어야 한다는 것이었다.[98]

마지막으로, 부상을 입었다고 하여 소송을 거는 것을 온당치 않다고 여기는 정서가 지배하는 작은 지역사회에서는 공식적인 구제수단이나 법원에 호소하는 것은 사실상 불가능해지는 것이다. 개인이 부상을 이유로 손해배상 청구소송을 법원에 제기할 경우 지역사회가 그것을 용인치 않는다면, 결국 법원에 소송을 제기하기 어려워지지 않았겠는가.[99]

우선매수권에 관한 법률 의견

드물지만 링컨은 고객으로부터 앞으로 어떤 쟁점에 관하여 어떤 방향을 취해야 할지, 공식적인 법률의견을 요청받기도 했다.[100] 그는 일리노이 센트럴 철도회사를 위해서 적어도 한 번은 그런 의견서를 보낸 적이 있었다. 1856년 3월 6일 링컨은 "일리노이 센트럴 철도회사에게 특허장에서 양허된 토지섹션*의 사이사이에 유보해놓은** 토지에 대하여 연고권자가 우선매수권preemptive right을 가질 수" 있겠는지에 대한 의견서를 쓴 적이 있다.[101] 우선매수권이란 어떤 공공용지가 매각되기 전에 그 땅에 먼저 자리 잡은 사람에게 연방이나 주정부가 인정해주는 특권이었다. 1841년 연방의회는 국공유지에 정착하여 살면서 이를 개간한 가구의 가장에게 정부가 정하는 최소한의 금액으로 그 땅을 살 우선권을 부여하는 우선매수권법을 통과시켰다.[102] 그러나 이 1841년의 법은 운하, 철도, 기타 사회기반시설을 건설할 수 있도록 미합중국에 유보해놓은 토지에 대한 우선매수권은 인정하지 않았다.[103] 1852년 미연방의회는 "센트럴 철도***와 지선철도의 노선상에 있는 토지에 실제로 정착한 주민들에게 그에 대한 우선매수권을 허용함으로써 그들을 보호"하는 법률안을 통과시켰다. 이 법은 어떤 사람이 "현재 그곳에 실제로 정착"하여 점유하고 있으며, 또한 철도회사에게 양허된 토지의 "사이사이"에 유보해놓은 공공용지상에 "실질적으로 정착하여 실제로 개간"한 본인인 경우에는 그 사람에게 우선매수자격을 허용했던 것이다.[104] 1853년 의회는 우선매수특권을 "미합중국의 모든 철로 연변에 유보되어 있는 공공용지상에" 갖는 우선매수권으로 확대했다. 이런 우선매수특권은 "연방토지청이 철로 용지를 최종적으로 배정"해 주기 전에 그런 땅에 "정착하거나 개간"한 사람에 한하여 허용되었다.[105]

링컨은 이런 우선매수권의 문제에 관하여 자기의 의견을 내기 위하여 적용가능한 연방과 주의 모든 법령을 신중하게 검토하고 나서 "'최종적 배정

---

* 미국 중서부의 토지구획은 사방 6마일의 정사각형을 하나의 타운십township 으로 하고, 하나의 타운십은 사방 1마일의 섹션section 36개로 구성되어 있다.
** 타운십을 구성하는 36개의 섹션에는 "1"에서 "36"까지의 일련번호가 붙여지는데, 미국 정부가 철도 용지를 양허하는 방법은 예컨대 1, 3, 5, 7과 같이 한 섹션씩 걸러 홀수 번호가 붙는 섹션만을 양허하고, 짝수 번호가 붙는 섹션은 양허대상에서 제외하는 식이었다.
*** =Central Railroad. 일리노이 주의 시카고와 앨라배마 주의 모바일Mobile을 남북으로 잇는 철도.

final allotment'의 날 이전에 그렇게 유보된 토지상에 정착한 사람들은 적법한 우선매수권을 갖겠지만 그 배정의 날 후에 정착한 사람들은 그렇지 못할 것"이라고 결론을 내렸다.[106] 이렇게 링컨이 우선매수권의 가능성 유무에 관하여 내려준 의견은 이 철도회사에 영향을 미쳐서 결국 회사로 하여금 1,000명이 넘는 정착민들에게 수백만 평의 토지를 매각하는 결정을 내리도록 하기에 이르렀다.[107] 링컨의 의견이 옳았음은 그 다음 해에 입증되었다. 일리노이 주대법원은 일리노이 센트럴 철도회사에 양허된 토지의 "사이사이"에 유보해놓은 토지에 "정착하여 개간"한 것이 최종 배정의 날보다 후라면 우선매수권은 그 땅에 미치지 못한다고 판시했다.[108]

주대법원 상소심

링컨은 일리노이 주대법원에서 일리노이 센트럴 철도회사 사건을 포함하는 11건의 사건을 맡았지만, 그 회사의 상소심 사건을 맡은 변호사는 링컨에 국한되지 않았다. 링컨이 맡은 것은 주대법원의 제2관할구역Second Grand Division 사건에 대한 상소 사건에 국한되었으며, 그나마 그 전부를 맡은 것도 아니었다. A. J. 갤러거 변호사와 W. H. 언더우드 변호사도 예컨대 1856년 12월의 법정 개정기에 이 철도회사를 위하여 페이예트 카운티의 재판에 대한 상소 사건을 맡았던 것이다.[109] 1848년의 주 헌법은 주 전체를 3개의 관할구역으로 나누었다. 제2관할구역은 주의 중부지방에 자리 잡은 30개 카운티를 관할하고 있었다. 주대법원은 이 카운티들로부터의 상소 사건을 재판하기 위하여 1년에 한 번씩 스프링필드의 법정을 찾았다. 다른 두 개 관할구역으로부터의 상소심 사건을 처리하기 위하여는 마운트 버논과 오타와에 법정을 차렸다.[110] 다른 두 개 관할구역으로부터의 상소 사건은 다른 변호사들이 맡았다. 예컨대, 시카고의 B.C. 쿡 변호사는 1856년부터 1860년 사이에 이 철도회사를 위하여 최소한 6건의 상소사건을 맡았다.[111]

어느 상소사건에서 링컨은 일리노이 센트럴 철도회사가 계약상 송하인에 대한 책임을 제한할 수 있다고 주장하여 승소할 수 있었다.[112] 이 사건은 하주에 대한 철도회사의 책임을 둘러싼 6건의 회사사건 중 1건이었다.[113] 주대법원까지 간 2건 중 1건은 일리노이 센트럴 철도회사 대 모리슨과 크랩트리Illinois Central Railroad Company v. Morrison & Crabtree로서 그 당시 발간된 철도법 논문에 의하면 "매우 중요한" 법률 문제를 안고 있었다.[114] 그 쟁점이 중요한 이유는 철도회사가 계약상 자신의 책임을 제한할 권리를 가진다고 할경우 일반운송인으로서 부담하는 "보험자"의 지위*와 충돌하기 때문이었다.[115] 그 사건은 또 철도회사에 대한 통상의 손해배상 청구소송이라고 할수 있는 가축이 입은 손해배상 청구를 특별히 포함하고 있었다.[116]

일리노이 주에서는 미국의 다른 대다수의 법원들이나 마찬가지로 종전의 엄격한 책임원칙을 자유시장 이념이 압도하고 있는 중이었다.[117] 모리슨과 그의 동업자인 크랩트리는 자기들의 가축을 열차로 수송하는 데 낮은 요율을 적용받는 대가로 "철도회사의 중과실 또는 잘못에 기인하지 않는 한 가축의 도망이나 부상에 대한 책임"으로부터 회사가 면책되어도 좋다는 데 동의했다. 기차에 실린 소떼가 수송 중 예상한 것 이상으로 살이 빠지자 주인들은 콜스 카운티 순회법원에 재판을 걸어 철도회사는 일반운송인으로서의 책임을 면할 수 없다고 주장했다. 이때 철도회사를 대리한 변호사는 올랜도 피클린이었다. 원고들은 순회법원에서 승소했는데, 이것은 사실심 판사가 소떼의 수송에 관하여 특약이 없으면 철도회사를 일반운송인으로 볼

---

* 일반운송인이 무과실책임을 지게 되면 이는 일반운송인이 스스로 보험자의 책임을 떠맡는 경우에 해당한다.

수 없음을 배심원들에게 교시하기를 거부했기 때문이었다. 그리하여 그들은 1,200달러의 평결을 얻은 수 있었다.

철도회사는 상소했고, 링컨 변호사와 휘트니 변호사가 피클린의 공동대리인으로 가담했다. 상소심에서 링컨과 공동대리인들은 철도회사가 자신의 책임을 계약상 제한할 권리가 있다고 주장하여 승소할 수 있었다. 대법관 시드니 브리즈는 그 사건에 "공익사업과 철도회사의 이해관계에 중요한" 영향을 미칠 수 있는 문제가 내포되어 있다고 지적했다. 대법관은 먼저 철도회사는 일반운송인이므로 보통법상 보험자의 책임을 져야 한다고 지적했다. 철도가 보급되기 전에는 법원들이 일반운송인이 "특약"에 의하여 자신의 책임을 제한하는 것을 허용하지 않았었다. 그러나 철도의 도래는 이제 "철도라는 이 새로운 체계에 적용될 수 있도록 새로운 원칙을 정하든지 또는 최소한 낡은 원칙들을 수정할 필요"가 생겼음을 의미했다. 이렇게 새로운 원칙을 정립함으로써 "거대하고 또 큰 비용이 드는 사업"을 보호하고, 또한 일반인을 사고로부터 보호할 필요가 있다는 것이었다. "소떼가 도망갈 경우의 위험을 철도회사가 부담하면서도, 공정한 계약을 통하여 면책을 받은 부분의 손실에 대하여도 배상해야 한다면 엄청난 부정의"가 초래되리라는 이유에서였다. 다른 주의 법원들은 이미 "훌륭한 원칙"을 채택하고 있는데, 이런 원칙에 의하면 철도회사는 "일반운송인으로서도 특약에 의하여 자신의 책임을 제한할 권리가 있으나, 그럼에도 불구하고 공서양속이 허용하지 않는 중과실이나 고의에 의한 행위에 대하여는 여전히 책임"을 지고 있다는 취지였다.[118] 그리하여 그 사건은 파기환송되어 환송심에서 피클린 변호사가 다시 철도회사를 대리하게 되었다. 그런데도 피클린 변호사는 승리의 문턱에서 또다시 좌절한다. 대법원이 이렇게 면책특약을 유효하다고 판시해주었음에도 불구하고 그는 또 다시 패소한 것이었다. 철도회사는 이에 대하여 다시 상소하는 대신에 1,069달러의 판결금을 지급했다.[119]

링컨이 철도회사를 위하여 맡은 상소심 사건들이 꼭 중요한 것에 국한되지는 않았다. 맡았던 사건들 중 7건은 보잘것없는 것들이었다. 기계수리공의 유치권문제를 포함하는 6건의 작은 사건들이 1건의 상소사건으로 병합되었다. 일리노이 주 법에 의하면 장인이나 납품업자가 임금이나 납품대가를 지급받을 권리를 보호해주기 위하여 발주자의 재산상에 유치권을 허용하고 있었다.[120] 『일리노이 리포츠Illinois Reports』의 기자가 보도한 바에 의하면, "앞에서 본 사건에서 신청인은 그 작업이 2년 내에 완성되어야 한다는 점을 슬쩍 빼놓았다. 이 판결은 너무 자주 보도되어 앞으로는 더 이상 언급할 가치가 없다"고 보도한 적이 있었다. 주대법원은 단지 2개 문장으로만 구성된 판결이유에서 법규정이 요구하는 대로 그 작업이 2년 내에 완성되어야 한다는 계약상의 어떤 규정도 없다는 이유로 순회법원의 판결을 파기했다.[121] 링컨은 또한 돼지떼의 수송과 관련하여 제기된 소송에서 배심원단이 과다한 손해액을 책정했다며 다툰 적이 있었다. 대법원은 단지 한 문단으로 링컨의 주장을 배척했다. "증거를 보면 배심원들이 그런 판결에 이른 것은 정당하고 배심원들 앞에 제출된 증거를 일일이 분석하는 것은 단순한 사실인정문제에 불과하므로 이 판결에서 그 문제를 다룰 만한 의미가 없다고 생각한다"고 대법원은 판시했던 것이다.[122]

철도회사와 카운티의 과세

링컨은 주대법원에서 일리노이 센트럴 철도회사를 위하여 3건의 중요한 세금사건을 다루었다. 일리노이 센트럴 철도회사는 특별히 링컨에게 맥린 카운티 세금소송의 상소사건을 맡아달라고 의뢰했다. 이 사건에서 제기된 쟁점은 카운티가 철도회사에 대한 과세권을 가지고 있는지 여부였다. 철도회사가 받은 특허장에 의하면, 회사는 그런 과세대상에서 제외된다는 것이었다. 주의회들은 철도건설을 장려하기 위하여 비과세를 너그럽게 히용해 왔던 것이다.[123]

맥린 카운티는 의회의 이런 특허가 위헌이라고 주장했다. 이에 대하여 링컨은 "주 헌법이 카운티에게 모든 재산에 대한 과세권을 허용하고 있으므로 주의회가 그것을 박탈하는 것은 월권이라는 것이 카운티의 주장"임을 인정했다.[124] 1848년의 주 헌법은 카운티가 "세금을 매기고 징수할 권한을 보유"하고 있으며, 그런 세금은 과세권을 행사하는 "과세주체의 관할권 내에 소재하는 사람과 재산상에 일치해서 과세되어야" 한다고 규정하고 있었다.[125]

1853년 9월 메이슨 브레이먼과 아사헬 그리들리가 철도회사에 대한 과세를 금지해 달라는 소장을 형평법원에 접수시키면서 사건이 시작되었다. 철도회사 측 변호사들에 의하면 카운티가 "어떤 목적으로도 과세대상이 되지 않는" 재산상에 과세하려 시도하고 있다는 것이었다. 그들은 카운티에 대하여 항구적인 과세금지perpetual injunction를 명하여 줄 것을 청구했다. 쌍방은 얼마 지나지 않아 이 사건은 법률문제이므로 일리노이 주대법원에서 해결되어야 한다는 데 합의했다. 이런 목적을 위하여 순회법원은 쌍방의 합의에 따라 과세금지명령을 발동하자마자 곧 이를 취소하는 모양만의 재판pro forma order*을 했다. 이 모양만의 재판은 소장을 각하하는 일방 철도회사의 상소를 허가했다. 같은 명령은 또한 쌍방이 상소심에서의 쟁점을 "피고가 과세하려고 하는 회사의 재산과 특권이...법률상 카운티의 과세대상이 되는지의 여부"에 국한시키기로 합의한 점을 분명히 했다.[126]

---

* 상소심 재판으로 빨리 넘어갈 수 있도록 하기 위하여 사실심이 본안에 관한 본격적인 판단이 없이 형식적으로 내려주는 재판. 여기서는 "판결judgment"이 아닌 "명령order"의 형식이 취해졌다.

그리하여 이 사건은 대법원으로 가게 되었다. 링컨은 상소이유서 assignment of errors*를 작성, 제출했다.[127] 대법원 연구관reporter의 사건 보고서는 나중에 철도회사가 승소하게 되는 두 가지 사유를 요약했다. 철도회사의 주장 중 첫째는, 철도회사의 "어떤 재산을 과세대상에서 제외하거나 또는 확정된 세금을 내는 조건으로 일반세율을 감경해주는 권리는 의회에만 주어진 헌법상의 권한범위 내에 있다"는 주장이었다. 둘째는, 일리노이 센트럴 철도회사에게 내어준 특허장에서 철도회사가 그 영업수입의 일정비율을 납부하면 그 재산을 과세대상에서 제외해준다는 규정은 합헌이라는 주장이었다.[128]

링컨은 주도면밀하게 상소심을 준비했다. 링컨이 나중에 철도회사를 상대로 자기의 보수를 청구하는 소송을 제기했을 때 그는 "그 사건에서 쟁점을 잡고 주장을 편 것은 조이 변호사가 아니라 자신"이었다고 주장했다.[129] 그가 주장을 뒷받침하기 위하여 붙인 각주에서는 미합중국 대법원의 판례 4건과 13개국의 판례 22건을 포함하는 26건의 판례를 언급했다. 일리노이 주대법원은 나중에 그 판결이유에서 링컨이 그 상소이유서에 인용했던 26건 중 13건을 인용했을 정도였다.[130]

이 사건에서의 법적 쟁점은 링컨이 주대법원에서 두 번이나 변론을 해야 할 정도로 복잡했다. 처음 변론은 1854년 2월 28에 있었다. 링컨과 제임스 조이가 철도회사 측을 대리하고 나섰고, 링컨의 종전 동업자이던 스티븐 로건과 존 스튜어트가 카운티 측을 맡았다. 대법원은 절차의 "정지" 및 재변론을 명했다. 조이 변호사는 후일 "이 사건은 이미 한창 대법관들 사이에서 평의 중에 있었으나, 대법원은 나의 요청에 따라 재변론의 기회를 주었다"고 회상했다.[131] 재변론은 첫 변론으로부터 거의 2년이나 지난 1856년 1월

---

* 상소인이 원판결인 사실심 판결이 파기되어야 할 구체적인 사유로서 사실심 판결의 오류를 일일이 지적하는 서면.

에 있었다. 대법원장 스케이츠는 후일 자신이 쓴 판결이유에서 일리노이 헌법상 과세권에 관한 규정이 "눈에 띄게 어려운 문제"를 제기하므로 "좀 더 철저한 토론과 진지한 검토를 통하여 이런 명백한 어려움을 제거하기 위하여 재변론을 명하게 되었다"고 시인했다.[132]

링컨은 법원이 카운티의 과세를 금지할 수 있는 근거를 가능한 한 좁혀서 변론했다. 링컨은 다툴 수 없는 엄연한 현실부터 설명하기 시작했다. 즉, 이 철도회사가 1851년의 특허에 따라서 6년간 어떠한 과세로부터도 완전히 면제된다는 사실이었다. 링컨은 의회가 재산세를 비과세해준 이유는 철도가 건설되는 기간 중 그 재산이 주에 신탁되어 있었기 때문이라고 주장했다. 그렇게 되면 주 소유의 재산이 "비과세되는 것은 당연"하다는 것이었다. 링컨은 또한 매사추세츠와 펜실베이니아 주의 법원들이 자기네 주 안에 있는 철도회사의 재산은 "공공재산"이므로 "성문법상의 근거가 없는 한 과세로부터 면제"된다고 판시했다는 점을 지적했다. 링컨은 다른 2개 주는 이와 다른 판결을 내린 적이 있음을 시인했다.[133] 그러면서도 링컨은 철도건설이 완성될 때까지는 그 재산이 공공재산이어서 어느 카운티도 이를 과세할 수 없다고 주장했다.[134] 이 점을 뒷받침하기 위하여 링컨은 공공법인의 비과세에 관련된 미합중국 대법원의 두 판례로서 맥컬록 대 메릴랜드M'Culloch v. Maryland(1819)와 웨스턴 대 찰스턴Weston v. Charleston(1829) 사건을 들었다.[135] 맥컬록 사건에서 연방대법원은 연방정부가 주의 과세로부터 면제된다고 판시했으며, 웨스턴 사건에서는 연방정부가 자금조달을 위하여 발행한 국채증서는 또한 주의 과세대상으로부터 면제된다고 판시했던 것이었다. 이를 유추하여 링컨은 철도회사의 재산 또한 그것이 주의 소유재산으로 간주되는 한 과세대상에서 면제되어야 한다고 주장했다.

어떤 면에서 이 주장은 좀 이상한 것이었다. 철도회사는 무엇보다도 "항구적인" 과세금지를 청구했기 때문이다. 링컨의 주장이 받아들여지더라도 특허받은 철로가 완성될 때까지만 과세를 연기시키는 길밖에 없었다. 그렇게 된다면 링컨은 철도회사를 위하여 기껏해야 6개월의 기간밖에는 벌어주지 못한다는 뜻이 되었다. 왜냐하면 1,100km의 철로가 그해 후반기에 완성되었기 때문이다.[136) 대법원의 판결을 보면 스키너 대법관은 바로 이렇게 좁게 보는 견지에서 순회법원의 판결을 파기해야 한다는 동조의견concurring opinion*을 내고 있었던 것이다.[137)

링컨은 그 외의 주장으로, 주의 헌법이 "카운티에게 어떤 재산에 대해서도 과세할 권리를 부여하며, 이런 권리는 의회의 입법으로도 박탈할 수 없다"며 카운티가 헌법에 근거하여 내세운 주장에 정면으로 맞섰다. 철도회사가 카운티의 과세권으로부터 면제된다면 그것은 위헌이라는 주장에 대항하기 위하여, 링컨은 의회의 권한행사를 교묘하게 옹호하는 작전을 폈다. 링컨은 먼저 일리노이 센트럴 철도회사에 대한 특허에 의하면 철도회사가 카운티의 과세권으로부터 면제된다고 주장했다. "특허장에 의하면 회사는 아무 납세책임이 없다"는 사실을 보여주고 나서 링컨은 이 사건에서 제기되는 "문제의 쟁점"으로 곧장 돌아갔다 "그러나 주의 헌법상 주의회는 과세를 면제해줄 권한이 있었단 말인가?"라는 질문이었다.[138) 링컨은 세 가지 점을 들었다. 첫째, 그는 "주의회의 일반적 권한"을 말했다. 둘째, 그는 "다른 비슷한 면제 사례"를 거론했다. 셋째, 그는 1848년의 주 헌법을 1818년의 주 헌법과 대조해보았다.

링컨은, 먼저 일리노이 주의회는 의회의 의지대로 입법할 수 있는 완벽한 권한을 보유하고 있다고 주장했다. 링컨은 켄트의 『주석Commentaries』에서 성문법에 관한 부분 중 특정한 페이지를 인용하여 "법원은 의회의 제정법에 대하여 합리적인 해석을 해야 함"을 강조했다. 켄트는 그 페이지에서

* 결론에는 동의하지만 이유는 다른 경우.

법원은 "입법에 의하여 생길 수 있는 부당하거나 비합리적인 결과라도 입법자에 대한 존중심과 의무감에서 법이 예상한 바였다고 성급하게 단정해서는 안 된다...의회의 의지는 그 나라의 최고법이 되며 완벽한 복종을 요구한다"고 쓰고 있었던 것이다. 그러나 링컨은 자기의 주장을 펴기 위하여 켄트의 『주석』에서도 선택적으로만 인용한 것이었다. 만약 판사가 그 책의 다음 페이지를 들춰보았다면 링컨이 인용한 부분은 영국의 사법부가 영국 의회의 입법에 대하여 취하는 태도를 켄트가 그대로 소개한 것일 뿐, 실은 켄트는 이에 대하여 반대의견을 가지고 있었던 것이다. 켄트는 "의회가 만능이라는 영국정부의 원칙은 미합중국에서는 존재하지 않는다"라고 설명했다. 그 대신에 미국의 법원은 "어떤 법이라도 헌법에 합치하는지의 여부를 검토할 권리와 더불어 의무를 가지고 있다"는 것이었다.[139]

링컨은 또한 1841년 일리노이 주대법원이 어느 법률이 헌법에 위반되었다는 주장에도 불구하고 그 법률의 합헌성을 인정한 판결이유에 대해서도 언급했다.[140] 그 사건에서 주대법원은 "주헌법이 명시적으로 금지하거나, 미합중국 헌법에 의하여 행정부의 권한으로 위임되거나, 또는 주의 권한행사가 금지되거나 한 경우가 아닌 한...주의회는 모든 권한을 가진다"고 판시했다.[141] 의회의 권한에 대한 링컨의 이런 주장이 대법원의 판결에서 그대로 공명되었다. 대법원장 스케이츠는 판결이유에서 "법을 해석함에 있어 의회의 본질적 권한을 부정하거나 파괴하려 해서는 안 될 것이며, 또한 의심스럽다는 이유만으로 의회의 행위를 무효라고 판결해도 안 될 것"이라고 썼다.[142] 링컨은 이렇게 의회는 법원으로부터 간섭받음이 없이 자신의 고유한 권한을 적절히 행사할 수 있어야 한다고 주장했던 것이다.

링컨은 그 변론의 제2부에서 의회가 과세를 면제해준 다른 사례를 예로 들었다. 그는 또 카운티, 타운, 그리고 시 같은 작은 지방자치단체들이 종전에 의회로부터 과세면제를 받았던 회사들에게 과세한 사안에 대한 일리노이 주와 다른 주들의 10개의 판례를 거론했다. 그 어느 사건에서든지 법원은 면세를 지지했다고 링컨은 주장했다(주대법원은 후일 이 10개의 판례들 중 6건을 인용하여 자신의 결론을 뒷받침하는 근거로 삼았다[143]). 링컨은 일리노이 주대법원의 초기 판례를 예로 들었다. 스테이트 뱅크 대 피플State Bank v. People 사건에서 1843년 주대법원은 주 은행이 소유하던 토지의 판매대가에 대하여 양도소득세를 과세한 것을 지지한 순회법원의 판결은 잘못된 것이라고 판시했다. 왜냐하면 은행에 대한 특허장에 은행재산에 대한 비과세가 명시되어 있었기 때문이었다. 주대법원은 "그런 특허는 성격상 일종의 계약으로서 주에게는 계약을 무시하고 계약상의 조건을 변경한다든지 은행에게 추가적으로 부담을 지울 수 있는 헌법적 권한이 없다"고 이유를 달았던 것이다.[144]

이 사건들에서는 의회가 과세를 면제해줄 수 있는 헌법상의 권한이 있는지의 여부에 관한 문제는 거론되지 않았다. 그러나 링컨은 7건의 판례를 거론하면서 "그 사건들에서는 의회가 입법으로 특별세를 직접 또는 간접으로 과세한 데 대하여 헌법상 그럴 권한이 의회에 있는지 여부에 대한 의문이 제기되었지만 결국 의회의 권한이 인정되었다"고 주장했다.[145] 링컨이 인용한 판례들 중에는 1852년 펜실베이니아에서 내려진 판결이 있었는데, 그 판결은 단호한 어조로 "과세권은 과세권을 행사하는 기관에 맡겨져야 한다"고 강력하게 설시하고 있었다.[146]

그리고 나서 링컨은 1848년의 주 헌법을 1818년의 주 헌법과 비교, 대조했다. 일리노이 주 은행에 대한 1835년의 특허장에서는 "은행을 그 어떠한 조세나 공과금으로부터도 면제해준다고 명시"하고 있었다. 1843년 주대법원은 1818년의 주 헌법에 비추어 이 특허장을 검토하고 나서 주의회는 은행과 계약을 체결할 권한을 보유한다고 판시했다.[147] 이 판결을 선례로 이용하기 위해서는 링컨은 이 사건과 "관련"하여 1818년의 헌법을 1848년의 헌법과 비교, 대조하여 두 헌법이 실질적으로 유사함을 입증해야 했다. 1818년의 헌법은 "모든 사람은 자기가 소유하는 재산의 가치에 비례하여 세금을 낼 수 있도록 재산의 가치에 근거하여 과세되어야 한다"고 못박고 있었다. 그런데 1848년의 헌법은 "다른 헌법들에서는 찾아볼 수 없는 특별한 조항들을 두고 있는데, 이 조항들이 본 사건에 적용될 가능성이 상당히 있음"을 링컨은 간파했다. 링컨은 이것이야말로 "바로 핵심을 찌르는 그 문제"라고 확신하게 되었다. 그래서 그는 1848년의 헌법에 있는 문제의 조항을 분석하기 시작했다.[148]

링컨은 "의심스러운 사안에서 법원은 의회의 행위를 위헌이라고 선언할 수 없다"고 언급함으로써 그의 주장을 마쳤다. 링컨은 자신의 주장을 뒷받침하기 위하여 2건의 판례를 인용했다. 그는 1844년 일리노이 주대법원이 피플 스티크니 대 마셜People ex rel. Stickney* v. Marshall 사건에서 내린 판결과 1819년 연방대법원이 다트마우스 칼리지 대 우드워드Dartmouth College v. Woodward 사건에서 내린 판결을 거론했다.[149] 주 은행과 관련한 주의회의 입법이 위헌이라는 주장에 직면하여 일리노이 주대법원은 "의심스러운 경우이거나 조금이라도 그런 기미가 보일 때에도, 법원이 의회의 행위를 권한 유월행위라고 단정할 수 없다는 것은 이 나라의 최고법원들이 이미 되풀이하여 판시해옴으로써 확립된 견해"라고 판시한 바 있었다.[150]

주대법원은 링컨의 편을 들어 철도회사는 카운티의 과세로부터 면제된다고 판시했다. 대법원장 스케이츠가 쓴 판결이유에서 주대법원은, 의회는 철도회사의 카운티 세금을 "일정액을 납세"하도록 하는 방법으로 "감면"해줄 권한을 보유한다고 판시했다. 다툼은 카운티와 철도회사 간에 있는 것이 아니라 카운티와 주state 간에 있던 것이다. 만약 의회가 "이 사안에서 행사한 권한을" 보유하고 있는 것이 사실이라면 법원은 의회의 그런 권한행

---

* 사건에 이해관계를 가지는 스티크니의 제보에 의하여 민중의 이름으로 검사가 제소했다는 뜻이다.

사를 문제 삼을 수 없다는 것이었다. 스케이츠 대법원장은 과세문제보다도 "법원이 의회의 권한문제에 관하여서보다도 더 큰 융통성을 가지고 해석해온 분야는 없었다"고 설시한 것이다. 의회가 "일리노이 주의 사회, 경제를 활성화시키기 위하여 필요한 수단을 행사하려면 그에 합당한 권한"을 보유하고 있어야 된다는 논리였다. 링컨이 거론한 여러 판례를 검토해보고 나서 대법원장은 일리노이 센트럴 철도회사에 대한 특허의 내용이 합헌이라고 판시한 것이다.[151]

그리하여 링컨은 의미심장한 승리를 거두게 되었다. 맥린 카운티 사건의 판례는 지방당국이 철도회사에 대하여 과세하거나 관련된 재정적 부담을 지우는 것을 제한하기 때문에 특별히 중요했다.[152] 링컨은 자기가 철도회사에게 50만 달러를 절약해주었다고 확신하게 되었다.

철도회사와 주의 과세

철도회사는 얼마 되지 않아 또 하나의 과세문제에 부딪히게 되었으며, 그래서 링컨의 보수문제로 인한 분쟁*은 합의로 해결될 수 있었다. 왜냐하면 회사는 그렇게 해서라도 링컨의 전문성을 이용할 필요가 절실했기 때문이었다. 1851년의 특허장에 의하면 철도회사는 "이 특허가 의회에서 통과되는 날로부터 6년간만 비과세"하게 되어 있었다. 1857년 드디어 6년이 지나서 철도회사는 처음으로 주의 과세에 직면하게 되었다. 그런데 특허장에는 원래 철도회사가 "철도의 간선과 지선 영업으로부터 얻는 총매출액이나 총수입액"의 5%를 납부해야 한다고 규정하고 있었다. 특허장은 또한 철

---

* 제7장에서 자세하게 언급된다.

도회사의 재산에 대하여 "매년 세금을" 내야 한다고 규정하고 있었다. 만약 그 세금을 합쳐서 "총매출액 내지 총수입의 7%에 도달하지 못하면" 철도회사는 "납부하는 금액이 총소득의 최소한 7%가 되도록 그 모자라는 차액을" 납부할 의무를 졌다.[153] 철도회사와 주의 재정담당관인 제시 뒤부아 간에서는 애당초에 특허장을 어떻게 해석할 것인지에 관하여 의견의 합치를 보지 못했다. 철도회사 쪽은 7%라는 말은 과세상한선을 의미(세금이 7%를 넘을 수 없다는 뜻)한다고 주장했다. 이에 대하여 뒤부아는 7%라는 말은 납부해야 할 최소세액(그러니까 세금이 7%를 초과할 수도 있다는 뜻)이라고 확신했다.[154]

뒤부아는 2년마다 내는 보고서를 1858년 12월 제출하여 "주와 일리노이 센트럴 철도회사 간에 심각한 문제가 발생"했다고 보고했다. 철도회사가 당초에 제기한 이의는, 뒤부아의 과세해석론에 따를 경우 특허장에서 규정하는 과세상한선을 초과하게 된다는 주장이었다. 철도회사는, 특허장의 규정이 주 정부는 철도회사의 총수입에 대하여 7%를 초과하여 과세할 수 없다는 뜻이라고 해석했다. 뒤부아는 다음과 같이 설명했다.

주의 금고에 납부될 5%의 세금에 추가하여 철도회사의 재산가액에 과세하면 금년도 철도회사의 총수입의 7%를 초과하게 된다. 이에 대하여 철도회사는 법률상 주에 대하여 지는 조세채무는 어느 경우에도 총수입의 7%를 초과할 수 없다고 주장한다. 이에 대하여 주의 입장에서는 철도회사 총수입의 7%에 미달해서는 안 되며, 재산가액의 평가 여하에 따라서는 그보다 더 과세될 수도 있다는 것이다.

뒤부아는 자기가 철도회사를 상대로 문제의 세금분쟁에 관한 쟁점을 일리노이 주대법원에 제기된 당초의 소송에서 제기했으며, "쟁점에 대한 권위 있는 해석론이 대법원으로부터 다음 법정개정기 중에 나올 것으로 예상된다"고 말했다. 뒤부아는 "조세당국이 재산가액에 비례하여 과세할 수 있는 헌법상의 위대한 특권을 (회사에 대하여 포기하는 것보다도) 주민들의 장래 이익을 위하여 더 위험하고 자살적인 일은 아마 없을 것"이라고 지적하면서 끝맺었다.[155] 뒤부아의 보고서 중 이 부분을 링컨이 썼을 가능성이 있지만, 이를 뒷받침할 만한 확실한 근거는 별로 없다.[156]

주대법원에 소송이 제기되자 철도회사의 담당임원들은 링컨의 능력, 명성, 그리고 정치적 인간관계 등으로 인하여 그가 이 사건에 개입하는 것이 결론을 좌우할 수도 있는 매우 중요한 일임을 인식하게 되었다. 임원들은 또한 주의 재정담당관이 링컨에게 사건을 맡기려고 상담했던 사실도 알고 있었다. 그들은 링컨이 또 한 번 이쪽이건 저쪽이건 가리지 않고 대리할 용의가 있음 또한 잘 알고 있었다. 철도회사로서는 링컨의—철도회사 법률고문에 의하면— "미지급 보수문제와 고문관계의 지속 여부가 해결되어야만" 그에게 다시 사건을 맡길 수 있는 처지였다.[157] 8월에 들어서서 에브니저 레인Ebenezer Lane*은 오스본W.H. Osborn**에게 회사의 "선택 여지가 거의 없음을" 다음과 같이 설명했다 :

링컨이 회사를 상대로 보수청구소송을 제기하고 있는 만큼 그가 더 이상 회사를 위하여 일할 수 없다고 생각하는 것도 당연한 일이고, 연방상원의원을 지향하는 정치인으로서 앙갚음하고 싶은 심정에서뿐만 아니라 자신의 장래 거취문제와 관련해서라도 철도회사를 공격하려고 하는 것은 너무나도 당연한 일입니다.

그러나 철도회사는 "링컨과의 분쟁을 합의로 잘 해결하여 다행스럽게도 그를 저쪽으로부터 끌어내어 우리 쪽 일에 종사시킬 수 있게 되었다"는 것이었다. 철도회사는 링컨의 변호사로서의 능력만을 높이 샀던 것이 아니다.

---

 * 일리노이 센트럴 철도회사의 법률고문.
** 일리노이 센트럴 철도회사의 사장.

철도회사는 또한 링컨이 "자기의 당에서 가장 저명한 사람일 뿐 아니라 비셀Bissell* 정부의 특별고문으로서 무시할 수 없는 사람이라는 점"을 간과힐 수 없었던 것이다.[158]

철도회사의 임원들 중에서는 이런 특허장상의 세금문제가 발생한 데에는 링컨의 책임이 크다고 생각하는 사람들이 있었다. 에브니저 레인은 링컨이 회사와 보수로 인한 분쟁으로 대립하고 있을 당시 회사에 대한 복수와 정치적인 이득의 목적으로 철도회사에 대한 공격계획을 꾸미고 있었다고 생각했다. 링컨은 특허장상의 세금조항이 "모호"함을 알고 회사가 링컨과의 보수소송을 해결하기 전에 뒤부아와 그 문제를 잠깐 의논한 적이 있었다는 것이다. 평소 뒤부아를 "우쭐대기나 하고 자만심은 강하지만 본질적으로 대가 약한 사람"이라고 생각하던 레인은 링컨이 뒤부아에게 "자세한 말은 하지 않으면서도 주 재정담당관으로서 책임지고 확보해야 할 세금이 막대하다는 냄새를 피웠으며, 이렇게 되자 뒤부아는 덜컥 겁이 나서 실제 이상으로 확대 해석했을 가능성이 높다"는 인상을 받았다는 것이다.[159] 또 한 사람의 철도회사 임원은 링컨에 대해서 훨씬 더 비판적이었다. 데이비드 스튜어트는 1859년 스티븐 더글러스 상원의원에게 보낸 편지에서 "이 일은 링컨과 그의 특별한 친구가 저지른 짓이며, 그 동기는 상원의원 선거에서 졌다는 패배감에서라기보다는 의원께서 이미 잘 아시는 대로 회사와의 해묵은 보수 다툼에 연연하기 때문인 것으로 이해됩니다"라고 썼던 것이다.[160]

링컨은 다시 한 번 철도회사의 이익을 보호하기 위하여 나섰다. 1857년 12월 21일 그는 뒤부아에게 편지를 써서 일리노이 센트럴 철도회사의 존 더글러스를 통해 전달했다. 뒤부아와 링컨은 의회에서 휘그당 의원으로 같이 봉직한 일이 있었다. 뒤부아는 링컨의 매우 충실한 지지자였다. 1854년 그는

---

* 당시의 일리노이 주지사.

링컨에게 "당신을 위해서라면 온 세상과도 맞서 싸우겠소"라고 편지를 쓴 적이 있었다.[161] 링컨은 "만약 카운티 당국이 1859년 1월 이전에는 더 이상 철도회사를 상대로 제소하지 않겠다고 보장해준다면 당장 카운티 금고에" 9만 달러를 납부하겠다고 제안했다. 그런 보장이 없이는 철도회사로서 다툼의 대상이 되는 세금을 단 한 푼도 더 낼 수 없다는 것이었다. 링컨은 뒤부아가 자기의 제안에 동의하기를 바랐다. "더글러스는 회사가 더 이상 돈을 내서는 안 된다고 말하고 있소. 나는 그 사람의 말을 믿소." 링컨은 이 편지를 "고객의 이익을 추구하는 변호사로서" 쓰는 것이 아니라 "단지 친구로서 만약 내가 당신 자리에 있었다면 내가 어떻게 했을지 생각하는 대로 당신에게도 그렇게 하라고 권고하는 것뿐이오"라고 썼다.[162] 링컨은 이 편지에 대해 "상당한 불안감"을 느끼고 있음을 시인했다. 뒤부아는 링컨의 요청에 따랐다. 그래서 주는 1858년 11월까지 철도회사에 대하여 소송을 제기하지 않았다.[163]

링컨과 더글러스는 철도회사의 전략을 특허장의 해석을 둘러싼 쟁점에서부터 조심스럽게 다른 쪽으로 옮겼다. 이 변호사들은 특허장을 유리하게 해석하는 것에 의존하는 것만으로는 현명치 못하다는 점을 분명히 알고 있었다. 그들은 그 대신에 철도회사의 재산가치가 더 낮게 평가되어야 한다는 쪽으로 쟁점을 바꾸려고 시도했다. 주 재정담당관인 뒤부아는 종전에 철도회사가 1857년도 세액 계산을 위하여 제출했던 자료에서 1,900만 달러라는 숫자를 활용한 적이 있었다. 그는 이 평가액에 세율을 적용하여 132,067.44 달러를 과세했다. 이런 식으로 산출된 세금은 총매출액의 7% 한도제를 적용할 경우의 한도액보다 9만 4,000달러나 초과하는 셈이었다.[164] 철도회사가 재산가치평가액을 다투는 경우에는 두 가지의 문제가 제기될 수 있었다. 첫째, 철도회사는 자신들이 제출한 자료를 스스로 다투는 꼴이 된다. 둘째, 주대법원이 주 재정담당관의 수치를 수정해줄지도 불분명했다.

철도회사와 변호사들은 철도회사가 스스로 제출했던 재산에 대한 자체 평가가 잘못되었다고 만들기 위하여 기민하게 일련의 직진을 개시했다. 철도회사는 우선 의회를 상대로 해서 로비한 끝에 마침내 1959년 2월 세금분쟁을 해결하는 방법을 규정하는 법률안을 성공적으로 통과시킬 수 있었다. 생가먼 카운티 출신의 공화당 주 상원의원인 사이러스 밴더런은 당초의 특허장에서 "누락된 부분을 보충하기 위한" 법률안을 제출했다.[165] 동시에 철도회사는 민주당원인 스티븐 더글러스에게 접근하여 남부 일리노이 출신 민주당 의원들이 이 법률안을 지지하도록 설득해달라고 요청했다.[166] 이 법률안에 의하면 철도회사의 "주식, 재산과 자산" 목록을 만들고, "그 가치를 평가하고", 그리고 "그에 대해서 주의 과세를 목적으로 세금을 부과"하는 것은 주 재정담당관의 의무라고 정하고 있었다. 이렇게 주 재정담당관이 재산목록을 만들고 가치를 평가한 것에 철도회사가 불만을 가지면 철도회사는 곧장 주대법원에 이의를 제기할 수 있도록 했다. 그러면 주대법원은 이 사건을 제1심으로서 다루게 되므로 증거조사절차를 거쳐 "철도회사의 주식, 재산 그리고 자산의 총체적 가치를 결정"해준다는 것이었다.[167]

3월에 들어서서 철도회사는 1858년과 1859년을 위한 과세자료로서 재산가치를 현저히 낮게 평가하여 제출했다. 1858년의 과세를 위해서 철도회사는 그 과표가 765만 달러라고 주장하고, 1859년 과세를 위해서는 과표가 494만 2,000달러에 불과하다고 주장했다.[168] 철도회사가 1859년도 납세신고를 하자 뒤부아는 철도회사의 과표를 평가하기 위해서는 자신이 직접 철도회사의 모든 재산을 하나하나 점검해보겠다고 결정했다. 그리하여 그는 링컨, 스티븐 로건, 주 국무장관인 해치, 주 재무장관인 윌리엄 버틀러와 함께 7월에 점검여행을 떠나기로 일정을 조정했다. 그 여행은 7월 14일 개시되어 9일간 계속되었다.[169] 뒤부아는 철도회사가 제출한 494만 2,000달러라는 수치가 정확하다는 확신에 이르지 못했다. 그는 공식적으로 철도회사가

제출한 수치를 "무시"하고 그 과표는 1,300만 달러가 된다고 결정했다.[170]

10월에 들어서서 링컨은 뒤부아에게 새로 제정된 법률에 따라 1859년도 과표결정에 대한 불복을 통고했다.[171] 새로 제정된 법률은, 주 재정담당관의 결정에 대한 불복은 "그런 불복접수에 이은 다음 법정개정기"에 심리하도록 되어 있으므로 1857년 과세건보다도 1859년 과세불복 사건을 더 먼저 심리받는 데 성공할 수 있었다. 그리하여 1859년도분 과세불복건은 1859년 11월에, 1857년도 과세불복건은 1860년 1월에야 심리에 들어갈 수 있었다. 11월의 심리에서 링컨과 더글러스는 10명의 증인을 신청했는데, 그중에는 갈레나와 유니언 간 철도회사 사장, 일리노이 센트럴 철도회사의 기술책임자, 테르오트와 앨턴 간 철도회사 사장, 그레이트 웨스턴 철도회사 사장, 시카고와 벌링턴 간 철도회사 감사, 그리고 시카고와 록아일랜드 간 철도회사 감사 등이 포함되어 있었다. 이 증인들은 1959년도 법인세 신고분은 실제로 과장된 터무니없는 금액이며, "일리노이 주 내에서의 철도사업 전망은 매우 비관적이고 철도사업에 대한 투자회수 실적도 또한 매우 빈약"하다고 증언했다.[172] 주대법원은 나중에 "서부에서 가장 경험 많고 머리가 좋은 철도인들이 과표의 모든 요소들에 관하여 철저하게 조사를 받았다"고 지적했다.[173] 이에 반하여 주 당국에서는 단 한 사람의 증인만을 신청했는데, 이것은 분명히 뒤부아가 다음 주 안으로 이 사건에 대한 결론이 날 것이라고 생각했기 때문이었던 것으로 보인다.[174] 주대법원은 회사의 "주식, 재산 그리고 자산"에 대한 회사 자체의 평가가 정확하다며 회사의 불복을 받아들였다. 그러나 이 사건에 관한 주대법원의 판결이유는 남아 있지 않다.

1857년도 과세분에 대한 불복사건은 2개월 후에 심리되었다. 이 사건의 결론은 대체로 주대법원이 이미 먼저 내린 판결과 소송당사자 간의 합의조항에 의하여 좌우되었다고 볼 수 있다. 즉, 쌍방은 당초에 주대법원이 증거를 살펴서 1857년도 과표를 수정할 수는 있으나 "그 주식과 재산과 자산의 총액을…1,300만 달러 밑으로는" 내릴 수 없도록 한다는 데 합의했었다. 그런데 앞에서 본바와 같이 철도회사의 재산에 대한 평가방법에 관한 법률안이 의회에 계속되고 있는 동안 주 당국측의 변호사들은 "1,300만 달러의 한도를 없애버리고 그 평가의 재량권을 주대법원에게 온전히 넘겨주는 데 동의"한 것이었다. 당사자들은 또한 11월의 심리당시 제출된 증거를 법원이 이 사건에서 활용해도 좋다고 합의했다. 이에 따라 주대법원은 1857년도 과표는 1859년도 과세분에서와 똑같다고 판시했다.[175] 이렇게 해서 링컨은 철도회사가 또 하나의 성공을 거둘 수 있도록 도와주고 그 노력에 대한 대가로 500달러를 받았다.[176]

결론

링컨을 두고 자주 철도변호사 또는 회사변호사라고 부르기도 한다. 그러나 현대적 의미에서 그는 어느 쪽에도 해당하지 않았다. 그가 철도법 관련 업무를 보았다고는 하나 전적으로 철도회사만을 대리하지는 않았던 것이다. 그가 철도회사를 상대로 제소한 일도 빈번했다. 또 링컨은 회사변호사라고도 할 수 없었다.

로버트 넬슨에 의하면 현대적 의미에서의 기업자문 업무에 종사하는 변호사라면 두 가지 분명한 역할 중 하나에 해당해야하는 것이 일반적이다. 첫째, 회사변호사는 통상 회사와 장기간의 관계를 맺음에 따라 변호사는 회사의 자세한 내막을 알게 되고, 회사와 변호사 간에는 긴밀한 상호의존 관계가 형성되며, 그리하여 회사의 이익을 곧 자신의 이익으로 간주하게 된다는 점에서 특징이 있다고 한다. 둘째, 회사변호사에 의한 또 하나의 역할은 특정한 거래에서 "고용된 총잡이" 노릇을 하는 경우이다. 변호사가 사실심 재판에 특별한 전문성을 지녔든지, 협상능력이 탁월하다든지, 법원이나 행정당국의 내막을 "속속들이 아는 관계"에 있다든지 할 경우 이를 활용하는 것이다. 이런 변호사들은 회사에 대해 속속들이 모두 알지 못하며, 또 실제로 맡은 일을 수행하기 위하여 그래야 할 필요도 없는 것이다.[177]

링컨이 일리노이 센트럴 철도회사와 맺은 관계는 위 두 가지 역할 중 어느 것에도 해당하지 않는다. 링컨과 서부의 다른 변호사들은 일반적으로 그때그때 사정에 따라 고객을 대리했다. 어느 쪽에서든 먼저 요청하는 고객을 맡았던 것이다. 그리하여 링컨은 종전에 자기의 의뢰인이었던 사람을 제소하기도 했고, 상대편이었던 사람의 대리인이 되기도 했다. 그러나 링컨은 1850년대에 들어서서는 일부 고객들과 비교적 장기간에 걸친 관계를 형성하기도 했다. 그런 고객 중 하나가 바로 일리노이 센트럴 철도회사였다고 할 수 있다. 링컨이 이 회사와 맺은 관계가 1852년 이후에는 비교적 지속되었다고 할 수 있지만 극히 제한적인 관계였다. 링컨은 자기가 정기적으로 쫓아다니던 순회법원에서는 철도회사를 위하여 사실심 변호사의 역할을 했고, 일리노이 주대법원이 스프링필드에서 개정할 때에는 철도회사의 상소심 사건을 대리하기도 했다. 그러나 철도회사를 위한 "사무실업무*"는 거의 하지 않았다. 철도회사가 링컨을 애용한 것은 그의 재판 및 협상기술과 또한 그가 주대법원의 대법관들 및 선출직 공무원들과 매우 친근한 관계에 있었기 때문이고, 일리노이 센트럴 철도회사의 조직이나 구조에 관한 전문적 지식이 있기 때문은 아니었다. 맥린 카운티 사건과 같은 예외적인 경우 외에는, 링컨이 이 철도회사의 일을 함으로써 특별히 큰 이익을 받은 것도 아니었다. 그는 고문료로서 250달러를 받고 사건 1건당 10달러를 청구했을 뿐

---

* 의견서 작성 등의 자문업무.

이었다. 이와는 대조적으로 동부의 변호사 중에는 철도회사로부터 연간 고문료로 1,000∼2,000달러를 받는 사람들도 있었다.[178)]

링컨이 일리노이 센트럴 철도회사와 맺은 관계를 보면, 휘그파에 속하는 변호사들이 겪었던 스트레스와 긴장관계를 엿볼 수 있다. 원래 휘그파가 이상으로 삼는 것은 변호사가 독립적으로 고객선택권을 가지고, 또한 중재자로서의 역할을 해야 한다는 바탕 위에 서 있었다.

그러나 링컨이 일리노이 센트럴 철도회사로부터 고문료를 받았다는 것은 링컨이 이제 고객선택의 자유를 상실하게 되었음을 의미했다. 일리노이 센트럴 철도회사가 링컨에게 사건을 위임한 것은 그가 지방의 배심원들에게 잘 알려졌을 뿐 아니라 그들로부터 신뢰를 받고 있었기 때문이다. 그러나 이런 명성과 신뢰는 링컨이 어느 특정한 고객의 이익만을 추구하는 사람은 아니라는 평가에 자리 잡은 것이었다. 그럼에도 철도회사는 링컨이 지역사회의 이익을 위한 중재자로서가 아니라 회사의 편협한 이익을 대변해주기만을 원했던 것이다.

7장
변모하는 법조 환경

시장경제의 등장에 따라 발생하는 새로운 요구에 잘 적응하는 변호사도 있었지만,
링컨 같은 일부 변호사는 제대로 적응하지 못했다. 그는 기업고객이 요구하는
업무의 신속처리와 몰인간적인 처리방식에 거부감을 나타냈고,
또한 소송사건 수행에 대한 그들의 통제가 강화됨에 따라 변호사로서 자율성이
상실되는 것을 혐오했다.

1850년대에 이르자 링컨은 지역사회에서 토지분쟁이나 명예훼손 사건 등을 수임하는 데서 한 걸음 더 나아가 다른 주에 소재하는 기업에 관련된 일까지 맡게 되었다. 링컨이 이런 일들을 처리하면서 그런 기업들이나 변호사들과 주고받은 서신들을 보면, 시장경제 지향의 소송이 요구하는, 종전과는 상이한 방식의 변호사 업무에 적응하는 어려움들이 드러나고 있다. 링컨은 이런 사건들의 빠른 진행속도와 비인간적인 속성에 결코 완전히 적응하지 못했다. 그는 이런 사건들의 수임을 회피하지는 않으면서도 기업을 대리하는 일에 대해서는 애매모호한 태도로 일관했다.

　자본주의의 발흥*은 사회 전반에 걸쳐서는 물론 변호사들의 생활 리듬에도 변화를 가져왔다. 사회적으로 볼 때 시장중심의 자본주의에 수반되는 노동윤리와 시간개념은 농경시대와는 전혀 달랐다.[1] 케네스 윙클은 링컨이 두 개의 서로 다른 세상에 살고 있었다고 소개한다. 링컨이 태어난 세상에

---

*　19세기는 방적기, 증기기관, 전신 등의 발명, 기술의 발전, 운하와 유료도로의 개설, 대형 제련소의 탄생, 석탄, 석유 등 지하자원의 본격적 개발, 각종 제조업이 번성하면서 이에 따르는 대규모 이민의 촉진 등 자본주의가 발흥한 시기이며, 이는 특히 신대륙에서 더욱 두드러졌다.

서는 가족과 자급자족을 바탕으로 세워진 생존 지향의 경제가 지배했다. 그러나 그가 첫발을 내디딘 뉴세일럼과 스프링필드만 해도 경쟁원리와 모험을 무릅쓰는 사업에 바탕을 둔 새로운 시장경제의 사회였다.[2]

시장경제의 등장에 따라 발생하는 새로운 요구에 잘 적응한 변호사도 있었지만, 링컨같은 일부 변호사는 제대로 적응하지 못했다. 뉴욕 주 변호사인 데이비드 더들리 필드는 1844년 당시의 상황을 "법조계는 쉴 새 없이 부산을 떨고 안절부절못하는 사람들로 붐비고 있다…법조직역을 주도하는 사람들에게는 열병에라도 걸린 듯한 분주함과 과중한 부담에 짓눌리는 심적 불안이 공존하고 있다"고 평가했다.[3] 그러나 링컨은 변호사 업무에 광분하지도 않았고, 스스로를 과중한 업무로 혹사하지도 않았다. 헌든은 링컨이 "아침 9시쯤" 사무실에 도착하면 "제일 먼저 하는 일은 신문을 집어들고 낡은 소파에 편히 앉아 한 다리를 의자 위에 올려놓고 신문을 소리 내어 읽는" 광경을 눈에 선하게 묘사했다. 링컨은 법적 쟁점이 있는 사건이 아니라면 법률서적을 읽지 않았고, 사건의 효율적인 처리를 위하여 오로지 "결정적 순간의 자극과 영감"에 의지할 뿐이었다. 또 "보수나 사무실의 금전적인 사안"에는 대체로 무관심했다.[4] 링컨은 자본주의의 발흥과 더불어 도입된 새로운 방식의 변호사 업무와는 체질적으로 맞지 않는 사람이었다.

링컨이 변호사 업무를 수행하면서 조직적 능력이 부족했음을 보여주는 기록은 매우 많다. 헌든은 "링컨은 변호사 업무에서의 체계나 방법론 같은 것은 아예 몰랐다. 그는 미리 준비하는 법이 없었으며, 때가 되면 영감이 떠오를 것이며 신의 섭리가 도와줄 것으로 알고 맡겼다… 그는 별다른 조심성 없이 평소의 습성에 의존해온 것으로 정평이 나 있었다"고 회고했다.[5] 링컨의 게을러 보이는 측면은 그가 정치에 집착했다는 사실만으로는 설명되지 않는다. 링컨이 "어느 때보다도 근면하게 변호사 업무를 수행"했다고 자평한 1850년대에도 그는 의뢰인에게 "보다 빨리 답장을 보내지 못해" 미안하다는 내용의 편지를 쓴 적이 있었다. 링컨은 그 편지를 "헌 모자에 넣어 두었는데, 그 다음날 새 모자를 사고 헌 모자를 치워두는 바람에 한동안 편지를 찾을 수 없었습니다"라고 설명했다.[6] 링컨은 헌든을 동업자로 영입할 때 "헌든이 체계를 갖추고 업무를 질서있게 처리할 것으로 기대"했으나 자기만큼이나 "체계가 없음을 발견"했다고 말하기도 했다.[7]

링컨이 뉴욕의 법률회사인 블래치퍼드, 슈어드 앤드 그리스월드와 주고받은 서신은 링컨이 이런 새로운 형태의 변호사 업무에 적응하는 데 때때로 어려움을 겪었음을 보여준다. 당시 선두를 달리던 그 법률회사는 링컨에게 120달러의 채권추심을 의뢰했다. 이 법률회사는 링컨이 스프링필드의 약속어음 발행인에 대하여 즉시 소를 제기할 것으로 기대한 것이었다. 그러나 링컨은 서두르지 않았다.[8] 링컨은 이 사건을 맡으면서 자기가 그 발행인 회사 T.J.V. Owen & Bro를 "잘 아는데, 압박을 가하는 것도 좋겠지만 그렇게 하지 않아도 채무를 충분히 변제할 것으로 신뢰"한다고 답신했다.[9] 법률회사가 8개월 후 "귀하로부터 그 약속어음 사건에 관하여 아무런 회신을 받지 못했습니다. 일이 어떻게 처리되었는지 회신해주시기 바랍니다"라고 요청하자[10] 링컨은 "내 느낌에는 약속어음이 결국 변제되겠지만, 소송을 제기한다고 해서 빨리 변제될 것 같지는 않습니다"라고 답변했다. 그렇지만 뉴욕의 변호사들이 굳이 소제기를 원한다면 "저는 즉시 그리하겠습니다"라고 덧붙였다.[11] 링컨은 시대에 뒤떨어진 사람이었다. 뉴욕의 변호사들은 링컨이 상황을 평가해주기를 바란 것이 아니라 애초부터 곧장 소송을 제기해달라고 요청했던 것이었다.

링컨이 다른 주에 소재한 의뢰인 기업들로부터 겪었던 어려움은 데이비스 회사 및 콜럼버스기계제작회사와의 관계에서 가장 잘 나타난다. 데이비스 회사는 미주리 주 세인트루이스에 위치한 도매업체였다. 링컨과 헌든은

1850년대 후반 무렵 이 회사를 대리하여 일리노이 주 남부를 관할하는 연방지방법원에 최소한 25건의 소송을 제기했다.[12] 그중 20건은 약정금을 약속어음금으로 청구하는 소송이었다. 이 20건의 청구금액의 합계는 5만 3,700달러였다. 그중 가장 큰 금액은 1만 달러였고, 가장 작은 것은 500달러였다.[13] 3건은 경매사건이었다. 이 도매업체는 채권의 담보로 약속어음은 물론 토지상에 저당권도 확보하고 있었다. 담보부 약속어음금의 합계는 2,802달러였다.[14] 이 사건들은 링컨이 초기 변호사 시절에 맡았던 채권추심 사건들과는 성격이 전혀 달랐다. 소송물가액이 훨씬 높았고, 사건 당사자들도 개인이 아닌 회사들이었다. 링컨과 헌든은 관할의 상이diversity of jurisdiction*를 이유로 주의 법원 대신 연방법원에 소송을 제기한 것이었다.

링컨이 이 업체를 위하여 수행한 대표적인 사건으로 데이비스 회사 대 모니컬 부자S.C. Davis & Co. v. Monical & Son 사건을 들 수 있다. 링컨은 1858년 5월 26일 이 사건의 소장을 제출하여 소송을 시작했다. 이 소장의 용지는 연방법원이 약속어음금청구소송 용도로 미리 인쇄하여 비치해놓은 것이었다. 링컨은 이 용지의 빈 칸에 당사자의 이름과 약속어음의 기재사항을 채워 넣었다. 이는 치티의 『주장과 답변』이나 그 밖의 서식집에서 소장을 베끼던 초기의 업무 방식에서 약간은 발전한 형태였다. 이 사건에서 데이비스 회사는 "모니컬 앤드 선Monical & Son"이라는 상호로 영업하던 아버지 조지 모니컬과 아들로부터 액면금 873달러의 약속어음을 발행받았던 것이다. "이 사건의 피고는 (원고의 독촉 등에도 불구하고) 위에 기재한 금액을 갚지 않고 있습니다"라는 문구는 서식용지에 이미 인쇄되어 있었다. 링컨은 이 사건에서 1,200달러의 지급을 청구했다.[15] 법원은 1859년 1월 피고가 "세

＊ 원고와 피고의 주소지가 각각 서로 다른 주에 있을 경우 그중 어느 주의 법원이 관할하는 경우 불공평한 판결을 의심할 수 있으므로 이를 피하기 위한 방편으로 연방법원에의 제소를 가능케 한 것이다.

번의 엄중한 소환에도 불구하고 출석하지 않았다는 이유로 939.07달러의 원고승소 판결*을 기입enter**했다.[16)]

링컨의 임무는 이런 채권금청구 사건에서 신속한 판결을 받는 일이었다. 이러한 사건의 피고는 대부분 답변서를 제출하지 아니하므로 링컨과 헌든은 피고의 궐석에 따른 원고의 승소판결을 받는 것이 다반사였다. 링컨이 데이비스 회사를 대리하여 제기한 25건의 소송 중 본안변론까지 간 것은 단 1건이었고, 2건은 합의로 종결된 것이 분명하며, 나머지 22건에서는 피고의 궐석에 따라 원고에게 승소판결을 얻어줄 수 있었다.[17)] 링컨이 1857년 12월 7일 제출한 9건 중 8건에 대해서도 한 달 후 피고의 궐석에 따른 원고의 승소판결이 선고되었다. 이런 사건의 판결금은 700달러에 못 미치는 금액으로부터 5,000달러가 넘는 것까지 다양했다.[18)] 링컨이 제기한 3건의 경매사건에 대해서도 채무자의 결석에 따르는 경매개시 결정이 내려졌다.[19)]

링컨이 주고받은 일련의 편지들은 의뢰인으로부터 겪었던 고충을 보여준다. 1858년 1월의 법정개정기간 중에 제출했던 사건에 관한 판결이 내려진 후 링컨은 의뢰인에게 편지를 보내어 "이 채권의 추심에 관한 고충"을 토로했다. 링컨은 1858년 2월의 편지에서 연방집행관이 "집행할 차례가 되어 곧 피고에게 판결금의 지급을 독촉할 것"이라고 설명했다. 만약 피고가 "현금으로 변제하거나 충분한 동산을 제공할 능력이 있다면" 손쉬운 사건이 될 터였다. 링컨은 피고의 유일한 재산이 부동산인 경우에는 유의해야 한다고 경고했다. 승소판결을 받은 채권자는 채무자가 소유한 부동산의 소유권이전의 전 과정에 하자가 없고, 그 부동산이 채권액만큼 가치가 있는지 여부를 확인해야 했기 때문이다. 그 방법으로서 부동산의 소재지를 직접 방문하

---

* 피고의 불출석에 따르는 "궐석판결default judgment"이다. 우리의 "의제자백판결"에 해당한다.
** 미국의 민사소송에서는 법정에서의 판결선고 절차가 없고, 서기가 판결주문을 당해 사건부docket에 기입enter하면 판결이 선고된 효과를 얻게 되며, 이때부터 상소기간이 진행한다.

여 주의깊게 조사하지 않으면 부동산의 권리와 가치에 대하여 안심할 수 없었다. 또 일리노이 주는 집행절차에서 부동산을 취득하는 제3자 "스스로가 해당 부동산의 권리와 가치의 유무에 관한 주의의무를 부담"해야 하는 미주리 주와 달랐던 것이었다. 일리노이 주에서 "제3자는 집행절차의 경매에 결코 참가하지 않기 때문에 결과적으로는 원고가 집행대상인 부동산을 취득하게 되는데, 이때 권리와 가치에 관하여 주의하지 않으면 심하게 물릴 수 있다"는 것이었다. 이러한 사항은 링컨이 저당권을 행사하기 위하여 제기했던 3건의 경매신청 사건에도 동일하게 해당되는 것이었다.[26]

1858년 11월 17일, 링컨은 데이비스 회사로부터 "회사의 일을 어쩌면 그렇게도 소홀히 방치해왔느냐"며 해명을 요구하는 편지를 받고 역정을 내는 답장을 썼다. 이 회사는 "지난 겨울 우리에게 패소한 피고들의 토지가 아직도 집행절차에서 매각되지 않았다"며 불평했기 때문이었다. 링컨은 "본인이 지난 3, 4개월간 개인적인 용무에 묶여 있었다는 것을 귀하들에게 상기시킬 필요도 없다"고 말했다(링컨은 이 기간 중 상원의원선거에 출마하여 선거운동 중이었다). 이어서 그는 "집행절차에서 토지를 매각하는 것은 민감하고도 위험한 일이므로 소유권에 관한 세밀한 조사를 하지 않으면 토지를 안전하게 매각할 수 없다"고 경고한 2월의 편지를 상기시켰다. 그러한 치밀한 조사는 "일리노이 주의 거의 절반을 훑어보아야" 하는 것이었다. 링컨은 이런 일은 의뢰인의 지침 없이 진행하기가 곤란하므로 의뢰인의 지침을 받기 위하여 당초 그 편지를 보냈던 것이었다고 설명했다. 그러나 데이비스 회사는 그런 편지를 받고서도 "분명한 지침을 보내지 아니"하므로 링컨은 "모든 관련 지역을 방문하여 가능한 범위 내에서 부동산의 권리와 가치에 관한 정확한 보고서를 작성할 것"을 목적으로 윌리엄 피시백이라는 젊은 변호사를 고용했다. 링컨은 피시백이 보고서를 완성하자 자기는 회사에게 "이 보고서의 내용에 따라 귀사를 위하여 대상물건을 경매에 붙이고 응찰할지의 여부를 문의"하는 편지를 보냈으나 "귀사는 이 편지에 답하지 않았다"고 하면서 위 회사에게 책임을 돌렸다.

링컨은 회사에게 "더 이상 이런 부류의 업무"를 취급하고 싶지 않다고 통고했다. 링컨은 법정에서의 소송사건이라면 흔쾌히 맡고자 했으나 집행을 위하여 "온 세상을 쫓아다니는 일"을 하고 싶지는 않다는 것이었다. 그는 데이비스 회사가 사건을 피시백 변호사에게 넘길 것을 권유했다. 그리고 100달러의 수임료를 청구하면서, "500달러를 받더라도 두 번 다시 그러한 수고와 고통을 겪고 싶지 않다"고 통지했다.[21] 링컨의 편지에 대한 도매업체의 즉각적인 반응은 링컨의 제안대로 피시백 변호사에게 집행사건을 넘기고, 링컨에게는 연방법원에 제기할 소송사건들을 더 보내는 것이었다.

도매업체는 즉시 링컨에게 회신했고, 며칠 후 링컨은 이에 대해 다시 답신했다. 링컨은 "여전히 일말의 오해가 있다"며 유감을 표했다. 데이비스 회사는 지난번의 마지막 편지에서 링컨이 이러한 부류의 집행사건 수임을 "특별히 '원했으며' 그래서 채권의 회수와 경매 등의 업무를 맡아주기로" 했던 것이라고 지적했기 때문이었다. 링컨은 "우리가 이런 사건을 맡은 것은 이런 사건에서 변호사에게 기대되는 통상적인 업무를 수행하겠다고 하는 약속을 전제로 하는 것이었지만, 귀사가 우리에게서 이렇게 벅찬 업무수행을 기대했다 하여 이를 비난한 적도 없다"고 대답했다. 링컨이 앞으로 판결의 집행사건을 "맡지 않기로 결심"한 것이 "책임을 귀사에 돌리는 뜻은 아니"라는 것이었다. 그러나 링컨은 "귀사에게 지침을 요구한 우리의 편지에 대해 귀사가 답장을 보내오지 아니한 것은 귀사의 책임이라고 생각했기 때문에, 귀사가 우리에게 매각지연에 대하여 비난해왔을 때 잠시 참지 못한 점"을 인정했다. 링컨은 피시백 변호사가 아칸소로 이사가는 바람에 그에게 집행사건을 맡기기로 한 최근의 방침에 지장이 생겼음을 발견하고 마음

이 상했다. 링컨은 회사에게 "어떻게 해야 할지"에 관한 지침을 요구했다.[22)]

회사는 다시금 링컨에게 판결의 집행을 맡아달라고 요청했다. 링컨은 같은 해 11월 30일 집행을 맡을 것을 수락하면서도 회사로부터 아직도 "매각에 관한 지침"을 받지 못했음을 환기시켜주었다.[23)] 링컨은 이로부터 몇 주 뒤 피시백 변호사에게 편지를 썼다. 이 편지에서 링컨은 데이비스사가 "집행절차에서 토지가 매각되지 않았음"을 불평했지만, 이는 "우리가 집행절차에서 귀하가 행한 일을 보고했음에도 동사가 더 이상 아무런 답변을 하지 않은 그들의 잘못 때문이라고 답했다"고 전했다. 링컨은 피시백 변호사가 이사간 것을 알고나서 "마지못해 집행절차에서 채권을 회수하는 일을 다시 맡기로 동의"하고 만부득이 "이 일에 다시 발을 담그게 된 것"이라고 설명했다. 링컨은 피시백 변호사에게 일리노이 주로 돌아와서 "이 일을 다시 맡아줄 것"을 요청했다.[24)]

1857년 아니면 1858년 무렵의 어느 시기에 오하이오 주의 콜럼버스 시에 위치한 콜럼버스기계제작회사는 링컨에게 회사의 고객인 스프링필드의 제임스 배릿James A. Barret에 관한 편지를 보냈다. 이 회사는 배릿에게 500달러 정도의 신용한도를 제공해 주었다며 링컨에게 그의 변제능력에 관한 의견을 요청했다. 링컨은 배릿이 정직하고 존경할 만한 사람인데, 재산도 많지만 빚도 많아 현금에 쪼들리고 있다고 보고했다. 이 회사는 링컨의 치우치지 않은 평가에 기초하여 배릿의 신용한도를 "1만 달러 정도"로 늘렸다. 회사는 이어서 링컨에게 "약속어음의 작성과 저당권의 설정을 의뢰하면서 채무금액이 확정될 때까지 약속어음의 작성을 보류해줄 것"을 부탁했다. 그러나 링컨이 약속어음의 작성뿐 아니라 저당권의 설정까지 보류하자 배릿은 이 회사의 저당권이 등기되기 전에 다른 선순위저당권을 등기시켜버렸다. 배릿이 그 후 약속어음을 부도내자 회사는 링컨에게 배릿에 대한 소 제기를

요청했다.[25]

링컨은 연방법원의 1월 개정기간 중인 1858년 1월 9일 배릿의 회사를 상대로 소송을 제기했다. 이 소송은 액면금 총액이 11,324.60달러인 약속어음 6매에 기초하여 1만 5,000달러의 손해배상을 청구하는 것이었다.[26] 링컨은 약속어음 4매의 담보로 제공된 저당권증서에 기하여 연방법원 또한 별도로 형평법상의 경매를 신청했다. 링컨은 신청서에서 배릿이 앰보스Ambos*를 위해 저당권증서를 작성한 이후 헨리 본펄을 위한 저당권증서도 작성해준 사실을 인정했다. 링컨은 또한 이 "나중에 설정된 저당권이 선순위로 등기"되었다는 사실도 인정했다. 링컨은 부도난 약속어음금을 변제할 수 있도록 법원이 당해 부동산의 경매를 개시해줄 것을 법원에 요청했다.[27]

링컨은 소송을 제기한 이후 앰보스로부터 1859년 1월에서 4월까지 최소한 4통의 편지를 받았다. 이 편지에는 소송에 대한 회사 측의 불안과 링컨의 회신이 신속하게 이루어지지 않는 데 따르는 불안감이 나타나 있다.[28] 그 무렵 링컨은 채무금의 일부 변제조로 1,000달러를 지급받았다.[29] 회사는 "회사가 현재 지고 있는 부채를 갚을 자금이 부족하여 고심 중에 있어 이 재판이 빠른 시일 내에 해결될 것을 기대"한다며 조속히 좋은 소식을 보내줄 것을 재촉하며 링컨을 압박했다.[30]

1859년 6월 무렵 링컨은 이 회사가 빈번하게 편지를 보내는 것에 지친 나머지 "두세 통 정도의 편지에만" 답신을 보냈다. 링컨은 찰스 앰보스에게 배릿이 "3개월 전부터 자기가 크리스천 카운티에 돈을 좀 가지고 있다고 말해왔는데…배릿과 내가 함께 그곳을 방문하여 관련된 토지의 일부분을 풀어 주는 경우 그 돈을 받을 수 있다"고 알려주었다. 링컨과 배릿은 며칠 내

---

* 본문에서 아무런 설명 없이 튀어나오는 이름인데, 콜럼버스기계제작회사의 사장으로 보인다. 그러나 뒤따르는 본문에서는 아무런 설명 없이 "찰스 앰보스"와 "피터 앰보스"가 나타나기 때문에 혼란스럽다. 저자의 기술상의 실수인 듯하다.

에 크리스천 카운티를 방문하기로 계획을 세웠다. 그래 봤자 채권의 일부만이 만족될 것이었지만, 링컨은 "변제금을 일부라도 수령하여 부채를 줄이는 것이, 법만 믿고 전체 금액을 변제받겠다고 밀고 나가는 것보다는 훨씬 낫다"고 권고했다. 링컨은 자신이 사건에 대하여 기울이는 노력에 앰보스가 만족하지 않고 있음을 알게 되자 "이 사건을 흔쾌히 귀하가 지정하는 변호사에게 넘기되, 제가 그동안 치른 수많은 고통스런 노력에 대하여는 아무런 대가도 요구하지 않겠습니다"라고 제안했다.[31]

앰보스는 오하이오 주의 변호사이자 정치인인 새뮤얼 갤러웨이를 통하여 회사는 링컨이 사건을 계속 맡기를 원한다고 전갈하는 한편, 링컨의 사건처리 방식에 대해서는 다소 걱정스럽게 지켜보고 있다는 의견을 분명히 했다. 소송을 부실하게 처리한다는 지적에 관한 링컨의 반응은 데이비스 회사의 비판에 대응하던 당시와 동일한 내용이었다. 링컨은 의뢰인 측에 있는 문제점을 모조리 거론하면서 비난했다. 링컨은 갤러웨이에게 이 사건은 "그다지 유쾌하지 못한 일거리"라고 답했다. 그가 역정을 낸 주된 이유는 이 회사가 "돈을 회수하지 못하는 이유가 자신의 게으름에 기인"한다고 생각하고 있다는 점에 있었다. 링컨은 갤러웨이에게 배릿이 "400 내지 500달러의 채무를 지고 있을 무렵" 이 회사가 배릿의 "변제능력"에 관하여 문의했을 때 배릿은 "빚도 많아" "현금에 쪼들리는" 사람이라고 일러주었던 사실을 상기시켰다. 링컨은 나중에 회사가 신용한도를 1만 달러 정도까지 늘려주었음을 알자 "조금 놀랐다"는 것이다. 회사는 링컨에게 "약속어음과 저당권설정을 받아두되 채무금액이 확정될 때까지 약속어음의 작성을 보류해달라"고 부탁했는데, 링컨은 이를 "약속어음과 저당권의 설정 두 가지 모두를 일정한 기간 보류"해달라는 뜻으로 생각했다. 그러자 배릿은 "해당 부동산의 일부에 관해 제3자에게 두 번째 순위의 저당권 설정증서를 작성"해주었고, 그것이 선순위로 등기되었다. 회사는 링컨이 배릿으로부터 저당권설정증서를

받자마자 바로 등기해주지 않은 것을 "탓"하는 것이었지만, 링컨은 이를 인정하려 하지 않았다.[32]

회사는 또한 링컨과 배릿의 개인적 관계가 링컨이 소송을 처리하는 데 영향을 끼친 것이 아닌지 우려하고 있음이 분명했다. 링컨은 갤러웨이에게 "배릿과 저와의 사이에 특별한 관계는 없습니다. 우리는 그저 일반적인 범주의 개인적 친구간일 뿐입니다. 우리 사이에 사업상의 거래 같은 것은 없습니다. 혈육간도 아니고, 정치적으로는 대립하는 관계입니다"라고 말했다.[33] 링컨은 1850년대 초에 배릿을 상대로 앨턴과 생가먼 간 철도회사를 대리하여 소송을 제기하여 사실심과 주대법원에서 모두 승소했으며, 지난해에는 배릿을 상대로 또 다른 의뢰인을 대리하여 5,000달러를 청구하는 소송을 제기(그 후 취하되었음)했다는 사실을 언급할 필요성은 별로 느끼지 못했음이 분명했다.[34]

수개월 후 링컨은 또다시 피터 앰보스의 편지 공세에 시달렸다. 1860년 1월 14일과 2월 8일 사이 앰보스는 링컨에게 소송에 관해서 4통의 편지를 보냈다. 1월 14일 앰보스는 스프링필드의 신문에서 배릿이 소유하는 부동산의 경매공고를 읽었던 것이다. 앰보스는 자기 회사가 그 부동산상에 "유치권이나 저당권에 기한 권리"를 제대로 보유하고 있을지 걱정이 되었던 것이다. 앰보스는 링컨에게 회사는 "사건의 현황에 관하여 완전히 깜깜부지"라고 말했다. 회사가 링컨을 "전적으로 신뢰"하고 있지만, 부동산의 경매가 회사의 채권에 어떤 영향을 미칠지 염려스러웠던 것이다. 앰보스는 "이 부동산에 관하여 회사가 당연히 제1순위의 저당권을 취득할 권리를 가지고 있음"에도 "우리는 그것에 실패"한 것으로 보인다는 것이었다. 앰보스는 링컨이 "이 문제를 우려하는 우리 회사의 이사들이 납득할 만한, 최대한 총체적인" 회신을 해줄 것을 요청했다.[35]

링컨은 나흘 뒤 회신을 보냈고, 앰보스로부터 1월 21일 다시 편지를 받았다. 링컨이 앰보스에게 이 부동산상에 이미 저당권이 설정되어 있을 뿐만 아니라 저당권에 우선하는 수급자의 유치권mechanic's lien* 또한 존재한다고 알렸음이 분명했다. 그러자 앰보스는 회사가 링컨에게 "배릿 회사와 합의를 하고 저당권을 설정받도록" 지시하던 당시 이를 "귀하 자신의 업무를 수행하는 것과 똑같은 주의를 기울여 합의하여 처리"하도록 지시하지 않았더냐고 공박했다. 회사는 링컨이 "저당권 대신 유치권을 설정받거나 저당권과 유치권을 모두 설정받지 아니한 것"에 관하여 유감을 표했다. 더욱이 회사는 링컨이 저당권설정증서에 따라 저당권을 즉각 등기함으로써 "다른 저당권이 우리 것에 우선하지 못하도록" 처리하리라고 "당연히 기대"했다는 것이다. 앰보스는 자기가 들은 것이 맞다면, 실제로 배릿은 자기가 "후순위로 제공한 저당권이 우리의 저당권보다 선순위로 등기되었다는 이야기를 듣고 몹시 실망했다"고 링컨에게 직접 말한 사실도 있었다는 것이다. 회사는 이러한 상황에서 배릿이 변제할 수 있도록 "시간의 여유"를 줄 용의가 있다는 것이었다. 앰보스는 링컨의 사건처리에 관해 "실망"을 드러내며 편지를 맺었다.[36]

2월 2일 앰보스는 링컨에게 "우리의 청구권을 보전하기 위한 즉각적이고도 강력한 조치를 취해줄 것"을 요구하는 편지를 보냈다. 앰보스는 "귀하가 이 사건에 필요한 관심을 기울이기만 하면 우리가 손해를 보지 않도록 해줄 수 있는 능력을 지니고 있음에 대하여 최고의 신뢰"를 보낸다고 말했다. 앰보스는 이어 링컨이 배릿에게 "크리스천 카운티의 부동산상 저당권을 해제"해주면 회사가 그 부동산에 대하여 보유한 담보권이 모두 소멸될 것에 관하여 불만을 토로했다.[37] 링컨이 이에 대하여 답장을 보냈음이 분명해 보인다. 왜냐하면 2월 8일 앰보스는 무안스러워하면서 "우리가 이 사태를 완

* 건물의 건축에 제공된 노동이나 자재의 대가를 확보하기 위한 당해 건물과 토지상의 우선변제권. 성문법 상의 권리이다.

전히 오해하고 있었음을 실토한다"는 서신을 보냈기 때문이다. 앰보스는 이어 링컨에게 수급자의 유치권에 관하여는 "귀하가 스스로 판단하여 부동산의 경매를 방지"해달라고 요청했다. 앰보스가 "우리는 귀하가 최선을 다할 것을 확신하므로 이 사건을 귀하의 전적인 재량에 맡긴다"고 말한 것을 보면, 분명히 링컨이 거듭 회사에 자기는 이 사건에서 그만두겠다고 겁을 주었던 것으로 보인다.[38] 앰보스가 사건을 링컨의 판단과 재량에 맡기겠다고 힘주어 말한 것을 보면 링컨이 역정을 내는 원인을 간파했기 때문인 것으로 보인다.

1860년 2월 11일 배릿에 대한 소송사건은 거의 종결되었다. 피터 앰보스는 직접 배릿에게 자기 회사의 이사회가 "1, 2, 3, 4년 혹은 5년의 채무연장이라도" 허용해주는 일을 승인했음을 알렸다. 앰보스는 "배릿과의 분쟁으로" 배릿이나 "우리 회사에 수많은 어려움과 적대감, 고통"을 야기했음을 유감스럽게 생각한다고 전했다. 회사는 "귀하가 변제할 수 없게 된 점에 대한 것을 제외하고는 귀하에 대하여 특별히 불만이 없다"고 전해주었다.[39]

링컨이 데이비스 회사나 콜럼버스기계제작회사와 주고받은 격렬한 어조의 교신 내용은 링컨이 다른 주에 소재한 기업을 대리하여 사건을 처리하며 겪었던 어려움을 보여준다. 링컨은 자본주의의 열렬한 옹호자였으나, 변호사 업무를 수행할 때는 때로 근면성이나 조직능력처럼 자본주의에서 요구되는 자질을 보여주지는 못했다. 그는 다른 주의 의뢰인들이 소송의 진행에 관한 자신의 판단에 간섭하는 것을 언짢게 생각했던 것이다.

링컨이 법조직역의 변화에 대하여 불안감을 가지고 있었다는 사실은 링컨의 생애 중 있었던 두 번의 중요한 진로 결정을 설명하는 데 도움이 된다. 1849년 시카고의 변호사인 그랜트 굿리치가 링컨에게 동업을 제안했다. 데이비드 데이비스는, 링컨은 "동업하면 자리에 앉아 열심히 연구를 해야 하고...그러다 보면 죽어버릴 것" 같다는 생각에 동업제의를 거절했다고 설명했다. 링컨은 사무실에 갇혀 법을 연구하는 것보다는 "순회법원을 쫓아다니고 싶어" 했다는 것이다.[40] 링컨은 1860년 뉴욕 센트럴 철도회사로부터 연봉 1만 달러의 법률고문직을 제의받은 것으로 알려져 있다. 링컨은 며칠간 곰곰이 생각해 본 끝에 이 제안도 거절했다.[41]

링컨은 시장경제 지향의 소송이 요구하는 새로운 변호사 업무처리방식에 적응하는 데 어려움을 느꼈다. 그는 이런 업무처리방식에 체질적으로 적합하지 않은 사람이었다. 링컨은 이런 사건의 신속한 처리속도나 몰인간적인 성격을 혐오했다. 그는 이런 사건을 회피하지는 않았으나 기업을 대리하는 일에 대하여는 모호한 태도로 일관한 것이었다.

"당신에게 나를 팔아버렸소": 일리노이 센트럴 철도회사의 법률고문 관계

링컨과 일리노이 센트럴 철도회사 간의 순탄하지 못했던 관계는 그가 기업 고객과의 사이에 겪었던 어려움을 여실히 보여준다. 링컨은 철도회사로부터 받는 보수를 요긴하게 여겼으나 철도회사와 고문계약을 맺음으로써 자율성을 상실하는 데 대하여는 거부감을 나타냈다. 링컨은 적어도 7년간 일리노이 센트럴과 관계를 맺고 있었지만 양자의 관계는 별로 긴밀하지 않았고, 한편으로는 심각한 긴장의 경우도 있었다. 링컨은 철도회사를 상대로 맥린 카운티 사건의 보수금을 청구하는 소송을 제기하는 경우 철도회사와의 관계가 끝장날 것이라는 사실을 알고 있었음에도 소송을 제기할 각오가 되어 있었다. 링컨은 1858년 상원의원 선거운동 당시 자신이 "철도회사와 몹시 달콤한 관계"에 있다는 상대편 스티븐 더글러스 후보의 주장을 도저히 "이해할 수 없다"고 말하기조차 했던 것이다.[42]

링컨이 일리노이 센트럴과 맺은 인연의 시작은 이 철도회사가 일리노이 주의회로부터 사업특허를 받기 위하여 노력하던 1851년까지 거슬러 올라간다. 더글러스는 후일 일리노이 센트럴에게 사업특허가 부여되던 당시 링컨이 회사의 고문변호사였으며, 주의회로 하여금 철도에 관한 주의 세율을 "15%에서 7%"로 인하하게 만든 장본인이라고 주장했다.[43] 훗날 주의회의 한 의원도 일리노이 센트럴이 링컨을 선임한 것은 사업특허를 얻기 위해서였다고 회고했다.[44] 다른 사람들은 링컨이 이 철도회사와 경쟁관계에 있는 쪽에 고용*되었던 것으로 믿었다. 1877년부터 1883년까지 이 철도회사의 사장으로 재직한 애커먼은 링컨이 일리노이 센트럴을 반대하는 로비를 한 것으로 확신했다.[45] 일리노이 센트럴의 설립자들 중 한 사람의 아들인 로버트 랜툴도 링컨이 경쟁상대방을 대리했다고 주장했다.[46] 링컨은 1851년의 주의회 회기 중 모종의 로비를 하느라고 분주하게 지냈다. 링컨은 1851년 2월 어느 의뢰인에게 "이제 의회 일이 대충 끝났으므로 마침내 귀하가 맡긴 일을 처리할 시간"을 얻게 되었다고 편지를 썼다.[47] 확증은 없지만 링컨이 철도회사를 위하여 로비했을 것이라는 추측을 뒷받침하는 가장 강력한 증거는 링컨이 철도회사를 위하여 로비했다는 더글러스의 주장을 링컨이 대놓고 부정한 적이 없었다는 사실이다. 그러나 링컨이 일리노이 센트럴을 위한 로비를 했을 가능성이 있을 뿐이지 이 증거만으로 그런 결론을 내릴 수는 없다.[48]

링컨이 변호사 업무를 수행할 때 자주 나타나는 업무처리의 양식은 링컨이 초창기에 관여한 일리노이 센트럴 철도회사의 소송에서부터 등장한다. 링컨은 철도회사를 상대로 소송을 제기하다가도, 어떤 경우에는 철도회사

---

* 미국에서 변호사와 의뢰인의 관계는 최고의 신뢰를 형성하는 신임적fiduciary 관계로 파악되고 있다. 우리의 경우는 유상 또는 무상의 "위임"으로 파악되고 있어 이와 유사하나, 독일에서는 "고용" 관계로 본다.

를 대리하기도 했다. 1855년 3월 스튜어트와 에드워즈 변호사는 링컨과 공동으로 블루밍턴의 마틴 비숍에게 비숍의 일리노이 센트럴에 대한 청구에 관하여 편지를 썼다. 변호사들은 "귀하 및 부인과 철도회사 간에 작성된 증서상의 합의사항을 철도회사가 지키지 않음으로써 귀하들이 입게 된 피해의 명세"를 알려달라고 요청했다.[49] 변호사들은 1년 전 비숍을 위하여 철도회사를 상대로 2건의 소송을 제기했다. 그중 하나는 비숍의 부동산을 무단 침입한 것을 이유로 한 특별손해배상의 청구였고, 또 하나는 약정금 청구였다.[50] 사실심법원은 1854년 4월 부동산의 무단침입 사건에 관한 중재판정을 토대로 470달러의 지급을 명하는 판결을 내렸고, 약정금청구소송은 1856년 9월 철도회사가 소송비용을 부담하는 조건으로 소 취하를 허가했다.[51]

링컨은 1853년 4월 처음으로 일리노이 센트럴 철도회사를 법정에서 대리했다. 그는 아사헬 그리들리와 함께 맥린 카운티의 토지수용보상금 사건에서 철도회사를 대리하여 법정에 출석했다.[52] 다음달 그는 다시 샴페인 카운티의 토지수용보상금 사건에서 철도회사를 대리하여 출석했다.[53] 그러나 같은 달 링컨과 레너드 스웨트는 드위트 카운티 순회법원의 토지수용금 평가에 대한 불복사건에서 토지소유주를 대리했다.[54]

1853년 가을 철도회사와 고문계약을 체결하면서 링컨은 앞으로는 더 이상 철도회사를 상대로 하는 사건을 수임하지 않기로 동의했다. 1854년 3월, 링컨은 메이슨 브레이먼에게 드위트의 어떤 노인이 일리노이 센트럴을 상대로 소송을 제기해달라고 요청해왔음을 알리는 내용의 편지를 썼다. 링컨은 이 편지에서 브레이먼에게 "귀사에 이미 나를 팔아먹었기 때문에" 이 농부의 사건을 맡을 수 없었다고 전했다.[55]

링컨이 철도회사의 고문이 된 것은 맥린 카운티의 조세사건을 맡은 것이 그 계기였다. 1853년 여름 맥린 카운티의 감정인은 카운티 내에 소재하는 일리노이 센트럴 철도회사의 부동산가액을 감정할 계획을 발표했다. 철도회사는 사업특허를 받은 관계로 조세납부의무를 면제받는다고 확신하고 있었으므로 카운티의 세금부과를 저지하기 위한 소송을 제기했다. 링컨은 같은 해 9월 샴페인 카운티 순회법원의 서기인 톰슨 웨버에게 맥린 카운티의 소송에 관한 서신을 보냈다. 링컨은 웨버에게 "맥린 카운티는 이미 카운티의 조세부과를 목적으로 일리노이 센트럴의 토지 기타 재산의 가액을 감정했다"고 알려주었다. 웨버와 링컨은 이전에도 샴페인 카운티가 철도회사에 부과할 세금에 관하여 이야기를 나눈 적이 있었다. 링컨은 일리노이 센트럴이 "본인을 선임하고 싶다"는 제안을 해온 사실을 밝히면서 자기는 "귀하와 본인 사이에 있었던 대화 때문에 웬일인지 구속된 느낌"이 든다고 말했다. 샴페인 카운티가 "본인이 철도회사로부터 받을 수 있는 금액에 근접한 금액"을 지급하기로 작정하면 샴페인 카운티가 "본인을 선임할 우선권"을 가진다고 링컨은 말했다. 링컨은 이 소송에서 양 당사자 중 한쪽을 대리할 것임을 분명히 했다. 이 사건은 "현재 주에서 발생할 수 있는 가장 큰 법률문제"를 안고 있으므로 "본인은 본인 자신을 위해서라도 할 수만 있다면 수임해서 얻을 수 있는 보수를 포기할 수 없습니다"라고 토로했다.[56]

사흘 후 샴페인 카운티의 판사인 존 토머스는 웨버에게 링컨의 제안에 관련된 메모를 보냈다. 토머스는 "링컨을 우리 쪽으로 확보하는 데 시간을 다투어야" 한다는 데 웨버와 의견을 같이했다. 토머스는 카운티가 "적은 금액으로는 링컨의 사건 수임을 기대하기 어려움"을 인정했다. 그는 카운티가 링컨에게 50달러의 착수금과 500달러의 성공보수를 지급하는 방안을 제안했다.[57]

그러나 샴페인 카운티는 링컨을 선임할 수 없었다. 링컨이 철도회사에서 최종적으로 5,000달러의 보수를 받은 것을 보면 카운티가 제안한 500달러의 보수는 링컨이 "상대방으로부터 받을 수 있었던 보수에 근접"하지 못했던 것이다. 하여간 링컨은 1853년 10월 3일 철도회사의 변호사인 메이슨 브레이먼에게 편지를 써서 회사 쪽을 맡겠다고 제안했다. "본인은 맥린 카운티나 그를 대리한 누구와도 그 소송과 관련하여 아무런 선약을 맺지 않았습니다... 본인은 현재 자유로운 상태이므로 철도회사의 일을 맡을 수 있으며, 만약 귀하께서 합당하다고 생각하시면 본인을 끼워주어도 좋겠습니다."[58]

　브레이먼은 즉시 링컨에게 답장을 보내면서 "기본 고문료"조로 250달러의 수표를 동봉했다. 브레이먼은 "그 이외의 수임료는 귀하에게 맡겨지는 일의 성격과 내용에 따라 우리들 사이에서 조정"하면 될 것이라고 말했다. 링컨은 착수금을 받은 직후 스프링필드에서 브레이먼을 만났다.[59] 브레이먼이 링컨에게 "철도회사를 상대로 하는 사건"을 앞으로는 더 이상 맡지 말아달라고 부탁한 것은 이때였던 것으로 추정된다. 링컨은 후일 일리노이 센트럴의 사내변호사인 제임스 조이에게, "회사를 상대로 하는 새로운 사건의 수임을 거절"하기 시작한 것은 2년 전 브레이먼의 요청을 받고부터였다고 설명했다.[60] 선임계약을 체결한 때로부터 1주쯤 되어 링컨은 조이 변호사로부터 일리노이 센트럴과 북 인디애나 철도회사들 사이의 분쟁에서 중재인이 되어 달라는 요청을 받았다. 링컨도 조이도 모두 링컨의 고문계약 때문에 링컨이 더 이상 공정한 중재인*이 될 수 없다는 점은 생각지도 않았던 것이 분명하다.[61]

　링컨은 고문계약과 이에 따르는 행동반경의 제약을 감수함으로써 결과적으로 금전적으로 손해를 보지 않도록 확실히 해두는 일을 주저하지 않았다. 고문계약의 체결로부터 1년이 되자 브레이먼에게 자신이 맥린 카운티에 있는 철도회사의 계좌에서 100달러를 인출하기 위하여 환어음을 발행하여 추심에 돌렸음을 설명하는 편지를 썼다. 링컨은 브레이먼에게 "그 어음금액이 지급되도록 인수해줄 것을 요청하면서 다음과 같이 썼다.

＊　현대사회에서는 국내중재든 국제중재든 이런 경우 중재인이 될 수 없으며, 이런 사실을 숨긴 채로 중재인이 되었다가 중재판정 후 그런 사실이 드러날 때에는 중재판정의 취소 사유가 될 수 있다.

본인이 이런 임의적인 행동을 한 것은 본인이 지난 가을 이래 귀사의 요청에 따라 철도회사를 상대로 하는 수백 달러의 보수를 받을 수 있는 신건의 수임을 모두 거절하고 드위트와 이곳에서 철도회사의 작은 사건들을 무척 다양한 범위에서 처리해드렸으나 그 대부분이 여지껏 종결되지 아니한 것은 물론 지금까지 전혀 보수를 받은 것이 없기 때문입니다.[62]

링컨은 청구서를 보내면서 브레이먼에게 자신이 철도회사를 상대로 소송을 제기하려는 의뢰인들로부터 "몇 백 달러"의 수임료를 받을 수도 있었음을 상기시켰다. 링컨의 이러한 청구는 세련되지 않은 방법이기는 하지만, 지급을 독촉하는 한편, 철도회사를 상대방으로 하는 사건을 더 이상 맡지 않기로 동의했던 것을 링컨 스스로 후회한다는 뜻도 은근히 비치는 것이었다.

링컨은 철도회사를 상대로 하는 사건을 더 이상 맡지 않기로 동의했으나 철도회사를 상대로 하는, 적어도 1건 이상의 기존에 진행 중인 사건만큼은 계속하여 수행했다. 링컨이 일리노이 센트럴로부터 기본 고문료를 받은 지한 달이 지난 1853년 11월 스튜어트와 링컨은 마틴 비숍에게 또 다시 편지를 보냈다. 스튜어트와 링컨은 철도회사가 제시한 합의안을 비숍이 승낙하는 것이 적절한지에 관해 검토한 뒤 철도회사가 제시한 합의안을 승낙하지 말도록 권고했다. 그들은 비숍이 제안한 합의안이 비숍에게 더 유리하다고 판단하고 이 "협상에서 결론"을 내기 위해 이 사건을 자기들에게 맡길 것을 요청했다. 그러나 링컨과 스튜어트는 재판없이 사건을 해결할 수는 없었던 것으로 보인다. 두 사람은 1854년 3월 10일 맥린 카운티 순회법원에 철도회사를 상대로 소송을 제기했다.[63]

비숍 사건은 그 다음달 법정변론에 들어갔다. 링컨 및 스튜어트와 홈즈가 비숍을 대리했는데, 배심원단은 비숍에게 583달러의 승소평결을 내렸다. 1년 후 이 사건에 관한 재심리가 허가되어 재판이 속개되었다. 다음해 법원은 당사자들 간 합의된 대로 선고*된 중재판정arbitration award에 의거하여 철도회사가 비숍에게 470달러를 지급하도록 판결**했다.[64]

링컨, 일리노이 센트럴을 상대로 소송을 제기하다

링컨이 철도회사를 대리한 맥린 카운티 세금사건에서 승소하자 이제는 수임료 문제가 남았다. 링컨과 철도회사가 사전에 수임료를 정해두지 않았으므로 그 사건의 상소심에 승소하자마자 곧바로 수임료를 둘러싼 분쟁이 발생했다. 1856년 7월 링컨은 시카고에 있는 철도회사의 사내변호사에게 수임료청구서를 보냈다. 일주일 후 그는 철도회사의 임원에게 편지를 써서 자신이 "이 문제에 관하여 회사 내부에서 빨리 결론을 내리기를 몹시 기다리고 있다"는 뜻을 전했다. 링컨의 조바심은 이 수임료(2,000달러 혹은 5,000달러를 청구한 것으로 보임)를 받으면 자신이 출마하려는 1858년 상원의원 선거에서 선거자금으로 사용할 계획에서 비롯한 것으로 보인다. 철도회사는 이 청구받은 수임료를 지급하지 않았고, 링컨은 결국 철도회사를 상대로 소송을 제기했다.[65]

링컨이 수임료청구 사건을 제기하게 된 주변 상황은 분명하지 않다. 더글러스는 링컨이 1858년에 "일리노이 센트럴 철도회사로부터 정기적으로 보수를 받는 중이고, 선거비용을 지출하기 위하여 그 회사로부터 이미 5,000달러를 받았다"고 주장한 바 있다.[66] 링컨은 1858년의 연설을 통해 자신의 보수에 관한 분쟁을 해명했다.

---

* 중재에서도 당사자들 간에서 합의된 내용대로 판정을 내려줄 수 있다.
** 중재판정의 집행판결에 유사한 감이 있다.

카운티가 나에게 위임을 거부하자 철도회사가 나를 이 사건을 담당할 변호사들 중의 하나로 선임했는데, 봉급을 받는 조건도 아니었고 보수에 관한 합의도 없었다. 철도회사는 그 사건에서 최종적으로 승소했다. 그때나 지금이나 같은 생각이지만, 그 판결은 50만 달러 이상의 가치가 있었다. 나는 5,000달러를 원했고, 회사는 500달러면 된다고 생각했다. 그래서 나는 회사를 상대로 소송을 제기하여 5,000달러를 받아내었다.[67]

현존하는 문서들에 의하면, 링컨의 설명은 전반적으로 정확해 보인다.

헌든은 링컨과 철도회사 간의 분쟁에 관하여는 두 가지의 엇갈리는 이야기가 있다고 말했다. 헌든은, 1865년 12월 26일 스프링필드의 연설에서, 링컨이 수임료 청구서를 "구레나룻과 귀걸이와 콧수염에, 곱슬머리이고, 반지를 끼고 옷을 잘 차려입고, 거드름을 피우고, 주책없어 보이는 자그마한 몸집의 그 회사 서기"에게 제출했다고 말했다. 헌든에 의하면, 이 "부츠를 신은 사람"은 링컨에게 대니얼 웹스터라도 그렇게 많은 보수를 청구하지 않을 거라며 핀잔을 주었다는 것이다.[68] 헌든의 두 번째 설명은, 원래 보수는 2,000달러였고, 대니얼 웹스터를 내세워 링컨의 청구액을 공박한 사람은 조지 매클렐런George B. McClellan*이었다는 것이다. 그러나 링컨은 6명의 다른 변호사들로부터 2,000달러의 보수가 너무 낮다며 소송을 해서라도 5,000달러를 받아야 한다는 부추김에 설득되었다는 것이다.[69] 매클렐런이 당시에는 일리노이 센트럴에서 임원으로 근무하는 중이 아니었으므로 이 설명에는 신빙성이 없다.[70]

일리노이 센트럴은 링컨이 회사를 상대로 제기했던 소송에 대하여 후일

---

* 남북전쟁 당시 북군의 총사령관을 역임했으나, 전투를 기피하고 하극상을 되풀이한 끝에 해임되었다. 1864년의 대통령선거(링컨에게는 연임을 위한 출마)에서는 민주당 후보로 출마하여 낙선했다. 남북전쟁 전에 철도회사에서 임원으로 근무한 경력이 있다.

이 회사 나름의 해석론을 꾸준히 펼쳤다. 링컨과 철도회사의 오랜 관계는 같은 업종에서 선두를 달리는 회사로서 "링컨과 좋은 관계를 유지"했다는 홍보 차원의 중요한 소재를 제공한다.[71] 물론 링컨으로부터 소송을 당한 것은 약간 다른 이야기다. 철도회사는 링컨이 단순히 모양을 갖추기 위하여 "우호적"인 소송을 제기했다고 주장한다. 철도회사는 사건을 다음과 같이 설명한다. "당시 철도회사의 사내변호사는 링컨에게 자신은 링컨이 기여한 가치를 인정하고 있으나, 서부의 촌구석에 있는 변호사에게 막대한 금액의 수임료를 한마디 따져보지도 않은 채 그 청구대로 지급하는 것을, 이 사건의 중요성이나 링컨의 기여도를 잘 알지 못하는 뉴욕의 이사회와 고문변호사는 이해할 수 없을 것"이라고 말해주었다는 것이다. 그리하여 철도회사는 "재판관할권을 가진 법원에 보수청구소송을 제기하여 승소판결을 받으면 철도회사가 상소를 하지 않고 판결금을 지급"하겠다고 링컨에게 제의했다는 것이다.[72]

몇몇 링컨학자들은 링컨이 철도회사를 상대로 제기한 소송에 관하여 제3설을 내놓았다. 이 해석론은 링컨이 적의를 가지고 소송을 시작했으나 법정변론이 진행되기 이전에 철도회사와 서로 화해했다는 것이다. 이 화해설은 철도회사의 상임이사인 에브니저 레인이 오스본 사장에게 보낸 편지를 통하여 입증된다. 이 편지에서 레인은 오스본에게 철도회사가 다행스럽게도 "링컨과 합의에 도달하여 그를 이 분야에서 일하지 못하게 하거나 그렇지 않으면 우리의 이익을 위해 일하도록"했다고 적었다. 이 이야기에서 편지의 날짜는 1857년 5월 14일로 되어 있다. 링컨이 철도회사를 상대로 제기한 소송의 법정변론은 6월에 이루어졌다. 이에 비추어보면 법정변론은 뉴욕에 있는 회사의 이사회에 보여주기 위한 요식행위에 불과했던 것이다.[73]

이렇게 "우호적 소송"이었다는 해석론의 문제점은 그것이 실질적으로는 레인이 오스본에게 철도회사가 링컨과 "합의를 보았다"는 문구를 타자로

쳐서 보낸 편지 한 장에 오로지 의존하고 있을 뿐이라는 점이다. 그러나 타자로 작성된 위 편지에는 날짜가 잘못 찍혀 있다. 편지는 법정변론이 있기 한 달 전에 쓴 것이 아니라 실제로는 법정변론으로부터 두 달 후에야 쓴 것이었다.[74] 이 편지는 철도회사가 링컨과 합의를 보게 된 '이유'는 설명하고 있으나 합의를 본 '시점'은 제시하지 못하고 있다.

쓸 만한 증거에 의하면 링컨이 "그저 형식적으로" 소송을 제기한 것은 아니었음을 암시하고 있다. 철도회사가 링컨의 보수액에 대한 제안을 거절했을 때, 링컨은 이제 철도회사와의 관계는 끝났다고 믿었다. 1857년 2월 일리노이 주의 파리Paris에서 온 두 명의 변호사가 링컨에게 철도회사를 상대로 하는 소송을 맡아달라고 부탁하자 링컨은 자신이 "회사로부터 지난 2, 3년간 정규고문료를 받아왔으나, 회사가 더 이상은 고문관계를 원하지 않을 것으로 예상"한다고 답했다. 링컨은 시카고로 가서 철도회사와의 관계를 논의할 예정이라고 말했다. 링컨은 "그들이 나와 고문관계를 끝낼 것인지 확인해보겠으며, 그들이 예상대로 계약을 종료하는 경우 귀하들의 일을 맡겠으며, 그 사실을 귀하들에게 편지로 확인"해주겠다고 썼다.[75] 링컨은 철도회사와 합의에 도달하기 전 주의 회계감사관인 제시 뒤부아와 철도회사에 대한 주의 세금부과에 관하여 논의한 사실이 있었다. 일리노이 센트럴의 직원에 의하면, 뒤부아는 "링컨을 주정부의 법률고문역으로 선임할 생각으로 접근한 적이 있었다. 링컨은 철도회사와 체결한 선임계약으로부터 아직 자유롭지 않지만 이 고문관계는 곧 종료될 것이라고 답했다"는 것이었다.[76]

링컨과 제임스 조이 변호사 사이의 갈등도 보수에 관한 분쟁에 상당한 기여를 했다. 블루밍턴의 변호사인 찰스 케이펜은 후에 "진실은 이 모든 문제가 제임스 조이로부터 발생했다는 단순한 사실뿐이다...링컨은 그 후 그를 경멸했다"고 회상했다.[77] 헨리 휘트니 또한 조이가 분쟁을 야기했다고 믿었다. 휘트니는 조이가 링컨의 보수액의 인정을 거부했으며, 링컨을 "흔해 빠진 촌뜨기 변호사"로 여겨 무시했다고 말했다.[78] 휘트니는 후일 조이가 "링컨에게 무례하게 대했다"고 썼다.[79] 링컨이 청구한 5,000달러의 금액은 조이가 1854년 철도회사로부터 받은 연봉에 해당하는 금액이었다.[80]

링컨과 조이는 링컨의 보수에 관하여 전에도 충돌한 적이 있었다. 1855년 9월, 링컨과 조이 간에 보수를 둘러싼 첫 번째 언쟁이 붙었다. 링컨은 9월 14일 조이에게 150달러짜리 환어음을 맥린 카운티 은행에 지급제시한 것을 설명하는 편지를 썼다. 링컨은, 그 돈은 "내가 맥린과 드위트 카운티에서 지난 9월부터 일리노이 센트럴 철도회사를 위하여 제공한 서비스에 관한 보수조"라고 설명했다. 링컨은 자신이 "회사를 위해 적어도 15건의 업무를 처리"했으며, "한 건당 10달러로 쳐서 모두 합친 금액"이라고 말했다. 그는 조이에게 환어음의 인수를 요청했다. 링컨은 드위트와 맥린 카운티의 순회판사인 데이비드 데이비스가 작성한 보수에 관한 촌평을 동봉했다. 데이비스는 거기에 "위의 내용은 진실하며, 나는 보수액이 매우 합리적으로 산정되었다고 생각합니다"라고 썼다.[81]

그 150달러짜리 환어음은 링컨의 편지보다 먼저 조이에게 도달했다. 그는 즉시 링컨에게 해명을 요구하는 "속달우편"을 발송했다. 링컨은 급한 대로 우선 전보를 보내고 9월 19일 편지로 답변을 보냈다. 그는 조이에게 자신이 이 환어음의 발행을 설명하는 편지를 보냈고, "환어음과 편지가 모두 같은 우편으로 전달되었어야 하는데 그렇게 되지 않은 이유를 이해할 수 없다"고 말했다. 그는 이어 "맥린과 드위트 카운티에서 두 번의 법정개정기간 중 15건 내지 17건 가량의 사건을 처리했으나 이에 대한 보수를 지급받지 못했다"고 설명했다. 링컨은 데이비스 판사가 링컨의 취급업무와 보수의 적정성에 관하여 인정해주었기 때문에 정확한 사건의 수와 당사자의 명단은 언급할 필요가 없다고 생각했다. 링컨은 이 편지를 자신이 이해하는 철도회사와의 관계에 대한 설명으로 다음과 같이 마무리했다. "본인은 2년 전 브레이먼의 요청에 따라 회사를 상대방으로 하는 새로운 사건의 수임을 단념했고, 이런 사건들에서 수시로 회사 쪽을 맡아 처리했으며, 1854년 9월 무렵까지는 이런 부류의 사건을 처리하는 데 대한 보수를 받았습니다."[82] 이에 따라 링컨과 조이 간의 물밑 갈등은 링컨이 맥린 카운티 사건의 수임료 지급을 청구했을 때 다시 수면 위로 떠올랐다.

링컨이 그 재판을 위하여 실제 준비한 내용은 "우호적인 소송"이란 말을 무색하게 한다. 링컨은 청구를 뒷받침하기 위한 "증거"의 개요를 정성들여 준비했다. 링컨은 우선 "브레이먼과 조이의 서신과 그들 서명의 진정성을 입증하는 자료, 그들이 회사를 대리할 자격을 가지고 있었던 사실"을 자신의 고문계약의 증거로 제시했다. 다음으로 링컨은 자신이 "법정에서 2회나 변론의 전 과정을 되풀이하여 소송대리인의 역할을 수행"한 사실을 증명하고자 했다. 그는 이어 사건의 쟁점과 승소판결을 얻을 때까지의 과정을 서술하고, 거기서 사건에 관하여 핵심을 찌르는 변론으로 법정을 압도한 사람은 철도회사에서 온 공동대리인이 아니라 링컨 자신이었다는 사실을 여실히 서술했다. 철도회사에게 이 사건의 중요성은 명백했다. 회사는 26개 카운티로부터 세금을 부과당할 수 있는 "200만 에이커* 상당"의 부지를 소유하고 있었던 것이다. 링컨의 계산으로는 50만 달러로는 "그 세금 전액을 전부 납부하기에 부족"할 정도였다. 링컨은 결론적으로 다음과 같은 질문을 제기했다.

이 사건에 들인 노력의 정도, 문제의 불확실성과 난이도, 궁극적 승패의 정도, 당해 사건에서뿐 아니라 판결이 채택한 법리와 관련하여 고객이 확보한 금전적

---

* 약 25억㎡=7억 6천만 평.

이해관계의 정도, 기타 등이 모두 변호사 직역의 관행상 당해 사건에 관한 합리
적인 보수를 결정함에 있어 고려해야 할 적절한 요소에 해당되는가 또는 해당
되지 않는가.

이에 대한 링컨의 자문자답은 이 사건에서 "5,000달러의 보수는 결코 불합
리한 금액이 아니"라는 것이었다.[83] 링컨은 또한 자신의 보수의 합리성에
관하여 증언해줄 7명의 저명한 일리노이 주 변호사, 즉 시카고의 노먼 저드,
아이작 아널드, 그랜트 굿리치, 또 퀸시의 아치볼드 윌리엄스와 오빌 브라
우닝, 피오리아의 노먼 퍼플, 그리고 스프링필드의 스티븐 로건의 법정 외
증언녹취서를 받을 준비를 했다.[84]

이 소송에 관한 데이비드 데이비스의 조치 또한 이 소송이 모양새 갖추기
에 불과한 것이 아니었음을 보여준다. 제8순회구역 판사인 데이비스로서는
링컨 소송의 담당판사가 되었어야 마땅했다. 그러나 데이비스는 변론이 개
시될 무렵 졸리엣의 판사인 제시 노턴과 관할 순회구역을 맞바꿔버렸다.[85]
데이비스의 전기를 쓴 윌러드 킹은 데이비스가 철도회사를 상대로 한 링컨
의 사건 심리를 맡지 않은 이유로 링컨과의 각별한 관계와, 전에 링컨이 철
도회사로부터 수임료를 받는 데 도움을 주었던 사실을 들고 있다.[86] 재판이
형식적인 절차에 불과했다면 이 같은 고려를 할 필요가 없었을 것이다.

링컨이 제기한 소송의 법정변론은 1857년 6월 18일에 열렸다. 사건기록
에는 "피고 측이 출석하지 않았다"고 기록되어 있다. 일리노이 센트럴을 대
리하여 아무도 출석하지 않은 것이었다.[87] 배심원단이 선출되었으며, 링컨
이 증거를 제시한 후 링컨에게 5,000달러의 승소평결을 내렸다. 6월 23일,
링컨과 철도회사 측의 변호사인 존 더글러스는 위 평결에 기한 판결을 백지
화하고 사건에 관하여 재판을 다시 진행할 것에 합의했다. 사건부의 기록에
의하면 두 번째로 구성된 배심원단이 "양측으로부터 증거를 제시받고 변호

사들의 변론"을 들은 것으로 기재되어 있다. 링컨에게 4,800달러의 승소평결이 내려졌다. 철도회사 측 변호사인 더글러스는 재변론을 마감하면서 배심원단의 평결이 "법과 증거에 어긋난다"는 것을 이유로 재판을 새로이 열어줄 것을 신청했다. 법원은 이 신청을 각하했고, 더글러스는 이 각하결정에 대하여 불복하겠다는 의사를 천명했다. 그에게는 상소보증금을 납부하고 상소이유서를 제출할 30일의 기한이 주어졌다.[88]

　두 번째의 법정변론, 즉, 재심리는 몇 분 만에 끝났음이 분명하다. 두 번째 법정변론에 관한 사건기록에 적힌 대로 배심원들이 증거를 제출받고 변호사들의 주장들을 들었다는 기재내용은 보여주는 것보다 감추는 것이 더 많아 보인다. 1906년 4월 일리노이 센트럴 철도회사의 임원들은 링컨과 철도회사 사이의 재판을 방청했다는 세 명의 변호사로부터 진술서를 수집했다. 당시 철도회사는 『센추리 매거진Century Magazine』의 4월호에 실린 프레더릭 힐의 기사에 대처할 방법을 강구 중에 있었다. 힐은 링컨이 "은혜도 모르는 의뢰인"인 일리노이 센트럴을 상대로 소송을 제기했던 것으로 기정사실화하고 있었다. 힐은 철도회사가 "자사의 입장에서 사실관계를 상세하게 설명한 소책자를 내놓은 적이 있다는 사실"과, 그 재판이 "단지 형식갖추기에 불과했음"을 보여주려 애쓴 사실에 주목했다. 힐은 그러나 "링컨이 평소와 달리 유난히 정성들여 법과 사실에 관하여 준비서면을 만들었다는 사실은 그 소송이 우호적이었다는 주장과는 들어맞지 않는다"고 지적하면서, 그 소송이 우호적이었다는 주장은 힐에게 목격담을 얘기해준 사람들의 설명에 의하여 충분히 반박되었다고 보았다.[89] 이 기사가 나간 후, 일리노이 센트럴의 법무실 소속 변호사인 존 드레넌은 "이 법정변론을 방청한 사람들 중 생존하는 목격자들로부터"의 진술서를 수집했다. 그는 "우리는 힐에게 '일격을 가할 내용을 확보' 했습니다"라며 사장에게 보고서를 썼다.[90]

　세 명의 변호사 모두 "겨우 몇 분 만에 끝난" 사건을 50년이 경과한 후에도 또렷이 기억하고 있었다.[91] 이 변호사들의 이름은 제임스 유잉, 아들라이 스티븐슨, 에즈라 프린스이다. 유잉은 한 면짜리 진술서에 서명했고, 스티븐슨은 "유잉이 진술한 사실" 그대로 확인해주는 두 문단의 진술에 서명했다.[92] 프린스는 드레넌에게 3면짜리 편지를 썼다. 유잉이 기억한 사실은 다음과 같다.

> 링컨이 배심원에게 행한 변론은 매우 명료하고 인상적이었다. 링컨은 자신이 수임했던 그 사건의 이력, 쟁점, 사건의 결과와 철도회사가 그 사건으로 얻게 된 중요한 이익 등을 설명한 다음, 변호사의 수임사건에 관한 합리적인 수임료 산정에서 고려해야 할 요소는 소송에 직접 혹은 간접적으로 관련된 경제적 이익의 범위, 변호사가 경주한 노력의 정도, 법률적 쟁점에 대한 판단 및 그 결과라는 점을 언급했다.[93]

유잉은 또한 링컨이 존 더글러스가 "친절하게도 링컨이 작성하여 주의 몇몇 저명한 변호사들로부터 서명을 받은 진술서를 이들이 법정외 증언녹취서와 동일한 효력을 가지는 문서로서 제출하는 데 동의"했다고 법정에서 진술한 것으로 기록하고 있다. 링컨은 결국 "회사에 5,000달러의 수임료를 요구했으나, 조이 변호사는 그 액수가 너무 많다고 생각한 나머지 배심원의 판단을 받아야겠다고 말했다"고 진술하는 것으로 변론을 마쳤다는 것이다. 유잉에 의하면, 더글러스는 링컨의 "진술이 대체로 옳고 타당하며 자기 자신도 청구받은 보수가 지나친 것이라고는 생각하지 않는다"고 말했다는 것이다. 법정변론은 "몇 분밖에 지속되지 않았고 즉각 평결이 내려졌다"는 것이었다.[94]

부통령을 역임한 경력이 있는 스티븐슨은 재심리과정에 관한 유잉의 설명이 모두 사실대로라고 선언했다. 스티븐슨은 재판 당시 블루밍턴의 법학도였으며, "법정변론" 당시 법정 안에 있었다. 스티븐슨은 이 소송이 "우호적인 소송의 성격을 지니고 있는 것으로 보였다"고 말했다. 그는 "법정변론 도중 링컨 씨나 더글러스 씨가 조금이라도 나쁜 감정을 표출하는 것을 본 기억이 나지 않는다"고 말했다.[95)]

재판에 관하여 가장 구체적인 사실을 말해준 사람은 에즈라 프린스였다. 그러나 그가 제시한 몇 개의 구체적인 내용은 사실과 다르다. 예컨대 프린스는 데이비드 데이비스가 법정변론을 주재했다고 기억했으나, 데이비스는 이 재판을 다른 판사와 맞바꾸었던 것이다. 프린스는 이 재판에 대하여 자신이 "기억"하는 것을 기록했다고 했으나, 사실은 철도회사가 제공하는 사건에 관한 해설의 틀에 자신의 기억을 맞추었을 뿐이다. 프린스는 "더글러스가 이 수임료청구금액을 적절하다고 보았으나 다른 사람들을 배려하여 우호적인 소송으로 해결하기로 합의했으며, 재판의 진행과정에서도 이러한 입장이 반영되어 있었다고 들었다"고 썼다. 재판에 관한 프린스의 기술은 유잉 및 스티븐슨과 상당 부분 비슷하지만, 더글러스가 "수임료청구액이 적절하며 지급되어야 한다고 생각"한다고 말했다는 점에서는 달랐다. 프린스는 "법정변론은 전부해야 몇 분밖에 지속되지 않았고, 통상적인 의미로는 전혀 법정변론이라고 볼 수 없었다"고 말했다.[96)]

프린스는 또한 "링컨에게 5,000달러의 승소판결을 내려준" 배심원단에 관하여서도 썼다. 프린스는 "여러 해 동안 맥린 카운티 법정을 출입해온" 링컨이 "그들을 한 명도 빠짐없이 알고 있었으며, 그들 또한 링컨을 잘 알았으므로 그들에게 링컨이 과도한 수임료를 청구한다고 확신케 하려면 엄청난 증거가 필요했을 것"이라고 꼬집었다.[97)] 『시카고 트리뷴』 또한 1858년 링컨에 관하여 비슷한 지적을 했다. 링컨은 순회법원을 쫓아다니느라고 버밀리언 카운티를 15년 동안이나 해를 거르지 않고 방문했던 것이다.

지난 15년간 링컨은 버밀리언의 시민들에게 개인적으로 잘 알려져 있었다. 이

기간 동안 대배심이나 소배심에 참여했던 모든 사람, 직업상 혹은 호기심으로 법정에서 방청해보았던 사람은 모두 에이브러햄 링컨을 안다... 링컨이 우리에게서 구축한 확고한 신망으로 인하여 인구가 조밀한 우리 카운티의 어느 구역을 막론하고 배심원을 선출하여 사실을 심리케 할 경우 그들은 링컨이 그 사건에서 주장하는 사실과 법에 관한 설명을 스스럼없이 받아들일 것이다. 왜냐하면 그들은 링컨이 법을 잘못 해석하거나 증거를 왜곡한 사실이 단 한 번도 없으므로 그를 신뢰하더라도 잘못될 염려가 없음을 잘 알기 때문이다.[98]

『트리뷴』은 공화당 계열이었고, 이 기사가 출판될 당시 링컨을 지지하고 있었으나 링컨의 "확고한 신망"에 관한 한 객관적으로도 의문의 여지없이 옳았다.

세 명의 블루밍턴 변호사들의 회고담을 액면 그대로 받아들이려면 우선 링컨이 1주 전부터 쌍방의 격돌에 대비하여 준비했다는 사실에 부합하는 증거를 다른 방향으로 설명할 수 있어야 한다. 여기에 대하여는 두 가지의 해석이 가능하다. 하나는 링컨이 6월 18일 피고 궐석에 의한 원고승소판결을 받은 뒤 합의를 보았다는 것이다. 맥린 카운티 내에서 철도회사를 대리해온 변호사 휘트니가 1887년 회상한 바에 의하면, 더글러스는 피고의 "불출석" 후 블루밍턴에 도착하여 링컨에게 "그것을 무효로 해달라"고 요청했으며 "링컨은 그렇게 했다"는 것이다. 그 후 더글러스는 휘트니 및 데이비드 데이비스와 "협의"한 나머지 "링컨을 적으로 만드는 것은 현명치 못하다는 결론을 내렸으므로 더글러스는 청구된 금액 그대로 합의"를 보았다는 것이다.[99] 이런 해석론은 링컨이 피고의 궐석에 의한 원고승소판결을 무효로 함에 동의한 이유를 설명하지도 못하고, 왜 "변론"이 새로이 되풀이될 필요가 있었는지를 설명하지도 못한다.

이에 관하여 또 달리 가능한 설명으로는 링컨이 6월 18일로 예정된 기일에 격론이 벌어질 것에 대비하여 공격적으로 준비했다는 점과, 그러나 실제로 이루어진 6월 25일의 법정변론은 다툼 없이 싱겁게 끝났다는 점이다. 이 설명은, 자주 간과되곤 하는 6월 18일의 피고궐석에 의한 원고승소판결을 전제로 한다. 이 피고궐석 판결은 링컨에게 예상치 못한 행운이었다. 그는 철도회사 측의 변호사인 존 더글러스가 시간에 맞춰 나타나지 않는 바람에 5,000달러의 승소판결을 받았다. 더글러스는 늦게 도착했을 때 굴욕감을 맛봐야 했다. 그는 "자신의 결석으로 인하여 회사가 재판에서 패소했다는 사실이 기록에 남는 것을 원치 않았다."[100] 링컨은 궐석판결을 무효로 하는 것에 동의는 하되, 더글러스가 방어방법을 제출하는 것은 허락하지 않았을 것으로 보인다. 더글러스가 일리노이 주 법상 궐석판결의 무효를 신청하려면 "명료하고 구체적으로" 궐석판결을 백지화할 만한 이유를 기재한 선서진술서를 제출해야 했을 것이다.[101]

궐석판결은 공식적으로 무효가 되었으나 그 판결의 효과마저 백지화된 것은 아니었다. 재판은 그 후 "그저 형식에 불과"한 것이 되어버렸다. 더글러스는 회사에게 이 사건을 합의로 끝내자고 설득했고, 더글러스는 기록상 상소할 거리가 없음을 진술하게 말할 수 있었다. 이런 설명방법은 링컨의 세심한 소송준비와 데이비스 판사의 회피recusal*, 그리고 6월 25일의 법정변론이 방청객들에게 "우호적인 성격의 소송"으로 보였던 이유를 모두 뒷받침할 수 있다.

어찌되었든, 6월 18일(최초의 "법정변론"이 있었던 날)과 7월 23일(두 번째의 "법정변론"에 따르는 평결에 대한 상소기한) 사이에 링컨과 철도회사는 소송에 관한 합의를 보게 되었다. 일리노이 센트럴에게는 담보를 제공하고 상소를 제기할 수 있는 30일의 기간이 있었다. 담보는 제공되지 않았다. 철도회사는 대신 링컨에게 판결금 전액을 지급하기로 합의했다. 7월 22일 링컨은 뉴

---

* 우리 소송법상 법관의 제척, 기피, 회피 중 "회피"에 해당한다.

욕으로 출발하여 그곳에서 일리노이 센트럴의 임원들과 만났다. 8월 5일 링컨은 스프링필드로 돌아왔다. 8월 12일, 링컨은 뉴욕에서 받아온 4,800달러의 수임료를 스프링필드 해상화재보험회사에 예치했다. 8월 31일 링컨은 그 계좌에서 4,800달러를 인출하여 그 돈을 사무실로 가져가 헌든과 분배했다.[102] 헌든은 링컨이 그에게 "자기 몫의 금액"을 건네주면서 다음과 같이 말한 것으로 기억했다. "빌리, 자네가 철도회사와 다른 기업들에 대해 심하게 말하는 일을 자꾸 되풀이하면 사람들은 자네 성질이 고약하다고들 할 걸세. 사실은, 그들을 비난하는 대신, 자네와 나는 이 돈이 우리 수중에 들어오게 된 것을 신께 감사드려야 할 걸세."[103]

결론

링컨은 변호사 업무를 시작한 초창기부터 법 일반과 미국 사회에서의 법의 역할에 관하여 휘그파적 태도를 견지해왔다. 휘그파 변호사들은 사법제도가 분쟁을 해결하고 질서를 유지하는 가치중립적인 수단을 제공한다고 믿었다. 이 체제 내에서 변호사의 역할은 분쟁에서 양쪽의 당사자 중 어느 한쪽을 대리하면 되는 일이므로 변호사가 어느 쪽을 편드느냐는 문제될 것이 없었다. 대부분의 휘그파 변호사들이나 마찬가지로 링컨은 법정에서 어떤 당사자라도 가리지 않고 대리하여 변론을 행할 마음의 준비가 되어 있었다. 그러나 이런 변호사들은 또한 자기들이 지역사회적 가치의 수호자라고 믿었다.[104] 링컨이 맡았던 명예훼손 사건들은 링컨이 소송들에 걸려 있는 사회적 이해관계에 관하여 이런 예리한 인식을 가지고 있었음을 보여준다. 명예훼손 사건들은 피고 측이 피해를 입은 원고의 훌륭한 성품을 인정해주면 승소한 원고 측이 승소금을 포기하는 방법을 통하여 원고의 명예회복을 도와주고, 또한 사회적 평형을 되찾는 역할을 했다. 역설적이지만 소송은 공동체에서 균열을 발생시킬 뿐 아니라 그 균열을 메울 수도 있었다.

거의 25년에 달하는 변호사 생애에서 변호사 업무의 내용에 변화가 생김에 따라 링컨은 차츰 아무 의뢰인의 일이라도 맡는 자유를 잃어갔고, 분쟁을 중재하는 지위 또한 상실해갔다. 링컨의 초창기 변호사 업무는 주로 비교적 작은 규모의 농촌 지역사회에 거주하는 주민들 간의 소송에 관한 것이었다. 이렇게 지역사회와 관련된 사건으로 인하여 링컨은 법정 내에서의 변호사 역할뿐만 아니라 중재인의 역할도 담당해야 했다. 링컨은 그의 변호사 생애를 통하여 이런 종류의 분쟁을 지속적으로 맡았지만, 한편 시장경제체제의 발흥에 수반하여 발생하는 사건들을 맡을 수밖에 없었다. 링컨은 다른 주의 의뢰인들이 자신의 판단을 존중해주지 않을 경우 짜증을 냈다. 이런 사건들은 링컨의 체질에도 맞지 않았다. 그는 기업고객이 요구하는 업무의 신속처리와 몰인간적인 처리방식에 거부감을 나타냈고, 기업고객이 자기들의 소송사건 수행에 대한 통제를 강화함에 따라 변호사로서의 자율성이 상실되는 것을 혐오했다.

1860년의 이른바 "연방분열의 겨울secession winter*"의 기간 중 헨리 빌러드 기자는, 링컨이 "그 맡은 공무의 현 상황을 완벽하게 이해하고, 또 그에 대한 최선의 결과를 얻기 위하여 지치지 않는 노력을 경주하고 있다"고 관찰했다. 빌러드는 링컨이 "신문에 오르는 기사나 주장에 기초한 피상적인 견해에 결코 만족하지 않고 항상 선례와 유추와 권위 있는 해석 등에 관한 충실한 연구를 통해 자신의 입장을 강화시킨다. 그는 항상 권위 있는 저작물을 주위에 늘어놓고 수시로 이를 참고하고 있다"고 지적했다.[105] 선례나

---

* 링컨이 1860년 11월 6일 대통령에 당선되자 12월 20일부터 2개월 사이에 사우스캐롤라이나 주를 선두로 하여 다수의 남부주들이 연방을 이탈했다

권위 있는 해석에 관한 "충실한 연구"는 링컨이 변호사로서 거친 훈련의 결과를 그대로 반영하는 것이다.

저자의 말

　일리노이 주 스프링필드 시의 링컨법률문서Lincoln Legal Papers 프로젝트가 없었으면 이 책이 나오는 일은 불가능했을 것이다. 저자가 처음으로 이 프로젝트를 시작했을 때 컬럼 데이비스는 문서에 대한 접근을 허용해주었으며, 나중에는 저자를 부편집인으로 발탁해 주었다. 링컨법률문서/에이브러햄 링컨 문서Papers of Abraham Lincoln의 과거와 현재 멤버들—빌 비어드, 마티 벤너, 컬럼 데이비스, 존 럽턴, 크리스 쉬넬, 그리고 대니얼 스토웰—은 지극히 참을성 있고 또한 흔쾌히 도와주는 분들이었다.

　그들의 뒷받침과 격려에 대하여 저자는 스콧 카펜터, 린 리베라토, 로버트 올리버, 라몬 로잘레스 2세, 그리고 사프 2세, 텍사스 변호사협회의 모든 회원들, 그리고 짐 알피니, 존 바우먼, 캐슬린 버진, 데이비드 골드슈타인, 딕 그레이빙, 랜디 켈소, 매슈 미로, 셸비 무어, 필립 페이지, 짐 폴슨, 톰 리드, 제프 렌스버거, 체리 테일러, 버퍼드 터렐, 찰스 위글, 우슬라 웨이골드, 그리고 존 윌리, 사우스텍사스 법과대학의 과거와 현재 동료들에게 감사를 표한다. 링컨 학자인 마이클 벌링게임과 앨런 겔조는 이 책의 초고 단계에서 열독해주었다. 또한 원고의 특정 부분에 대하여 법사가legal historians인 톰 러셀과 제임스 엘리 2세로부터 매우 자상한 충고를 받을 수 있었다. 노던 일리노이 대학의 이 책 편집인들인 마틴 존슨과 멜로디 허는 거의 성자와도 같은 인내를 보여주었다. 대학출판사를 위하여 원고를 비판적 시각에서 읽어준 두 분의 익명의 교열자로부터 매우 큰 도움을 받았다. 길고 긴 과정을 거친 끝에 진짜로 도움을 필요로 했을 때 제임스 리는 『주석』 부분을 이중으로 점검해주었으며, 샤론 인은 색인작업을 도와주었다.

저자의 은사와 지도교수들에게 감사한다. 존 저먼, 아서 로젠바움, 거스 실 주니어, 제임스 커비 마틴, 스티븐 민츠, 조지프 글래트하, 크레이그 조이스, 그리고 로버트 파머이다. 짐 마틴과 조 글래트하는 저자에게 변호사 링컨에 대하여 써보면 어떻겠느냐는 아이디어를 내주었다. 밥 파머는 저자를 초기 단계에서 잘 인도해주었다. 저자는 도서관의 사서들과 문헌학자들에게 큰 빚을 지고 있는데, 그중에는 휴스턴대학에서 도서관 간의 대출을 담당하는 게이코 호턴, 일리노이 주 역사가 토머스 슈워츠, 헨리 호너 링컨 수집품 박물관 큐레이터인 킴 바우어, 그리고 일리노이 주 스프링필드에 있는 에이브러햄 링컨 대통령 도서관 겸 박물관의 캐서린 해리스, 텍사스대학교 탈턴 법률도서관의 희귀도서 전문사서 마이크 위더너, 그리고 사우스텍사스 법과대학 도서관의 앤 퍼킷, 데이비드 코완, 그리고 모니카 오테일 등이다.

저자는 가족의 도움에도 감사를 드린다. 저자는 미농 스타이너, 캐론 힉슨, 마이크 스타이너, 메리 엘런 스타이너, 마델 카슨, 앤 번슨, 그리고 민디 카에게 감사를 표한다. 저자의 처남들인 돈과 지니 헬머스, 그리고 레이 헬머스에게 매우 감사한다. 저자의 딸들인 한나와 엠마가 이 책에 관심과 자부심을 흠뻑 보여준 것에 대하여 무척 감사한다. 이 책이 출간되기까지에는 무엇보다 아내 리 헬머스 스타이너의 지지와 인내가 가장 큰 도움이 되었다.

이 책 제2장의 일부는 『링컨 헤럴드Lincoln Herald』에 실린 바 있어 테네시주 해로게이트에 위치한 링컨 기념대학교의 에이브러햄 도서관 겸 박물관의 사용 허락을 받았고, 또 『리걸 레퍼런스 서비시스 쿼터리Legal Reference Services Quarterly』(1999) 제18권 47~122면에도 게재된 바 있어 하워드 출판사의 허락을 받아 이 책에 실었다. 제3장의 일부는 『저널 오브 더 에이브러햄 링컨 어소시에이션Journal of the Abraham Lincoln Association』에 게재했던 논문을 발전시킨 것이다(에이브러햄링컨협회의 출판 허락을 받아 사용했다). 제4장의 일부는 『디트로이트 대학교 머시 로 리뷰University of Detroit Mercy Law Review』에 실렸던 것으로 이 책에 포함되는 데 동 대학의 허락을 얻었다. 제5장의 일부는 『일리노이 히스토리컬 저널Illinois Historical Journal』에 실렸던 것인데, 일리노이 역사보존청의 허락을 받아 이 책에 실었다.

링컨의 생애와 남북전쟁

1806.	아버지 토머스 링컨과 어머니 낸시 행크스 결혼
1807. 2. 10	누나 새라Sarah 출생
1809. 2. 12	켄터키 주에서 링컨 출생
1811.(2세)	남동생 토머스Thomas 출생
1816. 12(7세)	가족과 함께 인디애나 주로 이주
1818. 10. 5(9세)	어머니 사망
1819. 12. 2(10세)	아버지 재혼
1828. 1. 28(19세)	누나 새라 출산 중 사망
1830. 3(21세)	가족과 함께 일리노이 주로 이사
	디케이터Decatur에서 첫 정치 연설
1831.7(22세)	집을 떠나 뉴세일럼New Salem에 정착
1831.	스프링필드Springfield로 이주
1832. 3.(23세)	주의회 의원선거 출마, 낙선
1832. 4.	블랙호크Black Hawk 인디언의 소요 당시 자원병으로 입대,
	중대장에 선출.
1834. 8. 4(25세)	일리노이 주 하원의원 당선, 독학으로 법률공부 시작
1835. 8. 25(26세)	연인 앤 러틀리지, 전염병으로 사망
	메리 토드와 약혼
	메리 토드와 파혼
1835.(26세)	제1차 정신적 추락(breakdown)경험
1836. 8. 1(27세)	일리노이 주 하원의원 재선
1836. 9. 9	변호사 자격 취득
1837.(28세)~1841.	존 스튜어트John T. Stuart와 법률사무소 동업.
1838. 8. 6(29세)	주 하원의원 3선
1840. 8. 3(31세)	주 하원의원 4선
1840. 12.	제2차 정신적 추락 경험

1841.(32세)~1844. 스티븐 로건Stephen Logan과 법률사무소 동업.

1842. 11. 4(33세) 메리 토드와 결혼

1843. 8. 1(34세) 장남 로버트 출생

1844.(35세)~1861. 윌리엄 헌든 William H. Herndon과 법률사무소 동업.

1846. 3. 10(37세) 2남 에드워드 베이커 출생

1847. 12. 6(38세) 연방 하원의원(임기2년)

1850. 2. 1(41세) 차남 에드워드 사망

1850. 12. 21 3남 윌리엄 윌리스 "윌리" 출생

1851. 1. 17(42세) 아버지 사망

1853. 4. 4(44세) 4남 토머스("태드") 출생

1854.11. 7(45세) 일리노이 주의회 의원으로 5선되었으나 연방 상원의원에
출마할 계획으로 사임

1855. 2. 8(46세) 연방 상원의원 출마, 낙선

1858. 6. 16(49세) 연방 상원의원 후보지명

1858. 8. 21.~10. 15 연방 상원의원 출마를 위하여 링컨 – 더글러스 간 7회에
걸친 공개토론

1858.11. 2. 연방 상원의원 낙선

1860. 2. 27(51세) 뉴욕 시 쿠퍼 유니언Cooper Union에서 연설

1860. 5. 18 공화당 대통령 후보로 지명

1860. 11. 6 대통령 당선

1860. 12. 20 사우스캐롤라이나 주, 연방에서 이탈
이로부터 2개월 내에 미시시피, 플로리다, 앨라배마, 조지아,
루이지애나, 텍사스 주도 연방에서 이탈

1861. 3. 4(52세) 대통령에 취임

1861. 4. 12 남군, 섬터 요새Fort Sumter 포격, 남북전쟁의 개시

1861. 4. 17 버지니아 주, 연방이탈. 이로부터 5주 내에 노스캐롤라이나 주,
테네시 주, 아칸소 주도 이탈함

1861. 4. 19 남부연맹의 해안에 대한 봉쇄 명령

1861. 4. 27 헌법상 인신보호영장Habeas Corpus제도의 잠정유보 명령

페어팩스 코트하우스Fairfax Court House 전투

7. 21	제1차 머내서스Manassas(불런Bull Run) 전투에서 연방군 패배
7. 27	조지 매클렐런George B. McClellan 장군을 포토맥 군Army of Potomac 사령관에 임명
10. 21	볼스 블러프Balls Bluff 전투
11. 1	매클렐런 장군을 윈필드 스콧Winfield Scott 장군의 후임으로 연방군 총사령관general-in-chief에 임명(포토맥 군 사령관직 겸임)
1862. 1. 13(53세)	국방장관 사이먼 캐머런Simon Cameron을 에드윈 스탠턴Edwin Stanton으로 경질
2. 6	그랜트 장군, 테네시 주 헨리 요새Fort Herry 점령
2. 16	그랜트 장군, 테네시 주 도넬슨 요새Fort Donelson 점령
2. 20	3남 윌리 병사
3. 11	매클렐런을 연방관 총사령관에서 해임(포토맥 군 사령관직만 유임) 링컨 자신이 실질적 연방군 총사령관 임무 수행 할렉 장군을 서부 사령관에 임명
4. 6~7	샤일로Shiloh 전투, 연방군 패배
5. 4	요크타운Yorktown 점령
5. 5~12.	링컨, 반도(요크 강과 제임스 강 사이) 방문
5. 10	버지니아 주 노포크Norfolk 점령
5. 22~23	프레더릭스버그의 어빈 맥도웰Ervin McDowell 장군 군단을 방문
5. 23	프론트 로열Front Royal 전투
5. 24	수도 워싱턴이 위험하다고 판단되자 남부연맹 수도 리치먼드 공략을 취소하고 맥도웰 장군에게 셰넌도어 계곡에서 남부연맹의 토머스 잭슨 장군을 토벌하라고 명령
5. 30	코린스Corinth 점령
5. 31	세븐파인스Seven Pines(페어오크스Fair Oaks) 전투
6. 초	워싱턴의 폭서를 피해 가족을 백악관 서북쪽의 군인휴양소에 보냄
6. 9	포트 리퍼블릭Port Republic 전투
6. 2~ 7. 1	"7일 전투Seven Days Battle"

6. 26.	버지니아 군Army of Virginia 창설, 존 포프John Pope 장군을 사령관에 임명하고 포토맥 군을 버지니아 군에 배속시킴
7. 2.	태평양 철도법과 주립대학법 공포
7. 7~10	반도로 포토맥 군 사령부 방문
7. 23	할렉 장군을 총사령관general-in-chief에 임명
8. 3	포토맥 군 반도에서 철수
8. 28~30	제2차 머내서스 (불런) 전투, 연방군 패배
9. 12	존 포프 장군 해임, 버지니아 군을 매클렐런 장군의 포토맥 군에 배속시킴
9. 17	앤티텀Antietam 전투, 연방군이 승리
10. 3~4	코린스Corinth 점령
10. 8	페리빌Perryville 전투
10. 22	예비 노예해방선언Preliminary Emancipation Proclamation
10.	앤티텀 방문
11. 5	매클렐런 장군을 포토맥 군 사령관에서 해임, 후임에 앰브로즈 번사이드Ambrose Burnside 장군 임명
11.	포토맥 군 방문
1863. 1. 1(54세)	노예해방선언 발효
1. 25	포토맥 군의 번사이드 사령관을 조지프 후커Joseph Hooker 장군으로 경질
3.	그랜트가 무능하고 주벽이 심하다는 소문에 국방차관보 찰스 데이나를 파견해서 진상 조사 끝에 재신임
3. 11	야주 패스Yazoo Pass 원정, 펨버턴 요새Fort Pemberton에서 좌절
4. 4~10	포토맥 군 사령부 방문. 프레더릭스버그 전투 참관
5. 1~5.	챈슬러스빌Chansllorsville 전투, 연방군 패배
5. 7	팰머스Falmouth 방문, 후커 장군과 회담
5. 17	빅블랙 강Big Black River 전투
5. 18	빅스버그Vicksburg 포위 시작

6. 20	웨스트버지니아 주, 버지니아 주에서 분리되어 연방주에 편입
6. 28	남부의 리 장군이 펜실베이니아 주로 진격하자 포토맥 군 사령관 후커 장군을 조지 미드George Meade 장군으로 경질
7. 1~3.	게티즈버그Gettysburg 전투에서 연방군 승리
7. 4	빅스버그Vicksburg 점령
7. 13~15	뉴욕 시 징병제 반대 소요 사태
9. 19~20	연방군 치카모가Chickamauga 전투에서 패배 반란군이 채터누가Chattanooga에서 연방군을 포위 공격하고 있을 때, 링컨은 그랜트를 서부 총사령관에 임명하고 컴벌랜드 군Army of Cumberland 사령관 로즈크랜스Rosecrans 장군을 조지 토머스George Thomas 장군으로 경질
11. 19	게티즈버그 연설
11. 23~25	채터누가 전투, 연방군 승리
12. 8	종전 후의 국가재건계획과 대사면계획 발표
1864. 3. 12(55세)	그랜트를 연방군 총사령관general-in-chief에 임명 할렉을 총참모장chief of staff에 임명 셔먼 장군을 그랜트 후임의 서부 총사령관에 임명 그랜트는 워싱턴이 아닌 포토맥 사령부 현지에 부임한 후 미드 장군을 포토맥 군 사령관으로 유임시킴
5. 5~6	윌더니스Wildeness 전투
5. 8	스팟실바니아Spotsylvania 전투
6. 1	콜드하버Cold Harbor 전투
6. 8	차기 대통령 후보로 재추대
6. 18	피터즈버그Petersburg 포위 시작
6. 20	피터즈버그 전장 방문
7. 9	모노케이시Monocacy 전투
7. 11~12	워싱턴 인근의 스티븐스 요새Fort Stevens 방문
8. 23	링컨, 차기 대통령 선거에서 자신이 패배할지도 모른다는 내용의 개인 메모 작성

9. 2	애틀랜타Atlanta 점령
10. 19	시다 크리크Cedar Creek 전투, 세리단 장군, 셰난도어 계곡에서 남부연맹군에게 완승
11. 8	민주당 후보 매클렐런을 물리치고 연임에 성공
12. 21	사반나Savannah 점령
1865. 2. 3(56세)	햄턴 로즈Hampton Roads에서 남부의 특사들과 만나 협상
3. 4	연임 선서
3. 27~28	피터즈버그Petersburg 전선 방문
3. 25	스테드먼 요새Fort Stedman 전투
3. 31	딘위디Dinwiddie 전투
4. 1	파이브 포크스Five Forks 전투
4. 3	피터즈버그와 리치먼드 점령
4. 3	피터즈버그 방문
4. 4	리치먼드 방문
4. 9	애포매톡스Appomattox에서 리 장군 항복
4. 14	워싱턴 포드 극장에서 연극배우 존 윌크스 부스에게 피격
4. 15	사망
4. 19	워싱턴에서 장례식 거행 후 링컨의 유해는 특별열차편으로 여러 도시를 들러 연도 시민의 조문을 받고 고향 일리노이 주 스프링필드로 운구
5. 4	스프링필드 근교 오크리지Oak Ridge 묘지에 묻힘

주(Notes)

A Note on Sources and Citations

Most of the citations to primary source materials are found in *The Law Practice of Abraham Lincoln: Complete Documentary Edition*, a three-DVD set published in 2000 by the University of Illinois Press. Thanks to the generosity of the Oliver Cromwell Nelson Foundation, every American Bar Association-accredited law school has a copy of this edition.

Every document in the Complete Documentary Edition database has a unique identifier. These documents are organized by case files, which also have unique identifiers. I have provided these identifiers when I have cited these materials, using this basic format:

Document name, date [document identifier], name of case file [case file identifier].

By using these identifiers, a researcher may directly access any document or case file that I have cited. I have tried to use the same terminology that editors of this edition have used for the names of the documents I have cited. I have substituted "judgment" for "order" when the court's action disposed of the case before it.

Court opinions published in reporters such as the *Illinois Reports* are also cited extensively. For these materials (and everything else I've cited) I have followed *The Bluebook: A Uniform System of Citation*(17th ed. 2000). These citations follow this basic format:

Style of case, volume of reporter • official reporter abbreviation (volume and nominative reporter abbreviation) • page case begins, specific page reference (year of decision).

A nominative reporter is name of the actual court reporter. For example, the volumes of *Illinois Reports* produced by Charles Gilman will have his name abbreviated as "Gilm." in the first parenthetical. The other two reporters for this period are Scammon ("Scam.") and Breese ("Breese").

Introduction

1. Fragment: Notes for a Law Lecture, 10 COLLECTED WORKS OF ABRAHAM LINCOLN 20 (Roy P. Basler ed., 1953-1990) (hereinafter "CW"). The notes are not dated. They first appeared in an 1894 edition of his complete works edited by his former presidential secretaries, John G. Nicolay and John Hay, who gave them a tentative date of July 1850. 1 ABRAHAM LINCOLN: COMPLETE WORKS 162 (John G. Nicolay & John Hay, eds., New York: Century Co. 1894). Roy Basler, the editor of Collected Works, retained that date in the absence of any evidence to the contrary. Notes for a Law Lecture, CW 2:82. The editors of The Law Practice of Abraham Lincoln: Complete Documentary Edition suggest that the notes may have been related to a request to lecture at Ohio State and Union Law College in Cleveland that Lincoln received in 1858. Description, Lincoln prepared lecture on law [N05375], THE LAW PRACTICE OF ABRAHAM LINCOLN: COMPLETE DOCUMENTARY EDITION(Martha L. Benner & Cullum Davis eds., 2000) (hereinafter "LPAL"); M. A. King to AL (Nov. 15, 1858), available at Abraham Lincoln Papers at the Library of Congress, <memory.loc.gov/ammem/alhtml/malhome.html>, Select: Search by Keyword, Enter: King 1858, Select: Item 1.

1: Lawyer Lincoln in American Memory

1. Randall Sanborn, *Who's Most Admired Lawyer ?*, NAT'L LAW J., Aug. 9, 1993, at 24.
2. The entries on Lincoln's law practice in Mark E. Neely, Jr.'s comprehensive The Abraham Lincoln Encyclopedia are instructive. *See* MARK E. NEELY, JR., THE ABRAHAM LINCOLN ENCYCLOPEDIA 179-80 (Law

Practice), 8 (William "Duff" Armstrong), 96 (Effie Afton Case), 202 (McCormick v Manny & Company), 204 (McLean County Tax Case), 207-8(Matson Slave Case)(1982).

3. The Armstrong murder trial also forms the basis of the movie Young Mr. Lincoln(1939). See Norman Rosenberg, Young Mr. Lincoln: The Lawyer as Super-Hero, 15 Legal Stud. Forum 215, 219-20 (1991).

4. See, e.g., 2 ALBERT J. BEVERIDGE, ABRAHAM LINCOLN, 1809-1858, at 561-71 (1928).

5. See generally Anthony Chase, Lawyers and Popular Culture: A Review of Mass Media Portrayals of American Attorneys, 1986 AM. BAR. FOUND. RES. J. 281, 282-84.

6. See, e.g., HAROLD M. HYMAN, A Man Out Of Manuscripts: Edward M. Stanton At The Mccormick Reaper Trial, 12 MANUSCRIPTS 35 (1960); WILLIAM LEE MILLER, LINCOLN'S VIRTUES: AN ETHICAL BIOGRAPHY 410-18 (2002).

7. BENJAMIN P. THOMAS, ABRAHAM LINCOLN: A BIOGRAPHY 157 (1952).

8. The Effie Afton Case, ILLINOIS DAILY J. (Sept. 28, 1857)[126184], Hurd v. Rock Island Bridge Co. [L02289] case file, LPAL.

9. On the Lincoln image, see generally MERRILL D. PETERSON, LINCOLN IN AMERICAN MEMORY (1994).

10. STEPHEN B. OATES, WITH MALICE TOWARD NONE: THE LIFE OF ABRAHAM LINCOLN xv (1977).

11. ROY P. BASLER, THE LINCOLN LEGEND: A STUDY IN CHANGING CONCEPTIONS 130-31 (1935); DAVID HERBERT DONALD, LINCOLN RECONSIDERED: ESSAYS ON THE CIVIL WAR ERA 148 (2D ED. 1961); DAVID M. POTTER, THE SOUTH AND THE SECTIONAL CONFLICT 154-55 (1968).

12. DON E. FEHRENBACHER, LINCOLN IN TEXT AND CONTEXT: COLLECTED ESSAYS 181-83 (1987).

13. JAMES WILLARD HURST, THE GROWTH OF AMERICAN LAW: THE LAW MAKERS 252 (1950).

14. Robert C. Post, On the Popular Image of the Lawyer: Reflections in a Dark Glass, 75 CAL. L. REV. 379, 386 (1987).

15. Maxwell Bloomfield, Law and Lawyers in American Popular Culture, in LAW AND AMERICAN LITERATURE: A COLLECTION OF ESSAYS 138-39 (Carl S. Smith et al. eds., 1983); see also Donald G. Baker, The Lawyer in Popular Fiction, 3 J. POPULAR CULTURE 493 (1969).

16. Newspaper Reports [65588], Hurd v. Rock Island Bridge Co.[L02289], Trial Transcript, Aug. Term 1859 [123180], People v. Harrison[L04306] case file, LPAL; Robert Bray, The P. Quinn Harrison Murder Trial, 99 LINCOLN HERALD 59 (Summer 1997).

17. Charles B. Strozier, The Lives of William Herndon, 14 J. ABRAHAM LINCOLN ASS'N 1 (1993); DOUGLAS L. WILSON, LINCOLN BEFORE WASHINGTON: NEW PERSPECTIVES ON THE ILLINOIS YEARS 21-50 (1997).

18. POTTER, THE SOUTH AND THE SECTIONAL CONFLICT at 163; see also Louis A. Warren, Herndon's Contribution to Lincoln Mythology, 41 IND. MAG. HIST. 221 (1945).

19. JOHN P. FRANK, LINCOLN AS A LAWYER 15 (1961).

20. DONALD, LINCOLN RECONSIDERED at 154; DAVID HERBERT DAVIS, LINCOLN'S HERNDON: A BIOGRAPHY 170-71 (1948); POTTER, THE SOUTH AND THE SECTIONAL CONFLICT at 162-64.

21. HERNDON'S LIFE OF LINCOLN: THE HISTORY AND PERSONAL RECOLLECTIONS OF ABRAHAM LINCOLNAS ORIGINALLY WRITTEN BY WILLIAM H. HERNDON AND JESSE W. WEIK 261-93 (Paul M. Angle ed., 1961)(1888)(hereinafter "HERNDON'S LINCOLN").

22. DAVID HERBERT DONALD, "WE ARE LINCOLN MEN": ABRAHAM LINCOLN AND HIS FRIENDS 71 (2003).

23. HERNDON'S LINCOLN at 276; Cullom Davis, Law and Politics: The Two Careers of Abraham Lincoln, 17 QUARTERLY J. IDEOLOGY 61 (June 1994); Abraham Lincoln (hereinafter "AL") to David Davis (Feb. 12, 1849), CW 10:12; Thomas F. Schwartz, An Egregious Political Blunder: Justin Butterfield, Lincoln, and Illinois Whiggery, 7 PAPERS OF THE ABRAHAM LINCOLN ASS'N 9 (1986).

24. THE HIDDEN LINCOLN: FROM THE LETTERS AND PAPERS OF WILLIAM H. HERNDON 427-28 (Emanuel Hertz ed., 1940); HERNDON'S LINCOLN at 270-71, 263.

25. See, e.g., AL to Joshua F. Speed (Dec. 12, 1855), CW 2:328.

26. John A. Lupton, Abraham Lincoln and His Informal Partners on the Eighth Judicial Circuit, in PAPERS FROM THE THIRTEENTH AND FOURTEENTH ANNUAL LINCOLN COLLOQUIA 97 (n.d.).

27. PAUL M. ANGLE, A SHELF OF LINCOLN BOOKS 80 (1946).

28. HENRY CLAY WHITNEY, LIFE ON THE CIRCUIT WITH LINCOLN 53, 63-64 (1940)(1892); Lupton, Abraham Lincoln and His Informal Partners on the Eighth Judicial Circuit, in PAPERS FROM THE THIRTEENTH AND FOURTEENTH ANNUAL LINCOLN COLLOQUIA AT 97; NEELY, ABRAHAM LINCOLN ENCYCLOPEDIA at 335.

29. NEELY, ABRAHAM LINCOLN ENCYCLOPEDIA at 96; Benjamin P. Thomas, The Eighth Judicial Circuit, BULL. ABRAHAM LINCOLN ASS'N (Sept. 1935); 2 BEVERIDGE, ABRAHAM LINCOLN 1809-1858, AT 219, 211, 215 WILLARD L. KING, LINCOLN'S MANAGER, DAVID DAVIS 71-98 (1960); idem, Riding the Circuit with Lincoln, 6 AM.

HERITAGE 48 (Feb. 1955).

30. WHITNEY, LIFE ON THE CIRCUIT WITH LINCOLN at 237-38, 233, 241, 123-24.

31. See, e.g., 1 JOHN G. NICOLAY & JOHN HAY, ABRAHAM LINCOLN: A HISTORY 167-85, 298-309 (1909).

32. BLOOMFIELD, LAW AND LAWYERS IN AMERICAN POPULAR CULTURE at 135-38.

33. On Lincoln's campaign biographies, see Ernest James Wessen, *Campaign Lives of Abraham Lincoln, 1860,* PAPERS IN ILLINOIS HISTORY AND TRANSACTIONS FOR THE YEAR 1937, at 188-220 (1938).

34. G. S. Boritt, *Was Lincoln a Vulnerable Candidate in 1860 ?,* 27 CIVIL WAR HIST. 32, 33(1981).

35. J. H. BARRETT, LIFE OF ABRAHAM LINCOLN 63-66 (Indianapolis, Asher & Co. 1860); D. W. BARTLETT, THE LIFE AND PUBLIC SERVICES OF HON. ABRAHAM LINCOLN 110-15 (Indianapolis, Asher & Co. 1860); J. Q. HOWARD, THE LIFE OF ABRAHAM LINCOLN 18-22 (Cincinnati, Anderson, Gates and Wright 1860); W. D. HOWELLS, LIFE OF ABRAHAM LINCOLN 35-36 (1938)(1860); HENRY J. RAYMOND, HISTORY OF THE ADMINISTRATION OF PRESIDENT LINCOLN 19-22 (New York, J. C. Derby & N. C. Miller 1864); WELLS' ILLUSTRATED NATIONAL CAMPAIGN HAND-BOOK FOR 1860, at 58-62 (New York, J. G. Wells 1860).

36. RICHARD HOFSTADTER, THE AMERICAN POLITICAL TRADITION 119 (1948).

37. LIFE OF ABE LINCOLN, OF ILLINOIS 7 (Printed for the Publishers, 1860).

38. THE ONLY AUTHENTIC LIFE OF ABRAHAM LINCOLN, ALIAS "OLD ABE."(American News Co. n.d.).

39. NEELY, ABRAHAM LINCOLN ENCYCLOPEDIA at 149; J. G. HOLLAND, LIFE OF ABRAHAM LINCOLN 77-78 (Springfield, Mass., G. Bill 1866).

40. HOLLAND, LIFE OF ABRAHAM LINCOLN at 80, 126.

41. BASLER, THE LINCOLN LEGEND at 13-14.

42. 1 NICOLAY & HAY, ABRAHAM LINCOLN at 304-5.

43. BENJAMIN J. SHIPMAN, HANDBOOK OF COMMON-LAW PLEADING 277 (1923).

44. See, e.g., Demurrer, filed Mar. Term 1859 [6849], Allen v. Illinois Central R.R. [L00663] case file, LPAL.

45. EDMUND WILSON, PATRIOTIC GORE 115 (1962)(reprt. 1987); BASLER, THE LINCOLN LEGEND at 25.

46. CARL SANDBURG, *The Lawyers Know Too Much, in* COMPLETE WORKS 189 (1950).

47. 2 CARL SANDBURG, ABRAHAM LINCOLN: THE PRAIRIE YEARS 53-57, 47-48, 60, 42 (1926).

48. NEELY, ABRAHAM LINCOLN ENCYCLOPEDIA at 24; PETERSON, LINCOLN IN AMERICAN MEMORY at 278-82; Beveridge *quoted in* John J. DUFF, A. LINCOLN: PRAIRIE LAWYER 141 (1960).

49. 2 BEVERIDGE, ABRAHAM LINCOLN 1809-1858, at 275, 250-52.

50. *Id.* at 255-310.

51. See Mark E. Neely, Jr., *The Lincoln Theme Since Randall's Call: The Promises and Perils of Professionalism,* 1 ABRAHAM LINCOLN ASS'N PAPERS 10, 10 (1979); PETERSON, LINCOLN IN AMERICAN MEMORY at 298-310; JOHN HIGHAM, HISTORY: PROFESSIONAL SCHOLARSHIP IN AMERICA 68-76 (1989).

52. NEELY, ABRAHAM LINCOLN ENCYCLOPEDIA at 308; Benjamin P. Thomas, *Lincoln and the Courts, 1854-1861,* ABRAHAM LINCOLN ASS'N PAPERS (1933); *idem, The Eighth Judicial Circuit,* BULL. ABRAHAM LINCOLN ASS'N (Sept. 1935); Benjamin P. Thomas, *Lincoln's Earlier Practice in the Federal Courts,* BULL. ABRAHAM LINCOLN ASS'N (June 1935); Benjamin P. Thomas, *Abe Lincoln, Country Lawyer,* 193 ATLANTIC MONTHLY 57 (Feb. 1954).

53. THOMAS, ABRAHAM LINCOLN at 21, 66-67.

54. *Id.* at 94, 92, 155-56.

55. *Id.* at 410.

56. OATES, WITH MALICE TOWARD NONE at 112-13, 106, 109-10.

57. *Id.* at 113-14.

58. Cullon Davis, *Crucible of Statesmanship: The Law Practice of Abraham Lincoln,* 6 TAMKANG J. AM. STUD. at 5(1988); Harold M. Hyman, *Neither Image Breaker Nor Broker Be,* 6 REV. AM. HIST. 73, 77 (Mar. 1978).

59. Robert W. Gordon, *The Devil and Daniel Webster,* 94 YALE L.J. 445, 445-46 (1986) Lyman Butterfield. *quoted in* R. Kent Newmeyer, *Daniel Webster and the Modernization of American Law,* 32 BUFFALO L. REV. 819, 819 (1983).

60. DONALD, LINCOLN'S HERNDON at 34-35; see also Benjamin Barondess, *The Adventure of the Missing Briefs,* 8 MANUSCRIPTS 20 (1955).

61. J. G. RANDALL, *Has the Lincoln Theme Been Exhausted ?,* 41 AM. HIST. REV. 270, 272 (1936); see also Robert W. Johannsen, *In Search of the Real Lincoln, Or Lincoln at the Crossroads,* 61 J. ILL. ST. HIST. SOC'Y 229 (1968).

62. Mark E. Neely, Jr., *The Lincoln Theme Since Randall's Call: The Promises and Perils of Professionalism,* 1 PAPERS OF THE ABRAHAM LINCOLN ASS'N 10, 29-30 (1979).

63. MARK E. NEELY, JR., THE LAST BEST HOPE: ABRAHAM LINCOLN AND THE PROMISE OF AMERICA 34 (1993); Ronald D. Rietveld, Review Essay: Mark E. Neely, Jr., The Last Best Hope: Abraham Lincoln and the Promise of America, 18 J. ABRAHAM LINCOLN ASS'N 17 (1997).

64. See, e.g., William D. Beard, Dalby Revisited: A New Look at Lincoln's "Most Far-reaching Case" in the Illinois Supreme Court, 20 J. ABRAHAM LINCOLN ASS'N 1 (Summer 1999); William D. Beard, "I have labored hard to find the law": Abraham Lincoln for the Alton and Sangamon Railroad, 85 ILL. HIST. J. 209 (Winter 1992); Robert Bray, The P. Quinn Harrison Murder Trial, 99 LINCOLN HERALD 57 (Summer 1999); Cullom Davis, Law and Politics: The Two Careers of Abraham Lincoln, 17 QUARTERLY J. IDEOLOGY 61 (June 1994); Susan Krause, Abraham Lincoln and Joshua Speed, Attorney and Client, 89 ILL. HIST. J. 35 (Spring 1996); John A. Lupton, A. Lincoln, Esq.: The Evolution of a Lawyer, in ALLEN D. SPIEGEL, A. LINCOLN, ESQUIRE: A SHREWD, SOPHISTICATED LAWYER IN HIS TIME 18 (2002); John A. Lupton, Abraham Lincoln and His Informal Partners on the Eighth Judicial Circuit, in PAPERS FROM THE THIRTEENTH AND FOURTEENTH ANNUAL LINCOLN COLLOQUIA 96-99 (n.d.); John A. Lupton, Basement Barrister: Abraham Lincoln's Practice Before the Illinois Supreme Court, 101 LINCOLN HERALD 47 (Summer 1999); John A. Lupton, Selected Cases of A. Lincoln, Esq., Attorney and Counsellor-at-Law, in AMERICA'S LAWYER-PRESIDENTS: FROM LAW OFFICE TO OVAL OFFICE 159-67 (Norman Gross, ed., 2004); Christopher A. Schnell, At the Bar and on the Stump: Douglas and Lincoln's Legal Relationship, in PAPERS FROM THE THIRTEENTH AND FOURTEENTH ANNUAL LINCOLN COLLOQUIA 99-106 (n.d.); Paul H. Verduin, A New Lincoln Discovery: Rebecca Thomas, His 'Revolutionary War Widow,' 98 LINCOLN HERALD 3 (Spring 1996).

65. IN TENDER CONSIDERATION: WOMEN, FAMILIES, AND THE LAW IN ABRAHAM LINCOLN'S ILLINOIS (Daniel W. Stowell, ed. 2002).

66. DAVID HERBERT DONALD, LINCOLN 16, 620, 148, 72 (1995).

67. WILLIAM E. GIENAPP, ABRAHAM LINCOLN AND CIVIL WAR AMERICA: A BIOGRAPHY 26, 44-45 (2002).

68. DOUGLAS L. WILSON, LINCOLN BEFORE WASHINGTON: NEW PERSPECTIVES ON THE ILLINOIS YEARS 21-50 (1997); DOUGLAS L. WILSON, HONOR'S VOICE: THE TRANSFORMATION OF ABRAHAM LINCOLN (1998).

69. WILSON, HONOR'S VOICE at 100-08, 316.

70. See, e.g., Kelly Anderson, Lincoln the Lawyer, 58 OR. ST. BAR BULL. 13 (Feb./Mar. 1998); Marvin R. Halbert, Lincoln Was a Lawyer First, Politician Second, PA. L. J.-REP., Oct. 14, 1985, at 10; Steve Jordan, Abe Lincoln Was Good for the Legal Profession, 23 MONT. LAW. 16 (Oct. 1997); Martin Joseph Keenan, Lincoln's Forgotten Profession, 58 J. KAN. B. ASS'N 27 (Apr. 1989)

71. NIGHTLINE: WHY DO AMERICANS HATE LAWYERS SO MUCH ? (ABC television broadcast, Aug. 4, 1993), available in LEXIS, Nexis Library.

72. DONALD, LINCOLN RECONSIDERED 3-18 (1961).

73. Sterling v. City of Philadelphia, 378 Pa. 538, 106 A.2d 793, 804 n.5 (1954)(Musmanno, J., dissenting).

74. Frank J. Williams, Lincolniana in 1992, 14 J. ABRAHAM LINCOLN ASS'N 47, 66 (Summer 1993).

75. Jerome J. Shestack, Abe Lincoln as a Lawyer, 68 FLA. BAR. J. 78 (Apr. 1994); Jerome J. Shestack, Abe Lincolnr, Lawyer, 18 PA. L. 25 (Jan./Feb. 1996); Jerome J. Shestack, Even today, Abraham Lincoln has a lesson for lawyers, 140 CHICAGO DAILY LAW BULL. 6 (Feb. 11, 1994); Jerome J. Shestack, The Lawyer as Peacemaker and Good Man, 16 LEGAL TIMES 31 (Feb. 21, 1994); Jerome J. Shestack, Abe Lincoln as a Circuit Lawyer, 58 KY. BENCH & BAR 20 (Spring 1994).

76. Shestack, Abe Lincoln as a Circuit Lawyer, 58 KY. BENCH & BAR at 22.

77. Fragment: Notes for a Law Lecture, CW 10:19. A search in the JLR database on Westlaw found seventy-nine articles that quoted this portion of Lincoln's "law lecture."

78. David Luban, The Lysistratian Prerogative: A Response to Stephen Pepper, 1986 AM. B. FOUND. RES. J. 637 (quoting 2 WILLIAM H. HERNDON & JESSE WEIK, HERNDON'S LINCOLN 345n. [Chicago: Belford, Clarke & Co., 1899]), 638.

79. DON E. FEHRENBACHER & VIRGINIA FEHRENBACHER, RECOLLECTED WORDS OF ABRAHAM LINCOLN 305 (1996). Lord's original statement is reprinted in HERNDON'S INFORMANTS: LETTERS, INTERVIEWS, AND STATEMENTS ABOUT LINCOLN 469 (Douglas L. Wilson & Rodney O. Davis, eds. 1998).

80. Edward J. Fox, The Influence of the Law in the Life of Abraham Lincoln, in REPORT OF THE THIRTY-FIRST ANNUAL MEETING OF THE PENNSYLVANIA BAR ASSOCIATION 350 (1925).

81. Julius E. Haycraft, Lincoln as a Lawyer-Statesman, 12 MINN. L. REV. (Supp.) 100 (1927).

82. Jesse K. Dunn, Lincoln, the Lawyer, 4 OKLA. L.J. 249, 260 (1906); see also George R. Peck, Abraham Lincoln as a Lawyer, REPORT OF THE ANNUAL MEETING OF THE WISCONSIN STATE BAR ASS'N HELD IN THE CITY OF MADISON, FEBRUARY 12 AND 13 1900, at 112; Omar C. Spencer, Abraham Lincoln, The Lawyer, THIRTY

SIXTH ANNUAL CONVENTION REPORT OF THE PROCEEDINGS OF THE WASHINGTON STATE BAR ASS'N 113, 140 (1924).

83. *See, e.g.,* Charles W. Moores, *The Career of a Country Lawyer —Abraham Lincoln, in* REPORT OF THE THIRTY-THIRD ANNUAL MEETING OF THE AMERICAN BAR ASSOCIATION 440-73 (1910).

84. JEROLD AUERBACH, UNEQUAL JUSTICE: LAWYERS AND SOCIAL CHANGE IN MODERN AMERICA 15-16 (1976). On the legal profession at the turn of the century, *see generally* THE NEW HIGH PRIESTS: LAWYERS IN POST-CIVIL WAR AMERICA (Gerald Gawalt ed., 1984).

85. AUERBACH, UNEQUAL JUSTICE at 15-16.

86. *See, e.g.,* Kelly Anderson, *Lincoln the Lawyer,* 58 OR. ST. BAR BULL. 13; Halbert, *Lincoln Was a Lawyer First, Politician Second,* PA. L. J.-REP. at 10; Jordan, *Abe Lincoln Was Good for the Legal Profession,* 23 MONT. LAW. 16; Keenan, *Lincoln's Forgotten Profession,* 58 J. KAN. B. ASS'N 27.

87. FREDERICK T. HILL, LINCOLN THE LAWYER vx (1906); JOHN T. RICHARDS, ABRAHAM LINCOLN: THE LAWYER-STATESMAN 43 (1916); ALBERT A. WOLDMAN, LAWYER LINCOLN v (1936); DUFF, A. LINCOLN: PRAIRIE LAWYER at v; FRANK, LINCOLN AS A LAWYER at 4-5.

88. WOLDMAN, LAWYER LINCOLN at v; RICHARDS, ABRAHAM LINCOLN at 91; HILL, LINCOLN THE LAWYER at 300, 205.

89. 9 DICTIONARY OF AMERICAN BIOGRAPHY 30-31 (Dumas Malone ed., 1935).

90. HILL, LINCOLN THE LAWYER at 120-21, 240-41, 31-33.

91. *Id.* at 208, 109-10, 209-10.

92. RICHARDS, ABRAHAM LINCOLN at 90-91, v-vi, 92, 118-19, 145, 147-48.

93. WOLDMAN, LAWYER LINCOLN at v.

94. *Id.* at v, 142-43, 197, 186-87.

95. *Id.* at 184.

96. *Id.* at 4, 237, 136, 3, 2.

97. Arnold Gates, *John J. Duff, 1902-1961,* 54 J. ILL. STATE. HIST. SOC'Y 419 (1961).

98. DUFF, A. LINCOLN: PRAIRIE LAWYER at 144-46, 109, 345.

99. *Id.* at 345, 368-69.

100. John J. Duff, *This Was a Lawyer,* 52 J. ILL. ST. HIST. SOC'Y 146 (1959).

101. William Eleroy Curtis, *Abraham Lincoln, in* 5 GREAT AMERICAN LAWYERS 498 (William Draper Lewis, ed. 1908).

102. *Id.* at 125-26, 140-41; *see also* Alan T. Nolan, *Lawyer Lincoln —Myth and Fact,* 16 HARV. L. SCHOOL BULL. 9, 22 (Nov. 1964).

103. David Luban, *The Adversary System Excuse, in* THE GOOD LAWYER: LAWYERS' ROLES AND LAWYERS' ETHICS 84 (David Luban ed., 1983); *see also* Thomas L. Shaffer, *The Unique, Novel, and Unsound Adversary Ethic,* 41 VAND. L. REV. 697, 697 (1988).

104. John P. Frank, *Review,* 63 YALE L.J. 579, 579 (1954).

105. Willard King, *Review,* 55 J. ILL. ST. HIST. SOC'Y 96-99 (1962); *Review,* 6 AM. J. LEGAL HIST. 86 (1962).

106. FRANK, LINCOLN AS A LAWYER at v, 171, 52, 51, 191-92.

107. *Id.* at 143-44, 153, 172.

2: The Education of a Whig Lawyer

1. Remarks in United States House of Representatives Concerning Postal Contracts (Jan. 5, 1848), CW 1:426.

2. Allan G. Bogue et al., *Members of the House of Representatives and the Processes of Modernization, 1789-1960,* 63 J. AM. HIST. 275, 284 (1976); Donald R. Matthews, *United States Senators and the Class Structure,* 18 PUBLIC OPINION Q. 5, 13-18 (1954).

3. GLENN C. ALTSCHULER & STUART M. BLUMIN, RUDE REPUBLIC: AMERICANS AND THEIR POLITICS IN THE NINETEENTH CENTURY 97-105 (2000); 1 ALEXIS DE TOCQUEVILLE, DEMOCRACY IN AMERICA 280 (P. Bradley ed., H. Reeve trans. 1980) (1835); 2 ANTHONY TROLLOPE, NORTH AMERICA 265-66 (1968) (1862).

4. *See generally* Robert Gordon, *The Devil and Daniel Webster,* 94 YALE L.J. 445 (1984); JAMES WICE GORDON, LAWYERS IN POLITICS: MID-NINETEENTH CENTURY KENTUCKY AS A CASE STUDY 112-13 (1981)(Ph.D. dissertation University of Kentucky).

5. JAMES C. CONKLING, RECOLLECTIONS OF THE BENCH AND BAR OF CENTRAL ILLINOIS IN CHICAGO BAR

ASSOCIATION LECTURES 38 (Chicago, Fergus Printing 1882).

6. Frank E. Stevens, ed., *Autobiography of Stephen A. Douglas*, 5 ILL. ST. HIST. SOC'Y J. 330, 336 (1912); *see also* Christopher A. Schnell, *At the Bar and on the Stump: Douglas and Lincoln's Legal Relationship*, in PAPERS FROM THE THIRTEENTH AND FOURTEENTH ANNUAL LINCOLN COLLOQUIA 100 1 (n.d.).

7. CONKLING, RECOLLECTIONS OF THE BENCH AND BAR at 38.

8. *The American Bar*, 28 U. S. MAG. & DEM. REV. 195, 199 (1851).

9. HERNDON'S LINCOLN at 276; *see also* HOFSTADTER, THE AMERICAN POLITICAL TRADITION at 121.

10. JASON DUNCAN TO WILLIAM H. HERNDON (LATE 1866-EARLY 1867), in HERNDON'S INFORMANTS: LETTERS, INTERVIEWS, AN STATEMENTS ABOUT LINCOLN at 540.

11. *Id.* at 170.

12. Bond for Title, dated Nov. 12, 1831 [N04996], Bill of Sale for Alexander Ferguson, dated Jan. 25, 1832 [N04998]; Summons, dated May 23, 1833, *Alley v. Duncan*[L05903] case file; Deed between Jesse Baker and wife Christina and James Eastep, dated July 26, 1833 [N05025]; Deed between James Cox and wife Nancy and Matthew Marsh and J. L. Clark, filed May 22, 1834 [N05270]; Deed between Isaac Colson and wife Jane and Matthew Young, dated Mar. 22, 1834 [N05230], LPAL.

13. Autobiography written for John L. Scripps, CW 4:65.

14. WILSON, HONOR'S VOICE 86-108; DEBORAH HAINES, CITY DOCTOR, CITY LAWYER: THE LEARNED PROFESSIONS IN FRONTIER CHICAGO, 1833-1860, at 109-10 (1986) (Ph.D. dissertation University of Chicago). HERBERT ERSHKOWITZ, THE ORIGIN OF THE WHIG AND DEMOCRATIC PARTIES: NEW JERSEY POLITICS, 1820-1837, at 8 (1982).

15. MAXWELL BLOOMFIELD, AMERICAN LAWYERS IN A CHANGING SOCIETY, 1776-1876, at 142-44 (1976).

16. JOHN W. PITTS, ELEVEN NUMBERS AGAINST LAWYER LEGISLATION AND FEES AT THE BAR, WRITTEN AND PRINTED EXPRESSLY FOR THE BENEFIT OF THE PEOPLE 11-13, 42 (n. p. 1843).

17. Frederick Robinson, *A Program for Labor*, reprinted in SOCIAL THEORIES OF JACKSONIAN DEMOCRACY 330-32 (Joseph Blau ed., 1954).

18. *Quoted in* Thomas M. Green & William D. Pederson, *The Behavior of Lawyer-Presidents*, 15 PRES. STUD. Q. 343, 351 n.11 (1985).

19. Speech on the Appointment of Federal Clerks (May 31, 1848), *reprinted in* PAPERS OF ANDREW JOHNSON 433 (Leroy P. Graf & Ralph W. Haskins eds., 1967).

20. Fragment: Notes for a Law Lecture, CW 10:20.

21. *The Election*, CHICAGO WEEKLY DEMOCRAT, Apr. 27, 1847 at 2; *see also* HAINES, CITY DOCTOR, CITY LAWYER: THE LEARNED PROFESSIONS IN FRONTIER CHICAGO, 1833-1860, at 218.

22. Maxwell Bloomfield, *Law vs. Politics: The Self-Image of the American Bar* (1830-1860), 12 AM. J. LEGAL HIST. 306 (1968).

23. GEORGE W. ROBERTSON, SCRAP BOOK ON LAW AND POLITICS, MEN AND TIMES 241 (Lexington, A. W. Elder 1855); AL to George Robertson (Aug. 15, 1855), CW 2:317-19.

24. Timothy Walker, *Ways and Means of Professional Success: Being the Substance of a Valedictory Address to the Graduates of the Law Class, in the Cincinnati College*, 1 West. L.J. 543, 545-46 (1844). This was an 1839 address.

25. 1 TOCQUEVILLE, DEMOCRACY IN AMERICA at 280.

26. Cullom Davis, *Abraham Lincoln, Esq.: The Symbiosis of Law and Politics*, in ABRAHAM LINCOLN AND THE POLITICAL PROCESS: PAPERS FROM THE SEVENTH ANNUAL LINCOLN COLLOQUIUM (1992).

27. OLIVIER FRAYSSÉ, LINCOLN, LAND, AND LABOR, 1809-60, at 90 (Sylvia Neely trans. 1994).

28. Mark W. Granfors & Terence C. Halliday, *Professional Passages: Caste, Class and Education in the 19th Century Legal Profession*, Table 1 (Educational pattern by date of bar admission) (American Bar Foundation Working Paper 1987).

29. GORDON, LAWYERS IN POLITICS: MID-NINETEENTH CENTURY KENTUCKY AS A CASE STUDY at 155-56.

30. *But see* Harry E. Pratt, *The Genesis of Lincoln the Lawyer*, BULL. ABRAHAM LINCOLN ASS'N 3, 6 (Sept. 1939)(lawyers in Sangamon County in the 1830s lacked formal education).

31. PAUL M. ANGLE, ONE HUNDRED YEARS OF LAW: AN ACCOUNT OF THE LAW OFFICE WHICH JOHN T. STUART FOUNDED IN SPRINGFIELD, ILLINOIS, A CENTURY AGO 7-8 (1928); R. Gerald McMurtry, *Centre College, John Todd Stuart and Abraham Lincoln*, 33 FILSON CLUB HIST. Q. 117 (1959); MEMORIALS OF THE LIFE AND CHARACTER OF STEPHEN T. LOGAN 5 (Springfield, Ill., H. W. Rokker 1882); Thomas, *Lincoln and the Courts 1854-1861*, ABRAHAM LINCOLN ASS'N. PAPERS at 68 (Logan); DONALD, LINCOLN'S HERNDON at 9-14, 17-18; KING, LINCOLN'S MANAGER, DAVID DAVIS at 11-18; MAURICE G. BAXTER, ORVILLE H. BROWNING: LINCOLN'S

FRIEND AND CRITIC 2-4 (1957); GAILLARD HUNT, ISRAEL, ELIHU AND CADWALLADER WASHBURNE 164-67 (1925); HARRY C. BLAIR & REBECCA TARSHIS, COLONEL EDWARD D. BAKER: LINCOLN'S CONSTANT ALLY 5 (1960); NEELY, ABRAHAM LINCOLN ENCYCLOPEDIA at 139 (Hardin); Jack Nortrup, The Education of a Western Lawyer, 12 AM. J. LEGAL HIST. 294, 294-301 (1968)(Yates); Pratt, The Genesis of Lincoln the Lawyer, BULL. ABRAHAM LINCOLN ASS'N at 3, 6 (Dummer); Harry L. Pratt, A Beginner On the Old Eighth Judicial Circuit, 44 J. ILL. ST. HIST. SOC'Y 241, 241 (1951)(Swett).

32. KING, LINCOLN'S MANAGER, DAVID DAVIS at 17; Cincinnati Law School, 1 W. L.J. 522 (1844); Law Schools: The Law Department of the Indiana University, at Bloomington, 1 W. L.J. 92 (1843).

33. Craig Evan Klafter, The Influence of Vocational Law Schools on the Origins of American Legal Thought, 1779-1829, 37 AM. J. LEGAL HIST. 307, 323, 328-29 (1993).

34. W. Hamilton Bryson & E. Lee Shepard, Note, The Winchester Law School, 1824-1831, 21 LAW & HIST. REV. 393, 400-2 (2003); Andrew M. Siegel, Note, "To Learn and Make Respectable Hereafter": The Litchfield Law School in Cultural Context, 73 N.Y.U. L. REV. 1978 (1998).

35. ALFRED ZANTZINGER REED, TRAINING FOR THE PUBLIC PROFESSION OF THE LAW 152 (1921).

36. A Chicago lawyer offered a series of law lectures in 1847. This introductory series was intended to cover such subjects as pleading, evidence, and "outlines of the law of nature and nations." This endeavor was apparently short-lived. HAINES, CITY DOCTOR, CITY LAWYER: THE LEARNED PROFESSIONS IN FRONTIER CHICAGO, at 347-48; ESTELLE FRANCIS WARD, THE STORY OF NORTHWESTERN UNIVERSITY 306 (1924). Another legal lecture series was offered in 1851-1852 by Judge D. V. Bell for his Commercial College, which had been founded to provide practical training for young men entering business. HAINES, CITY DOCTOR, CITY LAWYER: THE LEARNED PROFESSIONS IN FRONTIER CHICAGO, at 348-49. The first law school in Illinois was formed in 1859 by the old University of Chicago. Robert A. Sprecher, Admission to Practice Law in Illinois, 46 ILL. L. REV. (Nw. U.) 811, 839 (1952).

37. Josiah Quincy, An Address Delivered at the Dedication of the Dane Law College in Harvard University, October 23, 1832, in THE LEGAL MIND IN AMERICA FROM INDEPENDENCE TO THE CIVIL WAR 210-11 (Perry Miller ed., 1962); Joseph Story, Law Studies, 9 L. REP. 142, 142 (1846).

38. JOHN PENDLETON KENNEDY, SWALLOW BARN; OR, A SOJOURN IN THE OLD DOMINION 33 (Rev. ed. Philadelphia, J. B. Lippincott & Co. 1860).

39. Thomas W. Clerke, An Introductory Discourse, on the Study of the Law, Delivered Before the New York Law School, in the City Hall, in the City of New York, on the 23d. Nov. 1840, in RUDIMENTS OF AMERICAN LAW AND PRACTICE, ON THE PLAN OF BLACKSTONE; PREPARED FOR THE USE OF STUDENTS AT LAW, AND ADAPTED TO SCHOOLS AND COLLEGES XI(New York, Gould, Banks & Co. 1842).

40. Ann Fidler, "Till You Understand Them in Their Principal Features": Observations on Form and Function in Nineteenth-Century American Law Books, 92 PAPERS OF THE BIBLIOGRAPHICAL SOCIETY OF AMERICA 427, 435-37 (Dec. 1998).

41. HURST, THE GROWTH OF AMERICAN LAW at 256.

42. BELLAMY STORER, THE LEGAL PROFESSION: AN ADDRESS DELIVERED BEFORE THE LAW DEPARTMENT OF THE UNIVERSITY OF LOUISVILLE, KENTUCKY, FEBRUARY 20, 1856, at 10 (Cincinnati, C. Clark 1856).

43. Autobiography written for John L. Scripps, CW 4:65.

44. Quoted in HARRY E. PRATT, LINCOLN 1809-1839, at liv (1941).

45. JOSHUA FRY SPEED, REMINISCENCES OF ABRAHAM LINCOLN AND NOTES OF A VISIT TO CALIFORNIA: TWO LECTURES 20-21 (Louisville, John P. Morton 1884).

46. F. B. CARPENTER, SIX MONTHS AT THE WHITE HOUSE 313 (New York, Hurd & Houghton 1866). Carpenter reprints a supposed interview of Lincoln by J. P. Gulliver that appeared in 1864.

47. HERTZ, THE HIDDEN LINCOLN: FROM THE LETTERS AND PAPERS OF WILLIAM H. HERNDON at 402-3. Don and Virginia Fehrenbacher concluded that Gulliver's article is "an excellent early example of pretended reminiscence at work constructing the Lincoln myth." FEHRENBACHER & FEHRENBACHER, RECOLLECTED WORDS OF ABRAHAM LINCOLN at 189-90.

48. Will of Joshua Short (dated Aug. 22, 1836), CW 1:51.

49. A. Christopher Bryant, Reading the Law in the Office of Calvin Fletcher: The Apprenticeship System and the Practice of Law in Frontier Indiana, 1 NEV. L.J. 19, 22 (2001); Bryson & Shepard, Note, The Winchester Law School, 1824-1831, 21 LAW & HIST. REV. at 398.

50. AL to James T. Thornton (Dec. 2, 1858), CW 3:344.

51. AL to John M. Brockman (Sept. 25, 1860), CW 4:121.

52. JOSEPH STORY, COMMENTARIES ON EQUITY JURISPRUDENCE AS ADMINISTERED IN ENGLAND AND

AMERICA (Boston, Hilliard, Gray & Co. 1836).

53. The first American edition was JOSEPH CHITTY, A PRACTICAL TREATISE ON PLEADING; AND ON THE PARTIES TO ACTIONS, AND THE FORMS OF ACTIONS; WITH A SECOND VOLUME CONTAINING PRECEDENTS OF PLEADINGS(New York, Robert M'Dermut 1809). Six more American editions had appeared by 1837. Jenni Parrish, *Law Books and Legal Publishing in America, 1760-1840*, 72 LAW LIBR. J. 355, 386 (1979).

54. JOSEPH STORY, COMMENTARIES ON EQUITY PLEADINGS, AND THE INCIDENTS THERETO, ACCORDING TO THE PRACTICE OF THE COURTS OF EQUITY OF ENGLAND AND AMERICA (Boston, C.C. Little & J. Brown 1838).

55. SIMON GREENLEAF, TREATISE ON THE LAW OF EVIDENCE(3 vols. Boston, Charles C. Little & James Brown 1842).

56. *See* Michael H. Harris, *The Frontier Lawyer's Library: Southern Indiana, 1800-1850, as a Test Case*, 26 AM. J. LEGAL HIST. 239, 249-51 (1972).

57. *See Ballentine v. Beall*, 4 Ill. (3 Scam.) 203 (1841); *Spear v. Campbell*, 5 Ill. (4 Scam.) 424 (1843); *Martin v. Dryden*, 6 Ill. (1 Gilm.) 187 (1844); *McCall v. Lesher*, 7 Ill. (2 Gilm.) 47 (1845); Brief, filed December Term 1849[5364], *Lewis v. Moffett & Johnson* [L03866] case file, LPAL.

58. *See Abrams v. Camp*, 4 Ill. (3 Scam.) 291 (1841); *Davis v. Harkness*, 6 Ill. (1 Gilm.) 173 (1844); *Broadwell v. Broadwell*, 6 Ill. (1 Gilm.) 599 (1844); *Hall v. Irwin*, 7 Ill. (2 Gilm.) 176 (1845); *Trumbull v. Campbell*, 8 Ill. (3 Gilm.) 502 (1846); and *Webster v. French*, 11 Ill. 254 (1849).

59. *See Martin v. Dryden*, 6 Ill. (1 Gilm.) 187 (1844); *Kincaid v. Turner*, 7 Ill. (2 Gilm.) 618 (1845); *Henderson v. Welch*, 8 Ill. (3 Gilm.) 340 (1845); *Pearl v. Wellman*, 11 Ill. 352 (1849); *Penny v. Graves*, 12 Ill. 287 (1850); *Whitecraft v. Vanderver*, 12 Ill. 235 (1850); *Smith v. Dunlap*, 12 Ill. 184 (1850); Brief, filed Dec. Term 1857 [5799], *King v. Wade* [L00856], Argument of Counsel, dated May 9, 1848 [5745], *Watson v. Gill*[L00733] case files, LPAL; Opinion on Wisconsin Land Titles (Mar. 24, 1846), CW 2:336. Herndon twice referred to Greenleaf's Evidence in his notes for the appeal in the *Dalby* case. Brief, dated Dec. Term 1857 [4793], *St. Louis, Alton & Chicago R.R. v. Dalby* [L01027] case file, LPAL.

60. *See Cannon v. Kinney*, 4 Ill. (3 Scam.) 9 (1841); *Averill v. Field*, 4 Ill. (3 Scam.) 390 (1842); *Field v. Rawlings*, 6 Ill. (1 Gilm.) 581 (1844); *Murphy v. Summerville*, 7 Ill. (2 Gilm.) 360 (1845); AL to William Martin (Feb. 19, 1851), CW 2:98-99.

61. AL to Isham Reavis (Nov. 5, 1855), CW 2:327; ANDREAS' HISTORY OF THE STATE OF NEBRASKA (Chicago: Western Hist. Publishing Co. 1882).

62. ROBERT A. FERGUSON, LAW AND LETTERS IN AMERICAN CULTURE at 305.

63. James M. Ogden, *Lincoln's Early Impressions of the Law in Indiana*, 7 NOTRE DAME LAW. 325, 328 (1932)(first quotation); David C. Mearns, *Mr. Lincoln and the Books He Read*, in THREE PRESIDENTS AND THEIR BOOKS 61 (Arthur Bestor et al. eds., 1955)(second quotation).

64. HOWELLS, LIFE OF ABRAHAM LINCOLN at 31.

65. HOWARD, THE LIFE OF ABRAHAM LINCOLN 17.

66. Roy P. Basler, ed., *James Quay Howard's Notes on Lincoln*, 4 ABRAHAM LINCOLN Q. 387, 390 (1947).

67. Isaac Cogdal, Interview (1865-1866), in HERNDON'S INFORMANTS: LETTERS, INTERVIEWS, AND STATEMENTS ABOUT LINCOLN at 440-41.

68. WILSON, HONOR'S VOICE at 104.

69. AL to James T. Thornton (Dec. 2, 1858), CW 3:344; AL to John M. Brockman (Sept.1860), CW 4:121.

70. *Watkins v. White*, 4 Ill. (3 Scam.) 549 (1842); *Cook v. Hall*, 6 Ill. (1 Gilm.) 575 (1844); *Whitecraft v. Vanderver*, 12 Ill. (1 Scam.) 335 (1850).

71. FERGUSON, LAW AND LETTERS IN AMERICAN CULTURE at 11, 15; *see also* ERWIN C. SURRENCY, A HISTORY OF AMERICAN LAW PUBLISHING 132-33 (1990).

72. *Quoted in* J.G. MARVIN, LEGAL BIBLIOGRAPHY at 124 (Philadelphia, T. & J.W. Johanson 1847).

73. WILLIAM BLACKSTONE, COMMENTARIES ON THE LAWS OF ENGLAND (1979)(4 vols. 1765-1769).

74. S.F.C. Milsom, *The Nature of Blackstone's Achievement*, 1 OXFORD J. LEGAL STUD. 1, 2-3, 10 (1981).

75. [Joseph Story], *Hoffman's Course of Legal Study*, 6 No. AM. REV. 45, 52 (Nov. 1817).

76. Milsom, *The Nature of Blackstone's Achievement*, 1 OXFORD J. LEGAL STUD. at 11.

77. [Story], *Hoffman's Course of Legal Study*, 6 No. AM. REV. at 52; *see also* Quincy, *An Address Delivered at the Dedication of the Dane Law College in Harvard University, October 23, 1832*, in THE LEGAL MIND IN AMERICA at 208.

78. TIMOTHY WALKER, AN INTRODUCTION TO AMERICAN LAW, DESIGNED AS A FIRST BOOK FOR SYUDENTS at 12(Philadelphia, P.H. Nicklin & T. Johnson 1837).

79. WILLIAM J. NOVAK, THE PEOPLE'S WELFARE: LAW AND REGULATION IN NINETEENTH-CENTURY AMERICA 32

(1996).

80. THOMAS JEFFERSON, WRITINGS 1806 (1984).

81. NOVAK, THE PEOPLE'S WELFARE: LAW AND REGULATION IN NINETEENTH-CENTURY AMERICA at 34; see also Robert Cover, Book Review, 70 COLUM. L. REV. 1475 (1975).

82. Nathaniel Chipman, Sketches of the Principles of Government (1793), reprinted in THE LEGAL MIND IN AMERICA at 29-30.

83. WALKER, AN INTRODUCTION TO AMERICAN LAW 13.

84. Walker's Introduction to American Law, 45 No. AM. REV. 485, 485 (1837).

85. Walker's Introduction, 1 W. LITERARY J. & MONTHLY REV. 107 (Dec. 1844).

86. CHARLES HUMPHREYS, COMPENDIUM OF THE COMMON LAW IN FORCE IN KENTUCKY x (Lexington, W.G. Hunt 1822).

87. FRANCIS HILLIARD, THE ELEMENTS OF LAW; BEING A COMPREHENSIVE SUMMARY OF AMERICAN JURISPRUDENCE iv (2d ed. New York, John S. Voorhies 1848).

88. CATHERINE SPICER ELLER, THE WILLIAM BLACKSTONE COLLECTION IN THE YALE LAW LIBRARY 37-51 (Yale Law Library Publications No. 6, June 1938); see also J. G. MARVIN, LEGAL BIBLIOGRAPHY 122-27 (Philadelphia, T. & J. W. Johnson 1847).

89. Cover, Book Review, 70 COLUM. L. REV. at 1477.

90. 1 ST. GEORGE TUCKER, BLACKSTONE'S COMMENTARIES: WITH NOTES OF REFERENCE TO THE CONSTITUTION AND LAWS, OF THE FEDERAL GOVERNMENT OF THE UNITED STATES AND OF THE COMMONWEALTH OF VIRGINIA iii-v (1969)(1803); Dennis R. Nolan, Sir William Blackstone and the New American Republic: A Study of Intellectual Impact, 51 N.Y.U. L. REV. 731, 737-38 (1976).

91. ELLER, THE WILLIAM BLACKSTONE COLLECTION at 60-61, 46, 49-50.

92. Brief Autobiography, June [15 ?] 1858, CW 2:459.

93. DAVID MELLINKOFF, THE LANGUAGE OF THE LAW 227 (1963).

94. CHARLES B. STROZIER, LINCOLN'S QUEST FOR UNION: PUBLIC AND PRIVATE MEANINGS 139 (1982); FERGUSON, LAW AND LETTERS IN AMERICAN CULTURE at 32.

95. Gary B. Nash, The Philadelphia Bench and Bar, 1800-1861, 7 COMP. STUD. SOC'Y & HIST. 203, 205-06 (1965).

96. Gerald W. Gawalt, Sources of Anti-Lawyer Sentiment in Massachusetts, 1740-1840, 14 AM J. LEGAL HIST. 283 (1969); William R. Johnson, Education and Professional Life Styles: Law and Medicine in the Nineteenth Century, 14 HIST. EDUC. Q. 185, 187 (1974).

97. RICHARD ABEL, AMERICAN LAWYERS 40 (1989); Maxwell Bloomfield, Law: The Development of a Profession, in PROFESSIONS IN AMERICAN HISTORY 34-35 (Nathan O. Hatch ed., 1988); LAWRENCE M. FRIEDMAN, A HISTORY OF AMERICAN LAW 236-37 (3rd ed. 2005).

98. ROBERT H. WIEBE, THE OPENING OF AMERICAN SOCIETY 307-8 (1984); see also KENNETH ALLEN DE VILLE, MEDICAL MALPRACTICE IN NINETEENTH-CENTURY AMERICA 85-91 (1990).

99. An Act Concerning Attorneys and Counselors at Law, Mar. 1, 1833, STATUTE LAWS OF THE STATE OF ILLINOIS (Chicago, Stephen F. Gale 1839).

100. PRATT, LINCOLN at liv.

101. Opinion Record Journal, Roll of Attorneys (Supreme Court Central Grand Division 1831-1843) (Illinois State Archives, Springfield, Illinois).

102. In the Matter of Fellows, 3 Ill. (2 Scam.) 369, 369 (1840).

103. JOHN DEAN CATON, EARLY BENCH AND BAR OF ILLINOIS 170 (Chicago, Chicago Legal News Co. 1893).

104. Plea, filed Oct. 5, 1836 [5174], Affidavit, filed Oct. 5, 1836 [5172], Hawthorn v. Woolridge [L03504] (trespass vi et armis); Affidavit, filed Oct. 5, 1836 [5173], Account, filed Oct.1836 [5041], Judge's Docket, Mar. Term 1837, Sangamon County Circuit Court [100104], Hawthorn v. Wooldridge [L03505](assumpsit) case files, LPAL.

105. SANGAMO J. (Springfield), Apr. 15, 1837, at 3.

106. CATON, EARLY BENCH AND BAR OF ILLINOIS at 170-71; see also 1 MEMOIRS OF GUSTAVE KOERNER 1809-1896, at 373-75 (Thomas J. McCormack ed., 1909).

107. "F.," The Profession of the Law, 7 W. L.J. 97, 112 (1849); see also American Law, 1 SW. L.J. & REP. 112, 116 (1844); The Legal Profession, Ancient and Modern, 4 AM. REV. 242, 257 (1846); Examination of Attorneys, 5 W. L.J. 480 (1848).

108. 1 DIARY OF GEORGE TEMPLETON STRONG 164-65 (Allan Nevins & Milton Halsey Thomas eds., 1952).

109. 1 WILLIAM T. SHERMAN, MEMOIRS OF GENERAL WILLIAM T. SHERMAN 140 (New York, D. Appleton & Co. 1075).

110. ANGLE, ONE HUNDRED YEARS OF LAW at 37-38 (examination of C.C. Brown); Jesse Weik, *A Law Student's Recollection of Abraham Lincoln*, 97 OUTLOOK 311, 312 13 (1911)(examination of Jonathan Birch); Certificate of Examination for Hiram W. Beckwith and George W. Lawrence, dated May27, 1854, CW 2:218; Recommendation for Henry S. Greene, dated Jan. 28, 1860, CW 3:515; Order, dated July 21, 1841 [130279], Admission of Benjamin F. James [N05306]; Recommendation, dated Feb. 12, 1845 [132971], Admission of Stanislaus P. Lalumiere [N05129]; Order, dated Dec. 21, 1841, Admission of Benjamin R. Hampton [N05307]; Order, dated July 8, 1841 [130278], Admission of Josiah McRoberts, John H. Murphy, and Joseph Peters [N05305]; Order, (dated July Term 1842)[130286], Admission of Aguilla Parker and Isaac Stevens [N05308]; Motion (dated Nov. 27, 1844)[129836] case files, LPAL. Lincoln also twice moved for the admission in Illinois of two lawyers who were already licensed in Indiana. Order, dated Nov. 15, 1851 [129975], Admission of Robert M. Evans [N05215]; Motion [filed Oct. 23, 1851], Admission of Daniel M. Voorhees [N05255] case files, LPAL.

111. Weik, *A Law Student's Recollection of Abraham Lincoln*, 97 OUTLOOK at 312-13.

112. *Quoted in* ANGLE, ONE HUNDRED YEARS OF LAW at 37-38.

113. The phrase is from Thomas Koenig & Michael Rustad, *The Challenge to Hierarchy in Legal Education: Suffolk and the Night Law School Movement*, 7 RES. IN LAW, DEVIANCE & SOC. CONTROL 189 (1984).

114. David Davis to AL (Jan. 10, 1860), Abraham Lincoln Papers at the Library of Congress, <memory.loc.gov/ammem/alhtml/malhome.html>, Select: Search by Keyword, Enter: David Davis legal, Select: Item 3.

115. C.H. Moore to AL (Jan.19, 1860), Abraham Lincoln Papers at the Library of Congress, <memory.loc.gov/ammem/alhtml/malhome.html>, Select: Search by Keyword, Enter: Clifton Moore, Select: Item 2.

116. Autobiographical Sketch (Sept. 1, 1838), *in* THE LETTERS OF STEPHEN A. DOUGLAS 61 (Robert W. Johannsen, ed. 1961).

117. AL to James T. Thornton (Dec. 2, 1858), CW 3:344.

118. HERNDON'S LINCOLN at 274; William H. Herndon to Jesse Weik (Dec. 9, 1888), *in* HERTZ, THE HIDDEN LINCOLN at 148.

119. HERNDON'S LINCOLN at 277, 274.

120. *Stephen T. Logan Talks About Lincoln*, BULL. LINCOLN CENTENNIAL ASS'N 3 (Sept. 1, 1928).

121. WHITNEY, LIFE ON THE CIRCUIT WITH LINCOLN at 242.

122. William H. Herndon to Jesse Weik (Feb. 18, 1887), *in* HERTZ, THE HIDDEN LINCOLN at 176; *see also* William H. Herndon to Jesse Weik (Oct. 22, 1885), Herndon-Weik Collection, Library of Congress.

123. M.H. Hoeflich, *The Lawyer as Pragmatic Reader: The History of Legal Common-Placing*, 55 ARK. L. REV. 87, 88-89 (2002).

124. John H. Littlefield, Brooklyn Eagle (Oct. 16, 1887), *quoted in* HERNDON'S LINCOLN at 265.

125. John Livingston to Abraham Lincoln (May 21, 1859), Abraham Lincoln Papers at the Library of Congress, <memory.loc.gov/ammem/alhtml/malhome.html>, Select: Search by Keyword, Enter: John Livingston, Select: Item 1.

126. WHITNEY, LIFE ON THE CIRCUIT WITH LINCOLN at 122.

127. Erwin C. Surrency, *Law Reports in the United States*, 25 AM. J. LEGAL HIST. 48, 50 (1981).

128. Thomas Jefferson to John Minor (Aug. 30, 1814), *in* 11 WORKS OF THOMAS JEFFERSON 423 (Paul Leicester Ford, ed., 1905); Joseph Story, *Digests of the Common Law*, *in* MISCELLANEOUS WRITINGS OF JOSEPH STORY 380 (William W. Story ed., 1972)(1852).

129. DONALD, LINCOLN'S HERNDON at 37-38, 47-48; DONALD, "WE ARE LINCOLN MEN" at 71.

130. Law commonplace book, [1849][130384], Record of Legal Precedents, [1861][130383], Herndon Conducted Legal Research [N05453] file, LPAL.

131. 19 Ill. 353, 374 (1857); Legal Citations, [Dec. Term 1857][4793], *St. Louis, Alton, & Chicago R.R. v. Dalby* [L01027] case file, LPAL.

132. *William H. Herndon, Lincoln's "Ingratitude,"* reprinted in HERTZ, THE HIDDEN LINCOLN at 419.

133. William H. Herndon to Wendell Phillips (May 12, 1857), *in* IRVING BARTLETT, WENDELL AND ANN PHILLIPS: THE COMMUNITY OF REFORM 1840-1880, at 157 (1979).

134. AL to Hezekiah M. Wead (Feb. 7, 1852), CW 2:118.

135. AL to Newton Deming & George P. Strong (May 25,1857), CW 11:13.

136. AL to Charles Hoyt (Jan. 16, 1856), CW 2:329.

137. 6 Ill. (1 Gilm.)187, 197-206 (1844).

138. *Van Ness v. Pacard*, 27 U.S. (2 Pet.) 137, 144 (1829).

139. R. Ben Brown, *Judging in the Days of the Early Republic: A Critique of Judge Richard Arnold's Use of History in Anastasoff v. United States*, 3 J. APP. PRAC. & PROCESS 355 (2001).

140. 2 JOHN BOUVIER, A LAW DICTIONARY ADAPTED TO THE CONSTITUTIONS AND LAWS OF THE UNITED STATES OF AMERICA 9 (Philadelphia, T. & J.W. Johnson 1839).

141. *Law Intelligence*, CHICAGO TRIBUNE, Sept. 21, 1857 [132962], *reprinted in Hurd v. Rock Island Bridge Co.* [L02289] case file, LPAL.

142. PETER KARSTEN, HEART VERSUS HEAD: JUDGE-MADE LAW IN NINETEENTH-CENTURY AMERICA 26 (1997).

143. JAMES KENT, COMMENTARIES ON AMERICAN LAW 442-43 (O. Halstead, New York 1826); Francis Lieber, *On Political Hermeneutics —Precedents*, 18 AM. JURIST 282-94 (1838); Frederick G. Kempin, Jr., *Precedent and Stare Decisis: The Critical Years, 1800 to 1850*, 3 AM. J. LEGAL HIST. 28 (1959); FERGUSON, LAW AND LETTERS IN AMERICAN CULTURE at 199-201.

144. *Law Reports*, 14 SOUTHERN LITERARY MESSENGER 255, 255 (Apr. 1848).

145. *Id. see also* KARSTEN, HEART VERSUS HEAD at 35.

146. *See, e.g., Anderson v. Ryan*, 8 Ill. (3 Gilm.) 583, 584 (1846)(citing federal, Kentucky, and Massachusetts decisions); *Hawks v. Lands*, 8 Ill. 227, 227-28 (3 Gilm.) 227 (1846)(citing Indiana, Kentucky, Ohio, Massachusetts, New York, and English decisions); *Henderson v. Welch*, 8 Ill. 340, 341 (3 Gilm.) 340 (1846)(citing Maryland, Massachusetts, and New York decisions); *England v. Clark*, 5 Ill. (4 Scam.) 486, 487 (1843)(citing five English opinions); *Dorman v. Lane*, 6 Ill. (1 Gilm.) 143, 143-44 (1844)(citing Kentucky, Maine, Massachusetts, and English decisions).

147. *Law Reports*, 14 SOUTHERN LITERARY MESSENGER at 255.

148. *American Law Books. Story on Sales*, 5 W. L.J. 118, 118 (1847).

149. GRANT GILMORE, THE AGES OF AMERICAN LAW 29 (1977).

150. WARD HILL LAMON, THE LIFE OF ABRAHAM LINCOLN 316 (Boston, J. R. Osgood & Co. 1872).

151. *See* Louis A. Warren, *Lincoln's Law Library*, LINCOLN LORE, no. 619 (Feb. 17, 1941).

152. Many of these citations come from reported appellate opinions where the court reporter would list the authorities relied upon by the appellate lawyers. Because these lists don't appear in every opinion, this is an incomplete sample. The decisions that list the authorities that Lincoln cited on appeal represent roughly ten percent of Lincoln's appellate cases. As to the citations themselves, Lincoln would cite authority in an abbreviated format, such as "Babington on Auctions" or "Gould's Pl. Part IV, S26." I used various reference materials to determine the treatise and the likely edition that Lincoln was citing. *See* MORRIS L. COHEN, BIBLIOGRAPHY OF EARLY AMERICAN LAW (1998)(6 vols.); MARVIN, LEGAL BIBLIOGRAPHY; Parrish, *Law Books and Legal Publishing in America* 72 LAW LIBR. J. 355 (1979); Mark E. Steiner, *General Catalogue of Law Books, Alphabetically Classified by Subjects (1859)*, 18 LEGAL REF. SERVS. Q. 47 (1999).

153. On Story's influence as a treatise writer, *see* ROSCOE POUND, THE FORMATIVE ERA OF AMERICAN LAW 154 (1938).

154. Robert Feikema Karachuk, *A Workman's Tools: The Law Library of Henry Adams Bullard*, 42 AM. J. LEGAL HIST. 160, 175 (1998).

155. The complete series is listed on pp. 300-01 of volume 319 of the NATIONAL UNION CATALOG (1974).

156. MARVIN, LEGAL BIBLIOGRAPHY at 449-50; *see also Critical Notice*, 5 AM. L. MAG. 246 (1845).

157. SURRENCY, A HISTORY OF AMERICAN LAW PUBLISHING at 167.

158. *Webster v. French*, 11 Ill. 254, 257 (1849); Brief, Dec. Term 1855 [3244], *Mayers & Mayers v. Turner*[L00960], LPAL. John M. Krum, Lincoln's co-counsel in *Martin v. Dryden*, cited specifically to the Law Library edition of Frederick Calvert's Treatise Upon the Law Respecting to Suits in Equity. 6 Ill. (1 Gilm.) at 198.

159. Legal Citations, [dated Dec. Term 1857][4793], *St. Louis, Alton, & Chicago R.R. v. Dalby* [L01027] case file, LPAL.

160. *See* [Louis A. Warren], *Lincoln's Law Library*, LINCOLN LORE, no. 619 (Feb. 17, 1941).

161. BROOKLYN DAILY EAGLE, Oct. 16, 1887 at 7.

162. List of Law Books Belonging to David Davis, Dec. 4, 1848, *in* Bound Volume Three, David Davis Papers, Abraham Lincoln Presidential Library & Museum, Springfield, Illinois.

163. *See* William H. Herndon to Jesse Weik (July 10, 1888), *in* HERTZ, THE HIDDEN LINCOLN at 215.

164. Petition for Rehearing, dated Jan. 12, 1847 [70483], *Gear v. Clark* [L02439] case file, LPAL. Lincoln wrote this motion for Jacksonville attorney David A. Smith, whose name Lincoln affixed to the document.

165. *Pearl v. Wellman*, 11 Ill. 352, 353 (1849); 2 J.I. CLARK HARE & H.B. WALLACE, SELECT DECISIONS OF

AMERICAN COURTS(Philadelphia, T. & J.W. Johnson 1848).

166. AL to Newton Deming & George P. Strong (May 25, 1857), CW 11:13.

167. Petition for Rehearing, filed Jan. 23, 1846 [39617], *Patterson v. Edwards* [L00884] case file, LPAL.

168. *Patterson v. Edwards*, 7 Ill. (2 Gilm.) 720, 723-24 (1845)

169. *Id.* at 723.

170. Petition for Rehearing, filed Jan. 23, 1846 [39617], *Patterson v. Edwards* [L00884] case file, LPAL.

171. THOMAS STARKIE, A TREATISE ON THE LAW OF SLANDER AND LIBEL, AND INCIDENTALLY OF MALICIOUS PROSECUTIONS; FROM THE SECOND ENGLISH EDITION OF 1830, WITH NOTES AND REFERENCES TO AMERICAN CASES AND TO ENGLISH DECISIONS SINCE 1830(2 vols. Albany, C. Van Benthuysen & Co. 1843). For a review of this edition, *see* Critical Notice, 2 AM. L. MAG. 247 (1843).

172. ARTHUR SYDNEY BEARDSLEY, LEGAL BIBLIOGRAPHY AND THE USE OF LAW BOOKS 270 (1937); Karachuk, *A Workman's Tools: The Law Library of Henry Adams Bullard*, 42 AM. J. LEGAL HIST. at 163; SURRENCY, A HISTORY OF AMERICAN LAW PUBLISHING at 111-13.

173. 1 NORMAN L. FREEMAN, THE "ILLINOIS DIGEST": BEING A FULL AND COMPLETE DIGEST AND COMPILATION OF ALL THE DECISIONS OF THE SUPREME COURT iii (Cincinnati, Moore, Wilstach, Keys & Co. 1856).

174. *United States Digest*, 3 W. L.J. 239, 240 (1846).

175. *Critical Notices*, 6 AM. L. MAG. 471, 471-72 (1846).

176. MORRIS L. COHEN ET AL., HOW TO FIND THE LAW 83 (9th ed. 1989).

177. *Risinger v. Cheney*, 7 Ill. (2 Gilm.) 84, 84 (1845).

178. 1 THERON METCALF & JONATHAN C. PERKINS, DIGEST OF THE DECISIONS OF THE COURTS OF COMMON LAW AND ADMIRALTY IN THE UNITED STATES 540 (Boston, Hilliard, Gray, & Co. 1840).

179. *Risinger v. Cheney*, 7 Ill. (2 Gilm.) at 84, 90 (emphasis added).

180. AL to William Martin, dated Mar. 6, 1851 [93970], *Alton & Sangamon R.R. v. Barret* [L02610] case file, LPAL. Lincoln's abbreviation for "supplement" was rendered as "Septr." in CW 2:102.

181. 2 JOHN PHELPS PUTNAM, A SUPPLEMENT TO THE UNITED STATES DIGEST 976 (Boston, Charles C. Little & James Brown 1847).

182. 2 PUTNAM, A SUPPLEMENT TO THE UNITED STATES DIGEST at 976. Section 409 summarizes "Turnpike Co. v. Burdett, 7 Dana, 99."

183. AL to William Martin, dated Mar. 6, 1851 [93970], *Alton & Sangamon R.R. v. Barret* [L02610] case file, LPAL.

184. On the rise of state digests, *see* Joel Fishman, *The Digests of Pennsylvania*, 90 LAW LIBR. J. 481 (1998); Kurt X. Metzmeier, *Blazing Trails in a New Kentucky Wilderness: Early Kentucky Case Law Digests*, 93 LAW LIBR. J. 93 (2001); SURRENCY, A HISTORY OF AMERICAN LAW PUBLISHING at 114.

185. Motion to Dismiss, filed Jan. 5, 1860 [38906], *Judgment, dated Jan. 19, 1860* [70184] *Headen v. True* [L00848] case file, LPAL.

186. 1 FREEMAN, THE "ILLINOIS DIGEST" at 193.

187. *Id.* at 201. Herndon also cited the *Illinois Digest* in the "argument of appellee" in *Smith v. Smith*. Argument of Appellee, [dated Jan. Term 1858][5612], *Smith v. Smith* [L00849] case file, LPAL.

188. Edgar Allan Poe, *Magazine Literature*, THE WEEKLY MIRROR 299 (Feb. 15, 1845).

189. Joel Fishman, *An Early Pennsylvania Legal Periodical: The Pennsylvania Law Journal, 1842-1848*, 45 AM. J. LEGAL HIST. 23 (2001); M.H. Hoeflich, *John Livingston and the Business of Law in Nineteenth-Century America*, 44 AM. J. LEGAL HIST. 347, 354-57 (2000).

190. WALTER THEODORE HITCHCOCK, TIMOTHY WALKER: ANTEBELLUM LAWYER 104-23 (1980)(Ph.D. dissertation University of Mississippi).

191. *Remarkable Case of Arrest for Murder*, 4 W. L.J. 25 (Oct. 1846); *In the Matter of Jane, A Woman of Color*, 5 W. L.J. 202 (Feb. 1848).

192. CALVIN COLTON, THE JUNIUS TRACTS AND THE RIGHTS OF LABOR 15 (1974)(1844).

193. Speech at Kalamazoo, Michigan (Aug. 27, 1856), CW 2:364. For Lincoln's views on labor, *see* James A. Stevenson, *Abraham Lincoln on Labor and Capital*, 38 CIVIL WAR HIST. 197 (1992).

194. Speech at Cincinnati, Ohio (Sept. 17, 1859), CW 10:43-44.

195. Speech at New Haven, Connecticut (Mar. 6, 1860), CW 4:24-25.

196. Timothy Walker's Law Department of Cincinnati College advertised in the *Springfield Sangamo Journal*. *See, e.g.*, SANGAMO J., Sept. 24, 1841, at 3.

197. AL to William H. Grigsby (Aug. 3, 1858), CW 2:535.

198. AL to Isham Reavis (Nov. 5, 1855), CW 2:327.

199. AL to James T. Thornton (Dec. 2, 1858), CW 3:344.

200. AL to Isham Reavis (Nov. 5, 1855), CW 2:327.

201. AL to John M. Brockman (Sept. 25, 1860), CW 4:121.

202. 1 BEVERIDGE, ABRAHAM LINCOLN, at 209.

203. THOMAS, ABRAHAM LINCOLN at 67.

204. HERNDON'S LINCOLN at 257.

205. Steiner, General Catalogue of Law Books, Alphabetically Classified by Subjects (1859), 18 LEGAL REF. SERVS. Q. 47.

206. FRIEDMAN, A HISTORY OF AMERICAN LAW at 223.

207. One memoirist wrote that Lincoln, after the Manny Reaper case, had said he was going back to Illinois to study law because college-trained lawyers were "coming west." MR. & MRS. RALPH EMERSON'S PERSONAL RECOLLECTIONS OF ABRAHAM LINCOLN 8-9 (1909). Don and Virginia Fehrenbacher concluded that this recollection had doubtful authenticity. FEHRENBACHER & FEHRENBACHER, RECOLLECTED WORDS OF ABRAHAM LINCOLN 152.

208. Rules of Practice, reprinted in 19 Ill. xx (1858); Granfors & Halliday, Professional Passages: Caste, Class and Education in the 19th Century Legal Profession, Table 1.

209. JOHN S. GOFF, ROBERT TODD LINCOLN: A MAN IN HIS OWN RIGHT 23-30, 41-58, 62-63, 91 (1969).

3: A Whig in the Courthouse

1. John Henry Schlegel, The Line Between History and Casenote, 22 LAW & SOC'Y REV. 969, 974 (1988).

2. MORTON J. HORWITZ, THE TRANSFORMATION OF AMERICAN LAW 1780-1860 (1977); Robert W. Gordon, The Elusive Transformation, 6 YALE J.L. & HUMAN. 137, 137 (1994); Robert W. Gordon, Critical Legal Histories, 36 STAN. L. REV. 57, 96-97 (1984); CHARLES SELLERS, THE MARKET REVOLUTION: JACKSONIAN AMERICA 1815-1846, at 47-49 (1991); but see Mark Tushnet, A Marxist Analysis of American Law, 1 MARXIST PERSPECTIVES 96, 107 (1978); Alfred S. Konefsky, Law and Culture in Antebellum Boston, 40 STAN. L. REV. 1119, 1121 (1988); John Phillip Reid, A Plot Too Doctrinaire, 55 TEX. L. REV. 1307, 1310-11 (1977) (book review); William E. Gienapp, The Myth of Class in Jacksonian America, 6 J. POL'Y HIST. 232, 238-39 (1994).

3. The portrait of the antebellum bar that appears in chapter 5 of Horwitz's The Transformation of American Law 1780-1860 (1977) is but a small part of his overall argument about how antebellum legal changes enabled commercial groups to win a disproportionate amount of wealth and power. This chapter does not address the timing and the extent of the changes described by Horwitz, which have been questioned by other scholars. See, e.g., Comment, The Creation of a Common Law Rule: The Fellow Servant Rule, 1837-1860, 132 U. PA. L. REV. 579 (1984); Paula J. Dalley, The Law of Deceit, 1790-1860: Continuity Amidst Change, 39 AM. J. LEGAL HIST. 405 (1995); Peter Karsten, "Bottomed on Justice": A Reappraisal of Critical Legal Studies Scholarship Concerning Breaches of Labor Contracts by Quitting or Firing in Britain and the U.S., 1630-1880, 34 AM J. LEGAL HIST. 213 (1990); Eben Moglen, Note, Commercial Arbitration in the Eighteenth Century: Searching for the Transformation of American Law, 93 YALE L.J. 135 (1983); A.W.B. Simpson, The Horwitz Thesis and the History of Contracts, 46 U. CHI. L. REV. 533 (1978); Jenny B. Wahl, Twice-Told Tales: An Economist's Re-Telling of the Transformation of American Law, 1780-1860, 37 TULSA L. REV. 879 (2002).

4. Stephen Botein, Love of Gold and Other Ruling Passions: The Legal Papers of Daniel Webster, 1985 AM. B. FOUND. RES. J. 217, 223 (book review); Gordon, The Devil and Daniel Webster, 94 YALE L.J. 445 (book review); Hendrik Hartog, The Significance of a Singular Career: Reflections on Daniel Webster's Legal Papers, 1984 WIS. L. REV. 1105, 1110-11 (book review); R. Kent Newmyer, Daniel Webster and the Modernization of American Law, 32 BUFF. L. REV. 819 (1983) (book review).

5. William H. Rehnquist, Daniel Webster and the Oratorical Tradition, in YEARBOOK 1989, SUP. CT. HIST. SOC'Y 6 (1989).

6. BERNARD SCHWARTZ, MAIN CURRENTS IN AMERICAN LEGAL THOUGHT 257 (1993); FRANK, LINCOLN AS A LAWYER at 171.

7. On Lincoln and the Whig economic program, see GABOR S. BORIT, LINCOLN AND THE ECONOMICS OF THE AMERICAN DREAM 13-120 (1978).

8. AL to Jesse W. Fell (Dec. 20, 1859), CW 3:511-12.

9. AL to Samuel Haycraft (June 4, 1860), CW 4:70.

10. DANIEL WALKER HOWE, THE POLITICAL CULTURE OF AMERICAN WHIGS 264 (1979); Daniel Walker Howe, Why Abraham Lincoln Was a Whig, 16 J. ABRAHAM LINCOLN ASS'N 27 (1995); [Mark E. Neely, Jr.], The Political Life of New Salem, Illinois, LINCOLN LORE no. 1713 (Jun. 1981).

11. DON E. FEHRENBACHER, PRELUDE TO GREATNESS: LINCOLN IN THE 1850s, at 19-47 (1962).

12. David Donald, Abraham Lincoln: Whig in the White House, in LINCOLN RECONSIDERED: ESSAYS ON THE CIVIL WAR ERA 187-208 (2d ed. 1961); Joel H. Silbey, "Always a Whig in Politics": The Partisan Life of Abraham Lincoln, 7 PAPERS OF THE ABRAHAM LINCOLN ASS'N 21, 22 (1986); Kenneth Stampp, Abraham Lincoln: The Politics of a Practical Whig, in THE ERA OF RECONSTRUCTION 24-49 (1965).

13. Robert W. Gordon, Lawyers as the American Aristocracy, 20 STAN. LAW. 2, 3 (Fall 1985); Anthony T. Kronman, Precedent and Tradition, 99 YALE L.J. 1029 (1990).

14. HOWE, POLITICAL CULTURE OF AMERICAN WHIGS at 127; David Grimsted, Rioting in Its Jacksonian Setting, 77 AM. HIST. REV. 361 (1972); Lorman Ratner, Northern Concern for Social Order as Cause for Rejecting Anti-Slavery, 1831-1840, 28 HISTORIAN 1 (1965); LEONARD L. RICHARDS, "GENTLEMEN OF PROPERTY AND STANDING": ANTI-ABOLITION MOBS IN JACKSONIAN AMERICA 3-19 (1970).

15. George Fredrickson, The Search for Order and Community in THE PUBLIC AND PRIVATE LINCOLN 88 (G. Cullom Davis et al. eds., 1979). This paragraph heavily relies on Fredrickson.

16. GORDON, LAWYERS IN POLITICS: MID-NINETEENTH CENTURY KENTUCKY AS A CASE STUDY 24, 33-34 (1981)(Ph.D. dissertation, University of Kentucky).

17. See generally M.H. Hoeflich, Law in the Republican Classroom, 43 U. KAN. L. REV. 711 (1995); Peter R. Teachout, Light in Ashes: The Problem of "Respect for the Rule of Law" in American History, 53 N.Y.U. L. REV. 241 (1978).

18. Fredrickson, The Search For Order And Community at 91; see also Phillip S. Paludan, Lincoln, The Rule of Law, and the American Revolution, 70 J. ILL. ST. HIST. SOC'Y 10, 12-14 (1977).

19. William Henry Herndon to Jesse Weik (Jan. 27, 1888), Herndon-Weik Collection, Library of Congress.

20. Speech in the Illinois Legislature Concerning the State Bank (Jan.11, 1837), CW 1:68-69.

21. Address Before the Young Men's Lyceum of Springfield, Illinois (Jan. 27, 1838), CW 1:108-15. On the Lyceum speech, see generally Richard O. Curry, Conscious or Subconscious Caesarism: A Critique of Recent Scholarly Attempts to Put Abraham Lincoln on the Analyst's Couch, 77 J. ILL. ST. HIST. SOC'Y 67, 71 (1984); HARRY V. JAFFA, CRISIS OF THE HOUSE DIVIDED: AN INTERPRETATION OF THE ISSUES IN THE LINCOLN-DOUGLAS DEBATES 183-232 (1959); Thomas F. Schwartz, The Springfield Lyceums and Lincoln's 1838 Speech, 83 ILL. HIST. J. 45 (1990); GARRY WILLS, LINCOLN AT GETTYSBURG 81-85 (1992).

22. Silbey, "Always a Whig in Politics", 7 PAPERS OF THE ABRAHAM LINCOLN ASS'N at 23 n.7.

23. WILLS, LINCOLN AT GETTYSBURG at 79-83; William Henry Herndon to Jesse Weik (Jan. 27, 1888), Herndon-Weik Collection, Library of Congress.

24. Address Before the Young Men's Lyceum of Springfield, Illinois (Jan. 27, 1838), CW1:109; see also RICHARDS, "GENTLEMEN OF PROPERTY AND STANDING": ANTI-ABOLITION MOBS IN JACKSONIAN AMERICA at 8-14.

25. LAWRENCE KOHL, THE POLITICS OF INDIVIDUALISM: PARTIES AND THE AMERICAN CHARACTER IN THE JACKSONIAN ERA 154-55 (1989).

26. Address Before the Young Men's Lyceum of Springfield, Illinois (Jan. 27, 1838), CW 1:112. On reverence of law as a Whig virtue, see JEAN V. MATTHEWS, RUFUS CHOATE: THE LAW AND CIVIC VIRTUE 86-87, 180 (1980); KOHL, THE POLITICS OF INDIVIDUALISM at 162-63.

27. Walker, Ways and Means of Professional Success, 1 W. L.J. at 543, 549. This was an 1839 address.

28. WILLIAM F. ALLEN, AN ADDRESS DELIVERED BEFORE THE GRADUATING CLASS OF THE LAW DEPARTMENT OF HAMILTON COLLEGE, JULY 15, 1857, at 28 (Utica, Roberts 1857); SIMON GREENLEAF, A DISCOURSE PRONOUNCED AT THE INAUGURATION OF THE AUTHOR AS ROYALL PROFESSOR OF LAW IN HARVARD UNIVERSITY, AUGUST 26, 1834, at 16 (Cambridge, James Munroe & Co. 1837); ROBERTSON, SCRAP BOOK ON LAW AND POLITICS, MEN AND TIMES at 239.

29. William Henry Herndon, Lincoln as Lawyer, Politician & Statesman (manuscript), Herndon-Weik Collection, Library of Congress.

30. John Littlefield, quoted in Lupton, A. Lincoln, Esq.: The Evolution of a Lawyer, in SPIEGEL, A. LINCOLN, ESQUIRE: A SHREWD, SOPHISTICATED LAWYER IN HIS TIME at 41-42.

31. HERNDON'S LINCOLN at 278.

32. HORWITZ, THE TRANSFORMATION OF AMERICAN LAW at 28, 143.

33. An Act Concerning Practice in Courts of Law, approved Jan. 29, 1827, 5th G.A., sec. 37, ILL. REV. LAWS 310, 319 (1853).

34. JOHN REYNOLDS, MY OWN TIMES 175-76 (1968)(1855).

35. An Act to Amend the Practice Act, approved Feb. 25, 1847, 15th G.A., ILL. REV. LAWS 63 (1853).

36. Ray v. Wooters, 19 Ill. (9 Peck.) 82, 82 (1857).

37. E.g., Eames v. Blackheart, 12 Ill. 195, 198 (1850).

38. Renee Lettow Lerner, The Transformation of the American Civil Trial: The Silent Judge, 42 WM & MARY L. REV. 195 (2000).

39. Wickersham v. People, 2 Ill. (1 Scam.) 128, 130 (1834).

40. ILL. CRIM. CODE S 188 (1857); ILL. REV. STAT., Criminal Jurisprudence S188 (1845); David J. Bodenhamer, The Democratic Impulse and Legal Change in the Age of Jackson: The Example of Criminal Juries in Antebellum Indiana, 45 HISTORIAN 206 (1983).

41. Trial Transcript [123180], People v. Harrison[L04306] case file, LPAL.

42. John H. Langbein, Historical Foundations of the Law of Evidence: A View From the Ryder Sources, 96 COLUM. L. REV. 1168, 1189 (1996).

43. Trial Transcript [123180], People v. Harrison[L04306] case file, LPAL.

44. Kermit L. Hall, The Judiciary on Trial: State Constitutional Reform and the Rise of an Elected Judiciary, 1846-1860, 45 HISTORIAN 337, 337, 341, 343 (1983).

45. THE CONSTITUTIONAL DEBATES OF 1847, at 458-68 (Arthur C. Cole ed., 1919) (Collections of the Illinois State Historical Library, vol. 14); see also The Elective Principle as Applied to the Judiciary, 5 W. L.J. 127, 128-29 (1847).

46. AL to Orville H. Browning (June 24, 1847), CW 1:394-95.

47. But see SELLERS, THE MARKET REVOLUTION: JACKSONIAN AMERICA 1815-1846, at 47-49.

48. For depictions of Lincoln as a corporate or railroad lawyer, see ROBERT KELLEY, THE CULTURAL PATTERN IN AMERICAN POLITICS 214 (1979); EDWARD PESSEN, THE LOG CABIN MYTH: THE SOCIAL BACKGROUNDS OF THE PRESIDENTS 92 (1984); GIENAPP, ABRAHAM LINCOLN AND CIVIL WAR AMERICA at 44-45.

49. THOMAS, ABRAHAM LINCOLN at 157-58 (1952); see also DONALD, LINCOLN at 157; WOLDMAN, LAWYER LINCOLN at 161.

50. HOWE, THE POLITICAL CULTURE OF THE AMERICAN WHIGS at 226. For examples of Choate "broadening or narrowing" the Charles River Bridge decision to suit the needs of his clients, see ABSTRACT OF THE ARGUMENTS OF THE HON. RUFUS CHOATE AND WILLIAM D. NORTHEND, ESQ. FOR THE PETITIONERS···FOR A RAILROAD FROM DANVERS TO MALDEN, BEFORE THE COMMITTEE ON RAILWAYS AND CANALS OF THE MASSACHUSETTS LEGISLATURE···SESSION 1847, at 20, 24, 25 (Boston, S. N. Dickinson & Co. 1847); SPEECH OF HON. RUFUS CHOATE BEFORE THE JOINT LEGISLATIVE RAIL ROAD COMMITTEE, BOSTON, FEB. 28, 1851, APPLICATION OF THE SALEM AND LOWELL RAIL ROAD COMPANY FOR A PARALLEL AND COMPETING RAIL ROAD FROM SALEM TO DANVERS 4-6 (Boston, J.M. Hewes & Co. 1851).

51. Christopher L. Tomlins, A Mysterious Power: Industrial Accidents and the Legal Construction of Employment Relations in Massachusetts, 1800-1850, 6 LAW & HIST. REV. 375, 394-402 (1988); Shaw v. Boston & Worcester R.R., 74 Mass. (8 Gray) 45 (1857); MATTHEWS, RUFUS CHOATE at 166.

52. WILLIAM H. PEASE & JANE H. PEASE, JAMES LOUIS PETIGRU: SOUTHERN CONSERVATIVE, SOUTHERN DISSENTER 95-146 (1995).

53. Spirit of the Times (Jan. 9, 1841) at 543, quoted in Grimsted, Rioting in Its Jacksonian Setting, 77 AM. HIST. REV. at 370.

54. Fragment on Government, [July 1, 1854] CW 2:220-22.

55. HERNDON'S LINCOLN at 278; Lupton, A. Lincoln, Esq.: The Evolution of a Lawyer, in SPIEGEL, A. LINCOLN, ESQUIRE: A SHREWD, SOPHISTICATED LAWYER IN HIS TIME at 27, 32.

56. Grable v. Margrave, 4 Ill. (3 Scam.) 372, 373 (1842). On "vindictive" damages or "smart money," see THEODORE SEDGWICK, A TREATISE ON THE MEASURE OF DAMAGES 39-46 (New York, John S. Voorhies 1847). Sedgwick cites the Grable case in the second edition of his treatise. THEODORE SEDGWICK, A TREATISE ON THE MEASURE OF DAMAGES 464 (2d ed. New York, John S. Voorhies 1852).

57. Grable v. Margrave, 4 Ill. (3 Scam.) at 373.

58. McNamara v. King, 7 Ill. (2 Gilm.) 432, 435-37 (1845).

59. Harry E. Pratt, Lincolniana: The Famous "Chicken Bone" Case, 45 J. ILL. ST. HIST. SOC'Y 164, 166 (1952); see also DE VILLE, MEDICAL MALPRACTICE IN NINETEENTH-CENTURY AMERICA 100-1.

60. Ritchey v. West, 23 Ill. 385 (1860); see also DE VILLE, MEDICAL MALPRACTICE IN NINETEENTH-CENTURY

AMERICA at 49.

61. DONALD, LINCOLN RECONSIDERED at131.

62. This point is often overlooked. *See, e.g.,* OATES, WITH MALICE TOWARD NONE at 113; Phil Patton, *Lincoln Fueled the Railroad Era's Engine,* N.Y. TIMES, Feb. 24, 1992 at A18.

63. Robert M. Sutton, *Lincoln and The Railroads of Illinois* in LINCOLN IMAGES: AUGUSTANA COLLEGE CENTENNIAL ESSAYS 41-60 (O. Fritiof Ander ed., 1960).

64. Communication to the People of Sangamo County (Mar. 9, 1832), CW 1:5.

65. Open Letter on Springfield and Alton Railroad (June 30, 1847), CW 1:397-98.

66. Report on Alton and Springfield Railroad (Aug. 5, 1847), CW 1:398-99.

67. Declaration, filed July 25, 1849 [126101], *Watson v. Sangamon & Morgan R.R.* [L04807] case file, LPAL; JOHN W. STARR, JR., LINCOLN AND THE RAILROADS 117-18 (1927).

68. ANGLE, ONE HUNDRED YEARS OF LAW 33-34 (1928).

69. *See, e.g., Alton & Sangamon R.R. v. Baugh* [L02615]; *Brown Bros. & Co. v. Chicago, Alton & St. Louis R.R.* [L021118]; *Allen v. Chicago & Mississippi R.R.* [L02541]; *Allen v. Illinois Central R.R.* [L00662]; *Eads & Nelson v. Ohio & Mississippi R.R.* [L02137]; *McGrady & Allen v. Wabash Valley R.R.* [L02170] case files, LPAL. The Chicago, Alton & St. Louis Railroad was the successor to the Alton & Sangamon.

70. *See, e.g., Chicago, Burlington & Quincy R.R. v. Wilson* [L02355]; *Harris v. Great Western R.R.* [L03753]; *Allen & McGrady v. Illinois River R.R.* [L02099]; *Howland v. Peoria & Hannibal R.R.* [L02303]; *Sangamon & Morgan R.R. v. Hickox Bros.* [L04475]; *Scott v. St. Louis, Alton, & Chicago R.R.* [L01686]; *Terre Haute & Alton R.R. v. Armstrong* [L00680]; case files, LPAL. The Great Western Railroad was the successor to the Sangamon & Morgan Railroad.

71. *Tomlin v. Tonica & Petersburg R.R.* [L00885]; *Tonica & Petersburg R.R. v. Alkire* [L05843]; *Tonica & Petersburg R.R. v. Lukins* [L05870]; *Tonica & Petersburg R.R. v. McNeeley* [L02500]; *Tonica & Petersburg R.R. v. Miles* [L00134]; *Tonica & Petersburg R.R. v. Montgomery* [L05871]; *Tonica & Petersburg R.R. v. Stein* [L00160] case files, LPAL.

72. AL to Charles Hoyt (Jan. 16, 1856), CW 2:329; *Chicago, Burlington & Quincy R.R. v. Wilson,* 17 Ill. (7 Peck) 123 (1855).

73. Communication to the People of Sangamo County (Mar. 9, 1832), CW 1:5.

74. *Banet v. Alton & Sangamon R.R.,* 13 Ill. 504 (1851); *Klein v. Alton & Sangamon R.R.,* 13 Ill. 514 (1851); *Tomlin v. Tonica & Petersburg R.R.,* 23 Ill. 374 (1860); *Tonica & Petersburg R.R. v. Stein,* 21 Ill. 96 (1859).

75. *See generally* Beard, *"I have labored hard to find the law": Abraham Lincoln for the Alton and Sangamon Railroad,* 85 ILL. Hist. J. 209 (1992); GLEN V. GLENDINNING, THE CHICAGO & ALTON RAILROAD: THE ONLY WAY 18-19 (2002).

76. AL to Isaac Gibson (Feb. 26, 1851), CW 2:101.

77. CW 2:100; Declaration, filed Feb. 18, 1851 [4786], Order, dated Mar. 18, 1851 [5224], *Alton & Sangamon R.R. v. Kirkpatrick* [L02618]; Declaration, filed Feb. 18, 1851[4789], Notice of Commission to Take Deposition [4788], Order, dated Mar. 18, 1851 [5225], *Alton & Sangamon R.R. v. Burkhardt* [L02616] case files, LPAL.

78. AL to William Martin (Mar. 6, 1851), CW 2:102.

79. AL to William Martin (Feb. 27, 1851), CW 11:6.

80. AL to William Martin (Mar. 6, 1851), CW 2:102.

81. *Banet v. Alton & Sangamon R.R.,* 13 Ill. 504 (1851). Barret's name was misspelled in the case reporter.

82. *Klein v. Alton & Sangamon R.R.,* 13 Ill. 514 (1851). The importance of the *Barret* and *Klein* decisions is reflected in the ten references to either *Banet* or *Klein* in the 1856 Illinois Digest. *See* FREEMAN, THE "ILLINOIS DIGEST" at 570-72. Edward L. Pierce in his 1857 treatise on railroad law cited *Banet* and *Klein* six times in his chapter on stock subscription. EDWARD L. PIERCE, TREATISE ON AMERICAN RAILROAD LAW 65, 73, 79, 91, 100, 108 (New York, John S. Voorhies 1857). Isaac Redfield in his 1858 railroad-law treatise cited *Banet* and *Klein* four times. ISAAC F. REDFIELD, A PRACTICAL TREATISE UPON THE LAW OF RAILWAYS 73, 78, 87, 95 (2d ed. Boston, Little, Brown & Co. 1858).

83. WOLDMAN, LAWYER LINCOLN at 162.

84. William Henry Herndon to Richard Yates (Oct. 6, 1857), *quoted in* DONALD, LINCOLN'S HERNDON at 43. This account is drawn from Donald.

85. Narratio, filed Oct. 12, 1857 [7492]; Judgment, dated Nov. 10, 1857 [7497], *Tonica & Petersburg R.R. v. Miles* [L00134] case file, LPAL.

86. William Henry Herndon to Richard Yates (Oct. 20, 1857), *quoted in* DONALD, LINCOLN'S HERNDON at

43.

87. AL to William McNeeley (Nov. 30, 1858)[125502], *Tonica & Petersburg R.R. v. McNeeley* [L02500] case file, LPAL.

88. Assignment of Errors, [filed Jan. Term 1859][82203], *Tonica & Petersburg R.R. v. McNeeley* [L02500] case file, LPAL.

89. *Tonica & Petersburg R.R. v. Stein*, 21 Ill. 96 (1859).

90. *Tomlin v. Tonica & Petersburg R.R.*, 23 Ill. 374 (1860).

91. *See, e.g.*, Declaration, filed Mar. 23, 1860 [136099], *Tonica & Petersburg R.R. v. Alkire*[L05843] case files, LPAL.

92. Judgment, dated Apr. 11, 1860 [136114], *Tonica & Petersburg R.R. v. Alkire* [L05843]; Judgment, dated Apr. 11, 1860 [136137], *Tonica & Petersburg R.R. v. Lukins* [L05870]; Order of Dismissal, dated Apr. 13, 1860 [136148], *Tonica & Petersburg R.R. v. Montgomery* [L05871] case files, LPAL.

93. Bill of Injunction, filed Aug. 6, 1857 [20515], *Sprague v. Illinois River R.R.* [L02489] case file, LPAL.

94. Decree, dated Nov. 21, 1857 [20505], *Sprague v. Illinois River R.R.* [L02489] case file, LPAL.

95. *Sprague v. Illinois River R.R.*, 19 Ill. 174, 177-78 (1857).

96. AL to Henry E. Dummer (Feb. 7, 1858), CW 2:432-33.

97. *See, e.g., Terre Haute & Alton R.R. v. Armstrong* [L00680]; *Terre Haute & Alton R.R. v. Francisco* [L00684]; *Terre Haute & Alton R.R. v. Wright* [L00695] case files, LPAL.

98. Order, dated Oct. 10, 1856 [35989], *Terre Haute & Alton R.R. v. Auxer* [L00681]; Order, dated Oct. 10, 1856 [36040], *Terre Haute & Alton R.R. v. Moberly* [L00686] case files, LPAL.

99. *Terre Haute & Alton R.R. v. Earp*, 21 Ill. 290 (1859).

100. The supreme court ordered the *Earp* case remanded to the circuit court on Mar. 21, 1859. *See* Judgment, dated Mar. 21, 1859 [40901], *Terre Haute & Alton R.R. v. Earp* [L00980] case file, LPAL.

101. *See, e.g.* Order, dated Apr. 16, 1860 [40905], *Terre Haute & Alton R.R. v. Earp* [L00980]; *Terre Haute & Alton R.R. v. Fleming* [L00682] case files, LPAL.

102. Bill Beard has persuasively argued that the *Dalby* case was handled by Herndon, not Lincoln. William D. Beard, *Dalby Revisited: A New Look at Lincoln's "Most Far-reaching Case" in the Illinois Supreme Court*, 20 J. ABRAHAM LINCOLN ASS'N 1.

103. *St. Louis, Alton & Chicago R.R. v. Dalby*, 19 Ill. 352 (1857).

104. JAMES W. ELY, JR., RAILROADS AND AMERICAN LAW219-20 (2001); R.W. KOSTAL, LAW AND ENGLISH RAILWAY CAPITALISM 1825-1875, at 254-56 (1994).

105. Declaration, filed Mar. 3, 1854 [5139], Judge's Docket, (dated Mar. Term 1854) [103702], *Harris v. Great Western R.R.* [L03753] case file, LPAL.

106. Declaration, filed Feb. 21, 1857 [31361], Agreement, dated Oct. 9, 1857 [31377], *Friedlander v. Great Western R.R.* [L00869] case file, LPAL.

107. *See Browning v. City of Springfield*, 17 Ill. 143 (1855); Declaration, filed Aug. 13, 1852 [5109], *Grubb v. John Frink & Co.* [L03754]; Declaration, filed Apr. 17, 1858 [65824], *MacReady v. City of Alton* [L02171] case files, LPAL; *see also* SPRINGFIELD DAILY ST. J., July 2, 1858 at 3.

108. Declaration, filed Aug. 13, 1852 [5109], *Grubb v. John Frink & Co.* [L03754] case file, LPAL; Roger Martile, *John Frink and Martin Walker: Stagecoach Kings of the Old Northwest*, 95 J. ILL. ST. HIST. SOC'Y 119 (Summer 2002).

109. Declaration, filed Aug. 13, 1852 [5109]; Deposition, dated Dec. 22, 1853 [120952], *Grubb v. John Frink & Co.* [L03754] case file, LPAL.

110. Order, dated Mar. 23, 1853 [99227], *Grubb v. John Frink & Co.* [L03754] case file, LPAL.

111. *See* Thomas D. Russell, *Historical Study of Personal Injury Litigation: A Comment on Method*, 1 GA. J. S. LEGAL HIST. 109, 112, 117-18 (1991).

112. *See, e.g.*, DUFF, A. LINCOLN: PRAIRIE LAWYER at 345 (1960); Elwin L. Page, *The Effie Afton Case*, 58 LINCOLN HERALD 3 (1956).

113. *See* DUFF, A. LINCOLN: PRAIRIE LAWYER at 332-37.

114. Speech to the Jury in the Rock Island Bridge Case, Chicago, Illinois (Sept. 22, 1857), CW 2:415-16.

115. No Verdict, *Chicago Daily Tribune* (Sept. 26, 1857)[132966], *Hurd v. Rock Island Bridge Co.* [L02289] case file, LPAL.

116. Illinois State Register (Springfield), Dec. 20, 1851, at 2; Illinois State Register, Jan. 27, 1852, at 2; *see also*, Thomas, *Lincoln's Earlier Practice in the Federal Courts 1839-1854*, BULL. ABRAHAM LINCOLN ASS'N at 8.

117. *Columbus Ins. Co. v. Curtenius*, 6 F. Cas. 186 (C.C.D. Ill. 1853) (No. 3, 045).

118. *Columbus Ins. Co. v. Peoria Bridge Ass'n*, 6 F. Cas. 191, 193 (C.C.D. Ill. 1853) (No. 3, 046).

119. See, e.g., *Campbell v. Great Western R.R.* [L01866], *Josephine Frazier v. Great Western R.R.* [L01899], *Samuel Frazier v. Great Western R.R.* [L01900] case files, LPAL.

120. See, e.g., Order, dated May 30, 1855 [50665], *Campbell v. Great Western R.R.* [L01866]; Order, dated May 30, 1855 [59401], *Josephine Frazier v. Great Western R.R.* [L01899]; Order, dated May 30, 1855 [59405], *Samuel Frazier v. Great Western R.R.* [L01900] case files, LPAL.

121. See, e.g., Order, dated May 30, 1855 [58665], *Campbell v. Great Western R.R.* [L01866] case file, LPAL.

122. See, e.g., *Hickman v. Great Western R.R.* [L01916]; case files, LPAL.

123. Order, dated May 30, 1855 [61332], *Price v. Great Western R.R.* [L02018] case file, LPAL.

124. Order, dated May 30, 1855 [59209], *Great Western R.R. v. Andrew Makemson* [L01909]; Order, dated May 30, 1855 [133424], *Andrew Makemson v. Great Western R.R.* [L01946]; Order, dated May 30, 1855 [60033], *James Makemson v. Great Western R.R.* [L01948]; Order, dated May 30, 1855 [60572], *McDonald v. Great Western R.R.* [L01970] case files, LPAL.

125. Order, dated May 30, 1855 [133424], *Andrew Makemson v. Great Western R.R.* [L01946]; Order, dated May 30, 1855 [60033], *James Makemson v. Great Western R.R.* [L01948] case files, LPAL.

126. DEBORAH HAINES, CITY DOCTOR, CITY LAWYER: THE LEARNED PROFESSIONS IN FRONTIER CHICAGO at 157.

127. CATON, EARLY BENCH AND BAR OF ILLINOIS 241-42.

128. HARRY E. PRATT, THE PERSONAL FINANCES OF ABRAHAM LINCOLN 36 (1943).

129. Complete Edition, Papers of Abraham Lincoln website, <http://www.papersofabrahamlincoln.org/complete_edition.htm>.

130. Stuart & Lincoln Fee Book, [Apr. 1837][127736], *Stuart & Lincoln collected and recorded fees* [N05068] file, LPAL.

131. Adam W. Snyder, Client Account Book, 1837-1841, Box 40, John Francis Snyder Papers, Abraham Lincoln Presidential Library & Museum, Springfield, Illinois.

132. PRATT, THE PERSONAL FINANCES OF ABRAHAM LINCOLN at 31.

133. *Id.* at 35; Lincoln & Herndon Day Book, [1847][127736], *Lincoln & Herndon collected and recorded fees* [N05178] file, LPAL.

134. Abraham Lincoln to James F. Joy (Sept. 15, 1855), CW 2:325. As Lincoln did not provide any details on the cases, Judge Davis's notation was probably directed more to substantiating the number of cases than the amount charged. Joy apparently balked at Lincoln's fee. See AL to James F. Joy (Sept. 19, 1855), CW 2:326.

135. KARSTEN, HEART VERSUS HEAD at 91-99.

136. Lincoln also rashly attacked Adams in a series of signed and unsigned letters in the *Sangamo Journal*. See WILSON, HONOR'S VOICE at 174-79; Second Reply to James Adams (Oct. 18, 1837), CW 1:101-6.

137. Contingent Fee Agreement, dated May 26, 1837 [5253], *Wright v. Adams* [L03870] case file, LPAL.

138. Contingent Fee Agreement, dated Apr. 14, 1855 [132040], *Cossens v. Parrish* [L01879] case file, LPAL.

139. Fragment: Notes for a Law Lecture, CW 10:19.

140. AL to James S. Irwin (Nov. 2, 1842), CW 1:304.

141. Thomas A. Howland to AL, dated July 16, 1859 [68739]; AL to Thomas A. Howland, July 23, 1859 [65761], *Howland v. Peoria & Hannibal R.R.* [L02303] case file, LPAL.

142. AL to Andrew McCallen (July 4, 1851), CW 2:106.

143. *Herndon v. Todd et ux.* [L03542], *Lincoln & Herndon v. Moffett* [L03869], *Lincoln v. Alexander* [L01656], *Lincoln v. Brown* [L01616], *Lincoln v. Gwinn* [L00711], *Lincoln v. Hall* [L01275], *Lincoln v. Hawley* [L01274], *Lincoln v. Huston* [L01709], *Lincoln v. Illinois Central R.R.* [L01660], *Lincoln v. McGraw* [L00574], *Lincoln v. Pollock* [L01661], *Lincoln v. Read* [L04947], *Logan & Lincoln ex rel. Tucker v. Smith* [L02510], *Logan & Lincoln v. Atchison* [L04001], *Logan & Lincoln v. Craig & Warner* [L02080], *Logan & Lincoln v. McClun & Harkness* [L01662], *Logan & Lincoln v. Smith* [L03897] case files, LPAL.

144. See, e.g., Declaration, filed July 18, 1845 [5420], *Logan & Lincoln v. Atchison* [L04001] case file, LPAL.

145. *Lincoln v. Illinois Central R.R.* [L01660] case file, LPAL.

146. *Lincoln v. Brown* [L01616], *Lincoln v. Gwinn* [L00711], *Lincoln v. Huston* [L01709], *Lincoln v. McGraw* [L00574], *Lincoln v. Pollock* [L01661] case files, LPAL.

147. Judgment, dated Nov. 22, 1855 [1908], *Lincoln v. Brown* [L01616]; Judge's Docket, dated June Term 1852 [51498], Order of Dismissal, dated Nov. 15, 1852 [51500], *People v. Brown* [L01565] case files, LPAL.

148. BORITT, LINCOLN AND THE ECONOMICS OF THE AMERICAN DREAM at 151.

149. HERNDON'S LINCOLN at 171-72.

150. JOHN ANTHONY MORETTA, WILLIAM PITT BALLINGER: TEXAS LAWYER, SOUTHERN STATESMAN, 1825-1888, at 249-54 (2000); WILLIAM G. THOMAS, LAWYERING FOR THE RAILROAD: BUSINESS, LAW, AND POWER IN THE NEW SOUTH 43-44 (1999); KENNETH LIPARTITO & JOSEPH A. PRATT, BAKER & BOTTS IN THE DEVELOPMENT OF MODERN HOUSTON 28 (1991).

151. David Davis to AL (Feb. 21, 1849), Abraham Lincoln Papers at the Library of Congress, <memory.loc.gov/ammem/alhtml/malhome.html>, Select: Search by Keyword, Enter: David Davis 1849, Select: Item 4.

152. S.A. Douglass to Julius N. Granger (May 9, 1835), in THE LETTERS OF STEPHEN A. DOUGLAS 15.

153. "F.," The Profession of the Law, 7 W. L.J. at 97, 110-11; see also Walker, Ways and Means of Professional Success, 1 W. L.J. at 543.

154. JOSEPH BALDWIN, THE FLUSH TIMES OF ALABAMA AND MISSISSIPPI 48 (1987)(1853).

155. John G. Saxe, A Legal Ballad, 24 KNICKERBOCKER 265-66 (Sept. 1844).

156. Willard Hurst warns that the persistence of these complaints by lawyers about overcrowding casts doubt upon their validity. HURST, THE GROWTH OF AMERICAN LAW at 313.

157. S. A. Douglas to Julius N. Granger (Nov. 14, 1834), in THE LETTERS OF STEPHEN A. DOUGLAS at 10-11.

158. Sprecher, Admission to Practice Law in Illinois, 46 ILL. L. REV. (Nw. U.) 811, 813 n.17.

159. Howard Feigenbaum, The Lawyer in Wisconsin, 1836-1860: A Profile, 55 WIS. MAG. HIST. 100, 101 (1971-1972).

160. JOHN LIVINGSTON, LIVINGSTON'S LAW REGISTER v (New York, Monthly Law Mag. 1851); JOHN LIVINGSTON, LIVINGSTON'S LAW REGISTER FOR 1852, at 4 (New York, U.S. Law Mag. 1852).

161. HAINES, CITY DOCTOR, CITY LAWYER: THE LEARNED PROFESSIONS IN FRONTIER CHICAGO, at 96-97.

162. "F.," The Profession of the Law, 7 W. L.J. at 98, 103.

163. Quoted in E. Lee Shepherd, Breaking into the Profession: Establishing a Law Practice in Antebellum Virginia, 48 J. S. HIST. 393, 404, 408-9 (1982).

164. S.F.C. MILSOM, HISTORICAL FOUNDATIONS OF THE COMMON LAW 7 (2d ed. 1981).

165. See Marc Galanter, Why the "Haves" Come Out Ahead: Speculations on the Limits of Legal Change, 9 LAW & SOC'Y REV. 95 (1974); JOHN P. HEINZ & EDWARD O. LAUMANN, CHICAGO LAWYERS: THE SOCIAL STRUCTURE OF THE BAR (1983); Kenneth Lipartito, What Have Lawyers Done for American Business .? The Case of Baker & Botts of Houston, 64 BUS. HIST. REV. 489 (1990).

4: Law on the Prairie

1. Declaration, dated July 1, 1836 [5167], Hawthorn v. Wooldridge[L03504] case file, LPAL.

2. Jesse W. Weik, Lincoln as a Lawyer: With an Account of his First Case, 68 CENTURY MAG. 279, 282 (June 1904).

3. Affidavit of David Wooldridge, filed Oct. 5, 1836 [5167]; Plea, filed Oct. 5, 1836 [5174], Bond for costs, filed Oct. 6, 1836 [5043], Hawthorn v. Wooldridge [L03504]; Praecipe, filed Oct. 8, 1836 [98730], Wooldridge v. Hawthorn [L03506] case files, LPAL.

4. Judgment, dated Oct. 8, 1836 [88260], Hawthorn v. Wooldridge[L03504] case file, LPAL.

5. Order of Dismissal, dated Mar. 14, 1837 [88260], Hawthorn v. Wooldridge, [L03505]; Order of Dismissal, dated Mar. 14, 1837 [88261], Wooldridge v. Hawthorn [L03506]

6. See generally OLIVIER FRAYSSÉ, LINCOLN, LAND, AND LABOR, 1809-60, at 159.

7. Terry Wilson, The Business of a Midwestern Trial Court: Knox County, Illinois, 1841-1850, 84 ILL. HIST. J. 249, 251, 255 (1991).

8. See, e.g., Alexander v. Darneille [L02528], Braucher v. Sayles [L02750], Deardorff. v. Mathews [L03373], Hazlett et ux. v. Drennan [L03661], McElmore v. Olcire [L04030], McLean v. Wiley [L01398], Prickett v. Opdycke [L01155], Sheneman v. Goodpasture et ux. [L00188], Vanderen et ux. v. Baker [L04786] case files, LPAL.

9. Partitions, approved Mar. 3, 1846, ILL. STAT. ch. 79, sec. I (Chicago: Keen & Lee 1856).

10. Partitions, approved Mar. 3, 1846, ILL. STAT. ch. 79, sec. II (Chicago: Keen & Lee 1856); AL to Wm McCullough, dated Jan. 16, 1856 [81869], Bishop v. Bishop [L01626] case file, LPAL.

11. Partitions, approved Mar. 3, 1846, ILL. STAT. ch. 79, sec. IX.

주 387

12. Fragment: Notes for a Law Lecture, CW 10:19.

13. Partitions, approved Mar. 3, 1846, ILL. STAT. ch. 79, sec. VI.

14. Partitions, approved Mar. 3, 1846, ILL. STAT. ch. 79, sec. VII. The statute stated that the court would "declare the rights, titles and interests" of the parties from "the evidence, in case of default, or from the confession by plea, of the parties if they appear, or from the verdict."

15. See, e.g., the following partition suits from Sangamon County in LPAL: *Braucher v. Heirs at Law of Sayles* [L02750], *Broadwell v. Broadwell* [L02765], *Crow v. Heirs at Law of Crow* [L03098], *Merriman v. Merriman* [L03098], *Latham v. Latham* [L02750].

16. See, e.g., Answer of Guardian Ad Litem, [filed Apr. 15, 1852][3870], *Rogers v. Rogers*[L01818], Decree, dated June 7, 1852 [3709], *Nichols v. Turpin*[L01558], Record, dated Nov. 3, 1837 [126319], *White v. Harris*[L04843] case files, LPAL. Lincoln was the guardian *ad litem* in these three cases.

17. Answer of Guardian Ad Litem, [dated Apr. 25, 1853][56098], *Fields v. Fields* [L01761], Answer of Guardian Ad Litem, [dated Apr. 15, 1852][3870], *Rogers v. Rogers* [L01818], Answer of Guardian Ad Litem, [dated Apr. 9, 1842][4617], *Crow v. Crow* [L03098], Answer of Guardian Ad Litem, [dated May 5, 1840][5320], *Bruner v. Bruner* [L01215], Answer of Guardian Ad Litem, [dated June 3, 1853][63515], *Martin v. Allen* [L01954], Answer of Guardian Ad Litem, [dated June 14, 1854][124473], *Smith v. Green* [L04597] case files, LPAL.

18. Bill of Complaint, dated Aug. 24, 1843 [38615], *Welsh v. Welsh*[L00842] case file, LPAL.

19. Decree, dated Oct. 3, 1843 [38617], *Welsh v. Welsh*[L00842] case file, LPAL.

20. Transcript, dated Feb. 28, 1857 [38680], *Welsh v. Welsh*[L00842] case file, LPAL.

21. 4 JAMES KENT, COMMENTARIES ON AMERICAN LAW466 (New York, O. Halstead 1830).

22. Transcript, dated Feb. 28, 1857 [38680], *Welsh v. Welsh*[L00842] case file, LPAL.

23. Order, dated Feb. 6, 1858 [82343]; Order, dated Jan. 18, 1859 [82340]; Order, dated Jan. 20, 1860 [82343]; Order, dated Jan. 11, 1861 [82347], *Welsh v. Welsh* [L00842] case file, LPAL.

24. Transcript, filed Dec. 19, 1851 [97027], *McAtee v. Enyart*[L03188] case file, LPAL.

25. Id.

26. Id.

27. Id.

28. Id.

29. *McArtee v. Engart*, 13 Ill. (3 Peck) 242, 248-49 (1851).

30. Bill, filed Aug. 29, 1836 [76273], *Orendorf v. Stringfield* [L04168] case file, LPAL.

31. Answer, filed July 2, 1838 [76279], *Orendorf v. Stringfield*[L04168] case file, LPAL. 4 KENT, COMMENTARIES ON AMERICAN LAW at 300.

32. Replication, filed Sept. 26, 1838 [122600], *Orendorf v. Stringfield* [L04168] case file, LPAL; *Jameson v. Conway*, 10 Ill. (5 Gilm.) 227, 230 (1848).

33. Bill, filed Aug. 29, 1836 [76273], *Orendorf v. Stringfield*[L04168] case file, LPAL.

34. See 2 EDWARD SUGDEN, A PRACTICAL TREATISE OF THE LAW OF VENDORS AND PURCHASERS OF ESTATES 295-98 (Brookfield, Ma., E. & L. Merriam 1836); 4 KENT, COMMENTARIES ON AMERICAN LAW at 464; 1 JOHN TAYLOR LOMAX, DIGEST OF THE LAWS RESPECTING REAL PROPERTY, GENERALLY ADOPTED AND IN USE IN THE UNITED STATES 223 (Philadelphia, J.S. Littell 1839).

35. *Prevo v. Walters*, 5 Ill. (4 Scam.) 35, 37 (1842); see also 2 SUGDEN, A PRACTICAL TREATISE OF THE LAW OF VENDORS AND PURCHASERS OF ESTATES at 307; 1 STORY, COMMENTARIES ON EQUITY JURISPRUDENCE at 383-84; 1 LOMAX, DIGEST OF THE LAWS RESPECTING REAL PROPERTY, GENERALLY ADOPTED AND IN USE IN THE UNITED STATES at 215.

36. Bill, filed Aug. 29, 1836 [76273], *Orendorf v. Stringfield*[L04168] case file, LPAL.

37. AL to John D. Swallow (June 15, 1854), CW 2:219.

38. Decree, dated July 20, 1839 [91013], *Orendorf v. Stringfield* [L04168] case file, LPAL.

39. Affidavit, dated July 22, 1839 [122601];, Decree, dated July 23, 1839 [91052], Decree, dated Mar. 17, 1840 [91177], Circuit Court Transcript, dated Apr. 28, 1840 [89942], *Stringfield v. Orendorf* [L04168] case file, LPAL.

40. Bill to Annul and Set Aside Will, dated Aug. 20, 1849 [31035], *Barnes v. Marquiss* [L00462] case file, LPAL.

41. Judge's Notes[Nov. 16, 1850][3621], *Barnes v. Marquiss*[L00462] case file, LPAL.

42. 2 N.H. PURPLE, A COMPILATION OF THE STATUTES OF THE STATE OF ILLINOIS 1192 (Chicago, Keen & Lee 1856).

43. Order, dated Nov. 16, 1850 [31031], *Barnes v. Marquiss*[L00462] case file, LPAL.

44. Transcript, filed June 30, 1842 [126086], *Watkins v. White*[L04803] case file, LPAL; *Watkins v. White*, 4 Ill. (3 Scam.) 549 (1842).

45. Transcript, filed Aug. 19, 1839 [4665], *Cannon v. Kenney*[L02875] case file, LPAL; *Cannon v. Kenney*, 4 Ill. (3 Scam.) 9 (1841).

46. *See generally* Hendrik Hartog, *Pigs and Positivism*, 1985 WIS. L. REV. 899; Peter Karsten, *Cows in the Corn, Pigs in the Garden, and "the Problem of Social Costs": "High" and "Low" Legal Cultures of the British Diaspora Lands in the 17th, 18th, and 19th Centuries*, 32 LAW & SOC'Y REV. 63 (1998).

47. JOHN MACK FARAGHER, SUGAR CREEK: LIFE ON THE ILLINOIS PRAIRIE at 132 (1986).

48. For earlier departures from the English common-law rule on fencing, *see* DAVID THOMAS KONIG, LAW AND SOCIETY IN PURITAN MASSACHUSETTS: ESSEX COUNTY, 1629-1692, at 118-20 (1979); *see also* Note, *As to liability of owners for trespass of cattle*, 22 L.R.A. 55 (1894).

49. "Breachy" refers to animals that are "apt to break fences, and get out of inclosures." 1 COMPACT EDITION OF THE OXFORD ENGLISH DICTIONARY 267 (1971).

50. *Seeley v. Peters*, 10 Ill. (5 Gilm.) 130, 138, 142-43 (1848). Four years later Herndon represented another farmer on appeal who had sued the owner of cattle for damage to his cornfield. *Reed v. Johnson*, 14 Ill. 257 (1852).

51. Declaration, dated May 12, 1850 [52003], *Woods v. Ketcham*[L01604] case file, LPAL.

52. Plea & Notice, dated Aug. 23, 1850, [3430], *Woods v. Ketcham* [L01604] case file, LPAL.

53. Order, dated June 3, 1851 [52035], *Woods v. Ketcham*[L01604] case file, LPAL.

54. Elliot J. Gorn, *"Gouge and Bite, Pull Hair and Scratch": The Social Significance of Fighting in the Southern Backcountry*, 90 AM. HIST. REV. 18-43 (Feb. 1985); NICOLE ETCHESON, THE EMERGING MIDWEST: UPLAND SOUTHERNERS AND THE POLITICAL CULTURE OF THE OLD NORTHWEST, 1787-1861, at 31 (1996); KENNETH J. WINKLE, THE YOUNG EAGLE: THE RISE OF ABRAHAM LINCOLN 67 (2001); JAMES E. DAVIS, FRONTIER ILLINOIS 287 (1998).

55. *See, e.g.*, Judgment, [dated May 10, 1838][133317], *Abrams v. Cordell* [L05546]; Judgment, dated June 14, 1842 [7619], *Foster v. Prather* [L01258]; *Hornback b/n/f Hornback v. Dawson* [L05812]; Judgment, dated Oct. 5, 1855 [43872], *Seaman v. Duffey* [L01168]; Judgment, dated Mar. 22, 1854 [31219], *Selby v. Dunlap* [L00871] case files, LPAL.

56. Judgment, dated Nov. 27, 1854 [123296], *Perry v. Alexander*[L04322] case file, LPAL.

57. Judgment, dated Sept. 21, 1852 [46161], *Haines v. Jones*[L01258] case file, LPAL.

58. *See, e.g.*, Order of Dismissal, dated June 1, 1842 [51130], *People v. Babbitt* [L01564]; Judgment, dated Apr. 10, 1860 [135280], *People v. Baldwin* [L05851](guilty verdict: four hours jail and $25 fine); Judgment, dated May 23, 1853 [12560], *People v. Barnettt*[L00318](not guilty); Order of Dismissal, dated Mar. 31, 1859 [41392], *People v. Dudney*[L01018]; Judgment, dated Apr. 10, 1860 [12778] case files, LPAL.

59. ILL. ST. J., Dec. 9, 1856, *reprinted in Bryan v. Jones*[L02803] (defendant shot plaintiff); Amended Declaration, filed July 20, 1852 [46593], *Burt v. Jennings* [L10305] (defendant stabbed plaintiff with pocketknife); Declaration, filed Sept. 11, 1840 [131909], *Cannon v. Cormack* [L01615] (defendant beat plaintiff with axe handle); Declaration, [filed Nov. Term 1846] [10485], *Elmore v. Moon* [L00238] (defendant shot plaintiff); Declaration, filed Feb. 18, 1841 [36686], *Ewing v. Goodman* [L00704] (defendant beat plaintiff with stick); Narratio, filed Oct. 9, 1847 [135608], *James Hornback b/n/f Andrew Hornback v. Dawson*[L05812] (defendant beat minor plaintiff with leather trace); Declaration, filed Nov. 19, 1845 [38718], *Johnson v. Lester* [L00844] (defendant stabbed plaintiff with knife); Narratio, filed Sept. 28, 1857 [48256], *Keeton v. Dunn* [L01379] (defendant beat plaintiff with stick); Declaration, [filed Apr. Term 1845] [73677], *King v. McNamara* [L02466] (defendant stabbed plaintiff with knife); Declaration, filed Sept. 24, 1857 [56226], *Lahr v. Blair* [L01782] (defendant beat plaintiff with steel rasp or iron rod or wooden club); Declaration, filed Sept. 24, 1857 [56744], *Lahr v. Swarens* [L01783] (defendant beat plaintiff with steel rasp or iron rod or wooden club); Declaration, filed Apr. 9, 1853 [33768], *McCarrell v. Campbell*[L00554] (defendant beat plaintiff with stick); Declaration, filed Feb. 28, 1859 [53573], *Smith v. Crary* [L01702] (defendant hung, then beat plaintiff); Declaration, filed Nov. 4, 1839 [1839], *O'Neal v. Gatten* [L04163] (defendant beat plaintiff with "divers sticks, clubs, hoes, hoe-handles, malls, wedges, logs"); Declaration, filed Feb. 25, 1854 [62162], *Woods v. Henry* [L02063] (defendant beat plaintiff with a three-foot-long stick) case files, LPAL.

60. WILSON, HONOR'S VOICE at 25.

61. Declaration [filed Mar. Term 1852] [58607], *Brown v. Makemson*[L01864]; Declaration, [filed May Term 1854] [59372], *Foster v. Prather* [L01897]; Declaration, filed Feb. 18, 1841 [36686], *Ewing v. Goodman* [L00704]; Declaration, filed Sept. 13, 1855 [43867], *Seaman v. Duffey* [L01168] case files, LPAL.

62. Declaration, [filed Apr. Term 1845][73677], *King v. McNamara*[L02466] case file, LPAL.

63. Judgment, dated Sept. 4, 1845 [73684], *King v. McNamara* [L02466] case file, LPAL.

64. *McNamara v. King*, 7 Ill. (2 Gilm.) 432, 435 (1845).

65. Judgment, dated Oct. 13, 1852 [46595], *Burt v. Jennings*[L10305]; Judgment, dated Oct. 5, 1855 [43872], *Seaman v. Duffey* [L01168]; Judgment, dated Oct. 8, 1857 [56233], *Lahr v. Blair*[L01782]; Judgment, dated Sept. 24, 1857 [56759], *Lahr v. Swarens* [L01783] case files, LPAL.

66. Judgment, dated May 7, 1847 [38754], *Johnson v. Lester*[L00844] case file, LPAL.

67. Amended Declaration, filed July 20, 1852 [46593], Plea, filed Oct. 15, 1852 [1866], Replication, Oct. 15, 1852 [1866], Judgment, dated Oct. 13, 1852 [46595], *Burt v. Jennings* [L10305] case file, LPAL.

68. Declaration, filed Nov. 19, 1845 [38718], *Johnson v. Lester* [L00844] case file, LPAL.

69. Declaration, filed Sept. 3, 1852 [46158], Plea, filed Sept. 18, 1852 [46157], Judgment, dated Sept. 21, 1852 [46161], *Haines v. Jones* [L01258] case file, LPAL.

70. Address Before the Young Men's Lyceum of Springfield, Illinois (Jan. 27, 1838), CW 1: 108-15; George Fredrickson, *The Search for Order and Community, in* THE PUBLIC AND PRIVATE LINCOLN at 86-98 (1979); HOWE, THE POLITICAL CULTURE OF THE AMERICAN WHIGS at 227-30, 269-71 (1979); MATTHEWS, RUFUS CHOATE 86-87, 180 (1980); KOHL, THE POLITICS OF INDIVIDUALISM 162-63 (1989).

71. David M. Engel, *The Oven Bird's Song: Insiders, Outsiders, and Personal Injuries in an American Community,* 18 LAW & SOC'Y REV. 551-52 (1984).

72. NOAH WEBSTER, THE AMERICAN SPELLING BOOK; CONTAINING THE RUDIMENTS OF THE ENGLISH LANGUAGE 164 (Concord: H. Hill & Co. 1823).

73. Gordon, *Lawyers as the American Aristocracy,* 20 STAN. LAWYER 2, 7.

74. For a contemporary look at small-town law practice, *see* Donald M. Landon, *Clients, Colleagues, and Community: The Shaping of Zealous Advocacy in Country Law Practice,* 10 AM. B. FOUND. RES. J. 81 (1985); Donald M. Landon, *Lawyers and Localities: The Interaction of Community Context and Professionalism,* 7 AM. B. FOUND. RES. J. 1 (1982).

75. Milton Hay, *quoted in* 1 NICOLAY & HAY, ABRAHAM LINCOLN 168 (1909).

76. Matthew 5:9 (King James Version).

77. Fragment: Notes for a Law Lecture, CW 10:19.

78. GREENLEAF, A DISCOURSE PRONOUNCED AT THE INAUGURATION OF THE AUTHOR AS ROYALL PROFESSOR OF LAW IN HARVARD UNIVERSITY, at 16; *Examination of Students,* 3 N.Y. LEGAL OBSERVER 395-96 (1845); SAMUEL WALKER, THE MORAL, SOCIAL, AND PROFESSIONAL DUTIES OF ATTORNEYS AND SOLICITORS 161(New York: Harper and Brothers, 1849); Carol J. Greenhouse, *Courting Difference: Issues of Interpretation and Comparison in the Study of Legal Ideologies,* 22 LAW & SOC'Y REV. 687, 691 (1988).

79. MEMORIALS OF THE LIFE AND CHARACTER OF STEPHEN T. LOGAN 17, 22.

80. ROBERTSON, SCRAP BOOK ON LAW AND POLITICS, MEN AND TIMES at 239; AL to George Robertson (Aug. 15, 1855), CW 2:317-19; *see also* ALLEN, AN ADDRESS DELIVERED BEFORE THE GRADUATING CLASS OF THE LAW DEPARTMENT OF HAMILTON COLLEGE, at 28 (avoid litigation if the cost of the lawsuit outweighs its anticipated success).

81. Declaration, dated Jan. 27, 1850 [9750], *Bale v. Wright & Hickox* [L00153] case file, LPAL; Lincoln to Abram Bale (Feb. 22, 1850), CW 2:76; Docket entry, dated Apr. 1, 1850 [9751], *Bale v. Wright & Hickox* [L00153] case file, LPAL.

82. AL to William Martin (Mar. 6, 1851), CW 2:102.

83. Lincoln to Hayden Keeling (Mar. 3, 1859), CW 3:371; Circuit Court Transcript, dated Nov. 15, 1860 [39192], *Scott & Stipp v. Keeling* [L00875] case file, LPAL.

84. *See, e.g., Adkin v. Hines* [L00457], *Beaty et ux. v. Miller et ux.* [L02643], *Cockrell et ux. v. Tainter* [L03090], *Gaddie v. Ott* [L05856], *McDonough et ux. v. Donnelly*[L04010], *Popejoy v. Wilson* [L02070], *Scott et ux. v. Busher* [L00193], *Torrance v. Galloway* [L01595], case files, LPAL.

85. Lincoln was referring to a recent American edition of the English treatise. *See* STARKIE, A TREATISE ON THE LAW OF SLANDER AND LIBEL; Petition for Rehearing, filed Jan. 28, 1846 [39617], *Patterson et ux. v. Edwards et ux.* [L00884] case file, LPAL.

86. Andrew J. King, *Law of Slander in Early Antebellum America,* 35 AM. J. LEGAL HIST. 1 (1991); Roger Thompson, *'Holy Watchfulness' and Communal Conformism: The Functions of Defamation in Early New England Communities,* 56 NEW ENGLAND Q. 504-7 (1983); HELENA M. WALL, FIERCE COMMUNION: FAMILY AND COMMUNITY IN EARLY AMERICA 30-48 (1990).

87. F.G. Bailey, *Gifts and Poison, in* GIFTS AND POISON: THE POLITICS OF REPUTATION 2-3 (F.G. Bailey ed.,

1971); Peter Charles Hoffer, *Honor and the Roots of American Litigiousness,* 33 AM. J. LEGAL HIST. 295, 313 (1989).

88. Mary Beth Norton, *Gender and Defamation in Seventeenth-Century Maryland,* 44 WILLIAM & MARY Q. 1, 5 (1987).

89. Communication to the People of Sangamo County (Mar. 9, 1832), CW 1:8.

90. An Act Respecting Crimes and Punishments, ILL. LAWS 126, 128-29 (1821).

91. An Act Declaring Certain Words Actionable, approved Dec. 27, 1822, ILL. REV. LAWS 583 (1833).

92. *Onslow v. Horne,* 95 Eng. Rep. 999 (K. B. 1771), quoted in, King, Law of Slander in Early Antebellum America, 35 AM. J. LEGAL HIST. at 15.

93. King, Law of Slander in Early Antebellum America, 35 AM. J. LEGAL HIST. at 15-17.

94. *Allsop v. Sturgeon* [L00667], *Beaty et ux. v. Miller et ux.* [L02643], *Cantrall et ux. v. Primm* [L03010], *Fancher v. Gollogher* [L00669], *Hatch v. Potter et ux.* [L02450], *Jacobus v. Kitchell et ux.* [L01063], *Martin v. Underwood* [L01953], *Mitchell et ux. v. Mitchell* [L00673], *Patterson et ux. v. Edwards et ux.* [L00884], *Patterson v. Moore* [L05591], *Regnier v. Cabot* [L00158], *Saunders et ux. v. Dunham* [L01583], *Skinner v. Overstreet et ux.* [L00144], *Toney v. Sconce* [L02050] case files, LPAL. On the gender dimensions of slander, see LAURA GOWING, DOMESTIC DANGERS: WOMEN, WORDS, AND SEX IN EARLY MODERN LONDON (1998); Andrew J. King, *Constructing Gender: Sexual Slander in Nineteenth-Century America,* 13 LAW & HIST. REV. 63 (1995); Norton, *Gender and Defamation,* 44 WM. & MARY Q. at 35-39.

95. King, *Constructing Gender: Sexual Slander in Nineteenth-Century America,* 13 LAW & HIST. REV. at 63, 68.

96. JOHN MACK FARAGHER, WOMEN AND MEN ON THE OVERLAND TRAIL 65 (1979); John Mack Faragher, *History from the Inside-Out: Writing the History of Women in Rural America,* 33 AM. Q. 537, 548 (1981).

97. Declaration, filed Aug. 11, 1849 [4664], *Cantrall et ux. v. Primm* [L03010] case file, LPAL.

98. Pleas, filed July 30, 1845 [94680], Judgment, dated Aug. 6, 1845 [94684], *Beaty et ux. v. Miller et ux.* [L02643] case file, LPAL.

99. Declaration, filed May 25, 1843 [4037], *Regnier v. Cabot* [L00158] case file, LPAL.

100. S.C. Parks to W.H. Herndon (Mar. 25, 1866), in HERNDON'S INFORMANTS: LETTERS, INTERVIEWS, AND STATEMENTS ABOUT LINCOLN at 239; Docket entry, dated Nov. 7, 1843 [8406], *Regnier v. Cabot* [L00158] case file, LPAL.

101. Motion for New Trial, dated Nov. 8, 1843 [4022], *Regnier v. Cabot* [L00158] case file, LPAL.

102. *Regnier v. Cabot,* 7 Ill. (2 Gilm.) 34 (1845).

103. Narratio, filed May 9, 1850 [35667], *Allsop v. Sturgeon* [L00667], LPAL.

104. The editors of the Law Practice of Abraham Lincoln note that the reference work Lincoln Day-by-Day is the only source that associates Lincoln with this case. WILLIAM E. BARINGER, LINCOLN DAY BY DAY, VOL. II: 1849-1860, at 34 (1960). It is likely that the documents that supported concluding that Lincoln was involved have since been stolen or misplaced.

105. Jury Verdict, [May 23, 1850] [35675], *Allsop v. Sturgeon* [L00667], LPAL.

106. *Patterson v. Edwards,* 7 Ill. (2 Gilm.) 720, 723 (1845). Illinois was one of several northern states to prohibit interracial marriages. DAVID W. FOWLER, NORTHERN ATTITUDES TOWARDS INTERRACIAL MARRIAGE: LEGISLATION AND PUBLIC OPINION IN THE MIDDLE ATLANTIC AND THE STATES OF THE OLD NORTHWEST, 1780-1930, at 134-40, 156-61 (1987). On racism and the fear of miscegenation, see generally John M. Rozett, *Racism and Republican Emergence in Illinois, 1848-1860: A Re-evaluation of Republican Negrophobia,* 22 CIVIL WAR HIST. 101 (1976).

107. Declaration, filed Nov. 7, 1851 [51134], Order, dated Nov. 17, 1851 [51135], *Saunders v. Dunham* [L01583] case file, LPAL.

108. Narratio, filed Sept. 14, 1843 [61131], *Blue et ux. v. Allen* [L01583] case file, LPAL.

109. Order, dated Sept. 14, 1843 [61142] (Livingston County Circuit Court); Order, dated Dec. 27, 1843 [67956] (Illinois Supreme Court), *Blue et ux. v. Allen* [L01583] case file, LPAL.

110. See, e.g., *Russell v. Martin,* 3 Ill. (2 Scam.) (2 Scam.) 492 (1840) (sexual slander); *Cummerford and wife v. McAvoy,* 15 Ill. (5 Peck) 311 (1853) (larceny).

111. See, e.g., *Allsop v. Sturgeon* [L00667], *Fancher v. Gollogher* [L00669], *Hatch v. Potter et ux.* [L02450], *Jacobus v. Kitchell et ux.* [L01063], *Kipper et ux. v. Davis et ux.* [L01541], *Martin v. Underwood* [L01953], *Mitchell et ux. v. Mitchell* [L00673], *Patterson et ux. v. Edwards et ux.* [L00884], case files, LPAL.

112. For example, the white population of Shelby County in 1850 was 52 percent male (4,025) and 48 percent female (3,737). UNITED STATES CENSUS, 1850, SHELBY COUNTY, ILLINOIS (Judy Graven & Phyllis Hapner

comp., 1983). *See also* Norton, *Gender and Defamation in Seventeenth-Century Maryland*, 44 WM. & MARY Q. at 5, 9.

113. Faragher, *History from the Inside-Out: Writing the History of Women in Rural America*, 33 AM. Q. at 548.

114. *Beaty et ux. v. Miller et ux.* [L02643], *Chase v. Blakely et ux.* [L00879], *Jacobus v. Kitchell et ux.* [L01063], *Kipper et ux. v. Davis et ux.* [L01541], *Patterson et ux. v. Edwards et ux.* [L00884], *Preston et ux. v. Townsend et ux.* [L04349], *Skinner v. Overstreet et ux.* [L00144], *Toney v. Sconce* [L02050] case files, LPAL; JOSEPH CHITTY, TREATISE ON PLEADING 92 (9th Am. ed., Springfield, Mass., G. & C. Merriam 1844).

115. *Beaty et ux. v. Miller et ux.* [L02643], *Jacobus v. Kitchell et ux.* [L01063], *Kipper et ux. v. Davis et ux.* [L01541], *Patterson et ux. v. Edwards et ux.* [L00884], *Preston et ux. v. Townsend et ux.* [L04349], *Toney v. Sconce* [L02050] case files, LPAL.

116. *Chase v. Blakely et ux.* [L00879], *Skinner v. Overstreet et ux.* [L00144] case files, LPAL.

117. Declaration, filed Oct. 23, 1849 [8708], Judgment, dated Apr. 5, 1850 [8660], *Skinner v. Overstreet et ux.* [L00144] case file, LPAL.

118. Deposition, filed Nov. 12, 1841 [39540], Judgment, dated Nov. 13, 1841 [39543], *Chase v. Blakely et ux.* [L00879] case file, LPAL.

119. Narratio in case, filed May 11, 1853 [61803], *Toney v. Sconce* [L02050] case file, LPAL.

120. King, *Constructing Gender: Sexual Slander in Nineteenth-Century America*, 13 LAW & HIST. REV. at 74 (preponderance of male defendants linked to ability of males to pay judgments).

121. Declaration, filed Oct. 23, 1849 [8708], *Skinner v. Overstreet et ux.*, [L00144] case file, LPAL.

122. Plea, filed Apr. 5, 1850 [8707], Judgment, dated Apr. 5, 1850 [8707], *Skinner v. Overstreet et ux.* [L00144] case file, LPAL.

123. An Act to Provide for the Maintenance of Illegitimate Children, approved Jan. 23, 1827, ILL. STAT. 332 (1839); *Anderson v. Ryan*, 8 Ill. (3 Gilm.) 583, 588 (1846); *Grable v. Margrave*, 4 Ill. (3 Scam.) 372, 373 (1842); *Tubbs v. Van Kleek*, 12 Ill. (2 Peck) 446 (1851) Judgment, dated May 2, 1851 [48725], *People ex rel. Dunn v. Carle* [L01416], David Davis to Sarah W. Davis, dated May 3, 1851 [87215], Judgment, dated May 2, 1851 [47512], *Zephaniah Dunn v. Carle* [L01340], Judgment, dated May 3, 1850 [47509], *Nancy Jane Dunn v. Carle* [L01339] case files, LPAL.

124. *See generally* Keith Thomas, *The Double Standard*, 20 J. HIST. IDEAS 195 (1959).

125. *See* GOWING, DOMESTIC DANGERS: WOMEN, WORDS, AND SEX IN EARLY MODERN LONDON at 66; POLLY MORRIS, DEFAMATION AND SEXUAL REPUTATION IN SOMERSET, 1733-1850, at 291-92 (1985)(Ph.D. dissertation University of Warwick).

126. Declaration, filed Oct. 16, 1847 [60127], *Martin v. Underwood* [L01953] case file, LPAL.

127. Declaration, filed Oct. 16, 1847 [60127], Pleas, [dated Oct. Term 1857][60152], Judgment, dated Apr. 27, 1858, *Martin v. Underwood* [L01953] case file, LPAL.

128. Narratio in case, filed Aug. 27, 1844 [129418], Judgment, dated Sept. 11, 1845 [129366], *Potter et ux. v. Hatch* [L02450] case file, LPAL; *Hatch v. Potter et ux.*, 7 Ill. (2 Gilm.) 725 (1845).

129. Declaration, filed Feb. 7, 1852 [55884], *Davidson v. McGhilton* [L01753]; Plea, filed Oct. 3, 1851 [5863], *Thompson v. Henline* [L01689]; Plea *[5864]*, *Thompson v. Patton* [L01691]; Declaration, filed Nov. Term 1847 [58003], *Torrance v. Galloway* [L01595] case files, LPAL. In a fifth case, Gaddie sued Ott because Ott had said Gaddie lied under oath when he testified in a earlier court proceeding that Ott had sex with hogs and cattle. Plea, filed May 21, 1857 [136364], *Gaddie v. Ott* [L05856].

130. Declaration, filed Nov. Term 1847 [58003], Judgment, dated June 5, 1848 [51907], *Torrance v. Galloway* [L01595] case file, LPAL.

131. Norton, *Gender and Defamation in Seventeenth-Century Maryland*, 44 WM & MARY Q. at 9, 35-39; *see also* Peter N. Moogk, *"Thieving Buggers" and "Stupid Sluts": Insults and Popular Culture in New France*, 36 WM & MARY Q. 524, 541-43 (1979).

132. *See, e.g., Adkin v. Hines* [L00457], *Burson v. Newman* [L00700], *Henrichsen v. Laughery* [L01047], *Smith v. Poque* [L01823], *Watson v. Mullen* [L04804] case files, LPAL.

133. *See, e.g., Bagley v. Vanmeter* [L00699], *Noland v. Evans* [L00674], *Ray v. Cummins* [L00778]; *Spink v. Chiniquy* [L01448] case files, LPAL.

134. ETCHESON, THE EMERGING MIDWEST: UPLAND SOUTHERNERS AND THE POLITICAL CULTURE OF THE OLD NORTHWEST at 27-39.

135. WINKLE, THE YOUNG EAGLE: THE RISE OF ABRAHAM LINCOLN at 100-1.

136. Declaration, filed Sept. 29, 1838 [5865], *Thompson v. Osborn* [L04636] case file, LPAL.

137. Order, dated Mar. 7, 1839 [86981], *Thompson v. Osborn*[L04636] case file, LPAL.

138. Sally Engle Merry, *Rethinking Gossip and Scandal, in* 1 TOWARD A GENERAL THEORY OF SOCIAL CONTROL 272 (Donald Black ed., 1984).

139. 2 ASA KINNE, QUESTIONS AND ANSWERS ON LAW: ALPHABETICALLY ARRANGED, WITH REFERENCES TO THE MOST APPROVED AUTHORITIES 691 (New York: John F. Trow, 1850).

140. Jury Instructions, [May Term 1853][3745], Jury verdict, dated June 1, 1853 [61520], *Campbell v. Smith* [L02072] case file, LPAL.

141. Judgment, dated July 29, 1842 [96645], Declaration, filed Feb. 11, 1842 [4591], *Dormody v. Bradford* [L03146] case file, LPAL; THOMAS STARKIE, LAW OF SLANDER 24 (Am. ed. New York: Collins and Hannay, 1832); *Caldwell v. Abbey*, 3 Ky. (1 Hard.) 539 (1808).

142. ILL. REV. STAT. Ch. XXVI, sec. 2 (1845).

143. ILL. REV. STAT. Ch. XXVI, sec. 2 (1856).

144. *See, e.g.,* Bond for Costs, dated June 30, 1839 [30956], *Adkin v. Hines* [L00457]; Bond for Costs, dated May 14, 1855 [30956], *Fairchild v. Madden* [L00548]; Bond for Costs, dated May 16, 1855 [38532], *Johnson v. Benson* [L00839]; *Bond for Costs, filed Nov. 6, 1849 [8720], Skinner v. Overstreet et ux.* [L00144] case files, LPAL.

145. Order, dated May 26, 1856 [11320], *Keltner et ux. v. Keltner* [L00199]; Order, dated Sept. 28, 1859 [41433], *Shockey v. White*[L01028] case files, LPAL; An Act Regulating the Practice in the Supreme and Circuit Courts, approved Jan. 29, 1827, ILL. REV. LAWS, sec. 6 (1833); ILL. REV. STAT. Ch. LXXXIII, sec. 8 (1845).

146. Judgment, dated Apr. 15, 1852 [55880], *Davidson v. McGhilton*[L01753] case file, Judgment, dated Sept. 25, 1843 [61142](Livingston County Circuit Court), Judgment, dated Mar. 11, 1844 [61158](Illinois Supreme Court), *Blue v. Allen et ux.* [L02069] case file, LPAL.

147. Wilson, *The Business of a Midwestern Trial Court: Knox County, Illinois, 1841-1850*, 84 ILL. HIST. J. at 255, 257 (1991).

148. WAYNE V. MCINTOSH, THE APPEAL OF CIVIL LAW: A POLITICAL-ECONOMIC ANALYSIS OF LITIGATION 124 (1990).

149. *See, e.g., Allsop v. Sturgeon* [L00667], *Blue v. Allen et ux.* [L02069], *Chase v. Blakely et ux.* [L00879], *Mitchell et ux. v. Mitchell* [L00673], *Skinner v. Overstreet et ux.* [L00144], *Watson v. Gill* [L00733], *Wright v. Busby* [L00726] case files, LPAL.

150. [Jacksonville] *Illinoian*, Apr. 14, 1838, at 1.

151. King, *The Law of Slander in Early Antebellum America*, 35 AM. J. LEGAL HIST. at 32.

152. 1 JOSEPH CHITTY, A TREATISE ON PLEADING AND PARTIES TO ACTIONS 492-94 (J.C. Perkins ed., Springfield, Mass., G. & C. Merriam 1844).

153. *See, e.g.,* Plea, filed June 4, 1839 [3587], *Adkin v. Meisenhelter* [L00463]; Plea, filed May 18, 1855 [1964], *Fairchild v. Madden* [L00548]; Plea, dated Nov. 15, 1850 [30818], *Hill v. Whitley* [L00451]; Plea, [dated Oct. 16, 1847][5818], *Watson v. Gill* [L00733] case files, LPAL.

154. Plea, filed June 4, 1839 [3585], *Adkin v. Hines*[L00457]; Plea, filed June 4, 1839 [3587], *Adkin v. Meisenhelter*[L00463]; Plea, [filed May 12, 1846][1951], *Burson v. Newman*[L00700]; Plea, filed Oct. 2, 1846 [3194], *Slatten v. Branson*[L00641]; Plea, filed Oct. 19, 1842 [61555], *Smith v. Courtney* [L02037], LPAL.

155. Plea, [filed Oct. Term 1847][5383], *Linder v. Fleenor*[L00713]; Plea, [filed Nov. Term 1851][5523], *Mercer v. Evans*[00672]; Plea [filed Nov. 3,1851][3350], *Noland v. Evans* [L00674]; Plea, filed May 16, 1854 [3145], *Richey v. Adams* [L00590]; Plea, filed Oct. 2, 1846 [3194], *Slatten v. Branson* [L00641] case files, LPAL.

156. Plea, filed Apr. 11, 1844 [3876], *Boggs v. Overton* [L01742]; Plea [filed May 1852][35773], *Johnson v. Hardy*[L00671] case files, LPAL.

157. Plea [filed May Term1852][35801], *Mitchell et ux. v. Mitchell*[L00673]; Plea, [dated Oct. 16, 1847], *Watson v. Gill* [L00733] case file, LPAL.

158. 1 CHITTY, A TREATISE ON PLEADING at 496-97.

159. *Crandall v. Dawson*, 6 Ill. (1 Gilm.) 556, 558-59 (1844); *Darling v. Banks*, 14 Ill. 46, 48 (1852).

160. *Beasley v. Meigs*, 16 Ill. 139, 140 (1854); *Sloan v. Petrie*, 15 Ill. 426, 427 (1854); *see also* THEODORE SEDGWICK, A TREATISE ON THE MEASURE OF DAMAGES 540-41 (2d ed.).

161. Judgment, dated June 6, 1839 [30938], *Adkin v. Hines*[L00457]; Judgment, dated Sept. 12, 1844 [55476], *Boggs v. Overton*[L01742]; Judgment, dated May 11, 1847], *Burson v. Newman* [L00700] case files, LPAL.

162. Agreement to Dismiss, dated Oct. 18, 1839 [31080], *Adkin v. Meisenhelter* [L00463]; Agreement to Dismiss, dated Oct. 19, 1842 [61558], *Smith v. Courtney* [L02037] case files, LPAL.

163. Judgment, dated Oct. 14, 1847 [36836], *Linder v. Fleenor*[L00713]; Judgment, dated May 16, 1854

[34409], *Richey v. Adams*[L00590]; Judgment, dated Mar. 21, 1844 [31306], *Cabot v. Regnier* [L00158]; Judgment, dated May 25, 1843 [31306], *Nordyke v. Fleenor* [L00736] case files, LPAL.

164. In *Linder v. Fleenor*, the plaintiff remitted $950 of the $1,000 jury award; in *Richey v. Adams*, the plaintiff remitted $500 of the $1,012 jury award; in *Nordyke v. Fleenor*, the plaintiff released all $2,000 of the award. Judgment, dated Oct. 14, 1847 [36836], *Linder v. Fleenor* [L00713]; Order, dated May 18, 1854 [34412], *Richey v. Adams*[L00590]; Judgment, dated May 25, 1843 [31306], *Nordyke v. Fleenor* [L00736] case files, LPAL.

165. Judgment ($215), dated Oct. 16, 1847 [37343], *Watson v. Gill* [L00733]; Judgment ($237), dated Apr. 27, 1858 [37343], *Martin v. Underwood* [L01953]; Judgment ($250), dated Oct. 2, 1846 [35407], *Slatten v. Branson*[L00641]; Judgment ($500), dated May 24, 1852 [37343], *Mitchell et ux. v. Mitchell* [L00673] case files, LPAL. The $500 award was remitted to $100 in *Mitchell*.

166. Judgment ($5), dated Nov. 3, 1851 [35781], *Mercer v. Evans*[L00672]; Judgment ($30), dated May 21, 1857 [136396], *Mercer v. Evans* [L00672]; Judgment ($50), dated May 24, 1852 [35768], *Johnson v. Hardy*[L00671]; Judgment ($55), dated May 19, 1855 [33662], *Fairchild v. Madden*[L00548]; Judgment ($78), dated Nov. 3, 1851 [35838], *Noland v. Evans*[L00674]; Judgment ($80), dated Oct. 25, 1843 [36179], *Bagley v. Vanmeter*[L00699] case files, LPAL.

167. Judgment, dated May 30, 1851 [30815], *Hill v. Whitley*[L00451] case file, LPAL.

168. Judgment (not guilty), dated June 6, 1839 [30938], *Adkin v. Hines* [L00457]; Judgment (not guilty), dated [May 11, 1847], *Burson v. Newman* [L00700]; Agreement to Dismiss, dated Oct. 18, 1839 [31080], *Adkin v. Meisenhelter* [L00463]; Agreement to Dismiss, dated Oct. 19, 1842 [61558], *Smith v. Courtney* [L02037]; Judgment ($250), dated Oct. 2, 1846 [35407], *Slatten v. Branson* [L00641] case file, LPAL.

169. Declaration, filed May 24, 1839 [30950], *Adkin v. Hines*[L00457]; Declaration, filed May 24, 1839 [31058], *Adkin v. Meisenhelter* [L00463] case file, LPAL.

170. Warrant, dated Nov. 19, 1838, Macon County Criminal case files, box 1, folder 17, Illinois Regional Archives Depository, University of Illinois-Springfield.

171. Plea, filed June 4, 1839 [3585], *Adkin v. Hines*[L00457]; Plea, filed June 4, 1839 [3587], *Adkin v. Meisenhelter* [L00463] case file, LPAL.

172. Judgment (not guilty), dated June 6, 1839 [30938], *Adkin v. Hines* [L00457] case file, LPAL.

173. Agreement to Dismiss, dated Oct. 18, 1839 [31080], *Adkin v. Meisenhelter* [L00463] case file, LPAL.

174. Order, Oct. 1839, Macon County Docket Book [132887], *People v. Adkin* [L00468] case file, LPAL.

175. An Act for the Limitations of Actions and for Avoiding Vexatious Law Suits, approved Feb. 10, 1827, ILL. REV. LAWS 441-42 (1833); ILL. REV. STAT. ch. 66, sec. 3 (1845).

176. Plea, filed May 21, 1850 [89888], *Allsop v. Sturgeon* [L00667]; Plea, [dated Sept. Term 1838][41977], *Bell v. Mitchell*[L01055]; Plea, filed Oct. 8, 1845 [5067], *Frost v. Gillinwaters*[L00705]; Plea, [dated May Term 1852][3354], *Johnson v. Hardy*[L00671]; Plea, [dated May Term 1852] [935801], *Mitchell et ux. v. Mitchell*[L00673]; Plea, filed May 24, 1843 [1950], *Nordyke v. Fleenor*[L00736]; Plea, filed Oct. 19, 1842 [61555], *Smith v. Courtney* [L02037] case files, LPAL.

177. *McKee v. Ingalls*, 5 Ill. (4 Scam.) 30, 33 (1842).

178. Jury Instructions, [dated May 23, 1850][35679], *Allsop v. Sturgeon* [L00667]; Jury Instructions, [dated Sept. 25, 1852][37337], *Ramsey v. Marteny* [L01812] case files, LPAL.

179. Jury Instructions, [dated Sept. 25, 1852][37337], *Ramsey v. Marteny* [L01812] case file, LPAL.

180. *Cummerford v. McAvoy*, 15 Ill. 311, 313 (1853).

181. Plea, filed July 30, 1845 [94680], Judgment, dated Aug. 6, 1845 [94684], *Beaty et ux. v. Miller et ux.* [L02643] case file, LPAL.

182. *Regnier v. Cabot*, 7 Ill. (2 Gilm.) 34, 40 (1845).

183. Judgment ($5), dated Nov. 3, 1851 [35781], *Mercer v. Evans* [L00672] case file, LPAL.

184. Narratio, dated Sept. 24, 1842 [61391], Judgment, [dated Oct. Term][61403], *Scott v. Cox* [L02028] case file, LPAL.

185. Judgment, dated Mar. 25, 1853 [94546], *Archer v. Duff* [L02557]; Judgment, dated Nov. 13, 1841 [39543], *Chase v. Blakely et ux.*[L00879]; Judgment, dated Oct. 30, 1861 [41614], *Henrichson v. Laughery* [L01047] case files, LPAL.

186. Judgment, dated Mar. 25, 1853 [94546], *Archer v. Duff*[L02557] case file, LPAL.

187. CANADIAN ENCYCLOPEDIC DIGEST *Defamation* S485, available in Westlaw database. See also JOHN G. FLEMING, THE LAW OF TORTS 595 (8th ed. 1992); MARGARET BRAZIER, STREET ON TORTS 507 (9th ed. 1993).

188. Plaintiffs in several slander cases in New South Wales in the 1820s and 1830s were awarded one farthing or one shilling in damages. See, e.g., *Threlkeld v. Lang* (1836); *Klensendorlffe v. Oakes* (1827); *Whitfield*

v. *Caswell*(1837), Decisions of the Superior Courts of New South Wales 1788-1899, *available at* <www.law.mq.edu.au/scnsw>.

189. Writ of Fieri Facias, dated May 13, 1853 [74418], *Archer v. Duff*[L02557] case file, LPAL. Some jurisdictions required plaintiffs in slander suits to recover a minimal amount in damages before the plaintiff could be awarded costs that exceeded the damages. *See, e.g., Robinson v. Whitcher*, 2 Vt. 565 (1829)(Under Vermont statute slander plaintiffs had to be awarded more than $7 to recover costs greater than the damage award).

190. Judgment, [dated May 7, 1838][133352], *Moran v. Baddeley* [L05557] case file, LPAL.

191. Declaration, filed Aug. 4, 1840 [3893], Judgment, dated Oct. 13, 1840 [61097], *Popejoy v. Wilson* [L02070] case file, LPAL.

192. *See generally* Andrew R. Arno, *Ritual Reconciliation and Conflict Management in Fiji*, 47 OCEANIA 49 (1976); Klaus-Friedrich Koch et al., *Social Structure, Ritual Reconciliation, and the Obviation of Grievances: A Comparative Essay in the Anthropology of Law*, 16 ETHNOLOGY 269 (1979).

193. Judgment, dated Mar. 26, 1836 [L03394], *Green v. Purcapile* [L003394] case file, LPAL.

194. Agreement [filed Oct. Term 1853][5890], Judgment, dated Oct. 29, 1853 [61811], Narratio, filed May 11, 1853, *Toney v. Sconce* [L02050] case file, LPAL.

195. Agreement, filed May 2, 1845 [5450], Judgment, dated May 2, 1845 [5450], *McKibben v. Hart* [L00716] case file, LPAL.

196. Judgment, dated Aug. 9, 1845 [126100], *Watson v. Mullen*[L04804] case file, LPAL.

197. Judgment, dated Jan. 8, 1859 [53253], *Lehman v. Schroder*[L01659] case file, LPAL.

198. HENRY CLAY WHITNEY, LIFE ON THE CIRCUIT WITH LINCOLN 144-45.

199. *Id.* at 74.

200. *Id.* at 75.

201. Judgment, [dated Oct. Term], *Spink v. Chiniquy*[L01448] case file, LPAL.

202. Speech to jury [n.d.], Richard Yates Papers, Abraham Lincoln Presidential Library & Museum, Springfield, Illinois.

203. Lincoln to Edwin M. Stanton (July 14, 1864), CW 7:440.

204. Declaration, filed Sept. 1, 1851 [3893], *Jacobus v. Kitchell et ux.* [L01063] case file, LPAL.

205. Proposed Judgment (Lincoln's draft) [filed Sept. 19, 1851][42131], Judgment, dated Sept. 19, 1851 [42118], *Jacobus v. Kitchell* [L01063] case file, LPAL.

206. Defendant's Statement, [dated Oct. 8, 1845][1948], Judgment, dated Oct. 8, 1845 [36735], *Frost v. Gillinwaters* [L00705] case file, LPAL.

207. Proposed Judgment, [filed Aug. 26, 1851][4708]; Judgment, dated Aug. 26, 1851 [95234], *Brundage v. McCarty* [L02801] case file, LPAL.

208. *See generally* Don E. Fehrenbacher, *The Judd-Wentworth Feud*, 45 J. ILL. STATE HIST. SOC'Y 197 (1952).

209. John Wentworth to AL, Dec. 21, 1859, Abraham Lincoln Papers at the Library of Congress, <memory.loc.gov/ammem/alhtml/malhome.html>, Select: Search by Keyword, Enter: Wentworth, Select: Item 8.

210. David Davis to AL, Feb. 21, 1860, Abraham Lincoln Papers at the Library of Congress, <memory.loc.gov/ammem/alhtml/malhome.html>, Select: Search by Keyword, Enter: Wentworth, Select: Item 8.

211. For examples of cases dismissed by the plaintiff before trial, *see* Agreement to Dismiss, dated Oct. 18, 1839 [31080], *Adkin v. Meisenhelter* [L00463]; Agreement, filed Apr. 28, 1855 [58893], *Cossens v. Parrish*[L01879]; Proposed Judgment (Lincoln's draft)[dated Sept. 19, 1851][42131], Judgment, dated Sept. 19, 1851 [42118], *Jacobus v. Kitchell* [L01063]; Judgment, dated Nov. 20, 1855 [123344], *Preston et ux v. Townsend et ux.* [L04349]; Agreement to Dismiss, dated Oct. 19, 1842 [61558] case files, LPAL.

212. *Archer v. Duff*, judge's docket, 1849-53, 264; *Busher v. Strawn*, judge's docket, 1853-56, 290; *Cass v. Lawson*, court docket, 1845-49, 255; *Thurman v. Taylor*, court record, 1841-42, 346; *Yocum v. Newsom*, court docket, 1845-49, 80, Sangamon County Circuit Court Records, Illinois Regional Archives Depository, University of Illinois—Springfield, Springfield, Illinois.

213. *Archer v. Duff*, judge's docket, 1849-53, 264; *Bentley v. Cherry*, court docket, no.1858-59, 462; *Brundage v. McCarty*, judge's docket, 1849-53, 148; *Busher v. Strawn*, judge's docket, 1853-56, 208; *Cantrall v. Primm*, judge's docket, 1849-53, 9; *Cockrell v. Tainter*, judge's docket, 1856-57, 199; *Dormody v. Bradford*,court record, 1841-42, 456; *Jayne v. Benson*, judge's docket, 1856-57, 367; *McDonough v. Donnelly*, court docket, no. 2, 1858-59, 476; *Preston v. Townsend*, judge's docket, 1853-56, 472; *Rape v. Chambers*, judge's docket, 1853-56, 24; *Thompson v. Osborne*, court record, 1838-39, 321; *Thurman v. Taylor*, judge's docket, 1840-41, 116; *Watson v. Mullen*, judge's docket, 1845-49, 33; *Yocum v. Newsom*, court docket, 1845-49, 80, Sangamon

County Circuit Court Records, Illinois Regional Archives Depository, University of Illinois-Springfield, Springfield, Illinois.

214. See, e.g., *Bentley v. Cherry*, court docket, no. 2, 1858-59, 462; *Flynn v. Dempsey*, court docket, no. 1, 1857-58, 205; *Cockrell v. Taintor*, judge's docket, 1856-57, 199 Sangamon County Circuit Court Records, Illinois Regional Archives Depository, University of Illinois-Springfield, Springfield, Illinois.

215. *Bell v. Jones*, judge's docket, 1849-53, 90; *Dormody v. Bradford*, court record 1841-42, 456; *Huston v. Dunkin*, Docket Book B, 1836-40, 105; *Jayne v. Benson*, judge's docket, 1856-57, 367, Sangamon County Circuit Court Records, Illinois Regional Archives Depository, University of Illinois-Springfield, Springfield, Illinois.

216. *Allsop v. Sturgeon* [L00667], *Dungey v. Spencer* [L00567], *Fancher v. Gollogher* [L00669], *Gay v. Short*[L03307], *Linder v. Fleenor* [L00713], *Mitchell et ux. v. Mitchell* [L00673], *Nordyke v. Fleenor* [L00736], *Richey v. Adams* [L00590], *Turney v. Craig* [L00731], *Wright v. Busby* [L00667] case files, LPAL.

217. For examples of jurists' reluctance to overturn jury verdicts for excessive damages, see *Blancard v. Morris*, 15 Ill. 36 (1853), *McNamara v. King*, 7 Ill. (2 Gilm.) 436 (1845), and King, *Law of Slander* at 22-23.

218. *Fancher v. Gollogher* [L00669], *Nordyke v. Fleenor* [L00736], and *Turney v. Craig* case files, LPAL.

219. Demurrer, filed May 25, 1850 [5045], Judgment, dated May 21, 1851 [35693], *Fancher v. Gollogher* [L00669] case file, LPAL.

220. Declaration, filed Apr. 25, 1850 [5686], *Fancher v. Gollogher*[L00669] case file, LPAL; Declaration filed Apr. 28, 1843 [37394]; Judgment, dated May 25, 1843 [37404], *Nordyke v. Fleenor* [L00736] case file, LPAL.

221. Judgment, dated May 23, 1850 [35671], *Allsop v. Sturgeon*[L00667]($300 of $500 award remitted); Judgment, dated Oct. 14, 1847 [36836], *Linder v. Fleenor*[L00713]($950 of $1,000); Judgment, dated May 24, 1852 [35811], *Mitchell et ux. v. Mitchell* [L00673] ($400 of $500); Judgment, dated May 13, 1847 [L00726]; *Wright v. Busby* [L00667]($950 of $1,000) case files, LPAL.

222. Declaration, filed May 13, 1852 [35807], Plea, [May Term 1852][35801], Judgment, dated May 24, 1852 [35811], *Mitchell et ux. v. Mitchell* [L00673] case file, LPAL.

223. Declaration, filed Aug. 24, 1847 [5382], Plea, [Oct. Term 1847][5383], Plea, dated Oct. 14, 1847 [36836], *Linder v. Fleenor* [L00713] case file, LPAL.

224. Declaration, filed May 5, 1854 [L00590], Judgment, dated May 16, 1854 [34409], Motion for New Trial, filed May 17, 1854 [4321], Judgment, dated May 18, 1854 [34412], *Richey v. Adams*[L00590] case file, LPAL. Under antebellum slander law, a new trial would not be granted on the basis of excessive damages unless the jury was influenced by "passion, prejudice or partiality." 2 KINNE, QUESTIONS AND ANSWERS at 273.

225. Declaration, filed Apr. 17, 1855 [4580], Deposition of Joseph Catrell, dated Oct. 8, 1855 [33945], Judgment, dated Oct. 18, 1855 [33951], *Dungey v. Spencer* [L00567] case file, LPAL; Judge Lawrence Weldon, *Reminiscences of Lincoln as a Lawyer*, THE INDEPENDENT, Apr. 1895.

226. EDWARD J. BALLEISEN, NAVIGATING FAILURE: BANKRUPTCY AND COMMERCIAL SOCIETY IN ANTEBELLUM AMERICA 26-32 (2001).

227. GORDON MORRIS BAKKEN, PRACTICING LAW IN FRONTIER CALIFORNIA 51 (1991); MORETTA, WILLIAM PITT BALLINGER: TEXAS LAWYER, SOUTHERN STATESMAN at 81-82; Thomas D. Russell, *The Antebellum Courthouse as Creditors' Domain: Trial Activity in South Carolina and the Concomitance of Lending and Litigation*, 40 AM. J. LEGAL HIST. 331 (1996); Terry Wilson, *The Business of a Midwestern Trial Court: Knox County, Illinois* 84 ILL. HIST. J. 249.

228. Lupton, *A. Lincoln, Esq.: The Evolution of a Lawyer*, in SPIEGEL, A. LINCOLN, ESQUIRE: A SHREWD, SOPHISTICATED LAWYER IN HIS TIME at 23, 26-27, 31. I am indebted to Lupton for the data presented in this paragraph.

229. See, e.g., Judgment, dated July 12, 1838 [90323], *Ackley v. Hillman* [L02321]; Judgment, dated Nov. 16, 1847 [127006], *Betts v. Elkin* [L04927]; Judgment, dated Apr. 27, 1860 [93193], *Black v. Owens* [L02689] case files, LPAL.

230. See, e.g., Agreed Order of Dismissal, dated May 30, 1838 [L00886], *Atwood & Co. v. Shinn & Vittum*[L00886]; Order of Dismissal, dated Nov. 24, 1848 [93919], *Baker v. Camp*[L02579]; Order of Nonsuit, dated Oct. 5, 1858 [56295], *Forney v. L.C. Blakslee & Co.*[L01766] case files, LPAL.

231. See, e.g., Judgment, dated Sept. 27, 1837 [133339], *A & G. W. Kerr & Co. v. Covell* [L05551]; Judgment, dated May 18, 1855 [33672], *Fears v. Slatten* [L00549]; Judgment, dated Nov. 4, 1845 [10816], *Green v. Graham* [L00299] case files, LPAL.

232. See, e.g., Judgment, dated Aug. 6, 1841 [95994], *Mallory v. Elkin* [L02960]; Judgment, dated Apr. 1, 1853 [98521], *McDonald v. Allen* [L04031] case files, LPAL.

233. Declaration, [filed Oct. Term 1856][34261], Affidavit for Continuance, filed Oct. 16, 1857 [34268], Plea,

[filed Mar. Term 1858][34258], Judgment, dated Mar. 1, 1858 [34273], *Phares v. Dockum* [L00582] case file, LPAL. *See also* Judgment, dated Mar. 7, 1838 [90252], Affidavit, filed Mar. 17, 1838 [5086], *Goodacre v. Simpson* [L03322] case file (consideration for note for sale of horse failed because horse older than represented).

234. Declaration, filed Sept. 22, 1837 [4725], Judgment, dated Oct. 18, 1837 [88441], *Billon v. White* [L02681] case file, LPAL.

235. Declaration, filed Sept. 22, 1837 [5798], Judgment, dated Oct. 16, 1837 [88418], *VonPhul & McGill v. Porter* [L02895] case file, LPAL.

236. Declaration, filed July 6, 1837 [4637], Order, dated July 3, 1837 [88311], Public Notice, *Sangamo Journal*, July 22, 1837 [96412], Order, dated Oct. 16, 1837 [88418], Order, dated Oct. 20, 1837 [88465], Order, dated Oct. 21, 1837 [88478], *Coffman v. Smith* [L02895] casefile, LPAL. This was one of ten lawsuits Stuart & Lincoln filed in 1837 against Smith, who had fled town in advance of his creditors. See *A.Y. Ellis & Co. v. Smith* [L03178], *Bryan v. Smith*[L02805], *Capps v. Smith* [L03011], *Ellis v. Smith* [L03177], *Herndon v. Smith* [L03544], *Klein v. Smith*[L03778], *Luckett v. Smith* [L03919], *Nation & Woods v. Smith* [L04133] case files, LPAL.

237. Declaration, [filed Oct. Term 1837][866], Order of Dismissal, dated Oct. 17, 1837 [88421], *Buckmaster v. Garrett*, [L02848] case file, LPAL.

238. Russell, *The Antebellum Courthouse as Creditors' Domain*, 40 AM. J. LEGAL HIST. at 333-34; Act of Mar. 1845, ILL. STAT. ch. 57, sec. 33 (Chicago: Keen & Lee 1856); WINKLE, THE YOUNG EAGLE: THE RISE OF ABRAHAM LINCOLN at 96-100.

239. Proposed Judgment, [Oct. 26, 1842][1949], Agreed Judgment, dated Oct. 26, 1842 [37237], *Mount & Alexander v. Powers* [L00278] case file, LPAL.

240. AL to Orville H. Browning, dated June 29, 1857, CW 2:410; Judgment, dated Apr. 6, 1859 [133366], *Browning & Bushnell v. Price & Fell* [L055560] case file, LPAL; AL to Kersey H. Fell, dated July 8, 1859, CW 11:17.

241. Declaration, filed Mar. 3, 1856 [63253], *Brown Bros. & Co. v. Chicago, Alton & St. Louis R.R.* [L02118]; Declaration, filed Mar. 3, 1856 [65733], *Hotchkiss v. Chicago, Alton & St. Louis R.R.* [L02302]; Declaration, filed Mar. 3, 1856 [64325], *New Haven County Bank v. Chicago, Alton & St. Louis R.R.* [L02186] case files, LPAL.

242. Judgment, dated Mar. 17, 1856 [63254], *Brown Bros. & Co. v. Chicago, Alton & St. Louis R.R.* [L02118]; Judgment, dated Mar. 17, 1856 [65736], *Hotchkiss v. Chicago, Alton & St. Louis R.R.* [L02302]; Judgment, filed Mar. 17, 1856 [64330], *New Haven County Bank v. Chicago, Alton & St. Louis R.R.* [L02186] case files, LPAL.

243. *See, e.g., Baker v. Unknown heirs of Asahel Langworthy* [L02357], *Diamond v. Wiles's Heirs* [L03123], *Dorman et ux. v. Yost* [L01569], *Ex parte Kellogg* [L04424], *Kinkannon v. West* [L01929], *Pickrell v. Taft* [L03246], *Vredenburgh v. Harris* [L04777], *Warnick v. Warnick*[L00444] case files, LPAL.

244. A study of Knox County in the 1840s found that thirty-four of thirty-six petitions to sell real estate to settle debt were granted. Wilson, *The Business of a Midwestern Trial Court: Knox County, Illinois* 84 ILL. HIST. J. at 265.

245. *See, e.g.,* Decree, dated Nov. 28, 1839 [91057], *Davenport v. Davenport* [L03121]; Decree, dated June 5, 1839 [132879], *Ex parte Butler* [L00472]; Answer, [dated Nov. Term 1839][1737], *Haines v. Haines*[L03408]; Decree, dated Aug. 11, 1845 [99324], *Lewis v. Matthews* [L03851] case files, LPAL.

246. Answer, [May 26, 1840][3588], *Ex parte Finley*[L00475]; Answer, [dated Nov. Term 1839][1737], *Haines v. Haines*[L03408] case files, LPAL.

247. This paragraph is based on the following case files in LPAL: from Sangamon County, *Ford v. Ford* [L03376], *Haines v. Haines* [L03408], *Henry v. Heirs of Whitewell* [L03426], *Keyes v. Heirs of Matheny* [L03758], and *West v. Stevens* [L04615]; and from Macon County, *Ex Parte Butler* [L00472], *Ex Parte Finley* [L00475], *Ex Parte Murphy* [L00476], and *Shepherd v. Shepherd* [L00433].

248. The supreme court reversed the granting of the petition to sell real estate three times and the circuit court reversed the county court once. *Dorman et ux v. Yost*, 13 Ill. (2 Peck) 127 (1851); *Dorman et ux v. Lane*, 6 Ill. (1 Gilm.) 143 (1844); *Fridley v. Murphy, Adm'r*, 25 Ill. (15 Peck) 146 (1861); Decree, dated Oct. 9, 1854 [44781], *Ex parte Doolittle* [L01207] case file, LPAL.

249. Daniel W. Stowell, *Femes UnCovert: Women's Encounters with the Law, in* STOWELL, ED., IN TENDER CONSIDERATION 32-33.

5: In the Matter of Jane, A Woman of Color

1. See generally CHARLES H. COLEMAN, ABRAHAM LINCOLN AND COLES COUNTY, ILLINOIS 80-111 (1955).

2. Judgment, dated Oct. 14, 1847 [36804], Levick v. Eccles[L00710](ussumpslt); Commissioner's Report, filed Oct. 15, 1847 [36768], Decree, dated Oct. 16, 1847 [36765], Hodges v. Vanderen [L00707](conveyance); Judgment, dated Oct. 14, 1847 [36836], Linder v. Fleenor [L00713](slander); Judgment, dated Oct. 16, 1847 [37343], Watson v. Gill [L00733](slander) case files, LPAL.

3. See generally Anton-Hermann Chroust, Abraham Lincoln Argues a Pro-Slavery Case, 5 AM. J. LEG. HIST. 299 (1961); DUFF, A. LINCOLN: PRAIRIE LAWYER 130-49 (1960); Duncan T. McIntyre, Lincoln and the Matson Slave Case, 1 ILL. L. REV. (Nw. U.)386 (1907); [Mark E. Neely, Jr.], Some New Light on the Matson Slave Case, LINCOLN LORE no. 1705 at 3 (Mar. 1980); ON THE ILLINOIS FRONTIER: DR. HIRAM RUTHERFORD 1840-1848, at 131-43 (Willene Hendrick & George Hendrick eds., 1981); Jesse W. Weik, Lincoln and the Matson Negroes, 17 ARENA MAG. 752 (Apr. 1897).

4. HOLLAND, LIFE OF ABRAHAM LINCOLN at 120-21; DUFF, A. LINCOLN: PRAIRIE LAWYER at 136; Weik, Lincoln and the Matson Negroes, 17 ARENA MAG. at 756; Chroust, Abraham Lincoln Argues a Pro-Slavery Case, 5 AM. J. LEGAL HIST. at 302.

5. WHITNEY, LIFE ON THE CIRCUIT WITH LINCOLN at 315 n. 4; DUFF, A. LINCOLN, PRAIRIE LAWYER at 144; GARRISON, THE LINCOLN NO ONE KNOWS at 37; Speech at Chicago, Illinois (July 10, 1858), CW 2:492.

6. Weik, Lincoln and the Matson Negroes, 17 ARENA MAG. at 756; BEVERIDGE, ABRAHAM LINCOLN at 396; WOLDMAN, LAWYER LINCOLN at 64.

7. DUFF, A. LINCOLN, PRAIRIE LAWYER at 144-45; COLEMAN, ABRAHAM LINCOLN AND COLES COUNTY, ILLINOIS at 110-111; Nolan, Lawyer Lincoln--Myth and Fact, 16 HARV. L. SCHOOL BULL. 9, 22; Luban, The Adversary System Excuse, in THE GOOD LAWYER: LAWYERS' ROLES AND LAWYERS' ETHICS 84; Shaffer, The Unique, Novel, and Unsound Adversary Ethic, 41 VAND. L. REV. 697, 697.

8. EDGAR LEE MASTERS, LINCOLN THE MAN 120, 96 (1931); FEHRENBACHER, LINCOLN IN TEXT AND CONTEXT 207, 210-11 (1987); BASLER, THE LINCOLN LEGEND 299; M. E. Bradford, Against Lincoln: An Address at Gettysburg, in THE HISTORIAN'S LINCOLN: PSEUDOHISTORY, PSYCHOHISTORY, AND HISTORY 111 (Gabor S. Boritt ed., 1988).

9. O.B. Ficklin, A Pioneer Lawyer, TUSCOLA [ILL.] REV., Sept. 7, 1922 (n.p.) (photocopy in Lincolniana Collection, Abraham Lincoln Presidential Library & Museum, Springfield, Illinois).

10. Matson Family Cemetery, Fulton County, Kentucky, USGen Web Archives, <http://www.rootsweb.com/~kyfulton/Cemeteries/matson.html>.

11. 2 LEWIS COLLINS, HISTORY OF KENTUCKY 772 (Covington, Ky., Collins & Co. 1874).

12. Keith C. Barton, "Good Cooks and Washers": Slave Hiring, Domestic Labor, and the Market in Bourbon County, Kentucky, 84 J. AM. HIST. 436, 436 (Sept. 1997); MARION B. LUCAS, A HISTORY OF BLACKS IN KENTUCKY: FROM SLAVERY TO SEGREGATION, 1760-1891, at 2 (2d ed. 2003).

13. Barton, "Good Cooks and Washers," 84 J. AM. HIST. at 437.

14. 1840 United States Census, Bourbon County, Kentucky 306; LUCAS, A HISTORY OF BLACKS IN KENTUCKY, at 62.

15. Defendant Index, Bourbon County Circuit Court, Bourbon County Courthouse, Paris, Kentucky.

16. Petition & Note, Oct. 1, 1823, Joseph Hall v. Robert Matson ($330 debt); Summons, filed Mar. 31, 1827, Thomas Matson v. Robert Matson & Nicholas Talbot, Executors of James Matson, Decedent ("plea of covenant broken," claiming $12,000); Petition & Note, filed Apr. 27, 1829, Daniel Smith v. Robert Matson ($115.50 debt); Petition, filed Oct. 27, 1831, Benjamin Mills v. Robert Matson ($185.75 note); Petition & Summons, filed May 22, 1835, Jacob Miller v. Robert Matson & E.M. Mallory ($156 debt); Petition, filed Dec. 25, 1835, Peter Clarkson, Trustee v. Robert Matson (replevin seeking $2,000 in damages); Notice, filed July 12, 1836, Andrew Scott v. Robert Matson(contribution sought for $1,221.29 on note that Matson was co-guarantor); Petition & Bond, filed Apr. 23, 1837, John Berry v. Robert Matson ($1,400 note); Petition & Note, filed Mar. 21, 1839, Andrew Scott, Administrator v. Robert Matson ($102.50 debt); Petition & Note, filed Feb. 28, 1835, Loyd Warfield v. Robert Matson ($81.20 debt); Petition filed Mar. 6, 1839, Thomas Eads v. Robert Matson ($197.70 debt); Petition, filed Jan. 18, 1842, James S. Matson v. Robert Matson ($500 debt); Petition & Summons, filed Feb. 9, 1843, James M. Cogswell v. Robert Matson ($203.20 debt); Bill, filed Nov. 26, 1846, John Williams, Executor v. Robert Matson & Samuel Muir ($350.62 debt), Bourbon County Circuit Court Records, Public Records Division, Kentucky Dep't for Libraries and Archives, Frankfort, Kentucky (hereinafter "BCCCR").

17. Petition, filed July 12, 1823, *Robert Matson v. Thomas Matson* (slander); Bill, filed Apr. 1826, *Robert Matson v. Joseph Hall*; Bill, filed May 29, 1826, *Robert Matson & Nicholas Talbott, Executors v. Thomas Matson*; Narratio, filed Mar. 17, 1827, *Robert Matson v. Thomas Matson*; Bill, filed Apr. 18, 1827, *Robert Matson v. Jesse Todd*; Petition, filed Oct. 19, 1835, *Robert Matson v. James McGuire* ($400 debt); Petition, filed Sept. 28, 1842, *Robert Matson for the use & benefit of Thomas Elliott v. John Curl* ($137.58 debt); Petition, filed Oct. 24, 1825, *Robert Matson for the use of Ann Mallory v. Phillip Shrader & Conrad Shrader* ($100 debt), BCCCR.

18. Terms of Compromise, filed Aug. 16, 1823, *Robert Matson v. Thomas Matson*; Order, dated Aug.16, 1823, Order Book "T" 1823-1824, BCCCR.

19. Bill, filed May 29, 1826, *Robert Matson & Nicholas Talbott, Executors v. Thomas Matson*, BCCCR.

20. Deposition of Wm. A. Menzius, filed May 29, 1826, *Robert Matson & Nicholas Talbott, Executors v. Thomas Matson*, BCCCR.

21. Summons, filed Mar. 31, 1827, *Thomas Matson v. Robert Matson & Nicholas Talbot, Executors of James Matson, Decedent*, BCCCR.

22. Narratio, filed Mar. 17, 1827, *Robert Matson v. Thomas Matson*, BCCCR.

23. LUCAS, A HISTORY OF BLACKS IN KENTUCKY, at 62.

24. Bill, filed Apr. 18, 1827, *Robert Matson v. Jesse Todd*, BCCCR. Matson filed a chancery bill instead of a common-law suit because he had missed the deadline for appealing the judgment of the justice of the peace because of "the neglect of the Magistrate." *Id.*

25. Petition, filed Dec. 25, 1835, *Peter Clarkson, Trustee v. Robert Matson*, BCCCR.

26. Deposition, filed Mar. 15, 1847, *John S. Williams, Executor v. Robert Matson & Samuel Muir*, BCCCR.

27. Petition, filed Jan. 18, 1842, *James S. Matson v. Robert Matson*, BCCCR.

28. Bill, filed Nov. 26, 1846, *John S. Williams, Executor v. Robert Matson & Samuel Muir*, BCCCR.

29. The 1836 date is given in the published opinion in the case. Most accounts say that Matson bought the land in 1842, but apparently that was the date that Matson formally entered his deed to the land. *See* COLEMAN, ABRAHAM LINCOLN AND COLES COUNTY, ILLINOIS at 104 n.2.

30. 1840 United States Census, Bourbon County, Kentucky 306; *In the Matter of Jane, A Woman of Color*, 5 W. L.J. 202, 203 (1848); Bill, filed Nov. 26, 1846, *John Williams, Executor v. Robert Matson & Samuel Muir*, BCCCR.

31. 1850 United States Census, Fulton County, Kentucky 134.

32. DUFF, A. LINCOLN: PRAIRIE LAWYER at 130; Weik, *Lincoln and the Matson Negroes*, 17 ARENA MAG. at 753.

33. Weik, *Lincoln and the Matson Negroes*, 17 ARENA MAG. at 753.

34. 1840 United States Census, Bourbon County, Kentucky 306.

35. McIntyre, *Lincoln and the Matson Slave Case*, 1 ILL. L. REV. (Nw. U.) at 386; WHITNEY, LIFE ON THE CIRCUIT WITH LINCOLN at 315; Valuable Negro Man at Commissioner's Sale, [Paris, Kentucky] Western Citizen, Sept. 3, 1847, p. 3, col. 6; Take Notice Ten Valuable Slaves, [Paris, Kentucky] Western Citizen, Jan. 1848, p. 3, col. 6. On slavery and debt litigation, *see generally* Thomas D. Russell, *Articles Sell Best Singly: The Disruption of Slave Families at Court Sales*, 1996 UTAH L. REV. 1161 (1996); Thomas D. Russell, *A New Image of the Slave Auction: An Empirical Look at the Role of Law in Slave Sales and a Conceptual Reevaluation of the Nature of Slave Property*, 18 CARDOZO L. REV. 473 (1996).

36. Dr. Hiram Rutherford to John J. Bowman (Oct. 25, 1847), *in* COLEMAN, ABRAHAM LINCOLN AND COLES COUNTY, ILLINOIS at 109.

37. Petition for Writ of Habeas Corpus, dated Oct. 16, 1847 [36858], *In re Bryant* [L00714] case file, LPAL.

38. Ficklin, A Pioneer Lawyer, TUSCOLA [ILL.] Rev. Jane was described as a "mulatto" in a legal notice posted by the sheriff of Coles County. Notice, dated Aug. 23, 1847, Matson case, Herndon-Weik Collection, Library of Congress.

39. Dr. Hiram Rutherford to John J. Bowman (Oct. 25, 1847), *in* COLEMAN, ABRAHAM LINCOLN AND COLES COUNTY, ILLINOIS at 109.

40. Ficklin, A Pioneer Lawyer, TUSCOLA [ILL.] Rev.; McIntyre, *Lincoln and the Matson Slave Case*, 1 ILL. L. REV. (Nw. U.) at 386.

41. LUCAS, A HISTORY OF BLACKS IN KENTUCKY, at 24.

42. *See* Lea Vandervelde & Sandhya Subramanian, *Mrs. Dred Scott*, 106 YALE L.J. 1033, 1079-82 (1997).

43. LUCAS, A HISTORY OF BLACKS IN KENTUCKY, at 63.

44. McIntyre, *Lincoln and the Matson Slave Case*, 1 ILL. L. REV. at 386.

45. PORTRAIT AND BIOGRAPHICAL ALBUM OF COLES COUNTY, ILL. 187 (Chicago: Chapman Bros. 1887).

46. Ficklin, *A Pioneer Lawyer*, TUSCOLA [ILL.] REV.

47. Weik, *Lincoln and the Matson Negroes*, 17 ARENA MAG. at 753.

48. Speech at Peoria, Illinois (Oct. 16, 1854), CW 2:262.

49. 1 STAT. 302-5 (1793); DON E. FEHRENBACHER, THE SLAVEHOLDING REPUBLIC. AN ACCOUNT OF THE UNITED STATES GOVERNMENT'S RELATIONS TO SLAVERY 209-14 (1999); PAUL FINKELMAN, SLAVERY AND THE FOUNDERS: RACE AND LIBERTY IN THE AGE OF JEFFERSON 81-104 (2d ed. 2001).

50. Affidavit, dated Aug. 17, 1847 [5510], *Matson v. Bryant* [L00714] case file, LPAL

51. Warrant, dated Aug. 20, 1847 [5512], *Matson v. Bryant* [L00714] case file, LPAL

52. RICHARDS, "GENTLEMEN OF PROPERTY AND STANDING": ANTI-ABOLITION MOBS IN JACKSONIAN AMERICA 100-11 (1970).

53. Bonnie E. Laughlin, *"Endangering the Peace of Society": Abolitionist Agitation and Mob Reform in St. Louis and Alton, 1836-1838*, 95 Mo. HIST. REV. 1, 17-19 (2000).

54. Warrant, dated Aug. 20, 1847, [5512], *Matson v. Bryant*[L00714] case file, LPAL.

55. The editors of a book about Rutherford say that McIntyre "knew Dr. Rutherford well and had obviously heard Dr. Rutherford's narrative many times." ON THE ILLINOIS FRONTIER: DR. HIRAM RUTHERFORD 1840-1848, at 133.

56. McIntyre, *Lincoln and the Matson Slave Case*, 1 ILL. L. REV. at 387-88.

57. Ficklin, *A Pioneer Lawyer*, TUSCOLA [ILL.] REV.

58. On the formalism of antebellum judges who heard cases involving slavery, *see generally* ROBERT M. COVER, JUSTICE ACCUSED: ANTISLAVERY AND THE JUDICIAL PROCESS(1975); A.E. Keir Nash, *In Re Radical Interpretations of American Law: The Relation of Law and History*, 82 MICH. L. REV. 274 (1983).

59. Some writers have suggested that Matson was proceeding under state law when he filed the affidavit with Gilman. *See* 1 ALBERT J. BEVERIDGE, ABRAHAM LINCOLN, at 393 (1928); Chroust, *Abraham Lincoln Argues a Pro-Slavery Case*, 5 AM. J. LEG. HIST. at 300. Matson's affidavit, however, tracked the language of the fugitive slave clause, not the state's "Black Laws."

60. U. S. CONST. art. IV, sec. 2 (emphasis added).

61. 1 STAT. 302-5 (1793) (emphasis added).

62. The earliest such decision was *Butler v. Hopper*, 4 F. Cas. 904 (1806), which was followed by *Ex Parte Simmons*, 22 Fed. Cas. 151 (C.C.E.D. Pa. 1823), and *Commonwealth v. Aves*, 35 Mass. (18 Pick.) 193 (1836). Justice Wilson noted in his opinion that "repeated decisions have given a uniform construction to these laws." *In the Matter of Jane, A Woman of Color*, 5 W. L.J. at 205; *see also Rights of the Slave-Holding States and the Owners of Slave Property Under the Constitution of the United States*, 23 AM. JURIST 23, 32 (1840).

63. Order, dated Aug. 20, 1847 [5512], *Matson v. Bryant*[L00714] case file, LPAL.

64. Notice, dated Aug. 23, 1847 [5509], *Matson v. Bryant*[L00714] case file, LPAL.

65. Notice, dated Oct. 8, 1847 [5507], *In re Bryant* [L00714] case file, LPAL.

66. ILL. REV. STAT. ch. 74 (1845); *see generally* Paul Finkelman, *Slavery, the "More Perfect Union," and the Prairie State*, 80 ILL. HIST. J. 248 (1987); Elmer Gertz, *The Black Laws of Illinois*, 56 ILL. ST. HIST. SOC'Y J. 454 (1963); 2 JOHN CODMAN HURD, THE LAW OF FREEDOM AND BONDAGE IN THE UNITED STATES 132-37(Boston, Little, Brown & Co. 1862); Arvarh E. Strickland, *The Illinois Background of Lincoln's Attitude Toward Slavery and the Negro*, 56 ILL. ST. HIST. SOC'Y J. 474 (1963).

67. A Law Concerning Servants, Approved Sept. 22, 1803, Laws of the Indiana Territory, *reprinted in* STEPHEN MIDDLETON, THE BLACK LAWS IN THE OLD NORTHWEST: A DOCUMENTARY HISTORY 186-87 (1993); An Act Concerning Servants, Approved Sept. 17, 1807, Laws of the Indiana Territory, *reprinted in* STEPHEN MIDDLETON, THE BLACK LAWS IN THE OLD NORTHWEST: A DOCUMENTARY HISTORY at 190-91.

68. *Compare* An Act respecting Free Negroes, Mulattoes, Servants and slaves, Approved Mar. 1829, secs. 10-23, ILL. REV. STAT. (1845) *with* A Law Concerning Servants, Approved Sept. 22, 1803, secs. 1-11, Laws of the Indiana Territory, and An Act Concerning Servants, Approved Sept. 17, 1807, secs. 13-15, Laws of the Indiana Territory.

69. ILL. CONST ART. VI, secs. 1-2 (1818).

70. An Act respecting Free Negroes, Mulattoes, Servants and Slaves, Approved Feb. 1, 1819, sec. 1.

71. An Act respecting Free Negroes, Mulattoes, Servants and Slaves, Approved Mar. 30, 1829, sec. 1.

72. An Act to Regulate Black and Mulatto Persons, Laws of Ohio, Jan. 5, 1804, *reprinted in* MIDDLETON, THE BLACK LAWS IN THE OLD NORTHWEST: A DOCUMENTARY HISTORY at 15; An Act to amend the last named act "An Act to Regulate Black and Mulatto Persons," Approved Jan. 25, 1807, Laws of Ohio, *reprinted in* MIDDLETON, THE BLACK LAWS IN THE OLD NORTHWEST: A DOCUMENTARY HISTORY at 17; An Act Concerning

Free Negroes and Mullatoes, Servants And Slaves, Approved Feb. 10, 1810, Laws of Indiana, *reprinted in* MIDDLETON, THE BLACK LAWS IN THE OLD NORTHWEST: A DOCUMENTARY HISTORY at 202.

73. *See* EUGENE H. BERWANGER, THE FRONTIER AGAINST SLAVERY: WESTERN ANTI-NEGRO PREJUDICE AND THE SLAVERY EXTENSION CONTROVERSY 30-36 (1967).

74. ILL. REV. STAT. ch. 74, sec. 1 (1845). Illinois lawyer Mason Brayman derisively referred to a free black as "$1,000 nigger" in an 1860 letter. Letter (dated Nov. 5, 1860), Bailhache-Brayman Papers, Abraham Lincoln Presidential Library & Museum, Springfield, Illinois.

75. ILL. REV. STAT. ch. 74, sec. 4.

76. Docket Entry (transcription), dated Aug. 21, 1847, *People v. Robert Matson*, Matson case, Herndon-Weik Collection, Library of Congress.

77. The Ashmores are identified as brothers by Charles H. Coleman. *See* COLEMAN, ABRAHAM LINCOLN AND COLES COUNTY, ILLINOIS at 105 n.3.

78. Bond for freedom of Anthony Bryant, Jane Bryant and their children, dated Oct. 17, 1847 [5505], *In re Bryant* [L00714] case file, LPAL.

79. RONALD G. WALTERS, THE ANTISLAVERY APPEAL: AMERICAN ABOLITIONISM AFTER 1830, at(1976).

80. Execution Docket, dated July 1, 1848 [36863], *State v. Matson*, Coles County Circuit Court, *In Re Bryant* [L00714] case file, LPAL.

81. ILL. REV. STAT. ch. 74, sec. 2. For a detailed account of two similar lawsuits for damages brought in Indiana and Iowa, see Paul Finkelman, *Fugitive Slaves, Midwestern Racial Tolerance, and the Value of "Justice Delayed,"* 78 IOWA L. REV. 89 (1992).

82. Declaration, dated Sept. 1, 1847 [36866], *Robert Matson individually and for the use of Coles County v. Rutherford, In re Bryant*[L00715] case file, LPAL.

83. Ficklin, *A Pioneer Lawyer*, TUSCOLA [ILL.] Rev.

84. Petition for Writ of Habeas Corpus, dated Oct. 16, 1847 [5504], *In re Bryant* [L00714] case file, LPAL.

85. Petition of G.M. Ashmore, dated Oct. 16, 1847 [5506], *In re Bryant* [L00714] case file, LPAL.

86. Ficklin, *A Pioneer Lawyer*, TUSCOLA [ILL.] Rev.

87. McIntyre, *Lincoln and the Matson Slave Case*, 1 ILL. L. REV. at 387.

88. DUFF, A. LINCOLN: PRAIRIE LAWYER at 134.

89. *Levick v. Eccles* [L00710], *Hodges v. Vanderen* [L00707], *Linder v. Fleenor* [L00713] case files, LPAL.

90. DUFF, A. LINCOLN: PRAIRIE LAWYER at 312-18.

91. AL to Thompson R. Webber (Sept. 12, 1853), CW 2:202.

92. *In the Matter of Jane, A Woman of Color*, 5 W. L.J. at 202. Because it was a circuit court case, the decision was not published in the Illinois Reports.

93. *Quoted in* Weik, *Lincoln and the Matson Negroes*, 17 ARENA MAG. at 755.

94. *Joseph Jarrot, alias Pete, alias Joseph, a colored man v. Jarrot*, 7 Ill. (2 Gilm.) 1 (1845) (the "French slaves"); *Phoebe, a Woman of Color v. Jay*, 1 Ill (Breese) 268 (1828) (indentured servitude); *Nance, a girl of color v. Howard*, 1 Ill. (Breese) 242 (1828) (indentured servitude); *Sarah, alias Sarah Borders, a woman of color v. Borders*, 5 Ill. (4 Scam.) 341 (1943) (indentured servitude); *Boon v. Juliet*, 2 Ill. (1 Scam.) 258 (1836) (children under indentured servitude); *Willard v. People*, 5 Ill. (4 Scam.) 461, 472-73 (1843) (slaves in transit).

95. ILL. CONST. ART. VI, sec.1 (1818).

96. FINKELMAN, SLAVERY AND THE FOUNDERS: RACE AND LIBERTY IN THE AGE OF JEFFERSON at 77.

97. JAMES SIMONE, DEMOCRACY AND SLAVERY IN FRONTIER ILLINOIS: THE BOTTOMLAND REPUBLIC 19 (1999).

98. *Joseph Jarrot, alias Pete, alias Joseph, a colored man v. Jarrot*, 7 Ill. (2 Gilm.) 1, 23-24 (1845).

99. *Id.* at 22.

100. *Phoebe, a Woman of Color v. Jay*, 1 Ill. (Breese) 268 (1828).

101. *Nance, a girl of color v. Howard*, 1 Ill. (Breese) 242 (1828); *Sarah, alias Sarah Borders, a woman of color v. Borders*, 5 Ill. (4 Scam.) 341 (1843); Decree, dated Jan. 24, 1839 [129550], *Stuart wrote indenture*[N05020] case file, LPAL.

102. *Choisser v. Hargrave*, 2 Ill. (1 Scam.) 317 (1836); *Boon v. Juliet*, 2 Ill. (1 Scam.) 258 (1836).

103. *Somerset v. Stewart*, 98 Eng. Rep. 499, 510 (K.B. 1772); *see generally* WILLIAM M. WIECEK, THE SOURCES OF ANTISLAVERY CONSTITUTIONALISM IN AMERICA, 1760-1848, at 20-39 (1977).

104. HAROLD M. HYMAN & WILLIAM M. WIECEK, EQUAL JUSTICE UNDER LAW: CONSTITUTIONAL DEVELOPMENT 1835-1875, at 99 (1982).

105. *Commonwealth v. Aves*, 35 Mass. (18 Pick.) 193, 207 (1836); LEONARD W. LEVY, THE LAW OF THE COMMONWEALTH AND CHIEF JUSTICE SHAW 62-68 (1957).

106. *Commonwealth v. Aves*, 35 Mass. (18 Pick.) at 219.

107. DON E. FEHRENBACHER, THE DRED SCOTT CASE: ITS SIGNIFICANCE IN AMERICAN LAW AND POLITICS 54 (1978); *Bush's Representatives v. White*, 19 Ky. (3 Mon.) 100, 104 (1825); *Rankin v. Lydia*, 9 Ky. (2 A. K. Marsh.) 467, 478-79 (1820); *Winny, A Free Woman Held in Slavery v. Whitesides*, 1 Mo. 472 (1824).

108. FEHRENBACHER, THE DRED SCOTT CASE at 52-56.

109. *Commonwealth v. Aves*, 35 Mass. (18 Pick.) at 224-25.

110. [Chicago] WESTERN CITIZEN, Oct. 26, 1843, at 2.

111. *Willard v. People*, 5 Ill. (4 Scam.) 461, 472-73 (1843); *see also* MERTON L. DILLON, THE ANTISLAVERY MOVEMENT IN ILLINOIS: 1809-1844, at 332-33 (1951)(Ph.D. dissertation, University of Michigan); Finkelman, *Slavery, the "More Perfect Union," and the Prairie State*, 80 ILL. HIST. J. at 254-55.

112. *Willard v. People*, 5 Ill. (4 Scam.) at 473; Mark E. Steiner, *Abolitionists and Escaped Slaves in Jacksonville: Samuel Willard's My First Adventure With a Fugitive Slave: The Story of it and how it failed*, 89 ILL. HIST. J. 213 (1996).

113. *Willard v. People*, 5 Ill. (4 Scam.) at 471.

114. *Id.* at 463.

115. *Id.* at 463, 466, 468.

116. *Rankin v. Lydia*, 9 Ky. (2 A. K. Marsh.) 467, 478-79 (1820).

117. *Lunsford v. Caecilian*, 4 La. Rep. Ann. Ed. (2 Mart. N.S.) 401 (1824).

118. *Willard v. People*, 5 Ill. (4 Scam.) at 471-72.

119. *Id.* at 474, 476-77.

120. FEHRENBACHER, THE DRED SCOTT CASE at 32.

121. Ficklin, *A Pioneer Lawyer*, TUSCOLA [ILL.] REV.

122. *See In the Matter of Jane, A Woman of Color*, 5 W. L.J. at 205-6.

123. Ficklin, *A Pioneer Lawyer*, TUSCOLA [ILL.] REV.

124. Weik, *Lincoln and the Matson Negroes*, 17 ARENA MAG. at 757. Curran's speech in defense of Rowan was reprinted many times. *See, e.g.,* 1 WILLIAM H. CURRAN, THE LIFE OF THE RIGHT HONORABLE JOHN PHILPOT CURRAN 307-18 (London, Archibald Constable & Co. 1819); WILLIAM O'REGAN, MEMOIRS OF THE LEGAL, LITERARY, AND POLITICAL LIFE OF THE LATE THE RIGHT HONORABLE JOHN PHILPOT CURRAN 62 (London, James Harper 1817); SPEECHES OF THE RIGHT HONORABLE JOHN PHILPOTT CURRAN 169-70 (4th ed. London, Hurst, Rees, Orme, & Brown 1815); REPORT OF THE TRIAL OF ARCHIBALD HAMILTON ROWAN 50 (New York, Tiebout & O'Brien 1794); *see also Eloquence of the Bar. Grattan—Curran*, 3 W. L.J. 241 (1846). Curran's speech was sufficiently well known for the abolitionist editor Benjamin Lundy to take the name of his antislavery newspaper, The Genius of Universal Emancipation, from it. 1 BEVERIDGE, ABRAHAM LINCOLN at 397 n.2; MERTON L. DILLON, THE ABOLITIONISTS: THE GROWTH OF A DISSENTING MINORITY 30 (1974).

125. Weik, *Lincoln and the Matson Negroes*, 17 ARENA MAG. at 757.

126. Speech at Springfield, Illinois (June 16, 1858) CW 2:461, 464-65 ("House Divided" speech).

127. Ficklin, *A Pioneer Lawyer*, TUSCOLA [ILL.] REV. *Id.*

128. *In the Matter of Jane, A Woman of Color*, 5 W. L.J. at 205-6.

129. *Id.* at 206.

130. *Vaughan v. Williams*, 28 F. Cas. 1115, 1116-17 (C.C.D. Ind. 1845) (No. 16, 903); *see also* CARL B. SWISHER, THE TANEY PERIOD 1836-64, at 555-56 (1974).

131. *Id.*

132. JOSEPH STORY, A FAMILIAR EXPOSITION OF THE CONSTITUTION OF THE UNITED STATES 291-92 (1986)(1840); *see also* 3 RECORDS OF THE FEDERAL CONVENTION OF 1787, at 325 (Max Farrand ed., 1937); Arthur Bestor, *State Sovereignty and Slavery: A Reinterpretation of Proslavery Constitutional Doctrine, 1846-1860*, 54 J. ILL. ST. HIST. SOC'Y 117, 130 (1961).

133. *Ex parte Simmons*, 22 F. Cas. 151, 152 (C.C.E.D. Pa. 1823) (No. 12, 863).

134. *In the Matter of Jane, A Woman of Color*, 5 W. L.J. at 205.

135. *See, e.g., In the matter of Ralph (a colored man,) on Habeas Corpus*, 1 Iowa 1 (1839).

136. *Thomas, f.w.c. v. Generis*, 16 La. 483 (1840); *see also Smith v. Smith*, 13 La. 441 (1839); *Maria Louise, f.w.c. v. Marot*, 9 La. 475 (1835).

137. *Vincent, a man of color v. Duncan*, 2 Mo. 214, 216 (1830); *see also Julia, a woman of color v. McKinney*, 3 Mo. 270 (1833); *Winny, a free woman held in slavery v. Whitesides*, 1 Mo. 472 (1824). The Missouri Supreme Court subsequently overturned its pro-freedom precedents in Dred Scott's state court lawsuit, which preceded his federal lawsuit. *Scott v. Emerson*, 15 Mo. 576 (1852); Dennis K. Boman, *The Dred Scott Case*

Reconsidered: The Legal and Political Context in Missouri, 44 AM. J. LEGAL HIST. 405, 422-28 (2000); PAUL FINKELMAN, AN IMPERFECT UNION: SLAVERY, FEDERALISM, AND COMITY 222-28 (1981).

138. B. Cozzens to Henry Eddy (Jan. 30, 1831), Box 1, Folder 1831, Henry Eddy Papers, Abraham Lincoln Presidential Library & Museum, Springfield, Illinois.

139. Sangamon County Commissioner's Court Records (1833-1840), Sept. 4, 1838 (typescript), Illinois Regional Archives Depository, University of Illinois–Springfield, Springfield, Illinois.

140. [Chicago] WESTERN CITIZEN at 2 (Nov. 16, 1847).

141. [Chicago] WESTERN CITIZEN at 2 (Dec. 28, 1847).

142. COLEMAN, ABRAHAM LINCOLN AND COLES COUNTY, ILLINOIS at 104; Chroust, *Abraham Lincoln Argues a Pro-Slavery Case*, 5 AM. J. LEGAL HIST. at 299-300; DUFF, A. LINCOLN: PRAIRIE LAWYER at 131; GARRISON, THE LINCOLN NO ONE KNOWS at 35; NEELY, THE ABRAHAM LINCOLN ENCYCLOPEDIA 207-8; [Neely] *Some New Light on the Matson Slave Case*, LINCOLN LORE no. 1705 at 3; Weik, *Lincoln and the Matson Negroes*, 17 ARENA MAG. at 753; *but see* Finkelman, *Slavery, the "More Perfect Union," and the Prairie State*, 80 ILL. HIST. J. 248, 256 (1987).

143. *In the Matter of Jane, A Woman of Color*, 5 W. L.J. at 203; *see also* McIntyre, *Lincoln and the Matson Slave Case*, 1 ILL. L. REV. at 386. An account of the case in the Coles County Globe also said that Matson brought Jane and her children into Illinois in August 1845 and that they had remained on his farm until September 1847. The Chicago-based *Western Citizen* reprinted the *Coles County Globe* article in its Nov. 16, 1847 issue. The article was also reprinted in the *Illinois State Register* in its Dec. 1, 1847 edition. Decision in Slave Case, *Illinois State Register* (Dec. 10, 1847) [124490], *In re Bryant* case file [L01714], LPAL.

144. THOMAS, ABRAHAM LINCOLN at 114.

145. Remarks and Resolution Introduced in United States House of Representatives Concerning Abolition of Slavery in the District of Columbia (Jan. 10, 1849), CW 2:20-22; *see generally* PAUL FINDLEY, A. LINCOLN: THE CRUCIBLE OF CONGRESS 122-43 (1979).

146. 1 BEVERIDGE, ABRAHAM LINCOLN at 482; New York Tribune 2 (Sept. 22, 1849), *quoted in* Paul H. Verduin, *Partners for Emancipation: New Light on Lincoln, Joshua Giddings, and the Push to End Slavery in the District of Columbia, 1848-49, in* PAPERS FROM THE THIRTEENTH AND FOURTEENTH ANNUAL LINCOLN COLLOQUIA 68 (n.d.).

147. Protest in Illinois Legislature on Slavery (Mar. 3, 1837), CW 1:74-75. *Id.*

148. FINDLEY, A. LINCOLN: THE CRUCIBLE OF CONGRESS at 140; Remarks and Resolution Introduced in United States House of Representatives Concerning Abolition of Slavery in the District of Columbia (Jan. 10, 1849), CW 2:222 n.4.; DONALD, LINCOLN at 137.

149. Basler, *James Quay Howard's Notes on Lincoln*, 4 ABRAHAM LINCOLN Q. at 395.

150. Docket entry, *Matson v. Rutherford*, May Term 1848, Docket entry, *Matson v. Ashmore*, May Term 1848, *Matson for the use of Coles County, Illinois v. Rutherford* [L00715] case file, LPAL.

151. Dr. Hiram Rutherford to John J. Bowman (Oct. 25, 1847), *in* COLEMAN, ABRAHAM LINCOLN AND COLES COUNTY, ILLINOIS at 109-10.

152. COLEMAN, ABRAHAM LINCOLN AND COLES COUNTY, ILLINOIS at 109.

153. Docket entry, *Matson v. Rutherford*, May Term 1848, Docket entry, *Matson v. Ashmore*, May Term 1848 [36865], *Matson for the use of Coles County, Illinois v. Rutherford* [L00715] case file, LPAL.

154. Execution Docket, dated July 3, 1848 [36863], *In re Bryant* [L00714] case file, LPAL.

155. Dr. Hiram Rutherford to John J. Bowman (Oct. 25, 1847), *in* COLEMAN, ABRAHAM LINCOLN AND COLES COUNTY, ILLINOIS at 109; Bill of Costs (n.d.), Matson case, Herndon-Weik Collection, Library of Congress.

156. COLEMAN, ABRAHAM LINCOLN AND COLES COUNTY, ILLINOIS at 109 n.13.

157. Illinois Statewide Marriage Index, 1763-1900,
<www.cyberdriveillinois.com/GenealogyMWeb/marrsrch.html>.

158. 1850 United States Census, Fulton County, Kentucky 134.

159. Matson Family Cemetery, Fulton County, Kentucky, USGen Web Archives, <http://www.rootsweb.com/~kyfulton/Cemeteries/matson.html>.

160. WINKLE, THE YOUNG EAGLE: THE RISE OF ABRAHAM LINCOLN at 255-56; GEORGE M. FREDRICKSON, THE BLACK IMAGE IN THE WHITE MIND: THE DEBATE ON AFRO-AMERICANS CHARACTER AND DESTINY 1817-1914, at 1-27 (1971); Annual Message to Congress (Dec. 1, 1862), CW 5:520; THOMAS, ABRAHAM LINCOLN: A BIOGRAPHY at 363.

161. JAMES BREWER STEWART, HOLY WARRIORS: THE ABOLITIONISTS AND AMERICAN SLAVERY 30 (rev. ed. 1997); WINKLE, THE YOUNG EAGLE: THE RISE OF ABRAHAM LINCOLN at 255; *Quoted in* Paul M. Angle,

Aftermath of the Matson Slave Case, 3 ABRAHAM LINCOLN Q. 146, 148 (1944).

162. See, e.g., Notes for Speeches at Columbus and Cincinnati, Ohio (Sept. 16, 17, 1859) CW 3:435; see generally Phillip S. Paludan, Lincoln's Pre-War Constitutional Vision, 15 J. ABRAHAM LINCOLN ASS'N 1, 11-14 (1994); FEHRENBACHER & FEHRENBACHER. RECOLLECTED WORDS OF ABRAHAM LINCOLN at 61.

163. See generally Michael Burlingame, The 1837 Lincoln-Stone Protest Against Slavery Reconsidered, in PAPERS FROM THE THIRTEENTH AND FOURTEENTH ANNUAL LINCOLN COLLOQUIA 57-62 (n.d.)

164. For background on northern antiabolitionism in the 1830s, see generally Ratner, Northern Concern for Social Order as Cause for Rejecting Anti-Slavery, 1831-1840, 28 HISTORIAN 1; RICHARDS, "GENTLEMEN OF PROPERTY AND STANDING": ANTI-ABOLITION MOBS IN JACKSONIAN AMERICA.

165. 1 BEVERIDGE, ABRAHAM LINCOLN at 190-93.

166. Protest in Illinois Legislature on Slavery (Mar. 3,1837), CW 1:74-75.

167. Autobiography Written for John L. Scripps (c. June 1860), CW 4:65.

168. See, e.g., Peter B. Knupfer, Henry Clay's Constitutional Unionism, 89 REG. KY. HIST. SOC'Y 32, 48 (1991); MATTHEWS, RUFUS CHOATE at 202-3 (1980); WILLIAM E. GIENAPP, THE ORIGINS OF THE REPUBLICAN PARTY 1852-1856, at 18 (1987); Brooks D. Simpson, Daniel Webster and the Cult of the Constitution, 15 J. AM. CULTURE 15, 19 (1992). Both Story and Shaw exaggerated the importance of the fugitive slave clause in the making of the Constitution, according to modern historians. See Barbara Holden-Smith, Lords of Lash, Loom, and Law: Justice Story, Slavery, and Prigg v. Pennsylvania, 78 CORNELL L. REV. 1086, 1129-31 (1993); William M. Wiecek, The Witch at the Christening: Slavery and the Constitution's Origins, in THE FRAMING AND RATIFICATION OF THE CONSTITUTION 181-82 (Leonard W. Levy & Dennis J. Mahoney eds., 1987).

169. Prigg v. Pennsylvania, 41 U.S. (16 Pet.) 539, 611 (1842); R. KENT NEWMEYER, SUPREME COURT JUSTICE JOSEPH STORY: STATESMAN OF THE OLD REPUBLIC 370-78 (1985).

170. Commonwealth v. Aves, 35 Mass. (18 Pick.) at 221.

171. In Re Sims, 61 Mass. (7 Cush.) 285 (1851); LEVY, THE LAW OF THE COMMONWEALTH AND CHIEF JUSTICE SHAW at 99-101.

172. ADDRESSES AND ORATIONS OF RUFUS CHOATE 407-8 (Boston, Little Brown & Co. 1878).

173. Holden-Smith, Lords of Lash, Loom, and Law: Justice Story, Slavery, and Prigg v. Pennsylvania, 78 CORNELL L. REV. at 1138-46.

174. Commonwealth v. Aves, 35 Mass. (18 Pick.) at 196; 1 MEMOIR OF BENJAMIN ROBBINS CURTIS 86-89 (Benjamin R. Curtis ed., Boston, Little, Brown, & Co. 1879); 2 MEMOIR OF BENJAMIN ROBBINS CURTIS at 89.

175. THEODORE PARKER, THE TRIAL OF THEODORE PARKER, FOR THE "MISDEMEANOR" OF A SPEECH IN FANEUIL HALL AGAINST KIDNAPPING 167 (Boston, Published For The Author 1855).

176. 1 MEMOIR OF BENJAMIN ROBBINS CURTIS at 72; SWISHER, THE TANEY PERIOD 1836-64, at 238-40.

177. 1 MEMOIR OF BENJAMIN ROBBINS CURTIS at 122, 124.

178. Id. at 134-35; COVER, JUSTICE ACCUSED: ANTISLAVERY AND THE JUDICIAL PROCESS at 222.

179. MATTHEWS, RUFUS CHOATE at 68; M. Paul Holsinger, Timothy Walker, 84 OHIO HIST. 145, 156 (1975); see generally STANLEY W. CAMPBELL, THE SLAVE CATCHERS: ENFORCEMENT OF THE FUGITIVE SLAVE LAW, 1850-1860, at 3-25 (1968). Ohio lawyer Salmon P. Chase, on the other hand, had abandoned the Whig Party in 1841, convinced that the Whigs were completely subservient toward the South on the "vital question of slavery." FREDERICK J. BLUE, SALMON P. CHASE: A LIFE IN POLITICS 43 (1987).

180. People v. Pond [L00335] case file, LPAL.

181. Steiner, Abolitionists and Escaped Slaves in Jacksonville: Samuel Willard's My First Adventure With a Fugitive Slave: The Story of it and how it failed, 89 ILL. HIST. J. at 227.

182. Docket entry, dated Nov. 3, 1845 [15043], People v. Pond [L00335] case file, LPAL.

183. People v. George Kern [L01267], People v. James Kern, People v. Scott [L00335] case files, LPAL. The editors of the Law Practice of Abraham Lincoln note that the reference work Lincoln Day-by-Day is the only source that associates Lincoln with these cases. It states that the cases were dismissed on Apr. 15, 1847 after Lincoln argued "lack of proof that Negro in case was slave." WILLIAM E. BARINGER, LINCOLN DAY BY DAY, VOL. I: 1809-1848, at 287 (1960). It is likely that the documents that once supported concluding that Lincoln was involved have since been stolen or misplaced.

184. MAURICE G. BAXTER, ONE AND INSEPARABLE: DANIEL WEBSTER AND THE UNION 407-27 (1984); DAVID M. POTTER, THE IMPENDING CRISIS 1848-1861, at 90-120 (Don E. Fehrenbacher, ed. 1976); Act of Sept. 18, 1850, Ch. 60, 9 Stat. 462 (1850); CAMPBELL, THE SLAVE CATCHERS: ENFORCEMENT OF THE FUGITIVE SLAVE LAW, at 3-25 (1968).

185. Interview with John H. Bunn (Oct. 15, 1914), Jesse Weik Papers, Box 1, Folder 11, Abraham Lincoln

Presidential Library & Museum, Springfield, Illinois.

186. On Lincoln's support of the Compromise of 1850 see 2 BEVERIDGE, ABRAHAM LINCOLN, at 126-31. On Lincoln's admiration of Webster and Clay see Mark E. Neely, Jr., *American Nationalism in the Image of Henry Clay: Abraham Lincoln's Eulogy on Henry Clay in Context*, 73 REG. KY. HIST. SOC'Y 31 (1975); Richard N. Current, *Lincoln and Daniel Webster*, 48 J. ILL. ST. HIST. SOC'Y 307 (1955).

187. Seventh and Last Debate with Stephen A. Douglas at Alton, Illinois (Oct. 15, 1858), CW 3:317.

188. AL to Joshua F. Speed (Aug. 24, 1855), CW 2:320.

189. First Inaugural Address (Mar. 4, 1861), CW 4:251.

190. DONALD, LINCOLN'S HERNDON 106, 134.

191. *Fugitive Slave Case, Hiram McElroy, Claimant vs. Frederick Clements, a Negro*, ILL. ST. J. (Aug. 1, 1857)[135800]; *Fugitive Slave Case, Decision of the Commissioner*, ILL. ST. J. (Aug. 3, 1857)[125427], reprinted in *McElroy v. Clements* [L05897] case file, LPAL.

192. *Kinney v. Cook*, 4 Ill. (3 Scam.) at 232; *Bailey v. Cromwell*, 4 Ill. at 73.

193. *Rendition of a Fugitive Slave*, ILLINOIS STATE JOURNAL (Feb. 2, 1860), reprinted in *Dickinson v. Canton* [L05898] case file, LPAL.

194. *Gone South*, ILL. ST. J. (Feb. 14, 1860), reprinted in *Dickinson v. Canton* [L05898] case file, LPAL.

195. *Fugitive Poetry*, ILL. ST. J. (Mar. 16, 1857)[135814], reprinted in *Dickinson v. Canton* [L05898] case file, LPAL.

196. *Quoted in Weik, Lincoln and the Matson Negroes*, 17 ARENA MAG. at 755.

197. William M. Wiecek, *Latimer: Lawyers, Abolitionists, and the Problem of Unjust Laws*, in ANTISLAVERY RECONSIDERED: NEW PERSPECTIVES ON THE ABOLITIONISTS 228-29 (Lewis Perry & Michael Fellman eds., 1979); *Case of GeorgeLatimer--Boston Slavehunting Ground--Outrageous Conduct of the City Marshall and City Police*, 12 THE LIBERATOR 171 (Oct. 28, 1842).

198. Wiecek, *Latimer: Lawyers, Abolitionists, and the Problem of Unjust Laws*, in ANTISLAVERY RECONSIDERED: NEW PERSPECTIVES ON THE ABOLITIONISTS at 228-29; *The Latimer Case*, 12 THE LIBERATOR 186 (Nov. 25, 1842).

199. *See* FINKELMAN, AN IMPERFECT UNION at 149 n.8.

200. John Niven, *Lincoln and Chase, A Reappraisal*, 12 J. ABRAHAM LINCOLN ASS'N 1,(1991); *see also* Salmon P. Chase, *Union and Freedom, Without Compromise*, Cong. Globe, 31st Cong., 1st Sess. 470 (1850).

201. AL to Salmon P. Chase (June 9, 1859), CW 3:384; Salmon P. Chase to AL (June 13, 1859), *available at* Abraham Lincoln Papers at the Library of Congress, <memory.loc.gov/ammem/alhtml/malhome.html>, Select: Search by Keyword, Enter: Chase 1859, Select: Item 5.

202. 5 Eugene Wambaugh, *Salmon Portland Chase*, in GREAT AMERICAN LAWYERS 351 (William Draper Lewis ed., 1908).

203. Stephen Middleton, *Antislavery Litigation in Ohio: The Chase-Trowbridge Letters*, 70 MID-AMERICA 105, 107 (1988).

204. *Quoted in* BLUE, SALMON P. CHASE: A LIFE IN POLITICS at 31.

205. THE LINCOLN-DOUGLAS DEBATES OF 1858, at 260 (Robert W. Johannsen ed., 1965).

206. STEPHEN MIDDLETON, OHIO AND THE ANTISLAVERY ACTIVITIES OF ATTORNEY SALMON PORTLAND CHASE 1830-1849, at 114-15 (1990); James Turner, *Use of the Courts in the Movement to Abolish American Slavery*, 31 OHIO ST. L.J. 305 (1970); COVER, JUSTICE ACCUSED: ANTISLAVERY AND THE JUDICIAL PROCESS at 161.

207. *Quoted in* ROBERT B. WARDEN, AN ACCOUNT OF THE PRIVATE LIFE AND PUBLIC SERVICES OF SALMON PORTLAND CHASE (Cincinnati, Wilstach, Baldwin & Co. 1874).

208. 1 FREDERIC B. CROSSLEY, COURTS AND LAWYERS OF ILLINOIS 187-91 (1916). *Eells v. People*, 5 Ill. (4 Scam.) 498 (1843); *Willard v. People*, 5 Ill. (4 Scam.) 461 (1843); THE HISTORY OF WILL COUNTY, ILLINOIS 263-64 (Chicago, Wm Le Baron, Jr. & Co. 1878); ISAAC N. ARNOLD, REMINISCENCES OF THE ILLINOIS-BAR FORTY YEARS Ago 138-40 (Chicago, Fergus Printing Co. 1881)(Fergus Historical Series no. 14). For cases where Lincoln and Collins were opposing lawyers, *see, e.g., Anderson v. Lawrence* [L05073], *Chauncey v. Jackson* [L02354], *Ripley v. Morris* [L02482] case files, LPAL.

209. DONALD, LINCOLN'S HERNDON at 106, 134 (1948).

210. DONALD, LINCOLN 103-4 (1999); THOMAS, ABRAHAM LINCOLN at 112; OATES, WITH MALICE TOWARD NONE at 110; *Bailey v. Cromwell*, 4 Ill. (3 Scam.) 71 (1841).

211. Declaration, filed Sept. 4, 1838 [45563], *Bailey v. Cromwell* [L01213] case file, LPAL.

212. Declaration, filed Sept. 4, 1838 [45563], Amended Plea, filed Sept. Term 1839 [45569], *Bailey v. Cromwell* [L01213] case file, LPAL; *Kinney v. Cook*,4 Ill. (3 Scam.) 232 (1841); *Bailey v. Cromwell*, 4 Ill. (3 Scam.) 71, 73 (1841); ILL. REV. STAT. ch. 74 (1845).

213. Leonard W. Levy, *Sim's Case: The Fugitive Slave Law in Boston in 1851*, 35 J. NEGRO HIST. 39, 44 (1950).

214. PERRY MILLER, LIFE OF THE MIND IN AMERICA: FROM THE REVOLUTION TO THE CIVIL WAR 104, 188, 203 (1965); see also Fannie M. Farmer, *Legal Practice and Ethics in North Carolina 1820-1860*, 30 N.C. HIST. REV. 329 (1953).

215. EDWARD BONNEY, THE BANDITTI OF THE PRAIRIES OR, THE MURDERER'S DOOM!! A TALE OF THE MISSISSIPPI VALLEY 164-65 (1963)(1850).

216. *The Abuses of Law Courts*, 21 U.S. MAG. & DEM. REV. 305, 305-6 (1847); see also *Legerdemain of Law-Craft* (pts 1 & 2), 22 U.S. MAG. & DEM. REV. 529 (1848), 23 U.S. MAG. & DEM. REV. 134 (1849).

217. MICHAEL SCHUDSON, ORIGINS OF THE IDEAL OF OBJECTIVITY IN THE PROFESSIONS: STUDIES IN THE HISTORY OF AMERICAN JOURNALISM AND AMERICAN LAW, 1830-1940, at 313 (1990). For examples of this defensiveness see *The American Bar*, 28 U.S. MAG. & DEM. REV. at 195, 197; *The Legal Profession in the United States*, 10 AM L.J. 470, 475-76 (1851); *The Morals and Utility of Lawyers*, 7 W. L.J. 1, 10 (1849); J.F. Jackson, *Law and Lawyers. Is the Profession of the Advocate Consistent with Perfect Integrity?*, 28 KNICKERBOCKER 377, 377 (1846).

218. The literature on antebellum legal ethics is growing. See, e.g., M.H. Hoeflich, *Legal Ethics in the Nineteenth Century: The Other Tradition*, 47 U. KAN. L. REV. 793 (1999); Russell G. Pearce, *Rediscovering the Republican Origins of the Legal Ethics Codes*, 6 GEO. J. LEGAL ETHICS 241 (1992); Norman W. Spaulding, *The Myth of Civic Republicanism: Interrogating the Ideology of Antebellum Legal Ethics*, 71 FORDHAM L. REV. 1397 (2003).

219. Livingston, *Livingston's Law Register for 1852*; see also ALLEN, AN ADDRESS DELIVERED BEFORE THE GRADUATING CLASS OF THE LAW DEPARTMENT OF HAMILTON COLLEGE 30-31.

220. WALKER, AN INTRODUCTION TO AMERICAN LAW 661.

221. THOMAS L. SHAFFER, AMERICAN LEGAL ETHICS 59 (1985); 2 DAVID HOFFMAN, A COURSE OF LEGAL STUDY 765, 754-56 (2d ed. Baltimore, Joseph Neal 1836); See also Maxwell Bloomfield, *David Hoffman and the Shaping of a Republican Legal Culture*, 38 MD. L. REV. 673, 684-85 (1979).

222. GREENLEAF, A DISCOURSE PRONOUNCED AT THE INAUGURATION OF THE AUTHOR AS ROYALL PROFESSOR OF LAW IN HARVARD UNIVERSITY at 16-17.

223. See generally Bloomfield, *David Hoffman and the Shaping of a Republican Legal Culture*, 38 MD. L. REV. at 673; Robert Gordon, *Lawyers as the American Aristocracy*, 20 STAN. LAW. 2, 3-6 (1985); Daniel R. Ernst, *Legal Positivism, Radical Litigation, and the New Jersey Slave Case of 1845*, 4 LAW & HIST. REV. 337, 339 (1986).

224. SHAFFER, AMERICAN LEGAL ETHICS at 176; BLOOMFIELD, LAW AND LAWYERS IN AMERICAN POPULAR CULTURE IN LAW AND AMERICAN LITERATURE at 137-38; Pearce, *Rediscovering the Republican Origins of the Legal Ethics Codes*, 6 GEO. J. LEGAL ETHICS at 241; Norman W. Spaulding, *The Myth of Civic Republicanism: Interrogating the Ideology of Antebellum Legal Ethics*, 71 FORDHAM L. REV. 1397.

225. GEORGE SHARSWOOD, A COMPEND OF LECTURES ON THE AIMS AND DUTIES OF THE PROFESSION OF LAW 26 (Philadelphia, T. & J.W. Johnson 1854); see also *Sharswood's Professional Ethics*, 3 AM. L. REV. 193 (1855).

226. J.F. Jackson, *Law and Lawyers*, 28 KNICKERBOCKER 377, 379 (1846); see also JOSEPH HOPKINSON, AN ADDRESS DELIVERED BEFORE THE LAW ACADEMY OF PHILADELPHIA 15-16 (Philadelphia, Law Academy 1826).

227. Timothy Walker, *Advice to Law Students*, 1 W. L.J. 481, 483 (1844).

228. ROBERTSON, SCRAP BOOK ON LAW AND POLITICS, MEN AND TIMES at 239; see also *The Legal Profession in the United States*, 10 AM. L.J. at 476; *The Practice of the Bar*, 9 L. REP. 241, 242 (1846).

229. *Legal Morality*, 5 L. REP. 529, 531 (1843).

230. MORETTA, WILLIAM PITT BALLINGER: TEXAS LAWYER, SOUTHERN STATESMAN at 35-36.

231. The murder trial is summarized in ANNUAL REGISTER, OR A VIEW OF THE HISTORY AND POLITICS, OF THE YEAR 1840, at 229-41 (London, J.G.F. & J. Rivington 1841).

232. See generally DAVID MELLINKOFF, THE CONSCIENCE OF A LAWYER 142 (1973).

233. A series of articles in the popular magazine *Littell's Living Age* shows the importance of the case in the United States. See *Lawyers, Clients, Witnesses, and the Public; or, the Examiner and Mr. Phillips*, 24 Littell's Living Age 179 (Jan. 26, 1850); *The Examiner and Mr. Phillips*, 24 LITTELL'S LIVING AGE 230 (Feb. 2, 1850); *Lawyers, Clients &c*, 24 LITTELL'S LIVING AGE 306 (Feb.1850); *The Practice of Advocacy. —Mr. Charles Phillips, and his Defence of Courvoisier*, 25 LITTELL'S LIVING AGE 289 (May 18, 1850).

234. *Professional Ethics*, 9 AM. L.J. 477-78 (1850); see also RICHARD B. KIMBALL, THE LAWYER: THE DIGNITY,

DUTIES,AND RESPONSIBILITIES OF HIS PROFESSION 23-27 (New York, George P. Putnam & Co.1853); Charles P. James, *Lawyers and Their Traits*, 9 W. L.J. 49, 65 (1851).

235. GEOFFREY C. HAZARD, JR., ETHICS IN THE PRACTICE OF LAW 150 (1978); SHARSWOOD, A COMPEND OF LECTURES ON THE AIMS AND DUTIES OF THE PROFESSION OF LAW at 40-41, 107-19.

236. *The Practice of the Bar*, 9 L. REP. at 241; *Professional Conduct. —The Courvoisier Case*, 12 MONTHLY L. REP. 433 (1850); *Mr. Charles Phillips's Defence of Courvoisier*, 12 MONTHLY L. REP. 536 (1850); *Mr. Phillips and the Courvoisier Case*, 12 MONTHLY L. REP. 481 (1850); *Mr. Charles Phillips and the Courvoisier Case*, 12 MONTHLY L. REP. 553 (1850).

237. *The Practice of the Bar*, 9 L. REP. at 242, 242-43, 249.

238. CHARLES W. WOLFRAM, MODERN LEGAL ETHICS 571-72 (1986).

239. [Field], *The Study and Practice of the Law*, 14 U.S. MAG. & DEM. REV. at 345, 347-48.

240. *The Practice of the Bar*, 9 L. REP. at 242.

241. SHARSWOOD, A COMPEND OF LECTURES ON THE AIMS AND DUTIES OF THE PROFESSION OF LAW at 26-27.

242. Fragment: Notes for a Law Lecture, CW 10:20.

243. Plea, filed Jan. 24, 1860 [64487]; Judgment, dated June 29, 1860 [64501], *Rice v. Blackman* case file [L02198], LPAL.

244. Plea, filed May 29, 1854 [3769]; Order of Dismissal, dated Oct. 25, 1856 [60588], *McFarland v. Layton* case file [L02198], LPAL.

245. *Maus v. Worthing*, 4 Ill. (3 Scam.) 26, 26 (1841).

246. *Id.* at 26-27 (Breese, J. dissenting).

247. Order, dated Dec. 17, 1841 [69238], *Dow v. Averill* [L01229] case file, LPAL.

248. DENNIS K. BOMAN, THE LIFE OF ABIEL LEONARD: EMINENT JURIST AND PASSIONATE UNIONIST 44-45 (1998) (Ph.D. dissertation University of Missouri).

249. [Field], *The Study and Practice of the Law*, 14 U.S. MAG. & DEM. REV. at 348; *see also The Abuses of Law Courts*, 21 U.S. MAG. & DEM. REV. at 306-7.

250. Teresa Stanton Collett, *The Common Good and the Duty to Represent: Must the Last Lawyer in Town Take Any Case ?*, 40 S. TEX. L. REV. 137 (1999).

251. JOHN T. NOONAN, JR., PERSONS AND MASKS OF THE LAW 19-20 (1976).

6: Working for the Railroad

1. GORE VIDAL, LINCOLN: A NOVEL 8, 29, 146, 156, 177, 197 (1984).

2. *See, e.g.*, DONALD, LINCOLN 155-56, 196-97 (1995); GIENAPP, ABRAHAM LINCOLN AND CIVIL WAR AMERICA at 45; OATES, WITH MALICE TOWARD NONE at 113, 148; THOMAS, ABRAHAM LINCOLN at 157.

3. DAVIS, FRONTIER ILLINOIS at 18, 364-65, 372.

4. GEORGE ROGERS TAYLOR, THE TRANSPORTATION REVOLUTION 1815-1860, at 79 (1951).

5. FARAGHER, SUGAR CREEK: LIFE ON THE ILLINOIS PRAIRIE at 179.

6. FEHRENBACHER, PRELUDE TO GREATNESS: LINCOLN IN THE 1850s, at 7-9.

7. ELY, RAILROADS AND AMERICAN LAW at 1-43; SARAH H. GORDON, PASSAGE TO UNION: HOW THE RAILROADS TRANSFORMED AMERICAN LIFE, 1829-1929, at 56-76 (1997); Leonard W. Levy, *Chief Justice Shaw and the Formative Period of American Railroads Law* (pts. 1 & 2), 51 COLUM. L. REV. 327, 852 (1951); CHARLES WARREN, A HISTORY OF THE AMERICAN BAR 475 (1966)(1911).

8. Diary of William Pitt Ballinger (June 23, 1860), *quoted in* MORETTA, WILLIAM PITT BALLINGER: TEXAS LAWYER, SOUTHERN STATESMAN, 1825-1888, at 230.

9. *Notices of New Books*, 14 L. REP. 102, 102-3 (1851).

10. W.P. GREGG & BENJAMIN POND, THE RAILROAD LAWS AND CHARTERS OF THE UNITED STATES (Boston, Charles C. Little & James Brown 1851).

11. 1 CHAUNCEY SMITH & SAMUEL W. BATES, CASES RELATING TO THE LAW OF RAILWAYS, DECIDED IN THE SUPREME COURT OF THE UNITED STATES, AND IN THE COURTS OF THE SEVERAL STATES iii (Boston, Little, Brown & Co. 1854).

12. PIERCE, A TREATISE ON AMERICAN RAILROAD LAW; REDFIELD, A PRACTICAL TREATISE UPON THE LAW OF RAILWAYS.

13. William H. Herndon to [Edward L.] Pierce (Mar. 4, 1861), Herndon-Weik Collection, Library of Congress.

14. *See* Alfred D. Chandler, Jr., *Patterns of American Railroad Finance, 1830-50*, 28 BUS. HIST. REV. 248 (1954); Alfred D. Chandler, *The Railroads: Pioneers in Modern Corporate Management*, 39 BUS. HIST. REV. 16 (1965).

15. JOHN F. STOVER, HISTORY OF THE ILLINOIS CENTRAL RAILROAD 69 (1975).

16. Beard, *Lincoln and the Illinois Central Railroad*, 92 LINCOLN HERALD at 16; ELMER A. SMITH, ABRAHAM LINCOLN: AN ILLINOIS CENTRAL LAWYER (pamph. 1945).

17. Thomas, *The Eighth Judicial Circuit*, BULL. ABRAHAM LINCOLN ASS'N at 3, 5; Paul M. Angle, *Abraham Lincoln: Circuit Lawyer*, LINCOLN CENTENNIAL ASS'N PAPERS 19-41 (1928); KING, LINCOLN'S MANAGER, DAVID DAVIS 70-98 (1960); Richard Friend Lufkin, *Mr. Lincoln's Light From Under a Bushel--1853*, 55 LINCOLN HERALD 2, 9 (Winter 1953); Richard Friend Lufkin, *Mr. Lincoln's Light From Under a Bushel--1854*, 56 LINCOLN HERALD 3, 17 (Winter 1954).

18. Wayne C. Temple, *Lincoln, Moore and Greene: A New Document*, 93 LINCOLN HERALD 9, 9-10 (Spring 1991); Henry C. Whitney to William H. Herndon (Aug. 27, 1887), *in* HERNDON'S INFORMANTS: LETTERS, INTERVIEWS, AND STATEMENTS ABOUT LINCOLN at 630; JESSE W. WEIK, THE REAL LINCOLN: A PORTRAIT 194-95 (1922).

19. SABIN D. PUTERBAUGH, PUTERBAUGH'S ILLINOIS PLEADINGS AND PRACTICE 246-57, 219-20 (Peoria, Henry Nolte 1864).

20. Levy, *Chief Justice Shaw and the Formative Period of American Railroad Law*, 51 COLUM. L. REV. at 337-38; *see also* PIERCE, TREATISE ON AMERICAN RAILROAD LAW at 138-214; REDFIELD, A PRACTICAL TREATISE UPON THE LAW OF RAILWAYS 133-58, 170-84.

21. PIERCE, TREATISE ON AMERICAN RAILROAD LAW at 406-502; REDFIELD, A PRACTICAL TREATISE UPON THE LAW OF RAILWAYS at 232-353.

22. Comment, *The Creation of a Common Law Rule: The Fellow Servant Rule*, 132 U. PA. L. REV. 579; Alfred S. Konefsky, *"As Best to Subserve Their Own Interests": Lemuel Shaw, Labor Conspiracy, and Fellow Servants*, 7 LAW & HIST. REV. 219 (1989); REDFIELD, A PRACTICAL TREATISE UPON THE LAW OF RAILWAYS at 386-90; PIERCE, TREATISE ON AMERICAN RAILROAD LAW at 56-126; Christopher L. Tomlins, *A Mysterious Power: Industrial Accidents and the Legal Construction of Employment Relations in Massachusetts*, 6 LAW & HIST. REV. 375.

23. Beard, *"I have labored hard to find the law": Abraham Lincoln and the Alton and Sangamon Railroad*, 85 ILL. HIST. J. 209; *see generally* PIERCE, TREATISE ON AMERICAN RAILROAD LAW at 56-126.

24. *See, e.g.*, Declaration, filed May 5, 1854 [39365], *Allen v. Illinois Central R.R.* [L00770], Declaration, filed May 5, 1854 [33260], *Carey v. Illinois Central R.R.* [L00531], Declaration, filed May 5, 1854 [33386], *Dye v. Illinois Central R.R.* [L00545], Agreement, filed Sept. 21, 1855 [5085], *Spencer v. Illinois Central R.R.* [L00657] case files, LPAL.

25. STOVER, HISTORY OF THE ILLINOIS CENTRAL RAILROAD at 26-32; PAUL WALLACE GATES, THE ILLINOIS CENTRAL RAILROAD AND ITS COLONIZATION WORK 78-80 (1934).

26. ELY, RAILROADS AND AMERICAN LAW at 35-39.

27. Levy, *Chief Justice Shaw and the Formative Period of American Railroad Law*, 51 COLUM. L. REV. at 337-38; *see also* ROBERT S. HUNT, LAW AND LOCOMOTIVES: THE IMPACT OF THE RAILROAD ON WISCONSIN LAW IN THE NINETEENTH CENTURY 69.

28. *Barger v. Illinois Central R.R.* [L00516], *Howser v. Illinois Central R.R.* [L01654], *Illinois Central R.R. v. Hill* [L00608], *McGinnis v. Illinois Central R.R.* [L01374] case files, LPAL.

29. An act to provide for a general system of railroad incorporations, approved Nov. 5, 1849, 15th G.A., Ill. Laws 18-33 (1853); PIERCE, A TREATISE ON AMERICAN RAILROAD LAW at 184-203.

30. An Act to Provide for a General System of Railroad Incorporations, approved November 5, 1849, 15th G.A., sec. 22, Ill. Laws 24-28 (1853).

31. An Act to Amend the Law Condemning Right of Way for Purposes of Internal Improvement, approved June 22, 1852, 17th G.A., 2nd sess., Ill. Laws 146-52 (1852).

32. *See e.g.*, Petition, filed May 5, 1853 [32743], Order, filed May 30, 1853 [32745], Certificate, filed June 11, 1853 [32746], Commissioner's Final Report, filed June 13, 1853 [32747], *Illinois Central R.R. v. Barger* [L00515] case file, LPAL.

33. An Act to Amend the Law Condemning Right of Way for Purposes of Internal Improvement, approved June 22, 1852, 17th G.A., 2nd sess., Ill. Laws at 149.

34. ELY, RAILROADS AND AMERICAN LAW at 38; *but see* KOSTAL, LAW AND ENGLISH RAILWAY CAPITALISM 1825-1875, at 160.

35. *Barger v. Illinois Central R.R.* [L00516], *Howser v. Illinois Central R.R.* [L01654], *Illinois Central R.R. v. Hill* [L00608], *McGinnis v. Illinois Central R.R.* [L01374] case files, LPAL.

36. *Howser v. Illinois Central R.R.* [L01654] case file, LPAL.

37. Judgment, dated Oct. 17, 1853 [32759], *Barger v. Illinois Central R.R.* [L00515] case file, LPAL.

38. *See* Tony Freyer, *Reassessing the Impact of Eminent Domain in Early American Economic Development*, 1981 WIS. L. REV. 1263, 1271.

39. THOMAS, LAWYERING FOR THE RAILROAD: BUSINESS, LAW, AND POWER IN THE NEW SOUTH at 15.

40. Amended petition, filed Apr. 15, 1853 [4978], *Howser v. Illinois Central R.R.* [L01654] case file, LPAL.

41. *Alton & Sangamon R.R. v. Baugh*, 14 Ill. 211, 211-12 (1852).

42. *Alton & Sangamon R.R. v. Carpenter*, 14 Ill. 190 (1852); *Alton & Sangamon R.R. v. Baugh*, 14 Ill. 211 (1852).

43. Judgment, dated Sept. 1, 1852 [83209], *Alton & Sangamon R.R. v. Baugh* [L02615] case file, LPAL; *Alton & Sangamon R.R. v. Baugh*, 14 Ill. at 211-12.

44. *Alton & Sangamon R.R. v. Carpenter*, 14 Ill. at 190.

45. Transcript [4787], *Alton & Sangamon R.R. v. Carpenter* [L02617] case file, LPAL.

46. *See e.g., M'Intire v. State*, 5 Blackf. 384 (Ind. 1840); *Pennsylvania R.R. v. Heister*, 8 Pa. 445 (1848); *Symonds v. City of Cincinnati*, 14 Ohio 148 (1846); *see also* PIERCE, A TREATISE ON AMERICAN RAILROAD LAW at 206-7.

47. JAMES W. ELY, JR., THE GUARDIAN OF EVERY OTHER RIGHT: A CONSTITUTIONAL HISTORY OF PROPERTY RIGHTS 77 (1992); HARRY N. SCHEIBER, OHIO CANAL ERA: A CASE STUDY OF GOVERNMENT AND THE ECONOMY, 1820-1861, at 277-78 (1969).

48. *Alton & Sangamon R.R. v. Carpenter*, 14 Ill. at 190.

49. *Id.* at 191-92. The court cited *M'Intire v. State*, 5 Blackf. 384 (Ind. 1840); *Pennsylvania R.R. v. Heister*, 8 Pa. 445 (1848); and *Symonds v. City of Cincinnati*, 14 Ohio 148 (1846).

50. An Act to Amend the Law Condemning Right of Way for Purposes of Internal Improvement, approved June 22, 1852, 17th G.A. 2nd Sess., Ill. Laws 43 (1852).

51. *Alton & Sangamon R.R. v. Carpenter*, 14 Ill. at 192.

52. *Allen v. Illinois Central R.R.* [L00662], *Allen v. Illinois Central R.R.* [L00663], *Allen v. Illinois Central R.R.* [L00664], *Allen v. Illinois Central R.R.* [L00665], *Allen v. Illinois Central R.R.* [L00767], *Allen v. Illinois Central R.R.* [L00768], *Allen v. Illinois Central R.R.* [L00769], *Illinois Central R.R. v. Allen* [L00770] case files, LPAL.

53. Witness Affidavit, dated May 18, 1854, *Barger v. Illinois Central R.R.* [L00515], Witness Affidavit, dated May 19, 1854 [33399], *Cundiff v. Illinois Central R.R.* [L00537], Witness Affidavit, dated May 19, 1854 [33456], *Cundiff v. Illinois Central R.R.* [L00538], Bond for Costs, dated Oct. 17, 1854 [Oct. 21, 1853], *Lear v. Illinois Central R.R.* [L00575], Bond for Costs, dated May 18, 1854 [34923], *Weaver v. Illinois Central R.R.* [L00614] case files, LPAL.

54. Declaration, filed May 5, 1854 [36420], Jury verdict, dated Oct. 17, 1855 [40220], Agreed judgment, filed Oct. 17, 1855 [36443], *Allen v. Illinois Central R.R.* [L00662] case file, LPAL.

55. Summons, dated Sept. 25, 1857 [36433], Demurrer [Mar. 1859][6849], *Allen v. Illinois Central R.R.* [L00663] case file, LPAL.

56. Declaration, filed Feb. 20, 1857 [36446], Demurrer, filed Mar. 5, 1858 [40959], Plea and Notice, Mar. 12, 1858 [36445], *Allen v. Illinois Central R.R.* [L00664] case file, LPAL.

57. Docket entry, dated Oct. 6, 1857 [36463], *Allen v. Illinois Central R.R.* [L00664] case file, LPAL.

58. Declaration, dated Sept. 23, 1859 [39359], Plea, filed Mar. 12, 1858 [39361], Judgment, Aug. 17, 1863 [39396], *Allen v. Illinois Central R.R.* [L00770] case file, LPAL; *Illinois Central R.R. v. Allen*, 39 Ill. 205, 207-9 (1866); C. H. Moore to AL (Feb. 17, 1860), Abraham Lincoln Papers at the Library of Congress, <memory.loc.gov/ammem/alhtml/malhome.html>, Select: Search by Keyword, Enter: Clifton Moore, Select: Item no. 1.

59. *Alton & Sangamon R.R. v. Baugh*, 14 Ill. 211, 212 (1852); *see also* PIERCE, A TREATISE ON AMERICAN RAILROAD LAW at 320-32.

60. An Act to Regulate the Duties and Liabilities of Railroad Companies, approved Feb. 14, 1855, 19th G.A., Ill. Laws 173-74 (1855).

61. *See e.g.*, Declaration, filed Oct. 4, 1855 [40988], *Spencer v. Illinois Central R.R.* [L00638], Declaration, filed Apr. 29, 1854 [127971], *Hill v. Illinois Central R.R.* [L00606], case files, LPAL.

62. PIERCE, A TREATISE ON AMERICAN RAILROAD LAW at 352.

63. *Chicago & Rock Island R.R. v. Ward*, 16 Ill. 522, 530 (1855).

64. AL to Mason Brayman (Mar. 31, 1854)[130031], *Lincoln referred legal client to Stuart,* [N05243], LPAL; see also Beard, *Lincoln and the Illinois Central Railroad,* 92 LINCOLN HERALD at 16-17.

65. *Allen v. Illinois Central R.R.* [L00767], *Allen v. Illinois Central R.R.* [L00768], *Barger v. Illinois Central R.R.* [L00316], *Carey v. Illinois Central R.R.* [L00531], *Cushman v. Illinois Central R.R.*[L00539], *Dye v. Illinois Central R.R.* [L00545], *Hill v. Illinois Central R.R.* [L00606], *Hill v. Illinois Central R.R.* [L00607], *Spencer v. Illinois Central R.R.* [L00638] case files, LPAL.

66. Mason Brayman, Report, dated Oct. 31, 1854 [72679], *Weaver v. Illinois Central R.R.* [L00614] case file, LPAL.

67. Decree, dated Aug. 10, 1864 [38018], *Allen v. Illinois Central R.R.* [L00767], Decree, dated Aug. 11, 1864 [39344], *Allen v. Illinois Central R.R.* [L00768], Order of Dismissal, dated May 15, 1854 [32779], *Barger v. Illinois Central R.R.* [L00516], Agreed Judgment, filed Nov. 15, 1854 [40986], *Dye v. Illinois Central R.R.* [L00545], Order of Dismissal, dated May 13, 1856 [34719], *Hill v. Illinois Central R.R.* [L00607], Agreed Order of Dismissal, dated May 12, 1856 [35352], *Spencer v. Illinois Central R.R.* [L00638] case files, LPAL.

68. Mason Brayman, Report, dated Oct. 31, 1854 [72679], *Weaver v. Illinois Central R.R.* [L00614] case file, LPAL.

69. Declaration, filed Oct. 4, 1855 [40988], Order, dated May 12, 1856 [35352], *William Spencer v. Illinois Central* [L00638] case file, LPAL.

70. Declaration, filed Oct. 6, 1854 [40985], Agreed judgment, filed Nov. 15, 1854 [33610], *Dye v. Illinois Central R.R.* [L00545] case file, LPAL.

71. Order, dated May 12, 1856 [32614], *Emery v. Illinois Central R.R.*[L00500] case file, LPAL.

72. Order, dated May 13, 1856 [34719], *Hill v. Illinois Central R.R.*[L00607] case file, LPAL.

73. *See* Judgment, dated May 17, 1855 [34936], *Weaver v. Illinois Central R.R.* [L00614] case file; Jury Verdict, [dated Nov. Term 1854][33384], *Cundiff v. Illinois Central R.R.* [L00537] case files, LPAL.

74. Witness Affidavit, dated May 19, 1854 [33399], *Cundiff v. Illinois Central R.R.* [L00537], Bond for Costs, dated May 18, 1854 [34923], *Weaver v. Illinois Central R.R.* [L00614] case files, LPAL.

75. Declaration, dated May 17, 1855 [34930], Affidavit, dated May 15, 1855 [34922], Bond for Costs, dated May 18, 1854 [34923], Pleas, dated May 19, 1855 [3135], Plea, dated May 19, 1855 [3213], Judgment, dated May 17, 1855 [34936], *Weaver v. Illinois Central R.R.* [L00614] case file.

76. Mason Brayman, Report, dated Oct. 31, 1854 [72679], *Weaver v. Illinois Central R.R.* [L00614] case file, LPAL.

77. *Quoted in* Bruce Collins, *The Lincoln-Douglas Contest of 1858 and Illinois' Electorate,* 20 J. AM. STUD. 391, 412 (1986).

78. Declaration, filed May 5, 1854 [36359], Judgment, dated Nov. 16, 1854 [36373], *William Spencer v. Illinois Central R.R.* [L00657] case file, LPAL.

79. Declaration, filed May 5, 1854 [36315], Judgment, dated May 15, 1855 [36350], *John Spencer v. Illinois Central R.R.* [L00656] case file, LPAL.

80. Declaration, filed Oct. 5, 1854 [34128], Judgment, dated Nov. 16, 1854 [34142], *Lear v. Illinois Central R.R.* [L00575] case file, LPAL.

81. *Carey v. Illinois Central R.R.* [L00531], *Cushman v. Illinois Central R.R.* [L00539], *Hill v. Illinois Central R.R.* [L00606] case files, LPAL.

82. Judgment, dated Nov. 14, 1854 [33280], *Carey v. Illinois Central R.R.* [L00531]; Judgment, dated Nov. 11, 1854 [33493], *Cushman v. Illinois Central R.R.* [L00539]; Judgment, dated May 17, 1855 [33280], *Hill v. Illinois Central R.R.* [L00606]; case files, LPAL.

83. Stipulation, filed Nov. 11, 1854 [33493], Judgment, dated Nov. 11, 1854 [33493], *Cushman v. Illinois Central R.R.* [L00539] case file, LPAL.

84. Declaration, filed May 31, 1855 [3628], *Gatling v. Great Western R.R.* [L00480] case file, LPAL.

85. *See* Declaration, filed Mar. 3, 1854 [5139], *Harris v. Great Western R.R.* [L03753] case file, LPAL.

86. WALTER LICHT, WORKING FOR THE RAILROAD: THE ORGANIZATION OF WORK IN THE NINETEENTH CENTURY 181 (1983); DAVID L. LIGHTNER, LABOR ON THE ILLINOIS CENTRAL RAILROAD 1852-1900, at 120 (1977).

87. HORWITZ, TRANSFORMATION OF AMERICAN LAW 1780-1860, at 208.

88. LIGHTNER, LABOR ON THE ILLINOIS CENTRAL RAILROAD 1852-1900 at 122-26; *see also* LICHT, WORKING FOR THE RAILROAD at 201-7.

89. LICHT, WORKING FOR THE RAILROAD at 199, 204-5.

90. *Id.* at 199 (workers rationally calculated that the possibilities of winning in court were quite slim).

91. ELY, RAILROADS AND AMERICAN LAW at 213-14; KOSTAL, LAW AND ENGLISH RAILWAY CAPITALISM

1825-1875, at 256-70.

92. KOSTAL, LAW AND ENGLISH RAILWAY CAPITALISM 1825-1875, at 256.

93. John Fabian Witt, Note, *The Transformation of Work and the Law of Workplace Accidents, 1842-1910*, 107 YALE L.J. 1467, 1469 (1998).

94. Comment, *The Creation of a Common Law Rule: The Fellow Servant Rule, 1837-1860*, 132 U. PA. L. REV. 579 (1984).

95. *Farwell v. Boston & Worchester R.R.*, 45 Mass. (4 Met.) 49 (1842); *see generally* Comment, *The Creation of a Common Law Rule: The Fellow Servant Rule, 1837-1860*, 132 U. PA. L. REV. 579 (1984); Alfred S. Konefsky, "*As Best to Subserve Their Own Interests*," 7 LAW & HIST. REV. 219 (1989); KOSTAL, LAW AND ENGLISH RAILWAY CAPITALISM 1825-1875, at 268-70; Tomlins, *A Mysterious Power: Industrial Accidents and the Legal Construction of Employment Relations in Massachusetts*, 6 LAW & HIST. REV. at 375.

96. *Honner v. Illinois Central R.R.*, 15 Ill. 550, 551-52 (1854); *see also Illinois Central R.R. v. Cox*, 21 Ill. 20 (1858).

97. REDFIELD, A PRACTICAL TREATISE UPON THE LAW OF RAILWAYS at 386-87.

98. *Aurora Branch R.R. v. Grimes*, 13 Ill. 585, 587 (1852).

99. David M. Engel, *The Oven-Bird's Song: Insiders, Outsiders, and Personal Injuries in an American Community*, 18 LAW & SOC'Y REV. 551, 559 (1984).

100. *See, e.g.*, Opinion, dated Jan. 31, 1859 [131082], Lincoln provided legal opinion to Bureau County Commissioners [N05384], LPAL.

101. Opinion on Pre-emption of Public Land (Mar. 6, 1856), CW 2:333-35.

102. 5 Stat. ch. 16 (1841); FRIEDMAN, A HISTORY OF AMERICAN LAW at 170; *see also* PAUL W. GATES, HISTORY OF PUBLIC LAND LAW DEVELOPMENT 219-47 (1968).

103. 5 Stat. ch. 16, S 10 (1841).

104. 10 Stat. ch. 78 (1852).

105. 10 Stat. ch. 143 (1853).

106. Opinion on Pre-emption of Public Land (Mar. 6, 1856), CW 2:335.

107. GATES, HISTORY OF PUBLIC LAND LAW DEVELOPMENT at 216.

108. *Walker v. Jacob*, 18 Ill. 570, 572 (1857).

109. *Illinois Central R.R. v. White*, 18 Ill. 164 (1856).

110. Benjamin P. Thomas, *Lincoln and the Courts 1854-1861*, ABRAHAM LINCOLN ASS'N PAPERS at 84-85.

111. *Illinois Central R.R. v. Cassell*, 17 Ill. 388 (1856); *Illinois Central R.R. v. Downey*, 18 Ill. 259 (1857); *Illinois Central R.R. v. Alexander*, 20 Ill. 23 (1858); *Illinois Central R.R. v. Finnigan*, 21 Ill. 645 (1859); *Illinois Central R.R. v. Palmer*, 24 Ill. 43 (1860); *Illinois Central R.R. v. Taylor*, 24 Ill. 323 (1860).

112. *Illinois Central R.R. v. Morrison*, 19 Ill. 136, 141 (1857).

113. *C. Thompson & Co. v. Illinois Central R.R.* [L01309], *Gatewood & Co. v. Illinois Central R.R.* [L01351], *Brock, Hays & Co. v. Illinois Central R.R.* [L01373], *Morrison & Crabtree v. Illinois Central R.R.* [L00708], *J. C. Johnson & Bro. v. Illinois Central R.R.* [L00569], *Woodward v. Illinois Central R.R.* [L01309] case files, LPAL.

114. REDFIELD, A PRACTICAL TREATISE UPON THE LAW OF RAILWAYS 264.

115. *Illinois Central R.R. v. Morrison*, 19 Ill. at 139.

116. ELY, RAILROADS AND AMERICAN LAW at 183.

117. Robert J. Kaczorowski, *The Common-Law Background of Nineteenth-Century Tort Law*, 51 OHIO ST. L.J. 1127, 1151-52 (1990); REDFIELD, A PRACTICAL TREATISE UPON THE LAW OF RAILWAYS at 268.

118. *Illinois Central R.R. v. Morrison*, 19 Ill. at 141.

119. Judge's Docket, dated Apr. Term 1859 [36778], Judgment Docket, dated Apr. 28, 1859 [36777], *Morrison & Crabtree v. Illinois Central R.R.* [L00708] case file, LPAL.

120. FRIEDMAN, A HISTORY OF AMERICAN LAW at 178.

121. *Radcliff v. Crosby*, 23 Ill. 473 (1860) (Chicago, E. B. Myers 1862). In later editions of the Illinois Reports, *Radcliffs* listed in a footnote in *Rogers v. Ward*, 23 Ill. 473 (1860).

122. *Illinois Central R.R. v. Brock, Hays & Co.*, 19 Ill. 166 (1857).

123. ELY, RAILROADS AND AMERICAN LAW at 32.

124. AL to James F. Joy (Jan. 25, 1854), CW 2:209-10.

125. Ill. Const. art. 9, S 5 (1848).

126. Transcript, dated Sept. 21, 1853 [70658], *Illinois Central R.R. v. County of McLean* [L01655] case file, LPAL.

127. Assignment of Errors, [Dec. Term 1853][4881], *Illinois Central R.R. v. County of McLean* [L01655] case

file, LPAL.

128. *Illinois Central R.R. v. County of McLean*, 17 Ill. 291, 291 (1855).

129. Brief of Argument in *Abraham Lincoln vs. Illinois Central Railroad* (June 23, 1857), CW 2:397.

130. Brief (Dec. Term 1853)[3230], *Illinois Central R.R. v. County of McLean* [L01655] case file, LPAL; *Illinois Central R.R. v. County of McLean*, 17 Ill. 291, 295-96 (1855). Four of the cases that the court cited were from an annotation in *American Railway Cases* that Lincoln had referred to his argument. SMITH & BATES, CASES RELATING TO THE LAW OF RAILWAYS, DECIDED IN THE SUPREME COURT OF THE UNITED STATES, AND IN THE COURTS OF THE SEVERAL STATES at 354-55.

131. WEIK, THE REAL LINCOLN: A PORTRAIT at 153.

132. *Illinois Central R.R. v. County of McLean*, 17 Ill. at 292-93.

133. Brief (Dec. Term 1853)[3230], *Illinois Central R.R. v. County of McLean* [L01655] case file, LPAL. Lincoln based this discussion on a note in *American Railway Cases*. *See* 1 SMITH & BATES, CASES RELATING TO THE LAW OF RAILWAYS, DECIDED IN THE SUPREME COURT OF THE UNITED STATES, AND IN THE COURTS OF THE SEVERAL STATES at 354-55.

134. Brief (Dec. Term 1853)[3230], *Illinois Central R.R. v. County of McLean* [L01655] case file, LPAL.

135. *Id.* Lincoln cited "4 Cond. 466-84" and "2 Peters 449." The first reference was to the fourth volume of Condensed Reports of Cases in the Supreme Court by Richard Peters. The case that begins on page 466 is *M'Culloch v Maryland*, which is also found at 17 U.S. (4 Wheat.) 316 (1819). *Weston v. Charleston* is found at 27 U. S. (2 Pet.) 449 (1829).

136. STOVER, HISTORY OF THE ILLINOIS CENTRAL RAILROAD at 55-56.

137. *Illinois Central R.R. v. County of McLean*, 17 Ill. 291, 297-99 (1855).

138. Brief (Dec. Term 1853)[3230], *Illinois Central R.R. v. County of McLean* [L01655] case file, LPAL.

139. 1 JAMES KENT, COMMENTARIES ON AMERICAN LAW 447-49 (8th ed. New York, William Kent 1854).

140. *Sawyer v. City of Alton*, 4 Ill. (3 Scam.) 127 (1841).

141. *Sawyer v. City of Alton*, 4 Ill. (3 Scam.) 127, 130 (1841).

142. *Illinois Central R.R. v. County of McLean*, 17 Ill. at 295.

143. *Id.* at 295-96. The court cited *State Bank of Illinois v. The People*, 5 Ill. (4 Scam.) 304 (1843); *Mayor v. Baltimore & Ohio R.R.*, 31 Md. (6 Gill.) 288 (1848); *O'Donnell v. Bailey*, 24 Miss. 386 (1852); *Gardner v. State*, 21 N.J.L. (1 Zab.) 557 (1845); *Camden & Amboy R.R. v. Commissioners of Appeal*, 18 N.J.L. (3 Har.) 71 (1840); *Camden & Amboy R.R. v. Commissioners of Appeal*, 18 N.J.L. (3 Har.) 11 (1840); *State v. Berry*, 17 N.J.L. (2 Har.) 80 (1839).

144. *State Bank v. People*, 5 Ill. (4 Scam.) at 305.

145. Brief (Dec. Term 1853)[3230], *Illinois Central R.R. v. County of McLean* [L01655] case file, LPAL.

146. *Kirby v. Shaw*, 19 Pa. (7 Har.) 258, 261 (1852).

147. *State Bank v. People*, 5 Ill. (4 Scam.) at 305.

148. Brief (Dec. Term 1853)[3230], *Illinois Central R.R. v. County of McLean* [L01655] case file, LPAL.

149. *Id.*

150. *People ex rel. Stickney v. Marshall*, 6 Ill. (1 Gilm.) 672, 688 (1844).

151. *Illinois Central R.R. v. County of McLean*, 17 Ill. at 291, 295-97.

152. ELY, HISTORY OF AMERICAN RAILROAD LAW at 34.

153. An Act to Incorporate the Illinois Central Railroad Company, approved Feb. 10, 1851, 17th G.A., Ill. Laws 61, 72-73 (1851).

154. *State of Illinois vs. Illinois Central Railroad Company*, ILLINOIS STATE REGISTER (Dec. 7, 1858)[131493], reprinted in *People v. Illinois Central R.R.* [L02468] case file, LPAL.

155. Opinion on the Two-Mill Tax (Dec. 1, 1858), CW 10:37-38.

156. G.S. Borit, *A New Lincoln Text: An Opinion on an Illinois Tax*, 75 LINCOLN HERALD 152, 154 (Winter 1973); G.S. Borit, *Another New Lincoln Text: Some Thoughts Concerning an Outrageous Suggestion About Abraham Lincoln "Corporation Lawyer,"* 77 LINCOLN HERALD 27, 27 (Spring 1975); Opinion on the Two-Mill Tax (Dec. 1, 1858), CW 10: 37 n.1.

157. Ebenezer Lane to W. H. Osborn (Aug. 12, 1857), Illinois Central Railroad Archives, Newberry Library, Chicago, Illinois.

158. Ebenezer Lane to W. H. Osborn (Aug. 14, 1857), Illinois Central Railroad Archives, Newberry Library, Chicago, Illinois.

159. *Id.*

160. David Stewart to Stephen A. Douglas (Jan. 20, 1859)[74750], *People v. Illinois Central R.R.* [L02468]

case file, LPAL.

161. NEELY, THE ABRAHAM LINCOLN ENCYCLOPEDIA at 91-92; Jesse K. Dubois to AL (Nov. 21, 1854), Abraham Lincoln Papers at the Library of Congress, <memory.loc.gov/ammem/alhtml/malhome.html>, Select: Search by Keyword, Enter: Dubois Senate, Select: Item no. 3.

162. AL to Jesse K. Dubois (Dec. 21, 1857), CW 2:429.

163. Angle, *Lincoln Defended Railroad*, ILL. CENT. MAG. at 42(Feb. 1929).

164. Charles Leboy Brown, *Abraham Lincoln and the Illinois Central Railroad, 1857-1860*, 36 J. ILL. STATE HIST. SOC'Y at 123, 139-40.

165. Brown, *Abraham Lincoln and the Illinois Central Railroad, 1857-1860*, 36 J. ILL. STATE HIST. SOC'Y at 147; An Act in relation to assessments of the Illinois Central Railroad Company, approved Feb. 21, 1859, 21st G.A., Ill. Laws 206-7 (1859).

166. David Stewart to Stephen A. Douglas (Jan. 20, 1859)[74750], *People v. Illinois Central R.R.* [L02468] case file, LPAL.

167. An Act in relation to assessments of the Illinois Central Railroad Company, approved Feb. 21, 1859, 21st G.A., Ill. Laws 206-7 (1859).

168. List and Valuation of Assets, dated Mar. 29, 1859 [74752], *People v. Illinois Central R.R.* [L02468] case file, LPAL.

169. The Lincoln Log, The Papers of Abraham Lincoln, <http://www.papersofabrahamlincoln.org/reference.htm>, Select Browse, Select: 1859, Select: July.

170. List and Valuation of Assets, dated Mar. 29, 1859 [74752], *People v. Illinois Central R.R.* [L02468] case file, LPAL.

171. AL to Jesse K. Dubois (Oct. 10, 1859), CW 3:486.

172. Brown, *Abraham Lincoln and the Illinois Central Railroad, 1857-1860*, 36 J. ILL. STATE HIST. SOC'Y at 154-55. Brown relied on Justice Breese's notes on the case, which are no longer extant.

173. *State v. Illinois Central R.R.*, 27 Ill. 64, 66-67 (1861).

174. Brown, *Abraham Lincoln and the Illinois Central Railroad, 1857-1860*, 36 J. ILL. STATE HIST. SOC'Y at 155.

175. *State v. Illinois Central R.R.*, 27 Ill. at 66-67.

176. James H. Stokes to AL (Jan. 31, 1860)[131138], *People v. Illinois Central R.R.* [L02468] case file, LPAL.

177. Robert L. Nelson, *Practice and Privilege: Social Change and the Structure of Large Law Firms*, 1981 AM. B. FOUND. RES. J. 95, 115.

178. ERSHKOWITZ, THE ORIGIN OF THE WHIG AND DEMOCRATIC PARTIES at 180.

7: A Changing Legal Landscape

1. E.P. Thompson, *Time, Work-Discipline, and Industrial Capitalism*, PAST & PRESENT 56, 56-63 (1967); P.S. ATIYAH, THE RISE AND FALL OF FREEDOM OF CONTRACT 273-74 (1979).

2. WINKLE, THE YOUNG EAGLE: THE RISE OF ABRAHAM LINCOLN at 70.

3. [David Dudley Field], *The Study and Practice of the Law*, 14 U.S. MAG. & DEM. REV. 345, 345 (1844).

4. HERNDON'S LINCOLN at 274-75.

5. *Id.* at 261-62.

6. AL to Richard J. Thomas (June 27, 1850), CW 2:80. Herndon wrote "this hat of Lincoln's—a silk plug— was an extraordinary receptacle. It was his desk and memorandum-book. In it he carried his bank book and the bulk of his letters." HERNDON'S LINCOLN at 263.

7. Henry C. Whitney, Statement (Nov. 1866), *in* HERNDON'S INFORMANTS: LETTERS, INTERVIEWS, AND STATEMENTS ABOUT LINCOLN at 405.

8. The Illinois statute of limitations for a suit on a note was sixteen years. An Act to Amend the Several Laws Concerning Limitations of Actions, approved Nov. 5, 1849, 16th G.A., 2nd Sess., Ill. Laws 44 (1849).

9. AL to Blatchford, Seward & Griswold (Apr. 19, 1858) (Original owned by Cravath, Swaine & Moore, New York City.)

10. Blatchford, Seward & Griswold to AL (Dec. 9, 1858), *available at* Abraham Lincoln Papers at the Library of Congress, <memory.loc.gov/ammem/alhtml/malhome.html>, Select: Search by Keyword, Enter:

Blatchford, Select: Item 3.

11. AL to Blatchford, Seward & Griswold (Dec. 14, 1858) (original owned by Cravath, Swaine & Moore, New York City); *see also* 1 SWAINE, THE CRAVATH FIRM AND ITS PREDECESSORS 1819-1947, at 163-64.

12. *See, e.g., S.C. Davis & Co. v. Allen* [L02267]; *S.C. Davis & Co. v. Hillabrant* [L02271]; *S.C. Davis & Co. v. Lowry & Randle* [L02274]; *S.C. Davis & Co. v. Monical & Son* [L02278] *S.C. Davis & Co. v. Whitney* [L02263] case files, LPAL.

13. *See, e.g., S.C. Davis & Co. v. Allen* ($3,000), [L02267]; *S.C. Davis & Co. v. Dwyer* ($10,000), [L02269]; *S.C. Davis & Co. v. Lowry & Randle* ($1,000), [L02274]; *S.C. Davis & Co. v. Sanders* ($7,000), [L02256]; *S.C. Davis & Co. v. Wilborn* ($1,500), [L02264]; *S.C. Davis & Co. v. Williams & Hillabrant* ($2,000), [L02265] case files, LPAL.

14. Bill to Foreclose Mortgage, filed Dec. 8, 1857 [65218], *S.C. Davis & Co. v. Campbell & Hudley* [L02268]; Bill to Foreclose Mortgage, filed Dec. 8, 1857 [65242], *S.C. Davis & Co. v. Gibson* [L02270]; Bill to Foreclose Mortgage, filed Dec. 8, 1857 [65287], *S.C. Davis & Co. v. Kinney* [L02273] case files, LPAL.

15. Declaration, filed May 26, 1858 [65372], *S.C. Davis & Co. v. Monical & Son* [L02278] case file, LPAL.

16. Order, dated Jan. 5, 1859 [65377], *S.C. Davis & Co. v. Monical & Son* [L02278] case file, LPAL.

17. *S.C. Davis & Co. v. Dwyer* [L02269] *and S.C. Davis & Co. v. Mace* [L02276] apparently settled as both cases were dismissed. The third case went to trial before the judge, and S.C. Davis received a $2,886.25 judgment. Order, dated Jan. 28, 1858 [65203], *S.C. Davis & Co. v. Allen* [L02267] case file, LPAL.

18. *S.C. Davis & Co. v. Lowry & Randle*, $832.87 [L02274]; *S.C. Davis & Co. v. Sanders*, $699.60 [L02255]; *S.C. Davis & Co. v. Sanders*, $5,372.48 [L02256]; *S.C. Davis & Co. v. Sanders & Sanders*, $666.70 [L02257]; *S.C. Davis & Co. v. Warner*, $744.99 [L02261]; *S.C. Davis & Co. v. Watkins*, $2,433.30 [L02262]; *S.C. Davis & Co. v. Wilborn*, $1,124.38 [L02264]; and *S.C. Davis & Co. v. Williams & Hillabrant*, $1,572.57 [L02265], LPAL.

19. *S.C. Davis & Co. v. Campbell & Hudley* [L02268]; *S.C. Davis & Co. v. Gibson* [L02270]; *S.C. Davis & Co. v. Kinney* [L02273] case files, LPAL.

20. AL to Samuel C. Davis and Company (Feb. 23, 1858), CW 2:434-35.

21. AL to Samuel C. Davis and Company (Nov. 17, 1858), CW 3:338.

22. AL to S.C. Davis & Co. (Nov. 20, 1858) CW 10:35.

23. AL to Samuel C. Davis and Company (Nov. 30, 1858), CW 3: 342-43.

24. AL to William M. Fishback (Dec. 19, 1858), CW 3:346.

25. Lincoln reprises the history of the case in an 1859 letter. AL to Samuel Galloway (July 27, 1859), CW 3:393-94.

26. Declaration, filed Dec. 9, 1858 [63073], *Ambos v. James A. Barret & Co.* [L02101] case file, LPAL.

27. Bill to Foreclose Mortgage, filed Dec. 9, 1858 [63055], *Ambos v. Barret* [L02100] case file, LPAL.

28. *See, e.g.,* Peter Ambos to AL (Jan. 5, 1859), *available at* Abraham Lincoln Papers at the Library of Congress, <memory.loc.gov/ammem/alhtml/malhome.html>, Select: Search by Keyword, Enter: Ambos, Select: Item 3.

29. Peter Ambos to AL (Feb. 17, 1859), *available at* Abraham Lincoln Papers at the Library of Congress, <memory.loc.gov/ammem/alhtml/malhome.html>, Select: Search by Keyword, Enter: Ambos, Select: Item 7.

30. Chas. Ambos to AL (Apr. 20, 1859), *available at* Abraham Lincoln Papers at the Library of Congress, <memory.loc.gov/ammem/alhtml/malhome.html>, Select: Search by Keyword, Enter: Ambos, Select: Item 1.

31. AL to Charles Ambos (June 21, 1859), CW 3:386-87.

32. AL to Samuel Galloway (July 27, 1859), CW 3:393-94.

33. *Id.*

34. *Banet v. Alton & Sangamon R. R.*, 13 Ill. 504 (1851); Declaration, filed Jan. 2, 1858 [63829], *Emmitt v. Barret*[L02143] case file, LPAL.

35. Peter Ambos to AL (Jan. 14, 1860), *available at* Abraham Lincoln Papers at the Library of Congress, <memory.loc.gov/ammem/alhtml/malhome.html>, Select: Search by Keyword, Enter: Ambos, Select: Item 2.

36. Peter Ambos to AL (Jan. 21, 1860), *available at* Abraham Lincoln Papers at the Library of Congress, <memory.loc.gov/ammem/alhtml/malhome.html>, Select: Search by Keyword, Enter: Ambos, Select: Item 10.

37. Peter Ambos to AL (Feb. 2, 1860), *available at* Abraham Lincoln Papers at the Library of Congress, <memory.loc.gov/ammem/alhtml/malhome.html>, Select: Search by Keyword, Enter: Ambos, Select: Item 5.

38. Peter Ambos to AL (Feb. 8, 1860), *available at* Abraham Lincoln Papers at the Library of Congress, <memory.loc.gov/ammem/alhtml/malhome.html>, Select: Search by Keyword, Enter: Ambos, Select: Item 9.

39. Peter Ambos to James A. Barret (Feb. 15, 1860), *available at* Abraham Lincoln Papers at the Library of Congress, <memory.loc.gov/ammem/alhtml/malhome.html>, Select: Search by Keyword, Enter: Ambos, Select:

Item 8.

40. David Davis, Interview (Sept. 20, 1866), *in* Herndon's Informants: Letters, Interviews, and Statements About Lincoln at 349.

41. Major J.B. Merwin, *Lincoln in 1860 Declined to Come to New York*, N.Y. Evening Sun, Feb. 12, 1917, at 9.

42. Speech at Carthage, Illinois (Oct. 22, 1858), CW 3: 331. On the political dimensions of Lincoln's representation of the Illinois Central *see* G.S. Boritt, *Was Lincoln a Vulnerable Candidate in 1860 ?*, 27 CIVIL WAR HIST. 32 (1981); Bruce Collins, *The Lincoln-Douglas Contest of 1858 and Illinois' Electorate*, 20 J. AM. STUD. 391 (1986).

43. Speech at Monmouth, Illinois (Oct. 11, 1858), CW 3:244. The reporter for this speech noted that Lincoln "didn't deny the charge that he was then or is now the attorney of the railroad." *Id.*

44. Statement of Anthony Thornton, *quoted in The Story of the Illinois Central Lines during the Civil Conflict 1861-5*, ILL. CENT. MAG. 15 (June 1913).

45. *Quoted in* SMITH, ABRAHAM LINCOLN: AN ILLINOIS CENTRAL LAWYER 5.

46. PRATT, THE PERSONAL FINANCES OF ABRAHAM LINCOLN at 48.

47. AL to William Martin (Feb. 19, 1851), CW 2:98.

48. FEHRENBACHER & FEHRENBACHER, RECOLLECTED WORDS OF ABRAHAM LINCOLN at 374-75 (unlikely that Lincoln lobbied against railroad); THOMAS, ABRAHAM LINCOLN at 156 (Lincoln lobbied for railroad); OATES, WITH MALICE TOWARD NONE at 113 (no evidence Lincoln lobbied for railroad).

49. Stuart & Edwards to Martin L. Bishop (Mar. 12, 1853)[4213], *Bishop v. Illinois Central R.R.* [L01628] case file, LPAL.

50. Declaration, filed Mar. 10, 1854 [4724], Judgment, dated Apr.l 20, 1854 [53053], *Bishop v. Illinois Central R.R.* [L01627] case file, LPAL.

51. Judgment, dated Apr. 20, 1854 [53053], *Bishop v. Illinois Central R.R.* [L01627], Order of Dismissal, dated Sept. 9, 1856 [53062], *Bishop v. Illinois Central R.R.* [L01628] case files, LPAL.

52. *Howser v. Illinois Central R.R.* [L01654] case file, LPAL.

53. *Illinois Central R.R. v. McGinnis* [L01374] case file, LPAL.

54. *Barger v. Illinois Central R.R.* [L00515] case file, LPAL.

55. AL to Mason Brayman (Mar. 31, 1854)[130031], *Lincoln referred legal client to Stuart*, [N05243], LPAL; *see also* William D. Beard, *Lincoln and the Illinois Central Railroad*, 92 LINCOLN HERALD 16-17 (Spring 1990).

56. AL to Thompson R. Webber (Sept. 12, 1853), CW 2:202.

57. STARR, LINCOLN AND THE RAILROADS 60-61 (1927).

58. AL to Mason Brayman (Oct. 3, 1853), CW 2:205.

59. Mason Brayman to AL (Oct. 7, 1853), Mason Brayman Papers, Chicago Historical Society, Chicago, Illinois.

60. AL to James F. Joy (Sept. 19, 1855), CW 2:326.

61. Frederick Trevor Hill, *Lincoln the Lawyer*, 71 CENTURY MAG. 939, 950 n. 1 (Apr. 1906).

62. AL to Mason Brayman (Sept. 23, 1854), CW 2:234.

63. John T. Stuart & AL to Martin L. Bishop (Nov. 10, 1853)[4216], Declaration, filed Mar. 10, 1854 [4724], *Bishop v. Illinois Central R.R.* [L01627] case file, LPAL.

64. Docket entry, dated Apr. 20, 1854 [53053], Docket entry, dated Apr. 11, 1855 [53055], Docket entry, dated Apr. 16, 1856 [53057], *Bishop v. Illinois Central R.R.* [L01627] case file, LPAL.

65. AL to E. Lane (July 25, 1856), CW 11:12; Declaration, filed Apr. Term 1857 [4553], *Lincoln v. Illinois Central R.R.* [L01660] case file, LPAL.

66. CHICAGO J., Oct. 5, 1858, *reprinted in* THE LINCOLN-DOUGLAS DEBATES OF 1858, at 553 (Edwin Erle Sparks ed., 1908)(Collections of the Illinois State Historical Library, vol. 3).

67. Speech at Carthage, Illinois (Oct. 22, 1858), CW 3:331.

68. *Analysis of the Character of Abraham Lincoln: A Lecture by William H. Herndon, reprinted in* 1 ABRAHAM LINCOLN Q. 403, 429 (1941).

69. HERNDON'S LINCOLN at 288.

70. STARR, LINCOLN AND THE RAILROADS at 75-76.

71. The railroad has published several brochures and articles that promote its relationship with Lincoln. *See, e.g.*, ABRAHAM LINCOLN AS ATTORNEY FOR THE ILLINOIS CENTRAL RAILROAD COMPANY (n.d.); *Abraham Lincoln*, 1 ILL. CENT. MAG. 15 (May 1913); *Lincoln and the Illinois Central*, ILL. CENT. MAG. 5 (Feb. 1927); SMITH, ABRAHAM LINCOLN AN ILLINOIS CENTRAL LAWYER; EDWIN S. SUNDERLAND, ABRAHAM LINCOLN AND THE ILLINOIS CENTRAL RAILROAD (1955); *see also* Paul M. Angle, *Lincoln Defended Railroad*, ILL. CENT. MAG. 40.

72. ABRAHAM LINCOLN AS ATTORNEY FOR THE ILLINOIS CENTRAL RAILROAD COMPANY; SUNDERLAND, ABRAHAM LINCOLN AND THE ILLINOIS CENTRAL RAILROAD at 19. Albert Beveridge closely followed the Illinois Central's version of its lawsuit with Lincoln in his biography of Lincoln. 1 BEVERIDGE, ABRAHAM LINCOLN at 588-92 (1928).

73. PRATT, THE PERSONAL FINANCES OF ABRAHAM LINCOLN 52-53 (1943); Sutton, Lincoln and the Railroads of Illinois, in LINCOLN IMAGES: AUGUSTANA COLLEGE CENTENNIAL ESSAYS 53-54; Brown, Abraham Lincoln and the Illinois Central Railroad, 1857-1860, 36 J. ILL. ST. HIST. SOC'Y 121, 137-38 (1943).

74. Ebenezer Lane to W. H. Osborn, dated Aug. 14, 1857 [86546], Lincoln v. Illinois Central R.R. [L01660] case file, LPAL.

75. AL to James Steele and Charles Summers (Feb. 12, 1857), CW 2:389.

76. Ebenezer Lane to W. H. Osborn, dated Aug. 14, 1857 [86546], Lincoln v. Illinois Central R.R. [L01660] case file, LPAL.

77. Charles L. Capen to John G. Drennan (Apr. 6, 1906), quoted in 1 BEVERIDGE, ABRAHAM LINCOLN at 589.

78. STARR, LINCOLN AND THE RAILROADS at 76.

79. Henry C. Whitney to William H. Herndon (Aug. 27, 1887), in HERNDON'S INFORMANTS: LETTERS, INTERVIEWS, AND STATEMENTS ABOUT LINCOLN at 633.

80. STOVER, HISTORY OF THE ILLINOIS CENTRAL RAILROAD at 81, 83.

81. AL to James F. Joy (Sept. 14, 1855), CW 2:325.

82. AL to James F. Joy (Sept. 19, 1855), CW 2:326.

83. Brief of Argument in Abraham Lincoln vs. Illinois Central Railroad (June 23, 1857), CW 2:397-98.

84. Notice to Take Deposition [filed Apr. Term 1857][4537], Lincoln v. Illinois Central R.R. [L01660] case file, LPAL.

85. Harry E. Pratt, Abraham Lincoln in Bloomington, Illinois, 29 J. ILL. ST. HIST. SOC'Y 42, 51 (1936).

86. KING, LINCOLN'S MANAGER, DAVID DAVIS at 91.

87. Judgment, dated June 18, 1857 [53255], Lincoln v. Illinois Central R.R. [L01660] case file, LPAL.

88. Judgment, dated June 18, 1857 [53255], Judgment, dated June 23, 1857 [53256], Lincoln v. Illinois Central R.R. [L01660] case file, LPAL.

89. Hill, Lincoln the Lawyer, 71 CENTURY MAG. at 950.

90. John G. Drennan to Stuyvesant Fish (Apr. 7, 1906), Illinois Central Railroad Archives, Newberry Library, Chicago, Illinois.

91. Statement of James S. Ewing, dated Apr. 5, 1906, Illinois Central Railroad Archives, Newberry Library, Chicago, Illinois.

92. Statement of James S. Ewing, dated Apr. 5, 1906; Statement of Adlai E. Stevenson, dated Apr. 6, 1906, Illinois Central Railroad Archives, Newberry Library, Chicago, Illinois.

93. Statement of James S. Ewing, dated Apr. 5, 1906, Illinois Central Railroad Archives, Newberry Library, Chicago, Illinois.

94. Id.

95. Statement of Adlai E. Stevenson, dated Apr. 6, 1906, Illinois Central Railroad Archives, Newberry Library, Chicago, Illinois.

96. Ezra M. Prince to John G. Drennan (Apr. 5, 1906), Illinois Central Railroad Archives, Newberry Library, Chicago, Illinois.

97. Id.

98. CHICAGO PRESS AND TRIBUNE, Sept. 27, 1858.

99. Henry C. Whitney to William H. Herndon (Aug. 27, 1887), in HERNDON'S INFORMANTS: LETTERS, INTERVIEWS, AND STATEMENTS ABOUT LINCOLN at 633.

100. 1 BEVERIDGE, ABRAHAM LINCOLN at 590.

101. Dunn v. Keegin, 4 Ill. (3 Scam.) 292, 297 (1841).

102. WILLIAM E. BARINGER, LINCOLN DAY BY DAY, VOL. II: 1849-1860, at 198 (1960); PRATT, THE PERSONAL FINANCES OF ABRAHAM LINCOLN at 54; Bank draft, dated Aug. 31, 1857[127837], Lincoln v. Illinois Central R.R.[L01660] case file, LPAL; PAUL M. ANGLE, LINCOLN IN THE YEAR 1857, at 40 (1939).

103. WEIK, THE REAL LINCOLN: A PORTRAIT at 155.

104. See generally Robert Gordon, Lawyers as the American Aristocracy, 20 STAN. LAW. 2 (Fall 1985).

105. LINCOLN ON THE EVE OF '61: A JOURNALIST'S STORY BY HENRY VILLARD 37 (Harold G. & Oswald Garrison Villard eds., 1941).

참고문헌(Select Bibliography)

Published Primary Sources

Abstract of the Arguments of the Hon. Rufus Choate and William D. Northend, Esq. For the Petitioners···for a Railroad from Danvers to Malden, Before the Committee on Railways and Canals of the Massachusetts Legislature···Session 1847 (Boston, S. N. Dickinson & Co. 1847).

The Abuses of Law Courts, 21 U. S . Mag. & Dem. Rev. 305 (1847).

Addresses and Orations of Rufus Choate (Boston, Little Brown & Co. 1878).

Allen, William F. An Address Delivered Before the Graduating Class of the Law Department of Hamilton College, July 15, 1857 (Utica, Roberts 1857).

The American Bar, 28 U. S. Mag. & Dem. Rev. 195 (1851).

American Law, 1 Sw. L. J. & Reporter 112 (1844).

American Law Books. Story on Sales, 5 W. L. J. 118 (1847).

Analysis of the Character of Abraham Lincoln: a Lecture by William H. Herndon, reprinted in 1 Abraham Lincoln Q. 403 (1941).

Annual Register, or a View of the History and Politics, of the Year 1840 (London, J. G. F. & J. Rivington 1841).

Baldwin, Joseph. The Flush Times of Alabama and Mississippi (1987)(1853).

Basler, Roy P., ed., James Quay Howard's Notes on Lincoln, 4 Abraham Lincoln Q. 387 (1947).

Bonney, Edward. The Banditti of the Prairies or, The Murderer's Doom!! A Tale of the Mississippi Valley (1963) (1850).

Bouvier, John. A Law Dictionary Adapted to the Constitutions and Laws of the United States of America (Philadelphia, T. & J. W. Johnson 1839).

Carey, H. C. The Past, The Present, and The Future (Philadelphia, H. C. Baird 1859).

Carpenter, F. B. Six Months at the White House (New York, Hurd & Houghton 1866).

Case of George Latimer—Boston Slavehunting Ground—Outrageous Conduct of the City Marshall and City Police, 12 The Liberator 171 (Oct. 28, 1842).

Caton, John Dean. Early Bench and Bar of Illinois (Chicago, Chicago Legal News Co. 1893).

Chitty, Joseph. A Practical Treatise on Pleading; and on the Parties to Actions, and the Forms of Actions; With a Second Volume Containing Precedents of Headings (New York, Robert M'Dermut 1809).

Cincinnati Law School, 1 W. L. J. 522 (1844).

Clerke, Thomas W. An Introductory Discourse, on the Study of the Law, Delivered Before the New York Law School, in the City Hall, in the City of New York, on the 23d. Nov. 1840, in Rudiments of American Law and Practice, on the Plan of Blackstone; Prepared for the Use of Students at Law, and Adapted to Schools and Colleges (New York, Gould, Banks & Co. 1842).

The Collected Works of Abraham Lincoln (Basler, Roy P., ed. 11 vols. 1953-1990).

Colton, Calvin. The Junius Tracts and the Rights of Labor (1974) (1844).

Conkling, James C. Recollections of the Bench and Bar of Central Illinois in Chicago Bar Association Lectures (Chicago, Fergus Printing 1882).

The Constitutional Debates of 1847 (Arthur C. Cole, ed. 1919) (Collections of the Illinois State Historical Library, vol. 14).

Critical Notice, 2 Am. Law Mag. 247 (1843).

Critical Notices, 6 Am. L. Mag. 471 (1846).

Curran, William Henry. The Life of the Right Honorable John Philpot Curran (London, Archibald Constable & Co. 1819).

Diary of George Templeton Strong (Allan Nevins & Milton H. Thomas, eds. 1952).

The Elective Principle as Applied to the Judiciary, 5 W. L. J. 127 (1847).

Eloquence of the Bar. Grattan—Curran, 3 W. L. J. 241 (1846).

Mr. & Mrs. Ralph Emerson's Personal Recollections of Abraham Lincoln (1909).

Examination of Attorneys, 5 W. L. J. 480 (1848).

Examination of Students, 3 N. Y. Legal Observer 395 (1845).

The Examiner and Mr. Phillips, 24 Littell's Living Age 230 (Feb. 2, 1850).

"F." *The Profession of the Law*, 7 W. L. J. 97 (1849).

Ficklin, O. B. *A Pioneer Lawyer*, Tuscola [Illinois] Review, Sept. 7, 1922.

[Field, David Dudley]. *The Study and Practice of the Law*, 14 U. S. Mag. & Democratic Rev. 345 (1844).

Freeman, Norman L. The "Illinois Digest": Being a Full and Complete Digest and Compilation of all the Decisions of the Supreme Court (Cincinnati, Moore, Wilstach, Keys & Co. 1856).

Gilman, Charles. *Debtor and Creditor in Illinois*, 5 Hunt's Merchants' Mag. 446 (1841).

Greenleaf, Simon. A Discourse Pronounced at the Inauguration of the Author as Royall Professor of Law in Harvard University, August 26, 1834 (Cambridge, James Munroe & Co. 1837).

____. Treatise on the Law of Evidence (3 vols. Boston, Charles C. Little & James Brown 1842).

Gregg, W. P. & Pond, Benjamin. The Railroad Laws and Charters of the United States (Boston, Charles C. Little & James Brown 1851).

Hare, J. I. Clark & Wallace, H. B. Select Decisions of American Courts (Philadelphia, T. & J. W. Johnson 1848).

Herndon's Informants: Letters, Interviews, and Statements About Lincoln (Douglas L. Wilson & Rodney O. Davis, eds. 1998).

Herndon's Life of Lincoln: The History and Personal Recollections of Abraham Lincoln as Originally Written by William H. Herndon and Jesse W. Weik (Paul M. Angle ed., 1961).

The Hidden Lincoln: From the Letters and Papers of William H. Herndon (Emanuel Hertz ed., 1940).

Hilliard, Francis. The Elements of Law; Being a Comprehensive Summary of American Jurisprudence (2d ed. New York, John S. Voorhies 1848).

Hoffman, David. A Course of Legal Study (2d ed. Baltimore, Joseph Neal 1836).

Holland, J. G. Life of Abraham Lincoln (Springfield, Mass., G. Bill 1866).

Hopkinson, Joseph. An Address Delivered Before the Law Academy of Philadelphia (Philadelphia, Law Academy 1826).

Howard, J. Q. The Life of Abraham Lincoln with Extracts From His Speeches (Cincinnati, Anderson, Gates & Wright 1860).

Howells, W. D. Life of Abraham Lincoln (1938)(1860).

Humphreys, Charles. Compendium of the Common Law in Force in Kentucky (Lexington, W. G. Hunt 1822).

Hurd, John Codman. The Law of Freedom and Bondage in the United States (Boston, Little, Brown & Co. 1862).

In the Matter of Jane, A Woman of Color, 5 W. L. J. 202 (1848).

Jackson, J. F. *Law and Lawyers*, 28 Knickerbocker 377 (1846).

James, Charles P. *Lawyers and Their Traits*, 9 W. L. J. 49 (1851).

Jefferson, Thomas. Writings (1984).

Kennedy, John Pendelton. Swallow Barn: or, A Sojourn in the Old Dominion (Rev. ed. Philadelphia, J. B. Lippincott & Co. 1860).

Kent, James. Commentaries on American Law (New York, O. Halstead 1830).

____. Commentaries on American Law (8th ed. New York, William Kent 1854).

Kimball, Richard B. The Lawyer: The Dignity, Duties, and Responsibilities of his Profession (New York, George P. Putnam & Co. 1853).

Kinne, Asa. Questions and Answers on Law: Alphabetically Arranged, With References to the Most Approved Authorities 691 (New York, John F. Trow 1850).

The Latimer Case, 12 The Liberator 186 (Nov. 25, 1842).

The Law Practice of Abraham Lincoln: Complete Documentary Edition (Martha L. Benner & Cullom Davis eds. 2000)

Law Relative to Debtor and Creditor, No. 1 Means of Enforcing Debts Against Citizens of the State of Maine, 2 Hunt's Merchants' Mag. 329 (1840).

Law Schools. The Law Department of the Indiana University, at Bloomington, 1 W. L. J. 92 (1843).

Law Studies, 9 L. Rep. 142 (1846).

Lawyers, Clients &c, 24 Littell's Living Age 306 (Feb. 16, 1850).

Lawyers, Clients, Witnesses, and the Public; or, the Examiner and Mr. Phillips, 24 Littell's Living Age 179 (Jan. 26, 1850).

Legal Morality, 5 L. Rep. 529 (1843).

The Legal Profession, Ancient and Modern, 4 Am. Rev. 242 (1846).

The Legal Profession in the United States, 10 Am. L. J. 470 (1851).

Legerdemain of Law-Craft (pts. 1 & 2), 22 U. S. Mag. & Dem. Rev. 529 (1848), 23 U. S. Mag. & Dem. Rev. 134 (1849).

The Letters of Stephen A. Douglas (Robert W. Johannsen, ed. 1961).

Lieber, Francis. *On Political Hermeneutics—Precedents*, 18 Am. Jurist. 282 (1838).

Life of Abe Lincoln, of Illinois (Printed for the Publishers 1860).

The Lincoln-Douglas Debates of 1858 (Edwin Erle Sparks ed., 1908) (Collections of the Illinois State Historical Library, vol. 3).

The Lincoln-Douglas Debates of 1858 (Robert W. Johannsen ed., 1965).

Lincoln on the Eve of '61: A Journalist's Story by Henry Villard (Harold G. Villard & Oswald Garrison eds., 1941).

Linder, Usher F. Reminiscences of the Early Bench and Bar of Illinois (1879).

Livingston, John. Livingston's Law Register (New York, Monthly Law Mag. 1851).

_____. Livingston's Law Register for 1852 (New York, U. S. Law Mag. 1852).

_____. Livingston's United States Law Register (New York, John A. Gray 1860).

Lomax, John Taylor. Digest of the Laws Respecting Real Property, Generally Adopted and in Use in the United States (Philadelphia, J. S. Littell 1839).

Marvin, J. G. Legal Bibliography (Philadelphia, T. & J. W. Johnson 1847).

Memoir of Benjamin Robbins Curtis (Benjamin R. Curtis ed., Boston, Little, Brown, & Co. 1879).

Memoirs of Gustave Koerner 1809-1896 (Thomas J. McCormack ed., 1909).

Memorials of the Life and Character of Stephen T. Logan 17 (Springfield, III., H. W. Rokker 1882).

Metcalf, Theron & Perkins, Jonathan C. Digest of the Decisions of the Courts of Common Law and Admiralty in the United States (Boston, Hilliard, Gray & Co. 1840).

The Morals and Utility of Lawyers, 7 W. L. J. 1 (1849).

Mr. Charles Phillips and the Courvoisier Case, 12 Monthly L. Rep. 553 (1850).

Mr. Charles Phillips's Defence of Courvoisier, 12 Monthly L. Rep. 536 (1850).

Mr. Phillips and the Courvoisier Case, 12 Monthly L. Rep. 481 (1850).

The New Constitution of Illinois, 5 W. L. J. 64 (1847).

New Decisions, 3 W. L. J. 15 (1845).

Notices of New Books, 14 L. Rep. 102 (1851).

The only Authentic Life of Abraham Lincoln, Alias "Old Abe." (American News Co. n.d.).

O'Regan, William. Memoirs of the Legal, Literary, and Political Life of the Late the Right Honorable John Philpot Curran (London, James Harper 1817).

Parker, Theodore. The Trial of Theodore Parker, For the "Misdemeanor" of a Speech in Faneuil Hall Against Kidnapping (Boston, Published For The Author 1855).

Pierce, Edward L. Treatise on American Railroad Law (New York, John S. Voorhies 1857).

Pitts, John W. Eleven Numbers Against Lawyer Legislation and Fees at the Bar, Written and Printed Expressly for the Benefit of the People (n.p. 1843).

Poe, Edgar Allan. Magazine Literature,The Weekly Mirror 299 (Feb. 15, 1845).

The Practice of Advocacy.—Mr. Charles Phillips, and his Defence of Courvoisier, 25 Littell's Living Age 289 (May 18, 1850).

The Practice of the Bar, 9 L. Rep. 241 (1846).

Professional Conduct—The Courvoisier Case, 12 Monthly L. Rep. 433 (1850).

Professional Ethics, 9 Am. L. J. 477 (1850).

Purple, N. H. A Compilation of the Statutes of the State of Illinois (Chicago, Keen & Lee 1856).

Puterbaugh, Sabin D. Puterbaugh's Illinois Pleadings and Practice (Peoria, Henry Nolte 1864).

Putnam, John Phelps. A Supplement to the United States Digest (Boston, Charles C. Little & James Brown 1847).

Records of the Federal Convention of 1787 (Max Farrand ed., 1937).

Redfield, Isaac F. A Practical Treatise Upon the Law of Railways (2d ed. Boston, Little, Brown & Co. 1858).

Reeve, Tapping. The Law of Baron and Femme (3d ed. 1862).

Report of the Trial of Archibald Hamilton Rowan (New York, Tiebout & O'Brien 1794).

Rights of the Slave-Holding States and of the Owners of Slave Property Under the Constitution of the United States, 23 Am. Jurist. 23 (1840).

Robertson, George W. Scrap Book on Law and Politics, Men and Times (Lexington, A. W. Elder 1855).

Saxe, John G. A Legal Ballad, 24 Knickerbocker 265 (Sept. 1844).

Sedgwick, Theodore. A Treatise on the Measure of Damages (New York, John S. Voorhies 1847).

Sharswood, George. A Compend of Lectures on the Aims and Duties of the Profession of Law (Philadelphia, T. & J. W. Johnson 1854).

Sharswood's Professional Ethics, 3 Am. L. Reg. 193 (1855).

Sherman, William T. Memoirs of General William T. Sherman (New York, D. Appleton & Co. 1875).

Smith, Chauncey & Bates, Samuel W. Cases Relating to the Law of Railways, Decided in the Supreme Court of the United States, And in the Courts of the Several States (Boston, Little, Brown and Co. 1854).

Speech of Hon. Rufus Choate Before the Joint Legislative Rail Road Committee, Boston, Feb. 28, 1851, Application of the Salem and Lowell Rail Road Company For A Parallel and Competing Rail Road From Salem to Danvers 4 (Boston, J. M. Hewes & Co. 1851).

Speeches of the Right Honorable John Philpott Curran (4th ed. London, Hurst, Rees, Orme, & Brown 1815).

Speed, Joshua Fry. Reminiscences of Abraham Lincoln and Notes of a Visit to California: Two Lectures (Louisville, John P. Morton 1884).

Starkie, Thomas. A Treatise on the Law of Slander and Libel, and Incidentally of Malicious Prosecutions; From the Second English Edition of 1830, With Notes and References to American Cases and to English Decisions Since 1830 (2 vols. Albany, C. Van Benthuysen & Co. 1843).

Stevens, Frank E., ed. Autobiography of Stephen A. Douglas, 5 Ill. St. Hist. Soc'y J. 330 (1912).

Storer, Bellamy. The Legal Profession: An Address Delivered Before the Law Department of the University of Louisville, Kentucky, February 20, 185 (Cincinnati, C. Clark 1856).

Story, Joseph. Commentaries on Equity Jurisprudence as Administered in England and America (Boston, Hilliard, Gray & Co. 1836).

____. Commentaries on Equity Pleadings, and the Incidents Thereto, According to the Practice of the Courts of Equity of England and America (Boston, C. C. Little & J. Brown 1838).

____. Digests of the Common Law, in Miscellaneous Writings of Joseph Story (William W. Story ed., 1972)(1852).

[Story, Joseph]. Hoffman's Course of Legal Study, 6 N. Am. Rev. 45 (Nov. 1817).

Sugden, Edward. A Practical Treatise of the Law of Vendors and Purchasers of Estates (Brookfield, Ma., E. & L. Merriam 1836).

Tocqueville, Alexis de. Democracy in America (P. Bradley ed., H. Reeve trans. 1980).

Trollope, Anthony. North America (1968) (1862).

Tucker, St. George. Blackstone's Commentaries: With Notes of Reference to the Constitution and Laws, of the Federal Government of the United States and of the Commonwealth of Virginia (1969)(1803).

United States Digest, 3 W. L. J. 239 (1846).

Walker, Samuel. The Moral, Social, and Professional Duties of Attorneys and Solicitors (New York, Harper & Brothers 1849).

Walker, Timothy. Advice to Law Students, 1 W. L. J. 481 (1844).

____. An Introduction to American Law, Designed as a First Book For Students (Philadelphia, P. H. Nicklin & T. Johnson 1837).

____. Ways and Means of Professional Success: Being the Substance of a Valedictory Address to the Graduates of the Law Class, in the Cincinnati College, 1 W. L. J. 543 (1844).

Walker's Introduction, 1 W. Literary J. & Monthly Rev. 107 (Dec. 1844).

Walker's Introduction to American Law, 45 No. Am. Rev. 485 (1837).

Warden, Robert B. An Account of the Private Life and Public Services of Salmon Portland Chase (Cincinnati, Wilstach, Baldwin & Co. 1874).

Webster, Noah. The American Spelling Book; Containing the Rudiments of the English Language (Concord, H. Hill & Co., 1823).

Whitney, Henry Clay. Life on the Circuit with Lincoln (1940)(1892).

Secondary Sources

Abel, Richard. American Lawyers (1989).

Abraham Lincoln, 1 Illinois Central Mag. 15 (May 1913).

Abraham Lincoln as Attorney for the Illinois Central Railroad Company (n.d.).

Altschuler, Glenn C. & Stuart M. Blumin, Rude Republic: Americans and their Politics in the Nineteenth

Century (2000).

Angle, Paul M. *Abraham Lincoln: Circuit Lawyer*, Abraham Lincoln Ass'n Papers (1928).

____. *Aftermath of the Matson Slave Case*, 3 Abraham Lincoln Q. 146 (1944).

____. *"Here I have Lived": A History of Lincoln's Springfield, 1821-1865* (1935).

____. *Lincoln and the United States Supreme Court*, Bull. Abraham Lincoln Ass'n (May 1936).

____. *Lincoln Defended Railroad*, Ⅲ. Cent. Mag. 40 (Feb. 1929).

____. *Lincoln in the Year 1857* (1939).

____. *One Hundred Years of Law: An Account of the Law Office which John T. Stuart Founded in Springfield, Illinois, A Century Ago* (1928).

____. *A Shelf of Lincoln Books* (1946).

Arno, Andrew R. *Ritual Reconciliation and Conflict Management in Fiji*, 47 Oceania 49 (1976).

Atiyah, P. S. *Rise and Fall of Freedom of Contract* (1979).

Auerbach, Jerold. *Unequal Justice: Lawyers and Social Change in Modern America* (1976).

Baker, Donald G. *The Lawyer in Popular Fiction*, 3 J. Pop. Culture 493 (1969).

Balleisen, Edward J. *Navigating Failure: Bankruptcy and Commercial Society in Antebellum America* (2001).

Baringer, William E. *Lincoln Day by Day: 1849-1860* (1960).

Barondess, Benjamin. *The Adventure of the Missing Briefs*, 8 Manuscripts 20 (1955).

Bartlett, Irving. *Wendell and Ann Phillips: The Community of Reform 1840-1880* (1979).

Barton, Keith C. *"Good Cooks and Washers": Slave Hiring, Domestic Labor, and the market in Bourbon County, Kentucky*, 84 J. Am. Hist. 436 (Sept. 1997).

Basler, Roy P. *The Lincoln Legend: A Study in Changing Conceptions* (1935).

Baxter, Maurice G. *Orville H. Browning: Lincoln's Friend and Critic* (1957).

Beard, William D. *Dalby Revisited: A New Look at Lincoln's "Most Far-reaching Case" in the Illinois Supreme Court*, 20 J. Abraham Lincoln Ass'n 1 (Summer 1999).

____. *"I have labored hard to find the law": Abraham Lincoln for the Alton and Sangamon Railroad*, 85 Ⅲ. Hist. J. 209 (1992).

____. *Lincoln and the Illinois Central Railroad*, 92 Lincoln Herald 16 (Spring 1990).

Beardsley, Arthur Sydney. *Legal Bibliography and the Use of Law Books* (1937).

Bestor, Arthur. *State Sovereignty and Slavery: A Reinterpretation of Proslavery Constitutional Doctrine, 1846-1860*, J. Ⅲ. St. Hist. Soc'y 117 (1961).

Beveridge, Albert J. *Abraham Lincoln, 1809-1858* (4 vols. 1928).

Blair, Harry C. & Tarshis, Rebecca. *Colonel Edward D. Baker: Lincoln's Constant Ally* (1960).

Blau, Joseph, ed. *Social Theories of Jacksonian Democracy* (1954).

Bloomfield, Maxwell. *American Lawyers in a Changing Society, 1776-1876* (1976).

____. *David Hoffman and the Shaping of a Republican Legal Culture*, 38 Md. L. Rev. 161 (1979).

____. *Law: The Development of a Profession*, in Professions in American History (Nathan O. Hatch ed., 1988).

____. *Law and Lawyers in American Popular Culture*, in Law and American Literature: A Collection of Essays 125 (Carl S. Smith et al. eds., 1983).

____. *Law vs. Politics: The Self-Image of the American Bar 1830-1860*, 12 Am. J. Leg. Hist. 306 (1968).

Blue, Frederick J. *Salmon P. Chase: A Life in Politics* (1987).

Bogue, Allan G. et al., *Members of the House of Representatives and the Processes of Modernization, 1789-1960*, 63 J. Am. Hist. 275 (1976).

Boman, Dennis K. *The Dred Scott Case Reconsidered: The Legal and Political Context in Missouri*, 44 Am. J. Leg. Hist. 405 (2000).

____. *The Life of Abiel Leonard: Eminent Jurist and Passionate Unionist* (1998)(Ph.D. dissertation University of Missouri).

Borit, G. S. *A New Lincoln Text: An Opinion on an Illinois Tax*, 75 Lincoln Herald 152 (Winter 1973).

____. *Another New Lincoln Text: Some Thoughts Concerning an Outrageous Suggestion About Abraham Lincoln "Corporation Lawyer,"* 77 Lincoln Herald 27 (Spring 1975).

Boritt, G. S. *Lincoln and the Economics of the American Dream* (1978).

____. *Was Lincoln a Vulnerable Candidate in 1860 ?*, 27 Civil War Hist. 32 (1981).

Bradford, M. E. *Against Lincoln: An Address at Gettysburg*, in The Historian's Lincoln: Pseudohistory, Psychohistory, and History (Gabor Boritt, ed. 1988).

Brown, Charles LeRoy. *Abraham Lincoln and the Illinois Central Railroad, 1857-1860*, 36 J. Ⅲ. State Hist.

Soc'y 121 (1943).

Brown, R. Ben. *Judging in the Days of the Early Republic: A Critique of Judge Richard Arnold's Use of History in Anastasoff v. United States*, 3 J. App. Prac. & Process 355 (2001).

Bryant, A. Christopher. *Reading the Law in the Office of Calvin Fletcher: The Apprenticeship System and the Practice of Law in Frontier Indiana*, 1 Nev. L. J. 19 (2001).

Bryson, W. Hamilton & E. Lee Shepard, The Winchester Law School, 1824-1831, 21 Law & Hist. Rev. 393 (2003).

Burlingame, Michael. *The 1837 Lincoln-Stone Protest Against Slavery Reconsidered*, in Papers From the Thirteenth and Fourteenth Annual Lincoln Colloquia 57-62 (n.d.).

Campbell, Stanley W. The Slave Catchers: Enforcement of the Fugitive Slave Law, 1850-1860 (1968)

Chandler, Alfred D. Jr. *Patterns of American Railroad Finance, 1830-50*, 28 Bus. Hist. Rev. 248 (1954).

_____. *The Railroads: Pioneers in Modern Corporate Management*, 39 Bus. Hist. Rev. 16 (1965).

Chroust, Anton-Hermann. *Abraham Lincoln Argues a Pro-Slavery Case*, 5 Am. J. Leg. Hist. 299 (1961).

Cohen, Morris L. et al., How to Find the Law (9th ed. 1989).

Coleman, Charles H. Abraham Lincoln and Coles County, Illinois (1955).

Collett, Teresa Stanton. *The Common Good and the Duty to Represent: Must the Last Lawyer in Town Take Any Case ?*, 40 S. Tex. L. Rev. 137 (1999).

Collins, Lewis. History of Kentucky (Covington, Ky., Collins & Co. 1874).

Comment, *The Creation of a Common Law Rule: The Fellow Servant Rule, 1837-1860*, 132 U. Penn. L. Rev. 579 (1984).

Cover, Robert. *Book Review*, 70 Colum. L. Rev. 1475 (1975).

_____. Justice Accused: Antislavery and the Judicial Process (1975).

Curry, Richard O. *Conscious or Subconscious Caesarism: A Critique of Recent Scholarly Attempts to Put Abraham Lincoln on the Analyst's Couch*, 77 J. Ill. State Hist. Soc'y 67 (1984).

Dalley, Paula J. *The Law of Deceit, 1790-1860: Continuity Amidst Change*, 39 Am. J. Legal Hist. 405 (1995).

Davis, Cullom. *Abraham Lincoln, Esq.: The Symbiosis of Law and Politics*, in Abraham Lincoln and the Political Process: Papers from the Seventh Annual Lincoln Colloquium (1992).

_____. *Law and Politics: The Two Careers of Abraham Lincoln*, 17 Quarterly J. Ideology 61 (June 1994).

Davis, James E. Frontier Illinois (1998).

De Ville, Kenneth Allen. Medical Malpractice in Nineteenth-Century America (1990).

Dillon, Merton L. The Abolitionists: The Growth of a Dissenting Minority (1974).

Donald, David Herbert. *Billy, You're Too Rampant*, 3 Abraham Lincoln Q. 375 (1945).

_____. Lincoln (1995).

_____. Lincoln Reconsidered: Essays on the Civil War Era (2d ed. 1961).

_____. Lincoln's Herndon: A Biography (1948).

_____. "We Are Lincoln Men": Abraham Lincoln and His Friends (2003).

Duff, John J. A. Lincoln, Prairie Lawyer (1960).

_____. *This Was A Lawyer*, 52 J. Ill State Hist. Soc'y 146 (1959).

Dunn, Jesse K. *Lincoln, the Lawyer*, 4 Okla. L. J. 249 (1906).

Eller, Cathrine Spicer. The William Blackstone Collection in the Yale Law Library (Yale Law Library Publications No. 6, June 1938).

Ely, James W., Jr. The Guardian of Every Other Right: A Constitutional History of Property Rights (1992).

_____. Railroads and American Law (2001).

Engel, David M. *The Oven-Bird's Song: Insiders, Outsiders, and Personal Injuries in an American Community*, 18 Law & Soc'y Rev. 551 (1984).

Ernst, Daniel R. *Legal Positivism, Radical Litigation, and the New Jersey Slave Case of 1845*, 4 Law & Hist. Rev. 337 (1986).

Ershkowitz, Herbert. The Origin of the Whig and Democratic Parties: New Jersey Politics, 1820-1837 (1982).

Etcheson, Nicole. The Emerging Midwest: Upland Southerners and the Political Culture of the Old Northwest, 1787-1861 (1996).

Faragher, John Mack. *History from the Inside-Out: Writing the History of Women in Rural America*, 33 Am. Q. 537 (1981).

_____. Sugar Creek: Life on the Illinois Prairie (1986).

_____. Women and Men on the Overland Trail (1979).

Fehrenbacher, Don E. Lincoln in Text and Context: Collected Essays (1987).

_____. The Dred Scott Case: Its Significance in American Law and Politics (1978).

_____. Prelude to Greatness: Lincoln in the 1850s (1962).

_____. The Slaveholding Republic: An Account of the United States Government's Relations to Slavery (1999).

Fehrenbacher, Don E. & Virginia Fehrenbacher. Recollected Words of Abraham Lincoln (1996).

Ferguson, Robert A. Law and Letters in American Culture (1986).

Fidler, Ann. "Till You Understand Them in Their Principal Features": Observations on Form and Function in Nineteenth-Century American Law Books, 92 Papers of the Bibliographical Society of America 427 (Dec. 1998).

Finkelman, Paul. An Imperfect Union: Slavery, Federalism, and Comity (1981).

_____. Slavery and the Founders: Race and Liberty in the Age of Jefferson (2d ed. 2001).

_____. Slavery, the "More Perfect Union," and the Prairie State, 80 Ill. Hist. J. 248 (1987).

Fishman, Joel. The Digests of Pennsylvania, 90 Law Lib. J. 481 (1998).

_____. An Early Pennsylvania Legal Periodical: The Pennsylvania Law Journal, 1842-1848, 45 Am. J. Legal Hist. 23 (2001).

Folsom, Burton E. The Politics of Elites: Prominence and Party in Davidson County, Tennessee, 1835-1861, 39 J. Sou. Hist. 359 (1973).

Foner, Eric. Free Soil, Free Labor, Free Men: The Ideology of the Republican Party Before The Civil War (1970).

Formisano, Robert. The Transformation of Political Culture: Massachusetts Parties, 1790s-1840s (1983).

Fox, Edward J. The Influence of the Law in the Life of Abraham Lincoln, in Report of the Thirty-first Annual Meeting of the Pennsylvania Bar Association (1925).

Frank, John P. Lincoln as a Lawyer (1961).

Frayssé, Olivier. Lincoln, Land, and Labor, 1809-60 (Sylvia Neely trans. 1994)

Fredrickson, George. The Black Image in the White Mind: The Debate on Afro-Americans Character and Destiny 1817-1914 (1971).

_____. The Search for Order and Community, in The Public and Private Lincoln (G. Cullom Davis et al. eds., 1979).

Freedman, Monroe H. Understanding Lawyers' Ethics (1990).

Freyer, Tony. Reassessing the Impact of Eminent Domain in Early American Economic Development, 1981 Wisc. L. Rev. 1263.

Friedman, Lawrence. A History of American Law (3rd ed. 2005).

Friedman, Lawrence M., et al. State Supreme Courts: A Century of Style and Citation, 33 Stan. L. Rev. 733 (1981).

Galanter, Marc. Why the "Haves" Come Out Ahead: Speculations on the Limits of Legal Change, 9 Law & Soc'y Rev. 95 (1974).

Gates, Arnold. John J. Duff, 1902-1961, 54 J. Ill. State Hist. Soc'y 419 (1961).

Gates, Paul W. History of Public Land Law Development (1968).

Gates, Paul Wallace. The Illinois Central Railroad and Its Colonization Work (1934).

Gawalt, Gerald W. Sources of Anti-Lawyer Sentiment in Massachusetts, 1740-1840, 14 Am. J. Leg. Hist. 283 (1970).

Gertz, Elmer. The Black Laws of Illinois, 56 Ill. St. Hist. Soc'y J. 454 (1963).

Gienapp, William E. Abraham Lincoln and Civil War America: A Biography (2002).

_____. The Myth of Class in Jacksonian America, 6 J. Policy Hist. 232 (1994).

_____. The Origins of the Republican Party 1852-1856 (1987).

Gilmore, Grant. The Ages of American Law (1977).

Glendinning, Glen V. The Chicago & Alton Railroad: The Only Way (2002).

Goff, John S. Robert Todd Lincoln: A Man in His Own Right (1969).

Gordon, James Wice. Lawyers in Politics: Mid-Nineteenth Century Kentucky as a Case Study (1981) (Ph.D. dissertation University of Kentucky).

Gordon, Robert W. The Devil and Daniel Webster, 94 Yale L. J. 445 (1984).

_____. The Elusive Transformation, 6 Yale J. Law & Humanities 137 (1994).

_____. Lawyers as the American Aristocracy, 20 Stan. Law. 2 (Fall 1985).

_____. Morton Horwitz and His Critics: A Conflict of Narratives, 37 Tulsa L. Rev. 915 (2002).

Gordon, Sarah H. Passage to Union: How the Railroads Transformed American Life, 1829-1929 (1997).

Gorn, Elliot J. "Gouge and Bite, Pull Hair and Scratch": The Social Significance of Fighting in the Southern

Backcountry, 90 Am. Hist. Rev. 18 (Feb. 1985).

Gowing, Laura. Domestic Dangers: Women, Words, and Sex in Early Modern London (1998).

Granfors, Mark W. & Halliday, Terence C. Professional Passages: Caste, Class and Education in the 19th Century Legal Profession (American Bar Foundation Working Paper 1987).

Green, Thomas M. & William D. Pederson. The Behavior of Lawyer-Presidents, 15 Pres. Stud. Q. 343 (1985).

Greenhouse, Carol J. Courting Difference: Issues of Interpretation and Comparison in the Study of Legal Ideologies, 22 Law & Soc'y Rev. (1988).

Grimsted, David. Rioting in Its Jacksonian Setting, 77 Am. Hist. Rev. 361 (1972).

Haines, Deborah. City Doctor, City Lawyer: The Learned Professions in Frontier Chicago, 1833-1860 (1986) (Ph.D. dissertation, University of Chicago).

Hall, Kermit L. The Judiciary on Trial: State Constitutional Reform and the Rise of an Elected Judiciary, 1846-1860, 45 Historian 337 (1983).

Harris, Michael H. The Frontier Lawyer's Library; Southern Indiana, 1800-1850, as a Test Case, 26 Am. J. Leg. Hist. 239 (1972).

Hartog, Hendrik. Pigs and Positivism, 1985 Wis. L. Rev. 899.

Hazard, Geoffrey C., Jr. Ethics in the Practice of Law (1978).

Heiple, James D. Legal Education and Admission to the Bar: The Illinois Experience, 12 S. Ill. U. L. J. 123 (1987).

Hertz, Emanuel. Abraham Lincoln: A New Portrait (1931).

Higham, John. History: Professional Scholarship in America (1989).

Hill, Frederick Trevor. Lincoln the Lawyer (1906).

____. Lincoln the Lawyer, 71 Century Mag. 939 (April 1906).

Hoeflich, M. H. John Livingston & the Business of Law in Nineteenth-Century America, 44 Am. J. Legal Hist. 347 (2000).

____. Law in the Republican Classroom, 43 U. Kan. L. Rev. 711 (1995)

____. The Lawyer as Pragmatic Reader: The History of Legal Common-Placing, 55 Ark. L. Rev. 87 (2002).

____. Legal Ethics in the Nineteenth Century: The Other Tradition, 47 U. Kan. L. Rev. 793 (1999).

Hofstadter, Richard. The American Political Tradition (1974)(1948).

Holsinger, M. Paul. Timothy Walker, 84 Ohio Hist. 145 (1975).

Horwitz, Morton. The Transformation of American Law: 1780-1860 (1977).

Howe, Daniel Walker. The Political Culture of the American Whigs (1979).

____. Why Abraham Lincoln Was a Whig, 16 J. Abraham Lincoln Ass'n 27 (1995)

Hunt, Gaillard. Israel, Elihu and Cadwallader Washburn (1925).

Hunt, Robert S. Law and Locomotives: The Impact of the Railroad on Wisconsin Law in the Nineteenth Century (1958).

Hurst, James Willard. The Growth of American Law: The Law Makers (1950).

Hyman, Harold M. A Man out of Manuscripts: Edward M. Stanton at the McCormick Reaper Trial, 12 Manuscripts 35 (1960).

Hyman, Harold M. & Wiecek, William M. Equal Justice Under Law: Constitutional Development 1835-1875 (1982).

Johannsen, Robert W. In Search of the Real Lincoln, Or Lincoln at the Crossroads, 61 J. Ill. State Hist. Soc'y 229 (1968).

Johnson, William R. Education and Professional Life Styles: Law and Medicine in the Nineteenth Century, 14 Hist. Ed. Q. 185 (1974).

Kaczorowski, Robert J. The Common-Law Background of Nineteenth-Century Tort Law, 51 Ohio St. L. J. 1127 (1990).

Karachuk, Robert Feikema. A Workman's Tools: The Law Library of Henry Adams Bullard, 42 Am. J. Legal Hist. 160 (1998).

Karsten, Peter. "Bottomed on Justice": A Reappraisal of Critical Legal Studies Scholarship Concerning Breaches of Labor Contracts by Quitting or Firing in Britain and the U. S., 1630-1880, 34 Am J. Legal Hist. 213 (1990).

____. Cows in the Corn, Pigs in the Garden, and "The Problem of Social Costs": "High" and "Low" Legal Cultures of the British Diaspora Lands in the 17th, 18th, and 19th Centuries, 32 Law & Soc'y Rev. 63 (1998).

____. Heart versus Head: Judge-Made Law in Nineteenth-Century America 26 (1997).

Kelley, Robert. The Cultural Pattern in American Politics (1979).

Kempin, Frederick G. Jr. *Precedent and Stare Decisis: The Critical Years, 1800-1850*, 3 Am. J. Leg. Hist. 28 (1959).

King, Andrew J. *Constructing Gender: Sexual Slander in Nineteenth-Century America*, 13 Law & Hist. Rev. 63 (1995).

____. *The Law of Slander in Early Antebellum America*, 35 Am. J. Leg. Hist. 1 (1991).

King, Willard L. Lincoln's Manager, David Davis (1960).

____. *Review*, 55 J. Ⅲ. State Hist. Soc'y 96 (1962).

____. *Riding the Circuit with Lincoln*, 6 Am. Heritage 48 (Feb. 1955).

Klafter, Craig Evan. *The Influence of Vocational Law Schools on the Origins of American Legal Thought, 1779-1829*, 37 Am. J. Legal Hist. 307 (1993).

Knupfer, Peter B. *Henry Clay's Constitutional Unionism*, 89 Register Ky. Hist. Soc'y 32 (1991).

Koch, Klaus-Friedrich et al., *Social Structure, Ritual Reconciliation, and the Obviation of Grievances: A Comparative Essay in the Anthropology of Law*, 16 Ethnology 269 (1979).

Koenig, Thomas & Michael Rustad, *The Challenge to Hierarchy in Legal Education: Suffolk and the Night Law School Movement*, 7 Res. In Law, Deviance & Soc. Control 189 (1984).

Kohl, Lawrence. The Politics of Individualism: Parties and the American Character in the Jacksonian Era (1989).

Konefsky, Alfred S. *"As Best to Subserve Their Own Interests": Lemuel Shaw, Labor Conspiracy, and Fellow Servants*, 7 Law & Hist. Rev. 219 (1989).

Konig, David Thomas. Law and Society in Puritan Massachusetts: Essex County, 1629-1692 (1979).

Kostal, R. W. Law and English Railway Capitalism 1825-1875 (1994).

Krause, Susan. *Abraham Lincoln and Joshua Speed, Attorney and Client*, 89 Ⅲ. Hist. J. 35 (Spring 1996).

Landon, Donald M. *Clients, Colleagues, and Community: The Shaping of Zealous Advocacy in Country Law Practice*, 1985 Am. Bar Found. Res. J. 81.

____. *Lawyers and Localities: The Interaction of Community Context and Professionalism*, 1982 Am. Bar Found. Res. J. 81.

Langbein, John H. *Historical Foundations of the Law of Evidence: A View From the Ryder Sources*, 96 Colum. L. Rev. 1168 (1996).

Larkin, Jack. The Reshaping of Everyday Life 1790-1840 (1988).

Laughlin, Bonnie E. *"Endangering the Peace of Society": Abolitionist Agitation and Mob Reform in St. Louis and Alton, 1836-1838*, 95 Mo. Hist. Rev. 1 (2000).

Lerner, Renee Lettow. *The Transformation of the American Civil Trial: The Silent Judge*, 42 Wm & Mary L. Rev. 195 (2000).

Levy, Leonard W. *Chief Justice Shaw and the Formative Period of American Railroads Law* (pts. 1 & 2), 51 Colum. L. Rev. 327 (1951).

____. The Law of the Commonwealth and Chief Justice Shaw (1957).

____. *Sim's Case: the Fugitive Slave Law in Boston in 1851*, 35 J. Negro Hist. 39 (1950).

Licht, Walter. Working for the Railroad: The Organization of Work in the Nineteenth Century (1983).

Lipartito, Kenneth. *What Have Lawyers Done for American Business？ The Case of Baker & Botts of Houston*, 64 Bus. Hist. Rev. 489 (1990).

Lipartito, Kenneth & Joseph A. Pratt. Baker & Botts in the Development of Modern Houston (1991).

Lightner, David L. Labor on the Illinois Central Railroad 1852-1900 (1977).

Lincoln and the Illinois Central, Illinois Central Mag. 5 (Feb. 1927).

Luban, David, ed. The Good Lawyer: Lawyers' Roles and Lawyers' Ethics (1983).

Lucas, Marion B. A History of Blacks in Kentucky: From Slavery to Segregation, 1760-1891 (2d ed. 2003).

Lueckenhoff, Sandra K. *Comment, A. Lincoln, a Corporate Attorney and the Illinois Central Railroad*, 61 Mo. L. Rev. 393 (1996).

Lufkin, Richard Friend. *Mr. Lincoln's Light From Under a Bushel—1853*, 55 Lincoln Herald 2 (Winter 1953).

____. *Mr. Lincoln's Light From Under a Bushel—1854*, 56 Lincoln Herald 3 (Winter 1954).

Lupton, John A. A. Lincoln, Esq.: *The Evolution of a Lawyer*, in Allen D. Spiegel, A. Lincoln, Esquire: A Shrewd, Sophisticated Lawyer in His Time 18 (2002).

____. *Abraham Lincoln and His Informal Partners on the Eighth Judicial Circuit*, in Papers From the Thirteenth and Fourteenth Annual Lincoln Colloquia 96-99 (n. d.).

____. *Basement Barrister: Abraham Lincoln's Practice Before the Illinois Supreme Court*, 101 Lincoln Herald 47 (Summer 1999).

Martile, Roger. *John Frink and Martin Walker: Stagecoach Kings of the Old Northwest*, 95 J. Ⅲ. St. Hist. Soc'y 119 (Summer 2002).

Masters, Edgar Lee. Lincoln the Man (1931).

Matthews, Donald R. *United States Senators and the Class Structure*, 18 Public Opinion Q. 5 (1954).

Matthews, Jean V. Rufus Choate: The Law and Civic Virtue (1980).

McIntyre, Duncan T. *Lincoln and the Matson Slave Case*, 1 Ⅲ. L. Rev. (NW. U.) 386 (1906).

McMurtry, R. Gerald. *Centre College, John Todd Stuart and Abraham Lincoln*, 33 Filson Club Hist Q. 117 (1959).

Mearns, David C. *Mr. Lincoln and the Books He Read*, in Three Presidents and Their Books (Arthur Bestor et al. eds., 1955).

Mellinkoff, David. The Conscience of a Lawyer (1973).

____. The Language of the Law (1963).

Metzmeier, Kurt X. *Blazing Trails in a New Kentucky Wilderness: Early Kentucky Case Law Digests*, 93 Law Lib. J. 93 (2001).

Middleton, Stephen. *Antislavery Litigation in Ohio: The Chase-Trowbridge Letters*, 70 Mid-America 105 (1988).

____. The Black Laws in the Old Northwest: A Documentary History (1993).

____. *Ohio and the Antislavery Activities of Attorney Salmon Portland Chase 1830-1849* (1990).

Miller, Perry. The Life of the Mind in America: From the Revolution to the Civil War (1965).

Miller, Perry, ed. The Legal Mind in America From Independence to the Civil War (1962).

Milsom, S. F. C. *The Nature of Blackstone's Achievement*, 1 Oxford J. Leg. Stud. 1 (1981).

Moretta, John Anthony. William Pitt Ballinger: Texas Lawyer, Southern Statesman, 1825-1888 (2000).

Morris, Polly. Defamation and Sexual Reputation in Somerset, 1733-1850 (1985)(Ph.D. dissertation University of Warwick).

Nash, A. E. Keir. *In Re Radical Interpretations of American Law: The Relation of Law and History*, 82 Mich. L. Rev. 274 (1983).

Neely, Mark E. Jr. The Abraham Lincoln Encyclopedia (1982).

____. *The Lincoln Theme Since Randall's Call*, 1 Papers of the Abraham Lincoln Ass'n 10 (1979).

[Neely, Mark E. Jr.] *Some New Light on the Matson Slave Case*, Lincoln Lore no. 1705, 3 (March 1980).

Nelson, Robert L. *Practice and Privilege: Social Change and the Structure of Large Law Firms*, 1981 Am. Bar Found. Res. J. 95.

Nevins, Allan. The Emergence of Lincoln (1950).

The New High Priests: Lawyers in Post-Civil War America (Gerald Gawalt, ed. 1984).

Newmeyer, R. Kent. *Daniel Webster and the Modernization of American Law*, 32 Buff. L. Rev. 819 (1983).

____. Supreme Court Justice Joseph Story: Statesman of the Old Republic (1985).

Nicolay, John G. and Hay, John. Abraham Lincoln: A History (10 vols. 1909).

Niven, John. *Lincoln and Chase, A Reappraisal*, 12 J. Abraham Lincoln Ass'n 1 (1991).

Nolan, Dennis R. *Sir William Blackstone and the New American Republic: A Study of Intellectual Impact*, 51 N. Y. U. L. Rev. 731 (1976).

Noonan, John T., Jr. Persons and Masks of the Law (1976).

Norton, Mary Beth. *Gender and Defamation in Seventeenth-Century Maryland*, 44 Wm. & Mary Q. 1 (1987).

Nortrup, Jack. *The Education of a Western Lawyer*, 12 Am. J Leg. Hist. 294 (1968).

Note, *As to liability of owners for trespass of cattle*, 22 L. R. A. 55 (1894).

Note, *Incorporating the Republic: The Corporation in Antebellum Political Culture*, 102 Harv. L. Rev. 1883 (1989).

Novak, William J. The People's Welfare: Law and Regulation in Nineteenth-Century America (1996).

Oates, Stephen B. With Malice Toward None: The Life of Abraham Lincoln (1977).

Ogden, James M. *Lincoln's Early Impressions of the Law in Indiana*, 7 Notre Dame Law. 325 (1932).

On the Illinois Frontier: Dr. Hiram Rutherford 1840-1848 (Willene Hendrick & George Hendrick eds., 1981).

Paludan, Phillip S. *Lincoln's Pre-War Constitutional Vision*, 15 J. Abraham Lincoln Ass'n 1 (1994).

Page, Elwin L. *The Effie Afton Case*, 58 Lincoln Herald 3 (Fall 1956).

Parrish, Jenni. *Law Books and Legal Publishing in America, 1760-1840*, 72 Law Lib. J. 355 (1979).

Pearce, Russell G. *Rediscovering the Republican Origins of the Legal Ethics Codes*, 6 Geo. J. Legal Ethics 241 (1992).

Pease, William H. & Jane H. Pease, James Louis Petigru: Southern Conservative, Southern Dissenter (1995).

Peck, George R. *Abraham Lincoln as a Lawyer*, Report of the Annual Meeting of the Wisconsin State Bar Ass'n Held in the City of Madison, February 12 and 13 1900.

Pessen, Edward. The Log Cabin Myth: The Social Backgrounds of the Presidents (1984).

Pollitt, Daniel H. *Counsel For the Unpopular Cause*, 43 N. C. L. Rev. 9 (1964).

Post, Robert C. *On the Popular Image of the Lawyer: Reflections in a Dark Glass*, 75 Cal. L. Rev. 379 (1987).

Potter, David M. The South and the Sectional Conflict (1968).

Pound, Roscoe. The Formative Era of American Law (1938).

Pratt, Harry E. *Abraham Lincoln in Bloomington, Illinois*, 29 J. Ⅲ. St. Hist. Soc'y 42 (1936).

_____. *A Beginner on the Old Eighth Judicial Circuit*, 44 J. Ⅲ. State Hist. Soc'y 241 (1951).

_____. *David Davis, 1815-1886*, Ⅲ. State Hist. Soc'y. Trans. 157 (1930).

_____. *The Genesis of Lincoln the Lawyer*, Bull. Abraham Lincoln Ass'n (Sept. 1939).

_____. Lincoln 1809-1839 (1941).

_____. *Lincolniana: The Famous "Chicken Bone" Case*, 45 J. Ⅲ. State Hist. Soc'y 164 (1952).

_____. *Lincoln's Supreme Court Cases*, 32 Ⅲ. B. J. 23 (1943).

_____. The Personal Finances of Abraham Lincoln (1943).

Randall, J. G. *Has the Lincoln Theme Been Exhausted*?, 41 Am. Hist. Rev. 27 (1936).

_____. Lincoln the President: Springfield to Gettysburg (2 vols. 1946).

Reed, Alfred Zantzinger. Training for the Public Profession of the Law (1921).

Rehnquist, William H. *Daniel Webster and the Oratorical Tradition*, in Yearbook 1989, Supreme Court Historical Society 6 (1989).

Review, 6 Am. J. Leg. Hist. 86 (1962).

Richards, John T. Abraham Lincoln: The Lawyer-Statesman (1916).

Richards, Leonard L. "Gentlemen of Property and Standing": Anti-Abolition Mobs in Jacksonian America (1970)

Riddle, Donald W. Congressman Abraham Lincoln (1957).

Russell, Thomas D. *The Antebellum Courthouse as Creditors' Domain: TrialCourt Activity in South Carolina and the Concomitance of Lending and Litigation*, 40 Am. J. Legal Hist. 331 (1996).

_____. *Articles Sell Best Singly: The Disruption of Slave Families at Court Sales*, 1996 Utah L. Rev. 1161 (1996).

_____. *Historical Study of Personal Injury Litigation: A Comment on Method*, 1 Ga. J. Sou. Leg. Hist. 109 (1991).

_____. *A New Image of the Slave Auction: An Empirical Look at the Role of Law in Slave Sales and a Conceptual Reevaluation of the Nature of Slave Property*, 18 Cardozo L. Rev. 473 (1996).

Scheiber, Harry N. Ohio Canal Era: A Case Study of Government and the Economy, 1820-1861 (1969).

Schlegel, John Henry. *The Line Between History and Casenote*, 22 Law & Soc'y Rev. 969 (1988).

Schlesinger, Arthur M., Jr. The Age of Jackson (1945).

Schluter, Herman. Lincoln, Labor and Slavery (1965)(1913).

Schnell, Christopher A. *At the Bar and on the Stump: Douglas and Lincoln's Legal Relationship*, in Papers From the Thirteenth and Fourteenth Annual Lincoln Colloquia 99-106 (n. d.).

Schudson, Michael. Origins of the Ideal of Objectivity in the Professions: Studies in the History of American Journalism and American Law, 1830-1940 (1990).

Schwartz, Thomas F. *The Springfield Lyceums and Lincoln's 1838 Speech*, 83 Ⅲ. Hist. J. 45 (1990).

Sellers, Charles. The Market Revolution: Jacksonian America 1815-1846 (1991).

Sellers, Charles Grier Jr. *Who were the Southern Whigs*? 59 Am. Hist. Rev. 335 (1954).

Shaffer, Thomas L. American Legal Ethics (1985).

Shepherd, E. Lee. *Breaking into the Profession: Establishing a Law Practice in Antebellum Virginia*, 48 J. Sou. Hist. 393 (1982).

Siegel, Andrew M. Note, "To Learn and Make Respectable Hereafter": The Litchfield Law School in Cultural Context, 73 N.Y.U. L. Rev. 1978 (1998).

Silbey, Joel H. "Always a Whig in Politics": The Partisan Life of Abraham Lincoln, 7 Papers of the Abraham Lincoln Ass'n 21 (1986).

Simone, James. Democracy and Slavery in Frontier Illinois: The Bottomland Republic (1999).

Simpson, A. W. B. Legal Theory and Legal History: Essays on the Common Law (1987).

Simpson, Brooks D. *Daniel Webster and the Cult of the Constitution*, 15 J. Am. Culture 15 (1992).

Smith, Elmer A. Abraham Lincoln: An Illinois Central Lawyer (pamph. 1945).

Spaulding, Norman W. *The Myth of Civic Republicanism: Interrogating the Ideology of Antebellum Legal Ethics*, 71 Fordham L. Rev. 1397 (2003).

Spencer, Omar C. *Abraham Lincoln, The Lawyer*, in Thirty Sixth Annual Convention Report of the Proceedings of the Washington State Bar Ass'n 133 (1924).

Sprecher, Robert A. *Admission to Practice Law in Illinois*, 46 Ⅲ. L. Rev. (Nw. U.) 811 (1952).

Stampp, Kenneth. The Era of Reconstruction (1965).

Starr, John W. Jr. Lincoln and the Railroads (1927).

Steiner, Mark E. *Abolitionists and Escaped Slaves in Jacksonville: Samuel Willard's My First Adventure With a Fugitive Slave: The Story of it and how it failed*, 89 Ⅲ. Hist. J. 213 (1996).

____. *General Catalogue of Law Books, Alphabetically Classified by Subjects* (1859), 18 Legal Ref. Servs. Q. 47 (1999).

Stephen T. Logan Talks About Lincoln, Bull. Lincoln Centennial Ass'n 3 (Sept. 1, 1928).

Stevenson, James A. *Abraham Lincoln on Labor and Capital*, 38 Civil War Hist. 197 (1992).

Stover, John F. History of the Illinois Central Railroad (1975).

Strickland, Arvarh E. *The Illinois Background of Lincoln's Attitude Toward Slavery and the Negro*, 56 Ⅲ. St. Hist. Soc'y J. 474 (1963).

Strozier, Charles B. Lincoln's Quest for Union: Public and Private Meanings (1982).

____. *The Lives of William Herndon*, 14 J. Abraham Lincoln Assn 1 (1993).

Sunderland, Edwin S. Abraham Lincoln and the Illinois Central Railroad (1955).

Surrency, Erwin C. A History of American Law Publishing (1990).

____. *Law Reports in the United States*, 25 Am. J. Leg. Hist. (1981).

Sutton, Robert M. *Lincoln and the Railroads of Illinois*, in Lincoln Images: Augusta College Centennial Essays (O. Fritiof Ander, ed. 1960).

Swaine, Robert T. The Cravath Firm and its Predecessors 1819-1947 (1946).

Swisher, Carl B. The Taney Period 1836-1864 (1974).

Taylor, George Rogers. The Transportation Revolution 1815-1860 (1951).

Temple, Wayne C. *Lincoln, Moore and Greene: A New Document*, 3 Lincoln Herald 9 (Spring 1991).

Thomas, Benjamin. *Abe Lincoln, Country Lawyer*, 193 Atlantic Monthly 57 (Feb. 1954).

____. Abraham Lincoln: A Biography (1952).

____. *The Eighth Judicial Circuit*, ull. Abraham Lincoln Ass'n (Sept. 1935).

____. *Lincoln and the Courts, 1854-1861*, Abraham Lincoln Ass'n Papers (1933).

____. *Lincoln's Earlier Practice in the Federal Courts 1839-1854*, Bull. Abraham Lincoln Ass'n (June 1935).

____. Portrait for Posterity: Lincoln and His Biographers (1947).

Thomas, William G. Lawyering for the Railroad: Business, Law, and Power in the New South (1999).

Thompson, Charles Manfred. The Illinois Whigs Before 1846 (1915).

Thompson, E. P. *Time, Work-Discipline, and Industrial Capitalism*, Past & Present 56 (1967).

Thornton, J. Mills. Politics and Power in a Slave Society: Alabama, 1800-1860 (1978).

Tomlins, Christopher L. *A Mysterious Power: Industrial Accidents and the Legal Construction of Employment Relations in Massachusetts, 1800-1850*, 6 Law & Hist. Rev. 375 (1988).

Townsend, William H. *Lincoln on the Circuit*, 12 A. B. A. J. 91 (1926).

____. *Lincoln's Law Books*, 15 A. B. A. J. 125 (1929).

Turner, James. *Use of the Courts in the Movement to Abolish American Slavery*, 31 Ohio St. L. J. 305 (1970).

Vandervelde, Lea & Sandhya Subramanian, *Mrs. Dred Scott*, 106 Yale L. J. 1033 (1997).

Verduin, Paul H. *A New Lincoln Discovery: Rebecca Thomas, His 'Revolutionary War Widow,'* 98 Lincoln Herald 3 (Spring 1996).

____. *Partners for Emancipation: New Light on Lincoln, Joshua Giddings, and the Push to End Slavery in the District of Columbia, 1848-1849*, in Papers From the Thirteenth and Fourteenth Annual Lincoln Colloquia 67-86 (n.d.).

Vidal, Gore. Lincoln: A Novel (1984).

Wahl, Jenny B. *Twice-Told Tales: An Economist's Re-Telling of the Transformation of American Law, 1780-1860*, 37 Tulsa L. Rev. 879 (2002).

Wambaugh, Eugene. *Salmon Portland Chase*, in Great American Lawyers (William Draper Lewis ed., 1908).

Warren, Charles. A History of the American Bar (1966)(1911).

Warren, Louis A. *Herndon's Contribution to Lincoln Mythology*, 41 Ind. Mag. Hist. 221 (1945).

____. *Lincoln's Law Library*, Lincoln Lore, no. 619 (Feb. 17, 1941).

Weik, Jesse W. *A Law Student's Recollection of Abraham Lincoln*, 97 Outlook 311 (1911).

____. *Lincoln and the Matson Negroes*, 17 Arena Mag. 752 (April 1897).

____. *Lincoln as a Lawyer: With an Account of his First Case*, 68 Century Mag. 279 (June 1904).

____. *The Real Lincoln: A Portrait* (1922).

White, G. Edward. The Marshall Court and Cultural Change, 1815-1835 (1988).

Wiebe, Robert H. The Opening of American Society (1984).

Wiecek, William M. *Latimer: Lawyers, Abolitionists, and the Problem of Unjust Laws*, in Antislavery Reconsidered: New Perspectives on the Abolitionists (Lewis Perry & Michael Fellman eds., 1979).

____. *The Sources of Antislavery Constitutionalism in America, 1760-1848* (1977).

____. *The Witch at the Christening: Slavery and the Constitution's Origins*, in The Framing and Ratification of the Constitution (Leonard W. Levy & Dennis J. Mahoney eds., 1987).

Wills, Garry. Lincoln at Gettysburg (1992).

Wilson, Douglas L. Honor's Voice: The Transformation of Abraham Lincoln (1998).

____. Lincoln Before Washington: New Perspectives on the Illinois Years (1997).

____. *William H. Herndon and His Lincoln Informants*, 14 J. Abraham Lincoln Ass'n 15 (1993).

Wilson, Edmund. Patriotic Gore (1987)(1962).

Wilson, Major L. *Lincoln and Van Buren in the Steps of the Fathers: Another Look at the Lyceum Address*, 29 Civil War Hist. 197 (1983).

Wilson, Terry. *The Business of a Midwestern Trial Court: Knox County, Illinois, 1841-1850*, 84 Ⅲ. Hist J. 249 (1991).

Winkle, Kenneth J. The Young Eagle: The Rise of Abraham Lincoln (2001).

Witt, John Fabian. Note, *The Transformation of Work and the Law of Workplace Accidents, 1842-1910*, 107 Yale L. J. 1467, 1469 (1998).

Woldman, Albert A. Lawyer Lincoln (1936).

Wolfram, Charles W. Modern Legal Ethics (1986).

에이브러햄 링컨의 변호사 시절
정직한 법조인 링컨

지은이 | 마크 E. 스타이너
옮긴이 | 임동진

초판 1쇄 발행 | 2008년 10월 20일

발행인 | 고화숙
발행처 | 도서출판 소화
등록 | 제13-412호
주소 | 서울시 영등포구 영등포동 7가 94-97
전화 | 2677-5890
팩스 | 2636-6393
홈페이지 | www.sowha.com

ISBN 978-89-8410-340-5 03300

값 15,000원